知识生产的原创基地
BASE FOR ORIGINAL CREATIVE CONTENT

颉腾商业
JIE TENG BUSINESS

The cost of this translation was supported by a subsidy
from the Swedish Arts Council, gratefully acknowledged.

本书翻译得到瑞典艺术委员会的补贴，
对此我们深表感谢。

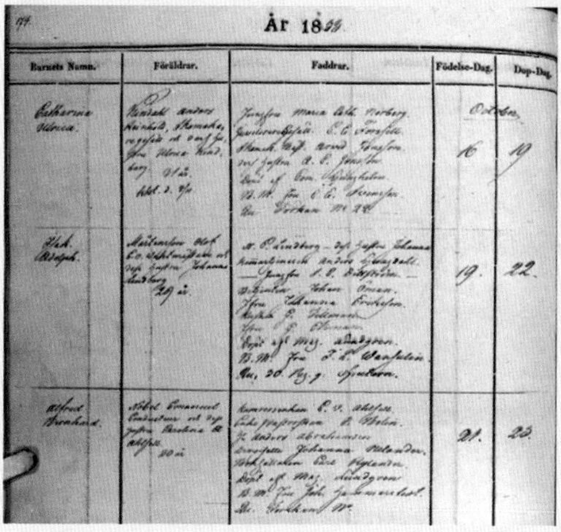

År 18

Barnets Namn.	Föräldrar.	Faddrar.	Födelse-Dag.	Dop-Dag.
Catharina Ulrica	[illegible]	[illegible]	October 16	19
[illegible]	[illegible]	[illegible]	19.	22.
Alfred Bernhard	Nobel Immanuel [illegible]	[illegible]	21.	23.

1833 年 10 月 21 日，阿尔弗雷德·诺贝尔出生在斯德哥尔摩这栋位于诺尔兰大街 9 号的房子里。出生和洗礼记录簿上的条目显示，他在出生两天后接受了洗礼。

房屋照片拍摄于 20 世纪初，该建筑于 1937 年被拆除。

圣彼得堡时期的诺贝尔一家。最上面的是伊曼纽尔和安德丽塔，照片都是19世纪50年代初拍摄的。孩子们的照片没有注明日期，但很可能是在1850年秋天所拍摄的。这样的话，他们分别应是罗伯特（上）、路德维格（下）、抱着小妹妹贝蒂的阿尔弗雷德（左）和埃米尔（右）。

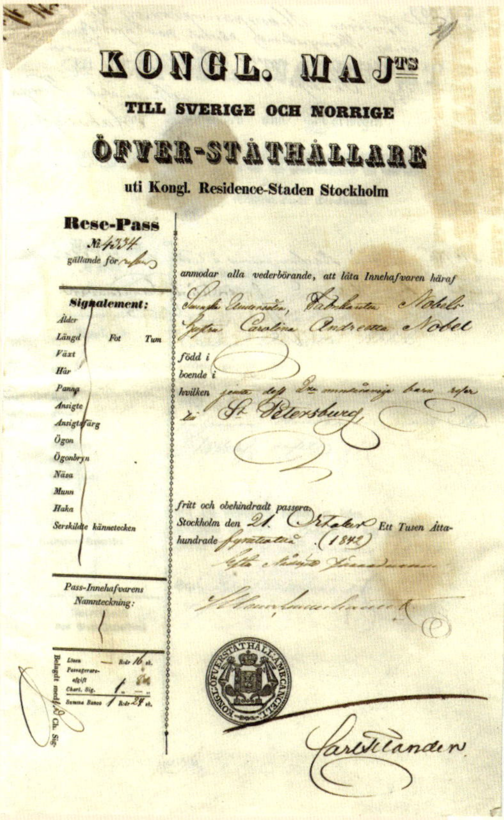

KONGL. MAJ:TS
TILL SVERIGE OCH NORRIGE
ÖFVER-STÅTHÅLLARE
uti Kongl. Residence-Staden Stockholm

Rese-Pass
№ 4234
gällande för

Signalement:
Ålder
Längd Fot Tum
Växt
Hår
Panna
Ansigte
Ansigtsfärg
Ögon
Ögonbryn
Näsa
Mun
Haka
Serskilda kännetecken

anmodar alla vederbörande, att låta Innehafvaren häraf
född i
boende i
hvilken
fritt och obehindradt passera.
Stockholm den 21. Oktober Ett Tusen åtta-hundrade fyratiotvå (1842)

Pass-Innehafvarens Namnteckning:

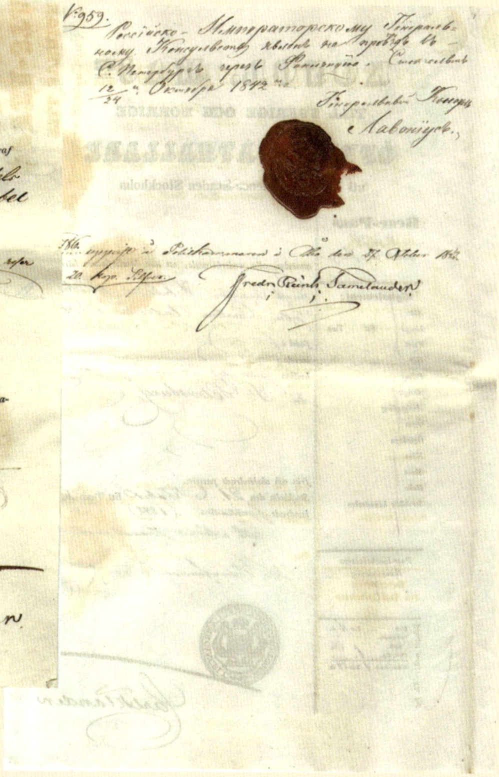

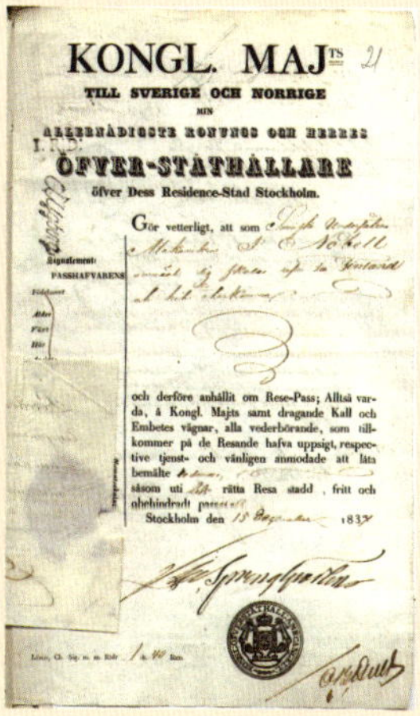

KONGL. MAJ:TS
TILL SVERIGE OCH NORRIGE
MIN
ALLERNÅDIGSTE KONUNGS OCH HERRES
ÖFVER-STÅTHÅLLARE
öfver Dess Residence-Stad Stockholm.

Gör vetterligt, att som
och derföre anhållit om Rese-Pass; Alltså varda, å Kongl. Majts samt dragande Kall och Embetes vägnar, alla vederbörande, som tillkommer på de Resande hafva uppsigt, respective tjenst- och vänligen anmodade att låta bemälte såsom uti rätta Resa stadd, fritt och obehindradt passera.
Stockholm den 18 1837

本书撰写过程中有两项历史性发现。在位于莫斯科的俄罗斯安全局的历史档案中，诺贝尔家族的瑞典护照保存完好，令人惊讶。

上图：安德丽塔、路德维格和阿尔弗雷德于1842年的护照；下图：伊曼纽尔·诺贝尔于1837年的护照。

上图：伊曼纽尔·诺贝尔的水彩画，描绘1842年9月2日圣彼得堡奥赫塔河上的水雷爆炸。亲王米哈伊尔·巴甫洛维奇和沙皇尼古拉一世24岁的儿子亚历山大（后来的沙皇亚历山大二世）见证了实验。

下图：19世纪50年代初，阿尔弗雷德·诺贝尔和哥哥路德维格。

7 Августа 1854

84

ЧУГУННО-ЛИТЕЙНОЙ
И МЕХАНИЧЕСКОЙ
ЗАВОДЪ
Э. НОБЕЛЯ и СЫНОВЕЙ
въ С. ПЕТЕРБУРГѢ
6 Августа 1854 года
№ 254.

Милостивый Государь
Александръ Александровичъ

上图：阿尔弗雷德·诺贝尔在圣彼得堡居住的20年中，大部分时间都住在大涅夫卡河码头边的这所房子里。现在的地址是佩特罗格拉德码头，纳贝勒纳亚20号，但这座房子在第二次世界大战期间被拆除。

下图：俄罗斯档案中有阿尔弗雷德·诺贝尔在克里米亚战争期间写给沙俄当局的信，比如这封1854年关于外汇出口的信。

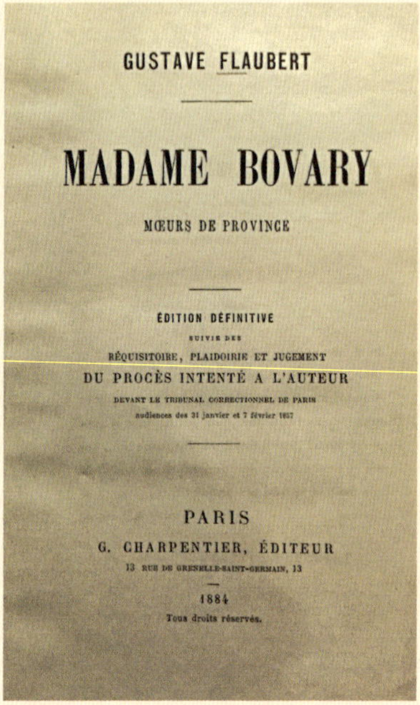

GUSTAVE FLAUBERT

MADAME BOVARY

MŒURS DE PROVINCE

ÉDITION DÉFINITIVE

SUIVIE DES

RÉQUISITOIRE, PLAIDOIRIE ET JUGEMENT

DU PROCÈS INTENTÉ A L'AUTEUR

DEVANT LE TRIBUNAL CORRECTIONNEL DE PARIS

audiences des 31 janvier et 7 février 1857

PARIS

G. CHARPENTIER, ÉDITEUR

13 RUE DE GRENELLE-SAINT-GERMAIN, 13

1884

Tous droits réservés.

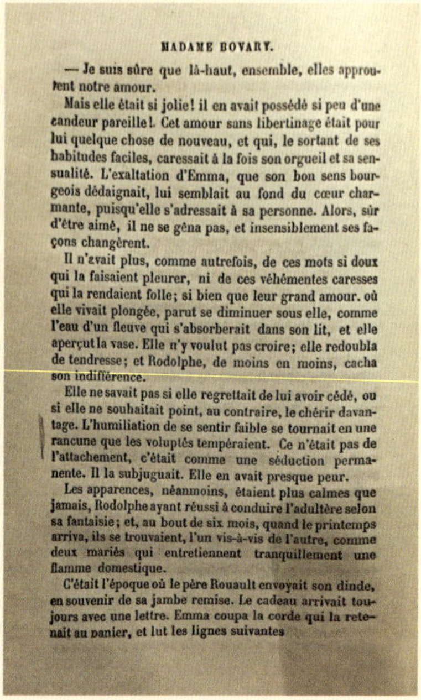

MADAME BOVARY.

— Je suis sûre que là-haut, ensemble, elles approuvent notre amour.

Mais elle était si jolie! il en avait possédé si peu d'une candeur pareille! Cet amour sans libertinage était pour lui quelque chose de nouveau, et qui, le sortant de ses habitudes faciles, caressait à la fois son orgueil et sa sensualité. L'exaltation d'Emma, que son bon sens bourgeois dédaignait, lui semblait au fond du cœur charmante, puisqu'elle s'adressait à sa personne. Alors, sûr d'être aimé, il ne se gêna pas, et insensiblement ses façons changèrent.

Il n'avait plus, comme autrefois, de ces mots si doux qui la faisaient pleurer, ni de ces véhémentes caresses qui la rendaient folle; si bien que leur grand amour, où elle vivait plongée, parut se diminuer sous elle, comme l'eau d'un fleuve qui s'absorberait dans son lit, et elle aperçut la vase. Elle n'y voulut pas croire; elle redoubla de tendresse; et Rodolphe, de moins en moins, cacha son indifférence.

Elle ne savait pas si elle regrettait de lui avoir cédé, ou si elle ne souhaitait point, au contraire, le chérir davantage. L'humiliation de se sentir faible se tournait en une rancune que les voluptés tempéraient. Ce n'était pas de l'attachement, c'était comme une séduction permanente. Il la subjuguait. Elle en avait presque peur.

Les apparences, néanmoins, étaient plus calmes que jamais, Rodolphe ayant réussi à conduire l'adultère selon sa fantaisie; et, au bout de six mois, quand le printemps arriva, ils se trouvaient, l'un vis-à-vis de l'autre, comme deux mariés qui entretiennent tranquillement une flamme domestique.

C'était l'époque où le père Rouault envoyait son dinde, en souvenir de sa jambe remise. Le cadeau arrivait toujours avec une lettre. Emma coupa la corde qui la retenait au panier, et lut les lignes suivantes

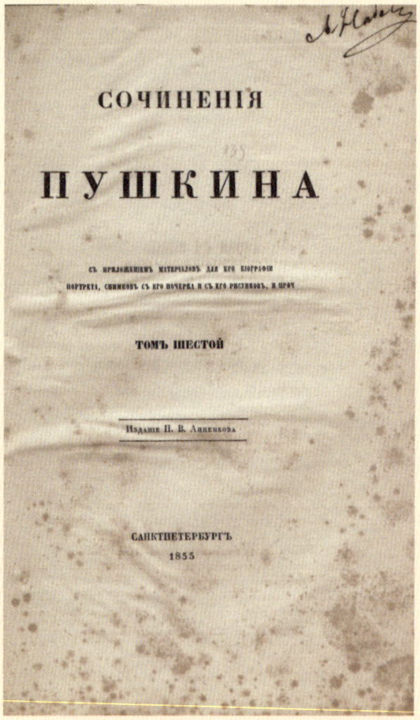

СОЧИНЕНІЯ

ПУШКИНА

СЪ ПРИЛОЖЕНІЕМЪ МАТЕРІАЛОВЪ ДЛЯ ЕГО БІОГРАФІИ

ПОРТРЕТА, СНИМКОВЪ СЪ ЕГО ПОЧЕРКА И СЪ ЕГО РИСУНКОВЪ, И ПРОЧ

ТОМЪ ШЕСТОЙ

Изданіе П. В. Анненкова

САНКТПЕТЕРБУРГЪ

1855

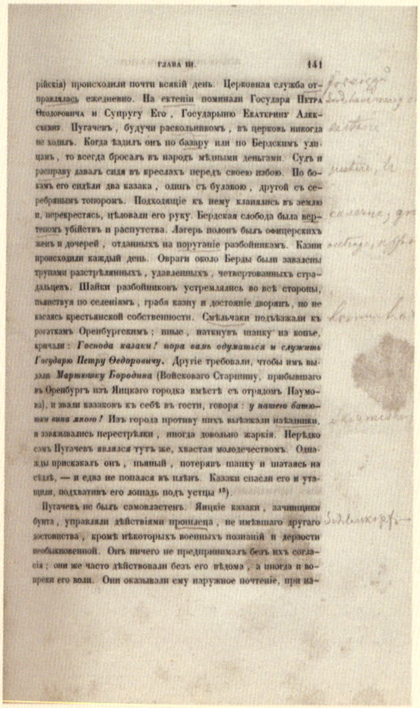

ГЛАВА III. 141

рійскія) происходили почти всякій день. Церковная служба отправлялась ежедневно. На ектеніи поминали Государя Петра Өеодоровича и Супругу Его, Государыню Екатерину Алексѣевну. Пугачевъ, будучи раскольникомъ, въ церковь никогда не ходилъ. Когда ѣздилъ онъ по базару или по Берденскимъ улицамъ, то всегда бросалъ въ народъ мѣдными деньгами. Судъ и расправу давалъ сидя въ креслахъ передъ своею избою. По бокамъ его сидѣли два казака, одинъ съ булавою, другой съ серебрянымъ топоромъ. Подходящіе къ нему кланялись въ землю и, перекрестясь, цѣловали его руку. Бердская слобода была вертепомъ убійствъ и распутства. Лагерь полонъ былъ офицерскихъ женъ и дочерей, отданныхъ на поруганіе разбойникамъ. Казни происходили каждый день. Овраги около Берды были завалены трупами разстрѣлянныхъ, удавленныхъ, четвертованныхъ страдальцевъ. Шайки разбойниковъ устремлялись во всѣ стороны, пьянствуя по селеніямъ, грабя казну и достояніе дворянъ, но не касаясь крестьянской собственности. Смѣльчаки подъѣзжали къ рогаткамъ Оренбургскимъ; иные, наткнувъ шапку на копье, кричали: *Господа казаки! пора вамъ одуматься и служить Государю Петру Өеодоровичу.* Другіе требовали, чтобы имъ выдали *Мартюшку Бородина* (Войсковаго Старшину, прибывшаго въ Оренбургъ изъ Яицкаго городка вмѣстѣ съ отрядомъ Наумова), и звали казаковъ къ себѣ въ гости, говоря: *у нашего батюшки вина много!* Изъ города противу нихъ выѣзжали наѣздники, и завязывались перестрѣлки, иногда довольно жаркія. Нерѣдко самъ Пугачевъ являлся тутъ же, хвастая молодечествомъ. Однажды прискакалъ онъ, пьяный, потерявъ шапку и шатаясь на сѣдлѣ, — и едва не попался въ плѣнъ. Казаки спасли его и утащили, подхвативъ его лошадь подъ устцы [15].

Пугачевъ не былъ самовластенъ. Яицкіе казаки, зачинщики бунта, управляли дѣйствіями пройдохи, не имѣвшаго другаго достоинства, кромѣ нѣкоторыхъ военныхъ познаній и дерзости необыкновенной. Онъ ничего не предпринималъ безъ ихъ согласія; они же часто дѣйствовали безъ его вѣдома, а иногда и вопреки его воли. Они оказывали ему наружное почтеніе, при на-

阿尔弗雷德·诺贝尔从小就博览群书，图片显示的是他阅读普希金的俄语原版作品，并在书页边缘翻译成瑞典语。可能是学校布置的作业？直到19世纪80年代，他才读完古斯塔夫·福楼拜的“丑闻”小说《包法利夫人》，当时小说已出版30年。他在空白处标注了喜欢的部分。

18岁的阿尔弗雷德·诺贝尔。

[redacted]

You say I am a riddle — it may be
For all of us are riddles unexplained.
Begun in pain, in deeper torture ended,
This breathing clay what business has it here?
Some petty wants to chain us to the earth,
Some lofty thoughts to lift us to the spheres,
And cheat us with that semblance of a soul
To dream of Immortality, till Time
O'er empty vision draws the closing veil,
And a new life begins — the life of worms,
Those hungry plunderers of the human breast.
So this Hope dwindles as we fathom Truth:
Forgotten to forget — and is that all?
To-day a man, with power to act and feel,
A mirror of the Universe, wherein ~~reflection~~ wherein
Truth's centred rays combine to form ~~and centre in itself~~
~~God and His works reflect, to center there~~
The focus of Intelligence; to-day
A heart ~~which loves so deeply that it seems~~ so deeply loving it would seem
As if that band, uniting soul to soul,

阿尔弗雷德·诺贝尔梦想成为作家，早在青少年时期就在书房里写诗。诗歌《谜语》的多个版本保存于斯德哥尔摩的国家档案馆。阿尔弗雷德在一份手稿上用法语写道：“1851年我写的一首诗。”

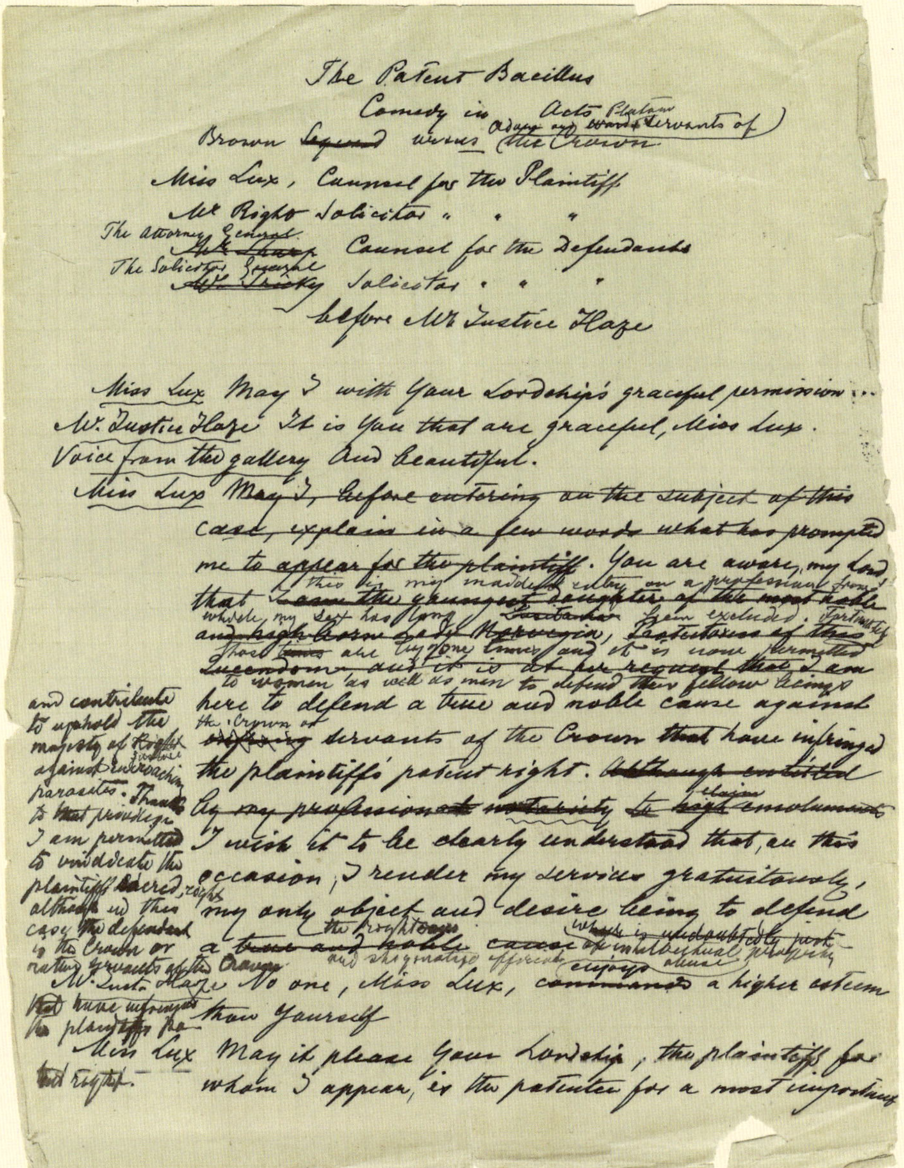

The Patent Bacillus

Comedy in Acts

Brown versus Servants of the Crown

Miss Lux, Counsel for the Plaintiff

Mr Right Solicitor " "

The Attorney General Counsel for the Defendants

The Solicitor General Solicitor " "

before Mr Justice Haze

Miss Lux May I with your Lordship's graceful permission ...

Mr Justice Haze It is you that are graceful, Miss Lux.

Voice from the gallery And beautiful.

Miss Lux May I, before entering on the subject of this case, explain in a few words what has prompted me to appear for the plaintiff. You are aware, my Lord, that this is my maiden entry on a profession from which my sex has long been excluded. Fortunately those are bygone times and it is now permitted to women as well as men to defend their fellow beings here to defend a true and noble cause against the Crown or servants of the Crown that have infringed the plaintiff's patent right. I wish it to be clearly understood that, on this occasion, I render my services gratuitously, my only object and desire being to defend a the rights of intellectual property

and contribute to uphold the majesty of Right against encroaching parasites. Thanks to that privilege I am permitted to vindicate the plaintiff's sacred rights although in this case the defendant is the Crown or rather servants of the Crown that have infringed the plaintiff's patent right.

Mr Justice Haze No one, Miss Lux, enjoys a higher esteem than yourself.

Miss Lux May it please your Lordship, the plaintiff for whom I appear, is the patentee for a most important

阿尔弗雷德·诺贝尔在19世纪90年代开始创作喜剧《专利杆菌》，该喜剧与一场艰苦的专利案有关。

上图：伊曼纽尔·诺贝尔在圣彼得堡度过的最后几年中与他的员工合影。右下方是他的儿子路德维格和阿尔弗雷德，据说后排左二是罗伯特。

下图：阿尔弗雷德·诺贝尔的行李箱。

比阿尔弗雷德·诺贝尔小10岁的弟弟埃米尔，1864年死于海伦堡的爆炸事故，年仅20岁。下图摄于1900年左右的海伦堡矿场。

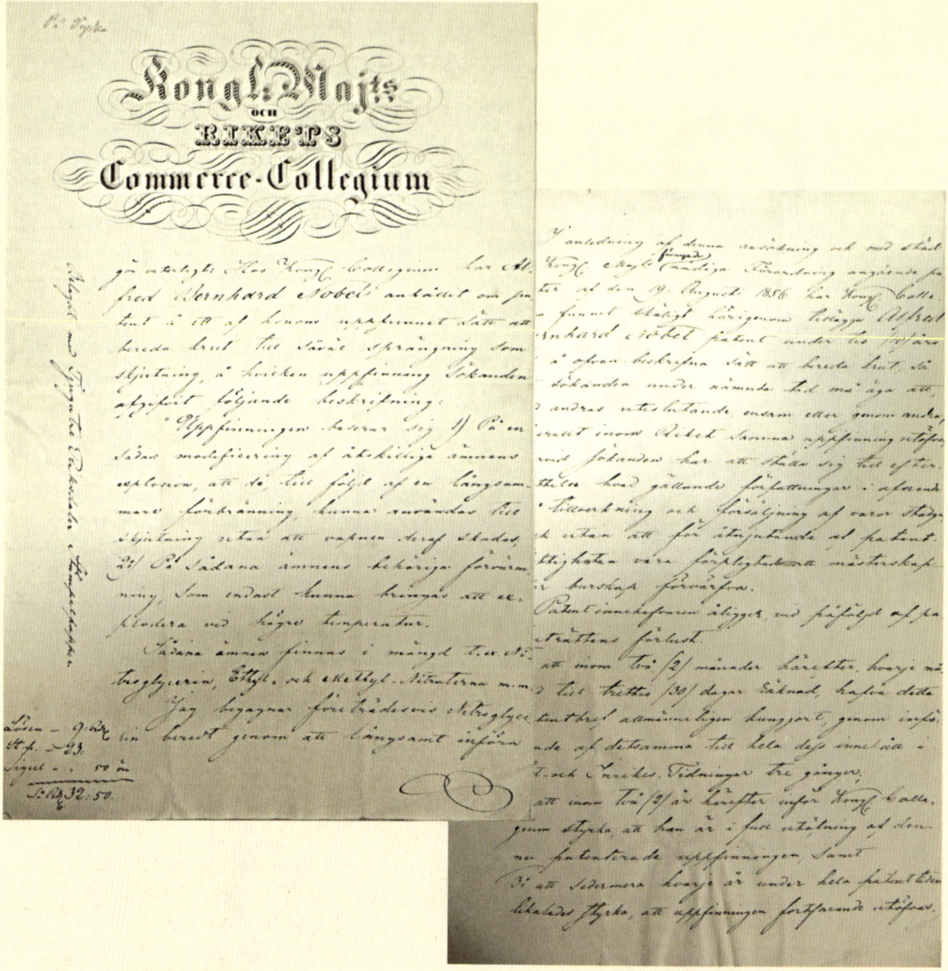

Kongl: Maj:ts
och
RIKETS
Commerce-Collegium

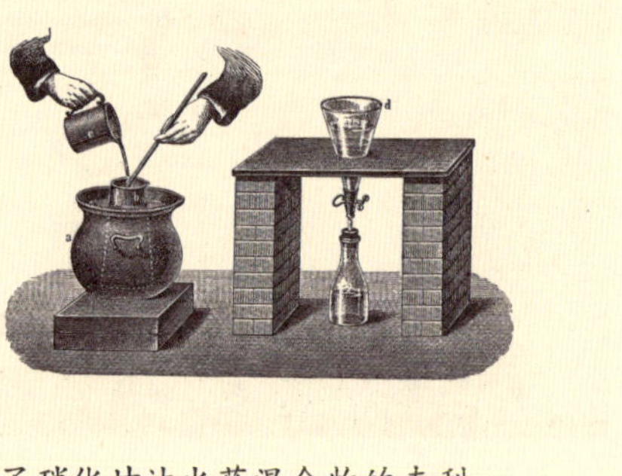

上图：1863年10月，阿尔弗雷德·诺贝尔获得了硝化甘油火药混合物的专利，当时他即将年满30岁。这是他在瑞典获得的第一个专利。

下图：当时制造硝化甘油的示意图。

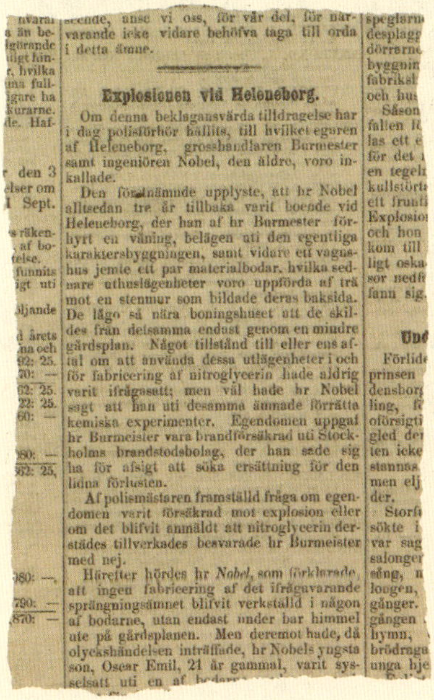

seende, anse vi oss, för vår del, för närvarande icke vidare behöfva taga till orda i detta ämne.

Explosionen vid Heleneborg.

Om denna beklagansvärda tilldragelse har i dag polisförhör hållits, till hvilket egaren af Heleneborg, grosshandlaren Burmester samt ingeniören Nobel, den äldre, voro inkallade.

Den förutnämnde upplyste, att hr Nobel alltsedan tre år tillbaka varit boende vid Heleneborg, der han af hr Burmester förhyrt en våning, belägen uti den egentliga karaktersbyggningen, samt vidare ett vagnshus jemte ett par materialbodar, hvilka sednare uthuslägenheter voro uppförda af trä mot en stenmur som bildade deras baksida. De lågo så nära boningshuset att de skildes från detsamma endast genom en mindre gårdsplan. Något tillstånd till eller ens aftal om att använda dessa utlägenheter i och för fabricering af nitroglycerin hade aldrig varit ifrågasatt; men väl hade hr Nobel sagt att han uti desamma ämnade förrätta kemiska experimenter. Egendomen uppgaf hr Burmeister vara brandförsäkrad uti Stockholms brandstodsbolag, der han sade sig ha för afsigt att söka ersättning för den lidna förlusten.

Af polismästaren framställd fråga om egendomen varit försäkrad mot explosion eller om det blifvit anmäldt att nitroglycerin derstädes tillverkades besvarade hr Burmeister med nej.

Härefter hördes hr *Nobel*, som förklarade, att ingen fabricering af det ifrågavarande sprängningsämnet blifvit verkställd i någon af bodarne, utan endast under bar himmel ute på gårdsplanen. Men deremot hade, då olyckshändelsen inträffade, hr Nobels yngsta son, Oscar Emil, 21 år gammal, varit sysselsatt uti en af bodarne ...

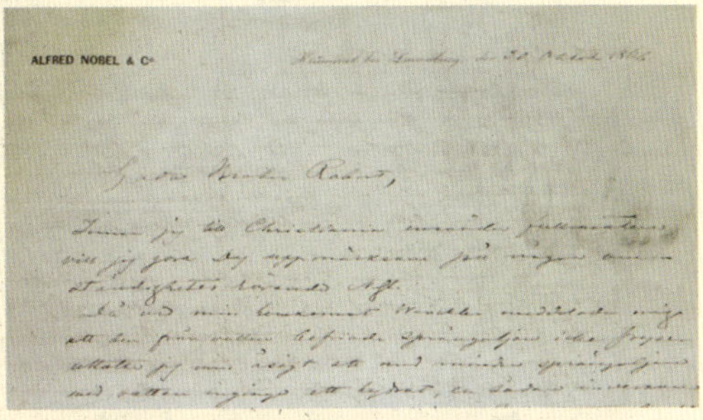

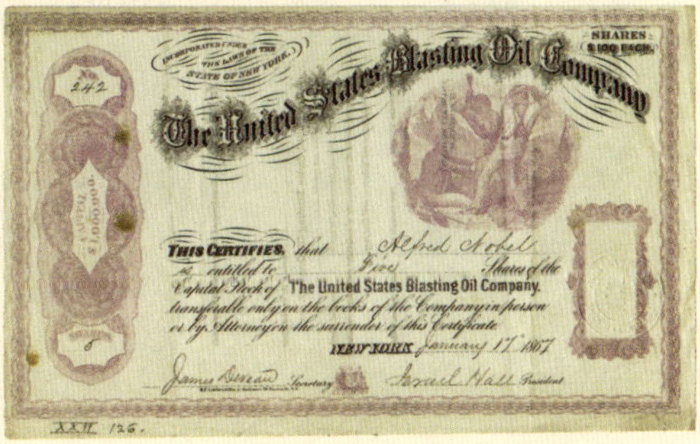

19世纪，人们对硝化甘油的特殊性质知之甚少，无法预测其风险。海伦堡的爆炸事故共造成六人丧生。阿尔弗雷德·诺贝尔在美国的冒险投资（右下角的股权证书）则更加凶险。

1866年秋，他在汉堡附近的克鲁梅尔发明了更安全的炸药，并在给罗伯特的信中介绍了实验情况（信中内容）。

美国“万金油”似的发明家托利弗·普雷斯顿·沙夫纳常常困扰着阿尔弗雷德·诺贝尔的生活。

19世纪60年代末，阿尔弗雷德·诺贝尔遇到了法国工程师保罗·巴布，后者的一腔热血和精明的商业头脑在炸药的突破中发挥了重要作用。在巴布于1890年去世前，两人一直保持着合作伙伴关系。

克鲁梅尔的厂长别墅，阿尔弗雷德·诺贝尔于19世纪60年代在那里建造了一座硝化甘油工厂。化学家兼炸药工程师阿拉里克·利德贝克曾为阿尔弗雷德·诺贝尔工作多年，并且是其最亲密的朋友之一。他还参与建设了阿迪尔的工厂（下图）。

40 多岁的阿尔弗雷德·诺贝尔。

阿尔弗雷德·诺贝尔于1873年夏天在巴黎马拉科夫大道53号买下的房子，当时还没有左侧的圆顶扩建部分。1891年，门牌号改为马拉科夫大道59号，今天这条街被称为雷蒙·普恩加来大道。

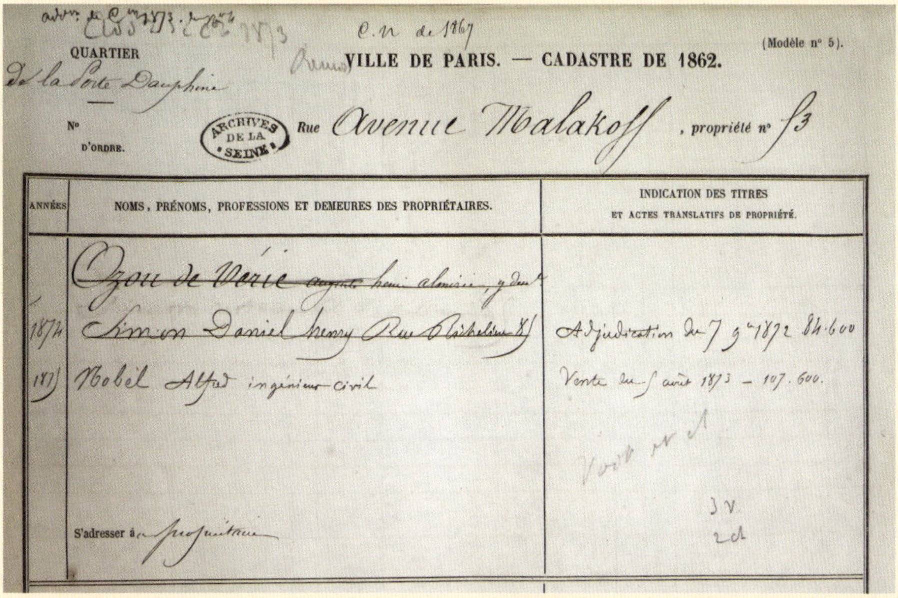

QUARTIER de la Porte Dauphine

VILLE DE PARIS. — CADASTRE DE 1862. (Modèle n° 5).

N° D'ORDRE. Rue Avenue Malakoff, propriété n° 53

ANNÉES	NOMS, PRÉNOMS, PROFESSIONS ET DEMEURES DES PROPRIÉTAIRES.	INDICATION DES TITRES ET ACTES TRANSLATIFS DE PROPRIÉTÉ.
1873	Nobel Alfred ingénieur civil	Vente du 5 août 1873 – 107.600.

S'adresser à propriétaire

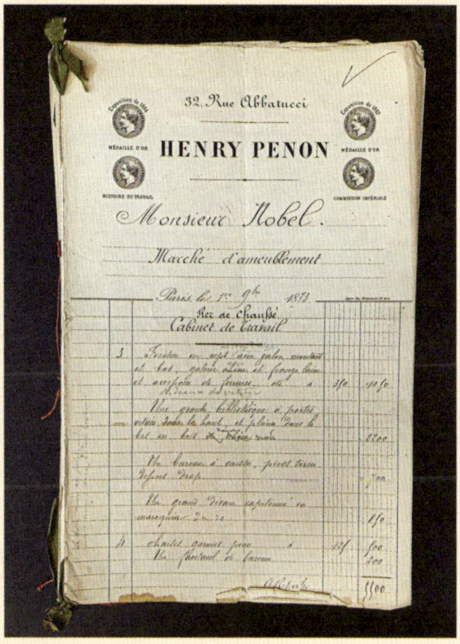

32, Rue Abbatucci

HENRY PENON

Monsieur Nobel.

Marché d'ameublement

Paris, le 1er 9bre 1873

Rez de Chaussé
Cabinet de travail

阿尔弗雷德·诺贝尔为巴黎的别墅支付了 107 600 法郎，这笔交易在官方登记簿上有记录。他聘请了当时屡获殊荣的室内设计师亨利·佩农，并申请了在左侧空地上建造的许可。

上图：位于马拉科夫大道的阿尔弗雷德·诺贝尔住宅的温室。

下图：亨利·佩农的室内设计草图保存在巴黎，这幅草图有阿尔弗雷德·诺贝尔的签名以及他为餐厅和大客厅订购的镶板墙。这幅草图是海伦娜·霍伊恩贝里在编写本书时发现的。

通过阿尔弗雷德·诺贝尔档案中的发票，我们可以追溯到他向亨利·佩农订购的新洛可可风格的室内设计。其中有几尊大理石和青铜雕像。

下图是在发票中发现的窗帘布置图和一张带有字母“N”的床的设计图，这张床可能放置在某间客房中。

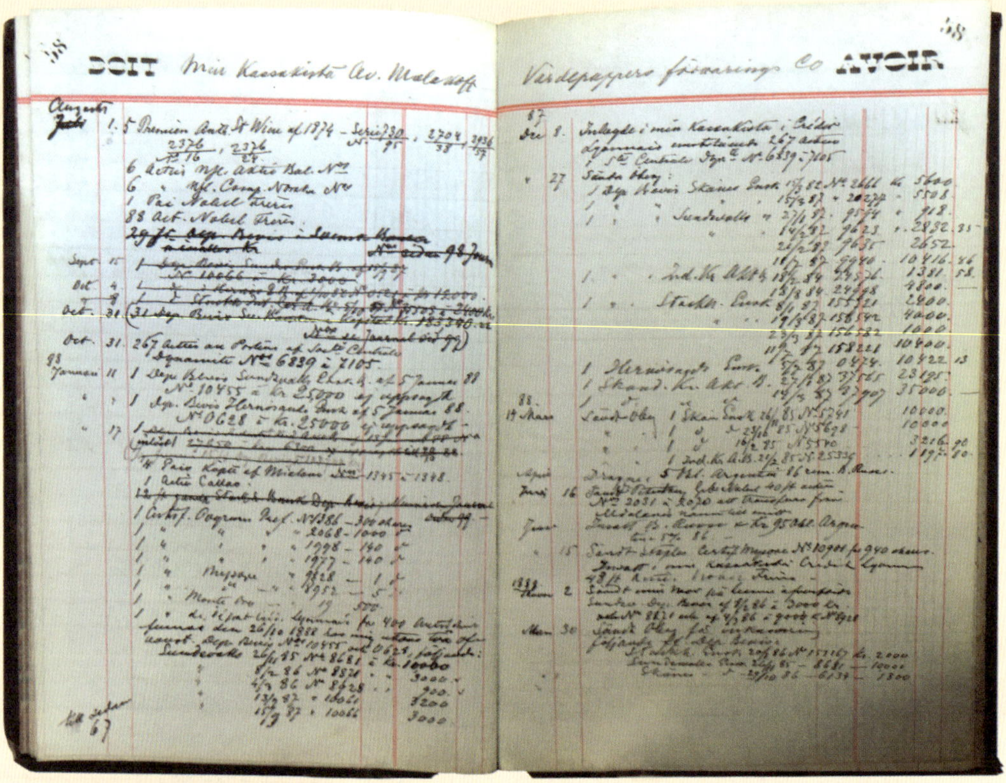

阿尔弗雷德·诺贝尔记了多本账簿。在这里，他记录了自己放入马拉科夫大道保险箱中的有价证券。斯德哥尔摩的国家档案馆中还保存着他的银行存折和支票簿。

1878年秋天，阿尔弗雷德·诺贝尔将这张他不久之前拍摄的照片寄给了索菲·赫斯。

上图：左边是伯莎·冯·苏特纳，拍摄于1873年，即她第一次见到阿尔弗雷德·诺贝尔的两年前。右边是当时不到20岁的索菲·赫斯。

下图：1878年巴黎世界博览会参展商阿尔弗雷德·诺贝尔从种马场购买沙俄马匹的证书和入场证。

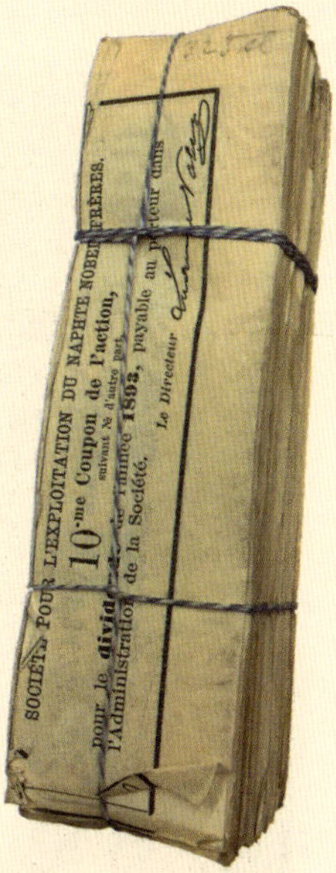

罗伯特·诺贝尔是比阿尔弗雷德年长四岁的哥哥。19世纪70年代中期，他在巴库买下了一家小型炼油厂（下图），这家炼油厂后来发展成为沙俄最大的石油公司——诺贝尔兄弟石油公司。阿尔弗雷德·诺贝尔是公司的大股东，上图为他的部分股票。

索菲·赫斯用阿尔弗雷德·诺贝尔的钱过着奢侈的生活。当她自称诺贝尔夫人时，阿尔弗雷德就会责备她。与此同时，他自己却可以用这个称呼给她写信。

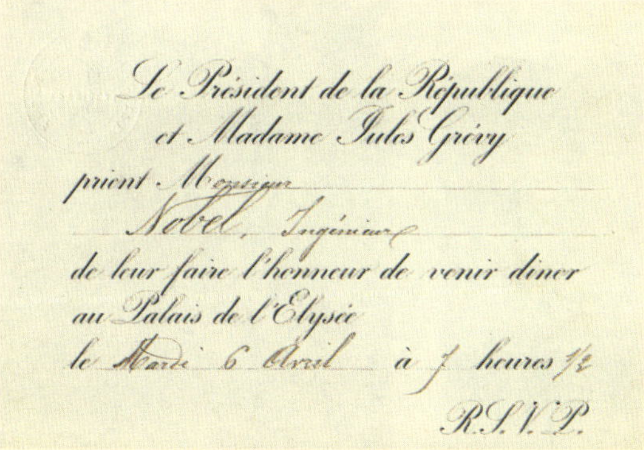

Le Président de la République
et Madame Jules Grévy
prient Monsieur
Nobel, Ingénieur
de leur faire l'honneur de venir diner
au Palais de l'Elysée
le Mardi 6 Avril à 7 heures 1/2
R.S.V.P.

上图：在文学沙龙女主人兼出版商朱丽叶·亚当的家中，阿尔弗雷德·诺贝尔是常客。

下图：1880 年，极地探险家阿道夫·埃里克·诺登舍尔德访问巴黎时，受到了法国总统的邀请。

1881 年春，阿尔弗雷德·诺贝尔在巴黎以东火车路程不远的塞夫朗买下一座豪宅，并在那里建造了一个大型实验室用于他的实验。如今，这座豪宅（左下）成了塞夫朗市政厅，而实验室（右下）已经荒废。

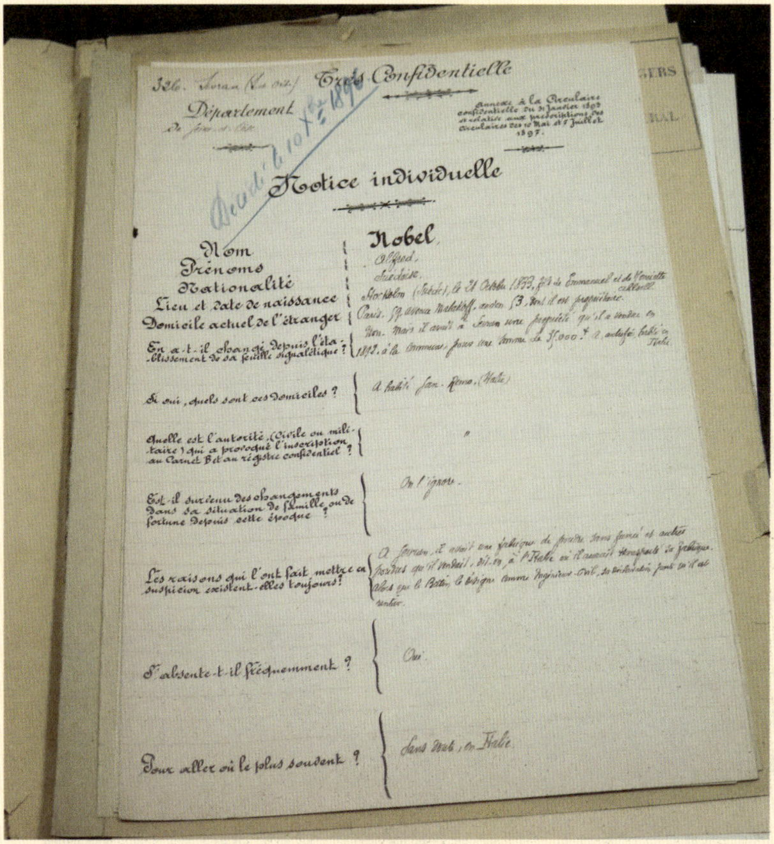

本书的历史性发现之一是19世纪90年代法国治安警察留下的关于阿尔弗雷德·诺贝尔的档案，它是从第二次世界大战后流落在莫斯科的数千份法国情报档案中发现的。

路德维格·诺贝尔比阿尔弗雷德年长两岁，也是余生一直在沙俄定居的一位兄弟。

34e Année — 3e Série — Numéro 106 | Le Numéro : 15 cent. à Paris, 20 cent. dans les Départements | Dimanche 15 Avril 1888

FRANCIS MAGNARD
Rédacteur en chef

A. PÉRIVIER
Secrétaire de la Rédaction

LE FIGARO

H. DE VILLEMESSANT
Fondateur

FERNAND DE RODAYS
Administrateur

SOMMAIRE

UNE

Entrevue avec M. Crispi

ration artistique de Pille, Quinsac, Heidbrinck, etc.

HORS PARIS

Un homme qu'on ne pourra que très difficilement faire passer pour un bienfaiteur de l'humanité est mort hier à Cannes.

C'est M. Nobel, Inventeur de la dynamite.

M. Nobel était Suédois.

上图:《费加罗报》错误地宣布阿尔弗雷德·诺贝尔于1888年4月去世，而实际去世的是哥哥路德维格。该报写道:“一个很难被认为是人类恩人的人昨天在戛纳去世。”

下图：路德维格的长子埃曼纽尔·诺贝尔在父亲去世后接手家族企业时年仅29岁。

安德斯·索恩所绘的阿尔弗雷德·诺贝尔母亲安德丽塔的水粉肖像画，可追溯到1886年。

阿尔弗雷德·诺贝尔在1889年收到伯莎·冯·苏特纳寄给他的一本小说《放下武器！》时写道：“在一个基本处于和平的世界里，你指望我把火药卖给谁呢？”“放下武器！”也成为她定期寄给阿尔弗雷德·诺贝尔关于和平问题的杂志的名字。

上图：1888 年夏天，埃菲尔铁塔开始成形，为次年在巴黎举行的世界博览会做准备。

下图：法国首都当时的街景。

1891 年 4 月，阿尔弗雷德·诺贝尔在圣雷莫买下了当时的“帕特罗内别墅”，这里有一大片面向地中海的空地。在这里，发明家和炮兵威廉·翁格（右）正在对他进行工作访问。

在圣雷莫逗留期间，阿尔弗雷德·诺贝尔喜欢乘坐优雅的俄罗斯马车在当地游览。图中是他在圣雷莫东北一英里处的塔贯古罗马桥前。

阿尔弗雷德·诺贝尔经意大利政府授权，在其位于圣雷莫的房产所在地修建了一条通往地中海的发射坡道，还在海滨修建了一座澡堂。不久后，实验室也竣工了，里面设备齐全。

阿尔弗雷德·诺贝尔在圣雷莫别墅附近的公园里休息。这张照片可能拍摄于1894年11月，当时他在一封信中特别提到“家里有女性访客”，但不清楚具体的人物姓名。

上图：弹道导弹。

下图：铝制小船“米戈农”，阿尔弗雷德·诺贝尔于1892年在苏黎世制造，后来运到瑞典。

上图：罗伯特的孩子卢德维格、英厄堡、亚尔玛在阿尔弗雷德·诺贝尔的最后几年里，和他走得很近。

下图：1894 年阿尔弗雷德·诺贝尔在购买韦姆兰省博福斯工厂时，比约克伯恩庄园也成为他的产业。

艺术家、瑞典皇家美术学院教授埃米尔·约斯特曼在捐赠人阿尔弗雷德·诺贝尔去世20年后为他绘制了这幅实验室环境中的肖像。

1893年，阿尔弗雷德·诺贝尔聘用了当时年仅23岁的拉格纳·索尔曼。1896年诺贝尔去世后，拉格纳·索尔曼与鲁道夫·利耶奎斯特共同承担起管理诺贝尔遗嘱的任务。拉格纳·索尔曼当时只有26岁。

阿尔弗雷德·诺贝尔于1896年在瑞典度过最后一个夏天时拍摄的照片，照片背面是他写给员工拉格纳·索尔曼的问候语。

1896年12月29日，阿尔弗雷德·诺贝尔的棺木陈放在举行葬礼的教堂内。下图是去世时的脸部塑像和诺贝尔家族在斯德哥尔摩北部教区的墓地，伊曼纽尔、安德丽塔和埃米尔也葬在那里。阿尔弗雷德下葬时，他的兄弟罗伯特也葬在这里，但后来被迁走了。

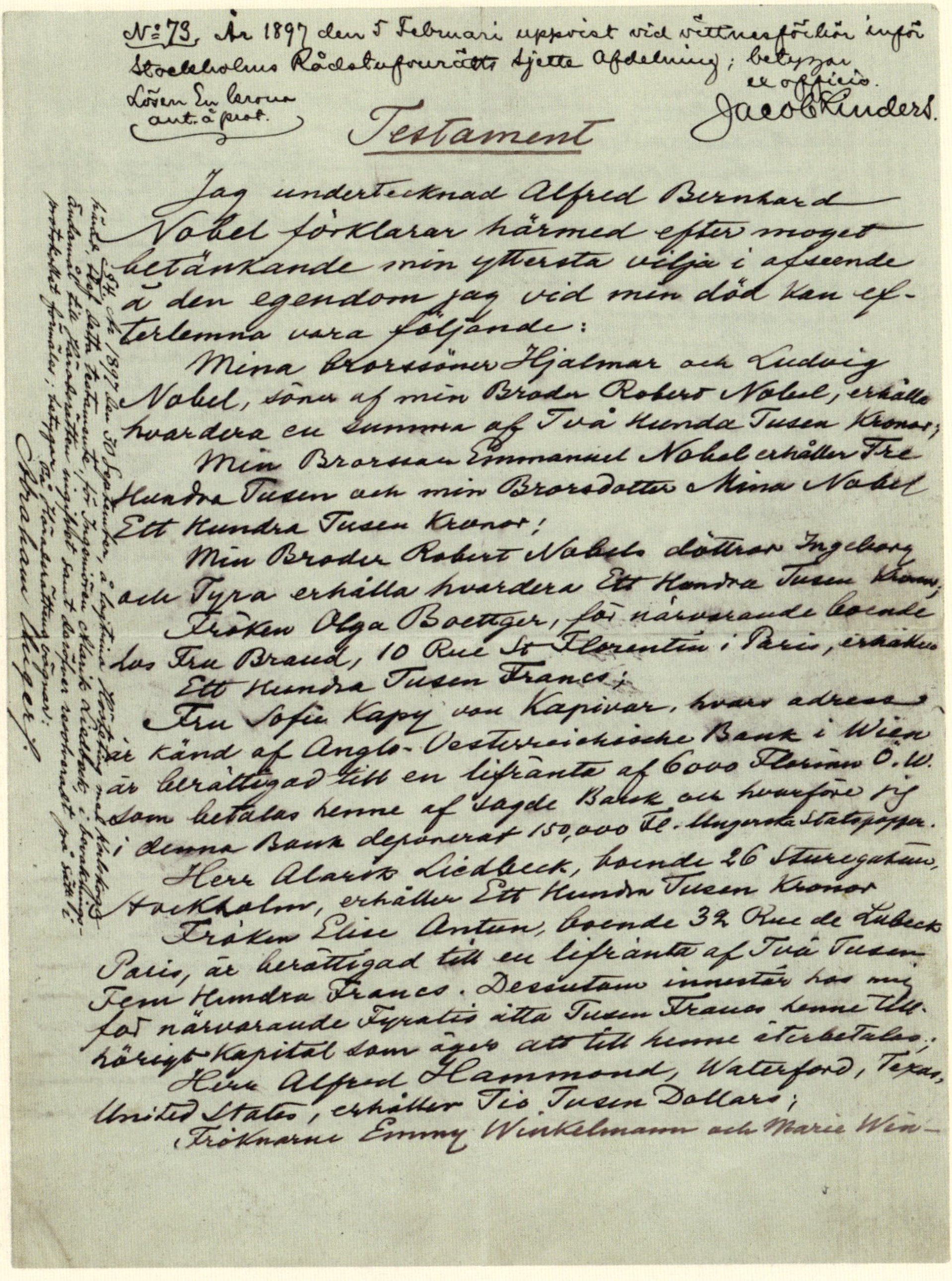

N:o 73. År 1897 den 5 Februari uppvisat vid vittnesförhör inför Stockholms Rådstufvurätts Sjette Afdelning; betygar ex officio.

Lösen En krona
ant. å prot.

Jacob Kinders.

Testament

Jag undertecknad Alfred Bernhard Nobel förklarar härmed efter moget betänkande min yttersta vilja i afseende å den egendom jag vid min död kan efterlemna vara följande:

Mina brorssöner Hjalmar och Ludvig Nobel, söner af min Broder Robert Nobel, erhålla hvardera en summa af Två Hundra Tusen Kronor;

Min Brorsson Emmanuel Nobel erhåller Tre Hundra Tusen och min Brorsdotter Mina Nobel Ett Hundra Tusen Kronor;

Min Broder Robert Nobels döttrar Ingeborg och Tyra erhålla hvardera Ett Hundra Tusen Kronor;

Fröken Olga Boettger, för närvarande boende hos Fru Brand, 10 Rue St Florentin i Paris, erhåller Ett Hundra Tusen Francs;

Fru Sofie Kapy von Kapivar, hvars adress är känd af Anglo-Oesterreichische Bank i Wien är berättigad till en lifränta af 6000 Florins Ö.W. som betalas henne af sagde Bank och hvarföre jag i denna Bank deponerat 150,000 Fl. i Ungerska Statspapper.

Herr Alarik Liedbeck, boende 26 Sturegatan, Stockholm, erhåller Ett Hundra Tusen Kronor;

Fröken Elise Antun, boende 32 Rue de Lubeck, Paris, är berättigad till en lifränta af Två Tusen Fem Hundra Francs. Dessutom innestår hos mig för närvarande Fyratio åtta Tusen Francs henne tillhörigt Kapital som äger att till henne återbetalas;

Herr Alfred Hammond, Waterford, Texas, United States, erhåller Tio Tusen Dollars;

Fröknarne Emmy Winkelmann och Marie Win-

阿尔弗雷德·诺贝尔遗嘱的第一页，1895 年 11 月 27 日在巴黎的瑞典－挪威人俱乐部签署并由见证人确认。

1901年12月10日，在斯德哥尔摩音乐厅举行的诺贝尔奖颁奖仪式上，古斯塔夫·阿道夫王储向威廉·伦琴颁发诺贝尔物理学奖。

瑞典的诺贝尔奖奖章由埃里克·林德伯格设计，挪威的诺贝尔奖奖章由古斯塔夫·维格兰设计。这些奖章在1902年的颁奖仪式上首次颁发，刻有拉丁文“生于1833年，卒于1896年”。诺贝尔奖奖章是诺贝尔基金会的注册商标之一。

诺贝尔传
未竟的梦想

[瑞典] **英格丽德·卡尔伯格**◎著
（Ingrid Carlberg）

沈赟璐◎译

NOBEL
DEN GÅTFULLE ALFRED
HANS VÄRLD
OCH HANS PRIS

生活·讀書·新知 三联书店 生活書店出版有限公司

Title: NOBEL by Ingrid Carlberg

Published by arrangement with Hedlund Literary Agency, through The Grayhawk Agency Ltd.

图书在版编目（CIP）数据

诺贝尔传 ： 未竟的梦想 / （瑞典）英格丽德·卡尔伯格著 ； 沈贇璐译. -- 北京 ： 生活书店出版有限公司, 2025. 1. -- ISBN 978-7-80768-480-0

Ⅰ. K835.326.13

中国国家版本馆 CIP 数据核字第 2024L7N231 号

选题策划　颉腾文化
责任编辑　苏　毅
特约编辑　貌晓星
装帧设计　王建敏
责任印制　孙　明
出版发行　生活書店出版有限公司
（北京市东城区美术馆东街22号）
邮　　编　100010
经　　销　新华书店
图　　字　01-2024-3517
印　　刷　文畅阁印刷有限公司
版　　次　2025年1月北京第1版
2025年1月北京第1次印刷
开　　本　710毫米 × 1000毫米　1/16　印张34
字　　数　640千字
定　　价　139.00元
（印装查询：010 - 64052612；邮购查询：010 - 84010542）

致佩尔、约翰娜和萨拉

引言

1896 年 12 月 10 日的上午，电报抵达了瑞典。在星期四的夜晚，快到凌晨两点钟时，63 岁的阿尔弗雷德·诺贝尔（Alfred Nobel）在他位于意大利圣雷莫的别墅里，悄无声息地匆匆去世了。《晚报》赶在同一天内收到了新闻素材。“每一位受过良好教育的瑞典人，无不为失去这么一位杰出的国人同胞感到遗憾。”报纸如是写道，但文章回避了随即人们口耳相传的一个疑问：

谁将会继承他的财富呢?

接下来的日子里，报纸的专栏里涌现了许多猜想，在悼词的字里行间如同黑暗中一盏盏欲望的灯笼闪烁着光芒。据称，“按照我们的标准来衡量，这将是一笔巨大的财富”。光是那些年的收入，就以数百万瑞典克朗计。

记者迅速地做出了测算。著名发明家诺贝尔从未婚配，亦无子嗣。他的两位知名的兄弟罗伯特（Robert）和路德维格（Ludvig）也已离世。一些作家在散布“不可估量的”财产将由罗伯特和路德维格的子嗣所继承的消息时，忽略了所有的保留意见。然而，工程探险家萨洛蒙·奥古斯特·安德烈（Salomon August Andrée）很快指出，诺贝尔曾在去世前不久向其承诺，会提供 2.6 万瑞典克朗，用于下一次乘坐热气球前往北极的尝试。安德烈另外强调，到目前为止，对方仅支付了 1 万瑞典克朗。

受认可的侄女侄子共计 14 人。12 月 8 日，哥哥路德维格的儿子埃曼纽尔（Emanuel）[①]，以及罗伯特的儿子亚尔玛（Hjalmar），两人一听闻叔叔突发脑出血的消息，就匆匆赶往了意大利。埃曼纽尔时年 37 岁，居住在圣彼得堡，他是所有侄子中和诺贝尔最亲近的一位。33 岁的亚尔玛也和叔叔保持着较为紧密的联系。这两

① 也有译著翻译为艾玛努埃尔。——译者注

个侄子均切身感受过叔叔的慷慨。但直到 11 月，埃曼纽尔才帮叔叔诺贝尔找到一位出色的理疗师，以改善其血液循环，并缓解心脏问题。

不幸的是，没有一位堂兄弟姐妹及时赶到。诺贝尔的同事，26 岁的拉格纳 · 索尔曼（Ragnar Sohlman）[①] 也遗憾未到，他在收到震惊的消息后才启程赶往南方。

直到 12 月 10 日的傍晚，三人站在逝者的床边，被悲伤和绝望压得喘不过气来，诺贝尔结束了自己的一生。

他孤独地离开了人世。

*

遗嘱存放在斯德哥尔摩私人银行（Enskilda Bank）。在几乎整整一年之前，也即 1895 年 11 月底，诺贝尔在见证人的面前签署了这份遗嘱，但侄子侄女都不知道这份遗嘱的存在。

1896 年 12 月 15 日星期二，位于斯德哥尔摩老城（Gamla stan）小新街（Lilla Nygatan）的银行办公室打开了这封遗嘱信。遗嘱的一部分选定内容以电报方式发给了圣雷莫的埃曼纽尔和亚尔玛，当晚他们敲响了拉格纳 · 索尔曼的家门，转达了他们收到的有关叔叔遗嘱中的少量信息：诺贝尔要求切开他的动脉，并委托拉格纳担任他遗嘱的两位执行人之一。

三人都感到十分困惑。在意大利的别墅中，他们在纸质收藏文件中找到了另一份遗嘱，签署于 1893 年。但现在看来这份遗嘱已被撤销。

所以两份遗嘱有哪些地方是变化了的呢?

周末到了，一份完整的遗嘱副本通过信件方式寄到了圣雷莫。房间里笼罩着一股阴霾。侄子侄女可获得的财产份额被压缩了。叔叔最后只为家族成员留了一小部分他过去积累的财产。遗嘱中白纸黑字清楚写明，诺贝尔将其所有的股份和资产出售，几乎所有游离资本都将被锁定在一只特别的基金中。诺贝尔最终的遗愿是要将这笔钱的利息，以年度奖项的形式颁发给“在过去一年里为人类做出最杰出贡献的人”，不论他们身处世界何地。这样的描述显然不适用于任何诺贝尔的家族成员，即便他们对诺贝尔而言无比重要。

① 该遗嘱执行人也有译著翻译为拉古纳 · 梭鲁曼。——译者注

侄子侄女不确定叔叔对财产的转移是做何打算的。然而诺贝尔十分清楚他想要设立哪些奖项：物理学奖、化学奖、生理学或医学奖、文学奖，以及一个“为人民的福祉而废除或减少军备并努力传播和平精神”[①] 的奖项，那么也就是和平奖。换言之，为了全世界的和平，授予那些战争在身边会随时爆发的人。

后来，在为期 4 年的遗产争夺战中，奥斯卡国王亲自出面干预，并对诺贝尔的遗嘱进行挖苦和嘲讽，宣称这位男性深受“和平幻想家，尤其是女性”的引诱。媒体对其缺乏爱国精神进行口诛笔伐，即将上任的首相亚尔马·布兰廷（Hjalmar Branting）称这笔捐赠是“一个巨大的错误”。

14 个侄子侄女此时显然更为焦虑了，他们度过了一段漫长又痛苦的时光。如果占比较大的股份消失了，那么家族在沙俄投资的石油公司该怎么办？诺贝尔家族的兄弟姐妹又将何去何从？

接下来的一周，后辈缩减至 13 人。亚尔玛最小的妹妹，23 岁的希拉（Thyra）在几个月前失去了父亲罗伯特。她在诺尔雪平（Norrköping）郊外的格托家庭农场里生活，星期一早晨，她抱怨说自己觉得有些恶心，身体不舒服。在几个小时后的圣诞节烧烤期间，她倒在地板上失去了心跳。

报纸上写道，她很可能死于心脏病发作。

*

诺贝尔的追悼会在庄严的圣雷莫举行，仪式简单，在这里，地中海的美景能尽收眼底。最年轻一辈的亲属和一些城市的达官贵人跟随他的骨灰走到火车站，在好奇的人群面前排起了长队。游行队伍由合唱团带领，当橡木棺材从灵车抬到火车上时，乐团开始演奏起肖邦的《葬礼进行曲》。紧随其后的是一大堆花圈。不少人在炸药公司所在国家或地区（包括意大利、西班牙、苏格兰、瑞典和法国）的旗帜上挂上了哀悼的丝带。

骨灰必须直接运往瑞典，包括方便过境时所需要的所有文件。车厢里是一片花海，亲人送上温柔告别，挚友致以最后的问候，探险家安德烈致以美好的感言：“谢谢，再会！来自极地探险队的成员。”

---

① 瑞典中央银行为纪念阿尔弗雷德·诺贝尔，于 1968 年特别设立了经济学奖，1969 年该奖项首次颁发。

在棺材穿越欧洲的5天里，报纸上不断涌现出怀念诺贝尔的话语。有人提到他对工作饱含热情，蔑视浮华，也有人提到他衣着朴素，对乞丐都颇有耐心。巴黎的瑞典－挪威人俱乐部写道，他说话可能很严厉，尤其当他察觉到伪善时，但这些言辞的背后总是对人民报以真爱。正如他曾经资助过的一位年轻发明家所说："想到他所给予之多，获得回报之少，我就深感悲痛。"

诺贝尔的一位英国同事后来为这位已故的朋友写了长达14页的讣告。他在文中强调了精神对话的强度和不可预测性。他还写道，诺贝尔不知疲惫地投入了广泛的主题，有时候还能自由切换语言。他将对方描述为一个有独创性的人——带些紧张，几乎过于兴奋，对自己的性情异常敏感。但同时，"他具有无穷的能量和无与伦比的耐心；他不惧怕危险，也从不屈服于逆境……冲动的勇气和微妙的害羞是他这个人最显著的特征……有一双明亮的眼睛，被浓重的眉毛所掩盖着，神情饱满，透露着非凡的智慧"。

他还在讣告中写道，许多时候是诺贝尔的父亲伊曼纽尔（Immanuel）[①] 为诺贝尔指明了方向。

如今，许多作家都关注伊曼纽尔·诺贝尔，称其为"他那个时代里最有作为的工程天才之一"，在十九世纪初努力奋斗，走上了通往斯德哥尔摩的康庄大道。据称，诺贝尔和他的兄弟成功实现了伊曼纽尔·诺贝尔在他们心中设立的伟大目标，但这位父亲未有机会目睹这份喜悦。

1896年12月22日早晨，火车缓缓驶过冬日里白雪皑皑的首都。火车在斯德哥尔摩中央车站的山墙旁刹车，货运室里装着自国有铁路开通以来进出货量最多的圣诞包裹。

钟声响起。马群"哼"地喷着鼻息。诺贝尔回国了。

---

① 也有译著翻译为英马努埃尔。——译者注

目录

PART 1 第一部分

PART 2 第二部分

注：资料来源和注释、参考文献另作安排，详见随书赠送别册，需要使用的读者请对照查询。

NOBEL

DEN GÅTFULLE ALFRED
HANS VÄRLD
OCH HANS PRIS

1

第一部分

所有这一切都存在于我的梦想中——而梦如泡沫般破裂。

1860 年左右的阿尔弗雷德·诺贝尔

谜一般的存在

很长一段时间里，诺贝尔和他的日常生活都被大量掩饰。但重要时期的内容仍然是一片空白，重大事件和重要人物也被扫除一空，更不要说讲述其情绪和公司工作的不恰当言论了。每个接近这一主题的人，都必须面对这个悲伤的事实。

这位诺贝尔奖的创造者留下了海量的信件和重要的文书，但在他1896年去世后的头50年里，只出版了一本含有丰富原始资料、和这些内容有关的书。书名被称为《周年纪念手册》(*Jubileumsskriften*)，由诺贝尔基金会于1926年出版，书中没有刊登参考文献来源和作者姓名。但该书事实上由基金会主席亨里克·许克(Henrik Schück)及基金会创始人拉格纳·索尔曼撰写。

许克和索尔曼一丝不苟，深入档案堆里挖掘素材，系统地清除了任何可能玷污伟大捐赠者品格的内容。他们的意图是善良的，当时的社会也习惯如此。但最终呈现的结果是使得诺贝尔的形象被严重篡改，任何独立研究人员想要访问这份档案都是被禁止的，基金会以此来维护他在人们心目中的形象。

在另一次诺贝尔奖纪念日的前夕，就连拉格纳·索尔曼都察觉出这种掩饰行为令人不安。他鼓起勇气进行反抗。就在1948年去世前不久，索尔曼写下《遗嘱》(*Ett testamente*)一书，在这本书里，他第一次揭露了诺贝尔与比其小18岁的女子维持长期关系的事实。该书于1950年出版。

1926年的这本纪念手册也进行了再版，外国出版商都很好奇，关于这位世界著名捐赠者的其他书都去哪里了。1954年，诺贝尔基金会的董事尼尔斯·斯托勒(Nils Ståhle)为此与瑞典裔美国记者纳博斯·赫丁(Naboth Hedin)签约，计划出版一本新的英文版诺贝尔重要著作。两人在这个项目上获得出色成果，最后说服英国前首相和诺贝尔奖获得者温斯顿·丘吉尔撰写前言。丘吉尔没有让人失望。他在1957年版的前言中写道："要出版一本新的英文版诺贝尔传记，真是一项特别值得称赞的工程。"根据丘吉尔的说法，诺贝尔的"创举"，也即诺贝尔奖，已经成为"在知识领域取得成功的象征，人类为创造更美好的世界而不懈奋斗，该奖将不断见证斯堪的纳维亚人民在其中所占据的突出地位"。

但在完成这本书的过程中，他们并没有允许其他人参与档案的收集工作。斯托勒反倒邀请了他的姐夫，埃里克·伯根格伦（Erik Bergengren）来处理此事。三人组持续工作了5年，伯根格伦在档案室里辛勤工作，赫丁负责撰写，伯根格伦随后进行事实核查，最后由斯托勒进行终审。

这份孜孜不倦工作的成果一直保留至今，书稿保存在16个匿名的黑色文件夹中。经过一番查找，我设法在诺贝尔基金会的地下室里找到了书稿。我当然是把里面的内容翻了个底朝天。伯根格伦非常专业，他似乎真的把档案全都看完了。有关排序的要求在他们的书稿中仍有体现，有时这种20世纪50年代的审查制度，现在看来十分有趣。

例如，1958年1月，斯托勒不赞成作者赫丁转载诺贝尔宣称自己是社会民主党人的名言。毕竟，这么做会让美国读者对诺贝尔"产生完全错误的印象，社会民主党希望……将生产资料国有化。至少可以这么说，诺贝尔几乎不可能会想见到这样的局面"，斯托勒写道。他似乎没有意识到，这种荒谬的事实已经在1926年诺贝尔基金会出版的第一本传记中发表过。

瑞典裔美国作家赫丁被一再告知，任何对诺贝尔的个性、思想和情感生活的反思，都不能出现在新书中。刊登诺贝尔本人笔下的轻率文字，时机也没有成熟。伯根格伦有趣地复述了诺贝尔的一封信，其中谈到了诺贝尔心仪才华横溢的女性。"对大脑的兴趣胜过对性器的兴趣。阿门！"诺贝尔如是写道。他还将无可挑剔的商人比喻为"圣母玛利亚"。伯根格伦觉得这些言论听着有些露骨，难以引用，但他还是不愿放弃。

所有这些言论都可能给一个致力于创造的捐赠者抹黑。"因为你们想表达的是，他是一个绝对的正人君子，嫉妒或争强好胜之类的东西在他身上完全不存在。他是一个好人，具有优秀而罕见的大脑、心脏及心灵。"伯根格伦说道。仿佛诺贝尔不应是一个有血有肉的普通人。

五年后，纳博斯·赫丁完成了25章的写作。接着就遇到了挫折，美国的出版商认为他的书太枯燥乏味，没法出版。相反，斯托勒却要求姐夫将材料缩减为更精悍的“信息手册”。埃里克·伯根格伦备感震惊，他眼睁睁看着这五年的详细档案研究基本白费了。尽管如此，他还是顺从指令，制作了一本薄薄的概述类传记。该传记于1960年成为瑞典第二部关于诺贝尔的官方著作，同样也没有任何参考文献标注。

从那时候起，关于诺贝尔生平的大部分信息都出自这两本书，而非其他一些主要来源，尽管诺贝尔基金会几十年来一直都隐藏着重新润色的野心。今天，诺贝尔被隐藏的档案终于被打开，其内容不需要接受任何审查或控制。

随着数字化的发展，研究任务也不再让人喘不过气来。我打算亲自试试。我的目标是独立撰写第一部有关诺贝尔的事迹和背景的书，其中需要利用一手来源资料并进行仔细研读。我发现，要去他曾居住的各个国家的档案馆里翻查资料，是不可避免的一项挑战。

但有一件事我此刻心知肚明。故事必须要从他的父亲伊曼纽尔·诺贝尔和诺贝尔出生那年的情景开始说起，这两点对后来所发生的一切都至关重要，并且这一部分也存在许多空白之处待后人填补。

第一章
天生我材必有用

伊曼纽尔这个名字的意思是“上帝与我们同在”。但31岁的建筑师伊曼纽尔·诺贝尔所面对的生活仿佛不是这样的，无论是在1832年元旦前还是元旦后。

早在少年时代，诺贝尔的父亲就踏上了前往地中海的航海之旅，他怀疑根据教会所谓的“圣书”来经营生活是否有真正的意义。人就不能为死后永生而活吗？毕竟，上帝的造物，奇妙的大自然，此时此地就存在他们身边，它们都尖叫着要为人们所用，助推人类文明的进步。

所以书上写的都是虚伪的。伊曼纽尔记得，还是一名客舱男孩的他，曾目睹醉酒的天主教教徒在港口的妓院里迷失了自我。他蔑视这种行径，就像蔑视醉酒狂欢后，愚蠢的瑞典军官留下烂摊子让他打扫一样。当年他年仅16岁，但他在船上立下了人生的座右铭：“天生我材必有用，相信别人不如相信自己。”[1]①

在1833年新年，这种生活方式将面临严峻的考验。伊曼纽尔·诺贝尔多年来一直是斯德哥尔摩的建筑师和机械工程师。他在斯德哥尔摩郊外的长岛（Långholmen）租了一间破旧的砖房。他和他的妻子，29岁的安德丽塔以及两个儿子，三岁的罗伯特和一岁半的路德维格居住在那里。

伊曼纽尔和安德丽塔在四年来的婚姻中时常搬家，习惯了人生的起起伏伏。伊曼纽尔的建筑有的出名且受人敬仰，有的却以灾难告终。在圣诞节期间就已经很清楚，1832年将成为自长子埃曼纽尔②于1829年夭折（当时他年仅一岁）以来这个家庭最黑暗的一年。

---

① 资料来源和注释详见随书赠送别册，需要使用的读者请对照查询。

② 与侄子同名。——译者注

1832 年 3 月，伊曼纽尔被迫将长岛的土地所有权交给区长作为贷款担保。索赔的事情仍旧在他的脑海中盘旋，就在圣诞节前，一些客户和员工给市政厅的法院写了一封联名信，要求法院判伊曼纽尔·诺贝尔破产。他们甚至呼吁执法人员把伊曼纽尔抓起来，因为有传言说他离开了这座城市，而且很有可能逃到了梅拉伦湖周边的另一座岛上，以躲避债权人。

在最后一刻，伊曼纽尔成功获得了一个月的缓刑期，以期和对方达成和解。缓刑的截止日期是 1833 年 1 月 5 日，主显节[2]。

伊曼纽尔·诺贝尔早前的发家，依靠的是他自身的勤奋和他的聪明才智，以及他对夯实家底和更美好的生活的不懈追求。能居住在难以到达的长岛，就是一个显而易见的例子。三年前，伊曼纽尔从一位丈夫刚去世的寡妇手中接手了土地和旧砖房的租赁权。在他向当局申请将租约再延长 40 年时，原来租约上的签名墨迹几乎都没干透。如果能延长，他承诺建造一栋带阳台和转弯柱的两层洋房，等 10 年的租约到期后，市政厅可免费接管这栋房子，伊曼纽尔申请时附上了清晰整齐的彩色绘图图纸。他得到了肯定的答复。据说，市政厅对这块地方还不是特别感兴趣。[3]

1832 年最后一天，据说这座富丽堂皇的十室别墅就要完工了，可惜负债累累的伊曼纽尔无福享受，一家人仍住在破旧的棚屋里。真不巧，因为就在新年刚过的前几周里，安德丽塔显然又有了身孕。

儿子取名为阿尔弗雷德。他将成为伊曼纽尔所有儿子中继承父亲的品质最多的那位——想象力、创造力、精力、对体制的蔑视、脾气、接受力，以及在没有接受正规教育或没受教育的情况下依旧能在生活中走得很远的能力。简言之，天生我材的自信。

这种传承在父子身上体现得淋漓尽致，以至于许多人认为，如果不先了解伊曼纽尔，就不能谈自己多了解诺贝尔。

*

此时的长岛还只是一个光秃秃的岩石岛，绿化有限。它与斯德哥尔摩城区隔着相当大的距离，岛民也被另一侧的海伦堡（Heleneborg）和斯金纳维克山丘（Skinnarviken）交会的山脉隔绝着。

在许多方面，这个岛屿适合建造监狱，而不适合带小孩的家庭居住。距离诺贝尔家族在肯纳普城的砖房仅“几英寸[①]”的地方，也是瑞典南部惩教所的所在地，逾900名囚犯在这里切割石头和服刑。伊曼纽尔曾多次在这个机构的囚犯中招募建筑工人。结果好坏参半。有一次，伊曼纽尔手下的一名囚犯越狱，最终在奥克斯托大街（Oxtorgsgatan）的凯撒贝里格伦酒馆（Cajsa Berggren）因偷烟刀被抓。

轮船只是在往返于骑士岛（Riddarholmen）的途中碰巧经过长岛。除此之外，对于那些负担不起租用司机，又没法克服在崎岖不平的鹅卵石滩上跋涉的人来说，抵达长岛的公共交通工具尤为稀少。好在伊曼纽尔拥有一艘划艇，但从各方面来判断，这可不是什么能在陆地上跑的马。对于了解斯托尔广场（Stortorget）和古斯塔夫·阿道夫广场（Gustaf Adolfs torg）周围的城市脉搏的人，他们可以在斯鲁森船闸（Slussen）的桥上漫步，或者在南梅拉伦湖海岸（Söder Mälarstrand）跳上所谓的女士划艇。

这些船有各自的缺点。划船的女士因为言行举止较为粗鲁而遭人诟病。僧侣桥（Munkbron）附近还出现了令人作呕的“苍蝇集散地”，这其实是一个垃圾和粪便的倾倒场。伊曼纽尔本人因为在“苍蝇集散地”倾倒大量建筑泥土，成为获罚款3里克斯达勒[②]和16先令的人之一。一年中大部分时间，这个地方的空气中都聚集了“数百万只蓝绿色和黄色的大苍蝇”，看着灰突突的，“苍蝇集散地”因此得名。当秋天到来，天空飘来一片阴云，常有流浪汉爬进垃圾和马粪堆里寻找躲避寒冷夜晚的容身之地。

排泄物是另一个重要的社会问题。在斯德哥尔摩的大街上，“马桶女孩”在街上摇摇晃晃地走着，挑的杆子上是一个个马桶，目的地是位于水泵附近的排污口。马桶经常会在途中掉落，因为挑马桶这活儿可是个挑战，“马桶女孩”总要停下来喘口气。难怪19世纪初的斯德哥尔摩被认为是欧洲最肮脏、最不卫生的城市之一。但恶心难闻的粪便和死亡率之间的联系并不是所有人都清楚的，当局反而声称，斯德哥尔摩创纪录的死亡人数与“过度饮用白兰地”有关。冬季的斯德哥尔摩是最黑暗的城市之 。从9月到次年3月，整个首都在夜晚完全依赖油灯。在出了几个野火事件后，当局对生火的规定已经收紧。户主们通常租用特殊的打火照明灯来代替油灯。午夜前后，路灯基本完全熄灭。在那之后，在没有手灯也没有牛油蜡烛的情

① 1英寸=0.0254米。

② 银币，瑞典旧时货币。——译者注

况下，任何人都不能在斯德哥尔摩的街道上走动。

1832 年 12 月 31 日星期一，许多人提着手灯来辞旧迎新。克劳拉海滩大街上广受欢迎的科尔斯坦斯卡小屋（Kirsteinska huset）举办了一个化装舞会。报纸上的广告建议客人要表现出在“一个有素养的社交圈”的样子。所有携带武器的人，即使只有一根棍子，都会被要求异地存放，因为诸如此类的武器“并非属于必要装扮的一部分”。[4]

出于诸多原因，伊曼纽尔和安德丽塔那天傍晚并没有出现在科尔斯坦斯卡的小屋里。

*

大火爆发在新年前夜的凌晨。据说，一根铺了瓷砖的炉管爆裂，之后火焰蹿上床头板，人们进行了第一次扑救。不久，诺贝尔家在肯纳普斯塔德的房子也有一部分着火了。教堂的钟敲响了两声，这是南马尔姆区发生火灾的信号，斯德哥尔摩的运转陷入停滞。命运现在寄托在城市的消防员和久经考验的消防副官弗雷德里克·贝克（Fredrik Bäck）的身上。

一场突如其来的严寒风暴席卷了斯德哥尔摩，正好赶上新年庆祝活动，为其送上一股强劲的东南风。但这并不是消防员陷入灭火困境的唯一原因，南马尔姆广场的第一个消防栓被发现失效，召集起来的消防员不足以应对长距离的扑火，尤其是其中不少人都在这一夜喝得醉醺醺了。贝克被迫自掏腰包来聘请司机，以最快的速度将储水器和水管运送到长岛。

幸运的是，住在这间屋子里的一家人似乎身处另一个地方。

诺贝尔家中的大火火势迅猛，威胁到了隔壁的监狱，当局只好下令释放囚犯。有些囚犯不得不抱着水管奋力灭火。其他囚犯则被命令冒着高温的危险，帮忙把房子里的家具搬出来。这些囚犯本以暴动和暴行闻名，之后却在《晚报》中受到赞扬。长岛上的一位房主在《晚报》上写道：“（这些囚犯）没有任何卑鄙的行为，也没有人尝试逃跑或私自藏匿所获的钱财。”

傍晚时分，火势仍未得到控制。对于在去参加舞会和看新年大秀路上的斯德哥尔摩人来说，这让他们想起黑暗天空映衬下的红色火光。灭火工作一直持续到凌晨，十二点后，一场寂静的降雪为灭火工作提供了有利条件。[5]

直到第二天灾难才真正了结。整栋楼都被烧毁了，附近的一个布料仓库也未能幸免于难。诺贝尔家的大部分家居用品和能想到的各种家具也都毁于一旦。三个装有伊曼纽尔精细建筑图纸的大型公文包也被烧毁。囚犯们设法挽救了一张破损的绘图桌、一张双人床、一张橡木软垫沙发和一个"女士抽屉柜"。[6]

幸运的是，这场大火无人伤亡。诺贝尔一家仍踪迹全无。当警察局要求对大火进行深入调查时，伊曼纽尔仍然没有到场。粗心大意引发火灾在当时是一项严重的罪行。1822 年的大火导致当时布拉希霍尔门半岛（Blasieholmen）和圣灵岛（Helgeandsholmen）的大部分建筑被摧毁，这件事还历历在目。即使没有造成任何损失，导致起火的人也可能遭到严厉的惩罚，例如星期天被关在教堂里或去监狱里蹲几天。

诺贝尔家的邻居参加了警察局里组织的听证会，在场的还有簿记员和一名建筑商。他们还请来了几个西点店老板，尽管在新年前夜被任命为消防队长，但这些人忽略了"投入人力"一事。在记录中，警方写道，搜查"指挥师（建筑师）伊曼纽尔未果"。[7]

直到火灾爆发的四天后，伊曼纽尔才终于出现在这座城市里，当然并不是警察抓来的。他需要一份报告，并在玛利亚·玛格达莱娜教区找到一名牧师助手。伊曼纽尔让这位助手写书面报告，声明他们家已经搬迁到梅拉伦湖地区更西边的里德岛，同时声明他是一位正义人士，体现出他"对基督教有完备的知识、高尚的行为，并和教会有适当的交流"。[8]

接下来的一周里，伊曼纽尔在里达胡斯广场的市政厅法院提交了自己的破产申请。他援引了新年前夜的大火，"在我不在场的情况下发生，而且我个人不存在过错"，因为大火，他的大部分财产都被烧毁。申请书上的笔迹有些潦草，他还提到了其他一些让他无力偿债的意外事件，都是和他建筑上的事务有关的。在斯库鲁颂德桥（Skurusundsbron）上的浮桥施工期间，整个桥箱连同三艘装载建筑材料的驳船全部沉没。僧侣桥附近彼得森斯卡之家（Petersénska huset）的翻新工程也以血本无归告终，因为房屋的地基状况不佳，他不得不全部重建。

伊曼纽尔承诺放弃属于他的"从火灾中拯救出来的财产"，他估计这些债务的价值是 11 698 里克斯达勒，按今天的货币计算约为 500 万瑞典克朗。

1833 年 7 月 22 日星期一，伊曼纽尔在市政厅法院里被带到 47 名债权人面前。

在他们愤怒无比的索赔信中，凝聚了人们生活的点滴。包括画家、泥瓦匠和工人的未付薪资，还有蹄铁匠、玻璃匠、瓷砖烤箱制造商、锡匠、酿酒商和批发商的货款，账目数字最小精确到先令。信件中还用粉笔注明了好多未取的货物——瓷砖炉子、栅栏柱子、螺丝、洋钉、白兰地、软饮、黄油、鲱鱼和比目鱼，还有一件黑色外套和一副雪橇，以及 12 瓶马德拉酒。

看来，在火灾发生前的最后几个月里，伊曼纽尔被迫支取了相当一大笔贷款来发日结薪资。

尽管如此，最糟糕的是不满意客户的索赔。伊曼纽尔既没有完成斯库鲁颂德桥和彼得森斯卡之家的工程，也没有完成地窖大师昂儒（Anjou）要求的为斯图尔广场的房子做的翻新工程。

这是一场灾难、一场浩劫，市政厅法院需要近一年的时间才能彻底解决这件事。伊曼纽尔的内弟、海关主管路德维格·阿尔塞尔（Ludvig Ahlsell）曾几次帮他办理保释，伊曼纽尔也趁此机会还清了部分债务，在一定程度上缓和了债务纠纷。[9]但情况还是很严峻。伊曼纽尔的妻子安德丽塔很快就要分娩，一家人迫切需要一个新房子。

伊曼纽尔·诺贝尔有他的生活方式，他性格中带着狂热的乐观主义。最重要的是，他是一个有创造力的人。而这次，他摆脱困境的方式也将决定整个家庭的未来，以及他尚未出生的儿子阿尔弗雷德·诺贝尔的未来。

*

诺贝尔家族痛苦地意识到了将这个孩子带到这个世界上将会面临的风险，当时只有六分之一的新生儿能够在第一年存活下来。或者，正如奥古斯特·斯特林堡（August Strindberg）① 后来所说的那样，“婴儿室的墙壁上总会粘上葬礼上发的焦糖的黑色糖纸”。[10]

1833 年秋天，当局警告说，霍乱疫情已在欧洲大陆肆虐数年。长期以来，专家认为，这会对斯德哥尔摩乃至瑞典产生严重威胁。报纸上每天都能读到有关首都民众的内容详尽的健康状况报道。

① 瑞典大文豪。——译者注

伊曼纽尔、安德丽塔和两个儿子暂住在诺尔兰大街9号的一座石头房子里。这座房子共有三层，侧翼面向庭院，院子里有一个木工车间和一个带有木棚、种甜菜的棚与马厩的附属建筑。整栋房子很小，但带有一个门厅、瓷砖烤箱和一个带炉灶的厨房。[11]

这片社区不属于斯德哥尔摩最贫困的地区，但也远非高档住宅区。拐角处是帕卡广场（Packartorget），也即今天的北马尔姆广场（Norrmalmstorg），还有一个马桶倾倒场。在帕卡广场湾，或称“猫之海”（Katthavet）的地块后面，有一片备受谴责的沼泽地，不仅容纳了附近的垃圾，而且还成了猫的公共墓地。根据当时一些观察人士的说法，帕卡广场湾的水质“差得不寻常”。[12]

不出所料，第二年该地区首个霍乱病例就是在帕卡广场的一栋房子里被发现的。在短短几个月内，斯德哥尔摩仅有的8万居民中有超过3500人死亡。这个国家的第一波霍乱疫情夺去了12 500人的生命。

霍乱的发病症状很明显——水样腹泻、口渴、肌肤出现蓝色皱纹。然而，没人能确切地诊断病因，也很少有人听过有关水质污染的警报。许多医生猜测这是一种破坏神经系统的毒素，但无法弄清楚它的来源。当时的人们普遍认为，霍乱的暴发和血红色的月亮及流星雨有关。当时规定的治疗手段是放血和用水蛭吸血。

意识到脏水是霍乱的传播源这一点还要再过20年。直到1883年，德国医生罗伯特·科赫（Robert Koch）才证明了霍乱弧菌的存在。他将在1905年获得诺贝尔生理学或医学奖。

*

1833年10月21日星期一，斯德哥尔摩人民面临的健康风险得到了控制。霍乱已经远去，邮报和国内报纸上的健康警报大多是关于肺炎和流感的。

《晚报》提请民众注意，国王卡尔十四世·约翰（Karl XIV Johan）的内阁和“国内步枪制造补救措施”特别委员会的第一次会议就要召开。最近委员会或许会用一种新型步枪进行第一次试射。报纸还指出：“实验中使用的火药是过去仓库里闲置的旧形劣质火药。”

本周一，助产士约翰娜·哈马斯泰特（Johanna Hammarstedt）被传召到诺尔兰大街9号的诺贝尔家中。她是一名寡妇，住在城市的南部，似乎离得有些远。

根据报纸上的反复宣传，那一代有很多“宣誓过并有优势”的助产士。只要快速翻阅一下教堂档案的洗礼名册就能找到解释。伊曼纽尔和安德丽塔想要有安全感，之前也是约翰娜·哈马斯泰特帮忙接生的罗伯特和路德维格，还有不到一岁就夭折的长子。

现在又是接生的时候了。约翰娜到岗后，30 岁的安德丽塔·诺贝尔诞下了小儿子，取名为阿尔弗雷德·伯恩哈德·诺贝尔。两天后，他接受了洗礼，这是例行公事，没有迹象表明新生儿有任何危急情况，至少那会儿没有。两天的时间也足够召集被选定的教父教母，包括安德丽塔的母亲——54 岁的女服务员卡罗琳娜·威廉明娜·阿尔塞尔（Carolina Wilhelmina Ahlsell）。此后不久，连带新出生的孩子，作为三个孩子的父亲，伊曼纽尔·诺贝尔在人口普查中被列为“穷人”组别。[13]

*

培养伊曼纽尔长大的瑞典，当时是一个贫穷的国家，但曾经也是一个大国，现在正在努力寻求突破原有身份，力争成为北欧角落里的民族国家。19 世纪 30 年代的最初几年，对建筑师和机械工程师伊曼纽尔来说非常艰难，报纸上天天刊登破产企业的名单，数年来出乎意料的寒流也导致农作物歉收。在 19 世纪 30 年代，穷人的需求成了瑞典社会辩论的核心议题。从欧洲大陆传来的革命情绪在广大人民群众中轰轰烈烈地蔓延开来。1830 年 7 月，巴黎市民起义，反对专制君主查理十世，理由是他禁止了新闻自由和选举自由。在欧洲的一些国家，激进的自由主义者大声疾呼，抗议王室暴政，瑞典也不例外。

截至 1833 年，瑞典国王卡尔十四世·约翰已经在位 15 年，但他自始至终只会说法语。他为家乡的恐怖场景所困扰，放眼望去尽是阴谋和潜在的刺客。怀疑是他一个显著的性格特质。他在 20 多岁作为王储的时候，做的第一件事就是创建了秘密的瑞典安全警察队伍。此外他还设法获得了起诉和撤回质疑他统治的报刊的权利。在巴黎腥风血雨的七月革命后，他多次使用这项权利。有时候，19 世纪 30 年代的瑞典会让人联想起一种较为温和的警察国家。

卡尔十四世·约翰的原名和头衔是陆军元帅让·巴蒂斯特·贝纳多特（Jean Baptiste Bernadotte）。他原是 1809 年古斯塔夫四世·阿道夫国王被流放后，在王位继承的一片混乱中，从拿破仑统治的法国所派去的。在对法国和沙俄的战争失利后，原先的国王在屈辱的条件下被捕，并被迫退位。1809 年，瑞典人在芬兰全境被沙俄吞并后陷入痛苦，许多人将全部责任归咎于古斯塔夫四世·阿道夫。

在气愤和沮丧的贵族中，很快萌生了一个想法，即一个钦点的法国贵族说不定能拯救现在瑞典已经失去的东西。像让·巴蒂斯特·贝纳多特这样的高级将领应该能够合理应对拿破仑·波拿巴（Napoleon Bonaparte），并应对从大敌沙俄手中重新夺回芬兰的挑战。事不宜迟。被废黜的国王的叔叔卡尔十三世（Karl XIII）在 1809 年被加冕为国王，这算作是一项过渡方案。他没有子嗣，并且本人已中风。

47 岁的让·巴蒂斯特·贝纳多特被生病的卡尔十三世收养，取名为卡尔·约翰（Karl Johan），并在 1818 年加冕，在此之前就已操持国事多年。瑞典最终与拿破仑开战，并没有将手伸向宿敌沙俄，这算是意料之中的事情，但这惊世骇俗的转变对伊曼纽尔和他的家人来说，并非没有意义。

瑞典贵族们笑得前仰后合。他们没有考虑到这位法国的卡尔·约翰对瑞典世代继承的对于沙俄的仇恨缺乏最根本的理解，也同样没料到他和拿破仑之间的感情如此脆弱。波拿巴是一个与温暖毫无关系的人。当拿破仑于 1812 年发起对莫斯科的伟大战役时，沙皇亚历山大一世（Alexander I）邀请当时还是王储的卡尔·约翰在图尔库[①]举行会议。按照这位王储的计划，他理应拒绝，但未曾想，他最后赴约了。这一举动为沙俄与瑞典之间的友好关系建立了良好的开端。瑞典甚至还参与了沙俄和拿破仑的交战，当卡尔·约翰希望拿破仑的盟友丹麦，将挪威割让给瑞典时，他得到了沙皇的支持。这一愿望后来得以实现。1814 年签订《基尔和约》（*Kielfreden*）后，瑞典和挪威成为联合王国。脾气暴躁又经常感冒咳嗽的卡尔十四世·约翰将成为挪威—瑞典联盟的国王。

自 1815 年拿破仑倒台后，瑞典的外交政策一直非常注重平衡英国和沙俄之间的关系。尽管和沙俄并没有太多摩擦，但在 19 世纪 30 年代，卡尔十四世·约翰仍旧与亚历山大一世的儿子，同样也是沙皇的继任者，尼古拉一世（Nikolaj I）保持着密切的交往。

诺贝尔家族也将和新沙皇尼古拉一世产生许多交集。

① 芬兰旧时首都。——译者注

*

伊曼纽尔声称在现实生活中看见了拿破仑·波拿巴。这件事发生在他十几岁的时候，地点是地中海的海面上。在厄尔巴岛郊外的寂静之地，年轻的伊曼纽尔设法用他的双筒望远镜捕捉到了这位遭到流放的前皇帝。这次体验太强烈，多年后伊曼纽尔在他的自传笔记中都忍不住记录下这一幕，还对此进行了不少加工和修改。

伊曼纽尔还见过卡尔十四世·约翰。他在回到耶夫勒（Gävle）后，父亲在那里担任医院医生，当时他是建筑艺术和建筑理论专业的学徒。不久以后，新加冕的国王在 1818 年途经耶夫勒的埃里克大街，据说伊曼纽尔当时迅速给这位站在“凯旋门”（äreporten）的人物画下了素描。

精力充沛的伊曼纽尔随后继续前往斯德哥尔摩自由艺术学院，学习建筑和力学。他继承了诺贝尔家族大部分的艺术才能。家族有一位祖先是微型画家，曾被选中为世界著名的植物学家卡尔·冯·林奈（Carl von Linné）画肖像画。据说，伊曼纽尔务实精明的特质遗传自他的曾祖父、博物学家和哲学家奥洛夫·鲁德贝克（Olof Rudbeck）。姓氏带有一种贵族又略有异国情调的特质，这对家族成功显然有帮助，但实际上，诺贝尔其实只是瑞典斯科讷地区地名诺贝略芙（Nöbbelöv）的变体罢了。[14]

在艺术学院里，年轻的伊曼纽尔被视为一颗新星，经常出现在年度奖牌获得者的名单上。他有幸与当时最知名的建筑师之一弗雷德里克·布洛姆（Fredrik Blom）一起学习，布洛姆曾经在耶夫勒看过凯旋门，并对此留下了深刻的印象。作为学徒，伊曼纽尔夜以继日地为让布洛姆成名的可移动房屋勾画草图。如果非要他说的话，布洛姆的实际学识与他相比，差得远了。伊曼纽尔心中的这些想法时不时会流露出来，这让他和 20 岁的大师布洛姆的相处产生了一些摩擦。

在做学徒期间，伊曼纽尔曾与国王卡尔十四世·约翰一起前往挪威，但他自然排在随行人员的最末尾。国王要在克里斯蒂安尼亚（Kristiania，现如今的奥斯陆）建造一座新城堡，而伊曼纽尔的职责便是协助起草图纸，提供建议。光是骑马和坐马车的旅程便花了一周的时间，这是他返回斯德哥尔摩的一次考验。“国王去的一路上天气晴朗。第二天才出发的我们，不仅被雨淋湿，雨水还仿佛滴入了我的灵魂，”这是他在回忆录中所描述的情景，“直到我们经过霍恩斯图尔，雨才停。”

一天，他和布洛姆一起到罗瑟城堡（Rosersbergs）拜访卡尔十四世·约翰。国王提出一个要求，想从卧室的窗户毫无遮挡地看到西格图纳（Sigtuna），伊曼纽尔立马就对图纸做了修改。一天早晨，他找人帮忙一起把树砍下来，这份行动力让卡尔十四世·约翰备感高兴，并以25枚金币的奖励作为感谢。[15]

充满创造力的伊曼纽尔看起来前途无量。1828年与安德丽塔结婚后不久，他还为一些发明申请了专利，包括刨床和轧钢机。[16]在设法挽救一座濒临倒塌的房子后，伊曼纽尔一举成名，以至于后来的建筑和施工工作占据了他的全部精力。据说，伊曼纽尔·诺贝尔还在19世纪20年代后期为动物园岛设计了所谓的维兰思卡别墅（Weylandtska villan）。[17]

事后看来，他的工作可能太多了。

*

破产案的判决书于1834年7月14日下达。对于伊曼纽尔来说，这是一份沉重的文件。其中一部分债务被撤销了，但剩余的债务金额仍然很高，以今天的货币计算，价值接近300万瑞典克朗。他没有办法筹集资金来填补如此庞大的债务缺口。[18]他的大多数债权人都身处建筑行业，因此建筑行业的大门等于对他关闭了。伊曼纽尔别无选择，只能尝试寻找新的谋生方式，同时还要寻找另一个住宿的地方。

家有三孩的诺贝尔家族从诺尔兰大街搬到了安德丽塔母亲卡罗琳娜·阿尔塞尔的住处，她在政府大街67号租了一套公寓，自己则在谷仓地（现在的东马尔姆区）另辟了一个住处，让这个年轻的家庭终于有了一套自己的公寓。[19]在接下来的几年里，这个家庭辗转各个地方落脚，这对每个家庭成员来说一定都是很沉重的压力，尤其是最小的诺贝尔，他是个病弱体虚的孩子。“我几乎无法鼓起力量来清肺，总要不停抽搐，直到我站在虚无的悬崖边喘着粗气为止。”这是18岁的诺贝尔在一首自传体的诗歌里所描述的情形。[20]

安德丽塔·阿尔塞尔被早期的传记记者描述为一个聪明温柔的人，具有冷静的特质、“充满爱的力量”以及出色的幽默感。[21]这些品质可能是应对紧张局势、忍受略显暴躁的丈夫伊曼纽尔所有野蛮手段和计划所必需的。

伊曼纽尔并不是没有主意。在事业受挫后，他不得不依靠自身的创造力。除此之外，他还根据他在耶夫勒认识的儿时朋友、银行职员和插画家费迪南德·托林

（Ferdinand Tollin）的构思，制造了一台用于印钞的机械编号机，并申请了专利。[22] 1834 年 11 月，他还提交了自己的橡胶制品专利申请。为了从债权人手中拯救自己，他以儿子罗伯特·诺贝尔的名义写了这份申请。罗伯特当时只有五岁。当专利申请信于 1835 年 4 月送达时，伊曼纽尔表示道歉，说他只是不小心“错误”使用了儿子的名字，并附上了一份证明，说明自己的破产情况不存在任何欺诈行为。[23]

伊曼纽尔的新专利涉及弹性织物制造。几年前，英国人查尔斯·麦金托什（Charles Macintosh）创造了一种可制作雨衣的橡胶面料。这个产品引起了瑞典的兴趣，因为瑞典人常常需要在雨天乘坐敞篷车厢，身上需要穿防水的东西。那几年里，在国王岛上，拉姆家的皮埃尔和李奥帕德兄弟（Pierre & Leopold Lamm）生产了一种类似英国面料的雨衣，但这种雨衣有个问题——闻起来很臭。伊曼纽尔申请的专利中有一项创新，他承诺他的产品没有异味。此外，他还发现了更多的应用领域。伊曼纽尔强调，这种橡胶不仅防水，还可以充气。

伊曼纽尔的内弟在骑士大街 20 号租用了新橡胶厂的场地，伊曼纽尔为此在报纸上刊登广告。他举例说明了他能使用自己的橡胶所制作的各类产品：背带、尿失禁患者的储尿器、肥胖症患者的胃袋、吊带、外套、行李袋、“用于游泳和航行时安全”的游泳带，以及“防止病人生褥疮的装水床垫”。[24]

如果你相信伊曼纽尔写的自传笔记，那么奥斯卡王储，也就是卡尔十四世的儿子，渐渐对这些橡胶制品感兴趣了。他曾经听说过士兵的防水斗篷，但伊曼纽尔建议士兵应该使用由橡胶制成的背包。伊曼纽尔认为，这样做最大的好处是，背包有两种用途，晚上可以充气作为士兵的枕头或者是床垫。

伊曼纽尔的广告里充满了宏大的愿景。尽管如此，他还是没有获得大量订单，雪上加霜的是，王储对这个专利的兴趣也逐渐减弱，但最终橡胶仍会为他打开一扇门。

伊曼纽尔与他在耶夫勒时所结识的朋友、插画家费迪南德·托林有许多共同点，不仅仅是艺术上的天赋。他们都无法停止研究新的技术发明，两人都梦想着能凭借天才之举，一次性解决所有财务问题。同时期的一位作家将托林描述为“一个吵闹的人”，一个“（过去）总是处于高度紧张的状态，充满绝妙想法，并且蔑视、憎恶恶霸和流氓的人”。这些特征同样也适用于伊曼纽尔·诺贝尔。[25]

除此之外还要加上无限的自信和对所有社会权威尤其是教会的不信任，这些加在一起，就塑造了一个在当时推动人类知识和科学进步的人物形象，这样的人也不算罕见。

*

诺贝尔恰好出生在科学史上迄今为止最激动人心的时代。这自然对诺贝尔奖的设立起到了很大的作用。在诺贝尔的一生中，世界在象征意义和字面意义上都从黑暗迈向了光明。即便他永远无法真正称自己为一名科学家，但这股思潮对他产生了巨大的影响。

18 世纪末以启蒙思想和对人类理性的信仰为标志。伏尔泰和其他启蒙运动的哲学家攻击教会，抨击被他们视作迷信和宗教迷雾的现象。他们认为，人类的智慧可以让一个人完全有能力用事实与科学来分析和解释世界。当然，这些说法对当时有权有势的教会领袖来说，是极具挑衅性的。这些教会领袖认为，地球上的所有生命都是神圣的，所有关于存在的知识都掌握在上帝的手中。

这场拉锯战并不是从启蒙运动开始的。纵观历史，有许多例子都表明，教会对那些试图提出与《圣经》的内容相悖的科学解释的人，做了强烈反应。在 16 世纪初，哥白尼声称，太阳并没有绕着地球转，而是地球绕着太阳转。100 年后，意大利的伽利略·伽利雷证明了哥白尼是对的。他建造了一台望远镜，观察整片苍穹，并提供了能解释说明的天文数据。天主教会的反击并不仁慈，教会（在哥白尼死后）严格审查了哥白尼的著作，当时其著作正渐渐广泛传播起来。而伽利略则被带到了宗教裁判所，余生都在软禁中度过。

成年后的诺贝尔写了一出戏剧，在其中嘲弄了天主教会，并赞扬了伽利略和其他受苦的科学家："他们是世界上第一批达到更高目标的领路人，而不像其他人只会烧死我们的同胞、晒干他们的大脑。"[26] 精神信仰和人类知识之间的张力是诺贝尔一生都在思考的问题。

艾萨克·牛顿在 1687 年发表了他关于运动和万有引力定律的开创性著作《自然哲学的数学原理》，当时的情况有所好转。牛顿提出，宇宙是受数学法则而非神圣法则所支配的。即便如此，他仍旧是自由的。也许这与牛顿信仰虔诚有关，他在书的末尾仍旧歌颂神明。即使是科学研究，也可以被视为一种宗教信仰，他说："上帝是全能的，万物始终存在于他的创造中，通过对自然的研究，我们获得了有关上帝的知识。”[27]

在诺贝尔出生前后的几年里，这场拉锯战中记录了一系列有象征意义的划时代事件。天主教会突然决定将哥白尼近300年前的著作《天体运行论》从其禁书清单中删除。这确实是一个里程碑（尽管直到2000年，天主教会才推翻宗教裁判所对伽利略的判决）。

另外一件同样重要的事情是德国化学家弗里德里希·维勒（Friedrich Wöhler）在1828年的突破。一次偶然的机会，他成功地通过人工途径生产了一种“活的”有机物质，这是对神圣生命力信仰的一种极大的挑战。维勒成功创造了一种合成尿素，与所有哺乳动物尿液中的尿素是相同的。但重要的不是这个创造，而是它打破了一项原则：维勒在试管和生物体内发生的过程之间架起了一座桥梁。在那之前，教会一直声称这不可能，换言之，上帝对生命拥有专有权。

这种转折点在多个领域内相继出现。例如，地质学家提出了令人信服的观点，表明地球要比《圣经》解释的6000年要古老得多。1837年，查尔斯·达尔文（Charles Darwin）为他在进化论方面的开创性著作撰写了第一轮笔记，该著作后来以《物种起源》（*On the Origin of Species*）为书名出版。他的自然选择理论、适者生存的物种进化论，原则上早在1839年就已经成熟了。但这些理论具有颠覆性，是对《圣经》里所描绘的内容的挑衅。达尔文等了20年，终于在1859年发表了这部作品。

但世界需要更长的时间才能迎来19世纪初最伟大的化学突破。早在1803年，化学家约翰·道尔顿（John Dalton）就提出了他的原子理论，从而复活了古希腊德谟克利特（Demokritos）2000多年前的想法，即所有物质都是由非常小的构件“原子”所组成的。道尔顿认为，每种元素都由不同且不可分割的微观原子组成。他还认为，几个原子通过化学反应可以形成我们今天所说的分子。当时没有多少人相信他。过了100多年，一位年轻的未来诺贝尔奖获得者阿尔伯特·爱因斯坦最终证明了原子的存在。

此时著名的瑞典化学家永斯·雅各布·贝采利乌斯（Jöns Jacob Berzelius）是少数几个早期被道尔顿的推理所说服并试图发展其理论的人之一。顺便说一句，贝采利乌斯也是1834年斯德哥尔摩霍乱流行期间见识出众的人之一，他声称疫情可能与传染性物质的传播有关，并非空气质量差或是天文气象出错。

一场渴望增加生活确定性的运动席卷了全球。在越来越专业的科学家和发明家面前，存在的最深处的秘密就像一块未被开发的大陆。即使对于一个足智多谋的创新者来说，也有许多问题需要捋清。

*

伊曼纽尔·诺贝尔所接受的教育与其说更科学，不如说更实用更偏技术。他的兴趣和他的作品也是如此。但他认识永斯·雅各布·贝采利乌斯，并试图利用一下这个熟人。

1836 年 9 月，诺贝尔家添了一个女儿，伊曼纽尔和安德丽塔给她取名为夏洛塔·亨丽埃塔·威廉明娜（Charlotta Henrietta Wilhelmina）[28]。家里多了一个人需要填饱肚子，伊曼纽尔比以往任何时候都更渴望成功。但他仍旧保持着乐观，可是经济上的翻身又拖了一阵。

1837 年春天，这位有四个孩子又富有创造力的父亲给国王和内阁，或者是政府所称的皇家少校写信，请求将王室的部分场地用于他的橡胶业务。他自豪地附上了一份永斯·雅各布·贝采利乌斯的推荐信。根据贝采利乌斯的个人评估，伊曼纽尔的生产方法结果是具有“创造力和思想”的，因此该场地给伊曼纽尔使用是“值得的”。[29]

在给国王的去信中，伊曼纽尔声称橡胶现在已经有多达九十四种可能的用途。这份具有创意的用途清单已经扩展到消防水带和火药防潮储存袋。伊曼纽尔还想制造橡胶地雷、桥梁浮筒和痔疮患者用的坐垫。伊曼纽尔的申请包含了许多令人振奋的产品样品，比如马鞍环、牙套和吊索。顺便说一句，这些样品现今仍保留在斯德哥尔摩的国家档案馆中。

但这件事进行得很不顺。伊曼纽尔在《晚报》上刊登的广告版面越来越小，最终消失了。王储拒绝了士兵背包的提议，而他所期望的其他用途似乎也未能实现。[30]

夏天过后，在形势最暗淡的时候，伊曼纽尔被邀请去会见美国驻斯德哥尔摩大使休斯（Hughes）部长，对方想看看他的草图。美国人的兴趣恰恰在防水军用包上，不久之后伊曼纽尔被邀请到部长家共进晚宴。当天晚上，饭桌上的话题讨论的都是伊曼纽尔的发明。其中一位重量级的客人，图尔库市市长拉尔斯·加布里埃尔·冯·哈特曼（Lars Gabriel von Haartman）对军事装备产生了兴趣，自年初以来，哈特曼一直在斯德哥尔摩为经济陷入困境的芬兰（当时属沙俄）谈判一项贸易协定。[31]

如果你相信伊曼纽尔的自传笔记，那么哈特曼的这番态度让伊曼纽尔萌生了去沙俄或者芬兰大展拳脚的兴趣。在伊曼纽尔自己的叙述中，哈特曼的兴趣成为他在1837年圣诞节前匆匆离开家人独自东行的决定性因素。

但事实并非如此。如今我们能从1837年11月30日斯德哥尔摩总督办公室的一份手写记录中清晰地阅读到真相。文中多次出现“查封”一词，首先是前期的口头威胁，随后则是既成事实。该记录描述了执行官员最后在诺贝尔家里执行了查封，他们在11月中旬的一个星期六突然到来，但是一无所获。根据总督办公室的记录，厚颜无耻的伊曼纽尔已经在他们来之前就把资产变卖了。

事实上，伊曼纽尔在丧失抵押品赎回权之前就已经做出选择并搬走了。纽布鲁大街（Nybrogatan）上的安东·路德维格·法恩海姆（Anton Ludvig Fahnehjelm）少校向他敞开了家门。法恩海姆是伊曼纽尔在橡胶行业的竞争对手，地位至少和伊曼纽尔一样高。除此之外，他还设计过一种地雷。法恩海姆很快就接管了伊曼纽尔的橡胶专利和工厂[32]。

1837年11月30日，伊曼纽尔·诺贝尔出现在西长街的总督办公室。在瑞典悲惨的冬季里，太阳每天只照耀几个小时。总督办公室宣布：“如果建筑师伊曼纽尔·诺贝尔在十四天内不按照1834年的判决偿还所有债务，他将被执行官员埃克隆德（Eklund）和埃克斯特伦（Ekström）逮捕，然后入狱。之后则一直蹲在牢里，直到债务都还清。”

两周后，伊曼纽尔·诺贝尔办理了出国旅行的护照，目的地是芬兰，人生格言不变：

“天生我材必有用，相信别人不如相信自己。”

第二章

宛如一个异乡人

1837 年 12 月 16 日星期六是乐观的伊曼纽尔·诺贝尔一生中黑暗的一天。他不仅背负着巨额债务，而且意识到他随时都可能被捕。[33] 他想出的解决方案就是向东前往沙俄或芬兰，但这趟旅途没让他少担心。伊曼纽尔·诺贝尔后来忘记了这一天的痛苦，当时他“被迫告别同胞，无论男女老少”。女儿亨丽埃塔只有一岁，阿尔弗雷德四岁，路德维格六岁。八岁的罗伯特即将在斯德哥尔摩的雅各布护教学校入学。如果没有伊曼纽尔，这个家庭将如何应对未来的日子？

在他领取旅行护照的前一天，总督办公室的官员确实已经注意到了，他们认为他在国外停留是暂时的，“待捕人员伊曼纽尔”申请了旅行护照去“芬兰并会返回这里”。但就当时的情况而言，谁也不知道计划的后半部分何时能够完成。

实际上，负债累累的诺贝尔没有离开瑞典的权利，但这种控制也有其众所周知的缺陷。也许总督在签署护照时甚至都不知道伊曼纽尔的情况，或者这件事中有图尔库市市长伸出援助之手的承诺。[34]

新开工的斯德哥尔摩—图尔库汽船航线自 10 月底开始进入冬季停航期。因此，伊曼纽尔经人介绍去坐了格里斯勒港口的邮船，摇摇晃晃的敞篷单桅帆船并非总能完好无损地穿过浮冰。[35] 然而，穿越奥兰海（Ålands hav）的旅程出乎意料的轻松。但开始跨海之后，航行的戏剧性和劳累度便开始剧增。船夫和乘客们不得不将邮船拖过一层薄薄的冰面，这层冰噼里啪啦地在脚下逐渐破裂。伊曼纽尔·诺贝尔和其他旅行者好几次都挂在栏杆上，冰水一直没过他们的肚子。

事情发展到如此地步，甚至伊曼纽尔都评价说：“我要对那个神奇地控制着我们的命运，并为了我的至亲之人拯救我性命的人表示感谢。”[36]

*

伊曼纽尔·诺贝尔一定把他的护照保存得很好，也许是藏在他自己的一个橡胶袋里。之前人们一直以为它遗失了，但在 180 年后的 2017 年，我在位于莫斯科的俄罗斯联邦安全局历史档案馆的一名研究人员的帮助下找到了它，封皮套着棕色、破旧的活页夹。有着近 200 年历史的护照出奇的完好无损。纸张已经泛黄，边缘轻微腐蚀，但当年沙俄在斯德哥尔摩领事馆的确认红色印章完好无损。背面的手写笔记可以让我们继续跟踪他的行程：1837 年 12 月 17 日，伊曼纽尔·诺贝尔在沙俄管辖下的奥兰群岛埃克勒岛（Eckerö）的海关站出示了他的护照，三天后在图尔库的警察局出示了他的护照。

*

图尔库市曾有过光辉岁月。从 1809 年开始，瑞典曾经强大且文化繁荣的东部要塞芬兰在沙俄的统治下失去了重要性。第一次重挫出现在 1812 年，当时俄国沙皇决定将靠近圣彼得堡且瑞典人较少的赫尔辛基设为新首都，废除图尔库的首都地位。15 年后，即 1827 年，四分之三的图尔库在当时席卷北欧地区的一场火灾中化为瓦砾和灰烬。

在 19 世纪 30 年代后期，这座城市正在摆脱被糟蹋和屈辱的困境，但也仅此而已。火灾的痕迹依然清晰可见，重建工作远未完成。然而，芬兰人似乎并没有特别受到俄国人的困扰。相反，在与瑞典分离后，许多人反而活得更自在，尤其是贵族和官员。他们摆脱了沉重的瑞典赋税。工资提高了，工作岗位增加了，原先斯德哥尔摩的严格控制被圣彼得堡出人意料的宽松管理所取代。正如当时的沙皇亚历山大一世在 1809 年所说的那样，芬兰是一个相当自治的大公国。即使是当时，在更加专制的沙皇尼古拉一世统治下，芬兰的自治权也并没有被削弱一丝一毫。如果卡尔十四世·约翰屈服于瑞典复仇者的想法，并重新征服芬兰，许多芬兰人可能会起来抗议并要求瑞典国王回家。

沙皇尼古拉一世任命他的密友亚历山大·谢尔盖耶维奇·门希科夫（Alexander Sergejevitj Mensjikov）将军为芬兰总督。大约在同一时间，门希科夫也被晋升为沙俄海军上将和司令。升迁是一个谜，因为门希科夫诚实地承认他从未有过驾驶舰船的经历，也从未涉足新的大公国。但对于伊曼纽尔・诺贝尔和他的儿子们来说，门希科夫同时担任这两个职位的事实意义重大。

门希科夫在距圣彼得堡舒适的距离内管理着芬兰，由选定好的忠诚的芬兰官员现场帮助，这种管理方式多年来一成不变。[37] 其中一位官员恰好是图尔库市市长拉尔斯・加布里埃尔・冯・哈特曼，伊曼纽尔・诺贝尔最近在斯德哥尔摩的一次晚宴上遇到了他。作为一个年轻人，哈特曼是那些渴望为沙俄服务的人之一，他们甚至在芬兰正式成为沙俄领土之前就在圣彼得堡任职。现在他是门希科夫的国家经济顾问，负责沙俄和瑞典之间正在进行的贸易谈判。

在图尔库，哈特曼的昵称是"那个恐怖的人"，主要是因为他脾气暴躁。但是，当伊曼纽尔・诺贝尔在 1837 年圣诞节前几天来家中看望他时，他表现得非常乐于助人。根据伊曼纽尔的说法，他们进行了"长时间的交谈"，哈特曼在纽兰德大街 7 号一家商人的住处那儿，为需要庇护的旅客安排了一个房间。过了这个周末，伊曼纽尔就设法弄到了为期一年的居留许可。[38]

纽兰德大街上的商人叫约翰・司嘉林（Johan Scharlin），他和伊曼纽尔建立了持久的亲密友谊。当伊曼纽尔后来总结他在图尔库遇到的种种麻烦事时，他把司嘉林安排的任务以及与其妻子和两个女儿的交往列为亮点。

哈特曼会注意特别将伊曼纽尔・诺贝尔介绍给图尔库更上流的圈子，包括有影响力的商人和工厂老板。高谈阔论自己想法的伊曼纽尔也引起了人们的兴趣。然而，当大家逐渐意识到伊曼纽尔的想法止步于创造力，而无法大量变现后，他们就把耳朵缩了回去。当哈特曼委托他为图尔库监狱设计一台跑步机时，伊曼纽尔与监狱长发生了争执，项目最终以失败告终。[39]

1838 年 4 月的一天，图尔库的市民读到了一篇关于神奇橡胶的长篇报纸文章，可能是伊曼纽尔本人所写。如果可能的话，橡胶能想象到的使用领域甚至更多了。引人注目的是文章内并没有涵盖有关军事的内容，但文内声称用这种橡胶制成的游泳带"完全可以安全下沉，并且可以在游泳者出水时自动充气"。文章最后提示伊曼纽尔・诺贝尔现在就居住在这座城市，并且可以从斯德哥尔摩工厂下订单。[40]

但大多数人似乎仍然不敢冒这个险。事实上，伊曼纽尔的房东约翰・司嘉林当时正需要改造旧房屋和建造新房屋方面的帮助。司嘉林买下了纽兰德大街斜对面的地块（纽兰德大街 8 号），并委托建筑师伊曼纽尔・诺贝尔设计他所设想的宏伟的白色石头房子。一旦建成，这栋房子将比许多建在图尔库火灾遗迹上的大厦更加内敛和古典。这可能就是为什么这栋房子会在几年后的 1842 年 11 月，被拍摄成为芬兰历史上的首张照片。[41]

*

无法确定的是，前往圣彼得堡是否从一开始就在伊曼纽尔·诺贝尔的打算中，或许这个想法是在图尔库停留的这一年里逐渐萌生的。当时他发现，沙俄首都对芬兰企业家和移居芬兰的瑞典人有相当大的吸引力。

1838 年 9 月 23 日星期日，当来自瑞典的轮船停靠在港口时，伊曼纽尔正在图尔库的奥拉岛码头漫步。令伊曼纽尔高兴的是，他看到一个他认识的人从船上下来，原来是奥斯卡王储的宫廷元帅。他们交流了几句话，据伊曼纽尔说，他向宫廷元帅提到他正在考虑前往圣彼得堡。与此同时，一位沙俄上校约翰·蒙克（Johan Munck）男爵出现在他们身边。[42] 宫廷元帅向他介绍了伊曼纽尔，并请来自芬兰的蒙克在抵达圣彼得堡时照顾这位瑞典发明家。蒙克答应了。

1838 年 12 月，他启程了。因为要过冬，这些船每年都会在这个时候停航，所以伊曼纽尔在一辆颠簸的邮政马车上沿着石质道路走了几天。有雪橇供应后，旅程变得稍微可以忍受一些了。根据一位旅行者的说法，“身体完全筋疲力尽，但又被一系列持续的晃动摇醒，就这么反反复复地入睡，路上像有一根根刺，朝着马车或是我的旅伴刺去”。[43]

作为对忍受艰辛旅途的奖励，伊曼纽尔在进入圣彼得堡的最后一段路倒是看到了奇观——涅瓦河、大理石宫殿、镀金的尖顶、蓝色的圆顶，他看到的所有建筑都由一望无际的花岗岩筑成。

伊曼纽尔在图尔库遇到了蒙克男爵派来的一名官员，对方会说瑞典语，在平安夜前一天，伊曼纽尔得以在圣彼得堡的警察局办理登记。

他的新生活有了一个良好的开端。1838 年平安夜，伊曼纽尔·诺贝尔与蒙克和其他几位芬兰贵族军官在圣彼得堡庆祝。除此之外，他还遇到了哈特曼的一位亲戚，对方在皇后宫廷结婚，是芬兰总督门希科夫的副官。当伊曼纽尔注意到尊贵的晚宴嘉宾努力让他不去思念不在身边的家人时，他很感动，“然而这些都没有用，那些不了解我的人是无法观察到我的心思的”。[44]

*

1838 年的圣诞节对仍在斯德哥尔摩的诺贝尔家来说很艰难。36 岁的安德丽塔和孩子们搬了几个街区，最后在胡穆勒花园大街 18 号租了一个房间。在那里，她经历了生命中第二次失去孩子的痛苦。10 月初的一个星期四，两岁的亨丽埃塔夭折了。亲人离世的消息很快变得越来越多。1839 年 1 月末，孩子们 81 岁的祖父也去世了，他曾是耶夫勒的外科医生和“前医院医生”。[45] 由于诺贝尔档案中没有保存这一时期的私人信件，我们不知道伊曼纽尔·诺贝尔对家人遭受的巨大损失了解多少。

安德丽塔之后和男孩们一起离开了胡穆勒花园大街。她选择与她的母亲卡罗琳娜·阿尔塞尔一起住在谷仓地的农村地区。[46] 那是一段艰难的岁月，资金非常匮乏。阿尔弗雷德·诺贝尔的侄女玛尔塔·诺贝尔－奥列伊尼科夫（Marta Nobel-Oleinikoff）后来在一份家谱中记载了三个小兄弟是如何被迫上街卖硫黄棒的。她还讲述了一则家庭轶事，讲述了当大哥罗伯特去买晚餐食物，但掉了一分钱后发生的灾难。[47] 兄弟姐妹的苦难似乎并没有比这更惨的了。在斯德哥尔摩的其他地方，尽管法律禁止使用 9 岁以下的童工，但诺贝尔和贫困的兄弟们却从早到晚在破旧的工厂里劳作。在诺贝尔的相关文学作品中有提到，安德丽塔要开一家牛奶和蔬菜店。然而，证据表明，这只不过是猜测。当然这也并非完全不可能，但安德丽塔和所有瑞典女性一样，以女性的名义，无论如何也无法经营企业，需要获得特别豁免才行。作为已婚妇女，她也无法效仿同年龄段的单身女作家弗雷德丽卡·布雷默（Fredrika Bremer）向国王申请宣布自己是有法定权利的成年人。布雷默来自一个更优渥的家庭并且相当富有，这一点当然起到了作用。[48] 这位屡获殊荣的作家和未来的瑞典女权主义偶像在这些年出版了两部真正的畅销小说——《邻居》（*Grannarna*, 1837）和《家》（*Hemmet*，1839），不久便在国际上名声斐然。

布雷默高调地写了关于日常生活、人际关系和妇女权利的文章，但还没有在妇女问题上认真地挑战她的同时代人。[49] 其他瑞典作家更多地考虑到了这一点。正是在这个时候，中学校长卡尔·乔纳斯·洛夫·阿尔姆克维斯特（Carl Jonas Love Almqvist）终于敢发表他对婚姻和行会系统针对女性的禁令的攻击。在 1839 年的短篇小说《继续》（*Det går an*）中，阿尔姆克维斯特描绘了玻璃大师的女儿萨拉和阿尔伯特中士的交往生活，他们决定不结婚就同居。阿尔姆克维斯特概述了一种独立的生活关系，双方都达到法定年龄，而萨拉可以自由地开一家玻璃店。“在这里，一起遇见我们的‘Noli-tangere’①。”阿尔姆克维斯特在书的前言中写道。他说对了。这本书引发了激烈的争论，阿尔姆克维斯特因此失去了校长的职位。[50]

没有迹象表明，阿尔弗雷德·诺贝尔的母亲在婚姻中经历过阿尔姆克维斯特所说的那种束缚，即便在夫妻分居的那些年里也没有。相反，他们夫妻的关系被描述为“极其幸福”。[51]

*

安德丽塔·诺贝尔只能寻求其他途径。在公立学校立法的前几年里，家庭作坊式的小型学校有市场。它们不需要许可证，而且经常面向女孩。过去的教学是教学生做家务、跳舞和刺绣，而不是代数和德语语法。有些人恶言恶语地评论这些学校，说由女性管理的学校“无法以任何其他方式养活自己”。[52]

安德丽塔当时就在她母亲的家里开办了这么个小学校。如果你相信 1840 年一位学生重述的证词，那么聚集在安德丽塔·诺贝尔家的女孩们面临的智力挑战大致就是：“在我姑姑告诉我那里开展教学后，我觉得任何一个人都无法在那所学校里学习到任何深入的知识。与其说学习不如说一直在做手工。”

这个 11 岁的女孩从安德丽塔那儿学会了刺绣，并在之后与阿尔弗雷德的大哥罗伯特成了亲密的朋友。[53]然而，罗伯特和路德维格没有接受他们母亲的教学，而是都获得机会去雅各布高级护教学校读书了。最终，在 1841 年秋天，小弟弟阿尔弗雷德·诺贝尔也跟随了他们的脚步。不过对阿尔弗雷德来说，不排除他之前在母亲那儿学了点东西。

雅各布高级护教学校位于北铁匠大街（Norra Smedjegatan，今天的嘉乐里安购物中心），距离诺贝尔兄弟在谷仓花园地广场的家大约有一刻钟的步行路程。在上学的路上，男孩们艰难地穿过谷仓花园地广场周围的喧嚣，继续朝纽布鲁桥（Nybron）走去，这在当时是一座真正的桥梁。从那里，他们必须经过被称为猫之

① 意为“不要碰我”，出自批评殖民主义导致腐败的一部小说名。

海的恶臭沼泽地块。最后一站，是步行经过港口大街（Hamngatan）的安科大楼（Enkehuset，今天的 NK 百货大楼），那儿的老妇人从早到晚坐在窗前，看着街上的喧嚣。一路上还可以穿过国王花园（Kungsträdgården），当时的花园更像是城镇中心的沙漠。

雅各布高级护教学校有来自三个教区的学生。那些被认为缺乏足够才能或资金以继续接受更好的教育的男孩大多被安置在这里。此外，大部分手工艺人的儿子也都去这里上学，打好基础，然后投身于各种实际的职业中；家境比较富裕的聪明孩子则选择去隔壁的克劳拉学校。

下课时，克劳拉学校和雅各布高级护教学校的学生过去常常在布伦克贝利广场见面。他们和一群农夫及女仆挤在水泵旁，经常一起抽烟，“雅各布高级护教学校的穷孩子，衣衫褴褛但胆子大；克劳拉学校的孩子，穿着绅士但脾性无赖”[54]。

雅各布高级护教学校的教室在北铁匠大街教学大楼的楼上，该大楼还为学校全体教职员工提供住房。老师们上班没有比这更方便的了，但待遇并不丰厚。收集雨水的权利甚至被算作工资福利，因此雅各布教区的牧师必须记录员工之间的屋檐分配情况。较低的楼层出租给吵闹的小贩（杂货店）。很多桶和马车堵在门口，导致行人经常很难通行。雅各布高级护教学校每年平均有 130 名学生，通常挤得水泄不通，以至于学生能否升入下一个年级有时是由教室的空间决定的，而非成绩。

罗伯特是诺贝尔兄弟中最没有抱负的那个，路德维格的学业成绩好一些，但他们没有一个能和小弟弟阿尔弗雷德的成绩相比。1841 年 9 月 2 日，当阿尔弗雷德进入护教学校时，12 岁的罗伯特已经放弃学业并领取了毕业证书。1841 年 5 月底，罗伯特担任开往里约热内卢的双桅船的助理值班员。据报道，安德丽塔与船长很熟悉，也许罗伯特能够踏上这五个月的冒险之旅，是因为她根本无法负担三个男孩同时上学的费用。学费在本已紧张的财务支出中占据了很大一部分。

借着锡烛台和冒着烟的油灯所提供的微弱灯光，阿尔弗雷德·诺贝尔和他的同学不得不学习瑞典语、圣经历史和马丁·路德的教理问答。他们必须兼顾德语数词和法语发音规则，学习地球仪、四种算术系统和 12 世纪及 13 世纪的瑞典王室历史。每周他们还要花费三个小时，在一个由 82 个 7 到 15 岁不等的男孩组成的班级中尽最大的努力来练习写作。

同学们挤在 8 张长凳上。很长一段时间里，他们被迫分享 15 支铅笔头和 5 把尺子。阿尔弗雷德·诺贝尔上学的那几年，学校库存清单中没有任何藤条的记录。但是，毫无疑问的是，这种使用藤条抽打的惩罚手段在教室中被广泛使用，尽管小阿尔弗雷德可能不是受害最严重的人。奥古斯特·斯特林堡和克拉斯·伦丁（Claes Lundin）在他们的著作《老斯德哥尔摩》（*Gamla Stockholm*，1882）中写到了 19 世纪 40 年代的雅各布高级护教学校："每个小学生没有挨打的那一天都被认为是非同寻常的一天。在晨祷之后，前一天被推迟处罚的人将受到处罚，之后每节课上都会有惩罚发生。" [55]

1841 年 10 月，罗伯特从巴西回家，为他的母亲带了一包咖啡，"因为她已经很久没有喝咖啡了"。两个月后，8 岁的阿尔弗雷德为谷仓地的生活增添了光彩。12 月 10 日星期五，护教学校举行考试。当时的阿尔弗雷德·诺贝尔一定是骄傲的（他尚不知道日期对于以他的名字命名的奖项的未来意义），考完试的他从校长手中获得了奖品（一本关于古代历史的教科书），并得到了三个出色的 A。这意味着，在"勤奋、洞察力和礼貌"方面，他都取得了最好的成绩。全班 82 名学生中只有三人做到了这一点，另外两人比诺贝尔大两岁。[56]

在社交方面，阿尔弗雷德发现自己的处境略显困难，部分原因是他仍然是一个相当软弱的男孩。新开设的体操课很难让他开心，阿尔弗雷德·诺贝尔在一首青年时期的诗中将自己描述为校园里的一个孤独者，一个"体贴的观众"。当他的伙伴在操场转来转去时，他像一个陌生人一样站在一旁，做着梦。阿尔弗雷德写道，作为一个孩子，他"拥有一种可以上升到最令人眼花缭乱的高度的想象力"。他的思绪很难停下来。这些想法可能会飘向极其夸张的幻想，飘向一个镶金的未来。"是的，在这个以我为灵魂的白日梦世界里，一切都是完美的；我周围聚集了美丽的、有天赋的、强大的人，我孩子气的虚荣心深深地吸收了我对自己的神化与崇拜！——这就是我想象中的生活。" [57]

1841 年的圣诞节是诺贝尔兄弟经历过的最奇怪的圣诞节。斯德哥尔摩没有冰，没有雪，而且很热，在一些地方甚至可以看到已经绽放的丁香花蕾。[58] 他们的父亲离开波罗的海已经四年了。目前尚不清楚这家人何时可以团聚。

*

与图尔库不同的是，19 世纪 30 年代后期的圣彼得堡是一座对未来充满信心的城市。伊曼纽尔·诺贝尔在宏伟的圣以撒大教堂（Saint Isaac's Cathedral）西面的几个街区觅得了一个临时住所，其巨大的科林斯式柱子迄今为止仍隐藏在脚手架后面。在 1837 年 12 月涅瓦河上的冬宫发生致命火灾后，成千上万的工人辛勤工作，以创纪录的时间修复完成沙皇尼古拉一世的这座庄严宫殿。

隔壁的涅夫斯基大道（Nevskij prospekt）上挤满了双排的私人雪橇和马车，上面挨肩擦膀地坐着下午来此地的访客。据当时圣彼得堡作家尼古拉·果戈理（Nikolai Gogol）称，“欢宴上的绅士们双手插在口袋里，而女士们则穿着粉色、白色和淡蓝色的丝绸夹克，戴着优雅的帽子”，这都是游行常见的场景。在果戈理看来，人群就像“一大群蝴蝶突然飞过花丛”，像“一片闪亮的云朵笼罩着雄性的黑色甲虫”。[59] 这地方很少会安安静静，几乎从来没有安宁过。19 世纪 30 年代末，一位旅行者评论道：“有时街道上挤满了军团规模的队伍，在音乐的伴奏下向前行进；有时则会迎来一支举着火把，棺材被涂成明亮、刺眼的颜色的葬礼队伍。”

这是一幅全景图，根据旅游指南的标准，人们需要花至少一天的时间才能消化。

圣彼得堡是一座年轻的城市，早在 1703 年由彼得大帝建立，这位传奇的沙皇已经厌倦了俄罗斯东正教和民族主义的莫斯科，早期东正教僧侣将这座城市提升为“第三罗马”。相反，他想创建一个全新的沙俄首都，面向西方，面向现代和世俗的欧洲，效仿巴黎和其他主要欧洲城市。1709 年在波尔塔瓦战役中战胜瑞典后，他继续向西方进军。贵族们被命令剪掉胡须，跳巴黎的小步舞。

几十年后，凯瑟琳大帝接过了指挥棒。她收购了许多西方的艺术藏品，填充进她的新博物馆——“隐士庐博物馆”。该馆充满欧洲文化气息，并从法国启蒙运动哲学家那里汲取了很多灵感，以至于她让她的两个最大的孙辈在著名的瑞士启蒙运动家那儿接受私人教育。[60]

她的长子亚历山大（Alexander）在 1801 年成为沙皇时，也被视为异乎寻常的改革派和自由派，这种印象至少在他二十四年统治的前半段一直存在。沙皇亚历山大一世放松了审查制度，这导致新成立的《彼得堡报》营业额激增。据说他也曾考虑解除农奴制，但当 1838 年伊曼纽尔·诺贝尔抵达时，仍有两千万沙俄农民被困在无穷无尽的奴隶制中。

1825 年亚历山大去世后，他的弟弟沙皇尼古拉一世无疑结束了所有这些温和的西式风潮。尼古拉的强烈反应，有一部分与 1825 年加冕日他遭遇的所谓十二月党人起义有关，最终他以大规模逮捕起义者和判处多人死刑镇压了这场起义。当凯瑟琳奶奶在选择给孙辈接受启蒙教育时，尼古拉还没有出生。他认为这些教育都是欧洲反对沙俄君主制和东正教的阴谋。对着西方敞开的大门被无情地关闭了。审查制度恢复，此外，新沙皇还建立了一支令人畏惧的安全警察队伍，即所谓的“第三部门”，其任务是扼杀所有持反对意见的人。

尽管沙皇尼古拉本人并不精通俄语，但法庭的官方语言已从法语改为俄语。宫廷女侍被迫穿上传统的俄罗斯服装，政府部门被命令传播民族主义的意识形态。教育部长乌瓦罗夫（Uvarov）将其归纳为三个关键概念，这三个概念当时成为沙俄公众的头等大事：“专制、正统和民族。”

第三部门很快就忙起来了。当时的作家都开始注意到了。沙俄反对派知识分子的黄金十年通常始于 1838 年，也就是伊曼纽尔·诺贝尔抵达彼得堡的那一年。阿尔弗雷德·诺贝尔将普希金（Pushkin）视为他最喜欢的沙俄作家之一，后者在 1837 年死于一场决斗。[61] 但其他人继续追随他的脚步。他们敢于对统治者传播的圣彼得堡的光辉形象进行挑战，但过程并不全是美丽体面的。在市郊的社区中，到处都是贫困、饥饿和卖淫的人。要说这座城市是建在沼泽地上的也并非毫无根据，整座城市到处刮着湿冷的寒风。敏锐的真理探索者、众所周知的绝望者尼古拉·果戈理认为，圣彼得堡的生活让人想起了阴间，想起那里的“潮湿、光滑、平坦、苍白、灰暗和多雾”。

讽刺尼古拉治下压抑氛围的人物形象也出现在新文学中，这类描写让当局无法容忍。第三部门的负责人亚历山大·冯·本肯多夫（Alexander von Benckendorff）找来这些作者，让他们当面描述关于沙俄的新指导方针：“沙俄的过去令人惊叹，而它的现在更宏伟，就未来而言，它比任何最狂野的想象都要伟岸；从这个角度来看，沙俄历史值得研究和记录。”[62]

事实上，沙皇的严酷政权还有另一面。除了高加索地区反复发生的军事冲突事件，沙俄还迎来了一段和平与相对稳定的时期。在尼古拉的压迫下，俄罗斯文学、芭蕾舞和音乐开始蓬勃发展。许多人钦佩沙皇的强大权威，认为他体现了正确的沙俄血统。“一个令人印象深刻的人，而且非常英俊”，正如维多利亚女王几年后写的那样，当时她遇到了高大、健壮的尼古拉一世。但维多利亚的赞誉也就停留于此了。在会面后，她说道：“他不苟言笑，笑的时候，他的表情是不高兴的，而且我也不认为他特别聪明。”[63]

有一点，沙皇尼古拉本人也很矛盾。一方面，他想突出沙俄传统；另一方面，1825 年十二月党人起义后，他很难完全信任自己的同胞，因此在他的宫廷和城市里有很多外国人，聚集了德国、瑞典和波罗的海的工程师与建设者。瑞典专业人士有特别好的声誉。伊曼纽尔·诺贝尔在该市定居时，沙皇有一位瑞典宫廷裁缝卡尔·爱德华·博林（Carl Edvard Bolin），后来他很快成为宫廷珠宝商。沙皇对于瑞典铁匠和工匠的需求也日益增加。

伊曼纽尔·诺贝尔慢慢寻找同样刚来到这座城市的瑞典人。很快，他与其中一位来自艾尔夫达伦（Älvdalen）的前主管一起开设了他的第一个机械车间。他们找了一个富有的来自芬兰的砖块制造商卡尔·伦格伦（Carl Lengren）来处理底板，尽管这个车间后来倒闭了，但至少与伦格伦的关系似乎仍然存续。二十年后，罗伯特·诺贝尔与对方的女儿宝琳（Pauline）订婚，宝琳是一位可爱的瑞典裔芬兰女孩，就连弟弟阿尔弗雷德也曾试图追求她。[64]

从伊曼纽尔·诺贝尔档案中关于沙俄的部分文件可以清楚地看出，当时他试图向沙俄军方推销用橡胶垫快速建造浮桥的想法。[65] 但直到 1840 年秋，伊曼纽尔·诺贝尔才抓到一次巨大的机会。通过与芬兰瑞典裔的贵族交往，他最终被列入了一个上流宴会的客人名单。当晚做东的是芬兰总督、沙皇顾问亚历山大·谢尔盖耶维奇·门希科夫伯爵。他经常发邀请组织聚会。总督被视为社会动物，既是精神领袖，又是社会主宰，正如俄罗斯谚语所说，他们是“所有婚礼上的新郎，所有葬礼上的死者”。[66]

门希科夫伯爵当时仍然是沙俄的海军司令。五十二岁时，他攀上了事业的巅峰，选择了一个受欢迎的派系，偶尔会与年轻几岁的沙皇共进午餐和晚餐。此外，他不久以前还去过瑞典，在 1838 年夏天沙皇尼古拉一世秘密闪电访问斯德哥尔摩期间，他也陪同前往。沙皇喜欢临时起意的访问，他便设法一路帮助沙皇潜入瑞典皇宫，让国王卡尔十四世·约翰在上午读报时大吃一惊。[67]

沙皇尼古拉在挑选顾问时，以优先考虑忠诚和卑躬屈膝的人而闻名。只要他最亲近的人是军人，他就不太在乎知识和专业方面的能力。

门希科夫完全满足这些期望。事实上，沙皇的顾问缺乏专业知识，这有时被认为是沙俄在英国和法国工业迅速发展的背景下发展落后的诸多原因之一。尼古拉对西方发生的事情缺乏兴趣，这使得局面更糟糕。在战胜拿破仑后，沙俄在技术、经济和军事上都不再是令世界惊叹的大国。

落后的问题引起了人们的不安，特别是在沙俄军事界。尼古拉倒是经常做出回应，他任命了两个专家委员会，左派右派各一，人数多到都没法一眼望到头。门希科夫海军宫殿在涅瓦河畔，在这座宫殿举行的宴会上，伊曼纽尔·诺贝尔碰巧遇到了两位委员会成员，卡尔·席尔德（Karl Schilder）将军和物理学教授莫里茨·赫尔曼·冯·雅各比（Moritz Hermann von Jacobi）。他们受沙皇的委托开发一种可有效损毁敌舰的水雷。

伊曼纽尔·诺贝尔以前从未涉足过炸药领域。他只是顺便提了一句，他的橡胶也许可以用来制造脚雷或储存火药；但是，正如他后来描述的那样，他忍不住偷听了同桌专家的谈话。席尔德和雅各比承受着很大的压力。他们在即将进行的实验之前讨论了问题。伊曼纽尔明白，他们的想法是通过电线将装满火药的水雷连接到陆地上的电池，同时让一些士兵站在电池旁，当瞭望员发出信号，表示敌舰正经过水雷时，他们会从陆地上引爆水雷。

假如你相信伊曼纽尔的自传笔记，那你可能会觉得，这根本不可能。他大声说："这么做的成功率只有五百分之一！"

据伊曼纽尔称，这一声高呼导致席尔德突然站了起来。

"那么，瑞典有更好的做法吗？"席尔德口气很凶狠。

伊曼纽尔回答说："我不知道瑞典用什么，但我相信，你可以用更简单、更安全的方式达到目标，而不需要派什么瞭望员。"

这场争论传到了门希科夫伯爵的耳朵里。他问讨论的内容是什么，席尔德请伊曼纽尔解释一下。

伊曼纽尔建议说："最好让敌舰自行引爆水雷。"

席尔德开始大笑。这听起来是个好主意，但实施起来不是有点棘手吗？伊曼纽尔难道考虑在实验中证明他的论点吗？

冲动的伊曼纽尔接受了挑战，他在笔记中写道："巧合常常引导人往前走。"军事武器与他以前所做的产品相去甚远。之后，伊曼纽尔会声称他曾努力迈出这一步，但他最终得出结论，尽管很艰难但最终这种调整是可行的。他心目中的水雷不是为了军事袭击，而是仅作防御之用。[68]

*

除了火药，伊曼纽尔·诺贝尔和他的竞争对手还没有想到其他炸药。黑火药在世界上仍然处于垄断地位，尽管该产品已有一千多年的历史。这一切都始于 19 世纪中国的一些炼金术士，他们试图发明一种使人不朽的方法。然而，他们实际上是拿着致命武器坐在那儿炼丹。

长期保密的火药配方在历史上一直被交易和修改，但其炼制基础仍然不变。正如 16 世纪英国一位作家所描述的那样，它是爆炸性粉末混合物，含有"硝石的灵魂、硫黄的生命和木质炭体"。

在 18 世纪，许多世界领先的化学先驱对火药有着浓厚的兴趣。即使是法国人安托万·洛朗·拉瓦锡（Antoine Laurent Lavoisier，通常被称为现代化学之父），最后也投入以火药为主的研究工作中。拉瓦锡生活在 18 世纪晚期，他以认识和命名氧气与氢气，并指出水是这些元素的组合而载入史册。他还被认为是使化学科学化的人，他引入了系统的定量研究，而非对个别实验做复杂的解释。这是他在 18 世纪 70 年代成功破除"燃素说"的旧观念时使用的方法。很长一段时间以来，人们一直声称有一种特殊的物质，即燃素，在物体燃烧时会分解并消失。拉瓦锡否定了这一说法，并证明在物体燃烧时，物质会与氧气发生化学反应。这一验证在化学界引起巨大反响，被称为"化学革命"。

拉瓦锡是法国科学院（French Academy of Sciences）的成员，他原来是非常乐观的人，曾经被任命为国家火药行业协会的委员。但在法国大革命中，尤其是在恐怖统治之后，他的事业出现了挫折。拉瓦锡成为清洗行动的受害者之一，被指控在火药委员会和一个税务案件中存在欺诈行为。他还被指控向敌国出售火药，一百年后法国政府也对阿尔弗雷德·诺贝尔提出了相同的指控。

拉瓦锡试图以延期申请来回应不公正的死刑判决，"为了完成这项对人类有益的研究"。但法官毫不留情，他说："共和国不需要科学家。"[69]

1794年3月8日星期六，拉瓦锡在革命广场［Place de la Révolution，今天的协和广场（Plate de la Concorde）］被送上断头台处死。拉瓦锡去世后，科学院的一位同事惊呼道："他们只用了片刻时间就让人头落地了，但要产生拉瓦锡这样的人才，可能花一百年都不够。"[70]

*

水雷存在一个根本问题：火药遇水会失效。伊曼纽尔·诺贝尔指出，电和水之间也是同样的问题。席尔德将军和雅各比教授关于远程控制水雷的想法基于当时已有将近40年历史的意大利物理学家亚历山德罗·伏特（Alessandro Volta）的发明，即世界上第一个稳定的化学电源——原电池。席尔德和雅各比能够在陆地上安全、干燥地放置他们的矿用电池，但他们的想法是让电流通过水，而不是一个容易破裂的螺母流入水雷。

1840年10月12日星期一，一切都准备就绪，伊曼纽尔·诺贝尔的另类观点即将得到检验。沙皇委员会选派的人员已经于上午10点在小涅瓦河的一座桥上举行了会议，距离席尔德将军在彼得罗夫斯基岛的避暑地不远。

伊曼纽尔很紧张。他要求放置一排粗糙的木筏，用来代表即将被炸毁的船。他用木箱制造了这颗"水雷"，里面装着火药和三根点火管；他知道水雷过早爆炸的风险很大，船只在放置水雷时可能会发生爆炸。当他意识到要把他载到河里去的水手只会说俄语，听不懂他的指示时，他更加紧张了。看来他们时刻都处于危险之中。伊曼纽尔小心翼翼地把水雷放在船后面，然后坐回船上。直到水雷浸入水中，他们才能回到桥上，这下他终于能松一口气。

他的想法奏效了。木筏漂向水雷。如果你相信第二天委员会的官方报告，那么在木筏碰到点火管时，水雷便"立即爆炸，将木筏抛向空中"。

席尔德将军欣喜若狂。他拥抱并亲吻伊曼纽尔，还在桥上绕了几圈拉着他手跳舞。在向沙皇提交的报告中，委员会没有吝惜对伊曼纽尔的赞美，他的发明被评价为"远比以前好"，可以作为"对付海上逼近的敌人的武器"，且"具有极大的优势"。[71]

在圣彼得堡海洋历史档案馆（St. Petersburg Marine Historical Archives）里，你可以找到保存完好的原始手写文件，并从中追踪这段故事的后续。关于伊曼纽尔水雷的报告被发送给了沙皇的皇室，更具体地说是发送给了亲王米哈伊尔·巴甫洛维奇（Michail Pavlovitj），他是沙皇尼古拉最喜爱的兄弟，而且对军事要比沙皇更感兴趣。尼古拉也自然而然地把管理军队的权限交给了弟弟，大多数的新式火器都要经过弟弟的审查。

诺贝尔家族与亲王米哈伊尔·巴甫洛维奇有很大关系。他被描述为一个具有双重性格的人。一方面，他是一个强硬而苛求的军人，像他的兄弟沙皇一样，喜欢阅兵；另一方面，他是一个快乐的、有时会略带嘲讽地开玩笑的人，时不时抽着雪茄出现在妻子埃琳娜的星期四文化沙龙中。

米哈伊尔比任何人都更能获得沙皇的信任。兄弟俩只差两岁，彼此亲密无间，甚至用定制戒指来纪念儿时的兄弟情谊。现在，他有权决定诺贝尔家族的未来。

米哈伊尔举起了大拇指。委员会的专家被下令向这位瑞典的发明家提出合作建议。即使委员会专家回来时提出了一系列关于招募伊曼纽尔的问题，米哈伊尔也没有动摇。专家的质疑包括：当所有讨论都必须通过昂贵的口译员进行时，伊曼纽尔承诺保守他的工作秘密又有什么价值？伊曼纽尔对这项发明要求支付的总报酬高达 25 000 卢布，这个数目难道不会太多吗？[72]

米哈伊尔对此充耳不闻，伊曼纽尔最终获得了 1000 卢布的实验资金，并承诺每天花费 25 卢布来发展他的想法。终于，一切有了进展。[73]

伊曼纽尔继续他的工作，1841 年秋天，一切准备就绪，新的决定性实验等待实施。随后，圣彼得堡遭遇了突如其来的风暴，一切活动不得不推迟到冬天过后。尽管遭遇挫折，但冬宫对伊曼纽尔水雷的兴趣迅速增加。根据伊曼纽尔本人的说法，这是因为他还被武器委员会召来修正一支构造错误的步枪。结果非常顺利，伊曼纽尔获得了与米哈伊尔亲王会面的机会，米哈伊尔亲王随后向他的兄弟沙皇尼古拉一世展示了伊曼纽尔改良的步枪。

沙皇随即决定，给来自瑞典的伊曼纽尔增加一年的报酬，以继续开发他的水雷。当伊曼纽尔在春季要求沙俄向他提供一艘驳船和一艘双桅帆船，用于他即将进行的实验时，海军部官员有些不耐烦，但沙皇尼古拉进行了干预，并承诺如果不能以其他方式收集船只，就直接购买。[74]

很快就到最终实验的时候了。1842 年 9 月 2 日，实验在奥赫塔河蓝桥附近进行，沙皇尼古拉一世打算出席观看水雷的爆炸效果，但最后是亲王米哈伊尔和尼古拉 24

岁的儿子亚历山大（后来的沙皇亚历山大二世）到场，他们站在旁边的一座小山上目睹了这戏剧性的一幕，实验成功了。

两周后，沙皇尼古拉下达了指示。他为表彰发明“秘密”水雷奖励伊曼纽尔·诺贝尔 25 000 卢布。伊曼纽尔保证不向任何其他国家泄露这项秘密。[75]

按照伊曼纽尔的日薪来计算，这项奖励相当于四年多的工资。相比之下，尼古拉·果戈理的小说《外套》中的官员阿卡基·阿卡基耶维奇（Akakiy Akakievich）攒了半年钱买的那件奢华外套，也才花费了 150 卢布。如果折合成今天的货币价值，当时伊曼纽尔·诺贝尔因水雷的发明，获得了数百万瑞典克朗的奖励。

伊曼纽尔在工作的过程中曾面临回瑞典的困境，此时他做出了决定性的决定。他安排好了所有手续，让家人到圣彼得堡与他团聚。[76]

安德丽塔在斯德哥尔摩也准备好了。13 岁的罗伯特再次签约，成为一名船舱男孩，并将于 1843 年夏天离开瑞典。11 岁的路德维格在春季就已经结束了学业，并且在城里的甜品店谋到了职位。只有阿尔弗雷德还留在雅各布高级护教学校读书。在他 9 岁生日的前三天，他在雅各布高级护教学校拿到了期末成绩，当时他只学了两个半学期。“所有科目老师的评价：优秀。勤奋程度：优秀。行为表现：优秀。”

这是雅各布高级护教学校在那个学期授予的最佳成绩。[77]

第三章

在浪漫主义启蒙时代的十字路口

对于安德丽塔·诺贝尔和她的孩子们来说，乘坐一艘喧闹的邮船穿越冰冷的波罗的海是不可想象的。在寒假前，“索利德号”（Solide）豪华轮船仍有几次前往图尔库的航行。船东为那些有经济能力的人提供“绅士沙龙 / 女士沙龙”以及家庭舱。在波罗的海的两天旅途中，乘客可以“每天吃三顿饭，喝上好的白兰地和软饮料”。

1842 年 10 月 21 日，阿尔弗雷德九岁生日这一天，安德丽塔带着“两个未成年孩子”前往圣彼得堡。她的弟弟路德维格·阿尔塞尔从海关那儿获批了几天的假期，以便在过境期间协助她。安德丽塔还带了女佣索菲娅·瓦尔斯特伦（Sophia Wahlström），索菲娅将在圣彼得堡与诺贝尔一家共处很长时间。

“索利德号”的下一次启程定于 10 月 25 日星期二，目的地是图尔库，途中将在弗卢松德（Furusund）和奥兰群岛停留。安德丽塔可以在星期一晚上七点之前，从皇宫桥（Slottsbron）的航运公司办公室取票。[78] 接下来的几天一直下雨，天气多雾天且风大，但当“索利德号”在星期二黎明出发时，风已经停歇了。

安德丽塔和儿子们离开了斯德哥尔摩，当天沙龙里讨论的主题是年轻的宫廷歌手珍妮·林德（Jenny Lind），她从巴黎回来，在贝里尼的歌剧《诺尔玛》中令斯德哥尔摩的观众如痴如醉。成年后，阿尔弗雷德·诺贝尔将成为世界著名的“夜莺”——林德忠实的粉丝之一。

将近八十岁的卡尔十四世·约翰像往常一样，在瓷砖烧制的皇宫卧室里展开他的冬季隐居。冬天，他在暖床上统治着瑞典，瑞典当时是一个政治气氛相对紧张的国家。激进的反对派已经大大缓解了他们对国王的攻击，一心等待着倾向于改革的王储奥斯卡继位，按照人们的普遍看法，他很快就会接手父亲的王位。

诺贝尔家族是从一个只有300多万居民的国家移民而来的，那里十分之九的人居住在农村地区。安德丽塔当时39岁。在她离开的那个国家里，女性仍处于法定无行为能力状态。每年有500名母亲死于分娩，人们的平均预期寿命为45岁。

但瑞典的生活也并不全是令人沮丧的。1842年10月，斯德哥尔摩有新鲜牡蛎可供购买。书商卖的小说《聪明人的不幸》（*En fiffig karls missöden*）和关于瑞典天才的第18部作品都很吸引人。[79]

与圣彼得堡相比，瑞典首都是一个小城市。在19世纪40年代初，圣彼得堡有近50万居民，是斯德哥尔摩的六倍。伊曼纽尔·诺贝尔搬到了利特兹尼街的一处新建公寓，并在那里住了一段时间，这是一条与涅瓦大街交叉的步行街。从多个方面看，这处公寓代表了事业的进步，不仅因为这座房子有两扇豪华的凸窗，还因为它是由圣彼得堡最著名的建筑师之一所设计的。[80]城市里的许多名人都在这个地方安家。民族诗人普希金曾在附近住过一段时间。后来搬来了更多的作家，包括诗人和出版商，比如在19世纪40年代中期还搬来了费奥多尔·陀思妥耶夫斯基（Fjodor Dostojevskij），并在这里出版了他的处女作《穷人》。

很快，书商们蜂拥而至。人们从圣彼得堡的各个地方赶来这里，争相购买最新的文学巨作。但当伊曼纽尔搬进来的时候，这条大街仍然是沙皇最重要的武器工厂——武库——的所在地，工厂里有数千名工人。武器和文学并存的利特兹尼街是为诺贝尔家族量身定制的地方。[81]伊曼纽尔等得有些不耐烦，但安德丽塔和孩子们迟迟未到。

*

位于莫斯科的俄罗斯联邦安全局历史档案馆是一座金矿。我的研究人员根据我给他的时间数据，找到了安德丽塔、路德维格和阿尔弗雷德·诺贝尔的家庭护照。护照上带着大块的黄色斑点，整齐地排列在安全局或第三部门破旧的档案中。在护照背面，我看到安德丽塔和她的儿子们收到的红色印章，以及于1842年10月27日星期四在图尔库警察厅填写的登记册。在同一档案中，有大量抵达圣彼得堡的外国人的登记册。当时，沙俄情报部门是非常细致的。但无论是在1842年11月、12月，还是在1843年1月，都没有安德丽塔和男孩们的踪迹。

直到下一个月才能碰到他们。1843年2月26日，安德丽塔、路德维格和阿尔

弗雷德登记抵达沙俄首都。他们一定很期待，也一定数过日子。但这些日子里发生了什么？这些文件没有提供任何线索。也许有人生病了，也许安德丽塔到图尔库后，去伊曼纽尔的朋友那儿待了一段时间，等待一个更稳定的时机再出发去沙俄？

这些问题我们只能猜测，当他们最终抵达后，除了沙俄警方要求的信息，安德丽塔并没有提供更多的内容。她只说，她是工厂老板伊曼纽尔·诺贝尔的妻子，带孩子们一起来圣彼得堡，定居地位于“第四利特大街 400 号”（如今的利特兹尼大街 34 号）的家中。[82]

*

伊曼纽尔带来了几个好消息。他结识了一位沙俄工程师，叫尼古拉·亚历山德罗维奇·奥加略夫（Nikolaj Aleksandrovitj Ogarjov）上校，几年来他一直是沙皇兄弟米哈伊尔·巴甫洛维奇亲王的副官。奥加略夫刚刚当选沙皇地雷委员会委员，还拥有圣彼得堡郊区的一个工厂。他们现在计划开办一家机械工厂，一起搞锻造的活儿。该工厂将被命名为“奥加略夫上校和伊曼纽尔先生的特许机械车轮厂和生铁铸造厂”。[83]

解决伊曼纽尔财务问题的水雷仍处于实验阶段。在开始生产之前，还有很多工作要做。与此同时，伊曼纽尔和他的新伙伴开始萌生了其他一些想法。除此之外，他们还设计了一种用硬木制造车轮的机器，并在沙俄获得了十年专利。很快，他们开始向沙俄军队生产和销售这种车轮。由于海军水雷的成功，伊曼纽尔还试图开发一种供沙俄陆军在陆地上使用的地雷。

亲王米哈伊尔·巴甫洛维奇密切关注两位合作伙伴的工作，在需要时进行干预并起到协调的作用。他的副官奥加略夫身兼两职，这一点亲王一点也不操心。在沙皇尼古拉一世统治下的沙俄，军队拥有最高优先权。同一个人既代表国家，又从受欢迎的军事工业中赚钱，这并不罕见。

尼古拉·亚历山德罗维奇·奥加略夫出身贵族，他知道在有机会的时候如何利用机会。他比伊曼纽尔小十岁，但已经度过了很长时间的军事生涯。他以幽默风趣而闻名，既能和他人一起开怀大笑，也能在自嘲时接受他人的笑声。在业余时间，他喜欢写诗。在这段时间里，奥加略夫还收集了一些“戏剧故事”的材料，即《可疑的无辜》或《正当的猎人》，这些材料后来被保存在他的私人档案中。

接下来近十年，伊曼纽尔和奥加略夫将共同经营业务。一位同事形容奥加略夫为“一位善良的绅士”。他同时强调，在与奥加略夫打交道时必须保持警惕。“这就像在和一只熊玩耍，一开始什么都没发生，但他会突然生气，毫无预警地咬你一口。”[84]

诺贝尔家族的孩子们离开祖国的那一年，瑞典开始实行义务教育。在此之前，瑞典是一个即使拥有最贫穷的农民，但识字也相当普及的国家。在沙俄，情况是相反的。有人计算过，在19世纪40年代早期，只有四十分之一的俄国人接受了足够的教育，能够看懂民族诗人普希金作品里的文字。在阿尔弗雷德·诺贝尔抵达圣彼得堡的那一年，这一个拥有6000多万居民的国家，只有20万名儿童上过学。城市和农村地区之间的教育差距十分惊人。

在圣彼得堡有一所瑞典教会学校，它由圣凯瑟琳瑞典教区（S:ta Katarina svenska församling）管理，移居该市的瑞典裔芬兰人在教区占主导地位。近年来，教学规模有所扩大。瑞典教会学校甚至每年都会收到沙皇的资助，条件是除了瑞典语，孩子们还要学习俄语、德语、书法、算术和宗教。

目前尚不清楚路德维格和阿尔弗雷德是否曾被安置在那所教会学校，这可能是在等待哥哥时的临时解决办法。1843年春天，13岁的罗伯特坐着“阿斯特里亚号”帆船在北海航行，直到6月才与家人一起在圣彼得堡团聚。当时，安德丽塔已经怀胎四个月了。10月底，三个男孩迎来了一个期待已久的弟弟。襁褓中的婴儿被取名为埃米尔·奥斯卡（Emil Oscar）。[85]

如今，伊曼纽尔·诺贝尔有足够的钱支付几位大男孩的私人教师费用。从他寄回瑞典的信中可以明显看出，这就是他们家最终解决教学问题的方式。最常见的做法是雇用一名大学生，但诺贝尔家族也需要一名讲瑞典语的老师。最后他们家选择了船东的儿子，拉尔斯·贝内迪克特·桑特松（Lars Benedikt Santesson），他是一名50多岁的律师，曾在瑞典法院工作，但由于赌博而破产，因债务问题逃到了沙俄。

桑特松在圣彼得堡生活了25年，后来在一所沙俄军校担任语言教师。据说，他是“一个聪明人，有丰富的公务经验”。他的私人学生，就拿路德维格来说，即使口音从未消失，但最终也学得很好，后来在沙俄度过了余生。但阿尔弗雷德在成年后倾向于避免使用俄语，从他经常用瑞典语、英语、法语或德语书写大量信件就可以看出。[86]

桑特松是一位受过良好教育和精神熏陶的男士，对 19 世纪 40 年代圣彼得堡丰富的知识分子生活有着敏锐的洞察力。他经常与新搬来的瑞典学生分享一些文学和哲学的瑰宝。[87]

*

英国历史学家以赛亚·伯林（Isaiah Berlin）在其著作《俄国思想家》中描述了 19 世纪 40 年代主导沙俄的思想世界。在很长一段时间里，围绕着热情而精力充沛的文学评论家维萨里昂·别林斯基（Vissarion Belinskij）的一群知识分子颇具影响力。其中有很多人曾在德国进修，而这些则是沙皇尼古拉一世阻止一切效仿法国革命的"危险"活动所带来的后果。

这群曾前往德国的人回到沙俄后，心中充满了德国哲学家弗里德里希·冯·谢林（Friedrich von Schelling）和弗里德里希·黑格尔（Friedrich Hegel）的形而上学思想，即事物的存在不受任何可以在科学实验中揭示的力学定律的支配。他们认为，存在的最深奥的秘密只能在思想层面上理解，因为对于那些有志于展示一切都是有机联系起来的人来说，思想、情感和诗歌等东西，比世界上任何实验试管都重要。

根据德国哲学家在圣彼得堡流行的思想所说，人类最重要的任务是寻找一种"世界灵魂"的本质，正是这个世界灵魂代表着真理和绝对的美。在对世界灵魂的搜寻中，显微镜没有丝毫帮助。相反，每个人都必须找到自己内心的光芒，找到个人的"宇宙和谐的回声"。答案和理想并不存在于日常生活的表面现实中。

浪漫主义哲学的精神理念吸引了有教养的年轻俄国人。正如伯林所写，"对于 1830 年至 1848 年间在沙俄生活且怀有理想主义的年轻人，或者仅仅是一个被国家社会条件压迫的人来说，听到这些话是令人欣慰的：令人震惊的这些事实——农奴无知贫穷，神职人员缺乏文化且虚伪，统治阶级充满腐败且效率低下、野蛮专横，商人卑鄙无耻和缺乏人道——根据西方专家的说法，整个野蛮的制度只是生活表面上的一个泡沫"。[88]

这种思想在沙俄蔓延开来。德国哲学家弗里德里希·冯·谢林，成了第一位达到文化崇拜地位的哲学家。谢林对科学发现并不感兴趣。相反，他对电磁学的新研究成果着迷。对他来说，这无疑证明了自然界中存在着可以与精神世界相联系的力量。自然绝不是启蒙运动所宣称的死物。

谢林并没有排除科学也可以取得成果的可能性，这些成果让人们瞥见了普遍真理，即“世界灵魂”。最重要的是思想。能够解释生活各个部分的，是整体的精神，而不是分割的物质。因此，这位德国哲学家说，科学永远无法完全得到真理。只有通过艺术和哲学、想象和情感，才能达成“人类的最高成就”，人类才能真正接触到这种更高的精神意识。

年轻的阿尔弗雷德·诺贝尔对文学、哲学和自然科学同样感兴趣，他最终被卷入了沙俄的浪漫主义思潮中。[89]

*

奥加略夫的工厂由两栋一层的石屋组成，位于涅瓦河畔冬宫所在位置的对岸，沿着码头通向大涅瓦河支流。该地区以几公里外的彼得保罗要塞（Peter and Paul Fortress）命名，被称为圣彼得堡斯多罗纳（Peterburgskaya storona，位于圣彼得堡一侧，现为彼得格德斯码头）。

伊曼纽尔·诺贝尔和他的合伙人在一栋屋子里经营车轮工厂，在另一栋屋子里经营机械车间。到 1844 年中期，他们总共有 28 名员工，并且可以使用蒸汽机和铁匠铺。[90] 每一次成功的水上爆炸实验，都会使皇室的恩赐持续不断地增加。

圣彼得堡附近，亲王米哈伊尔·巴甫洛维奇也经常在场，显然他对这个情况很满意。当奥加略夫要求为整个企业提供更多的贷款时，尽管财政部提出反对意见，亲王还是说服他的兄弟沙皇批准了贷款。

沙皇尼古拉二世还同意在赫尔辛基郊外的索门林纳（Sveaborg）附近海域对伊曼纽尔的水雷进行更大规模的测试。但此时海军司令门希科夫决定暂停这项行动。门希科夫是几年前在一次晚宴上第一个对伊曼纽尔·诺贝尔的水雷提议表示不满的人，他也是芬兰总督。他给出了暂停的理由。1845 年 3 月，门希科夫在给米哈伊尔·巴甫洛维奇的一封私人信件中写道，毕竟他们不能忘记，现在面对的是一名瑞典公民。“应该指出，这些水雷不是秘密，因为一旦发明者伊曼纽尔来到索门林纳，将不可避免地受到关注，因为他在这一领域的活动已经在瑞典报纸上有过报道。”

他警告，瑞典媒体具有危险性，“那些记者会利用一切机会扭曲地描述沙俄政府的行为”。[91]

与此同时，伊曼纽尔关于地雷的想法吸引了军队越来越多的兴趣。亲王米哈伊尔·巴甫洛维奇的热情并没有因此减弱，他亲眼看见伊曼纽尔炸毁了一大片土地。据他判断，这种地雷的威力大到足以击倒 50 人的纵队。1846 年夏天，伊曼纽尔再次取得了成功。沙皇尼古拉一世在另一次实验中为伊曼纽尔颁奖，并向这位瑞典人额外赠予 1 万卢布。[92]

阿尔弗雷德·诺贝尔的父亲似乎一直在内心挣扎，怀疑从如此强大的武器中赚钱在道德上是否合适。后来，他在一份法语文件中道歉说："当我脑海中浮现出关于这种武器的想法时，我的目的并不是让战争变得更加血腥，或是让战争更具破坏性，而是让战争变得更加困难，即使这在目前的规模下是不可能的。我的办法是让敌人的前进以巨大的牺牲为代价，以至于宣战就等于宣布敌人的彻底毁灭。"[93]

多年后，阿尔弗雷德·诺贝尔也表达了类似的想法。

无论是否存在疑问，诺贝尔家族稳步发展的道路都陷入了困境。1845 年年底，安德丽塔和伊曼纽尔又生了一个儿子罗尔夫。现在，他们家里已经有五个男孩了，显然正是在这个时候，他们开始寻找新家。他们选择了一栋建于 18 世纪晚期的灰色新古典主义木制别墅，该别墅由一位寡妇出租。它紧邻大涅瓦河畔奥加略夫和伊曼纽尔开办的工厂。这是一栋时尚的单层别墅，据这家人说，它"与周围沉闷的环境大相径庭"。四根巨大的白色圆柱点缀着面向码头的外墙，入口两侧矗立着两只大石狮子。[94]

在沙俄度过的 20 年里，阿尔弗雷德·诺贝尔大部分时间都住在这栋别墅里。

*

今天圣彼得堡的这栋"灰房子"在哪里？根据诺贝尔基金会的网站和大多数书籍显示，地址为佩特罗格拉德码头，纳贝勒纳亚 24 号（Petrogradskaya naberezhnaya 24），这栋木质别墅被描述为"阿尔弗雷德·诺贝尔童年的家"。2017 年 1 月，在一个寒冷的日子，我沿着大涅夫卡河（Stora Nevka）的花岗岩码头漫步，工厂的烟雾在灰白色的冬日天空中描绘出深色的线条。一辆出租车驶过，广告上写着"陀思妥耶夫斯基食品服务"。

佩特罗格拉德码头，纳贝勒纳亚 24 号很容易找到。在前面宽阔的人行道上，这座城市竖立了一座巨大的青铜艺术品，以纪念阿尔弗雷德·诺贝尔。据说这座雕

像代表着“生命之树”，但扭曲的金属细节像是爆炸后的碎片。

书上写的木屋还在那里。房子现在是黄色的，有白色的线条相衬。我穿过街道，打开门，来到厨房家具陈列室。里面架着聚光灯，换上了闪亮的新瓷砖地板。嗨，我难道还期待原来的模样不成?

店员说她听说阿尔弗雷德·诺贝尔曾经住在那里，但她不确定。房子的外观自19世纪以来一直保存完好，地下室应该也完好无损。她主动提出给我展示一下。我沿着铁楼梯走下去，把我看到的一切都记录下来：绿色的石墙，发黄的报纸，还有一个破书箱。灰尘仿佛卡在我的喉咙里，我的心率也在增加。

突然，店员停了下来。原来地下室的钥匙不在原来的位置。她让我下次再来。

几周后，我仔细查阅了附近的所有历史资料。我不必再去了。圣彼得堡的阿尔弗雷德·诺贝尔纪念雕像一定是安错了地方。他应该从来没有在有厨房设备的房子里住过。伊曼纽尔的工厂甚至也不在这个角落。

这一结论在后来对圣彼得堡文化遗产的审查中得到了证实。诺贝尔家族的地块编号为1319，但在阿尔弗雷德的时代被划分为三大地块。他们一家所住的房子离得最远。正确的地址是佩特罗格拉德码头，纳贝勒纳亚20号，今天这里是一幢带有玻璃幕墙的办公大楼。[95]

专家报告中写道，阿尔弗雷德·诺贝尔童年的家在二战期间被拆除。这真是一段可悲的历史：木柴需要木板，这是列宁格勒被围困期间的需要。

*

圣彼得堡斯多罗纳区实际上是一个岛屿，在19世纪40年代被认为是圣彼得堡的郊区。诺贝尔家族迁入的街区以蔬菜农场、工厂和工人之家为特色。市中心几乎没有什么社交场所，也不热闹，剧院完全看不到，也几乎没有酒馆的踪影。在1844年的一篇文章中，圣彼得堡被描述为这样的一个地方：即使是贫穷的官员也可以在这里免费购买一块沼泽地，再逐步用廉价材料为自己建造一座木屋。最终，在领取养老金和长满白发后，他们可以在这里安享余生。“就这样，这个陌生的地区由带绿色百叶窗的独立房屋组成，这类房屋都配有一个花园，院子里有一只狗。透过窗户的棉布窗帘，你可以看到一盆盆的天竺葵、仙人掌或中国月季——还有一个关着金丝雀或绿雀的笼子。”在当时对彼得堡斯托罗纳的另一个描述中，该地区被称为

“一个父权制的田园诗般的乡村世界”。[96]

在这一年的黑暗时期，圣彼得堡这一侧成了与外界隔绝的地方，因为涅瓦河上没有固定的桥梁。当冰面开始融化时，每个人都在等待彼得·保罗要塞的指挥官，期待用他的船横渡涅瓦河。按照传统，他会带上一杯河水走进冬宫，交给沙皇后再带着沙皇回赠的银币返回码头。这便是重新开放航运通道的信号。

航运通道一恢复，河里立刻挤满了帆船和小艇。可拆除的浮桥也已经布置完毕，街头小贩和艺术家开始在圣彼得堡迷宫般的街道与小巷中蔓延开来。想一睹花园和体验乡村生活风采的内城居民钻进马车纷至沓来。而那些没有自己的乡间别墅的人，也想来这里度过时光。

夏天，你可以看到牛在这里吃草。诺贝尔住宅北面的卡波夫卡河上的斗鹅活动是一种很受欢迎的消遣，而不远处的赛特尼（Sytnyi）市场上有很多鱼和蜂蜜可供购买。在那里，人们把黑鱼子酱倒入大桶中，当季节来临时，还会有“俄罗斯醋栗”（蔓越莓）和蘑菇。如果你买了一杯烈酒，即使你不是很富有，也能得到老板送的一大勺俄式鱼子酱。

彼得格德斯码头活了过来，但夏天也需要经历一番考验。提到沿街弥漫的尘土，以及令人痛苦的蚊虫，人们都很惊恐。圣彼得堡夏季神奇的“白夜”最为重要，但它们并没有持续太久。树叶刚一变黄，光线和喧闹声就开始慢慢减弱了。秋天来了，洪水把房屋夷为废墟，偶尔也会夺走人命。圣彼得堡的大部分地区后来变成了一片难以穿越的泥沼，马车夫不愿冒险进入的阴暗小巷，变成了“厚厚无垠、永不干涸的污泥王国”。

此外，通往大涅夫卡河码头，即诺贝尔家族后来居住的地方，则更多属于未开发地区。越靠近内夫卡，贵族越多，被驱逐出境的演员、没有野心的公务员、被人忽视的诗人以及有钱但不幸的寡妇，这类人就越少，而他们本来被认为是这个地区的特征。

接着是湿气入髓、寒风刺骨、夜色骤暗的冬天，圣彼得堡一侧顽强的居民想出一个主意，在漆黑一片的夜晚拿着手灯奋力前行，在亲戚朋友家安排各种舞会，来躲过严寒，打磨时间。

阿尔弗雷德·诺贝尔成长的城市在当时被描述为“在一年 365 天中，有 162 天是连续冰冻的，59 天是只有早晚结冰的，剩下 144 天是无霜期”。统计数据显示，圣彼得堡的夏季和冬季加在一起，晴天只有 60 天。[97] 在这座城市里，沙皇的阅兵声常常淹没了鼓掌声，有时阅兵太过频繁，以至于影响了城市的基本生活。1846 年，一位反对党作家叹息道："那块花岗岩，那座带锁链的桥，那持续不断的鼓声，所有这些都有着令人沮丧和压迫的感觉。"[98]

*

关于阿尔弗雷德童年时期诺贝尔家族的氛围，人们知之甚少。几年后，他自己在一首诗中描绘了他幸福的父母。"母亲躺在丈夫的怀里：由衷的拥抱表明，他们的爱得到了前所未有的蓬勃发展。"他还在对父母的描述中增添了温度："细心照料的爱在孩子们心中建立了多年的亲情。"显而易见，他说的是伊曼纽尔和安德丽塔。

那些了解这个家庭的人告诉我们，安德丽塔带着温暖和愉快的心情迎接她的孩子。不幸的是，这段时间的信件只偶尔让读者能窥探一些关于他们的家庭生活。1847 年夏天，安德丽塔在斯德哥尔摩的嫂子来访时很高兴。不久，14 岁的阿尔弗雷德和他的兄弟们终于见到了当年 15 岁的堂姐 / 妹威廉米娜（米娜）。当亲戚们离开后，男孩们的情绪立马低落下来。安德丽塔在一封信中写道，儿子们现在似乎对没有亲生的姐姐 / 妹妹这事感到痛苦。但实际的感觉更加强烈。路德维格最终和米娜结成了夫妻。[99]

伊曼纽尔·诺贝尔并不是圣彼得堡中一到冬天便没了生机的人。1848 年新年，他和合作伙伴奥加略夫的工厂发展到了顶峰，这主要归功于伊曼纽尔·诺贝尔的努力。奥加略夫通常在别处忙碌，他负责陪同亲王米哈伊尔·巴甫洛维奇旅行，另外，他也是因精心组织的慈善舞会和在夏宫彼得霍夫（Peterhof）举行的各种庆祝活动而受到尼古拉一世赞誉的人之一。在奥加略夫认为可能会分散其注意力的杂务清单上，值得一提的是他的妻子——一位前宫廷夫人，这位夫人一共给他生了七个孩子，可惜都没有活到十岁。[100]

奥加略夫现在在大涅夫卡河畔拥有几处房产，可用于伊曼纽尔日益扩大的生产规模。[101] 伊曼纽尔当时在给内弟路德维格·阿尔塞尔的信中写道，他"工作忙得不可开交"。如果伊曼纽尔有抱怨什么的话，那就是找一些合适的劳动力的问题，工人们"想要的尽可能多，做的却尽可能少"。他还为工厂购置了一家轧钢厂，派了一名员工到瑞典招聘轧钢厂工人。在信中，他请内弟协助招聘，并承诺送给他“一桶鱼子酱”作为酬谢，希望这种美味一路上不会“在温和的天气下腐烂”。

1848 年 2 月，伊曼纽尔向他的瑞典亲戚传达了一个好消息：

> 下个月我们这里要接待来参观工厂的皇室成员尼古拉一世、亚历山大、米哈伊尔和马克西米利安。我们希望这次参观能获得良好的结果，但目前，这次接待的成本相当高。[102]

然而，沙皇尼古拉一世很快就有了其他想法。

*

1848 年 2 月 24 日星期四，愤怒的示威者涌入法国国王路易·菲利普一世在巴黎的杜伊勒里宫。这场法国骚乱持续了三天，最终造成 350 人死亡。导火索是国王决定禁止举行政治集会，而骚乱实际上是几个月来民众不满情绪发酵的结果。

国王路易·菲利普意识到了问题的严重性。他选择退位，并以“史密斯先生”的假身份逃离了这个国家。王国就这么被推翻了。法兰西第二共和国诞生了。

当沙皇尼古拉一世听到巴黎的这则消息时，他正在参加宫廷舞会。他大声喊道：“先生们，快备马！法国宣布成立共和国了！”沙皇的儿子在日记中写道，在场的所有人都“仿佛被闪电击中”，这便是后来被称为尼古拉“黑暗的七年”的开始。[103]

这是一个革命性的二月。就在巴黎革命前几天，卡尔·马克思和弗里德里希·恩格尔的著作《共产党宣言》在伦敦出版。马克思和恩格斯以“一个幽灵，共产主义的幽灵，在欧洲游荡”开始了他们的写作，最后用经典的“全世界无产者，联合起来！”来结尾。[104]

法国的革命情绪传遍了整个欧洲。3 月，匈牙利人反抗奥地利统治；同月，骚乱的消息传到了斯德哥尔摩。新国王奥斯卡一世（Oscar Ⅰ）在父亲卡尔十四世·约翰去世四年后即位。奥斯卡曾在法国度过了他人生的前十一年，他必定关注了巴黎的这场革命。

在瑞典，反对党对更具改革意识的奥斯卡一世寄予厚望。起初，国王似乎也很冷静。1848 年 3 月 18 日晚上，一群骚动的工人和自由派资产阶级人士聚集在斯德哥尔摩城堡周围。他们的口号繁多，从“实现法国自由”“成立共和国”，到“普选”和“结束贵族统治”。

这天晚上，奥斯卡一世在歌剧院观看演出，深受崇拜的珍妮·林德在卡尔·马利亚·冯·韦伯的歌剧《自由射手》中表演。当叛乱的消息传到国王那里时，他离开歌剧院骑马来到城堡。他在大教堂会见了叛军，气氛平静得令人印象深刻。谈判后，国王下令释放当天早些时候被捕的示威者。城市的秩序也得到了恢复。

但第二天又爆发了新的动乱。奥斯卡一世失去了耐心，便下令开火。第二生命卫队的一个师用上膛的步枪迎击了叛军。二三十人在随后的骚乱中丧生。[105]

在圣彼得堡，政府的反应也变得更加强硬。沙皇尼古拉一世害怕起义也同样发生在沙俄。巴黎革命后，第三部门的安全警察将间谍安置在与知识分子相对立的派别中。不久，渔网收紧，激进知识分子中的沙皇批评者也被一网打尽。其中包括作家费奥多尔·陀思妥耶夫斯基，一段时间以来，他定期参加公共活动和社会主义者佩特拉斯夫斯基（Petrasjevskij）的星期五社团。

1849 年 4 月，沙皇尼古拉下令逮捕所有共谋者。陀思妥耶夫斯基和他的志同道合者在被带到处决地点之前，在彼得·保罗要塞被监禁了八个月。他们在接受了最后一次涂油，并戴上头巾后，被转移到西伯利亚接受审判，最终被改判为劳动惩罚。陀思妥耶夫斯基将在西伯利亚的监狱集中营待四年。当时他还没有开始创作任何杰作，包括《罪与罚》《白痴》或《卡拉马佐夫兄弟》。[106]

*

拥有合理自愿旅行权利的俄国人通常倾向于前往圣彼得堡。这其中包括受人尊敬的化学教授尼古拉·尼古拉耶维奇·津宁（Nikolai Nikolaevich Zinin）。到 19 世纪 40 年代末，他对出生和长大的沙俄中部城市喀山（Kazan）的恶劣气候感到悲伤。津宁写信给教育部长乌瓦罗夫，要求调到圣彼得堡。乌瓦罗夫带来了一个对阿尔弗雷德·诺贝尔具有重大意义的决定。

尼古拉·津宁年近四十，于 1847 年 12 月来到圣彼得堡，担任医学与外科学院（Academy of Medicine and Surgery）化学研究所的新任所长。津宁在沙俄是一个公认的专家。他有着辉煌的国际成就和谦逊的性格，在沙俄教授中用“您”称呼学生的习惯，非常罕见。在化学实验中，人们认为津宁的要求很高，“没有人有机会偷懒”，但他那一大撮黑色海象胡子后面充满了温暖和幽默。

十年前，在国外学习期间，津宁养成了对学生放松的态度。像许多其他年轻的化学家一样，他向尤斯蒂斯·冯·李比希（Justus von Liebig）教授在德国城市吉森（Giessen）的实验室提出了申请，这座城市是当时有机化学的圣地。

这一切都始于1828年，当时德国化学家维勒设法人工制造出一种尿素物质。有机化学这一全新的研究领域已经开辟，他们主要是与吉森的李比希教授一起进一步研究，对不同的化学反应进行实验，以便通过人工合成创造其他“活”物质。尼古拉·津宁对这些综合课程和李比希的现代教育学同样印象深刻。李比希欢迎外国学生作为实习生，并让他们在实验中与他合作。晚上，李比希邀请学生去他家，并与他们讨论各种实验上的难题。

1839年秋，年轻的津宁从吉森开始，后来跟随巴黎的化学教授朱尔·珀卢兹（Jules Pelouze），后者曾与李比希合作过。珀卢兹在巴黎综合理工学院（École Polytechnique）学习，坦诚地模仿他德国同事的教学方法。珀卢兹有一个私人化学实验室。在那里，他接收来自其他国家的实习生，并在有机化学方面进行小组教学，在处理工作和休闲之间的界限方面与李比希相同。

对于这段历史来说，津宁碰巧在法国人珀卢兹实验一种可以替代火药的炸药的时候抵达巴黎，但这并不重要。在欧洲化学家中，津宁并不是唯一一个对此感兴趣的人。珀卢兹选择用硝酸处理棉花，并成功地生产出一种爆炸性产品，称为聚羧酸（后来称为“棉粉”）。

尼古拉·津宁一直在珀卢兹身边待到1840年夏天，那年，年轻的意大利化学家阿斯卡尼奥·索布雷罗（Ascanio Sobrero）出现在法国人的创意实验室中。阿斯卡尼奥·索布雷罗和尼古拉·津宁都是28岁。也许他们已经进行了30年后阿尔弗雷德·诺贝尔发明炸药前的第一次重要尝试？

这个戏剧性的决定性时刻发生在1848年前后。这正是尼古拉·津宁寻求去圣彼得堡游学之时。

*

1847年至1848年，阿斯卡尼奥·索布雷罗从巴黎返回意大利。回到都灵的实验室后，他测试了不同的有机物质如何与硝酸反应，并有了第一个重大突破。

索布雷罗曾研究过，如果珀卢兹爆炸实验中的棉花被浓稠的液体甘油取代，会发生什么情况。他还试图将硝酸和硫酸混合。通过这种方式，他研发了一种新的炸油，在珀卢兹的启发下，他选择称之为甘油。这个名字最终演变成硝化甘油。

索布雷罗本人对他的发明并不完全乐观。这位意大利人写道，对他生产的黄色油状液体需要格外小心："试管中的一滴液体在加热并强力引爆后，溅射的玻璃碎片撕裂了我的脸和手，划伤了站在更远处的其他人。"

他指出，这种油有一种强烈的甜味，但强烈建议其他人不要品尝。

"在舌头上加一点硝化甘油，不要吞咽，会引起剧烈的搏动性头痛，伴有四肢无力。一条测试犬吃了几厘克的硝酸甘油，紧接着，它开始皱着眉头，吐了出来。"

几个小时后，测试犬窒息而死。出于安全考虑，索布雷罗没有检查尸体。他没有继续开发他的发明，很长一段时间甚至没有申请专利。索布雷罗说，硝化甘油在化学上是一种有趣的物质，但它太危险，无法进一步开发。许多年后，当他为自己的开创性科学工作争取认可时，他总结道："当我想到硝化甘油爆炸所造成的受害者，以及它已经带来和将在未来带来的巨大伤害时，我几乎羞于写下这些关于发现它的话。"[107]

最后，沙俄化学教授尼古拉·津宁发现了索布雷罗的硝化甘油。但到了1848年新年，他暂时搁置了研究。津宁原本打算在圣彼得堡建立一个现代化学家教育机构，最好是一个类似于李比希和珀卢兹所在实验室的人才培养基地。这需要大量时间，因为在圣彼得堡的医学与外科学院，设备不合格，预算也不存在。津宁的出路是在家所在的公寓里建一个私人实验室来弥补学院的不足。

在这种"有组织的混乱"中，他经常为选定的学生上课。学生们不时地留下来和他共进晚餐。津宁最终将他的教学发展成为"一个'小化学俱乐部'，在那里，还在初步阶段的沙俄化学得到了蓬勃发展，俱乐部常常举行热烈的讨论，化学学科的价值得到认可，俱乐部也欣赏学生的热情。在高谈阔论中，俱乐部还发展出了新的想法，大家在尘土飞扬的桌子上，在没有粉笔和黑板的情况下，写下了各类化学方程式，这些方程式后来在化学文献中获得了光荣的一席之地"。[108]

很快，早熟且求知欲强的阿尔弗雷德·诺贝尔将成为"行走的百科全书"尼古拉·津宁的学生，他的兄弟们似乎也会如此。很难确定他是在“小化学俱乐部”这样的环境中，还是曾经和兄长们在接受私人教学的过程中，对化学产生了兴趣，但无论如何，诺贝尔可能最早在 1849 年迷上了化学，当时他已经 15 岁了。1848 年秋天，他和大哥罗伯特不得不休学几个月，二哥路德维格则在瑞典和表兄弟们一起生活。伊曼纽尔给他在瑞典的内弟的去信中表明，他和内弟——或者至少是伊曼纽尔自己——希望兄弟俩继续求学之路。路德维格可不能随心所欲地一个人待在那么远的地方了。[109]

伊曼纽尔在给内弟的信中，写了一段关于三个儿子的文字。他写道，路德维格在判断力和品味上优于其他两个儿子，但他也挑不出其他两个儿子的毛病。“据我目前所见，我认为他们不会让我失望，”伊曼纽尔继续说道，“失之东隅，收之桑榆。根据我对他们的观察，路德维格最具创造力，阿尔弗雷德最勤奋，罗伯特最具备思索的精神，他的执着在去年冬天让我惊讶了好几次。”[110]

路德维格跟着秋季最后一艘船离开斯德哥尔摩前往图尔库。直到 1848 年圣诞前夜的前一天，他才再次回到圣彼得堡。伊曼纽尔和安德丽塔趁他不在的时候，将大涅夫卡河畔的房子进行了翻修。路德维格很高兴看到自己新装修的房间，里面有“崭新的家具和漂亮的窗帘”。

他的兄弟也毫不掩饰地表达了对路德维格的思念之情。“阿尔弗雷德已经长大了，我几乎认不出他了；他和我快一样高了，声音也变得粗糙和有力了，我真要认不出他了。”[111]

*

伊曼纽尔·诺贝尔的水雷在海军和陆军之间的某个官僚机构中被搁置了。根据家族历史记载，这项发明最终由于保密工作做得太好，以至于被遗忘了几年。这位瑞典工程师参与了谈判，并拿到了其他合同和专利。伊曼纽尔开始锻造铁楼梯扶手和窗板，并收到了翻修喀山大教堂和圣彼得堡入口处喀琅施塔得（Kronstadt）堡垒的订单。在他位于大涅夫卡河畔的家中，他安装了一种新型的加热炉。伊曼纽尔并没有在每个房间都使用瓷砖炉子，而是在每栋房子里只放置一个燃烧锅炉。他用它把水加热，然后用管子把水引到每个房间里。伊曼纽尔获得了成功。沙皇政府订购了一些用于军用建筑和医院，富有的圣彼得堡人也为他们的别墅购置了这种新物件。[112]

为了感谢这位瑞典人多年来的辛勤工作，奥加略夫现在决定将他的工厂所有权的一半转让给伊曼纽尔。在一封感谢信中，他称赞伊曼纽尔“多年来在铸铁厂和机械车轮厂的设备与生产方面为我提供了极大的帮助”。但实际上，他并不像表面上那样慷慨，因为这位俄国人一直以工厂的名义借大额贷款来偿还私人债务。从长远来看，这样操作会产生一些问题，因为根据条款，伊曼纽尔需要与奥加略夫共同承担债务偿还的责任。[113] 但这家人现在没有什么可担心的。

伊曼纽尔·诺贝尔处于一个异常活跃的时代，对的人到了对的地方。工业革命从英国蔓延到西欧，到了 19 世纪中叶，已经真正渗透到尼古拉一世的沙俄。社会节奏越来越快，人与人之间的距离越来越短。除瑞典外，大多数国家至少有几条铁路在运营。在沙俄，圣彼得堡与莫斯科之间的重要铁路即将开通。[114]

人和人的沟通也在其他方面发生了变化。几年前，美国塞缪尔·莫尔斯（Samuel Morse）在华盛顿和巴尔的摩之间安装了第一台电报机。起初人们认为电报主要是一种新奇的产物，但信息快速交换的革命即将到来。然而，当保罗·路透（Paul Reuter）于 1850 年创办一家通讯社，用来通报和调节城市之间的汇率时，他仍然依赖于一群鸽子来联络信息。[115]

蒸汽机蓬勃发展，技术越来越精进。在大西洋的另一边，从瑞典移民到美国的工程师约翰·埃里克松（John Ericsson）凭借自己设计的“蒸汽挑战者”，即所谓的热空气发动机，取得了一些成功。几年前，埃里克松在美国取得突破，他的螺旋桨动力蒸汽护卫舰在速度竞赛中击败了美国最快的蒸汽船。

伊曼纽尔·诺贝尔知道约翰·埃里克松这个人。他们大约同龄，19 世纪 20 年代末，在约翰·埃里克松离开瑞典之前，他似乎曾经在伊曼纽尔的父亲那儿看过病。后来，伊曼纽尔在报纸上发表了许多关于这位成功的瑞典人的文章，而这位工程师在十五年后的美国内战中成为美国的民族英雄。[116]

伊曼纽尔·诺贝尔即将年满 50 岁。他“头发灰白”，觉得自己“垂垂老矣”。当然，他能够向瑞典汇报自己的成功，例如被选为圣彼得堡第一行会的商人。公司也自然进展顺利，另外在 1849 年秋天，这个家庭终于有了一个小女儿，贝蒂·卡罗莱娜·夏洛塔（Betty Carolina Charlotta），这件事也足以让他高兴不已。然而，伊曼纽尔忍不住想到了约翰·埃里克松和他的新热空气发动机。多年后，阿尔弗雷德·诺贝尔的一位亲密朋友和同事在一篇有见地的文章中说:“伊曼纽尔·诺贝尔当时最喜欢的观点似乎是蒸汽可以被热空气所替代。”[117]

最终，这位曾生育了六个孩子的父亲做出了一个决定，也许是因为1850年约翰·埃里克松被选入瑞典皇家科学院的消息而加速了这一决定。他打算派一个儿子横渡大西洋去考察。长子罗伯特已经开始在伊曼纽尔的公司工作，并做得很好。当儿子们共同跟随家庭教师学习的阶段即将结束时，他想让路德维格走一样的发展道路。

最后是勤奋好学的阿尔弗雷德前往美国，去了解这位伟大瑞典老乡的发明的最新情况。伊曼纽尔还决定允许阿尔弗雷德加深他的有机化学知识。阿尔弗雷德将追随化学教授尼古拉·津宁的脚步，在巴黎学习化学。

*

阿尔弗雷德·诺贝尔现已成长为一个善于反思和成熟的年轻人。在圣彼得堡的这些重要成长时期，他发现自己处于浪漫主义和启蒙主义之间的强烈交叉口。一方面，诗人和哲学家对永恒理想的精神追求对其产生了强烈的影响；另一方面，自然主义者努力用试管和显微镜实证证明物质之间的联系。

阿尔弗雷德深入地了解了这两个世界。几年后，他自己在一首诗中描述了他是如何阅读伟人的历史功绩的:“我思考了很久以前去世的哲学家，他们的思想仍然激励着鲜活的灵魂。”他似乎时不时地拥有一种强烈的冲动，想追随他们的脚步，有着志向高远、品质高尚的生活外壳，也能得到同样的尊重。[118]阿尔弗雷德梦想成为一名作家。他被浪漫主义者、理想主义者和崇高的诗人所吸引，如英国的珀西·比希·雪莱（Percy Bysshe Shelley）和拜伦勋爵（Lord Byron）。这些人成了他的精神支柱。

雪莱和拜伦在19世纪30年代和40年代的德国都取得了巨大成功。这些诗人和哲学家冯·谢林、黑格尔一样，都是在思想浪潮的鼓舞下进入沙俄读者视野的。[119]

在阿尔弗雷德看来，津宁教授对这些胡子拉碴的哲学家几乎没有什么同理心，尤其是当他们进入自然科学和数学领域时。“这些人自信地宣称，他们不仅能够理解，而且能够批评高等数学理论，而对这门一以贯之的科学没有任何洞察力。”津宁在一次演讲中对哲学家进行了批判。但同时作为一个善良的人，他表示自己的初衷并不是要给哲学的光辉历史抹黑。他只是想“告诉大家，使用错误的研究方法，后果有多危险”。[120]

在津宁的支持下，阿尔弗雷德·诺贝尔的思想显然被推向了另一个方向。

*

阿尔弗雷德·诺贝尔在这段重要的年轻岁月里的生活有些难以捉摸。这段时间以来的信件并没有保存下来，在为后代保存的贫乏的家庭信件中，他也只是被随口一提。

尽管阿尔弗雷德·诺贝尔有当作家的梦想，但他在抵达令人惊叹的美国后，除了以下两样东西，基本上没有留下任何痕迹：(1）一封关于一些出货的物流书信；(2）一首青年诗。这首青年诗是这样写的：“奇怪的是，即使浩瀚的海洋四处蔓延，这对我来说也并不新鲜——我的设想可以描绘出更浩瀚的海洋。”这首诗最恰当的标题是“谜语”，这也是分析阿尔弗雷德·诺贝尔当时思想和感情的唯一素材。他自己在后来的笔记（用法语书写）中表示，这首诗写于1851年。它给出了一些重要的自传性元素，但要描述阿尔弗雷德·诺贝尔在19世纪50年代早期的生活状态，仍旧像在结冰的泉水上跳跃一般困难。

他去美国待了多久，去了哪些地方，都做了什么？在诺贝尔的相关文学记载中，有许多版本。大多数写这段经历的人都将美国冒险与巴黎居所结合起来，大致认为这趟出国旅行持续了两年。有人则认为他在美国住了四年，也有三年的说法。一位作者声称自己知道阿尔弗雷德在纽约期间的确切地址，另一位（发布了另一个地址的作家）则书写了阿尔弗雷德第一次与约翰·埃里克松会面时的情形，包括他怎么给自己系围巾等。在其中一本有关诺贝尔的书中，我们了解到他早在1850年，也即十七岁时，就来到了美国；而在另一本书里，出门远行是从他陪同津宁教授去巴黎开始的。

我努力拼凑这些碎片，并决定重新调查位于莫斯科的俄罗斯联邦安全局中尘封已久的档案。我的研究人员花了很长时间来查看进入圣彼得堡的外国人名单，有一段时间我对调查感到绝望。功夫不负有心人，迷雾终于消散了。

1851年7月3日，阿尔弗雷德·诺贝尔首次以自己的名义入境沙俄，目前尚不清楚他是从何地进入沙俄的。他第二次以同样的方式登记在册，则是在1852年6月26日。[121]

同一时期，我有了第三项研究发现，这项发现使情况更加清晰。该文件位于圣彼得堡的海洋历史档案馆。文件是一份委托书，日期为 1851 年 9 月 5 日。在这一天，六个孩子的父亲伊曼纽尔授予“他深爱的儿子”阿尔弗雷德·诺贝尔“使用办公室的权限，可以‘像我一样在那里办公’，并拥有使用、兑换和签收资金的权力”。

我的结论是：1. 1851 年秋天，阿尔弗雷德在圣彼得堡（伊曼纽尔肯定对当时即将 18 岁的儿子充满信心）。2. 阿尔弗雷德·诺贝尔已经离开沙俄有两年、三年或四年。他至少完成了两次独立旅行，分别在 1851 年夏秋前后。

那么他什么时候到美国的？一位在美国图书馆工作的朋友利用数据库，搜索 19 世纪大西洋航线的乘客名单。最初的结果有些令人失望。这些年来，似乎没有一个叫诺贝尔的瑞典人来过纽约。但渐渐有一个俄国人的身影浮出水面。1852 年 3 月 8 日从利物浦抵达纽约的北极号轮船的乘客名单上，有一位工程师名叫阿尔弗雷德·诺贝尔。在注册时，他填写的身份是俄国人，并声称自己 20 岁。谜题解开了。阿尔弗雷德一定是先去了巴黎，然后回了家，之后又去的美国。

唯一影响时间顺序的是他在青年时代创作的诗歌。我想了一会儿，心中充满了同情。阿尔弗雷德·诺贝尔的诗歌创作于 1851 年，这一点是显而易见的，尽管后来他又给这首诗增加了一部分（例如关于海洋的诗句）。阿尔弗雷德将多次回忆 1851 年，这是黑暗的一年，在他身上留下深刻烙印的悲剧。

我认为，很可能不久以后，17 岁的阿尔弗雷德·诺贝尔在 1850 年的寒冬到来之前就启程去巴黎学习了。

*

1848 年二月革命爆发两年后，法国仍然是一个共和国。时任总统路易－拿破仑·波拿巴（Louis Napoléon Bonaparte）在 1848 年的选举中以战略性的左派主张赢得压倒性胜利，但他没有采用波拿巴这个名字。他隐藏了他所制订的计划，担心其野心会让人想起他的叔叔拿破仑一世，而非 1848 年革命者心目中的自由主义。路易－拿破仑·波拿巴想要恢复法兰西帝国。然而，直到 1852 年，他才以类似政变的形式推动这一变革。

这位有着帝国野心的总统在伦敦流亡了几年，他看到了绿色公园和开阔的空间，以及享受更多光照和呼吸新鲜空气的价值。很快，他就看到巴黎在朝着这个方向改变，但在1850年秋天，当年轻的阿尔弗雷德·诺贝尔抵达时，这座城市非常拥挤、吵闹和落魄。正如一位评论家所描述的那样，巴黎的老城中心——卢浮宫周围的宫殿和街道，西岱岛以及圣路易岛——类似下水道。在高湿受损的木屋之间，是蜿蜒曲折随意延伸的鹅卵石小巷。在中世纪的外墙之间，空气静止不动，阳光是一种意外，废水沿街奔涌。整座城市是一场自生健康灾难，霍乱疫情频发。

街道十分狭窄，有时房屋之间的间隔不到一米，经常导致交通堵塞。巴黎市中心的马匹和马车数量不断增加，许多人在小巷中被堵得一动不动，愤怒情绪随之爆发，在巴黎生活的人感觉到巨大的压力。早在1843年，一些精锐知识分子就已经意识到"在一个每分钟都很重要的城市"，拓宽街道已迫在眉睫。[122]

震耳欲聋的噪声震惊了许多不熟悉巴黎的旅客。19世纪50年代，漫步在法国首都，就像步入了一场持续不断的交响乐，只是它的声音更具侵略性和不和谐。街头小贩和工匠发出吆喝声，像是风琴和单簧管一般，不断地试图盖过在高低不平的鹅卵石上嘎嘎作响的车轮声。街上挤满了杂耍演员、铜管乐手和便携式木偶，还有形形色色的傻瓜、监工和其他所有不明身份的骗子。小商小贩不得不大声吆喝，才能把最新的八卦新闻卖出去。

巴黎是一个强迫大众观赏的地方。有时，人们会对嘈杂的环境表达不满；有时，他们停下来为一个唱功深厚的男高音而陶醉。

阿尔弗雷德·诺贝尔将大部分时间花在跟随津宁教授的老师珀卢兹身上，他是拉丁区巴黎综合理工学院的教授。珀卢兹是一位多面手。他在法国科学院也有席位，三年前，他在那里读过学生索布雷罗关于新发明的硝化甘油的信。他也是法兰西公学院（Collège de France）的主要研究人员之一，兼任一个正在筹建的造币委员会的主席。40年后，他成为72名能让自己的名字刻在埃菲尔铁塔上的法国科学家之一，当时铁塔是刚完成的新型大建筑项目。[123]

与此同时，珀卢兹从未后悔在自己的私人实验室培养阿尔弗雷德·诺贝尔这样的年轻化学人才。如果这位著名的法国人在林林总总的课程中，从来没有提到索布雷罗在硝化甘油方面的突破，那肯定是很奇怪的。

*

巴黎也有站街女孩和妓院。咖啡馆、剧院和酒馆里有成千上万的老鸨和妓女，他们成群结队地沿着受欢迎的长廊游荡。性交易日日夜夜进行，无处不在。18 世纪的巴黎被称为“现代巴比伦”和“色欲之都”，年轻的学生几乎没有能抵挡住诱惑的。阿尔弗雷德·诺贝尔也不例外。[124]

从阿尔弗雷德年轻时期的诗歌《谜语》来看，第一次在巴黎停留对他来说是一次考验。他感到了孤独和背叛：原来认识的朋友竟都是奸诈和虚伪之人。当他对这种诱惑表现出兴趣时，女人们嘲笑他。最后，在体验这种天下皆知的轻松快感后，他似乎失去了自我。或者如他所写：“当激情开始膨胀时，人们很难再回到普通的生活，罪恶的快乐会让我们一时失去理智。于是我喝干了杯子底部的最后一口花蜜，但很快我发现这花蜜有毒。”

这段经历可能是诗人阿尔弗雷德·诺贝尔的首次性爱经历，让他既失望又坚强。他焦虑不安，自我厌恶地打滚。他在诗中写道，与女人亲吻的甜美不能抹去“它残留的污染性回味”。

17 岁的阿尔弗雷德当然可以用更简单的方式书写自己的失望，或许是意外地感染了性病，但他的诗歌形象揭示了比这更广阔的人生视角。诗人阿尔弗雷德渴望找到纯洁和高尚的爱情，他精通浪漫主义诗歌。对他来说，真爱是他所读到的崇高理想的精髓，是超越日常生活琐事、追求美丽永恒的真理。但在巴黎，他发现自己陷入“罪恶和愚蠢的旋涡”，似乎大部分性爱都只是为了满足“欲望女神”。这让他感到绝望。

最终，他的梦想实现了，至少能从他青年时期的诗歌中看出。阿尔弗雷德·诺贝尔书写道：“我在一个舞会上度过了一晚，心情仍然很糟糕。”他站在墙边，看着巴黎的人群，突然一位年轻女子吸引了他的目光。他看到她的眼里闪烁着泪光，于是鼓起勇气上前走去。

“刚才我看到你脸上有一种深深的悲伤，”年轻女子说，“是因为失去了身边的人让你感到烦恼吗？”

诗中的他回答说没有，并解释说他只是为失去友谊感到沮丧。

他们继续交谈，可能不是用阿尔弗雷德在诗中再现的那种浮夸的语言。我们应该记住，对于阿尔弗雷德·诺贝尔所尊敬的浪漫主义诗人来说，想象比现实更重要。还有一点需要思考的是，他对狂飙突进时期的文学作品中男性破碎的心灵和受伤的灵魂，深有感触。歌德《少年维特的烦恼》这一小说，在现实中有很多读者。而阿尔弗雷德的偶像——英国诗人雪莱和拜伦，都在悲惨的环境中英年早逝，他们的生活与浪漫主义诗歌十分接近。

阿尔弗雷德的诗中提到的那个年轻女子，在另一首诗中也有提及，对方名叫亚历山德拉（Alexandra），或许是这个名字，或许不是。然而，诗歌中的许多其他内容与阿尔弗雷德的生活经历是一致的。一个合理的解释是，他记录了自己的生活，但在他认为需要的地方，增加了一些想象力和理想化的处理。

根据这首诗，阿尔弗雷德回到巴黎的舞会，并对他的舞伴解释说，他对“高尚情感的信仰现在却受到了应有的刺痛”，现在的他“似乎只看到周围的自私和虚荣”。

亚历山德拉回答说，男人生来就“昂首挺胸”，他应该在“培养心性”的过程中面对生活中的困难。她认为，“为了大众的利益”，他有职责发展他男性的创造力。与此同时，她明确表示，作为一个女人，她不可能有同样的雄心壮志。她所扮演的，是“弱者”的角色，其职责是“取悦您，分享您的悲伤和快乐”。

这位来自圣彼得堡的年轻诗人与他的舞伴消遣，他用各种方式描述了很久以来他第一次感到“无限快乐”的体验。或者，正如他所说：“我是一个冷嘲热讽的愤世嫉俗者，我这么做是为了改变自己，成为更优秀的自己。”

阿尔弗雷德和亚历山德拉“一次又一次”地碰面，最后他们接吻了。17 岁的他恋爱了。他有了被爱的感觉，并且梦想结婚。

但不久之后，亚历山德拉应该是病了。没人知道她发生了什么事，只是她一直没有康复。如果阿尔弗雷德所写的诗中是贴近真实生活的，最后他并没有及时与对方说再见。怀着无比悲伤的心情，他发现自己的爱人死在床上，她的家人围在她身边。

他非常沮丧。这段爱情故事似乎成为他心中浪漫与科学平衡的转折点。“从那一刻起，我就没有再参与大众的消遣活动……但我学会了研究《自然之书》，释读了书中的每字每句，借此从悲伤的爱情中解脱出来。”[125]

坏消息还不止这一个。1851 年 7 月 3 日星期四，阿尔弗雷德从巴黎返回圣彼得堡，在此之前家中就发生了不幸事件。在6月中旬，他的妹妹贝蒂·卡罗莱娜·夏洛塔夭折了，当时只有一岁七个月大。

或许，年轻的诗人阿尔弗雷德·诺贝尔在落笔之前，这些事件曾在他的想象中过滤了一遍。也许真实和想象两者，在诗歌中被混合了。毕竟，在高度浪漫主义中，现实是次要的。而在科学方面，情况正好相反。

第四章

“我同沙皇讲起过诺贝尔的实验”

当时，沙俄西部边境与三个大国发生冲突，至少在地图上看，这三个国家是令人畏惧的。南部是奥斯曼帝国，版图遍布中东、土耳其和几乎整个巴尔干半岛（希腊除外）。中欧由奥地利帝国统治，当时的帝国包括现在的捷克、斯洛伐克和匈牙利。最后一段延伸至波罗的海，即波兰北部和西部，与沙俄接壤，面对着东部的普鲁士王国。普鲁士这个国家从未放弃对波罗的海海岸的控制，1871 年德意志各邦国并入德意志帝国时，该国占据主导地位。

西面的英国是一个在地理位置上得天独厚的岛国，长期以来一直占据着欧洲最强大尤其是经济最强大的国家的地位。不过，这与过去的战争关系不大，更多的是与世界贸易和日益加快的工业化有关。[126]

拿破仑倒台后，欧洲的版图仍旧遵从维也纳会议的雄心壮志。二十年的血腥战斗和数百万人的伤亡使大陆迫切需要和平与安宁以及持久的稳定。这就是为什么 1815 年参加维也纳会议的大国代表们对此事各怀鬼胎，他们的讨论通常并非朝着解决土地争端进行。

如果说欧洲人从拿破仑的蹂躏中学到了什么，那就是没有一个国家能发展得太大，尤其是法国。因此，维也纳谈判代表需要确保权力平衡，并在欧洲建立一种集体安全的机制。大国之间已经达成协议，定期举行维持和平的大会，来面对危机和冲突。此次维也纳大会通过了一项早期的欧洲安全法令，称之为“欧洲音乐会”。

还有一些思想家提出了建立欧洲联盟的想法。但由于英国有太多的事情要做，所以早在当时，英国就已放弃了所有关于组建欧洲联盟的想法。[127]

在维也纳会议后的最初几十年里，新安全秩序的和平目标在相当大的程度上得以实现，以至于不久之后，甚至法国也被纳入了这场“音乐会”。1851 年秋，当阿尔弗雷德·诺贝尔在短时间内第二次前往西欧时，迎接他的仍然是一个总体较为和平的欧洲。

但动乱也从不缺席。当然，并非所有欧洲人都同意和平谈判代表所得出的第二个结论：革命和共和国意味着战争和混乱，因此必须不惜一切代价捍卫君主制。君主制的存续恰好是 1815 年沙俄、普鲁士和奥地利之间形成的所谓“神圣同盟”的几个目的之一（英国表示弃权）。这些国家一致同意，合力保护基督教价值观，这意味着，如果顽固的自由主义者和改革派威胁到独裁者的地位，那么这些国家将互相帮助。而事实上，这是一个注定要引起群愤的同盟。

1848 年的巴黎革命在各地引发了叛乱，好战的情况四处可见，但幸运的是，没有任何冲突升级为大规模战争。和平大会也会偶尔举行，有时进展顺利。例如，普鲁士国王派遣军队前往丹麦，支持居住在石勒苏益格 - 荷尔斯泰因的德国人起义。但当其他大国尤其是沙俄同情丹麦时，他撤回了军队。

到目前为止，均势的理念似乎真的能保障和平。唯一真正令人担忧的是庞大的奥斯曼帝国，近年来频频受几个国家的小规模攻击，正濒临崩溃。

这种担心是有道理的。1851 年深秋标志着“欧洲音乐会”也即欧洲和平日子结束倒计时的开始。几年后，一场新的大型战争即将爆发，在接下来的几场武装冲突中，伊曼纽尔·诺贝尔和他的儿子阿尔弗雷德都出人意料地扮演了核心角色。

但在此之前，这位十七岁的年轻人要先完成赴美的旅程。

*

有很多材料表明，阿尔弗雷德·诺贝尔于 1851 年 9 月离开欧洲向西航行，而他的哥哥路德维格也加入了他的行列。在早期保存的一张年轻的阿尔弗雷德·诺贝尔的照片中，他坐着，肩膀微微向路德维格倾斜，身穿深色西装、白色高领衬衫，挂着黑色领结。

这张照片一定是早期所谓的达盖尔银版照片，据说可以追溯到这个时期，可以想象兄弟俩在离开之前去了照相馆。[128]

阿尔弗雷德有一头短发，根据家人的说法，他有一头深灰色的头发，两侧梳得很整齐。认识他的人声称，他在外表上更像他的母亲，而非父亲。他的两位兄长年轻时也是如此。19 岁的路德维格留着浓密的黑鬓角，阿尔弗雷德则更像个男孩，而非男人，但尽管如此，他们俩彼此也非常相像。

与他的哥哥不同，阿尔弗雷德不看镜头，他的眼睛像做梦一样盯着房间左侧的位置。他似乎试图微笑，但犹豫了半晌，故意闭上嘴唇，试图做出成熟的模样，或是想展现诗意的严肃神情。他长着稠密的眉毛和笔挺的鼻子。眼瞳看起来很黑，但大多数人描述其为带浅蓝色调的灰色。他整体看着很英俊。

1852 年 2 月下旬，载阿尔弗雷德前往美国的船从利物浦启航。根据俄罗斯联邦安全局的记录，路德维格于 1851 年 12 月初从伦敦返回圣彼得堡。工程师世家、诺贝尔家族出身名门望族，现在又富有了起来，而那年人人都在谈论伦敦，对这兄弟俩来说，去英国参加有史以来的第一次大型世界展览，再自然不过了。[129]

1851 年 5 月，万国工业博览会开幕，这场展览很快成为轰动性事件，来自大约 40 个国家的 1 万名参展商和数百万名观众参展。直到 10 月中旬，展览才结束，展会地点位于伦敦海德公园北端的水晶宫，这是一座由钢铁和玻璃建成的巨大建筑。它很快就成为当代科学技术进步的直观体现。

维多利亚女王的丈夫阿尔伯特亲王摆出了主动的姿态。长期以来，他一直梦想着举办一场关于人类最新成就的国际盛会，这不仅仅是因为他对技术充满热情。崇尚自由的阿尔伯特亲王将令人激动的水晶宫视为英国在更高层面上的世界使命，甚至还借此提到了和平的概念。

阿尔伯特亲王认为，世界正处于一个快速转变的过程之中，其最终目标是“实现人类的意志”。在水晶宫，各族人民将欢聚一堂，记录彼此的进步，共同指明未来的方向。英国的任务则是“站在传播文明和自由使命的前列”。

亲王甚至给这个明显世俗的倡议提供了一个优雅的宗教环境，这一举动成功地获得了教会成员的支持。他在一次演讲中全神贯注地说道：“人是按照上帝的形象被创造的，而这也是心灵的真实写照。”因此，人类有义务“利用它（人类的理解力）来发现造物者造物的法则，并利用这些法则征服自然，为人类自身的利益服务，使之成为神圣的工具”。[130]

因此，发明家、工程师和科学家是上帝的工具，根本不是亵渎神明的煽动者。当 5 月份开幕时，博览会甚至还刊印了一份特别的《博览会道德和宗教指南》。

当时的维多利亚女王年仅 32 岁，但已统治英格兰长达 14 年（并将继续统治 50

年）。在这座现代主义的水晶宫内举行的世界性展览，是她迄今为止最大的执政成果，在展览持续的五个月里，她总计参观了 40 次。在此期间，所有名人都齐聚一堂。查尔斯·达尔文当时还没有发表他的进化论思想，他与知名作家夏洛特·勃朗特（Charlotte Bronté）和查尔斯·狄更斯（Charles Dickens）一起出现在参观者的名单中。

10 月的最后一周，每天有超过 10 万人在明亮的展厅里行走，展厅里能听到汽笛的轰鸣声和纺纱机的咆哮声。有被女王称赞为“不可思议”的电报机、蒸汽机、煤气灯、显微镜、气压计、机车、左轮手枪和步枪。你还可以找到巧克力机、香水喷泉、象牙和折叠钢琴。“眼花缭乱啊。”正如查尔斯·狄更斯在一篇评论中所写，博览会的展品让人目不暇接。[131]

瑞典著名作家弗雷德丽卡·布雷默是那几天出现在博览会人群中的人之一。布雷默是一个即使在英国媒体上也很有名气且广受赞誉的名字。她在美国待了两年后，准备回归故里。她兴奋地注意到，在离开英国的短短几年里，英国竟然发生了如此的巨变，从痛苦劳作的年轻童工，到饱受霍乱之害的成堆尸体，原本充斥着“苍白无力的痛苦”的生活画卷突然摇身一变，展现出一片欣欣向荣的“健康新生活”气息。

布雷默指出，在英国，车轮似乎比以往转得更快。伦敦在城市化的压力下屈服了。英国首都的居民超过 200 万人，是巴黎的两倍、圣彼得堡的四倍。在英国，居住在城市和乡村的人一样多，这一点独一无二。英国的火车交通是欧洲最现代化、最密集的，在世界博览会期间，火车不得不排队进入伦敦车站。马车等候在是其四倍宽的马路上，负责将游客送至水晶宫。如果你相信布雷默的话，伦敦好似一朵“盛开的花”，孕育着美好的生活前景。

第二年，她在一份旅行记录中援引了《圣经》中创世的部分，并将 1851 年的万国工业博览会称为上帝对地球上所有人民的新召唤，这场展会“是要展示他们在获得第一批资本后所做的贡献”。[132]

瑞典展馆与沙俄展馆位于中央画廊的对面。根据展览目录，诺贝尔的发明没有被包括其中，但肯定会陈列在瑞典的展品中，与铁矿石样本、镀金纸刀和斯德哥尔摩城堡的模型一起展出。布雷默为瑞典展馆展示“穿着简单的牧羊人服装”而感到羞愧。

布雷默在大型美国展馆中发现了她眼中唯一一款名副其实的“瑞典”产品。这是一种热空气发动机，由瑞典裔的纽约人约翰·埃里克松发明。布雷默在纽约时，曾在瑞典侨民口中听说过埃里克松的热空气发动机。对她来说，在发动机中使用加热空气代替蒸汽的想法似乎很机智。她夸赞说，这款机器不仅用更少的燃料取得了同样的效果，还避免了爆炸风险。现在，埃里克松发明的发动机首次在欧洲亮相，布雷默大加赞赏，并为约翰·埃里克松的才能书写了长达150行的颂扬诗。很快，蒸汽机就将成为历史。布雷默听说约翰·埃里克松曾承诺，如果他的发明成功，他将返回瑞典。[133]

时年48岁的约翰·埃里克松并没有出现在水晶宫中。弗雷德丽卡·布雷默和其他利益相关方只好向146号展位的代表询问信息。如果说她和诺贝尔兄弟有任何交集，便是在那个地方。约翰·埃里克松的热空气发动机正是18岁的阿尔弗雷德·诺贝尔即将远航至大西洋彼岸的原因。

此后不久，在万国工业博览会结束时，约翰·埃里克松获得了其中一个类别的三等奖，但不是因为热空气发动机，而是装有内置报警器的气压计。

*

1852年2月25日，阿尔弗雷德·诺贝尔离开利物浦。他和几十万欧洲移民中的大多数人选择了同一条去美国的路线。这些欧洲移民向往的是远离悲惨的日常生活，到大西洋彼岸寻求幸福。但他的情况完全不同。大多数贫穷的移民需要挤在拥挤不堪的帆船上，通常需要五到六周的时间才能到达纽约，这种情况并不罕见。在过境期间，由于疾病和变质食物的问题，总有数人死亡。年轻的阿尔弗雷德乘坐的是北极号轮船，这是美国航运公司柯林斯新造的掌上明珠。蒸汽船彻底改变了大西洋的交通。当月，在驶往欧洲的途中，豪华轮船“北极号”打破了速度记录，并因在短短9天17小时内横渡大西洋而在各大报刊专栏中受到赞扬。[134]

年轻的阿尔弗雷德期待在带有抛光木墙的沙龙中度过愉快的时光，尤其因为是淡季，而且船舱远没有预订满。早餐菜单上有小牛肝和鸽子，九位全职厨师确保当天的其他四顿饭与纽约的星级餐厅同等水平。在坐船期间，乘客可以坐在舒适的扶手椅上玩纸牌游戏、品葡萄酒和香槟来打发时间。

也许这种舒适度使诗人阿尔弗雷德感到惊讶，因为“浩瀚的海洋”并没有他想象的那么大。[135]

当时的纽约还没有自由女神像，也没有出台大规模的移民限制措施。[136]这些船只可以在曼哈顿码头的任何地方抛锚，让乘客下船，它们已经通过了纽约的第一个主要地标——黄灰色的游乐园城堡花园（Castle Garden），那是在曼哈顿南端的一座古老城堡。一年半之前，瑞典夜莺歌后珍妮·林德在城堡花园举行了著名的音乐会，数万名观众欣喜若狂。世界明星珍妮·林德仍定居美国，那年春天，她将在纽约大都会音乐厅的闭幕音乐会上再次掀起轩然大波。一些出版商对林德热和珍妮·林德的所有鸭舌帽、无檐帽，甚至是纽约人的珍妮·林德信仰感到震惊。[137]

北极号轮船的停靠码头位于曼哈顿西部，和哈德逊河公园距离很近。当卢斯（Luce）船长将乘客名单交给港口当局时，"航行中死亡人数"一栏是空的。阿尔弗雷德·诺贝尔这个名字是名单中某个名字的中间名。或者是船长听错了，或者是阿尔弗雷德谎报了信息和他的计划。报纸上说，乘客"诺贝尔"20岁（而非18岁），国籍为沙俄，据称打算在美国定居。

当时是早上六点，纽约刚刚醒来。船舶公司在行李带上塞满了行李，印有欧洲最新消息的邮件包裹被卸下并送到纽约的新闻编辑室。[138]

*

19世纪，美国逐渐向西扩张。得克萨斯州和佛罗里达州于1845年成为该国的两个州，在那之后，艾奥瓦州、威斯康星州和加利福尼亚州也纷纷加入。

随着新联邦各州的成立，有关奴隶问题的紧张局势直线加剧，很快就涌上了政治舞台。阿尔弗雷德·诺贝尔在美国的几个月里，正巧赶上哈丽特·比彻·斯托夫（Harriet Beecher Stowe）的小说《汤姆叔叔的小屋》（*Uncle Tom's Cottage*）发表，这篇小说当时刊登在一家反对奴隶制的周报上作为连载，之后以书的形式出版。善良公正的奴隶汤姆叔叔的故事成为19世纪最畅销的小说之一，并引发了关于奴隶制的辩论。许多年后，当美国总统亚伯拉罕·林肯在美国内战期间与作者会面时，他说："原来你就是那本引发这场大战的书的作者！请坐！"[139]

虽然阿尔弗雷德·诺贝尔对文学很感兴趣，但我们不能肯定他是否看到了这部小说及其在政治上所产生的强烈影响。在他留下来的个人图书馆里并没有美国小说。至于他特来会见的瑞典工程师和发明家约翰·埃里克松，无疑是奴隶制的坚定反对者，后者无法“想象出比一个人渴望靠另一个人的辛劳来生活更恶毒的事情”。但约翰·埃里克松是一个典型的理工书呆子，在更广泛的意义上，他并不是很有文学情怀。他几乎不花时间来阅读和评价新出版的小说，尤其是在1852年春天。[140]

约翰·埃里克松，或美国同事口中的“埃里克松船长”，在纽约居住了13年，1848年成为美国公民。他的家和办公室坐落在富兰克林街95号，属于曼哈顿下城区。这个社区在当时被视为时髦的地块，但自从许多富裕家庭搬到北方后，这个社区就退化了。后来，居住在曼哈顿下城区的大多数人都是爱尔兰移民。

不断增加的移民使纽约人口在短短30年内增加了五倍。但即使有5万名居民，这座城市的人口量也只是伦敦的四分之一。从第34号大街开始，建筑开始逐渐稀少。[141]

埃里克松船长当时50多岁，身材健壮，衣着讲究，留着灰白的鬓角，有着高高的发际线，长着一双大大的蓝眼睛。他的为人让人联想起阿尔弗雷德·诺贝尔的父亲，热情奔放，“决策和行动迅速”。据说他每天至少花14个小时在自己的绘图桌上。关于他唯一一段破裂的婚姻，他过去常说，这并不是因为他的妻子“嫉妒蒸汽机”。他和现任妻子没有孩子，多年前他留在瑞典未婚生下的儿子与这位发明家没有任何联系。[142]

18岁的阿尔弗雷德·诺贝尔面临着一项艰巨的任务。埃里克松船长当然不是一个吝啬的人。亲密的同事可以称赞他态度友好，爱关心人。问题的关键在于，发明家对工作的兴趣远大于对社会交往的兴趣。除非他自己能从中得到一些东西，否则他几乎不会邀请年轻的求职者来家里做客，并且会尽自己所能阻止对方的一切尝试。“千万不要把青春投到这里来，”他曾写信给一位瑞典人，“瑞典工程师在这里没有什么可学的。这个国家所能提供的就是高压的工作、钩心斗角的生意手段和肤浅的外在形象。”但与此同时，他并不固执。只要自我介绍合他口味，那么要为新来者提供香槟和晚宴也并非不可能。[143]1852年的春天或许就是这样的一次例外。

在美国，“埃里克松船长”这个称号主要与“普林斯顿号”螺旋桨轮船的成功有关。不幸的是，他在工作报酬上遭到欺骗，在经济上经历了一些艰难的岁月。埃里克松现在将自己的希望与伟大的工程——热空气发动机联系起来。1833年，埃里克松在英国首次推出了热空气发动机，当时他因为这一技术解决方案，被英国物理学家迈克尔·法拉第（Michael Faraday）视为19世纪最伟大的科学家之一。现在，埃里克松想再次为热空气发动机而战。

约翰·埃里克松长期以来一直坚信蒸汽时代即将结束，他的热空气技术将是未来发动机的制胜法宝。19 世纪 40 年代，他开发了无数新的热空气技术变体，但直到 1851 年，热空气发动机才取得突破性进展。

现在一切都赶巧了。早在伦敦万国工业博览会之前，这一技术的专利就已经卖给了几个国家。1852 年 1 月，约翰·埃里克松收到了瑞典国王奥斯卡一世对新发动机的特别祝贺。不久之后，纽约的一些商人订购了配备新发动机的整艘船。

约翰·埃里克松开始了研发工作。他的计划是尽快完成这艘名为埃里克松的船。4 月船体将准备就绪，9 月将下水。埃里克松每天 24 小时都在画板上工作。

当时，年轻的阿尔弗雷德·诺贝尔寻求与他联系。这一定是一个意外，因为我们唯一知道的约翰·埃里克松的回应是他没有时间。阿尔弗雷德从这位瑞典发明家口中最终得到的唯一一个承诺是，当工作量减轻后，他将向诺贝尔家族发布有关热空气发动机的“一些必要的图纸和信息”。埃里克松承诺通过驻斯德哥尔摩的美国领事发送这些邮件。[144]

阿尔弗雷德当然希望得到更多的回复，所以在纽约“待了一段时间”，但至于他最后和埃里克松的同事是否有任何接触，除此之外他做了一些什么，研究学者都一无所知。我们可以假设的是一个心灵受伤的 18 岁男孩最后又返回柯林斯航运公司，踏上回家的漫长旅程。他在初夏季节离开了纽约，很可能是在 1852 年 5 月 29 日乘坐大西洋号轮船离开的。巧合的是，备受赞誉的瑞典歌手珍妮·林德也乘坐了同一艘船。据《纽约时报》报道，那天码头上聚集了一大群人。当珍妮·林德出现在登船桥上时，欢呼声直冲云霄。她用白手帕向粉丝挥手告别。[145]

*

埃里克松船长绘制的热空气发动机图纸最终被送达沙俄。1853 年 2 月，伊曼纽尔和阿尔弗雷德·诺贝尔做了这么多努力，终于推动了同胞所制发动机的进一步发展，伊曼努尔要求与沙皇尼古拉一世的第二子康斯坦丁（Konstantin）亲王会面。

圣彼得堡的媒体已经注意到埃里克松的发明。当地报纸 *Det Nordiska Biet* 报道称，工程师诺贝尔曾与康斯坦丁亲王共事，并对使用过的热空气发动机进行了“显著改进”。在 2 月份的实验中，诺贝尔的这项新发明成功地运行了一个多小时。据圣彼得堡报纸报道，诺贝尔的奥秘在于，他将发动机的两个气缸相互套置，而不是像埃里克松那样，将其上下叠置。消息传到了其他国家，包括瑞典。在美国，这项改动被认为是侵权。美国报纸指出，沙俄政府很早就对埃里克松的热空气发动机表现出兴趣，“但似乎埃里克松船长在沙俄有一个竞争对手，并且能够赢得政府的保护”，例如《纽约论坛报》（*New York Tribune*）就提到了某位“诺贝尔先生”。[146]

伊曼纽尔·诺贝尔在收到这些指控后迅速做出反应。1853 年 4 月，瑞典《国内邮报》（*Swedish Post-och Inrikes tidingar*）刊登了一篇关于否认指控的文章。伊曼纽尔写道，《纽约论坛报》犯了一个“令人不快”的错误，因为他们说他改进了埃里克松的发动机。事实上，他只做了一些小的改变，还没有人知道究竟结果如何。伊曼纽尔写道：“我决不会自以为是，认为自己可以对一个像埃里克松这样的天才所发明的东西，做出完美的改进。”伊曼纽尔还指出，这个错误的指控给他投下了“非常不利的阴影”，他根本无意“剥夺全世界对埃里克松的感激和钦佩”。[147]

与此同时，约翰·埃里克松在美国完成了热空气轮船“埃里克松号”的首次试航。这次试航收获了在场热烈的掌声。《纽约时报》称这一事件具有历史意义，是自利用蒸汽作为驱动力以来，世界上发生的最重要的事情。据称，约翰·埃里克松用热空气解决方案完全消除了爆炸风险。据《纽约时报》报道，他的新船是“人类有史以来最伟大的祝福之一”。一位著名的化学教授更是将这个发明提到了更高的高度：“我相信科学只有两个时代——一个是牛顿的时代，另一个是埃里克松的时代。”[148]

有一点大家都同意：蒸汽时代结束了。

一年后，埃里克松试图为这艘船调高速度，但这艘船随后在纽约港沉没。其他挫折也接踵而至，这位心有遗憾的发明家终于承认，他的热空气发动机在他看来原本是他所取得的最伟大的成就，但其实根本无法完全取代蒸汽发动机。

但他准备卷土重来，而且他的预言后来得到了验证：蒸汽会在适当的时候被其他更好的技术取代。

*

对 19 世纪技术影响最大的科学家，是英国物理学家和化学家迈克尔·法拉第。正是他在 1833 年为约翰·埃里克松申请了第一个热空气发动机专利。在他看来，未来不是热空气的时代，而是电气时代，而且他比任何人都愿意为电动机铺平道路。

法拉第是一位不同寻常的科学家。他信奉宗教，出身简朴，接受过非常初级的基础教育，一开始专门负责清洗试管，并通过这个方式参与科研，跟随著名的英国化学家汉弗莱·戴维（Humphry Davy）一起做研究。很快，他参与了戴维的实验，随后慢慢开始自己做实验。

阿尔弗雷德·诺贝尔的化学老师尼古拉·津宁见过迈克尔·法拉第，并声称他看起来更像一个啤酒制造商，而非科学家。就像阿尔弗雷德·诺贝尔一样，法拉第也喜欢浪漫主义诗歌，经常给继女朗读拜伦勋爵和沃尔特·斯科特（Walter Scott）的作品。他不认为宗教信仰和科学之间有任何矛盾。“我们必须阅读的自然之书，是上帝手写的。”他解释道。正是本着这种态度，他才开始研究电。

自古以来，人类就将电现象——天空划过的闪电或静电反应——视为令人兴奋和神秘的自然力，但直到1798年意大利人亚历山德罗·伏特发明了第一个稳定的电池，人们才开始想象它的用途。正如戴维·博达尼（David Bodani）在他的书《电》（*Electricity*）中所说的那样，在很长一段时间里，人们对电学的认识停留在伏特所展示的基本原理上：“如果两种金属相互靠近，连接它们的电线中就会产生火花电流。”

直到19世纪90年代，英国科学家J. J. 汤姆孙（J. J. Thomson）才发现了电子，并能够展示电流中的实际情况，这一成就也获得了1906年的诺贝尔奖。

在此之前，研究人员一直在忙着确定电力的潜在用途。19世纪20年代初，安德烈·安培（André Ampère）等人有了新发现，表明了电与磁之间的联系。但除了表明联系，他们并没有更多发现。迈克尔·法拉第是一位非常有创造力的人，他成功地厘清了这二者之间的联系。而且他能够在各种实验中证明，当电流打开和关闭时，用带电电线缠绕的线圈会产生磁性。反之亦然，即当他在电线附近来回移动一块磁铁时，电线就会通电。磁波启动后，在传输过程中，不需要任何电线就能产生电流。这番洞察力是一个巨大的飞跃。法拉第发现了不可见的电磁场，并为电动机奠定了基础。

不幸的是，法拉第在数学方面不够敏锐，无法说服同时代人相信这些电磁场的存在。他受到了质疑，还遭到一些同事的嫉妒和诽谤，大众的怀疑逐渐加深。难道不识字的粗活儿工人的儿子就不能做开创性的工作吗?

1833 年，迈克尔·法拉第在一篇评论文章中揭秘了约翰·埃里克松的热空气发动机。在 19 世纪 50 年代，他试图说服其他人帮助他在数学上进一步发展自己的思想，但事情进展不顺利。事实上，法拉第等了很久才得到他应得的认可。随着时间的推移，他的发现在历史意义上被抬高到和牛顿一样的高度。[149]

阿尔弗雷德·诺贝尔从未放弃热空气发动机。在他生命的最后时刻，他曾委托一名员工进一步发展约翰·埃里克松的这个想法。1896 年 12 月阿尔弗雷德·诺贝尔去世，在前三个月，一台全新的热空气发动机在他位于博福斯公司（Bofors）的实验室中进行了测试。[150]

*

1853 年年初，伊曼纽尔·诺贝尔向沙皇家族展示了他改良过的埃里克松发动机，它是新公司诺贝尔家族父子公司（Nobel&Söner）的铸造厂和机械车间（Fonderies et Ateliers Mécaniques Nobel et Fils）的守护神。他身边那位杰出但有点不可预测的同伴——奥加略夫上校被提为副官，并将工厂剩余的一半所有权卖给了诺贝尔家。此次收购意味着，伊曼纽尔需要负担奥加略夫与他的合资工厂所抵押出去的所有贷款。但不论父亲还是儿子们都不认为这是什么问题，至少当时还没有觉察。[151]

现在，他们开始一起经营家族企业。自阿尔弗雷德从美国回来后，伊曼纽尔和他的三个成年儿子便开始一起工作。

米哈伊尔·巴甫洛维奇亲王是奥加略夫和伊曼纽尔的伟大支持者，可惜几年前在华沙进行部队视察时因中风离世。但沙皇尼古拉一世仍然非常欣赏伊曼纽尔这位富有创新精神的瑞典人。伊曼纽尔的重要性并没有因为战争的威胁而降低，一段时间以来，战争就像浓雾笼罩着欧洲。

阿尔弗雷德表面很随和，但内心对沙皇家族感到厌恶。或者正如他所说:“沙俄最多的，一个是杀人犯，一个是妓女，都是适合进疯人院和妓院的人，皇室身边的人，竟然让流氓和妓女为其鼓掌。这个国家有何希望? 难道你们看不见吗? 说实话！摘下你们的面具！”[152]

其实他并不是唯一持怀疑态度的人。圣彼得堡的瑞典外交官在递交给本国的报告中，也提到了尼古拉一世这位傲慢、不可一世的独裁者，并说他似乎在很短的时间内突然苍老了十岁，道德败坏，身体状况也跌入谷底。用以赛亚·伯林的话说，1848 年至 1855 年间是“19 世纪沙俄蒙昧主义之夜最黑暗的时刻”。[153] 因此，沙皇也不再那么平静了。欧洲的紧张局势已经到达了破裂点，问题已经不再是战争是否会爆发，而是何时会爆发。

根据官方说法，这些矛盾涉及伯利恒圣诞教堂的钥匙，以及进入巴勒斯坦等其他圣地的通道，而这些圣地几百年来一直是奥斯曼帝国的一部分。冲突的中心是沙俄和法国，它们自封为穆斯林帝国东正教和天主教信徒的保护者。这两个国家都声称自己代表所有基督徒的利益。1851 年 12 月路易·波拿巴政变后，这两位皇帝——沙皇尼古拉一世和自封的拿破仑三世（前法国总统，路易 – 拿破仑·波拿巴）之间发生了一场战争。

多年来，君士坦丁堡的苏丹们有一种不幸的倾向，即同时向双方承诺保护他们梦寐以求的地方。1852 年 2 月，奥斯曼政府首先批准了拿破仑三世在天主教方面的要求，几个月后，又在东正教俄国沙皇的威胁下表示投降。拿破仑三世派出了一艘战舰准备就绪，随后苏丹再次动摇，并在圣诞节到来之际将伯利恒圣诞教堂的钥匙交给了法国人。

沙皇尼古拉一世气得满脸通红。1853 年春，他派遣一名特使前往君士坦丁堡，以说服或恐吓的方式，迫使苏丹将基督教特权割让给沙俄。特使的名字对诺贝尔家族来说非常熟悉。他的名字是亚历山大·门希科夫，是芬兰总督兼海军司令。正是在他的宫殿里举行的一次晚宴上，伊曼纽尔·诺贝尔受到鼓励发展自己关于水雷的想法。

现年 65 岁的门希科夫，25 年前被土耳其炮弹碎片阉割，他也许不是最合适的使者。在访问君士坦丁堡期间，他提出了一个不必要的最后通牒，但苏丹拒绝了。尼古拉一世发现，除了武力，他别无选择。最后他采取了谨慎行动，让沙俄军队进入两个较小的奥斯曼公国，摩尔多瓦和瓦拉几亚。这么做都是为了避免引起其他大国的不满。

这么做是合理的，因为两位皇帝在捍卫他们的基督教利益、民族主义、扩张梦想的美丽言辞背后，在玩弄大胆的政治权力游戏的同时，也影响了当时世界上最强大的国家——英国。奥斯曼帝国正在衰败，沙皇想要控制君士坦丁堡，进而控制整个黑海，这已不是秘密。而这些野心令英国感到不安，英国认为沙俄的行动对它与印度殖民地的贸易关系产生了严重威胁。出于维护自身利益的需要，英国政府在法俄对立的情况下，扮演了奥斯曼君士坦丁堡捍卫者的角色。

沙皇尼古拉一世曾期待，其他欧洲大国会允许他的小规模部队在摩尔多瓦和瓦拉几亚活动。他认为，至少普鲁士和奥地利应该忠于1848年起义期间从沙俄获得的帮助。英国和法国对对方的敌意比对沙俄的敌意更大，应该不可能联合起来对付他。

但他错了。1853年春天沙俄入侵后发生的第一件事是，英国向地中海派遣了六艘军舰。与法国军舰一样，这些军舰在达达尼尔海峡待命。此外，普鲁士和奥地利没有提供预期的援助。据说，沙皇尼古拉一世对此感到非常失望，他把奥地利皇帝弗朗茨·约瑟夫的画像翻过来，在背面写上“没有感激之心的人”。

1853年10月2日星期天，圣彼得堡遭遇了一场可怕的风暴。两天后，君士坦丁堡苏丹发出最后通牒，随后便向沙俄侵略者宣战。很快，俄军和奥斯曼军队之间的战斗爆发了。

11月底，门希科夫上将率领沙俄海军在奥斯曼帝国黑海海岸取得了第一次重大胜利。

*

然而，俄军的全盛时期已经过去了。受教育程度低的士兵仍然使用古老的燧发枪，海军的技术发展水平几乎没有提高。英国和法国共有17艘现代化的蒸汽螺旋桨船，而沙俄一艘也没有。根据俄国军事历史学家弗拉基米尔·拉平（Vladimir Lapin）的说法，当时沙俄拥有的船只，其存在意义不过是沉入海底，堵塞航道。

沙俄海军的问题迫在眉睫。当时，像伊曼纽尔·诺贝尔这样的天才创新者是一笔宝贵的财富。就在苏丹发出最后通牒一周后，伊曼纽尔·诺贝尔和沙俄其他许多制造商一样，收到了沙俄政府的一封信，内容是敦促他们迅速开始为沙俄舰队生产蒸汽螺旋桨发动机，这些发动机需要和英国军舰的发动机同级。这个提议很有吸引力，因为从沙俄海军一开始就承诺提供源源不断的订单。那些迅速抓住机会的人都在指望与沙俄海军建立长期合作关系，开展广泛的发动机生产。[154]

诺贝尔父子公司并没有错过这个机会。1853年12月，该公司签署了三艘大型84炮舰的蒸汽发动机合同。也许诺贝尔家族比其他人领先一步。伊曼纽尔和他的儿子们搬到了军工综合体附近，他们的家族企业现在已经完全投入了战争的准备工作。早在 1853 年 4 月，诺贝尔父子公司就签署了一份合同，他们要在沙俄海军基地喀琅施塔得建造三座火炮和食品仓库，该基地位于圣彼得堡入口处，就像一座堡垒。[155]

恰恰相反，战争并不意味着每个人都会过上糟糕的日子。伊曼纽尔·诺贝尔也借此机会找出了他的旧水雷图纸。他考虑了几个改进方案，并得到了儿子的化学老师尼古拉·津宁的帮助。这时，津宁已经接受了他的同事阿斯卡尼奥·索布雷罗的冒险发明——硝化甘油，尽管事实上这位意大利人也曾强烈警告过爆炸物的危险性。也许津宁从他们在巴黎的老师珀卢兹教授那里得到了提示，后者在前段时间也让年轻的阿尔弗雷德·诺贝尔当了学生。[156]

据称，津宁教授和伊曼纽尔·诺贝尔在圣彼得堡郊外的彼得霍夫租下了彼此毗邻的避暑别墅。津宁曾受战争部委托，要对这种新的危险物质进行实验，出于安全原因，他在避暑别墅旁边的一家铁匠店里开展实验。津宁确信，爆炸性硝化甘油可以被驯服。[157]

在挑战的地方是要使硝化甘油在受控形式下爆炸。尝试像火药一样，用导火索点燃是根本没用的，它需要更多的热量或强烈的震动才能引起爆炸。但如何安全地使用这种油性液体，他们仍然没有答案。

津宁是一个乐观的人，相对来说他对自己的社会地位不那么看重。一天，他邀请邻居伊曼纽尔·诺贝尔和他的儿子阿尔弗雷德去铁匠店。津宁知道伊曼纽尔发明的地雷，趁此机会正好展示一下新炸药。在多年后的一次专利听证会上，阿尔弗雷德·诺贝尔谈到了“克里米亚战争开始时”津宁的演示。津宁从铁砧上取出硝化甘油，用锤子敲击，结果显示，只有被击打的那部分物质爆炸了。

这位教授向诺贝尔父子解释说，只要能找到一种安全实用的引爆方法，他相信硝化甘油就可以用于军事领域。阿尔弗雷德·诺贝尔在采访中说：“当时我很年轻，但这让我很感兴趣。”[158]

伊曼纽尔也不差劲，他和沙俄军方之间的一封迄今不为人知的信件在俄罗斯的海洋历史档案馆中被我们找到。1854 年 3 月底，伊曼纽尔·诺贝尔写信给喀琅施塔得国防设施的总工程师。除了蒸汽机和仓库，他还想提供他的水雷，出于官僚主义的原因，这些水雷似乎在沙俄的国防机构中被遗忘了。这位瑞典人表示自己能提供两种不同类型的水雷——一种是火药水雷，另一种是“具有硝化甘油爆炸力”的水雷，即硝化甘油水雷。[159]

这难道是新型炸药？喀琅施塔得国防设施的总工程师直接求助于新的海军部长，即年轻的康斯坦丁亲王，沙皇尼古拉一世的儿子。在 1854 年 3 月 27 日的一封信中，总工程师写道：

> 当殿下离开喀琅施塔得时，我收到了一封来自外国人伊曼纽尔的信，信中提到了他为保卫喀琅施塔得而提供的浮动水雷，我认为我有责任请殿下留意这些信息，因为在我看来，伊曼纽尔的这项提议是值得采纳的。
>
> 如果殿下想与伊曼纽尔讨论此事，我会让他前往圣彼得堡拜访殿下。[160]

第二天，沙俄参加了自 1815 年拿破仑倒台以来的第一次欧洲大战。

*

英国和法国在很长一段时间内都没有参加对抗俄国人的战斗。到 1854 年 1 月，英国和法国海军联合进军黑海，向驻扎在克里米亚半岛的沙俄主要基地塞瓦斯托波尔（Sevastopol）的指挥官门希科夫施加压力。然而，最初的几个星期，英国上议院持续对“既不战争也不和平”的长期相互威慑方针进行辩论。

直到 2 月底，英国和法国才发出了最后通牒，命令沙俄尽快从奥斯曼公国撤军，若是拒绝或沉默便“等同于宣战”。沙皇尼古拉一世选择了沉默，3 月 28 日，英国和法国向沙俄宣战。

越来越多的英国和法国船只带着士兵开始了前往克里米亚的艰难旅程。与此同时，两国在北部准备了第二条战线。英国海军上将查尔斯·内皮尔（Charles Napier）实际上已经率领他的庞大舰队驶向波罗的海。维多利亚女王一直都很反对战争，她和阿尔伯特亲王站在朴次茅斯的码头上，向载着内皮尔的“惠灵顿公爵号”（Duke of Wellington）挥手致意。

饱受战争蹂躏的英国记者为内皮尔和他的舰队带来了“巨大的胜利”的好消息。不久，舰队将得到 19 艘法国船只的增援。在英国，有许多人希望波罗的海的严峻攻势能使瑞典加入联盟，但瑞典国王奥斯卡一世拒绝了这种诱惑。

指挥官查尔斯·内皮尔是一位68岁的苏格兰人，有着辉煌的战绩，他还参加过拿破仑战争。这些年来，他以一个爱冒险的斗殴者形象闻名于世，性格骄傲好斗。在《克里米亚》（*Crimea*）一书中，作者特雷弗·罗伊尔（Trevor Royle）将年迈的内皮尔描述为一个反复无常、爱饮威士忌并有着古怪双重性格的人，他写道："（他是）一个在内心怀疑自己作战能力的著名战士，一个把自己视为水牛的公众英雄。在内皮尔这里，没有什么妥协的余地。"

4月中旬，英国舰队抵达波罗的海。第一次调查显示沙俄船只仍被冻结在冰冷的芬兰湾。内皮尔海军上将决定在瑞典的阿尔夫斯纳本岛（Älvsnabben）外等待冰面解冻。"在夏天结束之前，我要么出现在喀琅施塔得，要么出现在天堂。"这位过于戏剧性的指挥官在离开英国之前吹嘘道。但那些在波罗的海与内皮尔在一起的人给家里写的信中说，他似乎很紧张。[161]

然而，在圣彼得堡，伊曼纽尔·诺贝尔的提议很快被列为首要行动。

关于伊曼纽尔水雷提议的信件从喀琅施塔得寄出后，最后大约在英国和法国宣战的同时送达沙皇家族。这个提议来得再及时不过了，现在正是派上用场的时候。早在4月3日，沙皇尼古拉一世就阅读了这封信，并同意喀琅施塔得管理层的评估，即"失去机会"是不可能的，尽管当时没有人对水雷的运作情况有充分的把握。

沙皇亲自签署了这封信，并发布命令：执行！

两周后，诺贝尔父子公司与沙俄战争部签署了一份合同，内容为制造和部署400枚水雷，"目的是摧毁和击沉芬兰湾的大型敌舰"。

补贴的金额极高，约为6万卢布，按今天的货币价值计算约为400万瑞典克朗。[162]这是一项紧急任务，伊曼纽尔承诺在5月中旬前准备好第一批水雷，总计100枚。

与此同时，蒸汽机的密集生产工作正在进行中。诺贝尔父子公司不得不重组其整个业务，以赶上进度，暂停所有施工工作并简化锻造工序。尽管24小时昼夜不停地运作，还是够呛。正如路德维格·诺贝尔所描述的那样，战争年代的特点是全家四个男人都在"不间断地投入狂热的工作中"。[163]他们很快就会有超过1000名员工——但众所周知，要找到足够称职的员工是件困难的事。

沙俄政府的官员对此事有一些怨言，瑞典人竟然在这时候拿到了肥差。海军部对迅速签订的水雷合同和毫无头绪的慷慨条款感到惊讶，任何专家都没有机会发表评论。

尼古拉耶维奇——沙皇的儿子——感到有些焦虑。“我认为他（伊曼纽尔）非常有才华，但他经常对自己的发明感到过于兴奋，因此人们必须对他非常小心谨慎，”他在给喀琅施塔得管理层的一封私人信中写道，“如果伊曼纽尔发布任何不合理的指令，就有必要提出强烈抗议，从而保护我们免受苦难。”

即使在喀琅施塔得，也不是每个人都对这个项目持完全积极的态度。“就我目前所听到的情况来看，伊曼纽尔的水雷纯属无稽之谈，这玩意儿对我们和其他人都是不起作用的。”一位总督对康斯坦丁亲王写道。[164]

但沙皇把赌注押在了这位瑞典人身上，任何事情都不允许阻碍“伊曼纽尔的子弹”为沙俄武装部队效力。特殊待遇仍旧继续。1854 年 5 月，一条历史悠久的街道需要拓宽，这项工程似乎会阻止伊曼纽尔对工厂的必要扩建。随后，沙皇尼古拉迅速干预此事，并暂停了街道拓宽的工程。“伊曼纽尔可以建造他的厂房侧翼。”沙皇在决议中写道。[165]

伊曼纽尔的老助手——副官奥加略夫将军——有着诗人的气质。他被沙俄官员的态度激怒后，用一首诗来表达自己的情绪，其中有句话是这样写的：“我们，沙俄的子民们 / 受西方迫害的子民们，将展示我们俄国人令人闻风丧胆的拳脚，把我们的敌人踩在脚下。”[166]

1854 年春天，伊曼纽尔·诺贝尔和他的儿子们经常访问喀琅施塔得要塞。他们首先进行必要的实验，然后布置水雷。早些时候，他们不得不放弃使用硝化甘油的想法，要塑造炸药的形状一直没能成功，而且在短时间内制造 400 枚火药水雷也不容易。父子四人倍感压力。

新的档案发现表明，阿尔弗雷德·诺贝尔不得不处理家族公司的许多官方信件。他通常用法语写作，不过有些信件是用俄语写的。在阿尔弗雷德进行水雷项目的同时，他还试图安排将 12.3 万卢布（按今天的货币价值计算，约为 800 万瑞典克朗）运出沙俄，这不是一件容易的事情。这笔钱是用于进口发动机材料的。阿尔弗雷德提交了许可申请，却差点错过回复的时间。他用俄语表示抱歉，随后写道：“我已经在喀琅施塔得。”[167]

路德维格主攻蒸汽机，而罗伯特则承担起布置水雷的艰巨任务。路德维格对这些年的描述是："在机械作业中，从未有过比这次任务需要耗费更大能量和更多功能的任务。"[168]

诺贝尔父子公司的这枚新水雷是由锌制成的，呈圆锥形。伊曼纽尔和他的儿子们用四公斤火药装满它，并在上面放了一个装有易燃化学品的玻璃管。水雷将位于水面以下，并用水槽和链条固定。当受到打击时（最好是来自敌舰的打击），玻璃管会破裂，使是化学物质混合，点燃火药。

大规模的生产拖了很长时间。6 月初，沙俄当局在战争期间的通信中可以明显感受到官员们的愤怒。内皮尔海军上将已开始命令舰队驶向芬兰湾，现在有法国船只陪伴着他。诺贝尔家的人到底在做什么？

直到 6 月 19 日，罗伯特才能在喀琅施塔得外获得片刻的休息。当时，岛上的居民和夏宫彼得霍夫的沙皇家族都能看到内皮尔的英国船只，特雷弗·罗伊尔在《克里米亚》一书中写道："他们在地平线上的风帆和烟迹组成了仲夏的奇观。"出于安全考虑，路德维格不得不爬到诺贝尔家族工厂仓库的一个烟囱上，以便观察战争的进程。

他们郑重承诺第二天就把水雷准备好。[169]

*

军事历史学家弗拉基米尔·拉平穿着方格衬衫、黑色皮革背心，笑得异常有感染力。他是现在俄罗斯科学院的教授，并获得过丰厚的奖项。我已和他约好，在圣彼得堡的一家酒店与他会面，以了解这段历史的一些细节。

弗拉基米尔·拉平表示，伊曼纽尔的水雷至今仍存在于俄罗斯的记忆中，尤其是每年 6 月 20 日的"一分钟爆破日"。这枚水雷在相关的专业人士中受到热烈欢迎，每年这一天会假装用它炸毁英国船只以表纪念。

庆祝活动的背景是 1854 年 6 月 20 日发生的一件事，当时一艘英国侦察船打捞出了罗伯特·诺贝尔新埋设的一枚水雷。这枚水雷已经爆炸过，在水面上冒了泡。英国那边的版本是：诺贝尔家的水雷爆炸时，正巧碰到一位海军少将要检查，眨眼间，这位海军少将失去了一只眼睛。而沙俄当时的版本是：整艘英国船只遭到爆炸袭击，随后沉没。

弗拉基米尔·拉平微笑着说："这些宣传语，就像今天关于……战争第一个受害

者的真相为何一样。”

“但从爱国主义的角度来看，这是一个极其重要的事件，当时的大众媒体上都强调这一点。这不仅是因为俄国人想证明自己更强大，保护了这座城市，更重要的是，我们用他们没有的东西挑战了原本在技术上优越的英国人。”

弗拉基米尔·拉平计算出，克里米亚战争期间，诺贝尔家族在波罗的海共埋设了 1391 枚接触式水雷。竞争对手莫里茨·赫尔曼·冯·雅各比（Moritz Hermann von Jacobi）仅埋设了 474 枚，他的水雷主要部署在黑海。

“但雅各比的水雷从来没爆炸过，他设置的启动按钮有问题。”弗拉基米尔·拉平说。

我回到酒店，拿出 1854 年夏初几周罗伯特·诺贝尔写的笔记，里面有关于水雷项目的内容，随后拍摄了隆德地区档案馆（Land Archives）的文件，他的笔记大约为每天四页，字迹整洁。这似乎是一次愉快的旅行。以下是罗伯特·诺贝尔的开支示例：

给工人的白兰地和面包，5.00 卢布。我、车夫和两名工人的晚餐，1.50。喀琅施塔得租一名车夫，2.50。两名划船手三天，8.50。15 人的伙食津贴，3.00。与军官和父亲共进晚餐，8.00。给工人的白兰地，4.00。父亲的柠檬水，0.40。我和少校的房间及日常开销，5.25。与军官共进早餐，4.70。夏日花园的夜宿和食物招待，2.60。葡萄酒，5.00。给工人的白兰地和食物，4.00。

看来那时候沙俄上上下下的工人和军官就已经很爱喝酒了。

*

英国海军上将查尔斯·内皮尔非常痛苦。他的船“惠灵顿公爵号”终于抵达了喀琅施塔得附近的水域，但他被耽搁了很久，备受压力的折磨。来自伦敦的信号表明，英国政府的贵族们越来越愤怒：7 月很快就到了，波罗的海仍然没有发动任何袭击？

内皮尔试图解释，但政客们对他在瑞典东海岸的浓雾中白白躺了十多天的行为，怎么理解？

英国侦察船从喀琅施塔得返回时，得到了令人失望的信息。浅水水域、过多的砂砾和泥沙等问题如预期般来了，这意味着只有规模较小、装备较少的船只才能到达要塞，然而据悉该要塞的对方船只全副武装。

内皮尔后悔自己曾经夸夸其谈。在离开朴次茅斯之前，他被明确命令不要做蠢事，不要让任何英国船只冒不必要的风险。但他现在听到的只是对胜利的要求。

所以这些船就是他的“地狱机器”。内皮尔早在事件发生前就知道了诺贝尔家的水雷。赫尔辛基的一名瑞典居民曾寻求与英国海军联系，并证实了这一令人担忧的传言。那名瑞典人透露，俄国人在水下放置了一些水雷，一接触就会击沉所有进攻船只。这位瑞典人似乎知道一些内幕，他甚至声称认识埋设水雷的技工。

在这浅水区埋设水雷？这种行为听起来像是企图自杀。内皮尔沉思了三天。最后，他向伦敦报告说，袭击喀琅施塔得“绝对不可能成功”。他对索门林纳得出同样的结论，赫尔辛基外的沙俄舰队武装精良。随后他命令舰队从芬兰湾返回。

几周后，盟军在奥兰岛攻占了博马松德（Bomarsund），但这并没有起到任何作用。大言不惭的查尔斯·内皮尔失败了。他作为海军上将所执行的最后一次重要任务以失败告终，返回英国后受到英国政客的嘲笑。实际上，他一落地就被解职了。

另外，沙俄战争部部长很高兴地直接向沙皇尼古拉一世报告道：“商人伊曼纽尔成功地完成了此次任务。”[170]

第五章

寻求一份更高的意义

年轻的阿尔弗雷德让伊曼纽尔·诺贝尔刮目相看。儿子只有 20 岁，但已经有了惊人的知识和雄心壮志。阿尔弗雷德似乎可以全天候工作，这一点家里其他人都无法与之匹敌。

1854 年春天，他在战争中的努力没有被忽视。当英国海军上将纳皮尔在夏季松开船锚让他们能暂时喘口气的时候，阿尔弗雷德·诺贝尔生病了。这本身并不奇怪。他在童年时期也时常生病。二哥路德维格的健康状况也不稳定，秋天一到，圣彼得堡的湿气袭来，他便被顽固的咳嗽折磨得死去活来。但阿尔弗雷德的情况更糟。在 20 岁时，他甚至觉得自己快要死了，如果不用"光和热的射线"治愈自己，他就已经死了。[171]

阿尔弗雷德·诺贝尔在那个夏天到底遭受了什么，目前还没有具体交代。以前的消息来源意指他过度劳累，从一封当代的信中可以看出，他经常发脾气。几年后，据记载他开始出现便秘和疼痛反复发作的问题。也许阿尔弗雷德·诺贝尔在 40 岁的时候就开始抱怨风湿病问题了？众所周知，胃部疾病困扰着他的一生，在他的早期疾病记录中也提到了坏血病。

诺贝尔兄弟三人经常生病，以阿尔弗雷德为例，1854 年夏天，他的就诊报告几乎无穷无尽。[172]

多亏了战争生意，这对父母有了一笔非比寻常的充裕资金，他们决定至少在欧洲一个著名的温泉度假村住一个月。最后的选择落在了波希米亚（今天的捷克共和国）的弗兰森斯巴德（Franzensbad），它是卡尔斯巴德（Karlsbad）和马林巴德（Marienbad）这两口时尚且风景优美的水井的供水区域。弗兰森斯巴德的独特之处在于它很宁静，而且是欧洲最早可以提供泥浴（moorbad）治疗的地点之一。

弗兰森斯巴德的水疗医生洛伦茨·科斯特勒（Lorenz Köstler）一直都很欣赏这个温泉的特效。他把自己关于弗兰森斯巴德的研究结果都发表在医学权威出版物上。这种独特的泥浆浴据说对治疗皮肤病、风湿病、贫血、坏血病、妇科疾病、痔疮和痛风有效。此外，科斯特勒声称，弗兰森斯巴德的井水具有非常特殊的浓度，这是由山区的火山和电力造成的。每天喝一杯这种独特的饮料对治疗视力苍白、肺炎、便秘和失禁都有神奇的效果。这位水疗医生还保证说，当地的温泉能够“改善和持久恢复”多种精神状况。例如，他提到工作过度劳累、抑郁、手淫、忧郁症和阳痿。[173]

*

阿尔弗雷德·诺贝尔第一次前往斯德哥尔摩。他于1854年8月7日星期一抵达，这是纳皮尔袭击奥兰岛博马松德的第二天。斯德哥尔摩夏季天气宜人，天空中只有几朵白云。阿尔弗雷德在皇后大街（Drottninggatan）租了房子，看望了他的外祖母，然后乘汽船去达拉岛（Dalarö）探望了夏日别墅里的阿尔塞尔一家。自9岁起，他就没有见过他的舅舅，在海关当差的路德维格·阿尔塞尔。安德丽塔非常喜欢他的弟弟，阿尔弗雷德知道这一点，他可以看到路德维格舅舅在墙上画了一幅肖像来纪念大他三岁的姐姐。甚至阿尔弗雷德和路德维格舅甥俩也有点相似。

阿尔弗雷德写信回家，称赞舅舅路德维格是一个“高贵和高尚”的人。那年夏天，舅舅过得很艰难。他的妻子夏洛特病得很重，阿尔弗雷德在信里说到，舅舅的女儿米娜也有肺部问题。当阿尔弗雷德看到舅舅的眼睛经常流泪时，他很担心。看到路德维格试图让自己和他的表兄弟姐妹的生活尽可能愉快，他很感动。所有迹象表明，阿尔弗雷德自己的身体状况在达拉岛待的这几周里，稍稍有了起色。[174]

回到斯德哥尔摩后，阿尔弗雷德再次拜访了他的外祖母卡罗琳娜·威廉明娜，她搬到离她在海关任职的儿子更近的地方，住在南方的卡塔琳娜教区。他注意到这位老人把钱看得很紧。她似乎害怕自己老了以后没人照顾，在废墟中去世，这让阿尔弗雷德决定做点什么。

毫无疑问，20岁的阿尔弗雷德对瑞典首都现在的模样，与他记忆中的情况所产生的对比感到好奇。他一定很失望。这里既没有诞生什么新创举，也没有建造多少新楼房。所有的东西都老旧了很多。

一些技术革新确实改变了城市景观。斯德哥尔摩在前一年冬天终于启用了第一盏煤气灯，六个月前，斯德哥尔摩和乌普萨拉之间也有了第一条电报线。也许阿尔弗雷德·诺贝尔在斯托基尔科布林肯（Storkyrkobrinken）的新电报局演示了这种设备。创造奇迹的人是安东·路德维格·法恩海姆少校，他接管了父亲伊曼纽尔在17年前逃离该国时留下的橡胶工厂。

但阿尔弗雷德的故乡明显落后于欧洲其他地区。除了少数供马车行走的道路，瑞典仍然缺乏铁路。瑞典议会刚刚否决了发明家约翰·埃里克松的欧洲代理人、工程师阿道夫·尤金·冯·罗森（Adolf Eugène von Rosen）提出的一项瑞典铁路建设综合解决方案。

议会的决定肯定对工程师冯·罗森造成了伤害。他在铁路密集的英国待了很长一段时间后回到瑞典，并花了几年时间进行了大量的调查，以制定铁路解决方案。议会多数派当然不会对铁路本身持否定态度，只是冯·罗森提议私下修建铁路。阿尔弗雷德·诺贝尔返回瑞典几个月后，政府才决定修建主要铁路。首先从斯德哥尔摩—哥德堡的路线开始。

令冯·罗森恼火的是，领导铁路建设的工作并没有交给他，而是交给了约翰·埃里克松的兄弟尼尔斯·埃里克松（Nils Ericson）。[175] 十年后，仍是这位阿道夫·尤金·冯·罗森，试图帮助阿尔弗雷德·诺贝尔和他的父亲在国外销售他们的产品。

1854年8月底，阿尔弗雷德启程前往弗兰森斯巴德，先是从斯德哥尔摩乘汽船前往哥德堡。9月初，他抵达弗兰森斯巴德，开始了他的“沐浴和水疗”之旅。[176]

温泉小镇正处于兴盛阶段。患者数量年复一年地增加，为了快速满足需求，温泉的建造质量有些捉襟见肘。即使在豪华的房子里，墙壁上也可能出现大量的湿气污渍。

正常疗程需要28天。阿尔弗雷德别无选择，只能按照既定的时间表行事。弗兰森斯巴德的温泉，其名称有五个来源，据称它们具有不同的健康促进作用。为了以防万一，许多人都喝了一杯健康饮料。

清晨，大多数客人走到萨尔茨奎尔（Salzquelle），根据游客的说法，他们在第一天早晨需要喝一杯“味道很好的浓碳酸水”。泡温泉是当天的亮点。首先需要浸泡在泉水中，“泉水仿佛珍珠一般，洒在沐浴者的身上，轻轻舒适地贴在皮肤上”。

然后等待黑色的泥浴，感觉就像坐在春天的沙发上。一位专栏作家在《晚报》上写道：“你会在泥浴里慢慢沉下去，在沉到池底前，正好可以唱完民歌的第一节。”黑色的泥浆顺着手臂流下，抬起腿，“如同躺在黑色紧身裤里”。

这位作家声称，三顿饭是最糟糕的，餐桌上只有汤和煮熟的禽肉，分量极少，这让“所有的肥胖倾向都消灭在萌芽中”。你能感受到，“晚餐的幽灵仿佛在附近徘徊”。在傍晚的散步时间，泡温泉的人都会向在城市中拉货的波希米亚牛流下口水。

对许多人来说，老百姓的生活是唯一的景观。弗兰森斯巴德特别吸引奥地利人和俄国人，也吸引斯堪的纳维亚人和普鲁士人。不同国籍和社会阶层的人在这里混杂在一起，形成了一种“欧洲缩影”，这是一份意想不到的新见识。[177]

阿尔弗雷德·诺贝尔很快就看腻了。他不觉得水坑、洗澡或聊天有什么意义。弗兰森斯巴德以吸引许多女士而闻名，但大多数来这里的女性都比他年长得多。阿尔弗雷德感到很无聊，他写信给舅舅说，他觉得在斯德哥尔摩和达拉岛的生活，对他的健康“比弗兰森斯巴德要有益处得多”。社交也像在做赔本买卖。“这种社交很容易就能看出你到底赚了还是赔了，因为这些都只是暂时的熟人，而不是亲戚和朋友，当然，你可以和他们一起度过一段愉快的时光，但最终这些人就像破旧的外套一样，穿过以后就不值钱了。”

他对故乡的思念“无法用言语表明”，并且讨厌自己给父母带来负担，无论他有没有时间康复，他都希望在 10 月底的 21 岁生日之前到达圣彼得堡。[178]

*

当谈到当时的医疗挑战时，水疗中心并没有给出太多建议。如果说天花是 18 世纪的主要疾病祸害，霍乱和伤寒则在 19 世纪争夺这一头衔，梅毒和结核病也是不可预测的挑战者。19 世纪中叶，霍乱的传播变得非常严重，世界在短时间内遭受了第三次霍乱疫情。1847 年至 1861 年间，仅在沙俄就有 100 多万人死于霍乱。

1796 年，英国医生爱德华·詹纳（Edward Jenner）发明了一种疗效神奇的疫苗，天花终于被驯服了。这种疫苗基于一个有着数百年历史的亚洲传统研发而成，即从患者的脓疱中提取少量的分泌物和组织，作为对健康人的保护源。当时康复的人大多（有些人死亡）只是有轻微的症状，后来渐渐获得免疫，疫苗的效用大大超过了风险。

詹纳的想法是通过植入牛痘来创造同样的免疫力。这种方法成功了，而且比用有感染性的脓疱组织安全得多。这项成功仿佛是注定的。

接下来的几十年，即19世纪的头几十年，通常被称为现代医学诞生的时期。老的流行治疗方法，如放血和使用泻药，开始受到质疑，医学研究开始更广泛地转向实验室。医学在新建大学中的地位也随之越来越高。

此时，人们从猜测疾病的原因，朝试图了解和解释疾病的方向转变。19世纪早期，人们发明了听诊器。医生学会了倾听患者的呼吸，并以惊人的诊断率诊断出患者究竟是支气管炎、肺炎还是肺结核。当普鲁士配镜师卡尔·蔡司（Carl Zeiss）开发出更清晰、更便宜的显微镜时，人们对医学研究的兴趣随之爆发了。李比希教授对阿尔弗雷德·诺贝尔的两位化学老师津宁和珀卢兹有着重要影响，他是这场实验室教学浪潮的核心人物。当时他搬到了慕尼黑大学中一个更大的实验室，让他的学生在显微镜下研究动物的身体、肝脏和肌肉组织的化学成分，同时还要研究尿液、眼泪、汗液等分泌物。

李比希也是最早制备氯仿的人之一，氯仿是一种麻醉剂，发明后便与乙醚一起使用，这一举措实现了完全无痛手术的梦想。

另一场同时进行的医学革命是关于污垢和细菌的研究。19世纪40年代末，匈牙利医生伊格纳兹·塞麦尔维斯（Ignaz Semmelweis）在维也纳一家产科诊所执业时，发现了一个有趣的现象。他对分娩的高死亡率感到震惊，并指出医生经常从尸检室走出来后直接进入分娩室。在他强制大家用氯化石灰溶液洗手后，分娩死亡率大幅下降。

1854年，另一位富有创造力的医生约翰·斯诺（John Snow）试图在伦敦持续不止的霍乱疫情中找到感染源。他决定把苏豪区的已知病人放在地图上一探究竟。这是一次成功的发现。因为这些感染霍乱的患者有一个共同点：他们使用的是同一口水井。在继续调查后，斯诺收集了越来越多的证据，证明水就是传染的媒介。

斯诺的观察对补救计划产生了一些影响，但塞梅尔维斯从未收到当局的回应。十年后，他遭到误解，被带入一家精神病院后，在该院郁郁而终，许多人认为他是医学史上的伟大烈士之一。

克里米亚战争爆发之前，人们就知道，流行病对作战士兵的威胁可能比武器更大。这次战争又证实了这一点。1854 年 9 月 13 日，法国和英国军队在塞瓦斯托波尔（Sevastopol）以北几英里[①]的克里米亚登陆。他们在阿尔马河上与沙俄军队进行了第一次大规模战斗，一周后获得了胜利，但代价高昂。最后的报告显示数千人失去了生命。

令人遗憾的是，他们中的许多人——超过 70%——死于霍乱、被忽视的传染病和其他疾病。

阿尔马战地捷报直到 10 月 1 日才传到伦敦和巴黎。消息的延误是不可避免的。只有一部分道路拉上了电报线，到当时为止，国外的新闻需要汽船和骑马的信使来传送。已有的技术在进行一场革命，正在进行的战争在历史上第一次能让媒体到现场观看，实地拍照也第一次得以实现。英国媒体立场独立，这一点令人印象深刻，而拿破仑三世则对法国媒体实施了严格的审查。

新闻报道至关重要。在庆祝胜利的两周后，《泰晤士报》披露了阿尔马战场的惨剧，这一消息震惊了 4 万名读者。重伤的英国士兵可能躺在与粪便混合的稻草上；数千人在拥挤肮脏的土耳其医疗营房中感染了霍乱。没有医生，也没有护士。没有人想过为所有必要的截肢手术准备止痛药氯仿或乙醚，甚至绷带都没有。

一场为战争伤员筹集资金的运动开始了。“难道英国真的没有慈悲为怀的护士了吗？”10 月 14 日，一名“受伤士兵”在《泰晤士报》上问道。

此时，一位 34 岁的英国女士正在伦敦经营一家老年妇女疗养院，她叫弗洛伦斯·南丁格尔，来自一个富裕的家庭。她本来可以过上一种更舒适的生活，但最终违背父母的意愿选择了需要努力奋斗的职业。她生性执着，习惯靠自己去争取想要的东西。碰巧，她认识当时的战争部部长。

三天后，弗洛伦斯·南丁格尔接到了任务，还获批了一项预算。她带着一群“仁心仁术的姐妹”前往君士坦丁堡，希图缓解当地恶劣的卫生条件，并最终取得了成功。在南丁格尔坚毅果决的领导下，战地医院伤员的死亡率大幅下降。两年半后，她以英雄的身份回到伦敦，受到人民的爱戴，还被视为英国的“圣女贞德”。自此以后，护理专业正式诞生。

而在南丁格尔启程出发的时候，她对未来所要面对的一切一无所知。1854 年

① 1 英里 =1609.344 米。

10 月 21 日星期六，当弗洛伦斯・南丁格尔离开英国前往克里米亚战争的战地医院时，她只知道有一个异常沉重的工作在等待着她。[179]

*

同一天，即 10 月 21 日星期六，阿尔弗雷德・诺贝尔 21 岁了，这对一个瑞典人来说是一个重要的日子，因为这意味着他终于长大了。那天他按时结束沐浴和温泉治疗，回到家中与伊曼纽尔、安德丽塔及他的四个兄弟，在大涅夫卡河码头旁一处美丽的灰色木屋里度过了美好的夜晚。这一天，诺贝尔家有很多事情要庆祝，除了他自己过生日，第二天是五弟罗尔夫（Rolf）的九岁生日，一周后是四弟埃米尔的十一岁生日。

阿尔弗雷德一回到圣彼得堡，就又给他的舅舅路德维格写信。去信的内容是关于外祖母卡罗琳纳的。阿尔弗雷德把钱寄给了舅舅，打算供养他的外祖母，并要路德维格舅舅把钱全部转交给外祖母。他从母亲那里听说，舅舅一般不会"让这位漂亮的老太太做太多家务"。他们可以寄更多的钱过去，"如果这点钱能让她有所慰藉，那对我们所有人来说，这就是值得的"。[180]

当沙俄在克里米亚遭遇几次失利后，圣彼得堡现已成为一座令人震惊的城市。门希科夫指挥官病倒在床，他原以为盟军会等到春天才发动进攻。但此刻，他的军队不得不同时撤退，大约就在几天之后，沙俄的主要基地塞瓦斯托波尔沦陷。

门希科夫对诺贝尔家族非常重要，但因为战败被谴责为无能之辈。他对这次战败负有主要责任。其他官兵则因在塞瓦斯托波尔进行的防御作战而受到赞扬，这一努力使得战败转化为长期围困。

沙皇尼古拉一世陷入了深深的抑郁。他既不睡觉也不吃东西，还会像孩子一样哭，尽管他自己也很鄙视这种行为。一位宫廷夫人说道："君主的模样让人心碎。"其他人其实有战斗的意愿。沙俄曾经在面对拿破仑时，难道不是把一次次威胁性的挫折变成了胜利吗？

沙俄继续重新武装部队的配置。诺贝尔家族再一次被招揽到这项工作中。1855 年 1 月，诺贝尔父子公司与沙俄战争部签订了合同，为赫尔辛基以外的图尔库和索门林纳水域再增加 1160 枚水雷。这项工作的收入十分惊人，总计约 11.6 万卢布。与此同时，三艘新战舰的蒸汽发动机也在制造中。一年过去了，但直到秋天一切才准备就绪。

阿尔弗雷德·诺贝尔被赋予了一项不那么令人羡慕的任务：给海军写信。他要解释发动机制造的困难之处，但无论如何听起来都要让对方觉得是成功的。是的，他们的厂里现在有数千名员工，其中许多是在普鲁士招聘来的。不仅如此，他们还扩建了工厂，完成了所有小锻件的制造工作，并投资了一台大型蒸汽锤，以完成剩余较为繁重的工作。现在机器已经就位。蒸汽锤轰隆作响，声音大得连附近的房屋都跟着摇晃（邻居们纷纷写信投诉）。

如果你正确理解阿尔弗雷德的信，那你会得出一个乐观的结论：尽管沙俄军队可能暂时处于混乱状态，但他们已经踏上了通往成功的道路。

可尼古拉一世并不乐观。零下 20 摄氏度的天气，在士兵们入伍的当口儿，这位抑郁的国王患上了严重的肺炎。1855 年 3 月 3 日，他给长子亚历山大传话："请你为沙皇俄国服务！"

在沙皇尼古拉一世最后签署的文件中，有一项决定是辞退诺贝尔家族的赞助人，以及克里米亚战争、塞瓦斯托波尔的指挥官亚历山大·谢尔盖耶维奇·门希科夫。[181]

*

沙皇亚历山大二世开启了光明的时代。"沙皇万岁！"几年后，阿尔弗雷德·诺贝尔在一首诗中惊叹道。他认为相比尼古拉一世，这位沙皇更有良知。[182]在新沙皇登上王位的第一年，他授予实干家伊曼纽尔·诺贝尔一枚皇家金牌，肯定他的"勤奋和创造力"。他还任命伊曼纽尔为"圣斯坦尼斯拉夫沙皇帝国三级骑士"。[183]

最初，1855 年似乎是诺贝尔家庭动荡的一年。路德维格终于鼓起了勇气，联系了与他同名的路德维格·阿尔塞尔舅舅，向表妹米娜求婚。阿尔弗雷德在给舅舅的信中写道："母亲仿佛置身在第七天堂，看起来非常高兴和快乐，好像自己也重回了 18 岁，父亲也一样，激动地等待着庆祝婚礼。"[184]

伊曼纽尔和安德丽塔是想，他们家终于能有个女孩了。愿和平很快到来，米娜的身体好转，肺部问题也慢慢改善。毕竟在米娜康复前，他们是无法举行婚礼的。[185]

冬天实在很冷。这一次，罗伯特和他的手下不得不在冰上挖洞。3 月底，他们开始在图尔库和赫尔辛基郊外的索门林纳堡埋设数千枚水雷。任务即将扩大。此后不久，沙皇亚历山大视察了喀琅施塔得，并决定再增埋300枚诺贝尔水雷来加强这座堡垒的防御。[186]

那是在伯爵的时代，英国和法国已决定在波罗的海发动第二次进攻，主要目标是喀琅施塔得和索门林纳。英国船只已经启程了。

这一次，阿尔弗雷德错过了战争带来的紧张时刻。他开始了为期几周的前往沙俄内陆拜访供应商之旅。这次旅行是一次考验。正如阿尔弗雷德后来描述的那样，他被迫前往“一切都停滞”的地方，在那里他无法接触到“墨水、钢笔或任何思想”。[187]

5月底，当他回到圣彼得堡时，诺贝尔父子公司开始出了乱子。去年的一些水雷仍留在喀琅施塔得附近的水域。当冰层升起时，这些水雷松了开来，并开始四处漂浮。一名沙俄士兵误以为是什么吃的，捡起了一枚被冲到陆地上的水雷，结果手中的水雷突然爆炸，第一次灾难发生了。这名士兵命悬一线，他附近的10名士兵因爆炸失明，另有10人受重伤。

关于水雷漂浮起来的报告不断涌入。过了不久，警报又变了。报告称其他水雷正在慢慢毁坏，因此起不到杀伤敌人的作用，如果真是如此，那这将是一场更大的灾难。当士兵们在索门林纳也发现了漂浮的破碎水雷时，沙俄少将感到失望无比，要求伊曼纽尔亲自到场检查他的水雷。[188]

当时，英法联合舰队再次停泊在喀琅施塔得城外，城内居民完全可以看到桅杆的轮廓。在圣彼得堡，盟军舰艇渐渐被俄国人视为一种反复出现的夏季风景，权当是乐趣了。一位沙俄船长甚至在他的船上放置了一个球，给敌人提供最佳视野。

在阿尔弗雷德·诺贝尔眼中，喀琅施塔得要塞是一个“没有能使灵魂活跃的记忆”的地方。他讨厌去那里。“事实上，我觉得没有什么地方比这儿更荒凉和无聊的了，但在沙俄，人们必须永远遵循这样一句话：为皇冠服务优先于为上帝服务。”[189]

盟军开始犹豫不决。英国人被告知，俄国人用汽船和近千枚水雷加强了防御。在发往国内的报告中，英国人描述了这些水雷在简单接触后通过化学反应引爆的过程。他们认为，要试图避开这些水雷太困难了。新任指挥官邓达斯（Dundas）写道，鉴于目前的情况，他不能再建议发动攻击。这一次，英国本土毫无异议地接受了谨慎的选择。舰队再次转向。

返回途中，有两艘英国船只各自触雷，但并没有造成任何重大破坏。几周后，作为自我安慰，盟军设法摧毁了位于赫尔辛基郊外索门林纳的沙俄海军基地。

*

在圣彼得堡，居民因缺乏来自克里米亚主要战线的安全信息而苦恼。当时沙俄没有战地记者。要发布一则简短且经过严格审查的新闻通常需要花上两到三周的时间，并需要经过冬宫的精心处理，即使是明显的失利也会被润色成“战术性撤退”。

最后，圣彼得堡和塞瓦斯托波尔之间终于有了军用电报线路，但英国人始终领先一步。春天，他们在黑海接通了一条水下电缆，可以在短短几个小时内向伦敦战争司令部发送战地消息。

被围困在塞瓦斯托波尔的沙俄士兵中有一位年轻的作家，他试图用形象化的战争故事填补信息的空白。他时年 27 岁，名叫列夫·托尔斯泰。多年后，当第一届诺贝尔文学奖（1901 年）颁发时，他成了最受欢迎的人。

1855 年 6 月，托尔斯泰的第一部整体基调相当乐观的战地手记《十二月的塞瓦斯托波尔》发表，引起了极大的关注。沙俄读者从未如此接近真实的战争日常生活，连沙皇都很高兴。但随着托尔斯泰继续提笔描绘春天的战场，故事的基调开始变得阴沉：

> 这里堆着数百具血腥僵硬的人类尸体，几个小时前，这些尸体是各种各样的、充满崇高的或微不足道的希望的灵魂，现在却躺在露水遍布的、鲜花盛开的山谷里，将堡垒与战壕隔开，躺在塞瓦斯托波尔墓地礼拜堂的硬地板上。成百上千的人口干舌燥地咒骂着或祈祷着——翻滚着、呻吟着，有些人躺在开阔山谷里的尸体堆中，另一些人则躺在担架上，或穿着裤子躺在更衣室血淋淋的地板上。就在前几天，一道闪电在萨彭山（Sapunberget）上空闪过，闪闪发光的星星渐渐消失，白色的薄雾从咆哮的黑海中升起，黎明在东方照亮，紫色的云幕笼罩着天蓝色的地平线。正如前几天一样，无上光明的天光以及充满欢乐、爱和幸福的气氛，在整个复活的世界升起。

托尔斯泰在他的新小说中谴责了这场战争，他认为打仗是疯狂的行为，并敢于提出另一种解决冲突的方案，以从根本上降低死亡率。他觉得，为什么不能让交战双方逐步撤走士兵，只剩两名士兵，即一名防守队员和一名进攻队员就可以？“到那时，如果理性生物的代表之间存在必须通过战斗来解决的复杂问题，那么就让这两名士兵战斗以决定胜负。”

最后，他向读者提出了一个问题：在他笔下勇敢的士兵中，哪位才算是真正的英雄？他给的答案是：“故事中的主人公，我全心全意地爱着他，我努力呈现他所有的美。他现在会，将来也会保持精彩的人生，这就是事实。”[190]

*

旨在改善沙俄电报线路的计划并不少。在沙皇尼古拉一世去世前几个月，一位美国企业家拜访了他，声称自1844年塞缪尔·莫尔斯在美国进行第一次实验以来就一直从事电报线路的研究工作，现在他想把沙俄与世界其他地方连起来。承包商名叫托利弗·普雷斯顿·沙夫纳（Taliaferro Preston Shaffner），他本人在美国因经常夸夸其谈满口大话而臭名昭著。沙夫纳是一名40多岁的肯塔基州黑发律师，他的长相令人印象深刻。他有着惊人的转移注意力的能力，在最出乎意料的情况下，他可以扮演起相声演员的角色。对于这件事，阿尔弗雷德·诺贝尔没料到自己能知道那么多内幕。

电报引起了新一轮轰动，因此也涌现了许多来询购的人。近年来贸易极速扩张，一张由通信线路组成的网络现在遍布世界各地，已经能够实现跨越国界互联。

最近的一次互联是试图在大西洋海底铺设电缆，这是一个轰动的项目。长期以来，用电报线路连接北美和欧洲的梦想一直遭到诟病，人们认为技术上不可行。但1854年，两位先驱聚集在一起，认真地试图实现这一梦想。沙夫纳对利润有敏锐的嗅觉。他立即投身到这个项目中，但很快就看到要主动承担这个项目的人有很多。1854年和1855年，在一次雄心勃勃的欧洲旅行中，他推出了对大西洋海底电缆的补充计划，即欧洲线路。早在大西洋电报公司正式成立之前，他就这样计划了。

雄心勃勃的沙夫纳不是一个害羞的人。这位美国人设想了一条电报线路，该线路经过格陵兰和冰岛到达丹麦和挪威，然后经过瑞典和芬兰到达沙俄。在旅行期间，他遇到了瑞典国王奥斯卡一世，并获得了建造一条穿越瑞典的大西洋海底电缆的特许权。

“这项伟大事业在完成后将产生远远超出人类想象的效果，”美国《波士顿邮报》在一篇抒情评论中惊呼道，“它可以让我们每天都与地球上所有文明国家交流。”这些内容后来在1855年的《晚报》中被引用。[191]

到目前为止，该项目已经超出了它承诺的施工时间。直到十年后，欧洲大陆国家间的有效电报连接才开始实现。

企业家沙夫纳在圣彼得堡待了六个月，成功地讨到了沙皇的欢心，他发现沙皇“受臣民爱戴，子民像对待父亲一样尊敬他”。他在圣彼得堡进行了多次考察。沙夫纳还去了喀琅施塔得要塞，他对那里的武器和水雷印象深刻。[192]根据他自己所留下的信息，他还参观了诺贝尔父子公司。沙夫纳后来在法庭诉讼中声称，正是在那次考察中，他第一次接触到硝化甘油，但“他们都不知道如何使其爆炸”。不过，其他证人的供词表明，在这一点上他撒了谎。[193]

当沙夫纳返回美国时，他向记者吹嘘说，他已经与俄国沙皇签订了价值2600万美元的电报合同。他因所称的成就而受到极大关注。但一些美国当地报纸发出了质疑：“我们碰巧认识沙夫纳先生，如果故事的始作俑者是他本人，那么我们还是先等待沙俄传来的情报，然后再相信他说的话为好。我们打赌，他口中的2600万美元合同纯属骗局。”[194]

十年后，托利弗·普雷斯顿·沙夫纳再次出现在诺贝尔家族的记录中，成为水雷和硝化甘油的“专家”。

*

1855年秋天，沙俄在战争中失利，诺贝尔家族也遭遇了挫折。9月8日午餐时间，一个个坏消息悄然而至。经过一年的围攻，十个法国师向塞瓦斯托波尔城外的马拉科夫（Malakoff）要塞（沙俄在克里米亚的基地）挺进。当军乐队演奏《马赛曲》时，9000名士兵朝要塞跑去，这让俄国人大吃一惊，最后惊慌失措地逃走了。几分钟后，法国国旗在要塞上升起。经历炮火的塞瓦斯托波尔市看起来几乎像遭受了一场地震，第二天就陷落了。克里米亚战争即将结束，世界上任何语言都无法掩盖沙俄的耻辱。

巴黎的两条街道最终以此次战争的伟大胜利命名——塞巴斯托波尔大道（boulevard de Sébastopol）和马拉科夫大道（avenue de Malakoff，20年后阿尔弗雷德·诺贝尔在那里买了一栋房子）。

在圣彼得堡的诺贝尔父子公司，真正的苦难也始于1855年9月，沙俄军方对诺贝尔水雷的抱怨无休无止。不只是因为有些水雷已经损坏。那些看着好端端的似乎也不管用，因为水雷里的火药已经湿了。最终，在受调查的260个水雷中，有231个损坏了。[195]

与此同时，铸造厂和铜匠之间爆发了一场小小的骚乱。公司花费很大的努力才成功地从普鲁士招募到这批工人，但这些普鲁士人并没有出现在工作中，他们严厉地抨击工厂，并反对所有规定。有一天，伊曼纽尔·诺贝尔不得不报警，将其中一名最吵闹的滋事者赶了出去。

出于这个原因，蒸汽发动机的生产处于摇摆之中，尤其是公司最近承诺为五艘护卫舰提供发动机的订单。事实上，情况变得更糟。10月中旬的一天晚上，诺贝尔父子公司的铸铁车间发生重大火灾。所有的工作都被迫停止，因为新的蒸汽锤有一部分在大火中被烧毁，至少需要三个月的时间才能解决这一难题。[196]

路德维格开始怀疑父亲所做的开创性努力会否弊大于利。“尽管新发明对国家非常有益，但很少有人能从中收获任何东西，”他在当时的一封信中写道，“如果想赚钱，你就必须采用被广泛使用的材料，或者你相当有把握的材料投入生产。”[197]

阿尔弗雷德努力跟上节奏。他至少要确保军方给喀琅施塔得为抵御寒冷的数月所订购的新加热炉按时交付，他不能再延迟交付了。他计划通过加快速度来应对公司的挫折，夜以继日地开展工作，周围的大多数人都很难跟上他的步伐。兄弟们开始担心他的工作节奏是否过快。很明显，阿尔弗雷德本就不稳定的健康状况又受到新的打击。[198]

但在11月28日星期三，一切都停滞了。这一天，一个漆黑的冬夜笼罩着他们所有人，对于母亲安德丽塔来说，这股阴霾可能再也不会真正散去了：他们的小儿子，十岁的罗尔夫·诺贝尔去世。关于此事，我们只知道这些。信中没有提到疾病，也没有突发事故，只让人感受到一种无底洞的悲伤。

伊曼纽尔·诺贝尔即将年满55岁，正如他所说，他的“头发白得像只白鸽”。

圣诞节时，他写信给内弟，讲述了他心爱的安德丽塔深深的绝望之情。慢慢地，她开始平复了一点情绪，但一个孩子的过世对任何母亲来说都是很难跨过的坎，即使能跨过，也很难抹去悲伤。伊曼纽尔向她的弟弟保证，尽管如此，他还是会让她比以往任何时候都漂亮。[199]

小儿子去世后，这对夫妇在圣彼得堡的余生变得黯淡起来。从家族企业的角度来看，沙俄的投降和1856年3月的巴黎条约也为生活带来了阴影。沙皇亚历山大二世重新组建了庞大的军事官僚机构。现在，诺贝尔大家庭面对的是陌生官员，这些人可不清楚旧合同中的承诺。当和平来临，国外贸易再次畅通无阻时，为什么要从圣彼得堡的公司订购昂贵的蒸汽机呢?

与此同时，当局收到了邻居对诺贝尔工厂的噪声投诉。据称，新的蒸汽锤导致附近地区震动，已经威胁到房屋安全和邻居的健康。

如果说诺贝尔父子公司之前的困难是没法按时完成政府的订单，那么他们现在“有幸”看到这些订单突然都凭空消失了。对此，他们感到无比震惊。诺贝尔家族为交付订单耗尽心血，曾在紧急情况下为沙皇挺身而出，而且永久供应的承诺是他们唯一的保障。此外，他们扩建了工厂，雇用了1000多人，还购置了昂贵的机器。最终交付给的护卫舰，和沙俄“雷特维桑号”“甘古特号”和“伏尔雅号”战舰的发动机在控制方面都是最优异的。[200]

但这些又有什么用呢？海军部的回应只有沉默。

诺贝尔父子公司账户里的资金慢慢花光了，口袋里的钱很快就见底，这令人想到了过往贷款的艰苦岁月，尤其是前合伙人奥加略夫在的时候。人无远虑必有近忧。1856年8月，伊曼纽尔、安德丽塔和小儿子埃米尔前往瑞典，到丈母娘和弟弟路德维格·阿尔塞尔的家中集结力量。他们在那里待了几周，伊曼纽尔趁此时间仔细盘算如何填补财务的空缺，最后只能用出口沙俄小牛肉、火鸡、焦油和田鸡等物品作为紧急解决方案。

9月，在经历了一次罕见的暴风雨后，他们颤抖着双腿通过艰难的波罗的海之旅返回沙俄。但局面并没有缓和，事实恰恰相反。诺贝尔父子公司向财政部申请了一笔紧急贷款，结果只获批了三分之一的金额。公司仍旧没有接到新订单，而旧订单很快就完成了。10月，工厂的工作几乎停滞。与此同时，他们听到传言说政府在国外下了更大的订单。

这个时候，诺贝尔父子公司给海军部寄了一封信，特别强调了情况的严重性。若海军部执意违背诺言，就有可能使诺贝尔家族陷入困境。伊曼纽尔回忆起战争开始时，双方信件中所许下的承诺。但现实是，没有贷款，没有承诺的订单，这家价值 70 万卢布的大型工厂只有一个出路：破产！

伊曼纽尔·诺贝尔在一封私人函件中指出："您可以很自然地想象，建立一个全新的产业，其成功是要以牺牲作为代价才能获得特权的。""现在，工厂每月损失 3 万卢布。……很快，我就不得不解雇所有员工，并以低廉的价格出售整个公司。"[201]

伊曼纽尔做了各种努力。他两次直接写信给亚历山大二世的弟弟康斯坦丁亲王，请求其与沙皇交谈以疏通关系。他表示工厂需要 30 万卢布的贷款来解决问题。亲王的回答迅速而简短："由于之前已经给予了前所未有的恩惠，恕我无法同意你的请求。"

亲王的拒绝似乎很符合官僚主义的作风。到 1857 年 1 月，伊曼纽尔·诺贝尔仍然没有得到明确的答复。[202] 这次他选择了直言不讳，他在一封信中表示，政府所做的后续订单承诺必须是具有约束力的。伊曼纽尔说，因此问题不在于是否要下订单，而在于什么时候下，规模是多少。"为了做决定，我必须知道工厂是应该继续开办下去，还是应该自生自灭。"

这番话得到了回应。海军部回答说，他（伊曼纽尔）所要求的特殊待遇，是没有根据的，不仅从来没有在信里传过任何小册子，而且政府从未承诺过任何东西。他们从来只会购买"最好和最便宜的"产品，而诺贝尔父子公司的产品已经不再是最好和最便宜的了。

然而，外交部又以一种友好的语调补充道："但伊曼纽尔·诺贝尔毕竟是在 1853 年政府宣战后第一个站出来提供帮助的人。如果他现在不得不关闭工厂，那么海军部将施以援手，买下他手里的所有工具，以留给其他供应商使用。"[203]

这一消息对伊曼纽尔·诺贝尔来说是一个打击，正如他后来所说，"（这个回答）几乎让我失去了仅存的一小股赖以生存的力量"。他现在处在一种"失魂落魄的状态"中，这种状态持续了 3 个月。[204]

*

用现代语言来说，人们会说伊曼纽尔·诺贝尔撞了南墙，或者是疲劳致郁。通

常情况下，这是完全可以理解的，但也不是必须这样做。然而，这场危机非常严峻，如果诺贝尔父子公司要生存下去，就需要付出非凡的努力。

我一直反复思考，这家人当时究竟是怎么想的。他们如何摆脱与该公司最重要客户的牵制？只是放弃的话，不像诺贝尔家族的作风。

圣彼得堡海洋历史档案馆中有一些关于重建喀琅施塔得铁门的文件，其中的内容给我提供了一个答案。当时，伊曼纽尔设法使自己振作起来，他写了一份委托书。起草日期是 1857 年 2 月 12 日，收件人是三儿子阿尔弗雷德·诺贝尔。信件用俄语写成，内容如下：

> 我亲爱的儿子阿尔弗雷德·伊曼纽洛维奇！由于我的业务太广泛，我特此授权你，无论是在我不在的时候还是在圣彼得堡逗留期间，在我本人有合法权利提出、接受和运用认捐资金、接受政府订单和私人订单等相关事务上，你有权以我的名义签订和管理相关协议、条款和合同，并可以使用资金购买或出售商业动产和不动产。你可以在你觉得必要的情况下，管理我的工厂，或开设新工厂，以我的名义签署和接受贷款协议及相关义务，在各地进行房地产购买和交易，并以我的名字签署与我的合作社有关的所有文件。你也可以全权委托其他人，授权他/她来代理行使这份权力。在 1858 年 2 月 1 日之前，只要你认为对我的利益有好处，就完全可以采取行动。从今天起至上述日期（包括当日），你所做的任何合法行为，我都会接受，并视作我自己所做的一样，不会产生争议或反对。
>
> 永远爱你的
>
> 你的父亲
>
> 伊曼纽尔·诺贝尔，圣彼得堡第一公会商人[205]

文件显示，正是路德维格帮助父亲起草了这份授权书。我在笔记中看到，两位哥哥在那年春天离开了圣彼得堡。这意味着，在家族企业最关键的时期，23 岁的阿尔弗雷德·诺贝尔成为公司的首席执行官，他是整个家族企业的凝聚力来源。对年纪轻轻、羽翼尚未丰满的他来说，这是多么令人难以置信的责任啊。

*

路德维格看到了压力对弟弟的负面影响。最终，他开始焦虑起来。在自己离开圣彼得堡之前，他写信给罗伯特，请他尽快结束旅行回家。阿尔弗雷德“过于投入工作，没时间休息，这对他的身体有很大的损伤，所以我真的很害怕他垮了。而且他的老毛病经常复发，身子虚弱得可怕，肠胃方面也受到影响，便秘问题频发，胃肠功能紊乱”。[206]

阿尔弗雷德面临的艰巨挑战还不止这些，因为父亲平时总是对人们大发脾气、横加指责。各部委对伊曼纽尔难以相处的个性和令人痛苦的责备抱怨了好几次。一位国务卿后来对伊曼纽尔的行为表达了否定态度，他表示有关部门不得不“在牺牲尊严的情况下”才能“与他做生意”。[207]

1857 年 5 月，绝望的阿尔弗雷德给大哥罗伯特写了几封信，抱怨父亲总是向客户显示自己充满“困难和阻碍”，并因此间接“毁掉”了原本有希望拿到的政府订单。阿尔弗雷德觉得要再做成一笔生意，难度就像让“油炸过的麻雀直接飞进嘴里”一样高。他一再请求大哥不要离开太久，特别是因为当下罗伯特的健康也碰巧出现了问题，此外阿尔弗雷德还在信里写道，他觉得自己缺乏“管理人的能力”。[208]

据我们所知，罗伯特没有保存当年春天的来信。但你可以从阿尔弗雷德的唠叨中理解他为什么这么做，面对唠叨他只能做简短而公事公办的回应，要么根本不回应。或许他们之间存在着某种竞争关系。也许哥哥们对年轻的阿尔弗雷德指挥自己感到不太舒服？

伊曼纽尔终于慢慢恢复了健康，尽管他看起来心情不太好。诺贝尔父子公司现在试图通过求助于私营部门来解决财务问题，并设法获得了一些订单，以解决燃眉之急，其中包括为在伏尔加河和里海做运输服务的 20 艘船只提供蒸汽发动机。当圣彼得堡在涅瓦河和涅夫卡河之间开通定期轮渡服务时，建造船舶的公司正是诺贝尔父子公司。[209]

与此同时，阿尔弗雷德也开始尝试起自己的发明。1857 年 9 月，他获得了“气体测量装置”的第一项专利。然而，无论是对市场还是对阿尔弗雷德个人而言，这似乎都没有产生重大影响。之后他又发明了一种测量液体的设备，这项发明或许受到了约翰·埃里克松于1851年在伦敦万国工业博览会获三等奖的启发。无独有偶，阿尔弗雷德还开发了一种便携式气压计。有消息称，他为了吸引投资商注资诺贝尔父子公司，还远赴伦敦和巴黎，可惜没有获得银行家的青睐，最终没有做成任何生意。[210]

1858年10月7日，路德维格和他的妻子米娜在斯德哥尔摩终于完婚了，这几天绝对算得上是诺贝尔家族的喜庆日子。结婚后的第二年，诺贝尔父子公司遭到破产清算，伊曼纽尔和安德丽塔没有任何法子，只能计划搬回瑞典。

他们在圣彼得堡度过了夏天，正好第一个孙子出生，老夫妻有足够的时间享受天伦之乐。路德维格和米娜之前便选择定居圣彼得堡，出于对老父亲的尊敬，他们给儿子取名为埃曼纽尔（Emanuel）。一开始，这名新生儿似乎像一个易碎的瓷娃娃般，受到家里人的珍视。路德维格清楚，在这个对健康有害的城市里，把孩子带到这个世界究竟意味着什么。根据家庭记事本的记录，小埃曼纽尔睡在用棉花做的襁褓里，洗澡要用油脂，然后“放在瓦炉上的雪茄盒里”取暖。[211]

清算结果给了这位28岁的新父亲路德维格巨大的信心，他获得在清算过程中管理工厂的权利。罗伯特决定留下，和阿尔弗雷德一起协助路德维格。据说阿尔弗雷德在1859年的夏天病得很重，至少父亲伊曼纽尔都不确定这个儿子能否活下来。

伊曼纽尔·诺贝尔在沙俄的20年生涯结束了，但离开的决定来得很仓促。年近26岁的阿尔弗雷德在病床上渐渐反应过来，觉得自己有种被出卖的感觉。这就是所谓的父爱吗？爸爸那么快就害怕了？[212]

伊曼纽尔、安德丽塔和现年16岁的弟弟埃米尔就这么永远地离开了圣彼得堡。他们怀着沉重的心情做了这项决定。而在生育的八个孩子中，现在只剩一半还活着。在圣彼得堡出生的孩子中，只有埃米尔存活下来。

1859年秋天，悲伤的伊曼纽尔·诺贝尔在商业竞争中失利后再次一败涂地，并垂头丧气地回到了瑞典。新年前夜，路德维格将在圣彼得堡清算中签署第一份文件。之后，心情沉重的三兄弟聚集在父母原购置在大涅夫卡河畔的家中，为纪念所有缺席的人，三人喝了粥，共饮了一杯香槟。[213]

三兄弟形容枯槁，但他们坚定地认为，现在的不幸并不能被视为弱者在生存斗争中的失败。他们还没来得及读上家家户户都讨论的那本书。与其放弃，不如从头来过。

*

当时每个人都在读英国生物学家查尔斯·达尔文的《物种起源》，该书于 1859 年秋末出版，内容涉及动物王国的生存，但达尔文的进化论和“自然选择”学说将在远不止于此的领域对人类思想进行革命。这本畅销书最终成为 19 世纪后期最重要的科学著作，并引起了教会的激烈反应。很快，他书中的理论被应用于人类发展、社会生活甚至国际冲突的解决中。谁知道，也许连圣彼得堡的军事工业发展也不例外地受其影响？

查尔斯·达尔文等了几十年。具有讽刺意味的是，正是出于竞争的原因，这位英国生物学家才终于在 1859 年深秋被迫出版了这本书。出版过程非常匆忙，其背后的原因是另一位科学家阿尔弗雷德·华莱士（Alfred Wallace）认为，进化论背后的原理和结论与其所推出的原理和结论雷同，因此对达尔文的论述嗤之以鼻。

这位华莱士差点领先一步夺走达尔文的荣誉。1858 年 7 月，他将手稿寄给达尔文征求意见。达尔文对自己毕业的心血却只能被他人署名而感到震惊，情急之下，他只好将这份手稿转发给另外两位同事，希望能得到一些建议。他可不想成为他所描述的自然选择过程的例证。最终他的同事找到了一个像样的解决方案。

他们将华莱士的新手稿与 19 世纪 40 年代达尔文写的理论结合起来，一起提交给伦敦林奈学会（Linnean Society of London）。因此，对历史上最重要的科学成就之一的认可，留给了查尔斯·达尔文。华莱士本人也很乐意将理论称为“达尔文主义”。

1859 年出版的《物种起源》大获成功，这让达尔文大吃一惊，他原本以为自己的书太枯燥了，但书一版接一版地售罄。随着时间的推移，它被翻译成所有的欧洲语言。

达尔文进化论的核心是自然选择，这是物种发展的决定性动力。达尔文将其描述为一场生存的斗争，在这场斗争中，最合适的个体总是以胜利告终。通过这种方式，较弱的特征逐渐从物种中去除，而物种则得以发展。

达尔文只写了动物世界，可能是为了避免显得他的理论挑衅《圣经》中的创世故事。至于人这个物种，他只是轻描淡写地提了提，“这个理论或许可以给人的起源及其历史提供一些启示”。这是这本书的结尾，瑞典语的第一版翻译中是这么写的："这是一项伟大的观点，造物主赋予生命的各种力量，从最初至今，已经渗透到了少数的几种形式，或者可能只有一种形式中；尽管这个星球按照不变的引力定律继续着它的周期，但从如此简单的起点开始，它已经进化并形成了无数美丽和奇妙的形态。"[214]但问题仍然悬而未决，根据《圣经》的说法，上帝是按照自己的形象才创造出了人。那如此说来，人的进化从一开始就完成了，并不是像进化论所述的经过逐渐发展才完成的——好比说从猴子的最后阶段进化而来？

达尔文从未提到猴子是人类进化的起源。尽管如此，他的理论足以引发其他人的思考。正如某位第一批评论员所写："如果猴子变成了人，人类又能变成什么呢？"

1860 年 4 月，在瑞典科学院的年度庆典上，《物种起源》中的理论在典礼上被作为一项科学成果正式发表。科学院成员洛文（Lovén）几乎被达尔文的巨大努力和勇气感动得泪流满面："每个被成功解决的谜题都将留下一个人的名字，这个人没有停留在无法克服的困难脚下，而是选择爬到被打败的前辈的高度，并站在上面向四周看得更远。"

甚至教会也没有吝惜对他这一理论的欣赏。达尔文之前解释过，进化本身从一开始就是上帝的创造，他的这番解释为教会的宽容奠定了基础。就个人而言，他会把成功视为一种证明，这项理论他坚持了 20 年。时机终于成熟了。进化论这一理论似乎开始发挥作用，就连人们的思想也是如此。正如达尔文指出的那样，物种内部的生存斗争比不同物种之间的生存斗争要困难得多。生活在相同条件下的生物，所面对的总是更艰难的自然选择。[215]

*

当伊曼纽尔和安德丽塔离开圣彼得堡时，路德维格和米娜暂时接管了家族位于大涅夫卡河畔的房子。米娜的姐姐洛滕（Lotten）前一年从斯德哥尔摩搬来时，也住在那里。但是，30 岁的单身汉罗伯特和 26 岁的阿尔弗雷德现在租住在一位做过生意的熟人那儿，房子在涅瓦河另一边，是一间四房公寓，带厨房，距离家族本来租的第一套房子不远。

无论是好是坏，兄弟俩算同居了。

兄弟俩对待自己和对待用人斯特潘（Stepan）一样节省。起初，他们俩经常一起在城市里的桑拿浴室洗澡，一起喝“蜂蜜酒”（瑞典语也叫kvass，一种俄罗斯软饮料）。除此之外，从罗伯特当时留下的记账本来看，兄弟俩留给娱乐和消遣的支出似乎非常有限。罗伯特给自己留了一些烟叶、“纸盒”（俄罗斯香烟）和“哈瓦那雪茄”，偶尔会买些牡蛎，还有零星去过的几次舞会和音乐咖啡馆（“caffé chantant”）的消费。对阿尔弗雷德来说，大部分钱似乎都花在了看病、治疗和饮食上。他买过水蛭、接骨木花茶、大黄和苦水来调理喉咙。一名叫“巴尔奇”（Bartsch）的医生收费要25英镑。[216]

兄弟俩之间的气氛一定很早就开始紧张了。导火索是一个来自赫尔辛基的19岁可爱女孩，宝琳·伦格伦。宝琳是卡尔·伦格伦的女儿，卡尔·伦格伦是一位富有的砖块制造商和房地产商，他资助了伊曼纽尔·诺贝尔在沙俄的第一次冒险，从此便加入了这家人的亲密朋友圈。

情况不是很明朗。1859年8月，宝琳访问了圣彼得堡，也许这段纠葛始于她在伊曼纽尔和安德丽塔的告别时，也许是因为这个地方很快就要成为路德维格和米娜的家，所以那天罗伯特和阿尔弗雷德也一起去了。

8月29日星期一发生了一件事，让罗伯特在床上坐到凌晨四点，他在给宝琳写信。事情很简单，阿尔弗雷德之前请求和宝琳进行谈话并且约好星期二进行。从信中可以明显看出，宝琳到目前为止还没有拒绝阿尔弗雷德的请求，甚至可能还给对方鼓励的信息（或者从她的行为可以这么解释）。我们还知道的是，兄弟俩都提到了有关爱情的话题。

当罗伯特意识到这一点时，他陷入了绝望。因为他对宝琳本来有一套自己的计划。在最后一刻，他只好向这位19岁的芬兰瑞典人说，阿尔弗雷德并不是唯一一个对她有好感的人。这一番话使年轻的宝琳既感动又困惑。这下，罗伯特开始动脑筋，教她怎么婉拒弟弟阿尔弗雷德，最好是在星期二的谈话中搞定这件事。

在他当晚写的信中，他甚至一字一句地写出她要说的台词，还指导她该以怎样的语气表达出来。罗伯特想，宝琳应该表现得很高兴，但她要告诉阿尔弗雷德，他们俩的谈话将是最后一次，同时要告诉他，是她做错了，之前没有对他坦诚。罗伯特后面写的内容，大概如此：“我其实可以立马就告诉你，我爱你的哥哥或是其他人，但我一直很害怕，怕你发脾气、变得忧郁，心情差会损害你的健康，所以一直以来我都没有勇气告诉你真相。”

在罗伯特的指导下，宝琳会向阿尔弗雷德暗示有事发生，但她不能透露具体是什么事情。她只能说，她现在有勇气告诉阿尔弗雷德真相了，“希望你不要成为我一生中不幸的受害者，我只想让你快乐”。

罗伯特在写信的时候，心情很好。然后，他建议宝琳再加上一番话，他心里自然知道这番话会像刀一样刺入他弟弟的心里。他建议她这样说：“我从来没有对你有过丝毫的爱，你也永远无法得到我的爱，因为我们的情感并不相通。甚至在我认识你之前，我就爱上了罗伯特，而且我知道他也爱我。”

写到这里，罗伯特停了下来。或许他至少应该给阿尔弗雷德一个机会？他不得不以模仿的口吻加上最后一句话：“上天保佑我们免于不幸，我想给阿尔弗雷德先生一个好建议：尽快娶一个性格开朗的漂亮女孩，比如洛滕。我觉得她会让你开心。”

罗伯特在信的结尾请求宝琳简短写“几行”字，讲述一下他们交谈的经过，并在晚餐时交给他。在信尾的内容中，他补充道，如果她不敢听从他的指示去办，那么最好的解决办法就是干脆避免与阿尔弗雷德交谈。

宝琳当时只有 19 岁便已离家出远门了。很多人都劝说她选择阿尔弗雷德。至于她究竟是什么感觉，她对这一切变化得如此之快又持何种态度，都是无法拨开的迷雾了。但罗伯特收获了芳心。

五天后，罗伯特征得她父亲卡尔·伦格伦的同意，就同一件事写信给宝琳的母亲。他要求宝琳不要告诉阿尔弗雷德自己求婚的事，暂时不要，只需要“向他……展示尽可能多的冷漠；这是让他清醒过来的最好方法”。[217]

*

阿尔弗雷德还沉浸在阅读中。欧洲文学明显地从臃肿的浪漫主义过渡到现实主义和对社会的批判上。英国的查尔斯·狄更斯早期对社会苦难的描写，获得了一批激进的追随者，包括玛丽·安·埃文斯（Mary Ann Evans），她男性化的笔名乔治·艾略特（George Eliot）更为出名。在法国，有一位高产的作家，奥诺雷·德·巴尔扎克（Honoré de Balzac），他在其作品中描绘了现实中各种尖锐的细节，他的《高老头》（*Pappa Goriot*）在 1835 年一出版便大获成功。奥萝尔杜邦（Aurore Dupin）的早期创作也同样充满了现实主义的元素，她以男姓名乔治·桑（George Sand）作为自己的笔名进行写作。19 世纪 50 年代后期，古斯塔夫·福楼拜（Gustave Flaubert）凭借备受争议的小说《包法利夫人》（*Madame Bovary*）也取得了文学突破。就连法国高级浪漫主义的领军人物维克多·雨果也朝着这个方向发展。

随着时间的推移，阿尔弗雷德·诺贝尔几乎把所有这些作家的书都收藏到了自己的图书馆中，但在 26 岁前，这位年轻人仍然更推崇古老的浪漫主义。2000 年年初，瑞典学院的图书管理员奥克·埃兰德松（Åke Erlandsson）翻阅了阿尔弗雷德·诺贝尔收藏的近两千本书。他还试图找出阿尔弗雷德在沙俄的最后几年所阅读的书目。根据埃兰德松的说法，阿尔弗雷德随后在圣彼得堡购买了英国作家作品集，并借此阅读了他最喜欢的诗人的作品，如莎士比亚、拜伦勋爵和雪莱的作品，另外还有《艾凡赫》（*Ivanhoe*）以及沃尔特·斯科特（Walter Scott）的其他 14 部作品。根据埃兰德松的说法，阿尔弗雷德的选择理念是基于“思想的实质、表达的艺术和诗意的光彩”。

从阿尔弗雷德在书中空白处所做的注解和翻译以及他画的下划线可以判断，他需要在俄语书籍上下苦功。他将普希金的作品归成六卷，并借着做笔记的方式读完了《叶甫盖尼·奥涅金》（*Eugene Onegin*）等作品。他将沙俄诗人茹科夫斯基 1849 年的挽歌和民谣作品翻得破烂不堪，他手上的俄语 – 法语 – 德语 – 英语词典也从 1845 年起被频繁使用。据此你可以大致了解他的学习方法。（据说他通过将伏尔泰的作品先从法语翻译成瑞典语，之后再翻译回法语的方式来学习法语。）

亚历山大二世的统治更加温和，尤其是对沙俄的作家而言。叛乱分子获得赦免，审查制度也放松了，更多人敢于对社会进行批评。费奥多尔·陀思妥耶夫斯基已于 1854 年从西伯利亚获释，并于 1859 年返回圣彼得堡。陀思妥耶夫斯基再次提笔写作，次年出版了系列作品的第一部分，后来成了小说《罪与罚》。在克里米亚战争之后的几年里，列夫·托尔斯泰也在首都的各个街区四处走动，但距离他的下一部伟大作品《战争与和平》出版还有十年时间。

1859 年，最引人注目的是两部新出版的沙物小说：伊万·冈察洛夫（Ivan Gontjarov）的《奥勃洛摩夫》（*Oblomov*，讲述了一个白日做梦的富有的年轻人整天卧床不起，最后一事无成），以及闻名海内外的作家伊凡·屠格涅夫（Ivan Turgenev）的《贵族之家》（*Ett adelsbo*，关于一位贵族在情感上受骗的伤感故事）。阿尔弗雷德·诺贝尔买下了屠格涅夫的这本小说。

大哥罗伯特忍不住嘲笑起阿尔弗雷德的文学爱好和学习语言的兴趣，尤其是当他发现弟弟为了上英语课而缺席英语测试环节的时候。他听阿尔弗雷德说，自己将成为“家族里唯一一个举行盛大婚礼的人”。当罗伯特意识到英语课也吸引女士们的时候，他心中的不安终于放下了。阿尔弗雷德自豪地告诉他，上课的女士们无不对他的进步和他为纪念她们而写的诗歌感到印象深刻。

“可怜的阿尔弗雷德！”罗伯特在 1859 年圣诞节前夕写信给返回赫尔辛基的未婚妻宝琳时感叹道，“他夜以继日地学习一些下流的词语，来抚慰他的虚荣心。不过，我最近没有听他说盛大婚礼的事情，这让我更加坚信，女士们没有那么轻易地被他俘虏。”[218]

当罗伯特又一次向宝琳提起他弟弟学习英语和其文学才能时，他告诉她，阿尔弗雷德说他这么做是为了“能在危机情况下靠诗歌出名”。罗伯特和宝琳订婚后，阿尔弗雷德作诗的时间更多了。这时，哥哥搬到了下一层楼，开始筹备婚礼，为他未来的妻子置备了丝绸毯子和一件裘皮大衣。[219]

阿尔弗雷德独自在圣彼得堡游荡，或者在他的书房内写着英文诗。其中一部幸存下来的作品最终包含了 51 页的手写稿，其中有近千行诗句被擦除和重新编辑。这首诗歌的标题是《片》，据说就是在沙俄的时候所创作的，他将它写成了长篇史诗，采用的是他所崇拜的人——雪莱和拜伦等诗人的风格。

这些年里，诗人阿尔弗雷德常常走到圣彼得堡的一座桥前，靠在栏杆上，凝视着涅瓦河幽暗的水面。他更偏爱在晚上去那里驻足，感受这座城市的平静气息，这种气息像香膏一样在他受伤的灵魂中涂抹开来。“圣彼得堡的城堡耸立在那里，威严又庄重；银色的月光给花岗岩的墙壁增添了一种幽灵般的色调，连最坚强的人都不寒而栗。周围是哨兵带有节奏的脚步声，远方消逝的回声以及风呼啸而过的刺耳声，”阿尔弗雷德环顾四周，厌恶地看着特权阶级的住所，“我面前，耸立着沙皇的宫殿；我面前，坐落着码头：冬宫，麻风病人和被称为交际花、宫廷夫人等其他名头的妓女的殿堂。”

诚然，阿尔弗雷德当然欣赏亚历山大二世较其前任更温和的统治方式，但从他所写的诗来看，他对沙皇家族对待其父亲和家族企业的态度感到绝望。一想到降临在他“年迈的父亲”身上的大不公，他内心便怒火中烧。“更糟糕的是，这种不公还烙在了光荣的名字上。但时间会洗去名字上的污点，还给它清白，让该为此负责的人羞愧脸红。”

充满浪漫主义和理想主义的阿尔弗雷德寻求更高的人生意义。他厌倦了人们肤浅的把戏，厌倦了对名利的无谓追逐。“我可以摘下伪装成友谊的自私面具，撕下隐藏在小把戏后头的腐烂面目，脱下贞洁背后放浪形骸的伪装，扯下备受艳羡的生活背后的卑鄙嘴脸。”

但阿尔弗雷德坚信真善美存在于人的思想层面，存在于想象和梦想、思想和感受中，也存在于爱情中。如果他没有感觉自己被拒绝、被火烧和被伤害的话，那他会把这句也写进诗里。“哪里有人来同情我？……我无法关闭新房，让我的感官淹没在可耻的快乐中。我无法隐藏我的慧眼，无法将妓女想象成一名处女。……不，虽然我的心很温柔，就像饥饿时渴望食物那般渴望爱情，但我不能屈尊崇拜这样的东西。”

阿尔弗雷德·诺贝尔并非对圣彼得堡街头的卖淫现象视而不见，实际上他对这类事情非常反感。在诗中，他描写了一个不得不出卖自己身体来偿还母亲债务的女孩。他还写了一个在街上遇到的乞讨的女孩，她原本是一个农奴的女儿。伯爵要求与这位可爱的女孩共度几晚春宵，来抵消女孩父亲欠下的税款。后来女孩怀孕了，便沦落到街头挨饿。在他的办公桌前，他书写下这两位可怜女性的痛苦，并将其与资产阶级新婚夫妇的幸福生活进行了对比。他问自己，这个社会哪里有慈悲和人情？“每个城市都充满了苦难，苦难可以用同情心来缓解。最近我们听说了一些反对施舍的观点，但有一个观点是赞成的，那便是人的良心。”

这位 29 岁的业余诗人已经失去了信心，认为他的爱不会有回应了。他深感悲痛，抑制不住将罗伯特的行为记录在诗里的冲动。“当我写作时，一滴眼泪不由自主地涌出，落在我的脸颊上，这种事很少在我身上发生：我的感情不得不消退，来适应以自我为中心的新生活。”

为了追寻更高的人生意义，阿尔弗雷德求助于诗歌的力量。在他高亢的诗句中，诗歌几乎成了他的一种宗教信仰：“你（诗歌）是照亮我内心世界的启明星。我们要感谢你给了我们生命中最美好的快乐。是你让地球上的一切变得美丽，每一天通过你的棱镜变得更加清晰。”

他承认在描写私密梦想的时候是多么美好，既有情色（“免费的激吻”和剥去女性“外衣和贞操”），也有更现实和有形的描写。他提到了他所创造的类似于此的一个幻想。这是一个关于梦想的未来。阿尔弗雷德在一个简单的住所（“我从来不喜欢城市肮脏的富足感”）里看到了年长的自己，那是一个充满温馨而非物质的家。在梦想中，他“只有几个朋友，但都很可靠”，有一个“天使般”的妻子和一个“像母亲一样讨人喜欢，如含苞待放的玫瑰一般可爱的”孩子。不仅如此，在梦想中，阿尔弗雷德·诺贝尔也有新名字。他并没有继承任何头衔或职位，这种空洞的吹嘘，是阿尔弗雷德所鄙视的。在梦想中，他依靠自己的努力——这一点很重要——赢得了名声，这是“对天才的一种认可”。

阿尔弗雷德并没有就此打住，他更想将这种梦寐以求的高贵地位做进一步的说明。他在诗中补充道，闻名于世是对“崇高灵魂的钦佩”，这种钦佩的伟大使其“为了人类的利益”而被铭记在人们心中。①

写到这里，阿尔弗雷德·诺贝尔开始犹豫了：“对人类有益？”

然后他划掉这几个字，继续写道：

“所有这一切都存在于我的梦想中——而梦如泡沫般破裂。”[220]

① 在阿尔弗雷德·诺贝尔的遗嘱中，他表示他所设立的奖项就应该授予那些“在过去的一年中为人类带来最大利益”的人。

NOBEL

DEN GÅTFULLE ALFRED
HANS VÄRLD
OCH HANS PRIS

2

第二部分

我知道，亲爱的罗伯特，我玩得太大了。

1865 年的阿尔弗雷德·诺贝尔

秘密的梦

阿尔弗雷德·诺贝尔的诗歌从未出版过，他秘密存档的所有小说也都没有出现在大众阅读的书目中。他唯一出版的小说作品，是在去世前几周才出版的一部戏剧，出版费用是他自己承担的。他写的那些书不见了。亲属几乎销毁了所有书稿（有三份除外），他们或许认为，伟人的名号绝不能被“如此乏味的戏剧”所玷污。

阿尔弗雷德·诺贝尔在关键时刻常用不同的角度去看待事物。他从未停止追求在文学领域获得认可的梦想。但他一直对自己的创作感到羞愧，所以他将这些作品都藏了起来。

当他终于鼓起勇气时，为时已晚。

将近六十年后，他最隐秘的一个藏书处才被人发现。2017 年 10 月初的一个星期四早晨，我正在前往这个藏书处的路上。这不仅仅是一个普通的星期四。有关诺奖得主的人选，博彩公司已经工作数周。近年来，社交媒体上人们支持的候选人像宾果球一样蹦蹦跳跳地来回变动。早间广播中的专家，还是一如既往地试图解读候选人的变动趋势。获奖作品是史诗还是平淡的诗歌？是会让人震惊还是让人发困打呵欠？

当我沿着斯德哥尔摩的北梅拉伦湖岸边散步时，离获奖人选发布只剩几个小时了。瑞典学院的常任秘书将打开颁奖大厅的洛可可式大门，凝视宛如汪洋的记者们，随后用几句话便将这世界上最伟大的文学奖——诺贝尔奖，许诺给一位不知情的作家。

意想不到的强烈阳光让骑士湾闪闪发光。我的目光扫过水面，望向长岛。诺贝尔家族曾在 19 世纪 30 年代居住的这座岩石岛已变成郁郁葱葱、充满田园气息的小岛，那儿的监狱也改头换面为“亲近自然”的会议型酒店。

在长岛的绿地后面，邻近西桥南部桥头的是海伦堡。对我来说，这个名字首先是一条街道。对19世纪60年代的诺贝尔父母来说，海伦堡是一座临水的乡村矿场。那时还没有桥，但每半小时就有一班汽船从骑士岛出发。

伊曼纽尔和安德丽塔在返回瑞典的几年后搬去了那里。[221]他们在矿场的主楼租了一套公寓，并为后来阿尔弗雷德搬回家时提供了一个房间。这栋房子还在，坐落在一条大道和一座建于20世纪20年代的六层楼房之间，这栋长长的楼房历经风霜。

我继续沿着湖岸走，我要找的秘密藏书处应该在国家档案馆地下室里，位于西桥的另一个桥头。我在桥上转了一圈，斯德哥尔摩的景色美得不可思议。阳光照在骑士岛和南部的高地上。在一些老式帆船的桅杆后，我瞥见了砖红色的市政厅和镀金的尖顶。在19世纪60年代，这个尖顶所在之处是个磨坊，在1878年那场著名的大火前，这里都是磨面粉的地方。每年12月举行诺贝尔颁奖晚宴的市政厅直至1923年才竣工。

*

国家档案馆位于山上不远处。我有一份阿尔弗雷德藏书处的指路图，来自一封埃里克·伯根格伦在20世纪50年代的大型史料收集会上给我写来的信。自从我在诺贝尔基金会的地下室找到这封信以来，它就勾起了我的好奇心。伯根格伦想向诺贝尔基金会通报一项轰动性的档案发现。他发现的这个藏书处，是“由于纸张使用了最小的尺寸，并藏身在奇特的地方，自阿尔弗雷德落笔以来，任何人都没看到过，一部分文件是他在年轻的时候写成的，另一部分完稿于中年时期”。[222]

一位档案保管员在电梯前接待我。我把这封信的副本交给他。

“找到先前档案研究者和诺贝尔传记作者未曾掌握的发现。”档案保管员一边读，一边露出质疑的神情。

“最小的尺寸，这话是什么意思？”

我们下到岩石搭成的房间。阿尔弗雷德·诺贝尔的相关材料于20世纪70年代才被移至这里的国家档案馆，距档案发现已经过去了20年。摆放在14平方米面积内的文件和信件按照不同的编号顺序重新排列。没人知道，在这些盒子里，这些微小的纸片上到底有哪些故事。

我们要找的是一些尺寸为17×20厘米的黑色蜡纸封面笔记本，第一页上应该包含一些有关化学实验的粗略笔记。在诺贝尔基金会潮湿的地下室待了几十年之后，剩下的纸张都黏在一起了。大家都猜里面是空白的。但随后埃里克·伯根格伦将笔记本翻开，把最后几页分开了。

不是空白的纸。

伯根格伦兴奋地写信给诺贝尔基金会说："阿尔弗雷德——可能是作为科学工作的一种调节……就是简单地将书本翻到背面，从最后一页的背面用深黑色钢笔，有时候用铅笔写下一些诗歌片段，或是随想以及哲学的沉思。"[223]

自从我第一次读到这些文字，我就一直渴望亲眼见见这些黑蜡纸封面的笔记本原稿。

国家档案馆在岩石房间里能够维持较适宜的温度。我们走过一面挂有 18 世纪地图卷的墙壁。探险家斯文·赫定（Sven Hedin）多次探险之旅的档案隐约可见。桌子上摆了两个设计精美的瓷杯，上面印着挪威—瑞典联盟旗帜。显然，它们并没有放在任何档案箱中。

可能诺贝尔的档案被锁起来了。档案保管员取来箱子，并告诉我哪里可以查看。不幸的是，所有箱子里都有黑色蜡纸封面的笔记本，还有剧本，上面划掉的内容和墨迹都完好无损。这些资料为第一批诺贝尔传记作者所熟知。但原稿是额外的收获。到处都是不小心撕破的页面，我在绝望中发现，这些磨损的封面可以看出里面的笔记写得很紧凑。

它们和化学实验无关。

在其中一个箱子里，我看到了 19 世纪 60 年代阿尔弗雷德和伊曼纽尔就硝化甘油激烈对峙的手稿。信头是原件。

从激情澎湃的文字中，愤怒的情绪跃然纸上，这和诺贝尔基金会曾经经过严格审查后出版的版本完全不同。基金会对这些文字进行了调整，目的是"对任何一方都没有贬损"。

直到 1991 年，这些较敏感的部分才被公之于众。[224]

最后，我还找到一些和描述相符的蜡纸封面笔记本。我把其中一本翻过来。完全一致。在"实验室记录"的背面，我打开后发现了一首浪漫的十二行诗，是用字迹很容易褪色的轻便铅笔所写。这首诗的开头是这样的："黑夜已逝，黎明已散 / 狂热的幻想，狂热的水面 / 消失的是维纳斯的美丽形象 / 在失眠中叹息了几个小时……”

盒子里还有一张“尺寸最小”的纸张，显然是从一张带有数学计算的纸上撕下来的。是用的同一只铅笔吗？是这首诗的补充吗？

“生活的现实被揭开

留下的幸福梦想，只不过是记忆里的幽灵”

看来他是续写着这首诗。这些年一直如此。除了申请专利，阿尔弗雷德·诺贝尔的技术著作从未像他写的文学作品那么多。他笔下应该不存在任何科学著作。[225]

*

一点的时候钟敲了一下，新闻推送在全世界的手机上闪烁。2017 年诺贝尔文学奖授予了英国作家石黑一雄。在快速的信息更新中，我们了解到这位幸运儿出生在日本，但在他六岁时就离开了这个国家。

在密密麻麻的麦克风面前，瑞典学院常务秘书告诉我们，石黑一雄的作品主要围绕现在与过去的关系，以及“个人和社会为了生存所必须遗忘的东西”展开。

一位扎根于日本的文化记者热情并详尽地描述了她的想法，她认为石黑一雄捕捉到了她所谓的“荒废的生活”及其美妙之处，这是一种本可以实现但没有实现的生活。

“比如，对于您小时候离开的这个国家，您还记得些什么？”她对此感到好奇。

第六章

赴沙俄的漫长旅途

诺贝尔的计划似乎是要在沙俄定居。在现存的那些 19 世纪 60 年代初的信件中，他没有透露过一丝随父母回瑞典的念头。那样的话，搬去芬兰似乎更近水楼台。比起辅助父亲从事武器和炸药生意，诺贝尔似乎对和钢铁打交道更感兴趣。

最后，三兄弟都寄希望于诺贝尔父子公司在圣彼得堡的大工厂能够获得援助。1860 年 1 月初，路德维格亲自向康斯坦丁亲王提出财政支持的申请。罗伯特和阿尔弗雷德之前帮助他做了测算。根据三兄弟的计算，海军部的出尔反尔导致了逾 90 万卢布的亏损。他们要求沙俄政府给予赔偿，支付现金和签订新订单均可，这样一来诺贝尔父子公司就能从破产清算的沼泽中解脱出来，继续运营下去。

最初也传来了一些积极的信号，尤其是亲王的回复。康斯坦丁通知其部下，称诺贝尔的申请“可考虑批准”。但糟糕的是，亲王只是口述，并没有落实成文字。诺贝尔申请赔偿一事被庞大的俄国沙皇的官僚机构吞没，每来一封信，反对声就会增加。很快，对申请赔偿一事的评论升级为纯粹的蔑视。和脾气暴躁的伊曼纽尔争吵的内容被旧事重提，债务纠纷也一并摆上桌面。当诺贝尔的请求最终被认定为“诉求不实”予以驳回时，康斯坦丁亲王并无任何异议。[226]

三兄弟依旧保持警觉的心态，但不由自主地发现，气氛已经逐渐有了变化。负有主要责任的路德维格在提交文件的重担下倒了下来。雪上加霜的是，1861 年 3 月，路德维格和米娜的女儿，出生才三个月就夭折了，很快米娜也患上了“一种罕见的严重风湿热”。根据罗伯特的描述，路德维格当时“抑郁至极，看到可怜的他就让我心痛”。[227]

在罗伯特和宝琳订婚后，罗伯特和阿尔弗雷德就和解了，甚至在过了一段时间后，阿尔弗雷德还说，他很高兴听到哥哥家庭幸福，他除了接受罗伯特赢得宝琳的芳心这一现实别无选择。兄弟俩也需要彼此，尤其是罗伯特，他的处境使他迫切需要赚钱，这样才能结婚。[228]

但东山再起很难。罗伯特已经着手将一艘拖船改造成客运渡轮，但这艘船更像是一个“十字架”，因为它既不能用于正常运输，也没法出售。他还尝试追随父亲的足迹，投资住宅用水暖系统。这让路德维格想起了他父亲在管道布线方面的所有问题。路德维格表示，这项技术“永远都无法推广”。婚礼被一次又一次地推迟，要么是因为罗伯特缺钱，要么就是因为他经常病倒。[229]

所有的事都很棘手，因为圣彼得堡的湿气很重，有关喉咙痛和风湿病的抱怨接踵而来。这并不奇怪，贴着瓷砖的炉子永远也没法给房间提供足够的暖气。从信件中可以看出，阿尔弗雷德和罗伯特合租的公寓墙上长着蘑菇。他们俩发着烧，坐在冰冷的破旧马车里，在崎岖不平的道路上行驶。

缺钱的烦恼始终没有散去，最重要的是，罗伯特非常担心他们会一辈子生活在贫困中。即便如此，状况并没有那年夏天那么差，当时医生劝他们移地疗养，但他和阿尔弗雷德共同租住在一个沙俄避暑小屋里。

受生活所迫，他们寄希望于海军部伸出援手。罗伯特幻想着对方发来军备订单的画面。一场新的战争正是兄弟俩所迫切需要的。那样的话，订单会再次席卷诺贝尔父子公司这家前工业巨头。

可惜美梦落空，1861 年，公司遭遇危机。沙俄政府的冷淡回复，在路德维格的眼中无疑是“低级的、蹩脚的、落后的，从各个方面来看都是扭曲的，一场真实的沙俄官场艺术的杰作”。[230]

他们尝试上诉。伊曼纽尔·诺贝尔最终设法说服瑞典外交部为其事业申诉，但结果无济于事。正如阿尔弗雷德所言，眼前他们每个人不得不重新开始，这才是痛苦的真相。

在信件的字里行间，我们可以感受诺贝尔兄弟之间的一种默契，他们中先成功的那一位会拖着其他兄弟往前走，碰钉子的那一位永远都不会被抛弃。

二十八岁的阿尔弗雷德·诺贝尔应该是沙俄政府抛弃他们时，准备较充分的那位。相较而言，路德维格的状况更糟。在新东家接管前，他担负着工厂破产的主要责任，这项任务很快就成为“砸在脚上的绊脚石”。其实也有其他获救的途径，但路德维格仿佛戴着镣铐，“不适感蔓延至耳根”，无法接受那些好意。[231]

1861 年的圣诞节，最年长的哥哥罗伯特终于和他的宝琳结婚了。过了几个月，夫妻俩搬去芬兰，在宝琳娘家居住。那段时间罗伯特暂时帮忙处理岳父的砖块生意，宝琳的爸爸毫不掩饰对女婿接二连三创业失败的失望之情。愈发沮丧的罗伯特只能一次又一次地从头开始。他最后一个创业主意是要成立一家啤酒厂。

与此相反，阿尔弗雷德的生意在走上坡路，经济状况绝佳。路德维格对弟弟的能力表达了喜悦之情，并在信中描绘出阿尔弗雷德身体情况越来越稳定的情形，“留着一脸胡子”的阿尔弗雷德看着“格外勤奋”。这下三兄弟都蓄起胡子了。[232]

阿尔弗雷德在芬兰收购了一个有趣的项目。对方是一家小型高炉厂，在卡累利阿地峡附近有铸造厂和机械车间，离拉多加湖不远。高炉厂的名字叫松浦拉钢铁厂，利用沼泽矿石中的原料炼制生铁。这家工厂技术并不先进，并且之前还经历了一些艰难岁月。当时工厂的所有者，四十多岁的亚历山大·福克不遗余力地对生产进行翻新改良和现代化。邀请阿尔弗雷德·诺贝尔合作，可能就是出于此番考虑的一个举措。他们决定让亚历山大·福克负责资本工作，阿尔弗雷德·诺贝尔负责运营管理，所得的利润则由两人平分。

松浦拉钢铁厂生产水管、消防网和铁杆等物品。在阿尔弗雷德热情投入和辛苦付出后，仅半年时间，松浦拉的产量就翻了一番。他自豪地说，松浦拉的货物现在已经接近“圣彼得堡铸件的质量了”。路德维格深表钦佩，他觉得弟弟在替家族工厂分忧之余能找到有益的事情做实乃明智之举，并为此表示感谢。

早在 1862 年春天，阿尔弗雷德·诺贝尔就能够在松浦拉养活自己。几公里外就是美丽的豪宅，如果工厂管理层愿意，他们可以住在那里。阿尔弗雷德精心挑选了一点家当搬了过去，并不断地往返于松浦拉钢铁厂和圣彼得堡之间。他在生意上顺风顺水，却并没有因此放弃他对诗歌的热爱。

一天，他听说卡累利阿地峡有关于他的谣言。有人声称阿尔弗雷德·诺贝尔是一个不务正业、整天都在写诗的人，这番批评正好传到了奔波中的阿尔弗雷德耳朵里。当亚历山大·福克 24 岁的妹妹在一封信中提及这段谣言时，情况变得更糟。奥尔加·德福克虽然不是贵族，但她自称是在松浦拉钢铁厂出生并长大的。现在她住在福克家在卡累利阿另一处的庄园，即几公里外的曼斯舍农场。奥尔加在信中讽刺地写道，可不是每个人都能有本事将时间浪费在写作上。

阿尔弗雷德立即用法语写了一封回信，全文都在反驳这个谣言。但他也在信中稍微附和地解释说，他想不出有什么比平庸的作家更可悲的职业了。正因为意识到这一点，他“从 20 多岁起就没有创作过一个字，根本不认为自己是个作家”。“一切都是误会。”他总结道。一定是因为他曾经随口提过自己“表达能力强”，结果被误解为吹嘘了，这让他感到痛苦和困扰。他自认没有什么比这更离谱的了。“物理学才是我的领域，写作不是。”阿尔弗雷德·诺贝尔保证道。

他还指出：“顺便说一句，用另一种语言写作非常困难。”他给她举了个例子。奥尔加不是不止一次称他为“谜”吗？不知她愿不愿意读几行英文？

阿尔弗雷德在信中附了一段他最新修改过的诗，《谜语》（*A Riddle*），这首诗写于八年前。他还随信寄了一本他很喜欢的教育小说，《兰索普》（*Ranthorpe*），由英国人 G. H. 路易斯于 1845 年撰写。仿佛是一种巧合，这本书讲述了一个忧郁而热情的年轻人，他非常认真地对待生活，常常“受浪漫写作理想的启发”。[233]

阿尔弗雷德似乎想要以这种方式给奥尔加留下深刻印象。一方面，他强烈否认自己将时间浪费在写作上。他并不“比任何人懂押韵的技巧”。另一方面，他试图用他的写作成果引起奥尔加的关注。这番矛盾的战略好像并不成功，奥尔加很快淡出了他的生活。

阿尔弗雷德对被人诽谤为一个懒散的诗人而感到难过，事实上他自豪地履行了所有责任。他觉得他知道谣言的散播者是谁，应该是某位利佐古布（Lizogub）夫人。

34 年后，当阿尔弗雷德·诺贝尔成为巴黎的富翁时，一位年长得多的利佐古布夫人找到了他。她让他想起了 19 世纪 60 年代在卡累利阿地峡逗留的经历。19 世纪 90 年代的利佐古布夫人在她的信中毫不掩饰地表露了自己不可告人的动机。在哭诉完自己家庭遭遇的不幸后，她开始向阿尔弗雷德伸手要钱。她用甜言蜜语写下了对阿尔弗雷德·诺贝尔的美好回忆。

她回忆起在 19 世纪 60 年代的松浦拉的他，总是充满善意，富有同情心。“在我的记忆中，我仍然记得你在芬兰时的样子，浑身充满了宏大的抱负与诗意的情怀，您身上笼罩着大智慧的光芒。”

她还借写信的机会向他致歉，因为她明白，34 年前，她散布的谣言深深伤害了他。

62 岁的阿尔弗雷德·诺贝尔鄙视这类虚伪之举，他用愤怒的语气回复了利佐古布夫人，并向她明确表示，他没有忘记当年的伤害，并且也不打算就此忘记。[234]

*

诺贝尔兄弟的共同责任感也延伸到父母身上。他们远远关注着父亲在斯德哥尔摩努力东山再起的尝试。伊曼纽尔专注于武器的研制。后来他的名字再次出现在瑞典报纸上收购旧步枪枪管的广告中。伊曼纽尔想制造一种新的“子弹散射武器”，这是一款有八个枪管的步枪，咔嗒一次，可以齐刷刷地发射逾 100 颗子弹。不久之后，伊曼纽尔设计的水雷出现在报纸的头版。他试图将水雷和机枪都卖给瑞典国防部（同时也与法国人及英国人接洽）。他一直在为家庭的生存而努力奋斗。

瑞典报纸特别关注伊曼纽尔·诺贝尔于 1862 年夏天在瑞典湾的第一次水雷实验。6000 名观众不得不在暴雨中坚持两小时，直到实验船只最终触碰到水雷爆炸。尽管如此，记者称这是一次成功的实验。海伦堡的工程师伊曼纽尔受到越来越多的尊重。

与此同时，伊曼纽尔还放不下克里米亚战争期间，津宁教授向他和阿尔弗雷德描述的引爆硝化甘油的梦想。[235] 让硝化甘油以可控的方式爆炸似乎是完全不可能的。索布雷罗的发明已经过去了 15 年，但其发明更多是勾起了人们的兴奋与好奇，并没有实际用途。伊曼纽尔在思考，或许解决方案是让硝化甘油和普通火药混合。

晚年的阿尔弗雷德·诺贝尔声称，1854 年津宁教授的演示，促使他决定尝试解开硝化甘油之谜。他还说道，从一开始，他就自然而然地决定，要将毕生献给炸药，因为他有一个发明水雷的父亲。但这是后话了。当时，阿尔弗雷德写信给罗伯特，说他对父亲的“火药生意”持怀疑态度。[236]

兄弟俩一直担心圣彼得堡（沙俄政府）对诺贝尔父子公司经营失败的态度。但实际没那么可怕。“就这场灾难而言，我必须在总体上承认，无论是在乡村还是在城市，人们对我们的态度都非常得体。除非事先知道，否则很难猜到市场对炸药的反应。”阿尔弗雷德·诺贝尔在 1862 年春天给罗伯特的信里写道。

就连路德维格也没对一片黑暗的前景有任何消极反应。在圣彼得堡，当时许多产业在战后停滞不前。沙俄大部分地区都缺乏资金，不仅仅是诺贝尔家族。路德维格则认为他看到了转机，“我并不担心未来，因为我相信逆风掉头的时间离我们已经不远了，再次扬帆起航的时机就快来了。沙俄的危机快要达到高潮，幸福的时光将无条件地落在人和智慧都得以利用的时候。但目前的关键在于，我们能否坚持下去，度过这段困难时期。”[237]

诺贝尔父子公司最终被卖给了工程师格罗布耶夫（Golubjev），路德维格最终摆脱了“沉重的包袱”。他拿出节省下来的资金，在北内夫卡的另一侧，维博斯凯亚·斯特罗娜（维博一侧）租了一家钢铁和生铁的铸造厂。他很快就会看到经济状况好转的预言应难的那一刻。[238]

亚历山大二世并没有对沙俄的问题视而不见，克里米亚战争后的和平协议让他难以接受。沙俄不得不放弃所有在圣地担任基督教保护者角色的主张。与此同时，土地还被土耳其人夺走，沙俄舰队被禁止进入黑海。[239]

沙皇得出了显而易见的结论：战争失利主要是由于军队的道德水准低下，这是一支主要由农奴组成的军队，甚至沙俄当时的经济危机也可能与农奴制有关。城市里的工厂急需劳动力，却招不到工人，因为数百万的俄国人民仍旧被禁锢在落后的奴隶制度中。

1861 年，沙皇终于让两千万沙俄农奴重获自由，在接下来的几年里，大量农民蜂拥至圣彼得堡。这种新鲜血液的注入非常重要，尤其是对路德维格·诺贝尔新成立的机械车间而言。新任命的陆军部长设法同时对可悲的沙俄军队进行编制缩减和重组。罗伯特·诺贝尔误以为即将爆发新战争，并将此解读为诺贝尔家族新黄金时代的开始。

但这实则是一个误判。涉及沙俄的欧洲新战争尚未提上议事日程。诺贝尔家族的兄弟们感到赡养父母的责任越来越重。父亲水雷的下一个大市场在哪里？阿尔弗雷德和罗伯特之间彼此独立地将眼光瞄准大西洋另一侧，绝非巧合。

*

在罗伯特·诺贝尔于 1862 年 4 月向兄弟们提出这个设想时，美国内战已经持续了整整一年。在 1861 年年初，当时美国 34 个州中的 7 个州都要求退出联邦，抗议共和党出身、支持反奴隶制的“北方政治家”亚伯拉罕·林肯担任总统。4 月 12

日星期五，新政权，即美利坚诸州同盟，袭击了南卡罗来纳州查尔斯顿郊外的一座北方要塞。内战开始了。不久之后，另外 4 个州脱离了联邦。

北方各州的装备更加精良，但第一年的血战仍旧让林肯遭受了几次惨败。在 1861 年和 1862 年之交，当瑞典裔美国人约翰·埃里克松向北方各州提供他新建的装甲战舰“摩尼特号”时，联邦的形势不容乐观。“摩尼特号”在海上取得了期待已久的成功。1862 年 3 月 8 日的汉普顿罗兹战役中，埃里克松的战舰成功地迫使令人闻风丧胆的美利坚诸州同盟战列舰“弗吉尼亚号”倾覆，这对林肯而言是一次重大胜利。

战争本将持续数年，但由于多种原因，汉普顿罗兹战役成为备受关注的转折点。新型装甲战舰取得重大突破，木造战舰从此成为历史。[240]

对于军工业的先驱者来说，这种划时代的变化意味着什么？

在“摩尼特号”获胜后的几周里，罗伯特曾写信给路德维格，问他是否知道父亲的水雷是如何在装甲战舰上作业的。罗伯特有一个建议。他认为伊曼纽尔和阿尔弗雷德应该前往正在打内战的美国，试试将这种武器推销到这个充满活力的新市场中。

诗人阿尔弗雷德·诺贝尔应该对这个想法持怀疑态度。他已经做出了自己的判断。阿尔弗雷德独自一人在圣彼得堡的家里思索，他打定主意，准备远离所有战争，在他眼里，战争不过是为了不明确的目的造成毫无意义的流血事件。“难道我们今天没有看到，我们在大西洋另一边的兄弟，是如何被屠杀的吗？这是为了什么？”当时他在一首诗中写道：“林肯能谈一谈他为什么要这么做吗？让这片土地的鲜血和财富都流走，锻造锁链以束缚自由的双手，除非你和其他人心连心，站起来要求停止这种恶行，否则它仍将继续。”[241]

但在实际的日常生活中，阿尔弗雷德·诺贝尔的立场并不那么明确。他当时写信给罗伯特说，他考虑了很长时间，美国内战双方是否不应该对伊曼纽尔的水雷感兴趣。但同时他也看到了很多困难。成功的可能性似乎像“围攻月球”这种项目一样，只停留在幻想层面。

缺钱是第一个问题，阿尔弗雷德写道。伊曼纽尔和阿尔弗雷德都无法负担前往斯德哥尔摩（伊曼纽尔）和松浦拉（阿尔弗雷德）以外地区的费用。“在想象中，我们可以前往天狼星炸毁天使的家，而不是美国人的家。但实际上，我们只能坐以待毙。缺乏财富，如痛风一般，会迫使人们待在家里，并学会为未来做计划……”

但即使他们能筹集到所需的五六千卢布，美国的项目也未必是可行的，阿尔弗雷德继续说道：“南方这地方去不了。对于北方人来说，要把水雷卖给他们挺困难的，因为总统（林肯）是一头倔驴，他需要花很长时间来做出回答。”

此外，阿尔弗雷德争辩说，在装甲战舰之间的战斗中，水雷可能不是长期有效的王牌。毕竟，造水雷是一件“狭隘的事情”。当第一个水雷爆炸时，敌人很快就会明白情况。“那对交战双方还有什么好处呢？”阿尔弗雷德问自己。

> 告诉我，好罗伯特，你是怎么想的；如果你没意见，我想强调这件事的正确性。在我们空手开启朝圣之旅之前，我们应该拿到一份报告，毕竟我不敢确定，我们是否能成功地帮助世界另一边的同胞创造一个更美好的世界。
>
> 就我而言，我对水雷不抱什么希望，但父亲的水雷，就电线和点火方面的实用性而言，对南方各州来说将是非常重要的东西。如果他们意识到这东西在保卫边境方面的用处，他们会愿意出高价购买的——如果他们不买该怎么办，对吧？没有一种水雷是……适用于攻击的，然而，如果了解敌方的（军情），那它们就有大用处了，对于防御者来说，它们是无敌的。[242]

实际上，阿尔弗雷德·诺贝尔对父亲出口水雷计划的看法，同他对待战争的态度一样，都与其他人有分歧。当伊曼纽尔不久之后建议阿尔弗雷德陪自己前往英国，跟进向英国政府的提议时，他拒绝了。阿尔弗雷德说，再给沙俄国防事业一次机会，这样做更好。

沙俄将军爱德华·托特列边（Eduard Totleben）给他留下了深刻的印象。在克里米亚战争期间，托特列边是策划沙俄军队在塞瓦斯托波尔基地进行漫长防御战的天才人物。虽然最终防御还是失败了，但并没有对托特列边的职业生涯产生负面影响。他在战后晋升为上将，掌管军事工程部。

阿尔弗雷德想，与其去英国，不如去找托特列边。这位将军是个“明智的人”，他还说过，他认为水雷是最好的防御手段。也许诺贝尔家族能在那儿生产点什么？[243]

伊曼纽尔·诺贝尔和他的儿子们似乎都没有考虑过，同时参与多个国家军事项目，并向对方提供诺贝尔水雷“秘密”的独家权限，是何其敏感。儿子们想要为现年 61 岁的父亲获取一份终身收入的愿望，可能要比对国家的忠诚更强烈。他们都仍旧算是瑞典公民，如果要谈论爱国主义的话，他们的祖国又究竟是谁呢？

出国 20 年后，他们对瑞典有何感想？早在斯德哥尔摩的岛屿之间有汽船来往前，也远在给人们带来摆脱污秽和死亡率过高的希望的水管发明前，他们就离开了这个国家，现在的他们对瑞典又了解多少呢？

他们对沙俄又有什么感受？他们想要在自己生活和工作了 20 年的国家，恢复原有名誉的愿望究竟有多强烈？

*

在 19 世纪 60 年代初期，瑞典仍然是曾经那个强大到足以令俄国沙皇闻风丧胆的强大国家。瑞典过去曾长期被认为是欧洲最贫穷的国家之一。在北方的寒冷国度，终于发生了一些动荡的事情。1862 年秋天，瑞典第一条连接斯德哥尔摩和哥德堡两座城市的铁路线开通了。突然间，许多小块区域都被铁路连接起来。瑞典也将从欧洲大陆出现的能源危机中得到意想不到的提振。这一切都与城市化有关。

铁路网络虽然辉煌，但在欧洲的城市中，马车仍然是主流交通工具。搬到城市中的人越多，街道上的马匹数量也就越多。没过多久，缺乏饲料，也即马车的“燃料”的问题，开始变得严重起来。短短几年内，瑞典的燕麦进口量就增加了三倍。

蒸汽机的时代开始了。机械车间对人力的需求不断增长，古老的铁加工技术面临着技术革命，诺尔兰省海岸沿线的蒸汽锯木厂鳞次栉比。瑞典在很短的时间内就拥有了新型棉织厂和第一家现代化的纸浆厂。这个国家进入工业化的速度令人印象深刻。

留在异乡且富有创造力的瑞典人想回国碰碰运气，以祖国的企业家身份回去，没有比现在更好的时机了。但从纯经济角度来看，其利润比不上经过几年的作物歉收所导致的饥荒后，数十万瑞典人越过大西洋来到美国的规模。

那是瑞典的一个动荡时期，政治也同样。在位的国王卡尔十五世，从祖父卡尔十四世·约翰那儿继承的遗产比他的父亲奥斯卡一世要少得多。奥斯卡一世在 1859 年因病去世。许多人会说新国王掌握了整个政府最聪明的头脑，即司法大臣路易斯·德格尔（Louis de Geer）和财政大臣约翰·奥古斯特·格里彭斯泰特。尽管卡尔十五世因其平易近人的性格和亲和力赢得了政界上下的广泛好感，但诚实地说，与严肃的工作相比，他对宴会和享受欢愉放荡的生活更感兴趣。当提出自由改革的思想时，虽然他内心十分鄙视，但他几乎没有反对，或者他选择不做任何反对。

一种有趣的权力真空出现了，开明的部长们肯定会利用这个时期。在接下来的几年里，他们将推动瑞典的商业自由和贸易自由。最重要的是，人们认为，是时候对处于黑暗中的社会阶层①做点什么了。几十年来，自由主义者一直试图摆脱瑞典议会，正如他们所说，他们试图夺取穿着金裤子的贵族和披黑袍的神职人员与其人数不成比例的巨大影响力。

在短短的时间内发生了许多事。1860年年底，议会中的农民聚集在一起，要求政府（包括国王及他的内阁）提出一项提案，废除等级制度。路易斯·德格尔威胁说，如果国王不同意这一要求，他就辞职，经过多轮谈判，他终于说服了国王。1863年1月，在城堡举行了为期13天的舞会后不久，议会就提出了一项新的两院制议会法案。

改革的拥护者举行宴会，发表演讲，共同举杯庆祝这一胜利成果。尽管如此，这却并不是迈向瑞典民主的重要一步，更像是德格尔的战略骗局，需要花两年时间才得以实现。就好像当局想给狼一口肉，平息它的情绪，阻止它做出更糟糕的事情：如真正激进的民主要求、爆发流血事件，甚至还有可能是革命。

根据提议，原有的四个社会阶层将消失，但投票权和被选举权对收入设置了很高的门槛，以至于富有的瑞典地主和商人实际上很快就获得了权力地位。最终只有百分之十的瑞典成年人被允许在议会选举中投票，甚至在第二议院中，工人和穷人也没有任何机会。女人呢？根本没有被包括在讨论中。

两周后袭击斯德哥尔摩的飓风连同人们不满的情绪，将屋顶掀了起来，并且“把所有在北桥上行走的女性的衬裙都吹翻了”。飓风过后，一切又恢复正常。两天后，成千上万的斯德哥尔摩人仍旧在风和日丽的天气下，庆祝受爱戴的国王卡尔十五世的命名日。[244]

*

1862年深秋，罗伯特·诺贝尔离开了在芬兰怀有身孕的妻子，暂时搬回了瑞

① 瑞典在当时将社会分为四个阶层，由上至下分别是：贵族，神职人员，工商业者和农民。

典。他已着手实施开设啤酒厂的计划。在阿尔弗雷德的帮助下，他在沙俄寻找厂房，并考察了进口大麦的市场。在这期间，罗伯特将要在斯德哥尔摩最著名的啤酒厂之一学习酿造技术。

啤酒厂位于国王岛，是由39岁的约翰·威廉·斯米特（Johan Wilhelm Smitt）经营和管理的，他被称为斯德哥尔摩最富有的人之一。诺贝尔兄弟的姨妈贝蒂·埃尔德（Betty Elde）认识这位富有的酿酒商的表兄弟，或许这就是他们建立联系的方式。罗伯特·诺贝尔很有可能是在19世纪40年代初期，在海上结识了七岁的斯米特。

与罗伯特·诺贝尔不同，学徒水手斯米特在第一次服役后就退伍了，之后在南美洲待了15年。也正是在那里，他赚到了第一桶金，之后回到瑞典，投资了各种金融和工业项目。1856年，他与朋友安德烈·奥斯卡·瓦伦堡（André Oscar Wallenberg）一起创立了斯德哥尔摩私人银行。

罗伯特·诺贝尔似乎在青年酿酒厂里学过一阵子，即便他本人对在那里逗留的日子不满意。无论如何，斯米特对诺贝尔家族的印象只能是好的。很快，这位百万富翁就为阿尔弗雷德·诺贝尔的第一家炸药公司奠定了绝对重要的经济基础。[245] 约翰·威廉·斯米特对于诺贝尔奖的意义难以估量。在诺贝尔家族里，他应该被称为威廉。

在斯德哥尔摩，两位哥哥对父母经济情况的担忧与日俱增。罗伯特已经洞见到，18岁的弟弟埃米尔还不需要过多考虑，而且他自己也无法在斯德哥尔摩久住。“一想到自己可怜的爸妈连一天的口粮都没有，我就不寒而栗。”他在给宝琳的信中写道。

罗伯特在啤酒厂租了一个房间，但过去常常在星期天去海伦堡和父母共进晚餐。所以他无法避免听到父母对埃米尔的担忧。小弟固然有“脑子”，但懒惰粗心，还经常欠债不还。罗伯特自己觉得，埃米尔的鬓角让他看起来像个不爱守规矩的人，同流氓一样。弟弟的嘴巴上下翻动时说的话让他感到很失望。他知道埃米尔偶尔会去斯德哥尔摩的雪茄摊看望“妈妈们”。他写信给妻子，说他的弟弟是“一个轻浮的恶棍”，不过，这项判断应该结合罗伯特曾怀疑埃米尔暗中追求他的妻子宝琳的事情来解读。

整个家庭一致认为，一旦埃米尔在乌普萨拉读完大学预科，就会成家。[246]

新年之际，发生了一些积极的事情。一名将军参谋部联系了伊曼纽尔·诺贝尔，邀请他就他发明的水雷向军事科学学会的朋友发表演讲。[247] 这事情大了。看来有转机的希望，罗伯特花了很多时间帮助父亲写演讲稿。斯德哥尔摩的报纸也刊登了这次演讲的广告。民众的兴趣越来越大。1863 年 2 月 27 日晚上，一百多人涌入军事科学学会在布伦克贝利广场的场地。国王的弟弟奥斯卡王储以及最重要的大臣都出席了。

伊曼纽尔谈到了克里米亚战争期间水雷所取得的成功，并强调回到瑞典后，他在水雷上花费了许多精力和金钱。终于，他发布了自己研制出威力更大的新型炸药的消息。他解释说，这种炸药的威力大到可以做新型战舰的攻击武器。

伊曼纽尔给在场的观众做了一个实验。他将一些火药和硝化甘油混合在一起，在瞪大眼睛的观众面前炸毁了一块木板。观众感到震惊但又为此欢呼。这可是前所未有的力量。

之后，《晚报》称这次表演十分精彩且非常成功。据称，海军部部长想为瑞典的海防投资诺贝尔家的水雷。几个月后，国王任命一个由专家组成的特别委员会来研究这款炸药。在接下来的一段时间里，几乎所有的报纸都在报道伊曼纽尔的水雷。

罗伯特在信中描述了伊曼纽尔的突破对他和宝琳的影响。“我们的名字……通过他的发明而广为人知，每个人都知道我们……并且还会经常被人邀请喝一杯。”[248]

但即使在四月份，名声也并没有给家族带来任何收入。

也许这就是为什么伊曼纽尔写信给圣彼得堡的阿尔弗雷德，并要求他立即在沙俄军事工程部寻找托特列边将军。阿尔弗雷德接到了命令，父亲要他推广这款新型炸药，并揭露一项耸人听闻的消息：这款炸药的威力是普通炸药的 20 倍。目的是希望这则消息能起作用，给家族带来点收入。

阿尔弗雷德按照伊曼纽尔的吩咐去做了。但他了解自己的父亲。强大二十倍？这听起来像是父亲一贯的夸张说法。在访问托特列边期间，为了安全起见，他降低了对方的期望值，并向沙俄将军承诺这款炸药拥有普通炸药 8 倍的威力，他认为这就够了。

托特列边为之一怔。1863 年 5 月 5 日，这位将军写信给阿尔弗雷德·诺贝尔，要求他以沙俄政府的费用，试制四枚这种水雷。以沙俄政府的军费开支为成本！这是个好消息，阿尔弗雷德思考了一下。他为这四枚水雷定了一个高价，但在他看来挺合理的：1000 卢布（按照今天的货币价值计算，约合 20 万瑞典克朗）。[249] 第二天，他找到将军并以书面形式确认了金额，之后便匆匆忙忙赶到瑞典安排发货。

托特列边不在场，但将军周围最亲近的参谋人员向阿尔弗雷德保证，1000 卢布不会给他们带来任何问题。如果出于任何原因有过境的困难，对方承诺会尽快通过电报向赫尔辛基、图尔库或斯德哥尔摩发出通知，电报地址就是阿尔弗雷德提供给他的地址。[250]

阿尔弗雷德·诺贝尔放心了。他收拾行李动身出发。[251]

*

在斯德哥尔摩，五月在严寒中开始，但到了月中，斯德哥尔摩人终于能享受到春天不负众望的温暖。这座城市的面貌与阿尔弗雷德·诺贝尔成长的那些年不同，不仅是因为马车线路的数量增加了。在稍远处，谷仓地的图斯宝嘉山（Tyskbagarbergen）爆发出沉闷的响声。在那里，人们辛勤劳作，终于在卡拉路（Karlavägen）和瓦尔哈拉路（Vallhallavägen）之间的山中开辟了一条通道——后来被称为卡尔十五世隧道。

这项工作花了很长时间。起初钻了一些小洞，往里面填入炸药，再点燃引爆。砰的一声，移除了很多石头。钻孔很多，炸药成本高昂，工作时间无穷无尽。到处都是这样的。社会上流传了一些关于在阿尔卑斯山建造隧道的恐怖故事，那儿的工人在一段时间内，每天的进展不会超过 25 厘米。

图斯宝嘉山的情况并没有那么糟糕。但是挖隧道的人已经持续工作了两年，工程还剩下大部分没完成。报刊专栏中经常会出现关于爆破工人的死讯。在阿尔弗雷德·诺贝尔抵达斯德哥尔摩的那几天，议会还在讨论拟议的南马尔姆隧道，该隧道将连接通往哥德堡的铁路，并计划在更北的地块新建一条隧道。这意味着会有代价更高昂、更艰巨也更危险的爆破工作。伊曼纽尔认为他的新产品或许能在那儿派上用场。

阿尔弗雷德先去了乌普萨拉。他带走了 19 岁的埃米尔，后者当时已经从大学预科毕业。阿尔弗雷德对弟弟的印象比罗伯特的看法要好得多。“很聪明的男孩，只是缺少胡子、经验、沉稳性格，但随着年龄的增长，他会成长的……他似乎熟悉瑞典几乎一半的事情。”阿尔弗雷德在一封信中赞赏地写道。[252]

在海伦堡外，伊曼纽尔和安德丽塔正在等待儿子的到来。温馨的问候场景结束后，伊曼纽尔展示了这款新的神奇炸药，这也是阿尔弗雷德匆匆回家的主要原因。但伊曼纽尔的演示虎头蛇尾。阿尔弗雷德彻底失望了。当他看出父亲一如既往地冲动、漫不经心和草草了事时，不禁发出了呻吟。当他明白关于火药的故事只是对铅管的拙劣尝试时，他立即发火了。阿尔弗雷德一看到实验失败就识破了这场骗局。仅仅过了几个小时，父亲所发明炸药的爆炸力就全部消失了，因为这时炸药已经吸收了所有的硝化甘油，失去了爆炸力。

罗伯特和已怀有身孕的妻子回到了芬兰。临近月底，赫尔辛基传来喜讯，诺贝尔一家人的心情大为振奋。宝琳生了一个儿子，取名亚尔玛·诺贝尔（Hjalmar Nobel）。“你必须相信，我们都迫不及待地想听到这个好消息。有儿子真的幸运，如果是女儿，诺贝尔家族就没有运气了。”阿尔弗雷德在给罗伯特的贺信中写道。[253]

阿尔弗雷德·诺贝尔在斯德哥尔摩的逗留时间比原计划多了一个星期左右，尽他所能帮助父亲准备新炸药。仿佛是巧合，他们在海伦堡的首次联合实验恰逢瑞俄关系的戏剧化时期。

在 1863 年年初，波兰人反抗沙俄统治，并因其非凡的勇气，在广大瑞典群众心中赢得了不少同情。春天的时候波兰问题引起了瑞典内部的激烈辩论，并在高层造成了非常紧张的局势，因为国王卡尔十五世对波兰民族主义者的同情似乎超出了他对沙俄外交的理性思维。司法大臣路易斯·德格尔不得不使出浑身解数将他拉住。

沙俄著名的共产主义者、流亡者和职业革命家米哈伊尔·巴枯宁（Michail Bakunin，后来被称为无政府主义创始人）抵达斯德哥尔摩，但局势并没有好转。巴枯宁因参与祖国的叛乱而被判处双倍死刑（后被赦免）。沙俄的赦免通常意味着前往西伯利亚的集中营，但巴枯宁设法逃脱，现在成了到处鼓动起义的旅行商人。领头的几个瑞典自由主义者，例如《晚报》的创始人拉尔斯·约翰·耶塔（Lars Johan Hierta）和知名作家奥古斯特·布兰奇（August Blanche）非常拥护巴枯宁，不仅出版了有关他的作品，还为他自由感伤的气质喝彩，路易斯·德格尔看到这番情形，感到十分不适。“在我看来，他就像罪大恶极的强盗。”路易斯·德格尔后来在回忆录中说道。[254]

1863 年 5 月 28 日星期四，在斯德哥尔摩的菲尼克斯酒店，人们为巴枯宁举办了致敬晚宴。阿尔弗雷德·诺贝尔和他的父亲是否在场不得而知，但他们可以在报纸上读到有关皇后大街的活动。这场晚宴共有 200 人参加，包括“官员和公务员、牧师、士兵、商人、艺术家、作家”。

作家奥古斯特·布兰奇向巴枯宁发表致辞，称这位流亡的俄国人是“光明与自由的使徒”，在沙俄要戴上“烈士的荆棘冠冕”。

“沙俄这个名字在我们耳边听着有些不快，不仅因为涉及我们自己的损失，更重要的是，它助长了整个欧洲新文化中的邪恶一面，一个接一个的百姓从文明的怀抱中逃离，并将自己束缚在链条上。让我们把沙俄想象成一个巨大的堡垒，黑海和波罗的海是战壕，在城墙内有 6000 万终身囚犯。”奥古斯特·布兰奇大声说道。[255]

几周后，阿尔弗雷德·诺贝尔回到了这座“巨大的堡垒”。在旅途中，他随身携带了一种装在铁瓶中的新炸药，是为沙俄将军爱德华·托特列边准备的。阿尔弗雷德不得不提出一种代替伊曼纽尔毫无价值的硝化甘油炸药的方案，这是一种基于氯酸钾的普通炸药。阿尔弗雷德发现，如果将这个东西呈送给托特列边这样的大人物，一定会很尴尬。不过，他所带的毕竟也是一种炸药。

谣言四起，各种版本都有，并且只在瑞典一家当地报纸的通知栏上出现：“诺贝尔先生——发明了新型水雷的多才多艺的工程师——据悉已经前往沙俄，向当地政府提供他的新发明。如果这是真的，那实在太可悲了！”[256]

*

阿尔弗雷德并没有再次拜访托特列边。到达圣彼得堡后，阿尔弗雷德与路德维格讨论了此事，路德维格同意向沙俄将军提供如此糟糕的产品很不合适。因此，阿尔弗雷德决定自己尝试对硝化甘油做进一步的实验研究。

他有一个主意。硝化甘油要加热到 180 度才会爆炸的问题，他已经想过了。如果炸掉一艘船需要几公斤的硝化甘油，那么，正如阿尔弗雷德所判断的那样，不可能一下子把它加热到那么高的温度。

他试了几次加热硝化甘油，结果却和津宁的铁砧一样，超过温度极限的一部分硝化甘油爆炸了，但仅此而已，其余的都被风吹散了，没有太大的作用。那如果把硝化甘油倒进密封的玻璃瓶里呢？

1863年6月的一天，阿尔弗雷德决定在路德维格的新厂址进行一项实验。这个地方位于他们儿时的家对面，在大涅夫卡河的另一边。罗伯特和他的家人在城里过暑假，所以阿尔弗雷德让他和路德维格一起去。他们在工厂的现场选择了一条沟渠，以便能够在水下测试阿尔弗雷德的新想法。阿尔弗雷德在玻璃管中装满硝化甘油，然后塞上塞子。他把玻璃管放在一个锡制的容器里，里面装满了火药。他在火药中放了一个点火头，让它伸出来，然后再密封这个容器。

接着阿尔弗雷德点燃了这个容器里的火药，把锡制容器扔进沟渠的水里。整个地面因爆炸而震动。一道水柱从沟里升起。两个哥哥意识到，阿尔弗雷德设法解决了原本的难题。他用一种炸药引爆了另一种更难以捉摸的炸药——硝化甘油。这个解决方案可以呈送给托特列边了。

将军来了。6月底，阿尔弗雷德·诺贝尔得知沙俄政府不再需要他的帮助。他们已经在海军的水雷工程中拥有更强大的炸药，这种炸药被称为硝化甘油。

阿尔弗雷德对此感到不知所措。毕竟他先接到了订单，并获得对方支付1000卢布的口头承诺。他觉得首先需要明确，他在等待这笔付款，同时还要告知对方，他在自己的实验过程中发现硝化甘油存在许多问题。阿尔弗雷德开始草拟一封给托特列边将军亲信的信件。就目前的情况而言，他用略显酸涩的语气写道，他认为向沙俄政府提供解决他所发现的问题的解决方案，是不合理的。但如果他们遇到了难题，他们可以回去找他。另外，承诺的钱，他认为自己有权得到。

他在信上签了名——“阁下的仆人阿·诺贝尔”。[257]

*

在斯德哥尔摩，伊曼纽尔·诺贝尔像往常一样匆匆赶路。在7月初，他给阿尔弗雷德写了一封信，传达了与上次同样轰动的消息。伊曼纽尔和埃米尔在海伦堡继续实验，现在已经生产出一种用于步枪和大炮的“射击粉”，伊曼纽尔声称这种火药的威力是普通火药的两倍。它也没有弄脏武器，或者至少比其他火药干净得多。伊曼纽尔扬扬得意地在信中写道，沙俄政府要做好为这项发明支付“天价费用”的准备，这种东西会增加沙俄数十万件武器的威力。

父亲要把这一紧急信息告诉阿尔弗雷德。他们需要迅速采取行动，分担工作量。伊曼纽尔打算委托罗伯特管理向沙俄政府出售新火药的事宜。至于阿尔弗雷德，他希望儿子“尽快”回到瑞典，帮助老父亲“经营国内外的生意”。早在7月中旬，他们就在斯德哥尔摩进行了一些重要的实验。

伊曼纽尔还向阿尔弗雷德通报了一个令人欣慰的消息。安东·路德维格·法恩海姆少校被任命为水雷专家委员会的成员之一，正是法恩海姆在瑞典引入了电报，他也曾经接管过伊曼纽尔的橡胶厂。少校此刻不在国内，但伊曼纽尔保证，少校很快就会回国，并加速推进这件事。

伊曼纽尔收到一条特别令人欣慰的秘密消息，这带给整个家族胜利的喜悦：瑞典国王将资助他6000瑞典里克斯达勒用于开展实验。这句话代表，一切都会步入正轨。[258]

阿尔弗雷德无法不带着一定程度的怀疑来阅读这封信。但6000里克斯达勒已经是一笔不小的数目（按今天的货币价值计算将近40万瑞典克朗）了。这次他没有反对父亲。因此，1863年7月13日，他再次回到斯德哥尔摩。[259]

瑞典首都充满生机与活力。卡罗林斯卡医学院在国王岛举办了一次斯堪的纳维亚地区自然科学家大会，吸引了来自瑞典、丹麦、芬兰和挪威的300多名科学家参加。周一的科学会议的要点是关于几个国家对引入米制的讨论，以及关于海洋中冰的形成的讨论，据说这为冰山的形成提供了新视角。

那是一个无风的阴天，但对盛夏而言很凉爽。阿尔弗雷德·诺贝尔从骑士岛乘汽船前往海伦堡，住在父母家。他被登记为临时访客，实际的家乡算圣彼得堡。

这一次他不会那么快就回去。目前尚不清楚诺贝尔本人在7月登陆瑞典的那天，心里是否清楚这个结局，但在不久的将来，发生了很多事情，以至于即将年满30岁的阿尔弗雷德要永远离开圣彼得堡和沙俄。[260]

第七章

父亲的起义

海伦堡是斯德哥尔摩众多矿场之一。它曾经是为首都富有的精英人士所建造的夏日度假场所，为那些有能力逃离市中心恶臭与拥挤的家庭提供的绿色氧吧。多年来，这里的度假气氛已经消退，工厂的元素越来越多。如今，即便是不太富裕的人也能以负担得起的价格在矿场租住房子。

伊曼纽尔和安德丽塔住在海伦堡主建筑的一层，后来阿尔弗雷德搬了进去。这座庄园式的两层别墅可以看到长岛。两栋翼楼之间有着枝繁叶茂的露台，沿着架子向下延伸至海峡，周围美丽的农田上种着水果和蔬菜。斜坡的底部是两座半木结构的房屋，还有其他附属的建筑和棚屋。

该矿场归富有的批发商威廉·布尔梅斯特（Wilhelm Burmester）所有。三年前，他从一家经营织布厂的制造商人手里买下了海伦堡。在此之前，这地方专门用来种植烟草和制作烟斗。[261] 经营工厂的传统现在由诺贝尔家族延续。

伊曼纽尔和阿尔弗雷德很快就开始了他们的炸药实验。出于安全考虑，他们选择在户外进行，地点位于靠近水边的附属建筑旁。他们搭了一道高围墙，将他们的活动与该地区的其他家庭隔开。在那里，他们开始制造自己的硝化甘油炸药。伊曼纽尔和阿尔弗雷德按照索布雷罗的配方，将硫酸与硝酸混合，然后慢慢倒入他们从利乐岛的蜡烛厂获得的甘油里。

渐渐地，随着实验的开展，他们需要仓库和实验室。布尔梅斯特还将一些材料棚和其中一间半木结构的房屋出租给诺贝尔家族。伊曼纽尔·诺贝尔告诉这位房东，他们打算在那里进行简单的化学实验，对周围人“没有丝毫危险”。因此，布尔梅斯特觉得没有理由要求他们为这个活动申请特别许可，他甚至懒得修改他买的火灾保险。[262]

对于阿尔弗雷德·诺贝尔来说，从工作的角度来看，在海伦堡的第一个夏天是一种折磨。伊曼纽尔控制并掌管着他的新型硝化甘油炸药。他们进行了一次又一次尝试，没有一次获得真正的成功。沮丧的阿尔弗雷德提出，他们花了数周时间，只完成了有能力的人一天里就能做完的事情。

而且在这个过程中，伊曼纽尔改进过的水雷需要在政府的专家委员会面前进行测试。舰队中一艘报废的双桅帆船艾戈勒号（L'Aigle），在龙骨上安装了装甲板，以模拟约翰·埃里克松的摩尼特号和其他现代战舰。据记者报道，伊曼纽尔的一颗水雷被绑在装甲板上，里面装了十公斤炸药。之后，整艘被从瑞典湾拖到瓦尔坦湾（Värtan）。

这次测试在报纸上还刊登了广告。当那一天到来时，伊曼纽尔和阿尔弗雷德陪同陆军部部长和海军部部长乘坐蒸汽单桅帆船前往实验地点。装甲普普通通的艾戈勒号停泊在利丁厄岛以南的地方。当伊曼纽尔划出火柴点燃水雷时，天正刮风下雨。不久之后，船在沉闷的响声中爆炸了。从岸上可以看到甲板舱口和空桶被抛向空中的过程。除此之外无事发生。旁观者的数量很少，他们失望地注意到这艘破船只向上跳了一点，"没有发现它的外观有任何变化"，至少船没沉下去。不过托斯塔德报社派出的记者仍旧前往利丁厄岛的旅馆喝了杯庆祝酒。

阿尔弗雷德决定试着给父亲的炸药打磨打磨。为了家庭和睦，他选择按照伊曼纽尔的意愿去做，而不是像他自己在圣彼得堡所做的那样。在工作期间，他不得不忍受伊曼纽尔和埃米尔的许多嘲讽。阿尔弗雷德没有理会他们，继续调整火药的稠度，增加硝化甘油的比例，努力抢占先机。1863 年 9 月，他写信给罗伯特抱怨进展太慢，但最终他成功了。他制造出一种硝化甘油和火药的混合物，这种混合物的威力比普通火药大得多，似乎适合做弹药。阿尔弗雷德随后以自己的名义向商会提交了专利申请。10 月，在他 30 岁生日前不久，决定书下来了。阿尔弗雷德·诺贝尔手上拿着一封为期十年的专利证书，上面有一个漂亮的印章。这是他的第一项瑞典专利。这一定是一个重要的时刻。

阿尔弗雷德后来在他父亲去世几年后回忆起这件事，是伊曼纽尔谦虚地觉得，儿子应该拥有所有发明上的功劳，并支持阿尔弗雷德以自己的名义获得炸药的专利。[263] 这种描述在当时的情况中不合常理，更不用说连伊曼纽尔的人物性格也改变了。鉴于接下来发生的事情，我们可以提出大胆的假设，该版本与事实相去甚远。

*

晚上，阿尔弗雷德拿出他的纸和笔。他没有放弃他的作家梦，续写着他在圣彼得堡开始的长篇史诗。“Canto I”（第一章）将成为一首保持押韵、情绪高亢的千行诗歌，他在诗歌中不仅点名赞美他的榜样——拜伦和雪莱，还试图模仿这两位的风格。

阿尔弗雷德用英语读过这两位偶像的作品，各个版本的诗歌都有。拜伦勋爵的诗歌也被翻译成瑞典语，最近在瑞典刚出版的讽刺诗《唐璜》，直至拜伦于 1824 年去世时还未完成。然而，阿尔弗雷德·诺贝尔在斯德哥尔摩当时的众多书架上都找不到雪莱的瑞典语诗集。[264]

他几乎不可能错过斯德哥尔摩在北桥最豪华购物街上的商店，“集市”①。在皇宫下方的角落里，德尔蒙特雪茄店的旁边，是阿道夫·邦尼尔（Adolf Bonnier）备受推崇的书店，配有彩色玻璃窗。在那里，你可以浏览最新的书刊，还可以听到挤在书架之间的学者爆发的自发辩论。在政府街上，坐落着胡德贝里的大型商店和文具店，那儿有全首都最全最多的羽毛笔、钢笔、乌木尺子和珍珠母贝做的小刀。那儿有卖带“笔记”的书，封皮是用麻布或“鼹鼠皮”（moleskine）装订的（阿尔弗雷德更喜欢鼹鼠皮）。在胡德贝里商店，阿尔弗雷德还可以购买当时用于写信的时髦抄写本，封面很硬，纸张像丝绸那般。这东西很实用。只要写信的人用配套的墨水，所写内容的副本就会自动保存下来。他余生都喜欢用这种笔记本。随着时间的推移，阿尔弗雷德·诺贝尔每天要写 30 到 50 封信件。

在 19 世纪 60 年代初期，瑞典作家也慢慢转向现实主义。在作品中，他们会描绘其日常生活和社会活动。阿尔弗雷德在年长的瑞典后进作家中肯定感觉更自在，比如埃里克·约翰·斯唐内利乌斯（Erik Johan Stagnelius）或埃萨亚斯·泰格奈尔（Esaias Tegnér）这些已故的后浪漫主义知名作家。成年的阿尔弗雷德能够熟记泰格奈尔史诗《弗里希奥弗》（*Frithiof saga*）故事中的大部分内容。

19 世纪 60 年代早期，瑞典最轰动的文学作品之一是维克托·吕德贝里（Viktor

① 商店原名为 Bazaren。

Rydberg）的《圣经中关于基督的教诲》（1862），文学学者约兰·海格（Göran Hägg）称其为“有史以来最令人震惊的瑞典语书之一”。《圣经中关于基督的教诲》这本书在瑞典引发了一场激烈的宗教辩论，这场辩论在阿尔弗雷德·诺贝尔于祖国居住的整个时期都以高昂的情绪持续着。我们不清楚他本人是否买了这本书（他图书馆里的副本是后来的版本），但他应该不可能错过这场辩论。作者维克托·吕德贝里曾被称为“瑞典最后一位伟大的理想主义者”，在阿尔弗雷德·诺贝尔的一生中有着特殊的地位。他的书架上摆满了吕德贝里的作品，包括不朽的瑞典圣诞诗《空地》和《照耀在湖泊和沙滩上的光》，他对作者“悦耳的语言”“高贵的灵魂和形式美”表达了强烈的钦佩之情。

在阿尔弗雷德于1863年回到瑞典时，吕德贝里当时35岁，是《哥德堡商业和海运报》（*GHT*）的一名记者。他被称为具有道德感伤情怀的左翼自由主义者，曾在报纸上撰写连载历史小说（第一部名为《吸血鬼》），续篇在某种情况下成为一部成功的小说。《圣经中关于基督的教诲》则完全不同，是一本神学的批判作品。其中，吕德贝里抛出了引起争议的言论，他认为“教会宣称耶稣是上帝”这一点是错误的。这位记者阅读过《圣经》，他觉得耶稣除了人类的特征，并没有其他神奇的东西，尽管其确实是一个不同寻常的榜样性人物——一个理想化的人。

诺贝尔图书馆的前任馆长奥克·爱尔兰松认为，可能是吕德贝里“扎实的教育底蕴、国际化的视野、现代自由主义的风格和强烈的令人共情的感伤特质”给阿尔弗雷德·诺贝尔留下了深刻的印象。爱尔兰松认为，是维克托·吕德贝里的理想主义，让阿尔弗雷德·诺贝尔在遗嘱中写道，要把文学奖授予“在理想的方向上创作出最优秀作品的人”，而且提出这一假设的人不只爱尔兰松一个。

阿尔弗雷德·诺贝尔对维克托·吕德贝里的热情不难理解，因为他的内心在理性与情感的斗争中始终摇摆不定。吕德贝里拥抱这两者，并表示相信理智和理性主义是完全可行的，他甚至还攻击了教会和宗教，但又没有放弃对精神层面更高维度的存在的信仰。这正中阿尔弗雷德·诺贝尔的下怀。他不像其他人那样对所谓的吕德贝里悖论，即一个人既能够“让充满神秘的伯利恒之星闪耀”，同时又“比任何人都更能说服瑞典人民，那只是一颗普通的星星，根本没有被主点亮”[265]感到困惑。

阿尔弗雷德·诺贝尔青睐传达建设性思想的作家，喜欢看关于生活应该如何而不是讨论生活本来面目的小说。例如，阿尔弗雷德欣赏人们摆脱精神匮乏的物质主义，喜欢阅读寻求更高生活价值的故事。虚荣、贪婪和虚伪是阿尔弗雷德所知道的最糟糕的事情，无论是在别人身上看到这些特征还是在自己身上面对这些不良品质。这就是他希望文学能够解决的问题，最好带有教育意义。他认为，现代现实主义文学常常只美化应受谴责的生活方式，而没有展示通往更美好生活的道路。

与此同时，30 岁的阿尔弗雷德·诺贝尔与吕德贝里一样，对左翼自由主义抱有同情。他们都蔑视权威和特权，想要瓦解王权和贵族地位。维克托·吕德贝里对神职人员和教会的猛烈攻击也完全符合阿尔弗雷德·诺贝尔的口味，这一点从他在海伦堡的诗歌写作尝试中可以看出。

“有思想的人不愿在拥挤的教堂里，听牧师向一群打着哈欠或睡着的容易上当受骗的会众宣讲毫无意义的理论，而是更愿意进行奉献，”阿尔弗雷德·诺贝尔写道，“智者不求神于天，而求于人——思维世界中，无穷小蕴含着无穷大。”[266]

*

新炸药的专利归在阿尔弗雷德·诺贝尔的名下。这并没有阻止伊曼纽尔获得 6000 瑞典里克斯达勒的资助，用于继续进行“双粉”实验。1863 年 11 月初，当诺贝尔父子准备在卡尔斯堡要塞的一次大型军事试射中测试炸药时，卡尔十五世国王本人打算出席。

国王和他的弟弟，即王位继承人奥斯卡，在一大群副官和宫廷大臣的陪同下，乘坐皇家专列抵达特勒布达（Töreboda）。他们乘马车到达卡尔斯堡。一切都为胜利做好了准备，但当轮到伊曼纽尔和阿尔弗雷德展示他们在大炮中的炸药时，出了点问题。它根本没有像预期的那样爆炸，可能是因为混合物放置的时间太长了。惨败有目共睹。

阿尔弗雷德试图挽救局面。当场，他用生铁杯做了一个炸弹，提高了炸药中硝化甘油的比例，并要求尊贵的观众离得远一些。爆炸的威力相当猛烈，超出了大多数人能承受的范围。阿尔弗雷德的炸弹至少飞了 80 米。据称，当时在场的军事专家被这爆炸力吓坏了，以至于瑞典国防军不再与阿尔弗雷德·诺贝尔打交道。[267]

他们需要找到这种炸药的其他用途。伊曼纽尔在夏季已经在岩石爆破机之间布置了一些吊钩，所有正在进行和即将竣工的隧道建设，都急需更有效的爆破剂。矿山是另一个可以想象的替代市场，但很少有矿主敢邀请诺贝尔来做实验。韦特恩湖

（Vättern）的奥姆贝里（Åmmeberg）锌矿是个例外，它的老板是位比利时人，目前正处于财务危机之中。[268]

12月，伊曼纽尔和阿尔弗雷德·诺贝尔抵达了奥姆贝里施工现场。围观的共有20名矿工，心中颇为欣慰。诺贝尔父子每次引爆炸掉的岩石要比他们自己炸掉的多得多。但这样也并不算成功，阿尔弗雷德感到很失望。他意识到再也不能让父亲来做决定了。他回忆起自己在圣彼得堡的尝试，那次尝试的潜力要大许多。

1863年即将结束。阿尔弗雷德在父亲的支配下浪费了几个月的时间，却没有办法给家庭生计提供更安全的保障。现在他受够了。他已经30岁了，再也无法接受父亲把他当作小学生对待。阿尔弗雷德做出了一个决定：从此以后他要跟着自己的主意走。[269]

其实，真实的情况没有那么戏剧化。伊曼纽尔仍然拥有前途无限的水雷，并且在斯德哥尔摩已经为自己赢得了名声。不管好坏，总算被人们看到了。

12月底，人们为前往意大利旅行的知名作家奥古斯特·布兰奇安排了欢送会。共有250人参加了在伯尔尼音乐厅举办的第六届音乐会。在弹奏《波恩堡进行曲》的时候，布兰奇被抬着绕圈走，皇家大剧院的演唱家表演了一首戏剧化的诗歌，在歌词中他们拿布兰奇旅行的原因打趣。其中一段歌词如下：

可能是瓦克斯霍尔姆岛和卡尔斯堡把他吓到
诺贝尔（父亲）和他的水雷只是在开玩笑
为了拯救亲爱的祖国
他正把北欧外的地方寻找[270]

*

关于伊曼纽尔·诺贝尔水雷的评估意见随时都有可能发布。一切都表明政府的专家委员会将表示支持，为父亲的未来保驾护航。就在圣诞节前夕，海军大臣向骑士院（贵族院）提出一项动议，要求国家获得伊曼纽尔水雷的制造技术，作为交换，伊曼纽尔可以获得终身退休金。政府还想为这种水雷下更大的订单，以保卫斯德哥尔摩的入海口。

这个消息正是儿子们盼望已久的。只要父母能够稳住他们的财务状况，儿子们就可以放心，并以慢节奏过自己的生活。

也许他们应该猜到事情不会那么顺利。在讨论中反对奖励终身养老金的人之一是安东·路德维格·法恩海姆少校。他嘱咐贵族们不要着急，先等水雷专家委员会的最终报告。

有一个关于诺贝尔家族的老合作者、电报先驱法恩海姆的细节，本应该影响到当下的伊曼纽尔。安东·路德维格·法恩海姆也是一位身兼数职的多面手，在 1837 年因伊曼纽尔·诺贝尔迁往芬兰而接手其橡胶厂之前，他已经这样工作了很长时间。早在 1830 年年初，他就建造了自爆式水雷，并向当时的国王展示了这些水雷。虽然这些水雷没有付诸实践，不过平心而论，法恩海姆是第一个提出这个想法的人。当伊曼纽尔在 1838 年于圣彼得堡从门希科夫那里受到启发时，很可能他背后真正的启发者是法恩海姆。

无论如何，法恩海姆不会忘记这段历史。

1864 年 1 月初，有关海伦堡的决定下来了。虽然还不是正式通知，但水雷专家委员会做出了令人惊讶的决定，他们拒绝了伊曼纽尔·诺贝尔的提议。原因是委员会的一名成员准备了自己的水雷，已经呈交给国王并获得了批准。作为补偿，伊曼纽尔还是会得到一笔补偿金。

伊曼纽尔情绪非常激动。法恩海姆这只老狐狸。他曾经出于信任，将所有秘密都倾诉给这位少校，因此现在他以辱骂作为回应。

当决定公布后，伊曼纽尔在媒体上得到了一些支持。该委员会被指控窃取了伊曼纽尔的发明，将其据为己有，最后只是向伊曼纽尔扔了一些“赃款”。《晚报》报道这是一场正在酝酿中的“令人瞩目的诉讼”，并写道：“从普通法的角度来看，一个负责对某些发明进行调查的委员会，本身却成为同类发明的竞争对手，这似乎有些奇怪。”报纸还听说，伊曼纽尔要求赔偿，养老金至少要有 2 万里克斯达勒（按今天的货币价值计算，略低于 150 万瑞典克朗），理由是他们剽窃了他的发明。《晚报》认为这个数字很合理。[271]

卡尔十五世国王在同一份报纸上发表了一篇署名为卡尔的文章，以表回应。国王声称，他选择的水雷与伊曼纽尔·诺贝尔赠送的水雷截然不同。因此，伊曼纽尔的要求毫无事实依据。这个要求遭到了拒绝。

或许国王并没有公开这个决定背后的所有原因。与此同时，媒体报道说，沙俄军方带着一项秘密任务来到斯德哥尔摩，以查明瑞典人的水雷技术发展到了何种地步。沙俄军方想知道瑞典人打算制造多少水雷，将埋设在哪里，最重要的是，这项设计是否“自沙俄……从工程师诺贝尔那里得到”后发生了变化。[272]

*

在水雷专家委员会发布拒绝的消息后，路德维格·诺贝尔迅速前往斯德哥尔摩。他对未来感到不安，现在的情况正如他之前所预料的。他在秋天就有了这种感觉，当时沙俄金融家对罗伯特酿造啤酒计划的兴趣正逐渐消退。[273]

相反，罗伯特走出了一条全新的道路。他已经开始销售被称为煤油的由石油制成的新型灯油。煤油是在十年前发现的，但近年来，美国发现了一些大型油田，销量大增。灯用煤油一下子变成了大众的产品。大量石油现在被运往欧洲，并在整个大陆销售。

罗伯特的新灯油公司名为“北极光”，这家公司当然也需要资金。路德维格向兄弟伸出援手，支付了罗伯特进口的大部分美国煤油以及燃烧器和灯的费用。但慷慨是有代价的。巨额开支让路德维格陷入了困境。他身上没钱了，连自己车间所需的铁钉都快买不起了。不论有多么不情愿，他都必须对给罗伯特的资助设定一个绝对的限度。他在给罗伯特的信中强调，这不是自私的问题。相反，他首先要照顾自己的生活，这才符合整个家族的利益。“不论父亲和阿尔弗雷德的前景如何，不可否认的是，唯一安全的做法是我有一个自己的小生意，如果这个小生意被忽视，或者剥夺了我必要的营运资金，使得我生意停滞不前的话，那么我们每个人的命运都将会很悲惨。”[274]

罗伯特可以开玩笑说给他的灯油投资是一笔“绝妙”的交易，但鉴于他父亲在水雷方面的挫折，他不得不承认到目前为止这项投资并没有带来实际收益。竞争比他想象的要激烈。“两只手空空，再坚强的意志，也无法在惊涛骇浪的海上漂浮太久。在过去的日子里，当星星在东方如此温和地对着我们闪烁时，谁会相信会有如此悲惨的前景和如此不可能发生的事情；当然，我已经做好了准备，事情不会一直这样下去，但情况变得像现在这样糟糕，是我做梦都想不到的。”他在当时给阿尔弗雷德的信中写道。[275]

路德维格试图让罗伯特振作起来。他最近听说在沙俄内陆，更具体地说是在高加索城市巴库，人们开始销售沙俄石油。沙俄的石油虽然还是很贵，但它的供应量至少与美国一样大，因此这是一个有希望的市场。“总的来说，石油拥有……光明的未来。”路德维格说。[276]

路德维格本人打算追随父亲的脚步，投资军工。他打算主要专注于生产步枪、大炮和军用手提式冲锋枪。在对斯德哥尔摩的闪电访问期间，除一般事务外，他提交了一份关于用钢带加固大炮想法的专利申请，这实际上是父亲伊曼纽尔的第一个发明。路德维希没有提到这一细节。他确信伊曼纽尔会接受他“为了共同的利益”而借用这个旧想法的做法。[277]

这一回伊曼纽尔似乎默许了发明“剽窃”。但情况变得更糟糕了。

*

过了一段时间，阿尔弗雷德离开了父母，在位于斯德哥尔摩市中心皇后街拐角处的卡杜安马嘉大街 7 号租了一间房。然后，他继续在海伦堡进行户外实验。1864 年春天，他经常住在他们从布尔梅斯特那里租来用作实验室的水边半木结构房子里。[278]

30 岁的阿尔弗雷德和他 62 岁父亲之间的关系，逐渐变得紧张起来。伊曼纽尔在经历了水雷和养老金的挫折后，精神状态不佳，情绪也难有好转。一向以暴躁著称的伊曼纽尔，在受到几度屈辱后，整日像一颗没有安全装置的手榴弹一样翻来覆去。水雷委员会难道不懂他是何等的人物吗？他们难道不明白，伊曼纽尔·诺贝尔甚至要比美国的“同胞”约翰·埃里克松还要聪明吗？“如果埃里克松知道诺贝尔家水雷的原理和作用，他肯定永远不会提出要监测器。”受挫的伊曼纽尔·诺贝尔在那年给水雷委员会和大臣们以及报纸的各种陈述信中直白地写道。

目前还不清楚他写了多少信件。

最糟糕的是，阿尔弗雷德不再听他说话了，这让伊曼纽尔发疯。儿子不再相信伊曼纽尔混合火药和硝化甘油的想法。相反，阿尔弗雷德坚持回到分离这些物质的做法，就像他一年前在圣彼得堡与路德维格和罗伯特一起进行实验时所做的那样。

阿尔弗雷德在弟弟埃米尔的帮助下，与父亲保持着一定的距离。他尝试了几种其他方法。他将火药放在一个小玻璃管中，然后将其放入硝化甘油中，和在彼得堡的做法正好相反。然后他用一根火柴点燃了火药。事实证明，该方法明显优于父亲混合火药和硝化甘油的做法。火药一引爆，玻璃管轰然爆裂，震得周围的硝化甘油也跟着全部炸开。

终于成功了。阿尔弗雷德意识到他可能已经找到了 19 世纪 50 年代津宁教授在圣彼得堡向他们展示的那个谜语的答案。津宁曾用锤子敲了几滴硝化甘油，并展示了只有被击中的那部分才爆炸的矛盾之处。伴随着强大的火药爆炸力，阿尔弗雷德一下子引爆了所有硝化甘油。

他用一种炸药作为引爆物引爆了另一种，这是一个全新的发现，颇为巧妙。

但伊曼纽尔让他感到厌烦。他说用玻璃管当引爆器的做法他自己也尝试过，这简直蠢到家了，还哼了一声，更糟糕的是，这些话他不只是在家里说。伊曼纽尔到处谈论自己儿子躲在海伦堡沉迷一些“幼稚的事情”。最后，这些滑稽的言论传到了阿尔弗雷德的耳朵里。

他下定了决心。他已经继承了伊曼纽尔的人生格言，即“相信天生我材必有用”，他决定无视父亲的嘲笑。他对自己的事业非常自信，并开始为新发明申请专利。当伊曼纽尔发现这一点时，气急败坏地发表长篇大论来指责阿尔弗雷德，这让阿尔弗雷德一时间气顺不过来。

伊曼纽尔尖声咆哮，指责儿子拿他的东西去申请专利。阿尔弗雷德听到父亲编造关于早期实验的故事，感到万分震惊，父子俩都知道这些故事是不真实的。正如阿尔弗雷德所见，这是一场“公开的欺诈”。

1864 年，阿尔弗雷德在迎接春天的晚宴前夕彻底崩溃。现存的档案只记录了阿尔弗雷德有关争吵的版本。我们可以想象，当时愤怒的阿尔弗雷德砰的一声关上门，离家乘坐蒸汽单桅帆船进城去了。第二天，他仍感到心烦意乱，便提笔写了一封长信，用慷慨激昂的措辞回应在他看来父亲对他所有不公平和不真实的指控。

阿尔弗雷德被伊曼纽尔严厉的指责深深地伤害了。在信中，他回忆起 1859 年在圣彼得堡病重时，父亲对他的背叛。那是一段痛苦的回忆。阿尔弗雷德当时的感受和现在一样——他认为一个爱儿子的父亲是不可能说“你看起来像临终的模样”这种话的，并且不可能离开病人前往另一个国家。那根本不是爱。苦恼的阿尔弗雷德在信中补充了这一观点，并用妥协的语气继续写道：“因此，我做出让步的唯一原因是孝顺，但要付出儿子对父亲的爱，这应该是相互的。……在爸爸这儿，父亲的感觉在他自爱和虚荣心的压力下搁浅了。”

他从头读了一遍这封信，意识到有些话可能讲得太过了。他决定删除一些激烈的言辞和情绪宣泄的表达。

信件草稿被保存了下来。长期以来，人们都认为这封信太敏感，所以没有公开。诺贝尔基金会对有关阿尔弗雷德·诺贝尔的早期著作进行了严格审查，不允许发表贬损诺贝尔或其父亲任何一方的摘录信息。

有人认为阿尔弗雷德这番诚实的话语消除了父子之间的隔阂，但目前没有证据表明这封信被寄出或交给了父亲，而且也找不到有关父子之间关系好转的迹象。相反，父子间的矛盾似乎持续了相当长的一段时间。[279]

父子之间起剧烈冲突的消息传到了圣彼得堡和赫尔辛基的兄弟们那里。罗伯特写信给阿尔弗雷德，安慰他并给了很好的建议：

> 善良的阿尔弗雷德，尽快离开被诅咒的发明家之路；它只会带来不幸。你有那么好的学问、那么多优秀的品质，你必须换一条更正经的路。如果我有你的学识和能力，我会在一团糟的芬兰这儿振翅高飞，但我的翅膀现在拍得高不成低不就。

罗伯特一定是从他的妻子宝琳那儿摘了一些鼓舞人心的话，因为阿尔弗雷德回信说：

> 我的好罗伯特，在你的信中，我发现我的论点得到了新的证实，即女性比我们更聪明，因为一点点安慰就能让人获得希望。然而，我们时时刻刻的匆忙往往除了肥皂泡和烦恼，什么回报也没有。我宁愿造一个空中楼阁，也不愿盖一栋会倒塌的房屋，所以我经常在五月凉爽的夜晚（零度左右的天气）坐在炉火旁，将我的想象力与我的未来联系起来，直到想象力带来最美的风景。……因此，亲吻你可爱的妻子，告诉她，爱情是最明智的选择。……[280]

事实上，五月份的天气很糟，风很大，还有着冬天的冷气。尽管已近六月，但哥特兰省北部仍被大雪覆盖。在斯德哥尔摩地区，每到夜里，水管就会结冰。阿尔弗雷德在火炉旁度过了许多个晚上，有许多时间都在阅读和写作。

阿尔弗雷德在他的长诗中加了几行，让人想起了他在五月份给罗伯特写的这封信。诗中谈到为一个人的未来吹起童话般肥皂泡的危险，以及“在指定的地面上建造空中楼阁”的美妙之处。[281]

阿尔弗雷德对女性才智的兴趣不仅仅停留在嘴上。虽然目前无法证明他在瑞典的短暂逗留期间购买了哪些书，但在他留下的图书馆里，只剩下 9 部于 19 世纪 60 年代出版的瑞典小说。其中 4 部都出自女性作家——弗雷德里卡·布雷默、安娜·玛丽亚·伦格伦（Anna Maria Lenngren）（新版）、埃米莉·弗吕加勒－卡伦（Emilie Flygare-Carlén）和玛丽·索菲·施瓦茨（Marie Sophie Schwartz）。

玛丽·索菲·施瓦茨的小说《形成与诞生》（*Bildning och börd*）很可能是在 1863 年或 1864 年购于斯德哥尔摩。施瓦茨根据思想创作出了这本通俗小说，她是当时阅读和翻译最多的瑞典作家之一。她的作品以提出女性问题而闻名，就像年迈的弗雷德里卡·布雷默一样，玛丽·索菲·施瓦茨对吹向瑞典的新自由主义之风也具有重要意义，这阵风促使顽固的议会决定，让 25 岁以上的未婚女性自动获得成年资格。几周后，即 1864 年 6 月，瑞典终于将所有成年女性和男性都纳入经营自由范畴。[282]

阿尔弗雷德·诺贝尔可以在他的幻想中翱翔于天际，也可以一只脚坚定地站在周围的现实中。他关注社会民生，吸收当代的思想和观念。当涉及他自己的计划与希望时，他一点都没有脱离现实。罗伯特认为弟弟很快就会返回圣彼得堡，却被告知说，他计划“必须先建造自己的空中楼阁”。[283]

在这种情况下，他提的空中楼阁并非想象，而是非常真实的存在，涉及炸药和新型引爆器的专利。当他于 1864 年 6 月上旬提交专利申请时，他明确表示，他首先在岩石爆破方面看到了此项发明的前景。阿尔弗雷德·诺贝尔说，这种新型炸药对瑞典国防军的大炮和步枪来说，威力巨大。[284]

*

奥托·施瓦茨曼（Otto Schwarzmann）是韦特恩湖北岸奥姆贝里锌矿的经理。施瓦茨曼来自德国，以绿色西装和浑身洋溢的热情与活力著称。自 19 世纪 50 年代后期比利时古山公司收购瑞典矿山以来，他一直负责经营。近年来，市场风云变幻。大家都在讨论危机，并说瑞典矿业并没有发挥真正的作用。

其实瑞典矿业的挫折与工作方法无关。同其他地方一样，这里的采矿工作异常艰难。矿工们不得不用手钻和大锤钻出炸药孔。一个小时能挖十厘米已经很不错了。他们总共需要挖八十厘米深，然后留出很多小孔，用炸药填埋，才能炸掉一小块岩壁。

1863 年 12 月，阿尔弗雷德的硝化甘油实验不太成功，当时奥托·施瓦茨曼不在奥姆贝里现场，但他的矿工们对此印象深刻。在当前的难题下，乐观主义者施瓦茨曼绝对不会错过机会。当阿尔弗雷德·诺贝尔联系并要求回来测试他改进好的炸药时，施瓦茨曼在回信中答应了。现在两人都在现场。

阿尔弗雷德要求停留两周。6 月，施瓦茨曼让他进入矿区，最终一切如阿尔弗雷德所愿。引爆器起作用了。回到瑞典后，他第一次能把成功这个词说出口。“令人惊讶的是，人们注意到，整块岩石几乎一次性被打碎了。”这段故事在《晚报》中可以读到。好几家报纸都预测，诺贝尔的新型炸药将取代火药。当矿工和隧道建设者不再需要在每次爆破前钻那么多洞时，挖矿工程可以节省大量资金，同时还挽救了许多生命。新闻界称，诺贝尔的液体炸药对矿工来说几乎不存在危险。[285]

当阿尔弗雷德于 1864 年 7 月 7 日返回斯德哥尔摩时，成功已成事实。几周后，他获得了专利。他在申请中运用了标准措辞，他是“第一个将这些学科从科学领域带入工业领域的人”，这话即使现在看来也不觉得有任何夸张成分。他解决了津宁教授的问题，并将索布雷罗激动人心的发明变成了造福人类的东西。

也许有关“几乎不会发生”任何安全事故的保证，听起来有些大言不惭。

如今更多的矿主投来信件。阿尔弗雷德和埃米尔不得不在海伦堡开始生产硝化甘油，并招募更多员工。除此之外，埃米尔还带来了他的同行，卡尔·艾瑞克·赫兹曼，此人研究技术并对化学实验感兴趣。赫兹曼有幸与阿尔弗雷德开展广泛合作，有时候他甚至还充当起助手的角色来。

阿尔弗雷德前往丹尼慕拉矿场、维格尔布矿场以及贺兰矿场。这年夏天成了小型的展览之旅，埃米尔不得不坐马车来回奔波，推带着储存在香槟瓶子里令人激动的炸药。[286]

至于伊曼纽尔做何反应，尚不清楚。但我们知道的是，他仍然认为没有理由去提醒布尔梅斯特有关海伦堡火灾保险的必要性。

*

阿尔弗雷德·诺贝尔似乎在摸索着前进。他在1864年的炸药和引爆器专利申请中写下了“在理论基础上”这几个字，但在他留存至今的论文中，既没有化学公式也没有科学推导的痕迹。如果他曾经做了系统观察，也没有记录下来。阿尔弗雷德站在他的容器旁，摆弄着他的硝化甘油，然后派埃米尔用香槟瓶把炸药送走。整个项目更像是赌博而不是科学实验。

这位为科学造福的人难道研究的是伪科学吗？

我将这个问题丢给乌普萨拉大学思想史名誉教授、《19世纪瑞典的知识与化工产业》一书的作者，安德斯·隆格伦（Anders Lundgren）。2017年年末，我们在斯德哥尔摩的一家咖啡馆见面，在12月和煦的日子里，露西亚女神和新获诺贝尔奖得主的光芒照亮了原本如夜空一般漆黑的瑞典。

“我们对阿尔弗雷德·诺贝尔在他的实验中的思考过程知之甚少，”隆格伦教授说，“他更像是一个工匠，实际上在努力取得最好的结果。那么你要知道，这个时候，往往会有更好的途径。科学理论不足以解释复杂的实际情况。当时的瑞典化学家常说，事实永存，理论先卒。阿尔弗雷德·诺贝尔知识渊博，大有作为。”

这让我想起了英国科学家约翰·道尔顿，他早在1803年就从理论上描述过原子，但从未成功地从科学上证明它们的存在。人们又过了一百年才找到证据。当阿尔弗雷德·诺贝尔于1896年去世时，原子和分子的存在仍然停留在假设层面。

安德斯·隆格伦毫不犹豫地将19世纪化工产业的成功归功于工匠和创新者。他强调说，阿尔弗雷德·诺贝尔并不是其中唯一受教育不全面的人。在阿尔弗雷德·诺贝尔的案例中，他并没有通过几个月的实验成为一名科学家，但他将自己的事业转移到巴黎和圣彼得堡。正如一位炸药专家后来所说的那样：“如果你检查专利说明中包含的化学原理，那要在其中找到化学知识无疑是很困难的。”[287]

“关键在于大量实际操作。但它与科学一样难以征服，而且至少与科学一样有价值。”安德斯·隆格伦说。

“阿尔弗雷德·诺贝尔是否冒了太多风险？”我问。

“可以说当时的他们更大胆。”

*

阿尔弗雷德·诺贝尔暂时放弃了他父亲在军备上的野心。他全力以赴将他的新炸药卖给矿山和隧道建设公司。具有讽刺意味的是，他在给生意重新定位时，恰逢附近地区发生了一场激烈的战争，瑞典距离被卷入这场战争只剩一步之遥。我们可以猜想到，伊曼纽尔·诺贝尔一定会因失去这个市场机会而大发雷霆，尤其是当他得知他们曾经在圣彼得堡遇到的那个窥探技术的美国人已经掉头去其他地方找合作时。此时，电报企业家托利弗·普雷斯顿·沙夫纳突然以海军水雷发明者的身份出现在好战的邻国丹麦。丹麦和普鲁士之间的战争爆发于1864年1月，战争的目标是边境省份石勒苏益格和荷尔斯泰因的统治权，在这两个地方，德国居民和丹麦居民人数相当。

普鲁士人在战争中对丹麦人很残忍，许多瑞典人想派兵营救。卡尔十五世甚至向丹麦国王弗雷德里克七世承诺提供军事援助，但他所做的无非是为了获得丹麦的王位。卡尔十五世想要复制令人敬仰的加里波第在1860年统一意大利的壮举，占领哥本哈根，并在欢欣鼓舞中实现斯堪的纳维亚的统一。

斯堪的纳维亚主义在辩论中有许多坚定的支持者，但瑞典大臣对此表示反对，卡尔十五世也不得不退让。因此，丹麦人只能独自与势不可挡的普鲁士军队作战。正是在这种情况下，托利弗·普雷斯顿·沙夫纳再次登上了舞台。1864年7月上旬，在阿尔弗雷德去奥姆贝里进行试爆期间，丹麦和普鲁士军队之间的决定性战役在小贝尔特海峡的阿尔斯岛展开。根据沙夫纳上校的说法，他本人当时是丹麦国防部“水雷部门”的负责人。沙夫纳代表丹麦人在阿尔斯岛的南部埋设了水雷，他声称这些水雷是他自己发明的。[288]

上一次这样的事情发生在1855年，当时沙夫纳上校游历了斯堪的纳维亚半岛，大肆宣扬他在欧洲和美洲中间建造水下电报电缆这一宏伟项目中的作用。他还出现在报纸上，并获得王室的特许权，铺设穿过挪威、丹麦和瑞典的电缆。最后，他又因为同样的事情来到了圣彼得堡，见到了伊曼纽尔·诺贝尔等人，当然也听说了当时瑞典非常流行的海军水雷。

沙夫纳在他关于《大西洋电讯报》的宣传演讲中把整个故事拼接得很好。事实上，他已经被该项目除名。回到美国后，他很快开始转而诽谤大西洋电缆。这种撇清关系的做法很巧妙，在任何方面他都是十足的赌徒。事实证明，建造电缆的人和他一样，都是大外行。[289]

1858 年 8 月，第一条大西洋电缆铺设完成。英国女王的贺电从海底一路传到美国总统手中，致以无限的敬意。烟花燃放，教堂的钟声响起。据称，大西洋电缆是自哥伦布发现美洲以来，全世界发生的最重要的事情，它将保证未来世界和平。

但有些情况和事实不符。女王的电报只有区区九十九个字，却花了十六个多小时才成功发出，而且由于难以接收信号而屡屡中断。问题只增不减，一个月后，电报压根就联系不上。

第一条大西洋电缆成为一个说明缺乏对理论知识和实践经验的尊重会导致什么样后果的典型例子。英国物理学家迈克尔·法拉第的电磁实验并未被考虑在内，他观察到电不仅限于通过电线传送粒子，还可能会激发不可见的电磁场。大西洋电缆的绝缘层根本不够。电流四处蔓延，造成短路。

法拉第发现形成这套理论与让外界倾听他的想法一样困难。19 世纪 50 年代后期，他向苏格兰物理学家詹姆斯·克拉克·麦克斯韦（James Clerk Maxwell）寻求公式方面的帮助。詹姆斯·麦克斯韦是 1864 年成功制定电磁学必要方程式的人。电磁场的想法应运而生，并将影响下一条大西洋电缆的设计，因此从 1866 年开始，这条电缆在一定程度上就像发条一样顺利运行着。

但迈克尔·法拉第（1867 年去世）和詹姆斯·克拉克·麦克斯韦（1879 年去世）都没有得到真正的认可。直到 1902 年，这项伟大的荣誉才降临。当第二届诺贝尔物理学奖授予与电磁学相关的研究时，获奖者已经尘归尘土归土。大部分贺词都是献给已故的先驱法拉第和麦克斯韦的。

迈克尔·法拉第——一位矿工的儿子，他的研究被同事贬低，但后人称其为“现代电学的伟大创始人”。[290]

托利弗·普雷斯顿·沙夫纳上校并未就电报电缆中信号传输背后的原理贡献任何科研成果。如果阅读 1864 年已经发表的许多关于沙夫纳杰出职业生涯、天才和勤奋探索知识的出版物，就很容易相信与事实截然相反的说法。这些书上面写，大部分贺词都是沙夫纳所写。他所谓的军衔（上校）的事实依据，与他后来使用教授头衔的依据一样模糊，当时他以“美国最有见识的电气专家”自居。[291]

沙夫纳住在肯塔基州，曾学习法律，是一名自由记者，在当地经营一家电报公司，并出版了许多报纸、杂志和书，包括关于电报历史和美国内战的书籍。1864 年夏天，50 多岁的他再次游历欧洲，成为一名新晋的海军水雷专家。有关他如何加入丹麦军队，并参加了阿尔斯岛最后一战的故事，历史并没有记录。但在 8 月中旬，当丹麦将军斯坦曼被迫投降（丹麦也因此失去了石勒苏益格和荷尔斯泰因）时，人们可以在瑞典报纸上读到一篇有趣的告示："斯坦曼将军从北美的沙夫纳上校那里收到了一把做工精良的宝剑，以表彰这位将军在 6 月 29 日领导军队从阿尔斯岛撤退时的能力和表现，当时沙夫纳上校也在场。"

9 月 2 日星期五，这位美国水雷专家出现在斯德哥尔摩报纸的旅瑞人员名单中。"来自美国的沙夫纳上校"白天入住了位于古斯塔夫·阿道夫广场的吕德贝里酒店，这意味着他及时赶到了斯德哥尔摩，目睹了海伦堡的大灾难。常言道："祸不单行。"[292]

第八章

诺贝尔家的爆炸

1864年9月3日的斯德哥尔摩看起来是一个宁静的星期六。上午，王后和路易丝公主在卡斯特霍尔姆岛（Kastellholmen）观看一场游泳学校的表演。晚上，哈塞巴肯餐厅在花园里提供了施特劳斯音乐的伴奏。在此期间，威斯特朗大街的里昂耐斯仓库总是有丝绸销售，供有能力和时间的人购买。

新闻界报道了丹麦和普鲁士之间的和平谈判。皇家大剧院（Stora Kongliga Teatern）宣布周日演出《塞维利亚理发师》或《无果的审慎》。

在海伦伦德，人们很早就开始工作了。来自长岛的工程师布洛姆（Blom）拜访了阿尔弗雷德·诺贝尔。他们坐在主楼的底楼里聊天，而安德丽塔则在一边闲逛。

埃米尔和他的朋友——化学系学生卡尔·埃里克·赫兹曼已经和父亲伊曼纽尔一起在实验室里开工了。

最近，周围的居民开始议论纷纷。就在周二，当另一批装有酸液的瓶子运到诺贝尔家时，铁匠的妻子安德松说出了很多人的想法：“现在诺贝尔先生又带来了一些地狱般的东西。天知道什么时候才能结束！”几个邻居向批发商布尔梅斯特投诉实验的事情，布尔梅斯特是海伦堡的房东。“诺贝尔肯定没有在房子下面埋地雷！”布尔梅斯特向他们保证。而之前诺贝尔先生向他保证，没有理由惊慌。

就在十一点半之后，事故发生了。这次爆炸前所未有的厉害，声音“比大炮的声响还要响”。附近的窗玻璃都被打碎了，僧侣桥杂货店货架上的货物都飞了出去。一道鲜红的火光冲天而起，接着是巨大的黄色火焰，最后是一团巨大的烟柱。

阿尔弗雷德·诺贝尔和工程师布洛姆摔倒在地。窗户上的玻璃碎片洒在他们身上，两人的头部都受了伤，布洛姆伤得很重。安德丽塔没大碍，只是有些轻微脑震荡。而伊曼纽尔，好吧，他有天使的保护。他当时正往返于实验室和住所之间，为了收一封信。他也遭遇了石块和瓦砾的碎片雨，但没有受伤。[293]

其他人的情况怎么样?

记者迅速赶到现场，迎接他们的是可怕的景象。实验室只剩下焦黑的瓦砾，残缺不全的尸体散落一地。“不仅是衣服被扯掉了，有的人脑袋没有了，骨头上的肉也被扯掉了——总之，你们看到的不是普通的尸体，而是一团团血肉模糊不成型的东西，与人体几乎没有相似之处。”一位记者写道。

当墙壁突然倒塌时，铁匠的妻子海伦娜·安德松正在隔壁的石屋里做饭。她头颅的一部分被压碎，一只手臂被撕裂，然后被“放在沙发罩上”乘船带到塞拉菲姆（Seraphim）医务室。据说她“在记者记录时可能就已经去世了”。

附近的许多房屋，包括长岛的房屋，屋顶都被砸碎，窗户被炸毁，家具也被毁坏。值得注意的是，仿佛有上帝保佑，爆炸发生时一艘汽船刚刚驶过下面的海峡。

《晚报》在第一版印刷之前设法获得了一些死者的名字。该报称，“在迄今发现的人体遗骸中”，他们认出了一名年轻的技术专家赫兹曼、一名 13 岁的青少年、一名伯格松守夜人的 19 岁女儿和一名木匠的尸体，这名木匠曾在诺贝尔家的一座附属建筑上工作。

“爆炸发生时，伊曼纽尔工程师的小儿子在工厂里，目前还没有找到他的踪迹。(有人根据其中一具尸体认出了诺贝尔家最年轻的孩子。)”

几家报纸对这种粗心大意感到愤怒，并想知道这种危险的制造工作怎么会出现在住宅区中。《晚报》写道:“曾同意这个项目的人身上肩负着沉重的责任。”[294]《新日报》(*Nya Dagligt Allehanda*)指出，现在有人有义务向那些成为寡妇或孤儿的人支付抚养费。

霍恩大街挤满了想去海伦堡亲眼看看发生了什么的人，每半小时一班从骑士岛开往受影响矿场的汽船也非常拥挤。由于成百上千的人想去事故现场，汽船不得不安排额外的班次。好奇的人可以窥视破碎的建筑物，看到被撕裂的悬挂着的衣服，破烂的窗帘迎风飘扬，从树上撕扯下的树叶像五彩纸屑一样散落在地上。硝酸的气味无处不在。

下午，所有尸体都被运走了。早先担心的事情已经成真，而且变成了最困难的结局。在海伦堡事故中丧生的人之一是 20 岁的埃米尔·诺贝尔，即伊曼纽尔和安德丽塔的小儿子。爆炸发生几小时后，他残缺不全的尸体被从废墟中拖了出来。

铁匠的妻子安德松还活着。

不幸的是，报纸上对“诺贝尔家爆炸”的持续报道与阿尔弗雷德·诺贝尔的新型炸药和引爆器专利的官方公告发生了冲突。就在事故发生的当天，《晚报》恰好发表了一篇关于“一点也不危险”的炸油的长篇文章，文章表示，从今以后，这种炸药将完全不可能发生“使用普通火药经常发生的重大事故……”。报纸随后表示道歉，并借口说这篇文章是前一天写的。

*

警方最早于9月5日星期一要求审讯。伊曼纽尔·诺贝尔和威廉·布尔梅斯特都不得不出现在城堡和骑士院之间敏特大街4号的警察局。审讯将由斯德哥尔摩警察局长负责。

布尔梅斯特被问及是否获准在他的海伦堡进行爆炸活动，他的回答是没有。布尔梅斯特为自己辩解说，诺贝尔已经通知他，他从事的不是有风险的活动。他还解释说，无论如何他都有火灾保险，他希望从中得到赔偿。

局长问财产是否有防爆保险，制造硝化甘油的事他有没有告知？布尔梅斯特尴尬地承认并没有。

爆炸共造成五人死亡。他们中有四个人曾在实验室工作过，除了埃米尔和他的朋友卡尔·埃里克，还有住在长岛的13岁送货员赫尔曼·诺德和19岁的实验室助理玛丽亚·诺德奎斯特。45岁的木匠约翰·彼得·尼曼在去医务室的路上去世了。

几位亲属旁听了审讯，包括赫尔曼的父亲、玛丽亚的父亲和新近丧偶的尼曼夫人，在她丈夫突然去世后，她发现自己“处于特别令人不安的境地”。

当警察局长随后将目光转向伊曼纽尔·诺贝尔时，大厅里的气氛很紧张。伊曼纽尔可能不得不起立，这个60多岁头发浓密的壮汉，留着船长发型，鼻梁上架着的老花镜后面长着一双松鼠般的眼睛。很容易想象他紧张的神态。

伊曼纽尔从一开始就自相矛盾。他先是声称他们从不在屋檐下生产硝化甘油，而总是在院子里生产，然后又明确表示埃米尔和他的朋友那天早上在实验室里实验的正是硝化甘油制剂。他们想简化这个过程。当警察局长问爆炸是怎么发生的时，伊曼纽尔回答说，埃米尔和卡尔·埃里克一定是加了太多的硝酸，或者是没仔细注意温度计，不小心把硝酸甘油加热到了爆炸点以上。

他坦白地说，是儿子埃米尔的粗心大意造成了严重的事故，而他本人则在爆炸前几分钟离开了实验室。

之后伊曼纽尔大声朗读他事先写好的一张纸。他透露，他们在海伦堡共存放了130公斤装在陶土杯中的现成硝化甘油，部分在实验室，部分在院子里。他们认为没有理由报告制造过程，因为这只是一个实验。他们甚至没有在报纸上刊登广告。

他说他没有为他在住所或实验室的个人财产投保。

警察局长随后打断了审讯。在场的人都前往海伦堡查看事故现场。

*

痛失埃米尔是爆炸的代价，但在最初的几天里，至少伊曼纽尔和阿尔弗雷德似乎已经把所有的情绪都从他们的身体里抽走了。情况非常危急，他们必须保持冷静的头脑。最重要的是，尽管发生了悲剧，但他们仍要努力挽救未来所能挽救的一切。他们必须说服公众这次事故是偶然的，并且需要提供解释和安抚人心。

伊曼纽尔在审讯期间的表现并不完全令人信服。阿尔弗雷德看到报纸用错误的事实来冲淡真相，十分恼火。他在《晚报》上发表了一篇文章作为回应。“(由于)报纸的报道包含一些错误，我想陈述我所知道的爆炸原因。”这是文章的开头。阿尔弗雷德承认，在住宅区研制威力如此强大的炸药当然是十分轻率的。但硝化甘油很特别，他解释道。如果火药开始燃烧，一切就都会爆炸。但是，硝化甘油根本不易燃。他声称，硝化甘油根本无法被火引爆，甚至无法燃烧。这就是他们将其评为无风险的原因。硝化甘油直到180摄氏度才爆炸，而在海伦堡，他们从未将其加热到“无害”的60摄氏度以上。

那么发生了什么事？阿尔弗雷德也责怪埃米尔。弟弟不仅忘记了温度计，也忽略了化学液体在相互反应的时候，会产生很多热量，嗯，没错，化学反应可以把温度升到180摄氏度以上。埃米尔也没有像往常一样立即用冷水冷却混合物。

“我曾希望，不管新型炸药的其他巨大好处如何，它的引入都能避免每次开挖隧道导致令人悲痛的意外事故。此外，目前可以肯定，正如不久的将来将证明的那样，它对公众的好处并不能消除亲友对他们遭受的损失的悲痛，”阿尔弗雷德写道，

“然而，从人道主义和国家经济的角度考虑，硝化甘油可以挽救更多的生命、简化工作，所以不可否认的是，硝化甘油相对火药来说，利大于弊。”他在文章下面署名“阿·诺贝尔”。[295]

两天后，同一家报纸刊登了埃米尔的讣告：

学生
奥斯卡·埃米尔·诺贝尔
死于危险事件
1864年9月3日于海伦堡，
在10点30分去世。
享年20岁10个月零4天；
父母兄弟姐妹和亲朋好友
吊唁追悼；
谨此讣告。

埃米尔的家人将这条信息刊登出来，在文末加上公认的缩写SBÖS，意思是怀着沉痛的心情悼念。[296]

无法确定路德维格和罗伯特·诺贝尔在事故发生时以及一周后最小的弟弟举行葬礼时身在何处。但从写给罗伯特的一封保存完好的信件来看，路德维格、米娜和孩子们在8月初无论如何都在瑞典，当时他们住在阿尔塞尔家族位于达拉勒的避暑别墅。根据《晚报》刊登的旅行记录，另一位姓诺贝尔的工程师于1864年8月24日从圣彼得堡抵达斯德哥尔摩。这应该指的是罗伯特，他经常待在圣彼得堡。我们可以获悉的是，他于1864年秋天前往斯德哥尔摩，目的是看看阿尔弗雷德新获得的成功专利以及工作近况。[297]

有人说，在这场巨大的家庭悲剧发生时，他们都聚集在斯德哥尔摩。这或许可以解释为什么他们之间的信件里没有谈及这次爆炸和失去埃米尔的痛苦。因为他们都聚在一起，所以也不必在信里写。他们可能谈论过恐怖的爆炸现场，并互相拥抱安慰。

9月10日星期六，即灾难发生一周后，埃米尔·诺贝尔和他的朋友卡尔·埃里克·赫兹曼被送上最后的安息。那是一个夏日，既阴沉又多风。中午，联合葬礼在玛丽亚公墓举行。两位朋友被安放在同一个坟墓里安息。[298]

*

托利弗·普雷斯顿·沙夫纳上校可没闲着。他称自己为“当代最重要的军用水雷专家”，正是凭借这个角色，他找到了美国驻瑞典特使詹姆斯·坎贝尔，当时后者刚在瑞典上任。坎贝尔了解到，沙夫纳的水雷阻止了1.5万名普鲁士士兵对丹麦人的进攻。所以这位美国上校很快就在瑞典首都建立了各种人脉。“仙人掌上的彩色花朵”，这是诺贝尔研究专家埃里克·伯根格伦后来对沙夫纳的称呼。

海伦堡的爆炸当然没有逃过沙夫纳的眼睛。据称，他很早就询问了有关这种有趣的炸药，并要求特使坎贝尔帮忙打听。诺贝尔这个姓氏对于这位美国访客来说是再熟悉不过的了。毕竟，沙夫纳曾在19世纪50年代在圣彼得堡遇到过伊曼纽尔·诺贝尔（也许还见过阿尔弗雷德·诺贝尔），当时这位美国人将他的电缆和诺贝尔的水雷卖给了沙俄政府。

沙夫纳上校有一头乌黑飘逸的头发，蓄着精心打理的胡须，目光炯炯有神，又很友善。他穿着剪裁考究的黑色西装，戴着一顶闪亮的大礼帽。他在斯德哥尔摩唯一一家名副其实的酒店——古斯塔夫·阿道夫广场的吕德贝里酒店——会见了他人脉中的人。

早在来到斯德哥尔摩的第一周，沙夫纳就拉拢了瑞典海军防卫部的负责人，并提出免费演示他发明的水雷。在埃米尔的葬礼后的那个星期二，他得到了水雷委员会专家的同意（在当年早些时候，他们曾拒绝了伊曼纽尔·诺贝尔的提议）。沙夫纳获得了他所要求数量的火药和两艘瑞典海军退役的火炮单桅帆船。

在沙夫纳的演示中，水雷的爆炸尝试是在梅拉伦湖进行的，并且这些水雷是通过电力远程控制的。但沙夫纳的演示远远算不上成功。事后，坎贝尔特使在给华盛顿国务卿的报告中对沙夫纳的水雷做了一些粉饰，但瑞典军事科学院抱怨道，这位美国人的创造力根本不比其他人出色。坎贝尔很快就为自己仓促的信任感到后悔，华盛顿方面也在回信中对这件事进行了尖锐的斥责。美国内战如火如荼，在北方各州，沙夫纳是不受欢迎的人，这番话让特使清楚局势。几年前，沙夫纳曾在伦敦出版了一本书，他在书中明确表示自己支持南方各州。在扉页上，他还自吹自擂是美国最高法院的成员，这让他在华盛顿方面没有获得任何正面评价。

刚上任的坎贝尔很快就开始意识到，如果说这个沙夫纳有什么特别之处的话，那就是他带来了麻烦。[299]

在等待水雷委员会表态的过程中，沙夫纳试图自行获取更多有关诺贝尔新型炸药的信息。他很幸运。当时罗伯特·诺贝尔和他住在同一家酒店，而斯德哥尔摩本身也不大。一天晚上，沙夫纳上校和伊曼纽尔·诺贝尔碰巧在吕德贝里颇受欢迎的餐厅里挨着坐。这家餐厅由法国厨师瑞吉斯·卡迪耶（Régis Cadier）经营，他在19世纪50年代曾在圣彼得堡工作过几年。[300]

不久后的一天下午，沙夫纳乘坐轮船前往海伦堡。这是一次奇怪的访问。伊曼纽尔不懂英语，沙夫纳不懂瑞典语，那时阿尔弗雷德和罗伯特都不在身边。幸运的是，约翰·埃里克松的经纪人、前铁路承包商阿道夫·尤金·冯·罗森片刻之后出现在门口。他恰好和伊曼纽尔有生意往来，可以帮助他们俩进行交流。

根据冯·罗森伯爵的说法，沙夫纳解释说他来海伦堡是因为他想购买诺贝尔炸药的使用权。伊曼纽尔回答说，目前他既没有精力也没有权限回答这个问题。他身体不好，工作不堪重负，最重要的是，他仍沉浸在悲伤和忧虑中。在那种情况下，沙夫纳坚持说，他必须与伊曼纽尔的儿子阿尔弗雷德·诺贝尔交谈。

随后，冯·罗森伯爵和沙夫纳上校一同乘船前往斯德哥尔摩。沙夫纳随后再次表示他很感兴趣，并愿意“以各种方式推进诺贝尔先生的想法”。一年后，当审判临近时，冯·罗森在证词中讲述了那天发生的事情。伯爵说，很明显，沙夫纳“之前对硝化甘油的使用一无所知，整个作用机理对他来说都是陌生的”。[301]

最终证明，水雷委员会的专家们对沙夫纳的水雷的热情超过了对诺贝尔炸油的热情。1864年10月4日，星期二，皇家少校决定授予托利弗·普雷斯顿·沙夫纳上校1000里克斯达勒的报酬。同一天，这位美国人被授予瑞典皇家宝剑勋章，并接受了国王的亲自嘉奖。沙夫纳甚至在不久后离开该国之前，还在城堡与卡尔十五世共进晚餐。

尽管如此，沙夫纳的水雷还是像他到达时一样，不久便从人们的视线中消失了。这位美国人突然获得荣誉似乎更多是因为瑞典国王希望在旷日持久的美国内战中发挥调解作用。自战争开始以来，瑞典就明确表示同情北方各州。亚伯拉罕·林肯总统向卡尔十五世赠送了两支装饰华丽、带有个人铭文的柯尔特左轮手枪，以感谢他的支持。这份礼物是经过精心挑选的，因为卡尔十五世以收藏武器著称。卡尔十五世欣喜若狂。作为回应，他向林肯总统赠送了他的枪支收藏目录。

1864年秋，瑞典部分地区对美国内战的态度开始发生变化。尤其是在瑞典贵族圈子里，人们开始怀疑，时间这么久了，北方各州似乎也没能力结束战火。看来南方各州也很强大吧？北方各州喊的口号是不是有点太偏向自由主义了？

冲动的卡尔十五世在外交政策上有一些特立独行的倾向。据说沙夫纳对南方在战争起因中的描述给这位君主留下了深刻的印象。根据沙夫纳的说法，晚饭后他曾在国王的图书馆与国王进行私人谈话，国王取出了美国地图，并让沙夫纳依次讲解各州的历史。

在几年后的一封信中，这位美国人声称他当时已经向瑞典国王解释过，战争的原因并非所有人所想的有关奴隶制的问题，真正的原因是北方各州想要通过限制南方各州的权利，剥夺南方各州繁荣的经济成果。据说卡尔十五世在一张照片上签名，作为礼物送给国家分裂时期的总统杰斐逊·戴维斯。他让沙夫纳亲自将照片交给戴维斯。“向他问好，这对我很重要，我可以随时准备支援。”根据沙夫纳的说法，这是卡尔十五世的原话。

六个月后，南方各州投降。直到八年后，也即卡尔十五世去世后，杰斐逊·戴维斯才收到沙夫纳的照片和信件。

10月晚些时候，在沙夫纳返回美国的旅途中，这位获得皇室勋章的美国上校给美国驻瑞典特使詹姆斯·坎贝尔写了一封鼓励信。他让特使联系水雷委员会的专家，通过他们让他了解诺贝尔炸油背后的秘密。

坎贝尔在回应中非常坚决地拒绝了。他表示自己无意从事此类工业间谍活动。[302]

*

阿尔弗雷德·诺贝尔关于硝化甘油的辩护文章并没有受到所有人的欢迎。在《新日报》的一封匿名来信中，他被指责“以牺牲真相为代价”，吹嘘他的“炸药的许多优良特性”。这位匿名作者指责阿尔弗雷德隐瞒硝化甘油有毒的事实。“根据可靠的分析，硝化甘油含有毒性最强的物质之一，仅一滴……就足以引起眩晕。”这位作者写道。他还在信中预测诺贝尔的炸药会比火药害死更多的工人。

阿尔弗雷德对此进行反驳，并否认一切指责，包括“吹嘘”或营销（他声称自己从未参与过任何“骗局”)。他在信件的开头写道:“这位作者似乎对我有很多意见,他反对我,其实是在反对事实。……相信公众已经对他的霸道语气做出了应有的判断,我只想简要地……罗列他犯下的更严重的错误。”根据阿尔弗雷德的说法,这位作者似乎在试图隐瞒真相。此外他表示,硝化甘油所引起的头痛是完全可以解决的。[303]

两周后,即 10 月 10 日,对伊曼纽尔·诺贝尔和布尔梅斯特的审判在市政厅举行。原告——死者的亲属和被毁房屋的居民——都聚集在大厅里。和记者一样,他们也听到了铁匠妻子安德松去世的噩耗。

检察官西尔弗斯帕勒(Silfversparre)首先要求将伊曼纽尔和布尔梅斯特都判处制造事故并导致共 6 人死亡的罪名成立,并宣读了数额巨大的伤害赔偿。

伊曼纽尔·诺贝尔宣布自己与事故无关。他认为自己在法律上没有义务,而只是在道义上有义务赔偿受害者。他保证,自己不会失信,但目前,他自己也承受了极大的伤害,因此暂时无法直接拿出这笔钱。海伦堡的房东、富有的批发商布尔梅斯特选择了一条不同的辩护路线,并拒绝承担任何法律和道德责任。他声称自己不知道房客诺贝尔生产硝化甘油,因此他并不打算支付任何赔偿。[304]

审判将持续一年多。渐渐地,斯德哥尔摩的记者对这件事没那么执着了。仅仅几周后,这件事就被媒体抛在脑后。但检察官并没有放弃。法庭上的对立情绪依旧强烈,愤怒和悲痛笼罩着所有当事人。其中大部分情节并不在公众视线内。

*

市政厅里究竟发生了什么?这个问题触动了我,因为到目前为止我还没有看到任何关于阿尔弗雷德·诺贝尔的文稿中有涉及爆炸案的审判。伊曼纽尔是否因导致他人死亡而被定罪?阿尔弗雷德有没有被一同起诉?

在有关诺贝尔的研究中,最多只能找到几句警察审讯的记录。给我留下深刻印象的是,法官女士对辩护感到满意,并且最后简单地将所有指控一笔勾销。记者的本能在我内心呐喊道,这事有蹊跷。我打算去一趟斯德哥尔摩的城市档案馆,一查究竟。

市政厅法院第三部门于 1864 年装订好的刑事案件记录厚如中世纪的《圣经》,硬封用磨损过并且可能有 150 年历史的绳子用力绑在一起。文件中的日期顺序令我

印象深刻。我戴上手套，随意翻阅了一些陈年往事，对被抢走睡袋的磨坊主表示同情，并对斯图拉纽大街的一次入室盗窃案有点感兴趣地仔细查看，在那个案子中，赃物是三条羊毛围巾。

尽管如此，针对诺贝尔的案例还是不容错过，这是为数不多的包括附录在内长达 100 页的案例之一。我把内容抄下来带回家，在周六下午边喝茶边读起了这部“侦探小说”。一开始，晦涩的老瑞典语很难读懂，但很快我就被迷住了。年底前一共开庭九次。

案件中的一些事实在之后被修改过。上面写，埃米尔并没有站在实验室里，而是站在院子里的一张桌子旁。他一直拿着一罐他要清洗的硝化甘油。伊曼纽尔曾告诉他将罐子放在地上以提高稳定性，然而爆炸的就是那个罐子。证据：埃米尔的双手和脸都被炸飞了，在轰的一声之后飞出了十多米。

据我所知，伊曼纽尔干了一件蠢事。他让市政厅法庭听取他的朋友工程师布洛姆的证词。布洛姆病了，但他在长岛接受了询问。他的证词几乎是程式化的说法，他脱口而出伊曼纽尔心里对这起爆炸事件责任的想法。立场明显的布洛姆声称，他曾多次听到这位伊曼纽尔先生直截了当地告诉他的儿子埃米尔，让对方停止实验。

我有些怀疑。考虑到当时的情况，这不是一个令人信服的证词。

“伊曼纽尔承认硝化甘油有毒并且会自燃吗？”检察官问道，他似乎对案件很警惕。

“我不知道硝化甘油是否有毒，但我自己尝过，后来也没有感到任何恶心，而且我还活得好端端的，”伊曼纽尔回答道，“自 1854 年以来，我一直在瓶子里装炸它，但从未引发过爆炸。”

最伤心的是死者家属。失去妻子的克莱恩斯米登·安德松（Klensmeden Andersson）悄悄指出，即使世界上所有的科学都证明爆炸不可能发生，事实也是：“爆炸真的发生了，并且对我和其他人都造成了重大的、无法弥补的损失和伤害。”铁匠克莱恩斯米登要求对方支付塞拉菲姆医务室的灵车费、棺材钱、清洁费和葬礼等费用，并要求赔偿损坏的桃花心木抽屉柜、镀金茶壶、七打瓷盘和两张穿孔的亚麻床单等，总计 563 里克斯达勒。

索赔的诉求不仅限于此。监狱部门要求伊曼纽尔家赔偿长岛监狱共 260 扇被打碎的窗户。泥瓦匠寡妇要求赔偿 600 里克斯达勒，赫尔曼和玛利亚的父亲分别要

175 里克斯达勒和 250 里克斯达勒。钢琴被毁，银器消失，工作福利也失去了。附录排到最后一个字母 Z，具体的赔偿数目数都数不清。我记下了到目前为止我看到最高的赔偿金额：4368 里克斯达勒。这相当于海伦堡公寓七年的租金。

接着我的目光落在赫兹曼父亲的信上，这封信让我的心碎了一地。失去挚爱的 25 岁儿子卡尔·埃里克后，这位来自穆塔拉（Motala）的钟表匠写道：

“尊敬的市检察官！谨以此信回复贵信件……（我）宣布，对于这起令人悲痛的不幸事件，我不要求任何赔偿，也不想有人承担任何责任，因为痛到深处，是无法用任何世俗的东西来弥补的。”

看完其余文件后，我得出两个结论：(1) 1865 年 1 月发生了一些戏剧性的事情，导致判决被拖延；(2) 在整个审判过程中，阿尔弗雷德·诺贝尔一次也没有被提及，甚至没有间接提及，尽管这项专利和整个生产理念都由他提出。

难道伊曼纽尔·诺贝尔是想为他的儿子而死？

我只在一份文件中瞥见了阿尔弗雷德的名字，它出现在与已故玛利亚·诺德奎斯特的父亲意想不到的冲突中。到目前为止，从文件来看，我很高兴伊曼纽尔似乎正在努力履行他的赔偿承诺。有几名原告宣布他们放弃索赔，因为伊曼纽尔·诺贝尔已经补偿了他们（作为“礼物”，因为他不承认这是赔偿）。

玛利亚·诺德奎斯特的父亲不是放弃索赔的原告之一。伊曼纽尔没能用任何金钱让他闭嘴，最后对这位父亲耗尽了耐心。从形式上看，这起矛盾发生在伊曼纽尔家，但愤怒的文字一定是阿尔弗雷德所记录的。我认出他在纸上奋笔疾书的斜体字字迹，很潦草。这场争论令人不太愉快。关于这位父亲，据诺贝尔所写：“他对我忘恩负义，尽管我对他释放善意，（他）却想要迫害我，还指责我冷酷无情，并试图对我提出几乎无穷无尽的索赔要求。”

等到最终定案的时候，事实已变得很清楚。诺贝尔需要向诺德奎斯特支付他所要求的一切赔偿。

*

有些人仍然会公开地表达他们的同情，并为伊曼纽尔·诺贝尔屡次遭遇的挫折感到惋惜。很明显，有很多人想要趁机踩一脚这个做过许多实验的家庭。诺贝尔家收到了好几封恐吓信。一天，伊曼纽尔遭到袭击并被推下楼梯。

令人担忧的问题依然存在：阿尔弗雷德成功调配的新型炸油，能否熬过这番波折？

路德维格在圣彼得堡饱受煎熬。和其他兄弟一样，他非常担心父母的健康，尤其担心安德丽塔将如何应对悲伤，他也担心家里的经济状况。他们知道，纵使威力再猛烈，如果炸油再次爆炸，他们无论如何也喘不过气来。因此，继续生产炸油就有很大的风险，所有的钱都会花在赔偿上。路德维格为自己帮不了什么忙感到懊恼。他刚刚在圣彼得堡执行任务，现在既没有订单，也没有临时工作应付过冬。另一边，罗伯特的煤油灯似乎也仍旧颗粒无收。

路德维格提出了一个建议。等风暴平息后，不如让父亲伊曼纽尔成立一家股份公司，“因为那样资金就不会被耗尽了”。[305]

这个建议没被明确否定。在矿主和铁路工作人员中有许多人认为，如果海伦堡的事故意味着硝化甘油的生涯结束了，那会是一场灾难。在他们看来，阿尔弗雷德用引爆器的解决方案非常巧妙。毕竟他发明的炸药，其威力是普通火药的数倍。传统火药和硝化甘油根本无法相提并论。正如作家乔治·布朗在他的《炸药——历史性的一击》(*Explosives. History with a Bang*) 一书中所写，（两者）爆炸效果的差异“就像被骑自行车的人撞到与被特快列车撞飞的差异”[306]。订单继续源源不断。

决定性的转折点在 1864 年 10 月出现。尽管发生了海伦堡事故，国家铁路委员会还是决定使用阿尔弗雷德·诺贝尔的发明来爆破南马尔姆地块下的铁路隧道，该工程现已开始。其他人也纷纷效仿。在东马尔姆的图斯宝嘉山开展的爆破工作中，他们数月里几乎完全改用诺贝尔的炸油。其中一位领导图斯宝嘉山工作的人甚至在《邮报》和《国内新闻》报纸上各发表了一篇文章，称赞硝化甘油的卓越性。谣言是真的，工人们可能会有头痛的副作用。但文章说，这种现象是可以治疗的。

尽管如此，伊曼纽尔和阿尔弗雷德打算听从路德维格的建议，准备创立一个股份公司，这件事的阻力相对较小。钱一定是从外面募集的，这一点从一开始就很清楚。伊曼纽尔首先提议《晚报》的创始人拉尔斯·约翰·耶塔（他在利列霍尔门有一家蜡烛工厂）作为这个公司的合伙人，持有一半的股份。阿尔弗雷德设法阻止了父亲的热情提议，他觉得这个选择有些鲁莽。实际上，他对另一个人更感兴趣，即卡尔·温纳斯特伦上尉，他曾在夏季领导过乌普兰省的爆破工作。早在 8 月，阿尔弗雷德·诺贝尔就派这名上尉前往挪威，希望获得挪威当地的专利。[307]

温纳斯特伦上尉住在与诺贝尔家隔海相望的长岛地区。他在监狱里经营一家小型手工作坊，雇用了300名囚犯从事制鞋、裁缝和木工工作。现在，温纳斯特伦想找一些新项目，炸油的生意让他很感兴趣。但公司需要更多的投资者。安德丽塔的兄弟路德维格·阿尔塞尔曾在他们没钱的时候接济过他们，但要做投资他没有这么多资金。但伊曼纽尔的妹妹贝蒂·埃尔德，在慈善募捐活动中结识了斯德哥尔摩最富有的人之一的表亲，这个人就是“国王岛之王”，威廉·斯米特。几年前，罗伯特·诺贝尔正是在斯米特的啤酒厂当学徒。

“国王岛之王”的表姐，即贝蒂的朋友，名叫胡尔达·索尔曼（Hulda Sohlman），嫁给了《晚报》的主编奥古斯特·索尔曼（August Sohlman）。在这种情况下，这可不是一项没意思的投资了。几年后，奥古斯特和胡尔达生下一个儿子，他们给他取名为拉格纳。这位拉格纳·索尔曼将受雇于彼时年长且富有的阿尔弗雷德·诺贝尔。1896年阿尔弗雷德去世后，年轻的拉格纳被赋予了一项吃力不讨好的任务，即作为遗嘱执行人，完成阿尔弗雷德的遗愿：创立诺贝尔奖。

显然，是胡尔达·索尔曼和伊曼纽尔的妹妹贝蒂，首先引起了威廉·斯米特对引起争议的硝化甘油投资的兴趣。斯米特是当时瑞典最大的风险投资家之一，住在斯德哥尔摩，个性独特。斯米特当时拥有国王岛一半的土地，并且刚被任命为阿根廷驻瑞典总领事。除此之外，他还把很多时间花在了他的业余爱好上：研究蘑菇。1864年，斯米特的彩板作品——《斯堪的纳维亚最著名的可食用蘑菇和有毒蘑菇》——在书店的需求量很大。

赞助人斯密特和比他小12岁的阿尔弗雷德·诺贝尔有许多共同点。两人小时候都生活在艰苦的环境中。他们性情单纯、谦逊，至少从表面上看，他们对奖章和奖励不感兴趣。《瑞典传记词典》中描写威廉·斯米特的一句话，也恰好适用于阿尔弗雷德·诺贝尔：“看似冷淡和拘谨的外表之下，隐藏着一个心地善良和乐于关怀的内心。他用无声的方式，耕耘着慈善事业。”[308]

有了斯米特和温纳斯特伦的投资，钱到位了，10月底前，新的硝化甘油股份公司正式成立。资金匮乏的阿尔弗雷德·诺贝尔则贡献了他的专利，公司总价值高达惊人的10万里克斯达勒（约合今天的700万瑞典克朗）。其中，斯米特和温纳斯特伦承诺在一段时间内支付3.8万里克斯达勒的现金。剩余的资金将以股份形式给阿尔弗雷德，共62%股份。后来斯米特和温纳斯特伦用另外的2.5万里克斯达勒稀释了股份，这样两人加在一起便占了多数。阿尔弗雷德又决定将他的一半股份赠予父亲伊曼纽尔。这使得斯米特成为新公司最大的股东，他比温纳斯特伦多持有一股股份。

在公司成立之前，阿尔弗雷德写了一份招股说明书，承诺有金山绿林的回报。他雄心勃勃地表示，据估计未来瑞典山区所用的火药，全部都会被他的炸油代替。他对盈利的预测仿佛像一场梦，他认为仅仅几年就能达到30万里克斯达勒。[309] 似乎他们都认为自己成了某个宏图伟业的一分子，在诺贝尔家族的案例中，这种理想也许是解决每次财务问题的方法，或者只是在和自己较劲？

总之，事情的发展远没有那么简单。

11月初，罗伯特·诺贝尔从汉堡返回了斯德哥尔摩，他去德国的目的是处理自己煤油灯进口的生意。[310] 他穿着一身庆典服装返回了故都。当时的挪威—瑞典联盟正庆祝50周年国庆，整个斯德哥尔摩都用艺术的煤气灯装扮着。国王在骑士岛上同两国的贵族共进晚餐，燃放着孟加拉烟火。他为每位宾客招待烤牛肉、醋栗糕点和三杯潘趣酒。[311]

几天前，丹麦和普鲁士达成了最终的和平协议，丹麦人和石勒苏益格－荷尔斯泰因失之交臂。瑞典对这场战争没有施以援手，成为统一斯堪的纳维亚梦想的致命一击。最后只剩下瑞典和挪威之间的联盟了。虽然这两国的联盟未能持续到100周年庆，即便有不断的摩擦，联盟仍旧持续了很长时间，至少在阿尔弗雷德·诺贝尔在世期间，这个政体没有任何变化。

这个情况让人想起阿尔弗雷德自己家的一些情况。罗伯特似乎并不情愿介入一场新的突如其来的争斗中，因为伊曼纽尔和阿尔弗雷德在硝化甘油公司的第一次股东大会上，围绕权力进行了激烈的对抗。哥哥只能被迫进行调停，试图斡旋势不两立的两父子。罗伯特之后写信给路德维格：

> 我已经竭尽全力说服老爷子辞去董事一职。我让他了解到自己在担任作家、演说家和化学家方面有限的本领，他也不得不承认我是对的，并承诺不去争抢董事的职位，答应让给阿尔弗雷德。
>
> 爸爸严肃起来让人浑身发抖，开起玩笑又仿佛能让石头跳舞。反正我肯定没法像阿尔弗雷德忍受那么久。但无论如何，我不喜欢阿尔弗雷德的做法。他过于热情，又太专横，某一天他们又会针尖对麦芒。完全屈服于老爷子也不是

一种好选择，因为从经济角度来看，老爷子会坏了整个好事。阿尔弗雷德的处境确实很艰难，但母亲的处境最为可悲，因为出于正义，她要为阿尔弗雷德辩护，这样一来，她就不得不忍受爸爸带给她的不适。[312]

罗伯特对挽救生意投入极大热情。他的煤气灯生意并没有真正腾飞。现在的计划是，他一回到赫尔辛基，就在芬兰申请带有底火的炸油专利，并在那里建立自己的硝化甘油公司。他小心翼翼地调和家庭内部的矛盾，以期达成妥协。温纳斯特伦上尉被任命为执行官，威廉·斯米特担任董事会主席，阿尔弗雷德·诺贝尔担任常任董事会成员。伊曼纽尔对于候补席位感到满意。

当然，这次冒险是一场赌博。伊曼纽尔·诺贝尔仍因导致另一人死亡而被起诉，在反复举行的法庭听证会上，针对硝化甘油的质疑非常多，甚至不排除未来会出台全面禁止硝化甘油规定的可能性。斯德哥尔摩的警察局已经禁止在城市环境中生产炸油。

与此同时，前景向好的订单接踵而至——城南地区的隧道爆破、图斯宝嘉山的竖井和国外的几个矿山。警察局的干预意味着他们不得不逃离城市，才能继续生产。诺贝尔实验室剩下的设备被转移到停泊在梅拉伦湖东部，博克霍尔姆海峡（Bockholmssundet）的一艘驳船上。[313]

一切都悬而未决，问题不少。硝化甘油究竟有多危险？科学家是怎么说的？有什么可以证明？在圣诞节前的最后一次法庭听证会上，伊曼纽尔·诺贝尔提出了一个想法，要求技术研究所就炸油提出科学意见。他可能觉得，这个主意将决定未来，但是他要如何做到呢？[314]

*

2018年春天，退休的炸药化学家拉尔斯-埃里克·保尔松（Lars-Erik Paulsson）发表了一场题为“阿尔弗雷德·诺贝尔对硝化甘油所不知道的事”的演讲。我看到这篇文章时有些晚了，不过我真的很想驱散这件事的迷雾。

几周后，我和作者约定在卡尔斯科加（Karlskoga）郊外的博福斯炸药厂旧总部进行会面。那是一个美妙的初夏日，湛蓝的天空，白桦树郁郁葱葱，微风吹过历史悠久的工业田园。阿尔弗雷德·诺贝尔在此度过了他生命中最后两年的时光。他买

了一家大炮厂，下了很大的赌注，但死神挡住了他的路。根据拉尔斯－埃里克·保尔松的说法，阿尔弗雷德到死都没有搞明白硝化甘油真正的问题。直到近几十年，这事情才被厘清楚。

今天，在该地区可以找到火药生产商博福斯（Eurenco Bofors）拥有的瑞典唯一一家硝化甘油工厂。工厂经理夏洛塔·博斯特伦（Charlotta Boström）说，现在甚至在铁丝网内都不能泵送纯硝化甘油。硝化甘油非常危险，所以它是在几公里外的带围墙的掩体中生产的，掩体带有装甲门和厚水泥墙。一切都由操作员在安全距离内远程控制。

1864 年，他们并不知道这么多。

突然听到一声巨响。在我确信这只是一枚炸弹之前，我的心跳加速——原来是在河边的实验室进行试射。

拉尔斯－埃里克·保尔松在这里工作了 35 年。当新的化学测量仪器使他有可能深入了解“炸油”的秘密时，他对硝化甘油产生了特别的兴趣，尤其是这种物质有一种非常特殊的自发分解现象。当他想解释阿尔弗雷德·诺贝尔无意识的误判时，他将手臂平放在身前。在常温下，硝化甘油可以存放一整年而不会发生变化。但突然间——拉尔斯－埃里克将他的手臂向上抬——加速分解超过一定极限后，很快就会引起自燃。

“在阿尔弗雷德·诺贝尔的时代，他们并不知道这一点。在 70 度的高温下，炸油几天后就会发生爆炸。”他说。

拉尔斯－埃里克还说，硝化甘油中一直含有的水分会逐渐加快这种突然的分解。水分会慢慢分解分子，释放出酸，与其他成分反应并氧化，导致热量急剧上升，然后形成氮氧化物气体，这反过来又增加了热量，产生新的气体，最后发生自燃爆炸。

“如果硝化甘油开始冒烟和起泡沫，那就不好玩了。如果被困在一个地方，它就会想要从里面挣脱。”拉尔斯－埃里克解释说。

“它可以像羔羊一样瞬间转变成危险的狼。”

关于硝化甘油，阿尔弗雷德·诺贝尔有很多不知道也无法知道的事情。

*

伊曼纽尔·诺贝尔想要获得专业知识，但在 19 世纪 60 年代中期，当谈到硝化甘油的爆炸危险时，科学家几乎无能为力。人们当然可以说，这是由意大利阿斯卡尼奥·索布雷罗发现的物质，但在试图将这种物质驯化成有用的炸药方面，诺贝尔父子是先驱。当技术研究院最终就硝化甘油的特性发表法律意见时，句子中充满了诸如“尚未充分研究”和“目前已知”之类的免责声明。

在 19 世纪 60 年代对硝化甘油感兴趣的不仅仅是爆破技术人员，一些医生和顺势疗法医生也开始关注引起如此剧烈头痛的物质。顺势疗法医生遵循病因也可以是药方的座右铭，他们很早就尝试过用硝化甘油专门治疗头痛。一些英国医生和药理学家也曾尝试用硝化甘油治疗胸痛，但索布雷罗发现的这种炸油在被研发成治疗心绞痛的药物方面取得重大突破之前，还需要很多年。[315]

在阿尔弗雷德·诺贝尔生命的最后几周，他本人因心脏问题接受了硝化甘油的治疗。正如他所说：“这真是命运的讽刺。”[316]

在 19 世纪 60 年代中期，医学研究向前迈进了许多步。有机化学的诞生——认识到在化学上研究无生命物质和活生物体之间没有重大区别——对医学发展意义重大。人们对认真研究人体中化学过程的兴趣也增加了，思辨的自然哲学让位于越来越具体的科学实验。新的精制显微镜也发挥了作用。人们学会将人体组织切成薄片，放在显微镜下可以透视整个组织。早在 19 世纪 30 年代，两位德国科学家就已经能够借助显微镜，确定所有活生物体都是由微小的细胞组成的——这是生命中最小的组成部分。

生理学家——研究人体运作方式的科学家——变得越来越多。可以研究的一切都被研究了。这么做的目的很明显：如果科学能够更好地解释人体生理学，那么消除偏差（疾病）也会更容易。瑞典居然恰好在 1864 年迎来了第一位生理学教授，这对诺贝尔家族来说意义重大。这门学科在 19 世纪下半叶的崇高地位，是阿尔弗雷德·诺贝尔“在生理学或医学领域最重要的发现”设立奖项的原因。

诺贝尔奖中并没有单独设立的医学奖，这和大多数人所想的不同。在阿尔弗雷德的世界里，首先提到的是生理学。

生理学家（和解剖学家）就像绿色牧场上的奶牛。人体是如何工作的？详细情况如何？受到新细胞理论的启发，他们还冒险进入了以前不敢接近的领域，并在显微镜下观察了人脑组织。即使更多的随机临床观察已经开始将思想引向正确的方向，从这一现象到解释 1865 年 1 月发生在伊曼纽尔·诺贝尔身上的事情也还有很长的路要走。这个故事具有神话色彩。1848 年 9 月，美国爆破手菲尼亚斯·盖奇（Phineas Gage）在铁路工地发生事故，左额叶被铁钉刺穿。他活了下来，但据他的医生说，由于脑损伤，他的性格发生了变化。盖奇失去了所有的自制力，变得满嘴脏话，挥金如土，也失去了对日常生活的自理能力。这个案例给了同时代人一个暗示，即大脑额叶的损伤会如何影响一个人的行为。

在 19 世纪 60 年代初期，法国神经学家保罗·布罗卡（Paul Broca）贡献了另一种见解。他遇到过一位语言能力逐渐严重退化的患者。他们见面时，这位男性患者只吐出一个“檀”字，没多久就死了。布罗卡对他进行了尸检，发现左额叶后部有脑损伤。他收集了更多的例子并得出结论，左脑这个区域是大脑的语言中心，今天这个区域被称为布罗卡区。[317]

阿尔弗雷德·诺贝尔很快就亲眼见证了，大脑不同部分与身体功能之间清晰的联系。

*

1864 年圣诞节，伊曼纽尔和阿尔弗雷德·诺贝尔再次恢复了良好的父子关系。股东大会结束了，阿尔弗雷德已经谈妥了父亲的候补席位。“老爷子很善良，会尽一切努力修理旧东西，”阿尔弗雷德在给罗伯特的圣诞信中写道，“我只是觉得没有理由进一步和他顶撞下去。”

他更担心的是安德丽塔。“妈妈心里有点乱，而不仅是无聊，海伦堡每年的这个时候总是有些可怕。”

阿尔弗雷德自己也病了，心事重重。当局仍旧在争论他的炸油。他们获得的驳船不能作为永久解决方案，因此他们不得不四处寻找另一个硝化甘油制造地点，“离城市至少五公里远——换句话说，‘离你们，我亲爱的朋友们，真的太远了’。”阿尔弗雷德向罗伯特抱怨道。[318]

距离圣诞节只剩下几天了。罗伯特和路德维格有家人可以依靠。路德维格的两个儿子，埃曼纽尔和卡尔，分别是五岁和两岁，米娜期待着他们长大。罗伯特家的小亚尔玛已经两岁半了，宝琳现在又怀孕了，等到春天又将诞下一个小婴儿。[319]

阿尔弗雷德打算独自在谷仓地大街的公寓里度过一个“在对身心健康有益的温暖环境中”的圣诞节。他确实有理由担心自己的健康。一段时间以来，他一直被眼睛发炎折磨着，但生意迫使他忽略了这一点。现在他从医生那里收到了令人震惊的消息。据医生说，困扰他眼球的疾病是俗话说的“维纳斯花柳病”。“他认为她（指维纳斯）有必要结识一下水星（又有水银之意）。听着很可悲。”阿尔弗雷德写给罗伯特。[320]

为了安全起见，阿尔弗雷德用俄语表达了这句话。他用隐晦的措辞传达了医生认为眼球带梅毒症状的意思。当时梅毒和慢性淋病等性病都用汞治疗。据说，与爱神维纳斯共度一夜，就意味着要与水星共度一生。

阿尔弗雷德·诺贝尔是否患有梅毒？这个问题没人知道答案。1854 年夏天，阿尔弗雷德在圣彼得堡说他差点死于性病，据他自己说，他用“光和热射线”治愈了这种病。梅毒在当时是一种不能被公开谈论的可耻疾病。患者经常以过早死亡告终。但这种疾病在接下来的几十年里奇怪地消失了，既没有大众熟知的症状，也没有出现隐秘的心理状态。阿尔弗雷德发现自己身处悲惨的混乱之中，但与此相伴的是，他很快发现自己又将陷入了一场新的混乱，这让他反而将焦虑减轻到了微不足道的地步。

无论如何，他仍旧不得不在这个圣诞假期里承受痛苦。然而，在这件事发生的时代，用医学史学家尼尔斯·乌登贝里（Nils Uddenberg）的话来说，“去看医生比不去看医生更危险”。

还好并非一切都那么黑暗。正如阿尔弗雷德对他的哥哥罗伯特所阐述的那样，他宁愿将生活中的忧虑视为“即将放晴的天空中的小乌云”。毕竟，随着生意的发展，事情开始变得轻松起来。许多人对他的专利很感兴趣，订单接踵而至。新年过后，诺贝尔兄弟又在进行新的测试，地点位于图斯宝嘉山。罗伯特刚刚在芬兰拿到专利，挪威那边也已做好准备，阿尔弗雷德开始考虑到其他国家拓展业务。[321]

瑞典媒体不再那么明显地发表消极看法，这一现象点燃了诺贝尔对未来的梦想。1864 年 12 月中旬，《哥德堡邮报》驻斯德哥尔摩的记者对当局针对诺贝尔家族的最新举措写了一篇评论。他的开头这样写道：“新发明，尤其是那些对人类进步做出最重要贡献的发明，总是难以取得成功——现在这已成为一种与人类文明一样古老的经历。如果一项新发明为了最终赢得认可而必须克服阻力和困难，构成了从总体上衡量该发明未来价值的衡量标准，那么……硝化甘油的发明就是人类实际生活中具有最重要地位的历史性发明之一。”[322]

像许多其他报纸一样，该报纸忘记了一个小问题，即发明硝化甘油的是阿斯卡尼奥·索布雷罗，而不是阿尔弗雷德·诺贝尔。但对新成立的公司成员来说，这种钦佩多于仇恨的论调很重要。

威廉·斯米特终于在斯德哥尔摩以西的温特维肯湾找到了一个合适且安全的厂址。1865 年的前几天，他买下了这个地块，该地块位于梅拉伦湖的深湾，周围环绕着高大的山脉。他让邻居们签署宣誓书，声明他们不反对将有争议的硝化甘油生产地点转移到那里。[323]

业务开始之前需要一些时间，但这次买地感觉像是一个新的开始。新年伊始，他们在图斯宝嘉山区进行了爆破，报纸上的报道出人意料地变得热情起来。《晚报》写道，经验丰富的岩石爆破工被炸油的效果惊呆了。“你可以看到一大块石头，被炸成几个大块……后突然落下。换成火药，需要庞大的数量才能产生这样的效果。”

要不是批发商布尔梅斯特这儿出了问题，一切看起来又恢复了光明，一些人当时正“像水蛭一样”向伊曼纽尔·诺贝尔索要赔偿。这位批发商不打算贡献一个子儿。阿尔弗雷德感到有些忧心忡忡。他不禁联想到，另一场财务危机的威胁正在折磨父亲。

当父亲患上中风时，阿尔弗雷德·诺贝尔甚至将部分责任归咎于布尔梅斯特。医生不同意这种说法，但阿尔弗雷德坚持认为，1865 年 1 月 6 日发生在伊曼纽尔·诺贝尔身上的事情与布尔梅斯特对他的压力和提出的沉重赔偿要求有着明显的联系。

根据阿尔弗雷德的说法，导致伊曼纽尔·诺贝尔中风的起因是，大脑右半球出血或血栓，因此本应属于“轻度”性质。但伊曼纽尔在中风后整个左侧身体瘫痪，身体部位失去了知觉。他只能躺在床上，根据医生的证明，他很难长时间保持清醒，也很难跟上深入讨论。

不仅如此，还存在并发症的可能。这位被指控罪名的伊曼纽尔·诺贝尔将再也不能出现在市政厅的法庭上了。[324]

第九章

“所有的麻烦都堆在了一起”

阿尔弗雷德等了大约一个星期才将伊曼纽尔中风的消息通知他的兄弟们。他非常希望哥哥们能放心，也希望瘫痪问题恢复，一切照常。但伊曼纽尔没有好起来。他虽然逐渐恢复了智力，但仍卧床不起，没有人帮助就无法行动。中风后一个月左右，他又遭遇了新的危机，身上出现腹泻和严重的肠出血。有一段时间，伊曼纽尔非常虚弱，安德丽塔担心会发生最坏的情况，因此夫妇俩共同起草了一份遗嘱。

除了难以想象的赔偿要求，伊曼纽尔全天候护理的账单也是天价。伊曼纽尔不仅失去了工作能力，他的养老金申请在瑞典和沙俄也都遭到冷遇。现在的他一无所有，还在接受审判。

接下来的几个月，诺贝尔家族的绝望感越来越强烈。

在圣彼得堡，路德维格仍然无所事事。为了帮助父母，他已经欠了一次债，没有新的订单，他也无能为力。正如他所写的那样，他“只有薄饼能想买就买”。另外，罗伯特正在制订在芬兰建立硝化甘油工厂的计划，但也仅仅是计划。所有希望都寄托在阿尔弗雷德身上。

由于这次危机打击面广，以至于住在斯德哥尔摩的家人几乎没有注意到米娜在1865年1月底诞下了一个女儿。[325]

不幸的是，阿尔弗雷德遇到了炸油生产的问题，目前生产仍在梅拉伦东部的驳船上进行。日常工作由新毕业的工程师拉特斯曼（T. H. Rathsman）管理，他是斯米特找到并聘用的。26岁的拉特斯曼在驳船上竭尽全力，但在新的一年开始后的几周内，整个斯德哥尔摩地区都因严寒而瘫痪。在拉特斯曼的每日报告中，他描述了酸结冰的样子，描述硝化甘油“像粥一样浓稠”的情况。阿尔弗雷德意识到这是行不通的。市场对硝化甘油的需求量仍然很大，客户等得很不耐烦。如果他们要成功，就需要在温特维肯湾新购买的土地上快速完成工厂的建设。[326]

那时，阿尔弗雷德完全忙于手头的生意，处于一个不太舒服的局面。他缺钱，也无法实际控制“他的”公司。诚然，硝化甘油公司曾向他承诺为他的瑞典专利提供大笔现金，但这些钱要等到销售工作真正起飞后才能支付。只有这样，他才能消除“老人”陷入困境的风险。

温纳斯特伦和斯米特并没有掩饰，他们觉得自己对公司的贡献超过了诺贝尔家族。这种态度最终演变成公司成员之间的矛盾。最重要的是，温纳斯特伦上尉为阿尔弗雷德搞定了第一笔真正的收入，即 1865 年年初将专利出售给挪威。这说明了阿尔弗雷德的处境，这是他第一次也是唯一一次完全无视因他的发明而成立的公司中的股份和影响力。他拿走了一切现金，收到了期待已久的 1 万里克斯达勒。

需要填补窟窿的地方很多。最紧迫的是为伊曼纽尔清偿部分债务，让父母有喘息的机会，至少能有几个月的生活保障。松了一口气的阿尔弗雷德写信给哥哥说父亲终于平静了一些。

阿尔弗雷德将近一半从挪威赚来的钱据为己有，一个计划已经在他脑中成形。他要出国了。他要去欧洲大陆建厂，去更多国家申请专利，并将其出售给感兴趣的公司以获取金钱和影响力。如果他做对了，欧洲大陆铁路的迅速扩张应该很快就会为这个家庭急需的金库提供大量稳定的资金。潜力远不止于此。外国矿主肯定至少像他们的瑞典同行一样对他的新爆破技术充满热情吧？

这件事必须快点办，但做起来并不容易。他有几千里克斯达勒在手，但如果按照他的计划，他要去欧洲大陆建厂，这点钱远远不够。借钱是不可能的。正如他写给罗伯特的那样，在目前的情况下，在瑞典获得贷款“比七星陨落或明希豪森（Münchhausen）登上月球还要困难”。[327] 有一件事阿尔弗雷德很清楚。这次他不会捂着胡子咕哝了。这一次，他打算大力推动他的发明，尽管事实上他基本认为所有营销都是“骗局”。

在瑞典的炸油之旅中，阿尔弗雷德遇到了特奥多尔·温克勒（Theodor Winckler）和威廉·温克勒（Wilhelm Winckler）兄弟。他们在西海岸拥有一个采石场，但长期住在汉堡，在那里他们经营一家从事建筑材料贸易的公司。温克勒兄弟曾建议阿尔弗雷德去那里碰碰运气，并答应提供帮助。伊曼纽尔对温克勒兄弟有一些粗浅的了解，他认为他们是好人。

汉堡是欧洲最具活力的贸易城市之一。这个伟大的港口与世界上数百个国家建立了贸易关系，还有着通往整个中欧的河流和铁路。阿尔弗雷德·诺贝尔认为，汉堡是国际扩张的完美基地，比斯德哥尔摩好得多。[328]

*

欧洲大陆仍然受到1815年维也纳会议建立的国际安全秩序的制约。克里米亚战争彻底撼动了这块基石，但毕竟没有将欧洲大陆的所有大国都卷入战斗。其中的大多数国家可能认为最近结束的普丹战争过于微不足道，不足以严重扰乱基本秩序。

然而他们不认识奥托·冯·俾斯麦（Otto von Bismarck）。

拿破仑战争后的和平谈判一直以防止欧洲新好战大国崛起的雄心为指导，手段是保证权力平衡和集体安全。维也纳会议的谈判代表有一个策略，就是不要太严厉地惩罚失败者法国，这是为了避免最终使每个国家都怀有对失败者的报复欲望。边界基本上只是回到了征服战争之前的状况。法国周围建立了一个由中立国家组成的保护圈。

德国则陷入了另一个困境：它不被允许变得太强或太弱。1815年在维也纳的解决方案很优雅。正如许多人所希望的那样，从来没有一个新的德意志民族国家出现。取而代之的是一个松散的独立德国国家联盟，称为德意志邦联。它包括普鲁士、奥地利和大约三十个其他较小的国家，还包括“独立的汉萨同盟城市”，汉堡。当时人们的想法是让奥地利和普鲁士这两个大国在共同利益领域相互制衡。这个邦联缺乏作为一个国家的大部分特征，例如拥有一支普通军队。

成立国家联盟的策略成功了。亨利·基辛格（Henry Kissinger）在他的《大外交》一书（1994年出版）中写道，德意志邦联同时变得“太强大而无法被法国攻击，但又太软弱和分散而无法威胁到邻国”。基辛格毫不掩饰他对维也纳谈判代表机智的钦佩。他指出，如果1918年，当时的胜利国在凡尔赛宫也能表现得如此聪明，或许就不会爆发第二次世界大战。

长期以来，普鲁士和奥地利的合作关系如和平谈判代表所希望的那样。但在过去十年中，这种关系开始出现裂痕。普鲁士蓬勃发展的工业无法在奥地利找到制衡的力量，因此改变了力量平衡。奥地利原本理所当然的领导地位开始动摇，而此前同样对奥地利高姿态不满的普鲁士人，也获得了越来越有力的支持。

普鲁士这位咄咄逼人的首相奥托·冯·俾斯麦就是其中之一，早在 19 世纪 50 年代，当时还是一名年轻外交官的他，就清楚地表明了自己的立场。在德意志邦联议院的第一个任期内，俾斯麦反对只有奥地利主席才能在审议期间抽雪茄的不成文规定，并通过这一反对作为普鲁士地位平等的标志。这场雪茄风波以决斗告终。

1865 年春天，奥托·冯·俾斯麦将年满 50 岁。三年前，他被普鲁士国王威廉一世任命为首相，已经是一个传奇人物。俾斯麦身材高大，留着浓密的海象胡须，发际线不断后撤。他精力充沛，从不掩饰自己的想法，有时甚至会非常大声地表达自己，让在场的人都屏住呼吸。当他把这一面收起来时，他整个人散发出一种近乎磁性的魅力，有些人甚至称赞他的幽默感。但他同时也以冷酷无情的态度而闻名，这也是他为人的一大特点。

从一开始，俾斯麦就明确了他（和普鲁士）的目标。像许多人一样，他希望看到一个统一的德意志帝国，但其中没有奥地利。“只要奥地利保持其主张，我们双方就没有共存的空间。从长远来看，我们不能彼此共存。”俾斯麦早在 1853 年就在一封信中写道。[329]

对于普鲁士首相来说，国际政治是一场权力和私利的游戏，与政治价值观和原则关系不大。他经常用游戏术语分析他的行动方案——如果我下棋，走的每一步会发生什么？对方又会如何应对？

据说，在俾斯麦的世界里，战争只是众多棋子中的一种，而且是最好的棋子之一。这种态度是对《维也纳条约》中和平精神的嘲弄，可不是他能夸耀的东西。正如他作为首相在著名的首次演讲中所说：“普鲁士必须在有利时机建立和保持实力，而之前已经来来回回浪费了很多机会。《维也纳条约》规定的边界并没有促进我们国家的健康发展。今天的重大问题不是由演讲和多数人……决定，而是由铁血决定的。”[330]

对丹麦宣战是俾斯麦的典型战略，也是三步棋中的第一步，根据一些历史学家的说法，这大概是他从一开始就想好的。可以说，俾斯麦是顺势而为，运筹帷幄，期盼着最好的结果。他希望通过与丹麦的战争挑起与奥地利的争端，这反过来为第二次行动提供理由。他的最终目标是：建立一个没有奥地利的统一的德意志民族国家。

现在，计划的一部分涉及从丹麦征服的公国——石勒苏益格、荷尔斯泰因和劳恩堡的权力分配。1865 年春天，当阿尔弗雷德·诺贝尔离开斯德哥尔摩时，普鲁士和奥地利之间的紧张局势已经严重到一触即发的地步。俾斯麦只是在等待一个明确的宣战理由，等待奥地利的失误，等待任何可以使这场战争合法化的情况发生。

阿尔弗雷德·诺贝尔最终将卷入这场争端，起初他只是独立于普鲁士的城市汉堡里的旁观者。到目前为止，无论是作为发明家还是企业家，阿尔弗雷德·诺贝尔对俾斯麦的战争计划都没有太大兴趣。他的预判是，炸油对军工业毫无用处，因为它只会摧毁武器。因此，当时的他只在岩石爆破的相关工程中寻找客户。

然而，在俾斯麦第三次行动的高峰期，普鲁士军队对这位富有创造力的瑞典人的炸药发明产生了兴趣。那么，一旦俾斯麦成功结束他的战争，欧洲就没有多少力量能与之抗衡了。

*

1865 年 3 月初，阿尔弗雷德乘坐他称之为“铁马”的火车，穿过仍然冰天雪地的瑞典。因此，他错过了在图斯宝嘉山进行的一次特别成功的爆炸实验，奥斯卡王储当时就在场。报纸写道：“这座山似乎升起来了，巨大的石头被炸飞并抛来抛去，具有十足的戏剧效果，引起了无数观众的惊呼。”报纸还描述了一块巨石如何“像羽毛一样轻而易举地从山上腾空而起”。该报祝贺“发明者和图斯宝嘉山取得了这种威力强大的爆破手段”。[331]

穿越瑞典的旅程是一场折磨。阿尔弗雷德·诺贝尔患有“车病”，经常在车厢摇晃时感到恶心。由于一场暴风雪，他在哥本哈根被困了四天，要找到一艘船载他穿越结冰的大冰原几乎是不可能的。在经历了“七愁八难”后，他终于抵达汉堡。他住进了新建的维多利亚酒店，从每个房间都可以看到内阿尔斯特人工湖。[332]

乍一看，汉堡并不是一个国际大都市。就人口而言，它只是斯德哥尔摩的两倍，但搬到那里意味着真正踏入这个世界。当然，这与它欧洲第二大港口的身份有关。商船从大多数人梦寐以求的遥远目的地来到这里，有时候来自澳大利亚，有时候则来自好望角、加尔各答或中国。来自所有可以想象的贸易殖民地的奇特商品在这里卸下——椰子、棉花、可可和热带水果。

阿尔弗雷德来到了一座异常现代化的欧洲城市。1842 年的大火将汉堡市中心的大部分地区变成了废墟，包括该市的市政厅和几座教堂。当务之急就是建造一个新的城中心，建筑师抓住了这个机会。汉堡的中世纪狭窄小巷被现代宽敞的空间、明亮宽阔的街道和开放的广场所取代。

最引人注目的是内阿尔斯特湖周围码头的改造，现在俨然成了汉堡的休闲步道。在那里，新的阿尔斯特拱廊以其美丽的威尼斯拱门而闻名。步行街少女堤（Jungfernstieg）也经历了蜕变，两旁是新古典主义风格的优雅宫殿。那里有旅馆、餐馆和专卖店。“重要的贵妇人大步走来，面带骄傲的表情，戴着粗金链子。”瑞典作家克拉埃斯·伦丁（Claës Lundin）写道，他在这个时期经常访问汉堡。

伦丁对汉堡“热闹的商业生活”着迷。“你去过证券交易所吗？”据他说，这是 19 世纪 60 年代中期汉堡居民问陌生人的第一个问题。“您知道我们的污水处理系统吗？”则是第二个常问问题。[333]

温克勒兄弟的办公室距离少女堤仅有几分钟的步行路程。他们住在博格大街 10 号的一座五层石制建筑中，这是为数不多的在火灾中幸存下来的建筑之一。阿尔弗雷德在“温克勒公司”里获得了一个办公室，并可以在那里开展他的工作。兄弟俩承诺，如果他在注册自己的公司之前需要订购化学品，可以找他们帮忙。阿尔弗雷德开始全速工作，向好几个国家发送专利申请——奥地利、比利时、西班牙、法国、英国，甚至美国。[334]

1865 年 4 月，阿尔弗雷德·诺贝尔在汉堡获得了外国人的贸易许可证，德国岩石爆破炸药的加工开始了。在萨克森州的一个铜矿进行第一次试爆后，阿尔弗雷德满意地写信给斯米特，说炸油超出了所有人的预期。他谈到，“德国绅士们目瞪口呆，他们先是像士兵一样僵硬，之后态度就像蜡一样柔软下来。”[335] 接下来，汉堡郊外的一个砖厂的事情登上了报纸，文章用了“超级”一词的最高级形式。《汉堡新闻》（*Hamburger Nachrichten*）曾报道过诺贝尔先生的“无害”炸油的神奇效果。该报称，它有一个“美好的前景”。[336]

但是订单推迟了，因此付款也推迟了。酒店的账单刺痛了他的心。这年春天，阿尔弗雷德在找更便宜的住所，并从格罗斯剧院街的一家钢琴制造商那里租了一间房。

阿尔弗雷德喜欢与温克勒兄弟合作，尤其是特奥多尔。“优秀的伙伴。……我真的很惊讶父亲第一眼就对他做出了如此正确的判断。”他在给哥哥罗伯特的信中写道。但不幸的是，温克勒也缺钱。情况很紧急，因为阿尔弗雷德现在的热切营销自然需要快速生产的跟进。他被迫质押了他在瑞典硝化甘油股份公司的全部股份，并且在他的预算范围内难以找到一个合适安全的工厂地点。博格大街 10 号太靠近市中心了。[337]

温克勒兄弟提供了一个临时解决方案。他们在海港区有一些仓库，附近没有住宅楼。阿尔弗雷德不得不租下其中一个木质棚屋。温克勒兄弟还安排了一些工人供他使用。第一批酸一到位，他就开始生产硝化甘油。这件事是在极度机密的情况下进行的。虽然阿尔弗雷德·诺贝尔提了许可申请，但被拒绝时，他的生产工作已经如火如荼地开始了。很快他就达到了每天近 100 公斤炸油的生产能力。但与乐观的特奥多尔·温克勒的预测相反，销售情况十分低迷。[338]

来自斯德哥尔摩的财务消息丝毫不令人安心。温特维肯工厂已经布置好并准备就绪，并且在一个经过改建的旧马厩中慢慢开始进行生产工作。伊曼纽尔的情况也有所好转，但他仍然不能自己站立或行走，甚至在没有他人帮助的情况下不能在床上移动。那年春天，安德丽塔因背痛而倒下，在写给汉堡的信中表达了她的恐慌情绪。“奥地利的情况如何，有什么事情要做还是已经结束了？抱歉这么问，但我担心钱很快就会用完。你在美国获得专利了吗？”[339]

阿尔弗雷德变得压力重重。安德丽塔语气中的失望是显而易见的，于是他写信给在斯德哥尔摩的罗伯特。如果父母都这么难受，罗伯特就不能以阿尔弗雷德的股份作为抵押向斯米特顾问借钱吗？他向哥哥保证，他正在趁热打铁，并且正在和温克勒兄弟努力进行试爆，这番话显然是说给父母听的。“天知道我多么努力（我们从未在国内这样做过）”和“德国人似乎终于要点头了”，只是需要花一点时间。羞愧难当的阿尔弗雷德坦白说，他被迫为他的临时“工厂”提供了 30 万里克斯达勒的赔偿保证，以防万一。“我知道，亲爱的罗伯特，我玩得太大了……但是有什么办法呢？我没有办法建厂——在德国建厂需要很多钱，因为场地和盖楼都很贵。但我不想让老爸认为我无所事事，或者让他觉得在非常需要钱的时候我们家却陷入困境。”[340]

绝望的阿尔弗雷德想知道罗伯特是否认识可以以高利率借他 1 万里克斯达勒的人（阿尔弗雷德使用了当代反犹太俚语“犹太人利息”）。他还向他的兄弟吐露，他考虑过公开“为父亲的发明份额伸张正义”，但他犹豫不决，因为担心这笔资产会被他父亲的债权人吞噬。

继续读他的信几乎让人感到痛苦。32 岁的阿尔弗雷德·诺贝尔实际上是在请求家人的认可，渴望从家里得到感激的回馈，甚或是充满爱意的回应，例如：我们知道，阿尔弗雷德，你会尽你所能帮家里，甚至做得更多。

两周后，下一封信是母亲安德丽塔写给阿尔弗雷德的。“我没有什么令人高兴的事情要宣布，钱很快就会用完，也就是我的最后一笔钱，然后就得喝西北风了。”[341]

对于家中出现的困境，这是可以想象的最糟糕的。但情况并没有好转。斯德哥尔摩的一位建筑工人奥古斯特·伊曼纽尔·鲁德贝里（August Emanuel Rudberg）申请了一种使硝化甘油爆炸的新方法的专利。他的想法是从钻孔口向硝化甘油装药中发射一枚炮弹。

起初，阿尔弗雷德挥手让步。这当然是个玩笑，但“这个想法非常巧妙，我非常尊重它”，他在一封信中慷慨地写道。他知道他的专利几乎涵盖了通过产生爆炸性冲击波来引爆硝化甘油的所有方法。在那之前，阿尔弗雷德一直在使用一种特殊的引爆器，或者说是弹盖，里面装满了火药。但在专利中，他还涵盖了其他解决方案。

他对鲁德贝里厚颜无耻的剽窃企图表示讽刺。“如果我‘改进’了外国小说中的标点符号，以我的名义出版并为我谋取利益，人们会怎么想？难道能被人称道——可能吗？”[342]

当商会在不久后出人意料地批准了鲁德贝里的专利时，信里的态度变了。阿尔弗雷德最终要对簿公堂了。他决定在汉堡顺利贩卖炸油前不回瑞典的家。家庭的未来落在了他的肩上，正如他所说，“如果现在的生意不能为我们提供口粮，那么我们从哪里获得明天的资金？”但他现在该怎么办？他们只能被迫起诉鲁德贝里侵犯专利权。

阿尔弗雷德在邮件中收到了竞争对手专利的副本。他比较了一下，意识到无知的法官很可能会漏掉一个细节。他为此感到痛苦。回家还是待在这里并捍卫自己的专利？根据他对汉堡情况的评估，家里的经济困难应该会在几个月内结束，而到那时，专利案可能还在进行中。“我想回家，但这是不可能的：这会导致我们所有人走向毁灭，如果您站在光秃秃的山上，那您没有任何资本去阻止法官的判定和公众的笑声。”

他认为法官应该看得出他是对的。但在斯德哥尔摩，任何事情都有可能发生，这就是他的感觉。怒火溢于言表。“如果没有比较的过程，那将是一种不公正的判决，而且也只会发生在我们亲爱的瑞典，那里的律师应该去吃干草，商业学院应该去重学 ABC。”他建议罗伯特选择一位“顶尖的律师”。

阿尔弗雷德的直觉是正确的。对鲁德贝里的专利审判过程持续将近一年，并以阿尔弗雷德的硝化甘油公司败诉而告终。鲁德贝里不久后破产的事实可能减轻了这个打击。[343] 无论如何，审判对即将发生的事情来说只是一阵风。

*

这年夏天，阿尔弗雷德·诺贝尔不仅受到意想不到的竞争对手的折磨，而且他的头部左侧疼痛不已。当他承受压力时，就像平时遇到逆境一样，症状就会恶化。他似乎没有想到，剧烈的头痛是处理硝化甘油的已知副作用。

事实上，他写道，他需要给自己做个水疗，但既没有时间也没有钱。另外，两位老人长期以来一直过惯了奢侈的生活，用的可能是阿尔弗雷德从出售挪威专利中留出的钱。在不确定的情况下，他一定不会赞成动用这笔费用，但父母需要这笔钱，除了他还有谁能付钱呢？目前还没有从两位哥哥那里听到任何积极的财务信号，只是经常报告说他们的家庭成员越来越多。春天，罗伯特的妻子宝琳也生下了一个女儿，取名英厄堡（Ingeborg）。当照片寄来时，阿尔弗雷德认为这个“小男孩”看起来又可爱又好看。[344]

在斯德哥尔摩北部的小镇北泰利耶，有一种泥浴被认为对风湿病和神经衰弱有治疗作用。一个新的大型温泉浴场在这个季节开放了。1865 年夏天，安德丽塔和伊曼纽尔在那里度过了一个多月。“上帝，真要感谢我们的小阿尔弗雷德，我们才能来这里洗浴，我不能否认的是，现在情况确实好点了。老头子还是一步也走不了，但他觉得自己的力气大了一些，我也觉得好一些了。……你给自己背负如此巨额的债务，真是太糟糕了，而且还是在这样的条件下，但我们希望你能向前走……”安德丽塔在水疗中心待了几天后，写信给阿尔弗雷德。

她写道，她很担心他，但当她明白他的沉默是因为他经常出差时，她平静了下来。“可怜的阿尔弗雷德，你要这么拼命工作和努力，真是糟糕，而且似乎看不到努力的前景，此外还有一些疯子挡你的路……”[345]

仲夏时节，巴黎传来一则消息，这让北泰利耶的父母印象深刻，他们终于在《国内邮报》上看到了这则消息。

这则新闻的背景是阿尔弗雷德在6月初为蒙塔涅山谷（Vieille Montagne）公司在比利时同名矿山进行的一些测试。当时该公司位于瑞典奥姆贝里矿山的主管施瓦茨曼热情地向他的比利时上级报告了关于诺贝尔的炸药。德国和比利时许多重要的学者都加入了好奇的工程师行列。当阿尔弗雷德将一吨重的铸铁堆炸成四个大块和几个小块时，他们感到很惊讶。[346]

阿尔弗雷德随后将两个喷砂铸铁块放在他的行李中前往巴黎。

*

我在阿尔弗雷德写给罗伯特的一封信的脚注中找到了有关巴黎之行的信息。我高兴坏了，因为我在1865年的一篇报纸文章中读到，那年夏天法国科学院任命了一个委员会来研究诺贝尔的炸油。

法国科学院是当时最好的学院之一。阿尔弗雷德·诺贝尔在他的一生中并没有收到很多这种级别的学院的认可。他当然声称他不在乎这种东西，但我的直觉是他内心深处确实在乎。如果在阿尔弗雷德·诺贝尔的世界里，认可和奖励是无稽之谈，那么他为什么要投入全部财富来创造类似这样的东西呢？

法国科学院就像今天一样，位于巴黎塞纳河畔一座美丽的17世纪宫殿里。我参观了卢浮宫对面的雄伟建筑，仔细阅读了学院的古老规程。我找不到任何关于1865年夏天阿尔弗雷德·诺贝尔的记录。最引人注目的是，阿尔弗雷德·诺贝尔的名字几乎根本没有出现在记录中，尽管他最终在巴黎生活了将近20年。

1865年夏天的这个情况，原因仍旧落在一个简单的拼写错误上。阿尔弗雷德在协议中被错误地称为纳贝尔（Nabel），因此对他第一次如此重大的认可差点就让我错过了。我阅读了阿尔弗雷德想要展示的内容，并对他为法国科学院的学者们提供的证据感到惊奇。这是怎么回事？

我能把这个问题继续探索下去纯粹是巧合。一位热心的业余科学家给我发了一份关于诺贝尔炸油的美国销售手册的电子版。它恰好是在1865年印刷的。我惊奇

地翻阅了这本手册，里面是一句接一句的溢美之词。手册第 31 页吹嘘这款产品在法国取得了成功。在几乎难以被注意的地方，有一封致阿尔弗雷德·诺贝尔的简短信件的翻译件。它由拿破仑三世皇帝的一名副官撰写，落款为杜伊勒里宫（Palais des Tuileries），日期为 1865 年 7 月。想必之前没有人见过这封信。所以一切是从拿破仑三世开始的。[347]

*

炸油的消息传到法国，阿尔弗雷德·诺贝尔在巴黎亲自向杜伊勒里宫的一位副官请求会见。后者的名字叫伊德尔丰斯·法韦（Idelphonse Favé），有军人背景，但他负责帮拿破仑三世维护和造福于国家的科学家的联系。

阿尔弗雷德将他的铁块交给了法韦，并报告了炸油的成功。7 月 14 日法国国庆日那天，阿尔弗雷德还在巴黎，他收到了一封书面答复。法韦副官已经亲自与拿破仑三世谈过话。皇帝对炸油反应积极，要任命一个委员会调查诺贝尔声称可以替代火药的这种新物质。副官带回了诺贝尔的铁块，并建议他同时去联系法国科学院。

对于像阿尔弗雷德·诺贝尔这样的平民来说，学院对当时的他毫无意义。在周一的会议期间，只有被选中的科学家被允许为科学院里所聚集的天才们演示他们的发明。副官建议阿尔弗雷德通过著名的化学家和科学院成员米歇尔·谢弗勒尔（Michel Chevreul）与科学院联系，他是一位年近 80 岁高龄且备受尊敬的学院元老。[348]

阿尔弗雷德似乎听从了建议，他快马加鞭启动了这件事。在 7 月 17 日的法国科学院会议上，谢弗勒尔教授就在院士面前大声朗读了“阿·纳贝尔”先生的来信。他一边读一边在大厅里展示诺贝尔的铁块，毫无疑问增加了院士对这项发明的兴趣。

演讲后，另一个当选的院士、化学家朱尔·珀卢兹（Jules Pelouze）发言。他想向学院强调，发明硝化甘油的绝不是瑞典人“纳贝尔”。年轻的意大利化学家阿斯卡尼奥·索布雷罗早在 1847 年就已经这样做了，但刚刚宣读的信中对此只字未提。珀卢兹说，索布雷罗曾在珀卢兹位于巴黎的实验室工作过。珀卢兹继续强调说，虽然该物质尚未投入任何实际用途，但硝化甘油的功劳将完全归功于索布雷罗。或许诺贝尔名字的拼写错误意味着珀卢兹没有意识到即使是这位“纳贝尔”也曾经在他的实验室实践过。

不过，阿尔弗雷德本人从未声称自己发明了硝化甘油，只是说他成功引爆了硝化甘油，并且是第一个成功地将这一物质“从科学领域带到工业领域”的人。但在报纸上，这种区别通常不被提及。在都灵，愤怒的索布雷罗听说一个瑞典人在欧洲旅行，并推销他的硝化甘油，还将发明据为己有。索布雷罗的强烈反应肯定已经传到了珀卢兹教授那里。

所幸的是，法国科学院的这群科学家在区分成就方面，没有像记者一样犯糊涂。他们尊重发明家索布雷罗的功劳，但也同时向阿尔弗雷德·诺贝尔致敬，因为他传播了有关硝化甘油实际用途的重要知识。

法国科学院还特地任命了一个委员会来调查诺贝尔炸油的价值。目前尚不清楚他是否与拿破仑合作（或同时发生），但该学院至少在当时非常重视，这一点可以从来自多个学科的多达六名科学家的参与中得到证明，其中包括珀卢兹和强大的谢弗勒尔。

32 岁的业余化学家阿尔弗雷德·诺贝尔有充分的理由自信满满，但他对外保持着冷静的头脑，并稍稍降低周围人的期望。根据阿尔弗雷德的说法，法国总体上是一片“行政缓慢的土地”。这个国家还垄断了火药，当然对任何具有挑战性的新奇事物都不感兴趣。他在写信给罗伯特时让对方不要抱太大希望。这些法国委员会委员“像得了癌症一般，每年只迈出半步”，仅此而已。[349]

这是一个正确的分析。对阿尔弗雷德·诺贝尔和他的炸药来说，直到奥托·冯·俾斯麦在三步棋中上演最后一步，法国人才会有所行动。

*

法国科学院每周一下午三点在金色圆顶下装潢得富丽堂皇的昏暗大厅开会。66 名成员身穿带有绿色刺绣的黑色西装，墙上挂着拉瓦锡、孟德斯鸠、伏尔泰和卢梭等历史巨人的肖像。他们从事于 11 个研究领域，涵盖了大部分学科——数学、力学、天文学、地理学、物理学、化学、矿物学、植物学、农学、解剖学和动物学，以及医学与外科。

学院的主席之位是令人垂涎的，这是法国科学家的最高荣誉。在稀疏的烛光中，成员们被期望展示他们领域的最新成果，互相剖析这些成就并将它们与其他已有知识进行比较。仅仅是一份报告被学院接收并注意到，对于一个年轻的研究人员来说，就已经是一个巨大的成功了。像阿尔弗雷德·诺贝尔一样，将其来信宣读并因此收录在学院的出版物《报告》(*Compte Rendues*)中，这进展有点快。花哨的年度奖项是奖励等级的最高级别。

直到当时，法国科学院还是一个完全由男性组成、关于男性和为男性服务的智力团体。即使居里夫人在1903年获得诺贝尔奖，也未能成功颠覆父权制结构。尽管科学院具有这种明显的智力歧视，每周一在塞纳河畔宫殿举行的学术会议仍是当时欧洲可以提供的最高端的科学发现评估会议之一。[350]

随着时间的推移，这项任务并没有变得更容易。对于每一项激动人心的新科学进步，世界上似乎同时有一千名新科学家在努力，甚至还要一千个。许多人都在琢磨同一件事，并且能够在大约同一时间彼此独立地得出新的见解，所以要跟踪所有发明和发明人几乎不可能。

许多化学家继续检验道尔顿关于每种物质中都存在最小成分——原子的假设。尽管缺乏证据，但越来越多的人相信这一观点了。人们甚至开始对这些原子的组合模式产生兴趣。化学键的概念出现了，到19世纪50年代后期，一位意大利科学家厘清了原子和分子之间的区别。1865年，一位德国化学家成功分析苯物质，发现其中的碳原子形成了一个环。基本上每年都有新元素被发现，迄今已有50多个了。许多化学家力争成为第一个理解其中逻辑并将所有元素系统地排列在表格中的人。

物理学家也对原子感兴趣，尽管方向有所不同。对他们来说，对原子的兴趣很大程度上与这些年对能量的深入研究有关。蒸汽机为这个问题提供了新的思路。

英国酿酒师之子詹姆斯·焦耳(James Joule)早在19世纪40年代就已经指明了方向。焦耳的朋友兼合作者，开尔文勋爵[当时的威廉·汤姆森(William Thompson)]抓住这一理论，并创造了热力学这个术语来描述他们正在琢磨的问题。结论是，热量应被视为物质中原子和分子运动速度的衡量标准。除此之外，开尔文勋爵还根据这个想法开发了一种温度计。在19世纪60年代，几位科学家汇集了一些简单的基本热力学定律。开尔文勋爵很早就走入公众视野，并宣布了自己的这些新发现，他认为人们应该能够计算出地球的确切年龄。

几年间，科学界发生了许多事。几乎每年都能完成700万次飞跃。

1865年7月，在诺贝尔的炸油实验被提上议事日程的那天，法国科学院讨论了海水的颜色和透明度、笛卡尔数学方程式的重新解释，以及一个有趣的问题，即是否存在一种电力成分——这种成分不仅仅是一种化学物质，它还可以用于解释矿泉水的保健作用（也正因为此，欧洲涌现了一股去昂贵的水疗中心的热潮）。

阿尔弗雷德·诺贝尔可能认识几位科学院成员的名字，不仅仅是他在巴黎的老化学教授朱尔·珀卢兹。在相关的外国科学家中，有几位年迈的传奇人物，例如德国有机化学重量级人物尤斯蒂斯·冯·李比希和富有创造力的物理学天才迈克尔·法拉第，后者因其在电磁场方面的开创性发现仍在等待科学界的认可。法拉第求助于苏格兰物理学家詹姆斯·麦克斯韦，后者最近发表了方程式，据说这些方程式表达了法拉第关于自然界不可见的电磁波运动的主张。在法国科学院，麦克斯韦方程组已经被讨论过几次，但不多。

最终与法拉第争夺“自牛顿以来最伟大的物理学家”称号的麦克斯韦并没有就此止步。他自信地在他最近的一份出版物中补充说，他的方程式也解释了光到底是什么。“我们几乎无法避免得出这样的结论，即光是由同一介质的横波运动组成的，而这正是电学和磁学现象的起源。”[351] 他是对的。

1865 年，在法国科学院更有趣的新当选成员中，物理学家莱昂·傅科（Léon Foucault）引人注目。他恰好是计算光速的众人之一，他的结果惊人地接近正确答案，从而为加强麦克斯韦的光理论做出了贡献。14 年前，也是这位傅科在巴黎万神殿的圆顶下悬挂了一个钟摆，并证明了地球绕着自己的轴旋转。

未来还有其他新成员在他们的生涯后期，受到阿尔弗雷德·诺贝尔的钦佩，例如路易斯·巴斯德（Louis Pasteur）。1862 年，尽管每个人都把他视为化学家，但他还是成功地以矿物学家的身份进入了学院。1865 年夏，巴斯德刚刚完成拿破仑三世的一项重要任务，在这次任务中，他还接触到了与阿尔弗雷德·诺贝尔相同等级的副官，伊德尔丰斯·法韦。

巴斯德的任务来源是法国葡萄园遭受疾病侵袭，导致葡萄酒出口量直线下降，所以本研究酒石酸的巴斯德受皇帝委托调查此事。他的结论是，酿酒师对发酵、空气和细菌的了解情况非常差。巴斯德报告说，如果将葡萄酒加热到 50 ～ 60 度，有害微生物就会被消灭。因此，“巴氏杀菌法”诞生了，这也是该创始人第一项伟大的科学胜利。到了春天，巴斯德被邀请到皇帝的宫殿，并被允许在显微镜下向拿破仑三世展示被感染的酒中蜂拥而至的细菌。

日益增长的国际研究热情加强了竞争，从而增加了需求。每个人都同意，不可忽视的想象力和创造力是科学成功的先决条件。但更重要的是花时间。无论钱包多么薄，作为一名科学家，你都不能在系统性验证方面妥协。例如，巴斯德允许他的助手进行大量实验，但不向他们透露他正在研究的假设，以免结果因一厢情愿而被扭曲。在消除所有疑虑之前，他不会公开发布任何结果，如果需要，他可能需要辛勤工作数年。他知道，有毅力的竞争者可以随时战胜任何没有做好充分准备的人。[352]

阿尔弗雷德·诺贝尔称自己是工程师，也可能是发明家，但不是科学家。他的创造力没有瑕疵，但在第二个重要方面——严谨性和系统性验证——他真的没有时间去完成。

*

温克勒兄弟在汉堡港区的棚屋并不是生产硝化甘油的理想场所。快到夏末时，阿尔弗雷德开始担心，温克勒兄弟的仓库紧挨着一个烧木屑的木材场。他可能觉得硝化甘油不会那么轻易爆炸。但任何事情都有可能发生，斯德哥尔摩的事故已经证明了这一点。阿尔弗雷德和温克勒兄弟都心急如焚，一直祈求上天保佑。

他们不能再偷偷摸摸地继续下去了，但要在汉堡拿到许可似乎不可能。阿尔弗雷德尝试过几次，但都遭到了同样的拒绝。“我想知道去撒哈拉沙漠或其他沙漠会是什么样子？”他在一封信中抱怨道。

通过温克勒兄弟，阿尔弗雷德与汉堡最受尊敬的律师之一克里斯蒂安·爱德华·班德曼（Christian Eduard Bandmann）博士取得了联系。夏初，这个班德曼帮他注册了自己的公司，“阿尔弗雷德·诺贝尔公司”。阿尔弗雷德采购了印有公司名称的文具，并制作了印刷的广告手册。一切都显得更加专业。

这位律师有一个住在旧金山的兄弟，他名叫尤利乌斯·班德曼（Julius Bandmann），帮助申请专利和在美国上市。与巴黎皇宫的通信和法国科学院的会议记录被翻译成英文，并与其他证词一起放入一本宣传自己公司的小册子中，该小册子将在美国西海岸分发。“科学的真正胜利”和“不会发生意外”等表述表明，阿尔弗雷德令人钦佩地克服了所有所谓的对夸张的“粉末”的触摸恐惧。这足以表达更现实的希望，即使用炸油比使用火药对矿井造成的伤亡要少得多。

在汉堡，有备受尊敬的律师班德曼的加入，意味着事业打开了新大门。一方面，班德曼成为合伙人后投入了一大笔钱，这意味着阿尔弗雷德·诺贝尔公司可以四处寻找工厂；另一方面，他的法律技巧帮助诺贝尔在复杂的许可申请程序中创造了奇迹。光是他的名号，就解决了许多麻烦。[353]

他们开始将目光投向汉堡以外的地方，这一事实具有很多意义，尤其是政治上的意义。

在自由的汉萨同盟城市汉堡，人们对普鲁士及其精力充沛的首相奥托·冯·俾斯麦几乎没有同情感。虽然这种态度并没有导致汉堡人民在刚刚结束的战争中支持丹麦（当时奥地利也站在普鲁士一边），但后来仍然很少有人愿意毫无保留地庆祝普鲁士的胜利。在汉堡的媒体中，俾斯麦经常被描述为敌人的形象。人们关切地注意到，对丹麦的战争巩固了他的地位。

在德意志邦联最大的国家普鲁士和奥地利之间日益紧张的情况下，独立的汉堡实际上选择了奥地利一边。它没有忘记普鲁士在1857年经济危机中的失败，当时美国的银行业崩溃导致成千上万的企业倒闭，许多贸易商破产。最后，汉堡作为一个城市也濒临破产，并呼吁更大的州提供财政帮助。普鲁士冷漠又强硬地拒绝了。另外，奥地利却立即将所要求的银条送来，汉堡得以东山再起。

这些政治摩擦会以不同的方式造福阿尔弗雷德·诺贝尔。

1865年夏天，普鲁士和奥地利正在就从丹麦征服的公国问题进行谈判。这几个地方都位于汉堡附近，人们普遍对奥地利表示好感。8月中旬完成了磋商，普鲁士得到了石勒苏益格，奥地利得到了荷尔斯泰因，而劳恩堡公国则有些悬而未决。首先，双方提出进行切割。随后，奥地利将劳恩堡的一部分卖给了普鲁士，普鲁士为了国内和平没有吞并该地区，而是建立了一个更松散的“共主邦联”。[354]

仅仅几周后，阿尔弗雷德·诺贝尔申请了在劳恩堡建立硝化甘油工厂的许可。那里有一家旧皮革厂，于1860年关闭，此后出售。这个地方叫作克鲁梅尔（Krümmel），只有曾经在皮革厂工作的五个家庭居住。克鲁梅尔离边境很近，几公里外的定居点盖斯特哈赫特（Geesthacht）是汉堡的一部分。

工厂建在朝向易北河的斜坡上。它位置偏僻，被高高的沙丘所遮蔽，但距离世界港口汉堡只有很短的船程。好处还不止于此。阿尔弗雷德的申请也将由经济上处于不利地位的公国处理，该公国最近刚刚属于丹麦，现在处于官僚管理真空状态。这意味着他将避免与汉堡的统治者发生任何争议。如果它位于克鲁梅尔，他们可以兴高采烈地指着边界说，这个工厂实际上是在普鲁士，而不是汉堡。

正如预期的那样，劳恩堡政府更加宽容。他们强调了该地区人民对工作的需求，尽管存在爆炸的风险，但最后的结论是不会有“任何广泛的伤亡事件”。另外，一位专家强调，某位“知名律师”班德曼先生为这些细节提供了担保。阿尔弗雷德获得了许可，条件是他要在工厂周围建造一个保护性的土堤。

定居在克鲁梅尔的五个家庭欢呼雀跃。自皮革厂关闭以来，17 名员工一直处于失业状态。他们将在阿尔弗雷德·诺贝尔的新工厂找到工作。阿尔弗雷德很快通过提高平均工资使自己在该地区更受欢迎，以确保能够获得所有能胜任的劳动力。[355]

*

阿尔弗雷德的销售之旅带来的利润令人鼓舞，但到目前为止，汉堡或瑞典的现金流都没有产生重大变化。订单很少，而且大多处于实验阶段。阿尔弗雷德沮丧地指出，试爆似乎只是在增加成本。很快，一份出乎意料的微薄瑞典财务报表证实了他最担心的事情。

在诺贝尔家族摇摇欲坠的商业结构中，暂时传达出经济利好消息的是圣彼得堡的路德维格。夏末时，阿尔弗雷德的兄长收到了一份期待已久的试订单，要为客户的武器车间制造几百颗手榴弹。他终于能够回到斯德哥尔摩的家，见到伊曼纽尔和安德丽塔。现在他正在去汉堡见阿尔弗雷德的路上。[356]

阿尔弗雷德很期待路德维格的来访，他们有很多话要谈。暑假期间，父亲伊曼纽尔可能在他人的帮助下写了一篇关于与鲁德贝里专利纠纷的文章，他在文中声称这是他的发明，纠纷涉及“权利受侵害”。伊曼纽尔突如其来的声明让阿尔弗雷德深受打击。现在他想听路德维格说说，这个“老人”是什么意思，这是否表示他对阿尔弗雷德的做法不满？“与亲戚做生意总是很困难，我一直渴望家庭协商。”他在给罗伯特的信中写道。[357]

路德维格在春天一直发烧，9 月底路过阿尔弗雷德的住所时，他正在去奥斯坦德水疗中心的路上。他得到了父母的热情问候，并得到消息，伊曼纽尔的胳膊和腿恢复了一些，但仍然只能卧床。北泰利耶的治疗对父亲大有裨益。他体重增加了几公斤，脸色也变好了，心情也愉快了。母亲安德丽塔和原来差不多，路德维格认为，她“非常善良和耐心，考虑周全并事事兼顾”，尽管她因背部不适而感到烦恼。[358]

阿尔弗雷德在汉堡的木质棚屋并没有给路德维格留下深刻印象，但他看到了阿尔弗雷德新购买的设备，听说了其在克鲁梅尔的工厂计划，并被其乐观性格所吸引。美国的专利销售听起来很有希望。意想不到的夏末酷热席卷了欧洲大陆，当路德维格在9月底离开时，他试图说服阿尔弗雷德和他一起去水疗中心。但是阿尔弗雷德要去意大利和奥地利出差。

在意大利，阿尔弗雷德访问了都灵市，阿斯卡尼奥·索布雷罗是该市的大学教授。不知道他是否找了索布雷罗来消除在巴黎的误会，但似乎他做到了。当阿尔弗雷德的事业步入正轨时，他向这位意大利人提供他公司的一个职位。阿斯卡尼奥·索布雷罗也欣然接受了。[359]

美国的调查看起来很有希望。接近10月底，阿尔弗雷德获得了一项已获批准的专利，并收到了来自纽约“一些富有的美国人”的报价。他们想以2万美元现金（相当于今天的300万瑞典克朗）和25万美元的股票购买他的炸油和引爆器专利。阿尔弗雷德备感满意，他表示自己很快就会前往纽约，完成最终交易。

班德曼律师的兄弟在加利福尼亚州举行了听证会。阿尔弗雷德在美国东海岸和律师班德曼的另一位熟人取得了业务联系。奥托·比斯滕宾德（Otto Bürstenbinder）上校是纽约的一名商人。阿尔弗雷德与他会面是因为5月份在汉堡郊外的一次成功试爆。不幸的是，这次雇用会导致他日后后悔。[360]

阿尔弗雷德为下一步做好了充分的准备。很快，位于克鲁梅尔的工厂就会建成并投入运营。他们可以很容易地从这座工厂经汉堡，将炸油运送到大西洋彼岸。在去美国的这趟冒险之前，阿尔弗雷德还通过塑造炸油的科学性来提高销售额。在斯米特的帮助下，他聘请了斯德哥尔摩的五位教授，并付钱让他们花几个小时为硝化甘油的“无害性”背书。

五位教授将装有硝化甘油的玻璃瓶扔向石板，试图引爆炸油，但没有成功。他们模仿诺贝尔的运送方式，将装有炸油的锡瓶装在一个木箱里，然后从几米高的地方向山上扔，结果什么都没发生。最后他们以“一切正常”作为结论。他们用炸油填充在一个爆破孔里，插入了一个试管并在孔上倒了一把火药，然后用沙子覆盖住。当他们点燃火药时，炸油以“惊人的”效果爆炸，教授们在《晚报》

上刊登的证书上写道。[361]

阿尔弗雷德看到教授们签字的报告后非常高兴。他称赞道："这是一场值得进行的实验，这对他们来说太刺激了。"

对阿尔弗雷德·诺贝尔来说，五人中最重要的一位，似乎是极地探险家和矿物学教授阿道夫·埃里克·诺登舍尔德（Adolf Erik Nordenskiöld）。他和阿尔弗雷德年纪差不多大，但已经是学界之星了。在接下来的几十年里，诺登舍尔德肯定会在法国科学院里被提及。然而，他们之间于1865年的交集并没有载入这位法国天才的个人史册。这些实验更多的是关于服务和再服务，而不是关于独立研究的。阿尔弗雷德向诺登舍尔德提供了一些硝化甘油公司的股份作为感谢。[362]

现实则更难控制一些。一些事故报告打乱了阿尔弗雷德的计划。先是有一位波兰人喝了一杯硝化甘油，在四小时后死了。随后传来了德国推土机试图用鹤嘴锄劈开一块结冰的硝化甘油的消息。矿工在爆炸中被抛出数米高，坠地身亡。他有一个妻子和五个孩子。"这对我来说是一些不愉快的消息。我没有预见到这一点。"阿尔弗雷德·诺贝尔给他的股东斯米特写道。[363]

在阿尔弗雷德看来，这些事故多半是运气不好和不必要的粗心大意导致的，随后发生的争论也毫无理性可言。"所有的麻烦都乱七八糟的。"他叹了口气并抱怨说，德国铁路主管禁止火车运输易爆油。

同样，他收到了一封来自美国的不祥信件。就在阿尔弗雷德认为一切都已准备就绪并准备好进行大宗交易时，他得知一名美国人对他的美国专利提出了抗议。一位曾与水雷打过交道的上校声称，早在阿尔弗雷德·诺贝尔之前，他就发明了引爆硝化甘油的方法。一场专利审判是意料之中的事情，但在争议结束之前，一切本大有前途的生意都将被搁置。

美国人的名字让阿尔弗雷德看得火冒三丈：托利弗·普雷斯顿·沙夫纳上校。"这人就爱冒名顶替，喜欢说假话。"他愤怒地向斯米特解释道，并讲述了沙夫纳前一年在斯德哥尔摩不愉快的访问经历。[364]

阿尔弗雷德·诺贝尔的肩上突然有那么多紧迫的问题，就算他没把斯德哥尔摩市政厅最近对父亲伊曼纽尔的宣判放在心上，也是可以理解的。在斯德哥尔摩议会于12月对代表制改革进行决定性投票之前，之前的爆炸事故被紧张的气氛淹没了。许多斯德哥尔摩人可能忽略了伊曼纽尔·诺贝尔最终因海伦堡悲剧性事故被判处罚款和赔偿的事。

不论如何，判决也算是一种解脱，法院并没有裁定他造成事故的罪名。硝化甘油到底是不是自爆的，连技术研究所的专家都无法确定。伊曼纽尔·诺贝尔和海伦堡的所有者布尔梅斯特因粗心大意，在无意中导致6人死亡而被判刑。他们未经许可使用或租赁了海伦堡的附属建筑来制造炸药，这栋楼靠近几栋普通住宅。伊曼纽尔需承担损害赔偿责任，并被判处罚款。[365]

*

那年秋天早些时候，阿尔弗雷德的一瓶硝化甘油先于他横渡了大西洋。一位即将移民的德国年轻人收到了这个样品，作为汉堡商人送给他的礼物，把它装在一个密封的木箱里。“如果需要，您可以出售它。”

这位移民的名字叫特奥多尔·吕尔斯（Theodor Lührs），他长着浓密的沙色鬓角。他在前往纽约的旅途中将头靠在箱子上睡觉。1865年8月31日，他入住了位于格林威治街的怀俄明酒店，并在那里住了六个星期。箱子放在酒店吧台旁边的一个行李箱里，偶尔被酒店的擦鞋工当脚凳用，吕尔斯不知道里面装的是什么，那位商人之前告诉他这是一种化学油品。当吕尔斯退房时，他忘了拿箱子。

几个月后，大约在1865年11月5日星期日，酒店附近街区的男人们像往常一样聚集在怀俄明州酒店的酒吧里喝酒。他们注意到房间里散发着一股越来越浓的恶臭，而且很快就发现，气味来自那个箱子。搬运行李的服务员看到箱子里升起了红色的火苗，先是往箱子上泼了水，然后把它抱到外面，扔进了阴沟里。

几秒钟后，整个曼哈顿南部都被剧烈的爆炸震动。酒店的门窗被炸飞，所有的玻璃都碎了，一根支撑大堂的大理石柱也被震碎。家具被粉碎，外面的人行道被炸出一个大洞。待一切风平浪静后，整个街区连一扇完整的窗户都没有了。

酒店内外共有二十四人受伤，住在附近的每个人都被冲击波掀翻在地。神奇的是，所有人都毫发无伤地逃了出来。后来，阿尔弗雷德·诺贝尔听说酒店里有一位惊慌失措的老妇人，她深信这代表末日已经来临，整个纽约都已从地球表面被炸飞。

箱子里装的是什么？这个谜团让纽约警方猜了好几天。知道真相的只有沙夫纳和阿尔弗雷德的联系人奥托·比斯滕宾德，他们没有露面。化学家花了几天时间解开了这个谜团，但即便如此，爆炸也与住在汉堡的瑞典人阿尔弗雷德·诺贝尔没有直接联系。[366]

由于著名的大西洋海底电报电缆仍未到位，消息过了一段时间才传到德国报纸上。直到圣诞节，普鲁士的警察局才醒悟过来，发现了其中的联系。“根据信息来看，诺贝尔居住在汉堡，并且还在那边生产硝化甘油和与之配套的炸药筒。”美国警察将消息写信告诉汉堡的同行。汉堡警方会不会之前就知道这一点？他们采取了哪些预防措施？[367]

阿尔弗雷德绝望了。他曾希望在圣诞节期间有时间去斯德哥尔摩旅行，“以便能够与朋友一起度过几天，理想情况下我知道这会让老人非常开心”。现在这成了一个不可能实现的想法。

报纸上登满了文章，阿尔弗雷德被震撼了。怎么会出这种岔子呢？他的爆破方式本应是救命，而不是害命。他一定会将混乱的运输和意外视为他创业路上的法律障碍，但没有什么能动摇他要做大事的信念。目前的收入仍然不及旅费、试爆费、广告费和厂房租赁费的三分之一。但很快他就可以用他的话说，“收获更多，折磨更少”，并且摆脱安德丽塔关于父母巨额开支和资产警报的焦虑。

“圣诞节快到了，欢乐、争吵和开支也随之而来。”他在写给罗伯特的圣诞信中痛苦地写道。硝化甘油公司的主要股东威廉·斯米特曾多次尝试从化学和逻辑上解释“神秘事故”，所有解释都得出同一个结论，这起事故是例外，而不是常态。炸油不存在自燃问题。阿尔弗雷德说，要保护炸油免受这种笨拙和不正确的处理方式是根本不可能的。“然而，此类事件在很大程度上会令人不快。最奇怪的是，这里和瑞典一样，所有事故几乎都同时发生。”[368]

第十章

纽约的噩梦

其实阿尔弗雷德还想象过从事另一份职业。这是阿尔弗雷德的秘密梦想，他把它当作隐形的百万资本藏在心里。他总是带着他的笔，无法抗拒写作的冲动。这是否意味着他有写作的天赋？有时他深信不疑：如果阿尔弗雷德·伯恩哈德·诺贝尔注定要成为一个人物的话，那就是成为一名诗人。

下一刻，他又备感疑惑。他时而因自我膨胀而脸红，时而又听信于别人的评价——之后他再次做出勇敢的尝试。[369]

德语作家长期沉浸在阿尔弗雷德于圣彼得堡爱上的浪漫主义狂飙突进时期。在19世纪60年代，诗人和哲学家主导了德国文坛。任何寻找现实主义小说的人都只能去看外国作家的翻译作品。德国没有巴尔扎克。

阿尔弗雷德在汉堡期间买了一些浪漫主义的诗歌和热情的民谣作品，都是前几年的书。例如，他购买了弗里德里希·席勒（Friedrich Schiller）的作品集，席勒是18世纪的抒情诗人，他的一首诗《弗洛伊德之歌》（*Ode an die Freude*）由路德维希·凡·贝多芬（Ludwig van Beethoven）亲自谱曲（《第九交响曲》，1824年）。但这位渴望阅读的业余化学家也在寻求新的风格和思想。

作为阿尔弗雷德此时发现的有趣的德国作家之一，让·保尔（Jean Paul）也坚定地踏入了浪漫主义。但让·保尔在他的书中还有另一种吸引力，即在当时更为典型的尖锐讽刺风格。他将生活视为悲惨的沼泽，懂得如何生动而有力地描绘社会的苦难，仿佛是为了强化人们逃避现实的渴望。他被选为“厌世”一词的创造者并非没有原因。

到19世纪60年代初，让·保尔再次成为众人瞩目的焦点，他的书推出了几个新版本。他的厌世不再仅仅与忧郁诗人的个人情绪相关联，而是成为归纳德国人全新时代精神的代名词，阿尔弗雷德·诺贝尔也注意到了这一潮流。

悲观主义。

在《厌世》(*Weltschmerz*)一书中，哲学教授弗雷德里克·拜泽尔(Frederick C. Beiser)描述道，阿尔弗雷德·诺贝尔在汉堡和格斯塔特度过的岁月里，“悲观主义的乌云笼罩着德国”。“这种阴郁黑暗的情绪传得很远。它并没有停留在颓废的贵族圈子里，还存在于中产阶级、大学生、工厂工人甚至教师群体中。悲观主义很快成为一种时尚，成为大众普遍的谈话语气和文学沙龙的主题。”[370]

哲学家阿图尔·叔本华(Artur Schopenhauer)处于当时社会苦难燎原之火的中心。在经历了几十年的逆境和大学的蔑视之后，这位厌世的无冕之王，在德国读者中取得了意想不到的突破，但这来得太晚了。1860年，叔本华被发现死于书房中，在此之前他经历了几年被人谈及的时光。然而，哲学上的悲观主义仍然是19世纪余下的时间里，大众最偏爱的精神情绪。

在某种程度上，这一突破与哲学界日益增长的宗教怀疑主义有关。理性主义思想家不仅继续质疑上帝的存在，还对《圣经》的神圣地位、所谓的地球年龄和人类灵魂的精神维度提出了质疑。这波宗教批评浪潮中，诞生了一种关于世界之邪恶和生命之意义的新观点，而这种观点又是悲观主义。正如拜泽尔在《厌世》中所写的那样：“如果没有上帝，我们就无法从这个世界的邪恶和苦难中解脱出来。但是，如果不能从邪恶和痛苦中解脱，我们为什么还要活着呢？因此，哈姆雷特的古老问题比以往任何时候都更有力地变为了现实：‘生存还是毁灭？’”越来越多的人开始回答：“生存。”[371]

在那种情况下，叔本华坚韧的格言赢得了许多阴郁读者的心，也许是因为讽刺的语气留下了一线希望。叔本华懂得用微笑谴责人类的艺术。在阿尔弗雷德·诺贝尔最终买下的一本书中，叔本华是这样描写友谊的：“真的，真正的友谊是以强烈地、纯粹客观地、完全无私地参与另一个人的好与坏为前提的，这反过来又使一个人真正认同这个朋友。但这与人性的利己主义是如此直接地对立，所以它才是真正的友谊，它就像大海中的海蛇一样，人们不知道它是属于寓言还是真的存在。”叔本华一针见血地说：“生活，是一家不承担成本的企业。”[372]

阿尔弗雷德吸收了这个观点。随着时间的推移，他总是从一种不高兴的口吻，在他的信中分享自己的悲观格言，极度悲观和讽刺的语气逐渐成为他的朋友对他的印象。一种新的讽刺基调也出现在他向外界隐瞒的文学尝试中——32 岁的阿尔弗雷德·诺贝尔很快就要开始构思一部小说了。但他还有很多事情要做。

*

沙夫纳上校是认真的，他曾在美国起诉阿尔弗雷德侵犯专利权。1866 年 1 月底，阿尔弗雷德被传唤到汉堡的美国领事馆并接受盘问：他是何时何地以及如何想出按照他在美国专利中描述的方式引爆硝化甘油的想法的？当时有谁在场？

阿尔弗雷德如实告知。他提到了津宁教授的重要性，并描述了 1863 年在圣彼得堡沟渠中的实验，当时他首次成功地使硝化甘油进行爆炸。卡尔·温纳斯特伦上尉是帮助阿尔弗雷德为硝化甘油公司融资的人之一，他也获准作证，来自奥姆贝里的一些矿工也是证人。[373]

“全世界都知道他是个骗子，但这并不妨碍这个过程的结果非常模糊。”阿尔弗雷德在一封信中感叹道。4 月底，该案将在纽约审理。他意识到自己必须去那里一趟。[374]

不幸的是，这件事在瑞典也发酵了一段时间。1865 年 11 月，温纳斯特伦上尉辞去了硝化甘油公司的首席执行官一职，取而代之的是贝恩德斯先生。当这个贝恩德斯在圣诞节前夕突然去世时，人们发现他在短短几周内就挪用了公司近一年的薪水，让本已棘手的局面蒙上更大的阴影。

就在汉堡审讯之前，阿尔弗雷德还收到了一封来自母亲安德丽塔令人担忧的信件。语气是欢快的，但她的痛苦从字里行间透露了出来。她写道，伊曼纽尔的心情很糟糕。他的康复需要时间，但百无聊赖的他在床上开始了一个又一个疯狂且徒劳的项目。看病的账单仍然高得离谱，现在他们还欠弟弟路德维格·阿尔塞尔一笔更大的债。目前还没有面临直接的危险，她在信中坦言。双亲依旧可以靠儿子的钱再维持两个月的生活，前提是弟弟路德维格在 2 月份要兑现一笔款项。“在那段时间里，我的小阿尔弗雷德，如果命运站在我们这一边，希望我们可以解决一些事情。”

两个月？对于身在汉堡的儿子来说，这几乎算不上什么安慰人的消息。

安德丽塔感叹爆炸事故让人们如此兴奋。她觉得，阿尔弗雷德已经拒绝过这些指控，“这些都不应该落到你头上，你帮我们承担了那么多的麻烦，我深表谢意。

如果你没有办法解决的话，那困境还会继续下去。……我可怜的孩子，你怎么会遇到这么多麻烦和逆境……”

她不喜欢阿尔弗雷德千里迢迢去美国的想法。“不出意外的话，我知道，只要你可以，你总会帮助我们解决各种问题。或者，如恰巧走运，能够卖出专利，那么我们也会开心几天。”安德丽塔强调了要对父亲宽容。“我的小阿尔弗雷德肯定认为，老人的病是他有时脾气暴躁的最大原因。”[375]

“幸福的日子”似乎仍然很遥远。在斯德哥尔摩，得益于硝化甘油，南部隧道确实在创纪录的时间内完工。但在 1865 年 12 月隧道开通后，成功变成了噩耗，因为隧道建设就此完成，由此产生的收入消失了。与此同时，路德维格来信称，圣彼得堡迎来了 24 年来最暖和的冬天，这对他瓷砖炉灶的销售产生了戏剧性的负面影响。没有人会在圣彼得堡挨冻。他发现，自己很难在 1866 年 2 月帮上父母。

有太多情况需要处理。硝化甘油公司的管理危机属于那些不能再拖延的事情。阿尔弗雷德和路德维格以前去过罗伯特的住处。瑞典公司“经理职位”的正式招聘细则已经拟定，路德维格试图说服他的哥哥离开赫尔辛基。路德维格写道：“我不认为芬兰可以指望，‘它很穷，以后也会一直穷’，但永远贫穷不符合诺贝尔家族的愿望和希望。”[376]

最后，罗伯特同意了。他准备和宝琳、即将满三岁的亚尔玛和将在春天满一岁的小英厄堡一起搬到瑞典。

*

1866 年 4 月初从南安普敦到纽约的是勤劳的阿尔弗雷德·诺贝尔，他本希望在途中经过瑞典，至少能见到安德丽塔和伊曼纽尔，但目前情况危急。在与沙夫纳上校发生冲突之前，他仍然设法从瑞典获得了一些令人振奋的情报。前铁路承包商阿道夫·尤金·冯·罗森伯爵找到父亲伊曼纽尔，并表示愿意成为阿尔弗雷德的代理人，在法国销售炸油。但这不是唯一的好消息。就在圣诞节前夕，伯爵还在与沙夫纳的争端中作了对阿尔弗雷德有利的证词。在斯德哥尔摩的公证人面前，冯·罗森详细描述了他如何在 1864 年秋天，在海伦堡的诺贝尔家中会见 T. P. 沙夫纳，以及这位上校随后所提出的问题，根据冯·罗森的说法，这些问题“清楚地”证明了这位美国人以前对硝化甘油一无所知。

现在伯爵有了更好的消息。他刚在斯德哥尔摩会见了美国特使，后者透露说，沙夫纳在1864年访问瑞典后写信给他，让他打探诺贝尔的炸油情况。特使的这封信件证明，沙夫纳在斯德哥尔摩接触到阿尔弗雷德的发明之前，对硝化甘油一无所知。冯·罗森提出要"拍下"沙夫纳的信，"这样恶棍可能就不得不签字扣押"。

即将年满70岁的冯·罗森也提出代替阿尔弗雷德前往美国。他认为这么做反而对他的健康有好处，在纽约他会很高兴见到他的老朋友，即现在是美国英雄的约翰·埃里克松。[377]但阿尔弗雷德知道他亲自去一趟是必要的。

美国已经开始从四年的内战中恢复过来，这场内战造成的伤亡人数比美国士兵后来参加的许多战争中的任何一场都多：死伤人数超过100万人。自1865年4月上旬罗伯特·E.李（Robert E. Lee）将军和美利坚诸州同盟投降以来，已经过去了一年。此后不久，即4月13日，北方将军尤利西斯·S.格兰特（Ulysses S. Grant）和他的胜利军队在欢腾的人群面前游行穿过华盛顿的街道。星条旗到处飘扬，人们点燃胜利火炬，燃放烟花。无数桶廉价威士忌被消耗殆尽。

对于当时刚刚连任的亚伯拉罕·林肯总统来说，这是一次空前的胜利。联邦幸存下来，400万奴隶将获得自由。

第二天，1865年耶稣受难日，总统去福特剧院看喜剧《我们的美国表亲》。26岁的演员约翰·威尔克斯·布思（John Wilkes Booth）是一个狂热的美利坚诸州同盟支持者，他没有在剧中扮演任何角色，但在历史上赫赫有名。当观众席开始响起笑声时，他溜进总统包厢，用枪朝着林肯的后脑勺开了一枪，然后翻过栏杆，跳上舞台消失了。起初观众以为这是戏剧的一部分，直到听到他用拉丁语喊道："暴君就是这个下场！"

流着血、无意识的林肯被带到街对面的寄宿房，第二天早上他就死在那里。

那年春天，美国民族诗人沃尔特·惠特曼（Walt Whitman）刚刚完成了一部关于内战的诗集。然而，刺杀事件让他放下了一切。惠特曼现在为这位已故总统写了几首新诗，这是他最钦佩的人。[378]其中最著名的一首诗是这样开头的：

啊，船长！我的船长！我们完成了可怕的远航，
巨轮历尽风雨，我们赢得追寻的奖赏；
港口已近，钟声传来，一片欢呼的声浪；

稳健的大船，追随的目光，多么威武雄壮；
可是，心啊！心啊！心啊！
心中的鲜血在滴滴流淌，
甲板上躺着我们的船长，
他已辞世，全身冰凉。

*

1866 年 4 月 15 日，是林肯逝世周年纪念日，阿尔弗雷德 · 诺贝尔抵达纽约。那个周末，所有美国政府机构都停止办公，以纪念已故总统；林肯的继任者安德鲁 · 约翰逊没有接待任何访客。[379]

许多北方人曾希望对南方各州的叛乱分子采取严厉措施，但安德鲁 · 约翰逊对失败者给予特赦，令阿尔弗雷德感到意外。他在专利审判中的对手托利弗 · 普雷斯顿 · 沙夫纳不喜欢这种局面。这位上校毫不羞愧地根据局势变化改变了立场，并向北方军队提供了他的水雷。

在南方，战后重建工作是个巨大的挑战。整个城镇和种植园被烧毁，道路和铁路被毁。除了一些反对战争的暴动，纽约市从未以同样的方式成为战争现场。但战争结束一年后，种族歧视对纽约人来说仍然司空见惯。贫穷的移民涌入有“小德国”或“小意大利”之称的贫民窟，担心摆脱奴隶制的非裔美国人涌入。

1866 年春天，霍乱巡逻队在曼哈顿这些较为肮脏的地区挨家挨户进行清理，以期阻止大规模流行病的蔓延。纽约的豪华金融区距离脏乱的贫民窟仅一箭之遥。战后，银行和律师事务所像雨后春笋一样拔地而起。在工作日的华尔街，人群熙熙攘攘，拥挤不堪，在百老汇街的拐角处，成千上万的马车来来往往。任何试图穿过华尔街的人——也许是为了欣赏拥有当时纽约最高塔的三一教堂——都是冒着生命危险这样做的。

阿尔弗雷德 · 诺贝尔的目的地在与华尔街平行的一条街上——松树街 20 号，接待他的是奥托 · 比斯滕宾德，后者是他在汉堡雇用的纽约经纪人。比斯滕宾德在几栋房子外也有一间办公室可供阿尔弗雷德使用。[380]

并非所有华尔街的新财富追求者都是良善之辈。新一代接管了商业生活，“一帮无礼的赌徒，他们以凶残严肃的态度赌赢了大笔钱财。在战后年代，那些在华尔街阴暗面生存的人受到增长狂热、监管缺失和纽约市政治规则的推动，这为不正当交易铺平了道路。”埃德温·伯罗斯（Edwin Burrows）和迈克·华莱士（Mike Wallace）在他们的代表作《哥谭——纽约市的历史》中写道。[381]

阿尔弗雷德·诺贝尔的经纪人似乎就属于这种神秘人物。在阿尔弗雷德不知情的情况下，比斯滕宾德已经与一些美国商人就炸油签订了初步合同。在那次谈判中，比斯滕宾德为自己获得了未来收入的四分之一，与阿尔弗雷德·诺贝尔获得的数额相同。阿尔弗雷德很快意识到，这个比斯滕宾德在没有先与他商量的情况下就决定了公司名称并印制了股票。[382]

但现在是星期天，金融区空无一人，银行家们昏昏欲睡。阿尔弗雷德可以在《纽约时报》上阅读维克多·雨果的新小说《海上劳工》的整版评论来度过一天，沉浸在幸福中的他没有意识到未来即将上演的戏剧。该报称这位法国人为“目前在世最受欢迎的作家”。

*

第二天，也就是4月16日星期一，午餐后不久，一些货运代理公司在旧金山一家航运公司的后院检查两个新到的箱子。这两个箱子在从纽约运来的船上被损坏了，现在必须找出责任人。两个箱子上的标签都非常平淡无奇——“商品”。

下午1点15分，它们爆炸了。强烈的爆炸声让地面像地震一样震动。方圆15米内的一切都被炸成碎片，在距爆炸地点一公里远范围内的窗户玻璃都破碎了。“人体遗骸的碎片在将近两个街区外被发现。”报纸随后写道。17人死亡，同样多人受重伤。

早在第一天，人们就对硝化甘油产生了怀疑。当所有的废墟和人体的悲惨遗骸都被清理后，这个谜团就可以解开。爆炸的箱子确实装有诺贝尔的炸油，是在运送途中爆炸的，收货人是加利福尼亚的一名采矿工程师。在纽约某位奥托·比斯滕宾德的帮助下，工程师获得了这批从德国运来的炸油。

很快美国这里也拉响了警报。危险物质是在纽约发现的吗？该市的消防队长受市长约翰·T. 霍夫曼（John T Hoffman）的指派，负责搜查该市。结果在短短几天后就公布了，在该市的多个地方发现了大量的硝化甘油。在海关的一个仓库里，共存放了12箱炸药。

第二天早上，奥托·比斯滕宾德被捕，原因是他涉嫌将硝化甘油运往加利福尼亚，但没有给货物贴上标签，也没有告知船长箱内物品。在一封措辞严厉的信中，霍夫曼市长召集消防队长开会，并命令他们立刻找出纽约所发现的这些货物的相关负责人。

消防队长找到了阿尔弗雷德，称他为阿尔伯特·诺贝尔，因为他根本来不及表明身份。当天晚些时候，两人出现在市长面前。阿尔弗雷德向市长保证，海关仓库里的 12 个箱子就是他和他的代理人比斯滕宾德到目前为止进口的全部货物。市长命令消防队长立即将这些箱子搬离市区。

报纸上出现了标题为“硝化甘油恐慌”的文章。在旧金山，对硝化甘油的所有运输实施了紧急禁令，而在华盛顿，一名国会议员已经提议将硝化甘油的制造和运输定为犯罪。

对于阿尔弗雷德·诺贝尔来说，这一切都是一场噩梦，而且情况可能变得更糟。与市长会面后的第二天，《纽约时报》被一篇标题为《一场更大的硝化甘油灾难》的文章占据了头版。[383]

巴拿马的爆炸在 4 月初就已经发生了，但此时消息才传到纽约，恰逢硝化甘油恐慌和比斯滕宾德被捕上报纸。货船“欧洲号”停靠在巴拿马科隆港［当时的阿斯平沃尔（Aspinwall）］，却在毫无征兆的情况下被炸毁。据《纽约时报》报道，估计有 60 多人遇难，包括船长、许多船员和装卸工。新闻报道了极其可怕的场面。“一缕火光和白烟升腾到空中，从货船的甲板上带走了 20 或 30 人。桅杆、货物包、上层甲板的一部分……在红色火焰中升起和沉没，在那些站在远处的人看来，这简直是有史以来最壮观的景象之一。”[384]

很快真相大白，欧洲轮船上有 70 箱硝化甘油。突然之间，与沙夫纳的专利纠纷成了阿尔弗雷德·诺贝尔面临的最微不足道的问题。他火急火燎地起草了一封给《纽约时报》编辑的信，这封信于 1866 年 4 月 21 日全文出版：

自从我来到这个城市，我对最近发生的两起硝化甘油事故深感遗憾。虽然爆炸的原因不明，但我希望让相关的科学机构相信，无论是处理还是储存，硝化甘油的危险性都低于火药。为此，我打算用几天时间做一系列实验，具体时间和地点将登在贵报上。在此之前，我恭敬地呼吁公众推迟下结论，因为实验将使他们自己形成一个明确的判断。

您卑微的仆人

阿·诺贝尔

纽约，1866年4月20日

对奥托·比斯滕宾德的审讯将持续数周。他只能被继续拘留，因为没有人能缴付法庭要求的2500美元保释金。4月25日，星期三，轮到阿尔弗雷德·诺贝尔就比斯滕宾德的案件作证。他一定承受着压力并且非常紧张，因为他最后说出口的证词变成了一团糟的细节和自相矛盾的陈述。“我是一名化学家，但不是专业人士，我其实是专业的土木工程师。”阿尔弗雷德解释说。除此之外，他声称硝化甘油不能称为爆炸性物质，因为它只有在特殊情况下，在达到360度（华氏度）高温时，或在他发明的引爆帽引爆下才会爆炸。他认为，旧金山的事故是包装不当造成的，箱子里的木屑着火了。他告知法庭，他对“它（硝化甘油）会爆炸的所有可能出现的情况”并不全部知晓。

这番申辩并没有立即让人信服。“硝化甘油处理起来绝对安全，但证人诺贝尔不知道它在什么情况下会爆炸。”这是《纽约时报》在事后的讽刺性总结。[385]

在旧金山，西海岸的经纪人尤利乌斯·班德曼既沮丧又失望。他收到了大量的炸油并将其倒入香槟酒瓶中。现在他发现没有人愿意存放这些瓶子，甚至在城外的岛屿上也没有。他不得不把它们都放在一艘小船里，然后把船停泊在旧金山湾很偏远的地方。问题堆积如山，但诺贝尔没有给出任何答案。

班德曼做了一些他认为很重要的观察，他和他的同伴在爆炸性油品的部分货物中闻到了硫酸的恶臭。当他们打开其中一个香槟酒瓶时，他们发现表面有一层棕色泡沫。“如果这不是爆炸的端倪，那又是什么？……为什么打开盖子时油会发出嘶嘶声？这些对我们来说是重要的问题，因此必须由您来回答。”班德曼在纽约写信给阿尔弗雷德·诺贝尔。这位西海岸代理人想知道阿尔弗雷德是否曾经对他收到的这种旧油做过实验，在所述及情况下炸油是否会变得危险。

阿尔弗雷德深受折磨。他晚上几乎没有时间睡觉，被“砰砰砰的爆炸声和晃动声，简直是厄运”等描述推到了崩溃的边缘。怎么会这样呢？所有其他运往旧金山和墨西哥的货物都毫发无损地抵达。这两次爆炸就发生在他刚到美国的时候。“必须承认我们的硝化甘油不走运。”他写信给斯德哥尔摩的家人。[386]

*

救援来自一个意想不到的人。查尔斯·西利（Charles Seely）是纽约医学院的分析化学教授。六个月前怀俄明州酒店外发生爆炸后，他一直在现场，并对这场灾难的化学分析感到好奇。现在他确定了自己的判断。5月初，他在著名的《科学美国人》杂志上发表了一篇文章总结了他的研究成果。硝化甘油绝不是无害的，阿尔弗雷德·诺贝尔错了。在某些情况下，这种炸油会自燃，就像他自己经常使用的棉粉一样。

但它的结论是什么？西利感到很惊讶：“许多人似乎认为，因为硝化甘油已被证明是一种危险物质，所以不能再使用它。然而，民众和国会可能会因一时恐慌而感到不安，他们错了。我们不能让像硝化甘油这样的有用物质闲置。我们不能接受我们的科学和独创性无法找到安全使用硝化甘油的方法。我斗胆预测，硝化甘油很快就会被认为比火药安全得多，并且在威力方面远胜于后者；几年之内，美国硝化甘油的年消耗量将达到100万磅①。”

这位教授说，现在重要的是应对当前的风险，或许可以在一段时间内控制运输和生产。是否要实施禁令？不。“鉴于世界上存在的无知和轻率，我们是否应该禁止先进的工具、蒸汽机和火药？不如让我们把被称为事故的迹象，看作是需要学习新知识新发明的契机。”教授写道，这些话对阿尔弗雷德·诺贝尔来说一定感觉像是甜美的音乐。[387]

5月初的一个星期五下午，阿尔弗雷德开展了曾向纽约人承诺的“令人信服的硝化甘油实验”。大约20个感兴趣的人士，主要是记者、工程师和科学家，“并非没有恐惧”地冒险前往选定的采石场——位于83街和中央公园的拐角处。在那里——与曼哈顿居民区保持安全距离的地方，阿尔弗雷德·诺贝尔将一劳永逸地证明，正如一份报纸所写的那样，这种超级强力的炸油“可以被控制和引导，从而使这些力量对人类有用”。[388]

根据描述，阿尔弗雷德配备了“火柴、雪茄……还有他身上的勇气”。他先是将一瓶装有硝化甘油的玻璃瓶扔向一块石头，结果玻璃瓶碎成无数碎片。为了不让

---

① 1磅=0.453 592 37千克。

任何人怀疑炸药的真正潜力，他随后展示了一次使用引爆帽的大规模爆炸。他根据旧金山事故得出了自己的理论，并通过将一罐硝化甘油放入一盒木屑中然后用雪茄点燃木屑来向观众展示。木屑燃烧得很厉害，炸油也爆炸了。“如果炸油被包裹在沙子中……它就不会爆炸。”诺贝尔保证。

然后他从大衣袖子里掏出一张王牌。他发明了一种使炸油得到完全无风险运输的新方法。通过将炸油与甲醇混合，可以完全消除爆炸的风险，阿尔弗雷德向聚集的人群阐述他的见解。[389] 这简直是在绞刑架下救下了人命。诺贝尔首次承认，纯硝化甘油可能并不像他声称的那样无害。

阿尔弗雷德在采石场实验了两个小时。在场的人有不同的想法。大多数人都被说服了，《科学美国人》写道：“当实验完成后，人们不再害怕靠近炸油，包裹也被一些起初小心翼翼地保持距离的人轻而易举地带走了；它让人想起狐狸和狮子的古老寓言。”其他人表示，疑虑依然存在。诺贝尔的论点与任何事故的过程都无关，《费城问询报》举例说：“很明显，诺贝尔先生还不了解他发明的可怕液体的特性。他关于炸油特性的理论可能是正确的，但在制造一段时间后，它显然会发生化学变化，这使得储存或运输不安全。”[390]

一切都等着大家的态度。阿尔弗雷德·诺贝尔本人也对此寄予厚望。“事故的发生”惊动了公众并不奇怪，但通过在曼哈顿的实验，他让最担心的一群人平静了下来。[391] 现在“唯一”的问题是摆平华盛顿那批歇斯底里的政客。

*

目前尚不清楚是谁最先发声要求实施禁令和判处死刑。据一位消息人士透露，这一定是诺贝尔的竞争对手、火药大亨亨利·杜邦（Henry Du Pont）。至少这个想法在这段时间在国会得到了支持。

我搜索了美国数字报纸档案，但找不到杜邦公司在 1866 年春天关于硝化甘油的任何声明，只有密歇根州参议员钱德勒（Chandler）提出运输禁令的通知。几分钟后，我在网上点击进入了正确的参议院档案。我给华盛顿的国家档案馆发邮件，静静地期待几个月后的回复。但国家档案馆并没有这么官僚主义。同一天下午，钱德勒于 1866 年 5 月 9 日手写的原始动议扫描件被发送到我的收件箱中。

笔迹圆润，内容颠覆我的想象。

*

钱德勒参议员所撰写动议的态度非常极端。他说，无论是谁，若因违反硝化甘油禁令而导致他人死亡，就都犯下了严重的罪行。他提议将这种罪行定性为“预谋谋杀”。拟议的处罚：“绞刑。”阿尔弗雷德·诺贝尔一定是吓得打嗝了。[392]

钱德勒并不是国会中唯一对硝化甘油持反对态度的人。许多人对他的提案表示赞同，当时参议院商务委员会正在考虑该提案。当然，这是一场灾难。阿尔弗雷德·诺贝尔不得不像毽子一样穿梭于华盛顿的游说会议和旧金山针对比斯滕宾德案的纽约听证会之间。“相信我，这里一直事情很多，”他写信给罗伯特，“如果我在旧金山，没去纽约，他们会把我撕成碎片。……美国国会疯了，想完全禁止硝化甘油的生产和销售，并投票决定应以谋杀罪判处绞刑。”[393]

然而，戏剧性的变化出现了，为人狡黠的沙夫纳上校出人意料地出面为诺贝尔辩护。5 月 11 日，沙夫纳被传唤为旧金山针对比斯滕宾德案的专家证人。沙夫纳自称已使用硝化甘油多年，并援引包括尤利西斯·格兰特将军在内的一些星光熠熠的北方英雄的例子。沙夫纳总结道，诺贝尔是对的。硝化甘油绝对没有火药危险。这些事故涉及对该物质的不正确处理。

阿尔弗雷德坐在大厅里听着。在他的对手的支持下，他要求发言并向与会者解释说，火药和硝化甘油之间的区别就像野狗和被驯服的大象之间的区别，“前者更危险，后者如果被激怒则更可怕”。[394]

在这个过程中，双方的关系似乎发生了变化。阿尔弗雷德看到了一个契机。沙夫纳上校此时住在华盛顿。他在国会有很好的人脉，而且他相信硝化甘油。阿尔弗雷德推断，无论托利弗·普雷斯顿·沙夫纳表现得多么狡猾，在目前的情况下，有他在身边总比与他为敌要好。沙夫纳还提出了自己的建议，他想用石膏包裹的锡罐让硝化甘油更安全地进行海上运输，他现在已经在申请专利了。也许石膏罐和诺贝尔的甲醇溶液能够让政客们重新考虑禁令？

5 月 16 日，他们达成和解。沙夫纳让诺贝尔保留他的美国专利，作为回报，沙夫纳可以以一美元的价格购买可应用于军事的爆炸方法。于是敌人一举变成了同伴。从此，沙夫纳和诺贝尔一起现身华盛顿，进行爆炸实验，让民众和政客放心。

显然，游说的努力得到了回报。当参议院商务委员会结束谈判时，定罪的威胁依然存在，但拟议的罪名已降级为“过失杀人”和适用“至少十年监禁”刑罚的罪行。一周后，比斯滕宾德也被释放。法院宣判他无罪，因为最后法官认为证据说明他当时不在现场，因此不可能对旧金山这趟危险之旅负有罪责。[395]

压力开始减轻。不管怎样，阿尔弗雷德·诺贝尔已经看够了比斯滕宾德的丑陋游戏。他现在继续开展业务，凭借有安全背书的专利，选择了其他合作伙伴，美国爆破石油公司。他与诺贝尔一家早在圣彼得堡时期就认识的一位商人，伊斯雷尔·哈尔（Israel Hall）取得联系。“非常有能力的人，这里的一切绝对令人难以置信，几乎像寓言故事一般。”他在 6 月从纽约寄给罗伯特的信中写道。

夏天到了，酷热袭击了美国东海岸。仅一天，纽约就有 161 人死亡，阿尔弗雷德深受其害。他不停地往返于华盛顿，一刻也不能放松。即使到了 6 月底，在美国将所有处理硝化甘油的举动认定为犯罪的危险，也有可能变成现实。[396]

沙夫纳则获取了不少荣誉。他甚至声称，如果不是因为他，阿尔弗雷德·诺贝尔在美国逗留期间肯定会入狱。6 月 28 日，当国会最终敲定了新的硝化甘油法时，上校发挥的影响力比阿尔弗雷德意识到的要大得多。沙夫纳被赋予了一个关键权利：只有使用了他自己申请了专利的涂灰泥锡罐盛装的硝化甘油才可以继续运输。[397] 不久，上校就利用这个特殊条款给瑞典人下了套。

阿尔弗雷德在当初做出讲和的决定时，可能已经意识到，未来的他会被这位幕后玩家牵着鼻子走，沙夫纳正试图从交易中窃取尽可能多的利益。阿尔弗雷德现在已经完全意识到，在“新世界”中，诚实并不总是最长久的品质。在阿尔弗雷德眼中，美国是一个“人民积极进取，但欺诈普遍到令人恐惧”的国家。他在一封家书中写道，为了一项发明而获得现金报酬是不可能的。在纽约，恶作剧者的数量“从未像现在这样猖獗”。[398] 或者正如他几个月后所说，“纽约州现行法律唯一奇怪的地方在于，一半的人实质上是靠以虚假理由逮捕另一半的人并处以罚款来生存的”。[399]

8 月初横渡大西洋的回程也风雨飘摇。轮船重重地倾斜，玻璃都碎了。阿尔弗雷德心情不好。在极端热浪中，他的健康被不辞辛劳的奔波所打击。但这些都是徒劳。他对为他的公司获得的五颜六色的美国股票嗤之以鼻。他想，这些股票最多只能用作大衣的衬料。他对利用他人之人的蔑视愈发强烈，而且决定再也不会踏足美国了。

但这不全是欺骗，他不得不承认。他意识到了，许多剧烈的爆炸事故慢慢形成了对现实的无情检验。许多人受重伤，至少有 75 人不得不结束自己的生命。阿尔弗雷德再也不能声称硝化甘油是无风险的了，证明他这一想法错误的证据是压倒性的。他不可避免地得出了一个结论：他必须让炸油使用起来更安全。[400]

他已经有了研究甲醇的想法了。阿尔弗雷德在 5 月份灵机一动时，就要求罗伯特在瑞典提交专利申请，并在签名中模仿他的笔迹。诚然，他们在作弊，但他们必须先于所有剽窃者。在阿尔弗雷德的敦促下，罗伯特已于 6 月前往汉堡和克鲁梅尔进行一些实验。[401]

甲醇并不是唯一吸引阿尔弗雷德的。他曾经一闪而过的念头现在又突然冒了出来。在纽约的记者和科学家面前进行实验时，他曾触摸过它。如果炸油用沙子而不是木屑包装，旧金山的灾难就永远不会发生，他在采石场声称。

在他最早的专利申请中，阿尔弗雷德·诺贝尔曾提到过类似的方法，你可以让硝化甘油被一种多孔物质吸收，是碳还是沙子？当时他只是没有努力继续研究下去。这东西感觉比甲醇还好使。[402]

他将在汉堡面临新的处境，但这并没有完全减少他对新解决方案的探索。

第十一章
新的炸药正在制作中

在前往欧洲的旅途中，阿尔弗雷德·诺贝尔轰动了世界。经历了十年的挫折和悲伤，传说中的大西洋海底电报电缆终于开通了，而且似乎挺奏效。1866 年 8 月 4 日，星期六，《纽约时报》刊登了一条轰动一时的消息：来自伦敦的维多利亚女王的一封电报仅用了 11 分钟就到达了纽芬兰和加拿大政府。电报内容都是可读的。

这一次，拐角处没有潜伏的故障。通过船只传播来自“旧世界”的一周前的消息，很快就成为历史。垂死的迈克尔·法拉第接到了这个喜讯，这间接地证明了他等待已久的电磁场理论成真了（尽管这一事实在每个人都清楚之前又过了几十年）。[403]

阿尔弗雷德上次访问纽约时，欧洲的消息迟迟没有传来。他对家里发生的事情了解多少？由于他从未评论过在他的祖国爆发的战争，所以我们不知道。我们可以假设他知道部队的动向，但由于通信缓慢，他不知道战斗实际上已经结束。而且他显然不知道克鲁梅尔发生了什么。

6 月，普鲁士军队入侵了荷尔斯泰因公国，纽约报纸也对此进行了报道。上次战争结束后，荷尔斯泰因在和平时期成为奥地利的一部分，这意味着奥托·冯·俾斯麦进入那里后，已经与盟友打起了他热切盼望的战争。俾斯麦长期以来一直梦想着建立一个由普鲁士主导的新德意志邦联，在这个邦联中永远绞死竞争对手奥地利。现在他成功了，而且只用了七个星期。

当阿尔弗雷德·诺贝尔于 1866 年 8 月 11 日在汉堡下船时，交战双方已经签署了初步和平协议。普鲁士将奥地利赶出德意志邦联，并与大约 20 个小得多的州组成了北德意志邦联。

俾斯麦的欧洲权力游戏只剩下最后一步了。下一场战争的戏剧性要大得多，但用历史教授戴维·布莱克本（David Blackbourn）的话来说，与奥地利的短暂摊牌仍然是“我们所谓的德国统一的决定性时刻”。[404]

夏季的战争给自由城市汉堡造成了苦难，尽管距离遥远，但汉堡人民对奥地利表示极大的同情。在受到反复威胁之后，汉堡最终屈服于俾斯麦的诱惑。在高度独立的保证下，汉萨同盟城市也将加入新的邦联。[405]

阿尔弗雷德不在期间，许多其他方面也发生了变化。普鲁士政权已经开始关注令人兴奋的炸药——硝化甘油，关于它的文章很多，但夏初爆发的战争冲淡了人们的兴趣。显然，这种物质是由一位名叫诺贝尔的瑞典人制造的，他在汉堡设有办事处，在普鲁士的劳恩堡设有工厂。军方问道：能在战斗中使用吗？柏林和汉堡的警察和消防部门询问：城市里有危险的炸油吗？诺贝尔真的得到了许可吗？

他们刚开始提出问题，克鲁梅尔就发生了爆炸。7 月 12 日，一个临时搭建的木棚起火，里面存放的易爆油发生剧烈爆炸。一名工人死亡，事后引起了民众极大的愤慨。有关硝化甘油的规定收紧了，要求在城市运输硝化甘油时必须有军队护航，货船要挂黑色警示旗，并且还禁止所有私人存储。

普鲁士军队对硝化甘油进行了几次实验，但决定不碰这玩意。即使在战斗中，这种物质似乎也太不可靠了。

阿尔弗雷德·诺贝尔在他缺席的情况下，接到命令，要立即清空他在克鲁梅尔的工厂区域的硝化甘油。他被指控违反许可证规定，在他承诺的新厂房还没准备好之前就开始生产，更糟糕的是，生产实际上就是在一个茅草屋顶的临时木棚里进行的！有人说，诺贝尔滥用了当局的信任，应该受到“最严厉的惩罚”。这些消息似乎都没有传达给在美国的阿尔弗雷德。[406]

回到欧洲后，阿尔弗雷德·诺贝尔疲惫不堪。他梦想在水疗中心度过几个星期，但他很快不得不将这些计划搁置一旁。

*

罗伯特·诺贝尔在克鲁梅尔进行甲醇实验后返回斯德哥尔摩，而在汉堡的路德维格焦急地等待阿尔弗雷德的归来。路德维格正在前往斯德哥尔摩的途中，其中包括探望老人。父亲的情况让他很担心。伊曼纽尔不断吐出自己的想法，因为没从儿子那儿借到钱，他就生气了。但是路德维格和阿尔弗雷德都不能在没有钱的情况下把钱浪费在胡说八道上吧？至于罗伯特，父亲压根就不问了。

伊曼纽尔最新的构想是一项新的瑞典海军防御计划，他认为他会因此获得丰厚的回报。父亲在那里提出了一个比大多数人都疯狂的想法——他建议训练海豹布雷。路德维格叹了口气，与此同时，他感到很痛苦。他在秋天晚些时候写给罗伯特的信中说："现在我们兄弟三人都能独立了，老人家就不用再考虑工作，不用担心自己的生计了。父亲确实无法积累任何自己的独立资本，但他抚养了我们三个人，他可以将其视为资本，至少部分利息归他所有。"[407]

也许这就是父亲想的。但问题是，这笔投资也还没有赚到钱。

父母原以为阿尔弗雷德会带着几千美元从纽约回来，其他人也怀着同样的希望。阿尔弗雷德不在期间，温克勒兄弟在汉堡的公司破产了。克鲁梅尔的爆炸以及随之而来的所有官方要求让阿尔弗雷德的伙伴特奥多尔·温克勒感到绝望。就连诺贝尔公司也严重缺乏资金，在德国，硝化甘油当时几乎成了脏话。温克勒负债累累，而他的同伴从美国空手而归。[408]

阿尔弗雷德不得不全身心投入新的紧急救援行动。所有硝化甘油都将立即从克鲁梅尔的工厂区域移除。海伦堡事故发生后，他租了一艘驳船，停泊在易北河上。在那里，他搬走了炸油的库存，并建立了一个临时实验室。然后他写信给劳恩堡公国政府并请求被赦免。如果他没有意外地延长在美国的逗留时间，7 月的事故就不会发生。不幸的是，工厂的建设在他离开期间停止了，然后克鲁梅尔的工人违背了阿尔弗雷德的明确命令，竟然偷偷在临时工棚里制造炸药。

但现在一切都在掌控之中，他在给当局的信中写道，他们不需要用任何严厉的惩罚来威胁他，不会再有炸油离开他的工厂。他们可以相信这一点，因为"一个偏差就会毁掉我所有的信誉"。阿尔弗雷德·诺贝尔承诺将全力以赴消除爆炸风险。他告诉当局，他已经找到了这样的方法，涉及对炸油进行化学转化。为了加强安全管理，他还聘请了一位训练有素的化学家、来自普鲁士炮兵部队的迪特马尔（Dittmar）中尉，他将接管工厂的管理。

阿尔弗雷德最后向政府申请在新工厂竣工后对其进行检查。他请求允许做一些实验，让检查员相信他的新产品是无害的。[409]

阿尔弗雷德·诺贝尔超时工作、身上脏兮兮而且心情也很糟糕，但他已经为战斗做好了准备。现在他要付诸行动了。甲醇的解决办法已经有了保障。不需要额外的工作，也不需要什么大的成本，他现在就可以把产品寄出去，既能保住自己的面子，又能保住以后的生产。通过这种方式，他赢得了时间来继续他真正相信的发明——将硝化甘油吸收在某种多孔材料中。他不想再运输液体了，他想让炸药的形状更坚固。

现在发生的事情会在多年后的法律程序中让阿尔弗雷德·诺贝尔付出大量金钱。他会被要求拿出旧信件作为证据，并在宣誓下解释当他发明真正伟大的炸药时，这一切究竟是如何发生的。他雇用的所谓“可靠”的普鲁士中尉（次年被迫解雇）还会起诉他并声称这项发明实际上是自己的。

许多反面的证据足够说明问题，但迪特马尔的攻击仍然对阿尔弗雷德造成了伤害。又来一个小丑，是否这种角色永远不会消失？他总是以傻瓜般的坚韧，坚持相信人之初性本善，直到事实证明并非如此。但随着每一次背叛，他内心的痛苦都在增长。

卡尔·迪特马尔的审判文件保存在斯德哥尔摩的国家档案馆。带着耐心看完这些文件，你就可以厘清通往发明炸药的曲折历程。从证词、信件引述和阿尔弗雷德的笔记来看，特奥多尔·温克勒似乎已经在1866年夏天开始着手测试炸油是否可以被某些多孔材料吸收，并因此在运输过程中失去爆炸性，当时的想法是让炸油再次溶解。

当阿尔弗雷德·诺贝尔买下克鲁梅尔的工厂时，温克勒曾向他的这位瑞典伙伴展示该地区盛产的特殊灰白色沙子和硅藻土。硅藻土是由硅藻遗骸形成的异常多孔的粉末，似乎能够吸收任何数量的液体。在这一年中，诺贝尔将其用作炸油包装盒中的填充材料，然后用这些盒子放装在锡瓶里的硝化甘油。为此，他们在阁楼里储备了大量干硅藻土。如今，这种材料被用于温克勒的夏季实验。

这一想法遭到了反对，特别是还要在运输后再次从炸油中去除硅藻土。温克勒认为，这给运输增加了不必要的复杂性，而且也太浪费了。

但假设他们其实根本不需要再次把炸油提取出来呢？[410]

正如阿尔弗雷德·诺贝尔在宣誓质询中所叙述的那样，在1866年的秋天，他几乎把所有的时间都花在了对各种多孔材料的实验上。伯格多夫距离厂区约两个小时车程。他通常一次在克鲁梅尔逗留几天，然后与迪特马尔夫妇一起住在厂长的别墅里。如果他需要花时间去汉堡的办公室，他会入住一家旅馆。

一开始，他们在实验期间不得不留在驳船上。硅藻土的替代品经过一一测试后被淘汰——木屑（“在最轻微的风中爆炸”）、棉粉、木炭、纸和阿尔弗雷德能想到的任何东西。没有任何东西能与包装砂相提并论。而且，他们也有很多包装砂的库存。

当阿尔弗雷德下定决心时，他尝试将硅藻土与不同比例的硝化甘油混合。他总结说，四分之一的沙子和四分之三的炸油是最好的比例，这样，混合物的稠度几乎是干的。下一步是实验，要实验到引爆帽的强度正好合适。他发现新混合物“很难点燃，见鬼了”，但问题可以解决。[411]

温克勒在背后不耐烦地继续走来走去。他强调，新产品必须尽快上市。迪特马尔也同意温克勒的想法。该公司迫切需要收入，而阿尔弗雷德的新炸油化合物可能是救命稻草。他在等什么？但阿尔弗雷德·诺贝尔拒绝了，这一次他不想事后再跪着进行痛苦的取证检查。他不希望再出现不必要的死亡。这一次，在他完全确信之前，他不会出售任何东西。

10 月中旬，在阿尔弗雷德 33 岁生日前不久，劳恩堡政府的委员会到克鲁梅尔进行视察。到那时，他已经有了长足的突破，不仅可以向委员会展示如果将炸油与甲醇混合，它会变得多么安全；还能够证明它被硅藻土吸收进去后所达到的安全性。[412]

11 月，他获得了许可。新工厂获得批准，现在可以投入运营，但只有一个条件：所有爆炸性油品在运输前都必须制成非爆炸性油品。该委员会对采取何种方法只字不提。然而，到这个时候，舆论的批评对象转向甲醇。这玩意不仅气味刺鼻，而且让人们感到头痛，有几个人还感到恶心和呕吐。[413]眼前似乎只有一条出路了。

然而，阿尔弗雷德·诺贝尔仍旧认为，对待这个东西要小心而不能粗心大意。这项工作必须花时间，尽管他仍然没有钱寄给他的父母。但谁知道，如果当初在美国就想出了办法，那可能一个月后就会有一万美元的进账，“然后我们会出色地搞清楚这问题”，他在信中试图让在斯德哥尔摩的罗伯特平静下来。[414]

*

在瑞典，没有任何有关硝化甘油的交通禁令。罗伯特·诺贝尔带着装在瓶子里的炸油四处旅行，到此时没有发生任何事故。有时，他的箱子会从驿马车顶被猛烈地扔到地上。有一次，一名工人错误地使用硝化甘油来润滑马车的马具和鞋子。但仿佛奇迹一般，那天什么都没有发生。

在温特维肯，罗伯特身边有了一位新聘用的化学工程师，他越来越喜欢这位工程师，是的，他喜欢得几乎把后者当成了他的亲兄弟。32 岁的阿拉里克·利德贝克（Alarik Liedbeck）以前曾接触过炸药。他是一位了不起的天才，也是阿尔弗雷德·诺贝尔的老朋友。阿尔弗雷德过去常称他为“金发小子”，因为他有一头金发，头脑聪明。

12 月，普鲁士矿区的一次演示勾起了阿尔弗雷德极大的兴趣，这激发了他的新想法。他敦促他们在温特维肯进行测试，当时用的是木炭，因为瑞典没有硅藻土。在这次实验之后，罗伯特的回信中透露出饱满的热情。“我已经预见到，这个东西有美好的前景，我一定竭尽所能推广它。”他回信说。[415]

阿尔弗雷德同时不得不将另一起令人不安的船只爆炸事件通知罗伯特，他兄弟的支持和永不失败的承诺让他感动：“我愿意为朋友承担 20 次事故，我们不仅是兄弟，更是朋友，这就是我的感受。”[416]

在克鲁梅尔，他却感到越来越孤独，觉得自己被遗弃了。他非常想在周末和家人一起去斯德哥尔摩旅行，但此时他不得不在周围只有陌生人的情况下庆祝圣诞节。他发现他偶遇的几个为数不多的人对他冷若冰霜，更别提那些对他很不友好的人了。

硝化甘油。正如阿尔弗雷德·诺贝尔所理解的那样，人们一听到这个词就会感到“喘不过气来”。这个东西需要换个名称。这是创造全新、更坚固甚至干燥的炸药的重要一环。他们需要找到一个新的名称，这个想法得到了回报。他在给罗伯特和利德贝克的信中写道，他们可以称这种爆炸物为“新火药、巨型火药、库库火药或大力神火药，随便你怎么称呼”，只要不是硝化甘油。路德维格同罗伯特都对阿尔弗雷德的新发明充满热情，后来还提了个建议，把它叫作“诺贝尔炸药”。[417]

1867 年 2 月，德国发明家维尔纳·冯·西门子（Werner von Siemens）向英国皇家学会提交了一种新型发电机。他将其称为 dynamon（发电机），源自希腊语中的“力量”一词。世界各地的报纸都报道了这一消息，并在当年春天晚些时候在巴黎举行的世界博览会上向公众展示了第一台“dynamon”。阿尔弗雷德·诺贝尔从未亲口说过他是如何想出“达纳炸药”这个名字的。但是他读过报纸，那年春天，他还和他的兄弟路德维格一起去了巴黎的世界博览会。阿尔弗雷德·诺贝尔正是从这台新发电机中获得了这个名字的灵感，这一点值得一提。[418]

1867 年 4 月，当阿尔弗雷德为他的新产品申请英国专利时，他将其称为达纳炸药。此时，他已经改进了这款炸药。为了让他的炸药更容易使用，他开始将化合物做成圆形弹药筒，适合最常见的钻孔大小。为了减少晃动，他将炸药棒包裹在一层羊皮纸中。

英国炸药专利成为他的第一个达纳炸药专利。1867 年 5 月初，他拿到了专利，然后继续申请瑞典的专利。夏末，罗伯特在瑞典商会发起了强烈的攻势，“老专家们变得非常兴奋，并承诺会延长专利期限”。阿尔弗雷德于 1867 年 9 月 19 日获得了“达纳炸药（或称诺贝尔火药）”的瑞典专利，有效期为 13 年。[419]

当科学史学家总结历史上最重要的发明时，很少有人会忽视 1867 年的达纳炸药。当时阿尔弗雷德·诺贝尔将近 34 岁，却已经实现了他年轻时的梦想。对于炸药的发明，他将被永远铭记，因为他完成了一件伟大的事情，至少大多数人认为在本质上“对人类有益”。

不过，这并不是阿尔弗雷德·诺贝尔当时的真实感受。他知道，有了炸药，他终于找到了正确的东西，却持续碰到世人谨慎和怀疑的态度，以及政府出台的运输禁令和严格规定。如果他要将产品样品寄往国外，他必须称之为昆虫粉，并在标签上印上“正宗波斯昆虫粉”的字样。矿工们一边赞赏炸药的安全性提高了，一边却抱怨炸药的威力不如炸油。在斯德哥尔摩，伊曼纽尔把炸药说得一文不值，并对阿尔弗雷德如此轻率地放弃炸油感到愤怒：难道儿子只是为了骗取父亲的份额吗？[420]

阿尔弗雷德想继续在几个国家申请专利并开办生产公司，但随后温克勒和班德曼生气了。如果炸药可以安全运输，那么所有东西不都应该从克鲁梅尔的工厂出口吗？

即使有为成就而欢呼的声音，他也没有听进去。钱没有到位，德国公司的情况比以往任何时候都糟糕。“如果它（诺贝尔公司）能在 9 月和 10 月渡过难关，它将成为世界的一个奇迹。”阿尔弗雷德在 1867 年 8 月给罗伯特的信里写道。如果诺贝尔公司破产，其他一切也都将成为泡影，包括他的瑞典股份和瑞典专利。

9 月传来了悲惨的消息，特奥多尔·温克勒在加利福尼亚出差期间突然死于斑疹伤寒。阿尔弗雷德·诺贝尔几乎撑不下去了。他只想加快推进这无望的生意，确保每个需要钱的人都能拿到钱。只有这样，他才最终能够全身心投入人生中有意义的事情。但运输的障碍似乎永远存在。他呻吟道："我只希望获得一个能够让我独立研究的空间，这样我就可以开始做我想做的事情，而不用担心各种妖魔鬼怪。"[421]

*

2016 年夏天，我坐着一辆蓝色的斯柯达沿着易北河行驶，前往阿尔弗雷德 · 诺贝尔发明炸药的地方，博物馆教育家乌尔丽克 · 内德霍夫（Ulrike Neidhöfer）手握方向盘。她是中心城镇格斯塔特工业历史的狂热爱好者。

"环顾四周，这里几乎只有沙子。"她一边说，一边冲河流景观上点点头。硅藻土现在是一种重要产品，尤其可用于过滤啤酒。然而，炸药长期以来一直是当地的贬义词。对于许多人来说，阿尔弗雷德 · 诺贝尔成为给该地区带来所有苦难的人。

乌尔丽克 · 内德霍夫是为改变这种形象而努力奋斗的人之一。

"没有人愿意别人提起这个故事。这不是什么值得骄傲的事。"她说。

我们将车停在克鲁梅尔的渡轮码头，如今是一家颇受欢迎的鱼餐厅。炸油就是在这里被装上驳船运往汉堡的。炸药公司的旧总部现在和当时一样，在步行距离之内。我听到一个简短的故事，感受到了故事传达的强烈情感。但这些事与阿尔弗雷德 · 诺贝尔并没有太大关系。

两次世界大战期间，克鲁梅尔的炸药厂都转为军用生产，这意味着这里是希特勒最大的军火工厂之一。该工厂的厂区延伸到树木繁茂的沙丘上，最多时共有 19 000 名员工，其中许多是强制招募的。在战争的最后阶段，英国飞机在整个厂区投下了 800 枚炸弹。

总部和阿尔弗雷德 · 诺贝尔的青铜半身像仍然存在。

战争过后是悲伤。许多人对来自克鲁梅尔的炸药造成如此多的死亡感到羞愧。恐惧也是另一种很难消解的情绪。一个被炸毁的、租用了数十年的危险和爆炸性化学品的场地该怎么办？

最后德国对这里进行了有争议的投资。正是在克鲁梅尔，德国建造了核动力船"奥托 · 哈恩号"（Otto Hahn），该船以诺贝尔奖获得者的名字命名，他为世界发现了核裂变。[1] 随后，欧洲大陆最大的核电站之一在曾经的硝化甘油工厂所在地建成。在 2009 年核电站关闭之前，两起严重事故震撼了当地居民和这家核电站的瑞典股东，瑞典大瀑布电力公司（Vattenfall）。

哇，我想，当地人经历了多少考验啊。

“是的，很长一段时间以来，人们只看到了消极面、受害者和问题。”乌尔丽克·内德霍夫继续说道。

“那些积极和重要的事情被遗忘了——事实上，正是克鲁梅尔和格斯塔特为诺贝尔奖奠定了基础。在那里我看到一种使命。”

我们在工厂旧总部前停了下来，今天它被改成了小公寓。红砖外立面和当时一样。我听到鸟鸣声和孩子们的笑声，注意到了地址名称：诺贝尔广场。

“但是青铜半身像在哪里？”

我们开车回去。我听说，在轰炸中幸存下来的雕像随诺贝尔炸药公司的总部一起搬到了北莱茵－威斯特法伦州。乌尔丽克展示后来新造的复制品。这座青铜半身像矗立在市中心的城市博物馆前：“阿尔弗雷德·诺贝尔——诺贝尔奖的创始人，克鲁梅尔炸药厂的创始人，1866 年在格斯塔特发明炸药的人。”

几年前，格斯塔特的市立学校更名为阿尔弗雷德·诺贝尔学校。

“你知道校报叫什么吗？”乌尔丽克问道。

“炸药！”

*

炸药变成了救赎。很快钱就会流入，阿尔弗雷德·诺贝尔就可以一劳永逸地抛开财务上的担忧。只是目前在过渡阶段，需要时间。不耐烦的阿尔弗雷德试图抓住每一个机会。当路德维格提议他们应该将这种新炸药作为军火秘密出售给沙俄政府时，他毫不犹豫地答应了。路德维格在圣彼得堡的一位炮兵军官面前用炸药炸毁了一些较大的铁块。这位炮兵军官是诺贝尔家族的老朋友，他把消息告诉了他的上司，圣彼得堡的一位将军。将军可以接触到陆军大臣。雪球似乎已经开始滚动了。

① 实际上这项发现不只由他一人完成。1944 年的诺贝尔委员会忽视了物理学家莉泽·迈特纳（Lise Meitner）在这一发现中的关键作用。

阿尔弗雷德很难掩饰自己的兴奋之情。沙俄终于要来了，他知道的。“首先，我非常喜欢沙俄；然后，我认为，如果我们将所有欧洲国家放在一个尺度上，而将沙俄放在另一个尺度上——那么后者在这杆秤上的分量更大。”他在给罗伯特的信中写道。

罗伯特此时的任务是管理与用于军事目的的炸药有关的一切。阿尔弗雷德继续说道：“你打算什么时候去彼得堡？相信我，沙俄是唯一一个愿意在这件事上付出代价的国家，因为你不必处理其他琐碎的问题。”他似乎很喜欢拿慢吞吞的法国人做例子。“让声名狼藉之辈、书呆子和爱开玩笑的人躺在巴黎的桂冠上安然入睡吧：他们在‘尝过’这东西的厉害之前才不会下定决心。另外，在沙俄，我们将遇到各种各样充满善意和明智的人。”[422]

阿尔弗雷德进一步研制了各种可能的炸弹——上面覆盖着锡或沥青，或者为什么不研制一种装有硝化甘油的橡皮瓶炸弹呢？他建议人们应该“向船只发射炸弹，使它们呈弧形落下并在水中爆炸”。[423]他仿佛重获新生，充满活力和创造力。

但是情况变了。在12月对哥本哈根进行商务访问期间，罗伯特收到了沙俄政府的电报，敦促他立即前往圣彼得堡。这封电报是路德维格在一封信中发出的，沙俄驻哥本哈根领事非常有洞察力，他读出了信的言外之意。“作为老朋友，我必须告诉你，如果你不快点去那里，你的兄弟就会受到迫害。这情况以前见过。”领事说。

罗伯特极其秘密地前往圣彼得堡。直到后来，斯德哥尔摩的家人才知道他在做什么。在那里，他遇到了零下30摄氏度刺骨的寒冬，以及在四周秘密窥探的沙俄工业间谍。他不得不把他的小桶硅藻土藏起来，以免泄露他在那里出售的秘密。双方没有达成任何协议。[424]

阿尔弗雷德病倒了，就像在逆境中经常发生的那样，他喜欢将生病描述为“蒸汽机内部构造出了问题”。他试图用冷胃袋来缓解恶心，但很长一段时间内，他基本上无法工作，而且随着更多坏消息的涌入，情况也没有好转，现在轮到来自英国的烦恼了。据报纸报道，在纽卡斯尔的一个啤酒地窖里，30个装有未知润滑油的锡罐被无人看管地摆放了六个月。当发现其中含有硝酸甘油时，有人报了警，但在查封过程中，一些容器发生爆炸，造成5人死亡。“事故原因——愚蠢。事故结果——尖叫。”沮丧的阿尔弗雷德·诺贝尔在病床上写信给罗伯特。英国媒体一片哗然。阿尔弗雷德不得不在平安夜给《泰晤士报》写了一封详细（而且更细致）的信。他解释说，事故是由于处理不当造成的。[425]

所幸在某些方面，阿尔弗雷德的立场得到一些理解。“可能有很多人衷心希望诺贝尔先生从未存在过，”一家英国报纸写道，但补充说，“在这种情况下，曾经发现黑火药的僧侣必须受到同样严厉的审判。而没有人愿意失去火药这东西。”

1868 年是更好的一年，阿尔弗雷德·诺贝尔认为。[426]

起初他的愿望似乎得到了回应。2 月 12 日，瑞典科学院决定授予诺贝尔父子一年一度的莱特斯特德奖。这是对科学、文学和艺术领域原创作品，“或对人类具有实用价值的重要发现”的奖励。伊曼纽尔因“他在使用硝化甘油方面的功绩”而受到赞扬，阿尔弗雷德“尤其因他发明的炸药”而受到赞扬。奖金高达近 1000 里克斯达勒（约合今天的 6 万瑞典克朗），或者选择等值的奖章和现金的组合。尽管钱快用完了，父母仍然入不敷出，但伊曼纽尔和阿尔弗雷德还是选择了奖章。[427]

阿尔弗雷德很感激这种认可。但他也感到愧疚，他猜想自己能获奖，当然是科学院院士兼极地研究员诺登舍尔德的功劳。诺登舍尔德以前曾提供过帮助。阿尔弗雷德长期以来一直感叹他们原本的“互助账户”，“我的信用额度已经完全空了”。现在他写信给他在斯德哥尔摩的同伴斯米特：“你真好，并代表我感谢诺登舍尔德为我争取的学院的善意嘉奖。”

公告发布后，阿尔弗雷德对父亲也受到奖励一事恼怒地评论了几句。斯米特指出阿尔弗雷德这么做不够谦逊，对这一举动阿尔弗雷德给予了愤怒回应。“你怎么会觉得我会计较是阿尔弗雷德还是伊曼纽尔排在作家或观众的名单上？你完全误解了我的意思。”阿尔弗雷德解释说，他反对的只是关于他的炸药专利的问题，因为公告在这个部分提到了父亲。

他写信给罗伯特：“你能不能安排爸爸拿整个学院的奖励？但无论如何写因为炸药而获奖，这么做不体面。”他解释说，如果奖励的措辞中带上炸药，他就有失去为自己的发明申请专利权利的风险。[428]

*

纽卡斯尔的事故不会改变阿尔弗雷德·诺贝尔对英国的计划。在他眼中，不列颠群岛是“一颗与世界其他地方具有同等价值的宝石”。1868 年春末，他鼓起勇气，带着他的新专利和样品去了那里。他必须保持警惕。“带着装有 50 蒲式耳炸药的行李袋四处旅行，并住在旅馆里是非常危险的，因为如果被警察发现，我将很可能不得不支付 500 英镑，还要坐两年牢。我还是更青睐我们永恒的堡垒，即脚下的地球。”他在旅途中的许多信中写道。[429]

阿尔弗雷德在苏格兰、威尔士和英格兰西南部美丽的德文郡实施了实验性爆破。他觉得他懂得如何给大众留下深刻印象。“大采石场一定有大爆炸，会有大量噪声、铁屑，会有报纸记者来，现场会有大石头开裂，最重要的是，这儿有一顿丰盛的午餐。”阿尔弗雷德声称。即便是“迟钝到一年前进一英寸’的苏格兰人也可以略微露出一个意在表扬的笑容”。但他想错了。商务谈判依然不畅。

逆境和批评现在已成为日常生活中根深蒂固的一部分，以至于阿尔弗雷德几乎没有其他期望。他仍在挣扎的事实与新炸药有关。很快，全世界就会明白，他终于成功地驯服了硝化甘油，并且他是第一个拥有“科学和创造力”足以“将这些力量投入使用，造福人类”的人。

然而，下一次大挫折到来时，他依旧难以回过神来。在夏季的几周内，发生了三起更严重的爆炸事故。阿尔弗雷德和当地代理人已成为非常亲密的朋友，后者在比利时去世了。这个噩耗让阿尔弗雷德失去了理智，悲痛在内心撕裂了他。“到目前为止，除了海伦堡的事件，没有一件事能如此让我震惊。”[430]

他的个人损失可能要严重很多倍。6 月 11 日星期四三点半，温特维肯的实验室也发生了爆炸。十四人当场死亡，其中包括两名十二岁和十三岁的女孩。当黑烟散去，连实验楼的地基都没有了。砖块像棕色的灰尘一样散落在地上，破烂的衣服和松散的头发从被撕裂的树上垂下来。

实验室主任，即阿尔弗雷德的朋友阿拉里克·利德贝克侥幸逃过一劫。他正从住处返回实验室，刚打开前门，就听见砰的一声。震惊的是，他现在不得不设法扑灭大火并收集员工和他们孩子的遗体。罗伯特·诺贝尔也有天使般的保护。他在温特维肯工作时曾住在实验室大楼的两个独立房间里。在这一天，他本要去那里，计划是早上出发，宝琳和孩子们从瓦克斯霍尔姆一回来就离开小镇。但没想到，家人迟到了。

一个月后，爆炸再次袭击温特维肯。虽然没有人员伤亡，但整个新厂房都被毁了。报纸上说硝化甘油股份公司的所有者损失惨重。

阿尔弗雷德·诺贝尔曾称赞瑞典是少数几个不用运输禁令和罚款添麻烦的国家之一。虽然这个好处并没有带来显著的巨额利润，但罗伯特也设法在炸油和炸药的销售方面取得了可观的增长。现在情况改变了。早在1868年7月24日，皇家少校就针对禁止销售和运输硝化甘油发出了第一份公告，尽管对据称更安全的炸药有一定的开放权。

这一次阿尔弗雷德不用孤军奋战了，瑞典的矿山经理和铁路主管出手相救。据说，该禁令对他们的业务造成了打击。没有诺贝尔的炸药，他们就有可能惹上大麻烦。理想情况下，他们希望保留炸油，因为新炸药的威力连炸油的一半都没有。随后，满意的炸油客户和有关当局之间展开了一场拉锯战。

但是阿尔弗雷德·诺贝尔有些心灰意冷。他开始认真思考自己是否选择了正确的人生道路。在他最黑暗的时刻，他质疑是否值得再活下去。"相信永恒的安息比相信永恒的欢乐更让人安心和安慰。"他在笔记本上进行哲学思考。[431]

他应该改变他的人生道路吗?

*

在初夏的英国之行中，心寒的阿尔弗雷德·诺贝尔碰巧与一位年长的牧师交谈。他们在阿尔弗雷德访问德文郡期间偶然相遇。查尔斯·莱辛厄姆·史密斯（Charles Lesingham Smith）是埃塞克斯郊外一个小教区的哲学大师和牧师，他在一所基督教学院讲授数学，并对文学产生了浓厚的兴趣。莱辛厄姆·史密斯出版了他自己的浪漫主义诗集，并将中世纪意大利诗人塔索的作品《耶路撒冷的解放》翻译成英文。

阿尔弗雷德·诺贝尔和查尔斯·莱辛厄姆·史密斯在一起聊了两三个小时。遇到"品味和学识如此一致"的陌生人——一个沮丧的瑞典工程师，牧师感到很惊讶。[432]

夏天过后，莱辛厄姆·史密斯把他的诗集寄给了汉堡的阿尔弗雷德。牧师的一首十四行诗是这样开头的："我的灵魂常常闪耀着强烈的愿望 / 创造一些不会很快消亡的东西……"并且是关于对成功的追求的。当欢呼声仍未传到冰冷的坟墓中时，为什么还要渴望成名？诗人问自己。[433]

阿尔弗雷德在回信中称赞了这些诗。他鼓起勇气，将英文版的《谜语》装进了信封，这首诗是他从青年时期在圣彼得堡就一直保存的。他要求发表声明，并向莱辛厄姆·史密斯保证，他会像任何赞美一样重视批评。

与牧师的接触启发了他。据说，当时阿尔弗雷德·诺贝尔又重拾了他浪漫主义的写作兴趣，并更进了一步。这次创作与他寄给莱辛厄姆·史密斯的那首诗大不相同。但主题（讲上流社会和底层人民爱情的差异）是相同的。阿尔弗雷德试图以一种幽默的玩世不恭的方式编造有关一个城市中女性居民的统计数据："在首都 X 有 30 228 名年龄介于 16 至 25 岁之间的年轻女性。其中，有两个灵魂和身体都美丽，10 个只有灵魂美丽，60 个只有身体美丽，650 个凑合，26 186 个容貌丑陋，3 320 个异常丑陋。"

这和当初在圣彼得堡一样，你可以感觉到阿尔弗雷德·诺贝尔将充满他脑海的东西写了下来。一个可怜的男人，在这么多女人中，怎么可能找到一个能给他"勇气去面对生活的逆境和众人做出的错误判断"的人呢？他指出，有很多女性适合"摸索"和爱抚，但"很少有人懂得如何解读我们的灵魂"。

阿尔弗雷德介绍了三姐妹，她们来自想象中最高级别的美女：首先是拥有身材美的阿玛利亚，她的"思想没有经过训练，因为她从来没有想过任何事情，只有快乐"。阿尔弗雷德写道，阿玛利亚是那种走一步都会被男人梦到看到她没穿衣服的美女。"如果偶尔一场雨迫使她稍稍掀起她的衣服，一股快乐的电流就会流过每个男人的胸膛。"但他警告说，除了这些，就没有什么可去探索的了。阿玛利亚没有读过书，没有自己的想法。"当外表美丽时，人们很少深入探究其内涵。"

其次，她的妹妹苏菲是"有灵魂美的"，但不能被称为标准的美女。我们从阿尔弗雷德的描述中了解到，苏菲是一个受过教育、能言善辩的女人，但过于追求自我牺牲和内向，无法进行正确的精神交流。

最后，阿尔弗雷德介绍了"真正的珍珠"，即理想的女性，亚历山德拉，她和阿玛利亚一样，有美丽的外形和优雅的气质，但她的整体美体现在从她的眼睛中放射出的高贵和自然，以及在她的"灵魂装扮"——她的智力、教育、情感和好奇心——所赋予的热情上。

你很快就会看腻单调的美丽面孔，但永远不会厌倦丰富的灵魂，这是小说家阿尔弗雷德·诺贝尔从文章里传递的明确信息。"你读得越多，对这本活生生的书的兴趣就越大，直到生活中没有什么比它的语言更让我们感到亲切。而像亚历山德拉这样提供丰富的阅读材料的面孔是很少的。”[434]

阿尔弗雷德·诺贝尔很快就要35岁了。很明显，他渴望着、寻找着他的亚历山德拉。

1868年10月，牧师莱辛厄姆·史密斯寄来了一封信，他读了阿尔弗雷德的长诗《谜语》，兴致勃勃。“如果你继续写下去，你的优秀能力将不会让你长期留在怀疑主义的冷酷阴影中。”牧师写道。

> 除了其中你自己现在似乎感到遗憾的几段话，我很高兴它们没有被包括在你以其他方式创作的作品中。尽管这些想法并不总是准确的，但它们是如此坚实和精彩，以至于没有读者可以抱怨枯燥无味，哪怕是片刻的抱怨，或抱怨你的文章缺少“类似的韵尾”，就像《失乐园》（17世纪诗人约翰·弥尔顿的史诗）一样。我本来认为那首诗算是一项英国人取得的令人钦佩的成就，但当作者并非英语母语者时，更令人钦佩。

莱辛厄姆·史密斯声称在总共425行诗歌中只发现了六行平庸的诗行。如果阿尔弗雷德能够用英语写出这样一首诗，那么他用瑞典语岂不是更厉害了？“特别是如果你像弥尔顿那样等待时机，直到岁月拓宽了你的人生阅历。”牧师写道，他希望再次见到阿尔弗雷德：欢迎阿尔弗雷德随时访问德文郡。[435]

这封信让阿尔弗雷德·诺贝尔在黑暗中看到了曙光。在夏天发生可怕的事故之后，逆境比以往任何时候都艰难，他考虑放弃一切。温特维肯的证词表明，一名多次将炸油洒在地板上的粗心工人可能是罪魁祸首，但这并不重要。这个人也已经在事故中丧生。

接近11月底时，诺贝尔又遇到了一次挫折。罗伯特通过代理人做了新的尝试，以引起法国政府对炸药的兴趣。用阿尔弗雷德的话说，他们把“现成的麻雀”喂到法国人的嘴里。可惜，最后的答案是否定的。此时此刻的阿尔弗雷德觉得自己什么都倒霉。正如叔本华所写，他的生活和职业仍然是“一家不承担成本的企业”。

他想起了牧师鼓励的话。莱辛厄姆·史密斯是一位学者，他用意大利语引用但丁，而且熟知阿尔弗雷德喜欢的弥尔顿和拜伦。他仔细阅读了阿尔弗雷德的诗，在一张特别的纸上记下了笔记和评论。他的赞美是有意义的。

阿尔弗雷德抄下了他打算写的小说的开头，并把它和一封求职信放在一个信封里：

好兄弟罗伯特，

我对新闻炒作以及所有相关的麻烦和不适感到厌烦，所以我决定在另一个方向发展我的能力。像我们这样的小市场，人们无法期待一个安全的未来，我可能不得不依靠写作谋生，除非我想让我的机智和幽默自由发挥，最近我已经开始感觉到了。

因此，我非常想请求一些有能力的人对我附的一个小作品提点意见。有两个问题是:（1）瑞典语写的有错吗？（2）读起来通顺吗？

如果罗森伯爵在斯德哥尔摩，我不知道有谁比他更合适来读一读了，他很博学。要不然，我想请阿尔塞尔舅舅或温纳斯特伦认识的某位熟人来读一读。我不太相信自己的能力，这可能是情有可原的，因为我最近从一位英国学者和作家那里得到了对一些英文小诗的高度评价，由于我对他完全不熟悉，在这方面不能假设他是否有奉承的意图。

致以最亲切的问候

朋友阿尔弗雷德[436]

他将继续写关于阿玛利亚、苏菲和亚历山德拉三姐妹的小说，她们被一位25岁的富翁亨里克·奥斯瓦尔德以各种方式追求。阿尔弗雷德笔下的主人公置身于这样一个世界：“没有一个小时不在握手、对视、叹息着，芳香的情书、五颜六色的脸颊，到处是温暖……”

阿尔弗雷德特别喜欢亚历山德拉的形象，他在他年轻时的一首诗中将这种无法企及的美与心爱的人同名。他认为他知道那些亲吻、那种结合会是什么滋味，并试图详细描述那种感觉。字里行间充满了他对见到一个独立思考的生活伴侣，并且这个伴侣看到了他的灵魂并热爱它的渴望。

有时阿尔弗雷德在他的赞美中走得太远，他会划掉写的句子。其中，他删除了一些与叔本华相呼应的诗句:“亚历山德拉有一个诗意的灵魂;她爱阅读并懂得欣赏文学名著。平凡的人最多从中学会引用和模仿,然而,有思想的人可以培养自己的品位并创建自己的流派。”

他会遇到这样的女人吗?

他将自己的小说草稿命名为《姐妹》,“阿尔弗雷德的小说……”他开始在作者扉页上写道,然后又划掉并替换为“无名小说”。[437]

NOBEL

DEN GÅTFULLE ALFRED
HANS VÄRLD
OCH HANS PRIS

3
第三部分

如果我能在某个角落安顿下来，过着普通人的生活，我会很幸福。

1880 年的阿尔弗雷德 · 诺贝尔

在医学的黑暗中

阿尔弗雷德·诺贝尔不信任医生。这是个问题，因为他总是生病，就像其他人一样。到目前为止，在我的研究中，我已经意识到阿尔弗雷德·诺贝尔根本不是他经常被描述为的极度夸张的疑病症患者。其他人的抱怨要多得多。

以奥托·冯·俾斯麦为例。我在一本传记中读到，无论是19世纪还是20世纪，没有一位政治家像有权势的普鲁士首相那样有那么多的病假、那么多的抱怨。阿尔弗雷德·诺贝尔在他自己的家庭中甚至不是最爱抱怨的。每次发烧或呕吐时，他们都在黑暗中挣扎。那时谁没有感到焦虑呢?

也许正是在这里，在痛苦的无知之中，人们应该寻找解释阿尔弗雷德·诺贝尔长期以来对医学越来越感兴趣的原因。

我惊恐地读到路德维格·诺贝尔在1870年初春在圣彼得堡耳朵感染的消息。那里有几位医生，他们在耳朵后面使用水蛭（路德维格在水蛭吸过的伤口上得了丹毒）。医生继续使用泻药、草药软膏和药用植物的酒精酊剂来治疗。最后，他接受了用“一只西班牙大苍蝇”——一种干甲虫治疗，将它放在脖子上。

作为圣彼得堡的年轻人，阿尔弗雷德买了很多水蛭。目前尚不清楚这种习惯是否会一直持续到中年，届时他必须不断与风湿病、发烧、支气管炎和便秘做斗争。当他的健康状况不佳时，特别是当他被迫“呼叫乌尔丽克”，即呕吐时，他会变得“心情不好”。

有一次，他在一次小型实验室爆炸中受了重伤，令人尴尬。阿尔弗雷德提到了烧伤和灼伤的眼睛，一根手指的肌腱被撕裂，骨头暴露在外。医生被叫来了。之后，阿尔弗雷德描述了当“医生寻找他认为嵌在骨头里但其实并没有的玻璃或其他物质时的不适感，我觉得他是想确定我可以坚持多长时间不嗷嗷乱叫”。[438]

人们只能希望有关无菌仪器的新发现已经到来。

看来阿尔弗雷德认为罗伯特是最常无端抱怨的兄弟之一。他声称，在同一天，兄弟可能在早上出现心脏衰竭，早餐时出现痛风，下午出现肺炎，晚上出现血液中毒，睡前胃部或舌头、肾脏或胸部出现溃疡（癌症）。

19 世纪 60 年代末的一个夏天，罗伯特确信自己染上了肺结核，这是一种可怕的疾病，当时没有人知道病因，在 19 世纪夺去生命的人数超过其他任何疾病。阿尔弗雷德向他保证，这个诊断是一个骗局，他的哥哥是庸医的牺牲品。“我毫不怀疑被忽视的咳嗽已经侵袭了肺部，但是到南方气候做一次短途旅行……会解决这个问题。”阿尔弗雷德生气地说。“这一定是严重的腹泻，但请记住，100 个医生中至少有 99 个是疯子，”他继续说道，“你难道不想试试蒸汽浴吗？”[439]

不管有没有蒸汽浴，罗伯特都活了下来。

当时的医学知识真的那么匮乏吗？

*

在布伦斯维肯旁的一座旧法院大楼内，有一个卡罗林斯卡医学院（Karolinska Institute）骄傲的历史瑰宝——哈格斯特罗默图书馆（Hagströmer Library）。当我走进美丽的图书馆大厅时，一股强烈的旧皮革味扑面而来。这里有一些珍品，例如卡尔·冯·林奈的《自然系统》的个人抄本（1735）和威廉·哈维（William Harvey）关于血液循环的开创性著作《心血运动论》的原版（1628）。这里有四万本独特的医学历史著作，其中大部分是在 1870 年之前印刷的。和其他许多人一样，在这一天，获奖教授兼作家尼尔斯·乌登贝里也来了。他最近出版了一部两卷本的医学史著作。

我讲述了路德维格在 1870 年用水蛭治疗的事。尼尔斯·乌登贝里摇摇头。

“听起来很沮丧，比我想象的要晚。但水蛭是迄今为止研究下来时间最长的放血形式。这涉及很多魔法成分。水蛭非常恶心，足以激起强烈的反感。当作家埃萨亚斯·泰格奈尔在 1840 年患上躁狂症时，他的直肠是用水蛭治疗的。不要问我为什么。”

“但是有时人们会低估水蛭作为药物的作用，它的作用可能很像今天的安慰剂。”

尼尔斯·乌登贝里将医学史上最大的知识飞跃追溯到 1870 年后的几十年。然后，古老的体液病理学，即疾病由体液之间的不平衡引起的观点，最终被扔进了历史的垃圾堆，并且人们摒弃了人体各器官受神力控制的观念。在阿尔弗雷德·诺贝尔生命的最后几十年里，他经历了医学终于成为自然科学的惊险时期。

“快如闪电一般，发生了令人难以置信的戏剧性转变，这可能就是让他印象深刻的地方。”尼尔斯·乌登贝里说。

突破的核心是微生物学，人们发现细菌是许多最致命疾病的幕后黑手。尼尔斯·乌登贝里将其评为医学史上最好的一次突破。在当时，英雄是法国人路易斯·巴斯德，然而，他一直等到1878年才提出他的开创性理论。乌登贝里想了想，然后得出结论，医学史上唯一可能接近阿尔弗雷德·诺贝尔本人所涉及的一次彻底动荡的阶段是1953年对DNA的描述。

“微生物学改变了一切，从卫生和生活条件到疾病的整个谱系。在此之前，人们主要死于传染病，而后开始主要死于癌症，手术也在此时取得了巨大的进步。麻醉技术已经到来，复杂的手术也变得容易了，但人们还不清楚该不该洗手，所以一开始并不成功。现在微生物学来了，与此同时，生理学取得了重大突破，人们找到了测量身体机能的方法。”尼尔斯·乌登贝里说。

“所有这些都加强了对人体更机械的看法，即把人看作具有特定控制系统的机器。正是在这个时候，看医生比不去看医生更明智。”他笑着说。

但实际上当时的人还没到那一步。

*

一些人认为，如果统治者的健康状况和历史不一样的话，这场将成为阿尔弗雷德·诺贝尔人生转折点的战争可能不会发生，至少在当时不会发生。即将在战场上相遇的巨人奥托·冯·俾斯麦和法国皇帝拿破仑三世都十分虚弱。俾斯麦患有胆囊疾病，经常夜不能寐。尽管他喝了几瓶香槟和白兰地，但他还是难以消化每天塞给他的所有食物（整条火腿、半只火鸡）。最后导致他成了一个病态的易怒者，遇到一点小事就发脾气并且缺乏耐心。

对于拿破仑三世的肾结石，情况更糟。当1870年的命运时刻临近时，他表现出“一副已经死去的样子”。他的左臂瘫痪了，眼睛呆滞无神，步伐缓慢而匆忙，身体只能靠不断增加的药物剂量来维持。下肢的剧痛，让他成为坐不住马背的皇帝。[440]

1870年6月下旬，即战争爆发前夕，法国最重要的医生被召集起来。一位教授勇敢地将手指伸进拿破仑皇帝的肛门并四处摸索。泌尿道结石的大小让他震惊，于是他下令立即手术，但宫廷外科医生退缩了。一年前，这位外科医生曾为法国陆军部前部长动过手术，后者不幸因败血症而死。外科医生得到了其他医生的支持："我们不能像对待普通病人一样对待皇帝。"[441]

最终大家决定观望。

第十二章
“炸药的需求急剧增加”

1870 年春天，普鲁士和法国之间的紧张局势已成为多年的话题。一位著名的法国记者将这两个国家比作同一条铁轨上飞速驶向彼此的两列高速列车。但与俾斯麦不同的是，拿破仑三世的性格总体上是和平的。具有讽刺意味的是，两国的冲突是这样开始的——拿破仑在 1866 年夏天普鲁士进攻奥地利时表现出友好的态度。那时候，俾斯麦适时地找到了法国皇帝，想确保法国在战争中保持中立。拿破仑对他很慷慨，给了俾斯麦他的承诺，没有要求任何回报。

不久之后，当普鲁士的战争机器碾压奥地利时，法国皇帝后悔了。俾斯麦不是乘虚而入吗？当然，至少可以允许拿破仑吞并比利时和卢森堡，以感谢他的无所作为吧？但随后俾斯麦表示不屑一顾。他让世人明白，拿破仑三世的举止就像“要小费的侍者”。承诺到最后没有任何回报。[442]

这种屈辱导致许多法国人呼吁以军事攻击作为回应。有趣的是，拿破仑三世的妻子欧仁妮皇后（Empress Eugénie）是比较直言不讳的战争贩子之一。毕竟，俾斯麦让法国看起来几乎和奥地利一样，都是个大输家。但拿破仑保持冷静。

近年来，俾斯麦的行动极大地改变了欧洲版图，所有精心打造的旧时权力平衡现在都已成为历史。为了挽救强大的哈布斯堡王朝的地位，遭受挫败的奥地利虽然选择了与匈牙利王国结盟，但情况大不相同。

尽管如此，急躁的俾斯麦仍不满意。他的目标是在普鲁士的领导下建立一个统一的德意志帝国，而一块重要的拼图仍然没有合并进来。俾斯麦希望将在战争中站在奥地利一边的德国南部各州一起纳入版图。到现在为止，它们一直持观望的态度。历史学家对俾斯麦在 1870 年春天的战争计划究竟有多清晰，存在争议。但没有人怀疑他知道为了解除对南部各州的封锁而对法国开战意味着什么。

那年春天，饱受考验的拿破仑三世正忙于处理他的肾结石、泌尿道问题和摇摇欲坠的帝国。19 世纪 50 年代早期的辉煌和权威现在仿佛被风吹走了。法国共和党人看到机会，暗示可能会爆发新革命。罢工和骚乱等字眼不绝于耳，在 1869 年的选举中，自由主义反对派在当时的立法机构（当时弱势的大众代表“立法团”，Corps législatif）中赢得了压倒性的胜利。在身体虚弱的皇帝的领导下，帝国的处境岌岌可危。

此外，现在新的外交政策耻辱像乌云一样笼罩在杜伊勒里宫上空。它表面上涉及的是西班牙和空置的西班牙王位，但这之中不乏奥托·冯·俾斯麦的天才战略的痕迹。

自从 1868 年西班牙伊莎贝拉（Isabella）女王被军事政变推翻后，拿破仑三世就一直想在邻国争取一个亲法的朋友登上王位。可最后，无论是法国的地位还是皇帝的个人荣誉都无法在失去西班牙王位后幸存下来，新国王是普鲁士和俾斯麦的支持者。但在幕后，这正是真实发生的事情。1870 年春天，一位属于普鲁士王室分支的王子秘密收到了邀请。

俾斯麦为此欣喜若狂，这场赌博正是他所需要的。1870 年 7 月初，轰动一时的消息传遍了巴黎：一位普鲁士王子接受了西班牙的王位。这被法国认为是完全不可接受的。巴黎媒体对战争的呼声愈演愈烈。

7 月，危机来临的这一天，恰逢拿破仑三世刚刚接受令他不快的泌尿道体检。在法国权力精英中，皇帝通常是争取持续和平与外交的人，但现在他的状态不太好。随后发生了一场错综复杂的博弈，最终法国驻普鲁士的外交使节被派往温泉小镇埃姆斯，普鲁士国王威廉一世正在那里度假。如果国王不撤回对接受西班牙王位的普鲁士王子的支持，法国特使将以战争相威胁。威廉一世对西班牙提议的热情从未有俾斯麦那么高涨，他听了进去，并选择迁就愤怒的法国人，而这位王子收回了他对继承王位的同意。

危机似乎得以避免，对于饱受折磨的拿破仑三世来说，这本来是一场外交上的胜利，却立即被好战的巴黎舆论粉碎了。普鲁士的突然背信，这算什么保证？威廉国王必须受到比这更大的压力，至少向法国承诺永远拒绝西班牙王位。

新的风暴愈演愈烈，拿破仑三世再次遭遇剧痛，无力反抗。众所周知，在杜伊勒里宫接过指挥棒的是明显更注重战斗的欧仁妮皇后。法国驻普鲁士特使奉命迅速返回温泉小镇，这种紧迫性迫使他回击早上在公园散步的普鲁士国王。威廉一世对时机和语气感到愤怒。他拒绝接受法国的新要求，并立即就此事和他的决定向俾斯麦发电报。

被国王的行为激怒的俾斯麦看到了机会。他内心深处的想法促使他最终在威廉一世的电报上进行了一些改动，这样一来，这条消息对法国人来说就显得比原来更刺耳、更羞辱人了。在俾斯麦的回忆录中，他描述了自己是如何意识到编辑和决定发表“埃姆斯电报”会“在高卢雄鸡面前成为一面红旗的”。[443]

这一巧妙的规划可能是对事后情况的美化，但结果是显而易见的。7 月 14 日国庆日，法国报纸收到了这封令人反感的电报。第二天，法国就决定动员起来。人们在街上高喊“去柏林！”并高唱《马赛曲》。7 月 19 日，法国向普鲁士宣战。

迄今为止，罪责问题一直困扰着历史学家。

*

1870 年 7 月的头几天，阿尔弗雷德·诺贝尔刚刚回到他在普鲁士克鲁梅尔的工厂，他之前在水疗中心待了几周。阿尔弗雷德需要休息。过去的一年并非没有挫折，他已经习惯了，但挫折仍然让他付出了代价。

最糟糕的是 5 月底在克鲁梅尔发生的新事故。一座厂房被炸成碎片，五名员工死亡。其中一位是年轻的瑞典化学家拉特斯曼，他在 1864 年海伦堡爆炸后不久就被这家瑞典公司雇用，最近被吸引到克鲁梅尔工作。

悲伤的阿尔弗雷德·诺贝尔收到了死亡通知。他拼命想弄清楚为什么会发生爆炸，但由于在场人员无一幸免，所以很难确定原因。他本人没有去过那里。但是，地方当局有自己的想法。克鲁梅尔总共发生了三起致命爆炸—这不可能只是运气不好。详细的调查已经开始，并禁止所有进一步的生产，直至另行通知。[444]

在斯德哥尔摩的家中，母亲安德丽塔经受了地狱般的痛苦，之后才发现阿尔弗雷德毫发无损地逃脱了。她对儿子的易爆活动一直感到痛苦。对于每一次爆炸，她都感谢上帝，因为“这一次她的儿子还活着”。[445]

与此同时，美国的合资企业不断给阿尔弗雷德制造痛苦，东海岸和西海岸的公司都还没有取得任何进展。现在这些公司之间也陷入了一场旷日持久的新炸药专利纠纷中。沙夫纳上校随后再次转变立场，和之前一样缺乏真诚。沙夫纳现在试图声称他自己发明了炸药——远早于阿尔弗雷德·诺贝尔。他通过信件通知竞争对手，正在对阿尔弗雷德的专利侵权提起诉讼。[446]

阿尔弗雷德·诺贝尔现年36岁。自从他在炸药上取得突破以来已经过去了好几年，但仍然没有什么迹象表明他会成功。在欧洲，硝化甘油运输禁令从一个国家传到另一个国家，似乎很少有人意识到他的新产品在使用和运输方面都更加安全。许多矿工还认为有其他原因需要怀疑。阿尔弗雷德听到他们抱怨说他的新炸药威力太弱了，只不过是稀释的硝化甘油。[447] 直到1869年春天，他仍然没有钱。“无法帮助老人，这让我非常痛苦。”他在3月底写给罗伯特的信中叹了口气。[448]

笼罩在诺贝尔家族上空的黑暗似乎比以往任何时候都更加浓郁，因为不久之后，路德维格的生活就因一场家庭悲剧而支离破碎。1869年5月，他的妻子米娜生下了一个女儿，但同时患上了产褥热。不到两周后，女儿和路德维格心爱的年仅37岁的妻子双双去世。“悲痛欲绝的丈夫和围着灵柩的那些失去母亲的孩子，对她的记忆永远无法抹去。”圣彼得堡的一位老师写信给罗伯特。[449] 路德维格悲痛欲绝，而且很担心。米娜的突然去世让他独自一人照顾10岁的埃曼纽尔、7岁的卡尔和3岁的小安娜。他将如何处理？他要怎么养孩子？

这种情况让他想起了自己和兄弟们的童年。他们有时过得很艰难。他们的学校教育资源不足，每个人的教育都存在重大缺口。但是，如果允许他们无忧无虑地度过一生并完成学业，真的会更好吗？事实并非如此，路德维格推理道。“另外，我们成长过程中的不完整有一个优点，那就是它并没有扼杀我们的智慧和判断力。”他在给罗伯特的一封信中进行了哲学思考。“就我而言，我相信我所拥有的一点点道德和智力价值，是我看到我们亲爱的母亲在我年轻时所经历的逆境和苦难的结果，并在后来生活中的经历，塑造了我自己，”路德维格继续写道，“我该如何将这些东西应用到自己的孩子身上？”[450]

现在，在诺贝尔家族中传承的不仅仅是忍受逆境的能力。路德维格完全可以提到父亲伊曼纽尔的想象力和创造力，以及三兄弟都得到了遗传这一点。然而，如今，当不能动弹且无聊的父亲启动新的疯狂项目时，儿子们通常会心悸。就像最近，当伊曼纽尔（可能受到正在进行的苏伊士运河建设的启发）严肃地建议，应该在瑞典和挪威之间挖一条运河以将暖流引导到波罗的海，并“使斯堪的纳维亚和芬兰成为更温暖的地方”。

“老头子应该少吵几句，因为他肯定需要休息，不然他会发疯的，”阿尔弗雷德当时就抱怨道，“至于穷国（芬兰）的供热问题，我对瓷砖炉灶和美丽的眼睛更有信心。”[451]

但并不是年迈的伊曼纽尔的所有滑稽想法都应该被视为疯狂而被摒弃。那是瑞典的艰难时期。在数年的低增长之后，该国的一些地区发生了大饥荒。苦难驱使越来越多的人在绝望中移民美国。一段时间以来，伊曼纽尔·诺贝尔一直在思考如何克服失业问题，从而阻止持续不断的“移民热”。他概述了一个全新的行业，它将提供数千个工作岗位。他的想法是利用锯材产生的废料，即剩余的刨花和薄木板，现在只需将其烧掉即可。这些废料可以黏合在一起，成为一种新的、更便宜的、更坚固的建筑材料。伊曼纽尔列出了后来被称为胶合板的可能用途，这份清单有好几页，范围从帽盒和雪茄盒到浴缸和小船。

也许是棺材让他的绝妙想法落空了。就像他的儿子阿尔弗雷德一样，伊曼纽尔对被活埋有着一种近乎病态的恐惧。现在，在可能的产品中，他提到了一种带气孔的胶合板箱，这样“一个假死的人可以从里面自己打开盖子”。为安全起见，棺材应配备“用于信号铃的环绳”，伊曼纽尔建议。

据了解，他的棺材还没有找到市场。但胶合板最终成为全球性的产业。不幸的是，最终成品并没有依照伊曼纽尔的想法来制造。[452]

*

转折点终于来了，对诺贝尔的两个哥哥来说，似乎是同时发生的。一切始于圣彼得堡，路德维格在极度悲痛中收到了一份与沙俄政府签订的新合同。俾斯麦的进攻使整个欧洲大陆陷入了军备竞赛热潮。沙俄也被卷入这股热潮，路德维格的机械车间受命为沙俄军队改装十万支步枪。突然间，业务迅速发展起来。1869 年深秋，路德维格被工作压得喘不过气来，于是求助于哥哥罗伯特。罗伯特能考虑离开斯德哥尔摩和家人，搬到圣彼得堡生活吗？路德维格说，现在“我们俩都有地方住”，以此吸引哥哥。

罗伯特的困扰不是秘密。一段时间以来，罗伯特在硝化甘油公司不受欢迎。他很难与苛刻的主要所有者斯米特相处，在罗伯特看来，和家人一起住在温特维肯工厂外就像生活在“火山上”。他的薪水勉强能维持生活，而且在他眼里，炸药厂的员工都是一堆酒鬼和傻瓜，情况并没有好转。一年之内，罗伯特搬到了圣彼得堡，从一个兄弟的项目转移到另一个兄弟的项目。[453]

阿尔弗雷德对罗伯特的举动有何反应尚不清楚，可能他理解这个决定。罗伯特长期以来一直抱怨说，在温特维肯的工作影响了他的身心健康。对阿尔弗雷德来说，这不会造成任何戏剧性的变化。瑞典工厂不再是他投资的核心。尽管遭遇挫折，但他继续争取在国际上取得重大突破，而在这种情况下，瑞典对他来说显得微不足道。阿尔弗雷德·诺贝尔果然是他父亲的儿子，他从来没有放弃。他想用他的炸药征服欧洲大陆，最好是整个世界。正如他在一封信中解释的那样，“不可能”这个词从来不对他的胃口。[454]

他只是希望他与合作者能产生更多火花。在他看来，其中存在一个基本问题。阿尔弗雷德厌倦了所有这些从他们手中得不到任何东西的懦夫，厌倦了所有这些许诺金山银山青山绿水，但一转身就背叛的水蛭。就连克鲁梅尔的伙伴似乎也不值得信任。

对阿尔弗雷德来说，转折点随着战争和法国人保罗·巴布（Paul Barbe）而来。巴布绝对是另一种旋风。就连阿尔弗雷德也发现自己在加速的过程中难以跟上其节奏。保罗·巴布毫不犹豫，他做到了。

*

保罗·巴布并不容易被找到，这个独一无二的戏剧性角色在恰当的时间闯入了阿尔弗雷德·诺贝尔的生活，并且占据了比其他大多数人更多的篇幅。保罗·巴布在他们相识的20年里据说每年给阿尔弗雷德写100多封信。在关于阿尔弗雷德·诺贝尔的少数几本带脚注的资料之一，朗希尔德·伦德斯特伦（Ragnhild Lundström）1974年关于他的商业活动的博士论文中，我读到巴布和诺贝尔之间的通信应该是整个诺贝尔档案中量最大的。

我开展了广泛的阅读，但这个档案金矿仍然是海市蜃楼。我搜索每个可能有用的文件，咨询专家，并尝试了各种可能的错误排序和迂回的解释。最后，我打电话给87岁的论文作者，她也不知道在哪里可以找到她曾经能够阅读和引用的保罗·巴布的信件。[455]

巴布的信就这么消失了，不幸的是这不是阿尔弗雷德·诺贝尔历史上唯一的研究丑闻。

作为一种安慰，一个完全不同的巴布的线索出现了。故事发生在20世纪90年代初期，当时著名电影导演维尔戈特·舍曼（Vilgot Sjöman）开始制作他关于诺贝尔的故事片——《阿尔弗雷德》（1995）。舍曼很早就看到了保罗·巴布的电影价值，并为这个角色物色了一位法国人。在巴黎的试镜中，演员兼作家曼努埃尔·博内（Manuel Bonnet）出场。他有几部成功的喜剧作品，很想得到这个角色。因此，他独立研究了保罗·巴布。电影导演舍曼收到了一份完整的档案，最后收到了两份，其中包含数百份来自巴黎警察局和军事档案馆的独特文件。

据说，博内的大量文件收藏在诺贝尔基金会的档案中。事实并非如此。维尔戈特·舍曼已去世，他的私人档案尚不可用。

我正在给巴黎的一位朋友发电子邮件，让他帮我调用19世纪的档案。有可能追踪到这个博内吗？答案几乎立刻就来了："现在正在和曼努埃尔·博内通电话——他把所有东西都留在家里了！"下一封电子邮件让我大声尖叫。"今晚可以看到他并把所有资料带走！"[456]

三年后，我已经可以访问维尔戈特·舍曼的私人档案，并在那里找到了关于博内和他奇妙研究的备忘录。

"他不能自己完成这项工作吗？"维尔戈特·舍曼写道，"他一定是付钱请了一名知识渊博的档案工作者……"

舍曼那时还不认识曼努埃尔·博内。那么他得到了这个角色吗？不，他没有。

*

保罗·巴布和阿尔弗雷德·诺贝尔第一次见面的时间尚不清楚，可能是在1868年莱茵河谷的某次试爆中。巴布比阿尔弗雷德小三岁。如果阿尔弗雷德的描述可信的话，巴布长得很讨人喜欢，拥有圆润的面庞、深色的头发和活泼的眼睛，他在年轻时就是一个体格方面的典范。巴布拥有阿尔弗雷德所缺乏的很多东西，如理工学院的学位、富有的妻子和三个女儿。他早期的履历包括在法国炮兵部队担任过几年专业军官。

实际上他的名字叫弗朗索瓦，为什么每个人都叫他保罗，仍然是个谜。据预测，他会成为一名出色的军官，但在19世纪60年代初期，当家族炼铁厂没有厂长时，他放弃了军队的前途。锻造大师巴布之家靠近普鲁士边境。保罗·巴布和他的父亲拥有几座矿山，还经营着一家机械车间。

他的成绩彰显了他的聪明才智和科学技能。少数持保留意见的人说的是他的品格。在军队中，巴布因对细节不够重视而受到批评。他在炮兵部队期间，竟有相当多的违纪记录，并被拘留40天，尽管是轻微的违规行为。阿尔弗雷德最终会发现他富有进取心的法国伙伴拥有“比橡皮筋更灵活的良心”。很长一段时间内，他只是把它当作一个不起眼的瑕疵。

文学？诗歌？巴布不关心。[457]

1870年4月，阿尔弗雷德·诺贝尔与保罗·巴布签署合作协议。到那时，他们已经谈判了一年多，并提交了一份正式申请，要求获得在法国制造和销售炸药的许可。巴布在国民议会上拼命争取关键代表的选票，他还要求会见拿破仑三世的陆军大臣。

他们有一个计划。如果他们成功打破了法国对火药的垄断，巴布将筹集资金建设工厂，以换取阿尔弗雷德将专利权转让给他，届时他们会分享利润。[458]

共和党的新星莱昂·甘必大（Léon Gambetta）是一位很早就接触到巴布充满活力的游说活动的民选官员，他是一名32岁的激进律师，一年前在法庭上进行了一次引人入胜的辩护后，给公众留下了深刻印象。甘必大已正式走上政坛，并成为共和党内反对拿破仑三世的最尖锐的声音之一。1870年春天，他在代表面前发表了一场“富有魅力”的演讲，获得了赞誉。一些报纸称赞他的演讲是在那次会议上发表的最好的演讲。

莱昂·甘必大是全城的话题，尽管他似乎是一个政治上的怪人，举止和外表一样不修边幅。他看起来比实际年龄要大，有一种圆圆的感觉，而且喜欢眯着一只眼睛。但他使周围的人都感到兴奋。“当他开始行动时，他会让人感觉就像歌剧中的男高音，然而他的口才更像是一种热情和自发的天赋。群众都很喜欢他，其中包括很多女性。”一位法国历史学家写道。他说，甘必大是一个意大利杂货商的儿子，他将在法国历史的改写过程中拥有前排座位。

甘必大在1870年7月对宣战投了赞成票，并相信会取得胜利。他没有忘记热心的说客巴布和他的炸药。[459]

*

保罗·巴布并不是一个在炸麻雀飞来时闭上嘴巴的人。在法国对普鲁士宣战后，他的论调更加尖锐。他暂时把目光从他和阿尔弗雷德·诺贝尔本来最希望的矿山和铁路建设上移开：“为了成功地与外国势力作战，我们的军队和工业必须能够获得我们的邻国所装备的所有资源。这首先适用于炸药……”[460]他向法国政府承诺，可以在三周内开始生产炸药。

战争爆发前两天，巴布给普鲁士的阿尔弗雷德·诺贝尔写信，请他准备把克鲁梅尔工厂的负责人和必要的机器送过来。阿尔弗雷德被告知要遮掩一下他的回信，把信放在一个额外的外包装信封里，并把它寄给法国驻伦敦大使馆。毕竟，他们即将加入一场战争。

但保罗·巴布的脚步被拦住了。几周后，他被召入法国炮兵部队，炸药计划被搁置。巴布是一名后备军官，参加了洛林的战斗，在那里，法国人很快就屈服于有优势的普鲁士士兵。早在8月初，巴布就被俘虏，但他设法获得了有条件的释放，条件是承诺彻底放弃参战。他回到了利韦丹的工厂，在那里他再次给阿尔弗雷德·诺贝尔写信。现在他想向普鲁士的阿尔弗雷德购买硝化甘油，以便在国内开始为法国生产炸药。[461]

从普鲁士购买？在一场激烈的战争期间购买？这个人在想什么？

在普鲁士，人们对阿尔弗雷德·诺贝尔的炸药的态度发生了变化。新工厂在创纪录的时间内建成，以满足当局的所有新安全要求。当战争来临时，审批程序加快了。“炸药在战争中的用途，特别是在炸毁桥梁和桩基方面的用途，引起了类似的想法，即在与法国的战争即将来临的情况下，是否应该尽快恢复克鲁梅尔的炸药厂的运作。”官方信函中说。[462]

一周后，克鲁梅尔的炸药生产又开始全面展开。阿尔弗雷德·诺贝尔逃脱了最近的事故的惩罚，条件是他必须保证死亡工人的家人至少获得他曾支付给死者的年薪的一半。

阿尔弗雷德在无视对盛大政治活动的忠诚方面，似乎从来没有任何问题。他很高兴在克鲁梅尔重新开始工作，同时秘密地计划去见巴布，以便把法国的生产业务也弄到手。但当洛林落入普鲁士人之手时，他还没有离开，这件事不得不搁置起来。

在战争爆发后，英国政府长期以来对炸药的反对立场也开始动摇了。阿尔弗雷德在伦敦的代理人为炸药的豁免权争取了很长时间，最后拿到一个有条件的英国运输和制造许可证。现在，当他想提及正在进行的战争和其他国家对炸药的兴趣时，许可证通过政府的回信寄来了。

如果炸药是大炮和步枪的弹药，也许诺贝尔和巴布的政治平衡行为就会更加敏感。但炸药团不能以这种方式使用。战时，人们对阿尔弗雷德的产品的兴趣仅仅在于能否有效地炸毁敌人的桥梁和铁路。这也是一种战争行为，但不具有同样的决定性意义。

无论如何，人们对阿尔弗雷德的新炸药的兴趣急剧增加，8 月，巴黎媒体在“敌人的火药”一文中提到了这种炸药。[463]

*

法国出乎意料地成为普鲁士军队的一块容易吃下的点心，而这与炸药的供应关系不大。俾斯麦的部队只是装备和组织得更好。在两个星期内，普鲁士人有 30 万职业军人到位，并组成了三个军。另一边，法国人不得不到处寻找制服、武器和相关地图。而拿破仑三世，他坚持亲自指挥并带领他的士兵在马背上作战，但因剧烈的疼痛，他几乎不能坐马车出行。

6 个星期后，皇帝的军旅生涯结束了。1870 年 9 月 2 日星期五，法军在色当战役中失利。普鲁士军队将拿破仑三世和他的 10 万士兵俘虏，阿尔萨斯和洛林不再是法国的了。

几天后，当消息传到巴黎时，欧仁妮皇后大受打击。“拿破仑是不会投降的。”她失望地喊道。[464]

反对派中共和党人的反应则不同。帝国可能已经垮台并同意停战，但法国不会。数以万计的巴黎人走上了街头。莱昂·甘必大在议员中起了带头作用，他成功地将如今不可避免的“革命”在没有发生流血事件的情况下推向了高潮。第二位也是最后一位法国皇帝被废黜。一个民族团结的临时政府（国防政府）成立了，由一位高级将领担任政府首脑，内政部部长甘必大则成了主要的领导人。

9 月 4 日晚，当莱昂·甘必大宣布成立法兰西第三共和国（该共和国将持续到 1940 年）时，一大群人聚集在市政厅外。在几个街区外，欧仁妮皇后从皇宫的地下通道逃了出来。第二天，她伪装成一个病人去了英国。6个月后，她在那里与被释放的拿破仑三世会合了。

著名的流亡作家维克多·雨果，在拿破仑三世1852年宣布自己为皇帝时，被迫政治流亡，他走的是另一个方向。他在比利时边境等了几周，等待通关。在国外待了18年后，他回来时被当作共和主义英雄被人抬着走在巴黎的大街上。

68岁的维克多·雨果的年龄是莱昂·甘必大的两倍多，尽管他流亡在外，但他对这位年轻的左翼政治家的了解远远超过了名字。甘必大如日中天的事业，一部分是由作家的儿子建立的，他们在反对派报纸《提醒》中大力支持他。在他们所处的巴黎共和主义圈子里，阿尔弗雷德·诺贝尔这个名字很快就会被人熟悉，而且还不止如此。他们都将认识这位富有创造力的瑞典工程师。

共和国已经宣布成立。现在，巴黎被保卫起来，普鲁士人将被赶出法国。问题是首都灾难性的战备状态，巴黎什么都缺——人员、纪律、物资，尤其是武器。国防政府的第一个决定是放开所有武器的生产和销售。[465]

话说回来，炸药呢？保罗·巴布在哪里？

阿尔弗雷德·诺贝尔很担心。保罗·巴布已经一个多月没有回复他的电报了。与此同时，普鲁士军队已经一路推进到巴黎。自9月中旬以来，法国首都及其200万居民被围困起来。阿尔弗雷德知道，普鲁士当局在战争期间打开并阅读了所有的信件，那么法国人也可能这样做。当时他并非没有意识到这种风险。难道发生了什么事吗？

直到10月，他才再次与巴布取得联系。那时，阿尔弗雷德已经意外地被普鲁士警察盯上了。这是一天之内发生的戏剧性转变。突然间，他被指控犯有过失杀人罪，并因在克鲁梅尔发生的事故而面临两年监禁，而且他还被暂时禁止旅行。

最后，这一切都被称作官僚主义的误解而得以化解。但阿尔弗雷德认为此举是对“我有幸生活在的这个国家”的羞辱。他真的开始对普鲁士感到失望了。“那德国人的成功呢？我认为这将使他们付出沉重的代价，因为有一天奥地利和沙俄将共同试图征服这个危险的邻国。”他在给罗伯特的信中写道。[466]

然而，在法国，令人兴奋的事情正在发生。根据当时从保罗·巴布那里得到的最新信息来看，阿尔弗雷德意识到了这一点。在被围困的巴黎，国防政府已经分裂，并派出一个代表团前往图尔市。随着围困的加剧和电报通信的切断，人们决定由莱昂·甘必大前往图尔协调重整军备，他现在被任命为内政部部长和战争部部长。就在 10 月 7 日的午餐前，甘必大乘坐热气球从蒙马特尔上空离开首都，并成功地穿越了敌人的防线，毫发无损地到达了图尔。“乘坐热气球飞越敌人的上空是一件英勇而新奇的事情。了解甘必大的人说，他将拯救一切。愿上帝听他们的话！”法国激进的明星作家乔治·桑（奥萝尔·杜邦的笔名）欢呼道。[467]

在这场动荡中，甘必大肯定已经掌握了保罗·巴布的动向。早在 10 月中旬，巴黎新闻界在关于首都大炮库存和步枪制造的报道中，已经能够发布消息说法国很快就可以生产炸药了。

保罗·巴布设法到图尔去见甘必大。很明显，阿尔弗雷德·诺贝尔的同伴很聪明，利用了这种紧张的局面，并要求获得个人奖励。1870 年 10 月 31 日，甘必大和巴布同意尽快建造炸药厂，并由法国政府提供大量资金，按今天的货币计算，有数亿瑞典克朗。在同一天，甘必大确保 34 岁的保罗·巴布被授予法国荣誉军团骑士勋章。[468]

炸药生产被提上了日程。巴黎最大的报纸之一用整个头版来描述瑞典工程师阿尔弗雷德·诺贝尔的发明的优点：“阿尔弗雷德·诺贝尔的发明——炸药，昨天还不为人所知，但现在其名声突然间被提升到了一个新的高度。它是人类智慧成功发现的最令人惊讶和最可怕的毁灭性武器之一……看来，法国是幸运的，因为法国在面对有史以来最难对付的局面的时候，得到了这种强有力的援助。”[469]

*

对巴黎的围攻将持续数月。阿尔弗雷德·诺贝尔仍留在普鲁士，但现在被秘密地卷入了法国的重整军备工作中，并开始了临时的炸药生产，包括在巴黎和利韦丹的巴布家族企业。只不过，这些地方并不适合建立一个更大和运营更持久的炸药厂。厂址最终定在靠近西班牙边境的小镇保列斯，它位于远离战争的荒凉海岸线上，地理位置优越。[470]

12 月，保列斯的工厂开始建造。阿尔弗雷德既想去那里，又想去巴黎的炸药制造商那里。在战争期间，这是一项特别敏感的工作。在克鲁梅尔待了 5 年之后，他有可能被法国人贴上普鲁士人的标签，而这一切都有可能。可能正是由于这个原因，他要求他的朋友阿拉里克·利德贝克为他提供一份新的瑞典身份文件。12

月 10 日星期六，他出发了。“非常感谢你送来的护照。我今晚要去旅行，你知道我要去哪里。”他在同一天写信给利德贝克。给罗伯特的圣诞信中透露出一些焦虑的情绪，“我正在进行一次漫长而不愉快的旅行，并非没有风险，但这是没有办法的……我非常期待与你见面，并且非常希望我能向东而不是向西走……”[471]

阿尔弗雷德似乎是以圣诞节假期的一次沐浴旅行开始了他的冒险。他下次与他在瑞典的朋友利德贝克联系是在 1871 年 1 月初，当时他在下萨克森州。他很紧张，去巴黎的火车几分钟后就要开了。阿尔弗雷德迅速写下了他在巴黎的地址：布吕尔（Brüll）先生，罗什福考德街 58 号。[472]

这个地址是非常敏感的信息。它表明，阿尔弗雷德·诺贝尔正直奔虎穴而去。阿希尔·布吕尔（Achille Brüll）是巴布和法国政府雇用的工程师，负责管理被围困的巴黎市内炸药的临时生产工作。布吕尔是保罗·巴布的同学，他在巴黎领导着一个专门的“炸药”团队。[473]

无情的寒冬降临到被包围的巴黎，大雪纷飞，气温达到零下 20 摄氏度。人们既挨冻又挨饿，不得不开始屠杀马匹、猫和老鼠以求得生存。巴黎动物园里的骆驼和两头大象也遭遇了同样的命运。死亡率翻了两番，在新的一年的几天里，阿尔弗雷德·诺贝尔离开下萨克森州时，俾斯麦也对该市进行了密集的轰炸。现代克虏伯大炮在几周内向巴黎发射了一万多枚弹丸，根据一些计算，频率为每三分钟一枚。伤害虽然是有限的，但对巴黎人来说，恐怖是无穷的。“炮弹的冲击力像锤子一样敲打着我可怜的脑袋……我无法入睡，甚至无法休息片刻。”莱昂·甘必大的密友、作家朱丽叶·亚当（Juliette Adam）抱怨道。在她的文学沙龙里，阿尔弗雷德·诺贝尔很快就成了常客。[474]

无法确定阿尔弗雷德是否在围攻期间到达过巴黎。但我们确实知道，他最终到达了位于保列斯的法国工厂大楼，并在那里一直待到 1871 年 2 月。为了安全起见，他在信中把这个目的地掩饰为“南方”。[475]

在争夺巴黎的最后战役中，当地生产的法国炸药仍在使用，包括在 1 月 19 日的布森瓦尔战役。“普鲁士人的积极防御并没有阻止国民自卫军靠近布森瓦尔的城墙，用炸药炸出大洞。”《高卢报》当时这样报道。[476]

胜利的俾斯麦已经实现了他在战争中的首要目标。南德意志各州现在完全站在他一边，在 1 月 18 日的庄严仪式上，统一的德意志帝国最终宣布成立，普鲁士国王威廉一世为皇帝，奥托·冯·俾斯麦为宰相。为了增强法国人的羞辱感，仪式在凡尔赛宫的镜厅举行。俾斯麦获得了完完全全的胜利。

十天后，国防政府违背了战争部和内政部部长莱昂·甘必大的意愿，投降了。他个人选择辞职以示抗议。

投降使巴黎陷入动荡。数以万计的国民自卫军成员准备为首都（和法国）战斗到最后一滴血。他们感到被出卖了。“他们以大雾为借口下令撤退，他们以死伤为借口结束战斗！愿历史诅咒他们，就像巴黎现在诅咒他们一样！”作家朱丽叶·亚当在她的日记中怒斥道。[477] 法国出现了分裂——一边是希望继续与德国人作战的人，另一边是希望迅速实现和平的人，他们代表了巴黎与乡村，代表了共和派与保守的保皇派。

一次快速的新选举使主张和平的人获得了压倒性的多数票，但巴黎的国民自卫军成员拒绝放下他们的武器。一旦新政府同意了对德国的巨额战争赔偿金（50 亿法郎），并牺牲了阿尔萨斯和洛林的部分地区，内战就开始了——凡尔赛政府对抗新成立的“巴黎公社”。

直到现在，巴黎才真正成为一座废墟上的城市。在 1871 年 5 月最后一个血腥的星期里，成千上万的人死在了首都的街头。在绝望中，巴黎公社社员放火烧毁了巴黎的重要建筑，如杜伊勒里宫、市政厅、皇家宫殿和卢浮宫的部分建筑。偶尔也有炸药被引爆。在他们的血腥胜利之后，政府方面会把巴黎公社和使用的炸药联系起来。“这些出了名的恶棍，他们的名字现在已经融入了一个可怕的故事中，他们的名声被硝化甘油、炸药和汽油的光环所包围。”一位官员如是说。[478]

现在，保列斯的炸药厂已经建成两个月了。5 月早些时候，保罗·巴布访问了凡尔赛，向新政府展示了诺贝尔的产品是如何运作的。6 月，武器法被收紧，并禁止在法国未经许可制造炸药和其他类型的爆炸物。

又过了一年，巴布和诺贝尔仍然设法在保列斯继续使用他们的炸药。这究竟是由于与甘必大的协议、保罗·巴布的游说，还是战后的混乱局面，历史并没有说明。而现在，炸药的需求起飞了。普法战争使这种以前被忽视的“炸药”迅速提高了国际知名度。当和平年代到来时，人们开始清楚地认识到，正如阿尔弗雷德所写的那样，在炸药最主要的市场，即矿山和铁路建设中，“炸药的需求正在急剧增加”。战前，在那边唠唠叨叨的是阿尔弗雷德·诺贝尔。现在，是别人要向他献殷勤的时候了。[479]

甚至英国市场也不再是遥不可及的梦想。在经历了许多困难与挫折之后，阿尔弗雷德终于与他的英国代理人约翰·唐尼（John Downie）达成了协议。他们与一个更大的苏格兰商人团体一起成立了英国炸药有限公司，现在正在寻找土地来苏格兰建造一个炸药厂。[480]就在战前，奥匈帝国也授权在布拉格郊外建造一个临时工厂。尽管巴布在保列斯的快速建设还有待改进，但阿尔弗雷德很快就拥有了五个欧洲炸药厂。

随着修建穿越阿尔卑斯山铁路隧道的历史性决定的出台，这股炸药风继续席卷着欧洲。在此之前，从瑞士到意大利穿越阿尔卑斯山的旅行一直很困难，在冬天，至少可以说是一种冒险行为。现在，这个障碍将由一条连接北欧和南欧的15公里长隧道来克服。这是世界上最长的隧道。中标的瑞士人手中有一张王牌——他们将使用新发明的炸药。

突然间，阿尔弗雷德·诺贝尔的事业有了起色，而且这一次会持续下去。在接下来的几年里，出现了几家蓬勃发展的新炸药公司，阿尔弗雷德很快就习惯了以今天的货币计算的几百万瑞典克朗，甚至最后发展成即便在当时也高达几百万瑞典克朗的利润数字。[481]

*

伊曼纽尔和安德丽塔·诺贝尔仍然住在他们位于斯德哥尔摩海伦堡的房子里。他们对阿尔弗雷德在战争期间的长期沉默感到非常担心。伊曼纽尔被限制在床上或轮椅上，而且情况只会越来越糟。最近，他患上了严重的痉挛，自己无法持笔写信了。

“非常感谢你答应尽快回家。但不要让它停留在承诺上，因为你母亲现在正在计算你拖延的时间，你回来就会明白是怎么回事了。”1871年秋天，伊曼纽尔让一个助手给阿尔弗雷德写信。[482]

多年来，父子俩有一份合同，其中阿尔弗雷德保证伊曼纽尔在硝化甘油业务真正起飞的那一天会获得一半的利润。现在他们终于成功了，阿尔弗雷德不得不请求父亲取消该协议，以便正式完成所有新的伙伴关系。“只要我看到你母亲的未来得到保障，我就满意了。”患病的父亲回答说。作为补偿，阿尔弗雷德向他的父母提供了以今天的货币计算每年几十万瑞典克朗的养老金。这完全可以与伊曼纽尔当时对瑞典国王卡尔十五世要求但被拒绝的终身养老金相提并论。[483]

阿尔弗雷德并不是一个人在努力工作，以支持他的父母。他在圣彼得堡的哥哥路德维格在经济上做出了贡献，所有兄弟都非常关心他。尽管发生了战争，阿尔弗雷德仍能请他的朋友和伙伴阿拉里克·利德贝克带着糖果去海伦堡过圣诞节。1872年3月，随着父亲70岁生日的临近，他回家看望了父亲。他发现患病的父亲健康状况较好，并笑称伊曼纽尔像往常一样，对一个新想法（这次是燃料供应）很着迷。“造物主本人都能羡慕他。”[484]

但在夏天，伊曼纽尔的病情恶化了。在1872年9月3日星期二，海伦堡“诺贝尔家大爆炸”的周年纪念日那一天，他永远地睡着了。第二周的一个下午，斯德哥尔摩人跟随一条长长的马车队伍，将伊曼纽尔的遗体从海伦堡运到北教堂墓地。阿尔弗雷德及时赶到了斯德哥尔摩，并将父亲的遗体送到了他最后的安息之地。在路德维格的安排下，伊曼纽尔被安放在埃米尔旁边的新家族墓地中安息。[485]

图文并茂的《斯瓦兰周报》刊登了伊曼纽尔的讣告，长达数页，其篇幅和赞美之词几乎可以与一周后卡尔十五世去世时的讣告相媲美。伊曼纽尔的讣告是由诺贝尔家族的一位亲密的熟人写的，她是《斯瓦兰周报》的编辑约瑟菲娜·韦特格伦德（Josefina Wettergrund），也就是署名的莱亚。“伊曼纽尔·诺贝尔不止一次地宣称他的‘发明’——我已经找到了——他把一个个有用的发明不断添加到另一个发明中。”莱亚写道。她还为这位“为我们国家”做了“巨大贡献”的天才描绘了一个英雄的形象。

当时，莱亚通常雇用一个年轻的、贫穷的代笔作家来创作个人肖像和短篇小说。在《斯瓦兰周报》中，这个人写作时要么不署名，要么署名为S。七年后，当这位作家凭借小说《红房间》一举成名时，这种低调已经不复存在。他的名字是奥古斯特·斯特林堡。[486]

第十三章

“上帝保佑阿尔弗雷德有一个好妻子！”

随着阿尔弗雷德·诺贝尔 40 岁生日的临近，他感受到的压力越发频繁。他现在既没有了父亲，又没有结婚，他的私人生活开始让哥哥们担心，而这不是没有原因的。当然，他年轻时一直体弱多病，但现在是他找一个一起分享生活的人的时候了。随着炸药生意的兴隆，阿尔弗雷德应该有机会安定下来吧？

相反，他似乎比以往任何时候都更不安分，不断地在向前发展。虽然会有来自布拉格、科隆、维也纳或格拉斯哥的电报，但他似乎大部分时间都待在巴黎，而他生活中最接近定居概念的地方是汉堡郊外克鲁梅尔的住所。路德维格非常恐慌地发现，尽管他邀请阿尔弗雷德回家，而且对方回复希望能够“抽空拜访”哥哥，但最后阿尔弗雷德情愿在一个火车车厢里孤独地度过自己的平安夜。

当阿尔弗雷德旅行时，他经常说的就是，“我有时间就来”。

路德维格很难理解他弟弟对事情的排序。他曾听一些女性说过，阿尔弗雷德应该是一个“具有幸福丈夫的好品质”的人。弟弟难道没有意识到自己错过了什么吗？ 39 岁的路德维格被认为是一个有魅力的男人，他有着宽阔的肩膀、明亮且有神的眼睛和乐观的态度。当他对妻子米娜离世的悲痛消退后，他遇到过几个女人，这些女人都暗示她们有兴趣来消除他的孤独，这导致他的哥哥罗伯特警告他，作为一个鳏夫和一家规模庞大的工厂的老板，他是婚姻市场上的一个理想猎物。“我认为试图吸引我对我没有坏处，这对我来说甚至比完全冷漠地看待我更珍贵，”路德维格回答说，“爱情可以同样炽热——无论它是由美丽的外表和年轻的魅力所诱发的，还是由一个年长者的尊严和社会地位所唤醒的。”[487]

米娜去世一年半后，路德维格与比他小 17 岁的埃德拉·科林再婚，她是圣彼得堡瑞典学校的一名教师。据说，尽管埃德拉第一眼认为路德维格那浓密的头发让他看起来像只猴子，但她还是爱上了他。[488]

路德维格让罗伯特负责圣彼得堡的工厂，并与他的新妻子在地中海周围度了九个月的蜜月。他试图向阿尔弗雷德建议，把钱花在健康上。他不明白为什么弟弟要继续如此努力地工作，并把生活都贡献在钱袋子里，尽管弟弟的状态也已经因此好了很多。

阿尔弗雷德把他的渴望装在心里，像一个日益沉重的负担。他后来描述说，他多年来一直在寻找一个“在心灵上能与他结合的女人”[489]。他梦想着能遇到一个不仅有着美丽外表的人，还是一个能看书、思考问题，并且能看透他的思想、与他的哲学在同一知识水平上的女人。他并非不为女性的美貌所动，他也可以被欲望所动摇。在他看来，爱情是一种理想主义的光芒。他将爱描绘为灵肉结合的狂喜。难道他的余生将被爱拒之门外吗？

从阿尔弗雷德对诗歌和散文的尝试来看，他的想法就是这样的。但在他写给他兄弟的信中，对他的渴望只字未提。[490]

然而，他并没有过着自我封闭的僧侣生活。有一次他向罗伯特忏悔。那是在汉堡的一个秋夜，正如他所说，因为旅馆没有房间了，他找到了一个“富有同情心的”、提供“款待”以换取报酬的女人。“据说有成百上千的人也不得不这样做，”他在给罗伯特的信中说，“任何对此有非分之想的人都是可耻的。”还有一次，在巴黎的大饭店，他向阿拉里克·利德贝克发出“亲切的问候”，落款是“来自我和亨丽埃特”，而这个女士的名字之后再也没有出现过。阿尔弗雷德并没有在他的信件中对他生活中的情爱部分透露更多细节。[491]

在 100 多年后的今天，要挖掘出阿尔弗雷德·诺贝尔情感生活的痕迹，需要进行艰苦的侦查工作。当路德维格的新妻子埃德拉第一次见到阿尔弗雷德时，他的孤独感引起了她的同情。毕竟，她丈夫的弟弟既不令人厌恶，也不恶劣，相反，他“和蔼可亲，很有吸引力”。阿尔弗雷德在柏林见到了这对新婚夫妇，并向埃德拉赠送了一袋漂亮的礼物，但不清楚是什么东西。路德维格后来提到，每次她打开这个“豪华包”时，她都会感叹：“上帝保佑阿尔弗雷德有一个好妻子！”阿尔弗雷德在回复中稍微透露了一些心声："替我谢谢埃德拉，并告诉她，只要上帝保佑阿尔弗雷德有一个像她一样善良的年轻妻子，我就心满意足，并热切地期待她的回访。"[492]

大多数不了解阿尔弗雷德·诺贝尔的人都以为他——这位日益成功的发明家和企业家——有一个家庭。合伙人的家庭照片会在圣诞节时纷至沓来，并且他们要求阿尔弗雷德也提供一张他和妻子的照片作为回应。可以想象，当他做出答复时，他的心境是多么的不安，就像1872年新年后给他的美国律师阿尔弗雷德·里克斯达勒的信中所说的那样："当我找到一个可以分享我漂泊生涯和冒险经历的人时，我会非常乐意与里克斯达勒夫人交换照片，但到目前为止，我还是一个单身汉，无论多么不情愿。"[493]

*

阿尔弗雷德·诺贝尔和他的德国合作伙伴之间的关系现在处于谷底，这其中有很多原因。阿尔弗雷德已经意识到，美国的专利纠纷使他与冒牌货沙夫纳又发生了争执，而这是因为他在汉堡的合作伙伴班德曼背着他将美国专利权许给班德曼在加利福尼亚的兄弟。阿尔弗雷德还感觉到，他在汉堡的合伙人正试图阻止他参与他们共同公司的财务工作。两人发展到了几乎不再交流的地步。在信中，阿尔弗雷德控诉着他们的阴谋。[494]

他的心思在别的地方。与富有进取心的法国人保罗·巴布的新合作改变了他的观点，加快了他的步伐，而且他还养成了新习惯。阿尔弗雷德旅行时的出发地，越来越多地变成了巴黎的卡皮西纳大道上的格兰酒店。他开始把克鲁梅尔和汉堡看作他除必须外不会去的地方，至于美国的混乱局面，他宁愿就这么搁置着。

德国人有理由担心竞争。1873年1月，第一批英国炸药从阿尔弗雷德·诺贝尔和他的苏格兰合伙人在格拉斯哥附近的阿迪尔新工厂运出。合伙人约翰·唐尼在大西洋沿岸发现了一片荒凉且保护良好的沙地，据阿尔弗雷德说，"那里连兔子都难以生存"。阿尔弗雷德派阿拉里克·利德贝克去那里建厂并开始生产，工厂招募了几个当地妇女，并给这些人做了用红色羊皮纸生产炸药筒的技术培训。

同时他在当地获得了专利，并在意大利（阿维利亚纳）、西班牙（毕尔巴鄂）和瑞士（伊斯莱登）建立了工厂，其中一些还处于建设中。这些举动激怒了德国人，他们倾向于将所有欧洲生产线都放在克鲁梅尔。保罗·巴布对欧洲大陆的热情，最初也挑战了阿尔弗雷德·诺贝尔通常比较谨慎的做法。意大利和西班牙是温暖的国家，这对他们来说是一种风险。但他忍住了。

很快，所有相关人员都清楚，对阿尔弗雷德·诺贝尔来说，现在的问题是“蒸汽压路机”保罗·巴布的创造性计划。巴布被赋予越来越多的自由。在他们最初的简单协议的基础上，阿尔弗雷德·诺贝尔贡献了专利，保罗·巴布提供了资金，两人分享利润。现在的情况是业务发展得很快。到 1873 年底，越来越富有的阿尔弗雷德·诺贝尔成为不同国家总共 15 家炸药厂的合伙人，匈牙利的普雷斯堡（布拉迪斯拉发）、德国的科隆和葡萄牙的特拉法利亚是名单上的新成员。[495]

在意大利建造工厂是一件微妙的事情。阿维利亚纳位于都灵以西 20 英里，硝化甘油的发明者阿斯卡尼奥·索布雷罗仍在那里生活和工作。他仍然充满活力。索布雷罗最初对他所发现的这种可怕的物质感到尴尬，后来因硝化甘油的功劳常常被不经意地归功于阿尔弗雷德·诺贝尔而感到愤怒。但在炸药问世后，来自索布雷罗的批评被压制住了。相反，他变得很好奇。之后这名意大利人曾试图用托斯卡纳的沙子制造出一种与竞争对手的炸药相匹敌的炸药，但没有获得真正的成功。

这本会是一个冲突，但阿尔弗雷德·诺贝尔表现出了杰出的外交才能。他为阿斯卡尼奥·索布雷罗提供了一个在阿维利亚纳的炸药厂担任顾问的职位，并为其提供了丰厚的终身薪金，从而解决了紧张态势。几年后，意大利的工厂里竖起了索布雷罗的半身像。阿尔弗雷德·诺贝尔写信给他，对“这位发明家在世界上所获得的伟大发现，以及所取得的成就”表示敬意。[496]

在欧洲大陆的国家中，现在只有法国对炸药望而却步。当涉及炸药时，只有法国才会抵制。但是，对于一个拥有保罗·巴布的人脉和在必要时具备灵活道德观念的人来说，没有什么挑战是不可能战胜的。

*

法国又成了一个共和国，尽管所有的宪法手续还没有到位。总统是阿道夫·梯也尔，1873 年春天，他在巴黎郊外的凡尔赛宫办公，国民议会也在那里。梯也尔因其在战争失败后为振兴国家所做的不懈努力而获得了全国性的支持，尤其是在道德方面。即使是共和党领袖莱昂·甘必大，也很难相信梯也尔对巴黎公社的血腥镇压，当时他已经团结在总统身后。

梯也尔是一个专制的君主主义者，在关键时刻，他投票支持共和国。甘必大是个左翼民粹主义者，在他回到国民议会后，以其务实的态度让所有人感到惊讶。战后的法国政府就是围绕着这两位妥协型的人在运转。这种情况很快就会改变，最初发生在保罗·巴布打出他最大胆的一手牌时。

保列斯的炸药厂现在处于停滞状态，被巴黎公社解散后恢复的炸药垄断所封锁。起初，巴布和诺贝尔还能继续经营，但很快他们生产和销售的炸药被查封。他们只有一条路可走：必须打破垄断。

说客保罗·巴布采取了行动。他有一个直接接触权力的渠道——莱昂·甘必大和其温和派共和党人。阿尔弗雷德多次在信中报告他和巴布如何说服“他们的议员朋友”向国民议会提交各种提案。巴布当然还保留着甘必大在1870年战争期间与他达成的协议。他现在以该协议向法国政府要求赔偿。法国政府，显然是在甘必大的支持下行事。“前天，我们有一个有影响力的议员威胁部长说，如果他们不和我们解决这个问题，就在下议院进行交涉。除非他们和我们一起解决这件事，”阿尔弗雷德给罗伯特写道，“但梯也尔是个难缠的家伙。”

1873年3月初，阿尔弗雷德在凡尔赛得到了梯也尔总统的亲自接见，与此同时，政府决定研究是否应该给予炸药特殊待遇。一个议会委员会将成立，以调查豁免垄断的可能性。这正是巴布需要的开端。不久，新任命的委员会主席收到了一个他无法拒绝的提议。如果阿尔弗雷德和巴布得到他的授权，主席将在他们当时成立的有限公司中获得价值10万法郎的免费股份。他们之间的合同已于1873年签署。我们可以猜测，这些都是在秘密的情况下签署的。[497]

据阿尔弗雷德说，法国的官僚机构比沙俄的官僚机构要差一千倍，还要继续磨下去，磨个几年。但有了这个“胡萝卜”，这件事已经解决了，我们可以推测，巴布向他的瑞典伙伴做了保证。阿尔弗雷德·诺贝尔永远不会对他现在做出的改变生活的决定发表评论。在当时的情况下，这当然看起来很明显。1873年夏天，他决定买一栋房子，而那栋房子将在巴黎。

*

自阿尔弗雷德·诺贝尔 19 世纪 50 年代初在巴黎学习化学以来，巴黎经历了历史上最伟大的城市变革之一。在他频繁的访问中，他逐渐习惯了新的现代巴黎，巴黎的城建由省长和城市规划师乔治·欧仁·奥斯曼（Georges-Eugène Haussmann）完成。狭窄、肮脏的小巷已被宽阔、笔直的大道取代，黑暗和恶臭的裸露下水道被现代污水处理系统取代。大街上到处是树木、咖啡馆和川流不息的人群。即使在街道上，天空也突然变得清晰可见。和谐的石灰石外墙，以及它们相同的“法式阳台”，可以在阳光下被照亮，窗框上的光线反射刺痛了巴黎人的眼睛。

这是很引人注目的。然而，许多人却对奥斯曼让如此多的老旧“真实”巴黎消失而感到愤怒。

建筑工程已经进行了 20 年，巴黎人正遭受着灰尘和持续噪声的骚扰，但工程还没有完工。此外，当阿尔弗雷德·诺贝尔开始寻找房子时，在巴黎公社期间被烧毁的许多重要建筑正忙于重建。这将需要一些时间。位于宏伟的新里沃利街的蒂维乐酒店（Hôtel de Ville）直到 1882 年才完工，但受欢迎的布洛涅森林（Bois de Boulogne）公园在战后很快得到了恢复。第二年，新运来的动植物就受到了周日散步的人的欢迎。他们可以像以前一样，让他们的孩子坐在鸵鸟拉的车上，或者骑骆驼和大象。

阿尔弗雷德·诺贝尔现在寻找的是布洛涅森林附近的地方，当市中心日益拥挤和生态环境状况恶化时，贵族们曾经逃到西郊。市中心的生态环境状况接近灾难。在城市改造中，这些街区被并入巴黎，成为巴黎的第十六区，以其宽敞的大道和私人拥有的独立旅馆（乡间别墅）而闻名。正如一本关于该地区历史的书中所说：“拥有自己的旅馆成为成功的标志，是‘资产阶级的体面’的象征。”[498]

1873 年夏天，在老帕西（Passy）地区有一家这样的旅馆正在出售，离凯旋门和新的艾托尔环岛只有一刻钟的步行路程。这条街被称为马拉科夫大道［现在的雷蒙·普安卡雷大道（Raymond Poincaré）］，并以 19 世纪 50 年代克里米亚战争中一场决定性的战役命名，具有讽刺意味。这座石头建筑已经有十年的历史了，遵循的是奥斯曼式的美学。它有四层楼高（如果包括类似阁楼的上层），有四个法式阳台宽。拱形的大门非常宽，以至于一匹大马和马车可以进入后院，那里有一个可以容纳四匹马的马厩，非常宽敞。总的来说，该房产面积超过 400 平方米，包括马车棚和马厩上方的喂食阁楼。价格定在 107 600 法郎。[499]

1873 年 8 月 1 日，阿尔弗雷德·诺贝尔签署了合同，这是他成年后第一次拥有自己的永久住址：巴黎马拉科夫大道 53 号。一个石匠被委托给这套房子铺设意大利大理石地板，几乎在同一时间，亨利·佩农（Henry Penon），一个屡获殊荣的巴黎室内装潢师和室内设计师，被雇来做室内设计。佩农是巴黎在这一领域最优秀的人。阿尔弗雷德将在他的新家投入大量的资金和精力。

入口在拱形门洞的左边，然后进入一个前厅，里面是深色的橡木镶板。阿尔弗雷德在里面布置了一间办公室，为他开始建造的图书馆订购了一张大桌子和带玻璃门的大书柜。一个宽大的大理石楼梯通向一楼——他的社交区。一架新买的乌木和镀金铜质的大钢琴很快就被搬到了那里。

信件显示，阿尔弗雷德·诺贝尔喜欢参与装修的细节，检查织物和讨论颜色。对于沙龙，他选择了最新流行的新洛可可风格（路易十五风格），使用大量的黑木和黄金装饰。佩农建议在墙壁和天花板上铺满地毯，使用丝织品的红色窗帘和带有金色细节的艺术性布料。沙发和扶手椅也是最新款的，使用深色的木头，舒适的浅色软垫，以及一定量的流苏装饰。在有镶板墙的餐厅里，摆放着可容纳 10 人的厚重桌椅。

这种优雅，这种超负荷的饰品感，实际上与阿尔弗雷德更加内敛的个性形成对比。但是，如果订购的是巴黎资产阶级的室内装修风格，佩农的选择就是正确的。阿尔弗雷德似乎被家里的过度装饰所吸引。很快，他就增加更多的大理石和镀金青铜的雕像，其中至少有两座代表维纳斯——爱与女性美的女神。

二楼的卧室变得更加舒适，有四柱床，墙壁上铺着羊绒和蓝色亚麻布。阿尔弗雷德将最大的房间称为“先生的房间”。他选择了一张可以在晚上关闭床幔的四柱床，并增加了一个大衣柜和一张书桌以备不时之需。至少根据亨利·佩农的成本估算，阿尔弗雷德对“夫人的卧室”采取了最谨慎的设计理念。对于阿尔弗雷德在巴黎生活时所设想的未来的夫人，他在窗帘和床罩上订了蝴蝶结和花边。软垫躺椅的底部要用荷叶边来装饰。

在两页纸的“夫人的卧室”家具清单中，有一项内容暗示了阿尔弗雷德的未来计划。今天，这些文字仍然能唤起人们的共情：阿尔弗雷德以 220 法郎的价格订购了一把“婴儿椅”。[500]

*

在之前阿尔弗雷德的漂泊生活中，他忽视了许多基本的人类需求，其中包括人际交往。他不会停止旅行，但现在在旅行间隙他可以在自己的家里接待客人。他在三楼设置了几间客房，并开始在信中小心翼翼地发出邀请——“如果你路过这里”“我家有很多房间”“我什么时候能有幸在巴黎见到你”。

给现年 40 岁的阿尔弗雷德·诺贝尔召集最亲密的朋友并不是容易的事情。说实话，他的朋友可能没有那么多。他与他的兄弟和商业伙伴联系最密切。后者似乎除了工作上的联系基本没别的事务，甚至连保罗·巴布也不例外。化学家阿拉里克·利德贝克是个例外。他被称为派对动物和好色之徒，但他也有另一面。“我越来越喜欢利德贝克了。白天打着灯笼也难以找到比他更可敬、亲切和明智的人。”阿尔弗雷德给罗伯特写道。[501]

三兄弟继续互相关注着。在他们的父亲伊曼纽尔去世后，路德维格在信中采取了一种公认的克制但仍明显具有教育意义的语气，这可能让其他人，尤其是罗伯特感到恼火。路德维格并不掩饰他认为阿尔弗雷德应该冷静下来并着手组建家庭的事实。而且，几乎没有人注意到，他已经厌倦了罗伯特提出的各式各样的计划，厌倦了这个长兄从未在经济上独立的事实。近年来，他们之间出现了一些摩擦，从路德维格在给罗伯特的信中试图火上浇油就可以看出这一点：“……我的行动和愿望的唯一准则是在我们和我们的家庭之间保持兄弟般的爱与和谐。错误和失望的情形可能会发生，就和其他所有人开公司一样，但他们永远无法触及使我们团结起来的感情的根源。这种感情……意味着力量和成功，如果我们都怀着同样的感情，为我们家庭的福利和维护诺贝尔姓氏迄今为止所赢得的良好声誉而努力的话。”路德维格在 1873 年 1 月写道。[502]

他所伸出的援助之手是罗伯特需要的。路德维格的真正目的是为罗伯特提供一个新的商业项目。在沙俄军队的一笔巨额订单之后，路德维格与沙俄政府的步枪制造商合作，生产一种新型的步枪，在乌拉尔山以北建立了一家工厂。现在他们需要核桃木来制造步枪枪管。路德维格知道，高加索地区有大量的核桃树。罗伯特能否想象，在路德维格的资金支持下，去那里建立一个企业？他的弟弟建议说，也许这可以使罗伯特“独立并在未来得到满足”。

罗伯特同意了这个建议，并希望在巴库市建立木材厂。他有自己的理由。市井中弥漫着关于巴库市商业繁荣的传言。这与在该地区寻找石油的风潮有关。沙俄希望减少从占世界主导地位的美国进口灯油、煤油的依赖，并在最近决定放弃垄断，以促进石油钻探。罗伯特希望利用这一促进作用来推动路德维格的项目。

但在 1873 年底，罗伯特带着令人失望的消息回到了圣彼得堡。他找到的几棵核桃树不是腐烂了就是太老了。这个项目注定要失败。他从路德维格那里得到 2.5 万卢布作为对自己时间的补偿，然后出人意料地走上艰辛的旅程再次回到巴库。在那里，私人石油承包商已经完善了美国式的钻探技术。到 1873 年 7 月，第一个大油田被发现。突然间，石油开始流动起来，每个人都认识到这里还有更多的矿藏。

罗伯特的决定将改变诺贝尔兄弟的生活。回到巴库后，他买了一个小炼油厂。

*

炸药的问题在法国官僚机构中得到了解决。与此同时，阿尔弗雷德·诺贝尔在巴黎自得其乐。毫无疑问，在 1873 年 11 月国民议会关于炸药的激烈辩论中，他就坐在旁听席上。掌声、嘘声和要求辞职的呼声几乎是无政府主义性质的——除了这些事继续在国家机构中进行，没有其他结果。主要的共和党人莱昂·甘必大依旧保持低调；最大的欢呼声来自一位有军事背景的议员。他对炸药很危险的说法嗤之以鼻，并提出在下次会议上带一些炸药，并引爆它。

“炸毁部委！”有人喊道。

笑声在长椅上扩散开来。

“你们可以高枕无忧，先生们，我没有自杀的倾向，更不用说谋杀了。”职业军官回答说，并向在座保证炸药可以照原样点燃，除了“释放出一种非常难闻的气味”，其他没有任何影响。

又是一轮笑声。

这位职业军官以最崇高的敬意提到了“著名的”阿尔弗雷德·诺贝尔，并称赞保罗·巴布的“卓越”才能。[503]

保罗·巴布闻名于半个巴黎，而阿尔弗雷德·诺贝尔现在被引入了莱昂·甘必大周围的共和派社交圈。当时，巴黎是许多沙龙成员、文学家、政治家或贵族聚会的城市，机构的特定人员定期会面和辩论。最具影响力的沙龙之一是巴黎“共和女王”朱丽叶·亚当每周在她位于布瓦索尼埃大道的家中举办的沙龙。“亚当夫人比所有部长都更有权力。”例如作家古斯塔夫·福楼拜指出。过去常说，要想见莱昂·甘必大，最稳妥的做法是先找朱丽叶和比她大 20 岁的丈夫埃德蒙·亚当（Edmond Adam）。[504]

朱丽叶·亚当在甘必大的成功中发挥了作用。据说她洗净了甘必大的蓬头垢面，帮他打扮得体，并教导他和来自贫困社区的其他年轻共和党人以更优雅的方式进行社交。“我们必须打破你们是霍屯督人（指未开化的人）的观念，”她告诫甘必大，“在贝尔维尔，人民在您组建政府的沙龙中进行反抗并发动革命。”[505]

朱丽叶·亚当的沙龙最初比较文艺，在战争结束后可能成为该市最重要的共和党人聚会场所。她以弥合甘必大和其他年轻共和党人与维克多·雨果和她的丈夫埃德蒙·亚当所代表的老卫兵之间的代沟而感到自豪。

朱丽叶·亚当是当代巴黎的主要知识分子之一，她对科学进步、文学和政治都充满热情。她比阿尔弗雷德·诺贝尔小三岁，她长长的灰金色头发、蓝色的眼睛和活泼的举止被认为充满魅力。20 多岁时，她写了一部大获成功的小说，并在巴黎一些最重要的沙龙中受到欢迎。作家乔治·桑将她放在心上，并将年轻的朱丽叶介绍给了当时的一些伟大作家——居伊·德·莫泊桑（Guy de Maupassant）、古斯塔夫·福楼拜、俄国人伊凡·屠格涅夫（已移居巴黎），最后还引荐了维克多·雨果。雨果曾鼓励朱丽叶·亚当在巴黎围城期间出版她的日记。

朱丽叶·亚当发来的邀请受到高度重视。阿尔弗雷德·诺贝尔会得到很多收获。无法确定他第一次光顾她那享有盛誉的沙龙是什么时候，但应该没有等很久。她的《围攻巴黎》是阿尔弗雷德搬到马拉科夫大道后买的第一批书之一，他还买了朱丽叶·亚当的几部早期作品。事实上，在阿尔弗雷德·诺贝尔留下的庞大图书馆中，很少有作家像朱丽叶·亚当［也以娘家姓朗贝（Lamber）出版］一样拥有如此多的成果。在法国作家中，她的著作数量仅次于维克多·雨果。

也可能是在这些圈子里，阿尔弗雷德结识了维克多·雨果，因此后来他碰巧被邀请与这位大师共进午餐。最终，维克多·雨果搬到了埃劳大道，就在诺贝尔所在的马拉科夫大道的拐角处。[506]

朱丽叶·亚当每周五在帕索尼大道上接待客人。巴黎的精英们不得不爬上四层楼梯，挤进朱丽叶现代化的沙龙，墙壁上包裹着红色天鹅绒，装饰着盆栽棕榈树。他们可以玩多米诺骨牌或纸牌打发时间，直到女主人出现。朱丽叶·亚当试图保持低调，并曾说自己是法国唯一从不穿衬裙的女性。尽管如此，所有人都喜欢围绕着她。她“以一种自然且热情的魅力吸引着周围的人，这种魅力在于那种看似简单实际上却很昂贵的服饰”，安妮·霍根豪伊斯－塞利弗斯托夫（Anne Hogenhuis-Seliverstoff）在她为朱丽叶·亚当写的传记中写道。[507]

阿尔弗雷德·诺贝尔有他的文学创作渴望。他继续完善小说《姐妹》，以及对完美女人的浪漫梦想。朱丽叶·亚当身上有很多阿尔弗雷德幻想的东西。我们对他的想法一无所知，更不用说他的感受了。毕竟，这段特殊的关系有很多障碍：（1）朱丽叶·亚当已经结婚了；（2）有传言说她与魅力四射的莱昂·甘必大有染。尽管如此，阿尔弗雷德·诺贝尔在巴黎的 20 年里有幸成为朱丽叶·亚当的一大群朋友之一。[508]

任何在 19 世纪 70 年代中期移居巴黎的人都会亲身体验重要的文化和历史事件。这些年，僵化的法国艺术界的一些年轻反叛者开始反对当权派。为团队定下基调的是艺术家奥古斯特·雷诺阿（Auguste Renoir）、保罗·塞尚（Paul Cezanne）、埃德加·德加（Edgar Dégas）和克劳德·莫奈（Claude Monet）。他们放弃了写实的精密绘画，更喜欢用粗的笔触来表现运动、感觉和快速印象。长期以来，艺术家们一直在蒙马特的一家咖啡馆里定期会面，1874 年 4 月，他们在卡普辛大道（boulevard des Capucines）的一家旧照相馆里举办了自己的展览。巴黎评论家的评判并不仁慈。莫奈的一幅画作《日出·印象》（1872 年）的名字被用来贬低简单的“印象派”，那种画可以由“配备颜料盒的猴子”绘制。[509]

在接下来的几年里，将会有更多的“印象派”展览。但直到 1878 年，这股风潮才有所减弱。克劳德·莫奈的一幅画作在艺术拍卖会上的售价仅为 184 法郎，而那些被官方认可的艺术家（许多人现在已被遗忘）的作品则以 10 000 ～ 20 000 法郎被出售。阿尔弗雷德·诺贝尔为他的新房子买了很多画作，但他的墙上没有印象派画作。他对艺术的兴趣不及对文学的兴趣，他与画商达成了协议，当他对画作感到厌倦时，可以换一幅作品。

1874 年 4 月也是五位著名作家——埃米尔·左拉（Émile Zola）、古斯塔夫·福楼拜、伊凡·屠格涅夫、埃德蒙·德·龚古尔（Edmond de Goncourt）和阿尔丰斯·都德（Alphonse Daudet）开始定期在咖啡厅会面的月份。他们都想为冰冷的文学世界做点什么。埃米尔·左拉是保罗·塞尚的儿时玩伴，很早就支持这些艺术新贵，并在蒙马特的咖啡馆里认识了其他几人。至少作者们也很沮丧，法国文坛中的英雄故事还没有在上流社会中得到认可。这五位作者认为，这对他们传播对于普通人所遇到的现实的、详细的描述是一种伤害。他们想继续走福楼拜已经走上的畅销小说《包法利夫人》（1857 年）的道路。

埃米尔·左拉是推动力最大的人，最终为这场运动创造了自然主义一词。19 世纪 60 年代末，他凭借小说《泰蕾兹·拉坎》（*Thérèse Raquin*）取得了突破，现在开始带着便笺簿和笔四处游历，以纪录片般的精确度描绘法国现实中较为阳光的部分——百货公司、矿山、游乐场。左拉将道德败坏、肮脏和有害的生活置于中心位置。最终，他甚至将自己的作品称为“科学实验”。这下，或许更早的时候，阿尔弗雷德·诺贝尔就满腹狐疑，不仅是因为对科学概念的误解。阿尔弗雷德想，文学首先应该教人们如何生活，而不是在承载能力的极限下用日常生活的细节来追逐利益。

阿尔弗雷德花了十年时间才得到福楼拜、巴尔扎克和司汤达的书。他似乎对他们的现实主义没有任何异议，至少没有表达出来。他还打算购买埃米尔·左拉的几部作品，但买完这几部作品，他的热情便到此为止。阿尔弗雷德对左拉的“肮脏”书籍感到厌恶。他忍不住偷偷在自己写的小说中，批评道：“在我们这个时代中，（他）试图将道德败坏理想化，并从社会败类中寻找女主人公的原型——我们可以在垃圾堆中寻找珍珠，这也是一种幸福，而不是羞耻。”[510]

对于阿尔弗雷德·诺贝尔来说，诗歌仍然是最高的艺术形式。他发现自己要完成任何他认为达标的事情都是极其困难的。他宁愿不知道押韵，只把押韵当成是对“韵律”进行表面修饰的方式。但如果他的天赋还不够呢？他梦想创作出像莎士比亚那样令人眼花缭乱的无韵诗，但发现他写在纸上的东西根本算不上清晰可辨。当英国熟人的妻子表示有兴趣时，他还是鼓起勇气。他将他的诗《谜语》的原稿和扩展版本寄给她，附上了一大堆的歉意。“就像现在一样，我可能已经把废话和无韵诗连成了一团无聊的烂摊子。如果是这样，请立即将手稿付之一炬：这会为你省去一些麻烦，我也不会脸红，”他写道，“我丝毫没有声称我写的句子是诗歌；我时不时地写作，只是为了缓解我的沮丧，或者提高我的英语水平。”至于这位英国人的回答是什么，我们不得而知。[511]

*

据说印象派艺术家在 1874 年春天的行动也有政治原因，他们想反抗新保守派权力精英将国家机器置于他们手中。分裂的君主主义者振作并最终团结起来，以颠覆新的共和国。他们仍然无法就未来的国王达成一致。但如果他们团结在一位共同的总统候选人周围，他们就拥有了自己的多数席位。在当时存在的宪政真空中，总统梯也尔被迫匆忙辞职。君主主义者帕特里斯·德·麦克马洪（Patrice de Mac-Mahon）上任，这位将军因在克里米亚战争中攻占了决定性的马拉科夫要塞而受到表彰。

权力的更替意味着各个层面的调整。新总统拒绝了凡尔赛宫，而是选择在巴黎爱丽舍宫进行统治和活动。梯也尔节制的生活方式（他的妻子自己买菜）转变为一种皇室的放纵方式，在某种程度上改变了巴黎的社会生活并给社交沙龙带来了激烈的竞争。麦克马洪夫妇每周数次邀请客人参加盛大的镀金瓷器晚宴，并为数千人举办舞会。

这是一种新的狂热，几乎开始向君主主义政变的方向发展。但在 1875 年初，大约在国民议会最终通过巴布和诺贝尔期待已久的炸药豁免权的同时，第三共和国的新宪法终于获得通过。麦克马洪总统在国民议会中的主要对手则保持不变：莱昂·甘必大。

阿尔弗雷德·诺贝尔绝对不是保皇党。他一定对共和政体的确立感到高兴，就像对法国炸药市场终于摆脱剥削感到高兴一样。1875 年对于阿尔弗雷德来说是次要的。1 月，苏格兰工厂的负责人约翰·唐尼曾试图中和他收到投诉的一批炸药。身处爱尔兰港口城市的唐尼走到码头上，点燃了火，将弹药筒扔进去。不幸的是，弹药筒里装的炸药显然有些多了。爆炸将唐尼抛入海中，造成大面积烧伤。“这个世界上竟然有这样的苦难。唐尼因缺乏判断力导致爆炸而受重伤。”阿尔弗雷德·诺贝尔写信给阿拉里克·利德贝克，看起来显然急于推卸自己的责任。

就在六个月前，利德贝克本人在温特维肯的另一场大爆炸中受了轻伤。这是自 1864 年海伦堡爆炸以来瑞典硝化甘油公司遭受的最大灾难。一家印刷厂发生爆炸，12 人丧生。瑞典报纸提醒人们“可怕的物质……名为炸药，将学会服从人的意志，只为他们希望确定的目的服务”。现在，温特维肯的悲剧证明“服从尚不可信”。利德贝克为了挽救工厂库存，严重烧伤了手，他的余生将处于半聋状态。约翰·唐尼后来则因伤去世。[512]

当唐尼惨死的消息传到阿尔弗雷德·诺贝尔这里时，他正在巴黎。马拉科夫大道上的房子已经完工，但社交沙龙显得空荡荡的。阿尔弗雷德还没有遇到能缓解他沉重心情的人，也没有人能让他展示他新装修的“夫人的卧室”。

孤独吞噬着他。他渴望有人可以谈论生活中的重要事情，并且不止如此。如果他不能遇到一个女人来分享他的日常生活，至少需要一个人来负责管理他的家。而他的生意越是稳固，就越难以独自应对业务所需的每天没完没了的写信。他需要身边有人可以帮助他，一个懂除法语外更多语言的人。马拉科夫大道的房子有足够的空间容纳另一个人。

生活伴侣还是雇员？他决定登一则广告。

*

世界历史上很少有报纸广告，能像阿尔弗雷德·诺贝尔移居巴黎后在奥地利报纸上刊登的广告那样，受到如此多的关注和如此频繁的引用。这当然与回应的人有关。此人原名为伯莎·金斯基（Bertha Kinsky），后来以伯莎·冯·苏特纳（Bertha von Suttner）的名字成名，她是和平运动的创始人之一，也是广受好评的小说《放下武器！》（1889 年）的作者。她还将在 1905 年获得诺贝尔和平奖。1875 年，她 30 多岁，是维也纳一个上流家庭的家庭教师。

很少有人质疑这些匿名报纸行文中所蕴含的历史意义。这则在一百年中被反复引用的引文，来自伯莎·冯·苏特纳的回忆录（1909 年），她在书中逐字重复这则

广告："一位富有、受过高等教育的老年绅士正在寻找一位成熟的女性语言学家担任秘书和管家。"

伯莎·冯·苏特纳没有写任何关于何时插入广告的信息，更不用说在哪家报纸上刊登了。在诺贝尔基金会出版的第一本关于阿尔弗雷德·诺贝尔的传记（1926年）中，由于不明原因，1876年仍被确定为重要年份。随着时间的流逝，人们开始假设，传记中讨论的报纸应该是维也纳《新自由报》(*Neue Freie Presse*)。

20世纪90年代后期，瑞典学院的图书管理员奥克·埃兰德松努力寻找那则重要的招聘广告。他要求奥地利国家图书馆查阅1875年11月至1876年6月《新自由报》的所有广告。结果是：找不到这样的广告。[513]

从那时起，奥地利和其他许多国家的旧报纸都被数字化并可以搜索到。我开展了新一轮搜索，现在对伯莎·冯·苏特纳引用中的所有词语进行单独搜索。但即使我将搜索范围扩大到1875年和1876整年，我也找不到任何接近她书中那番措辞的广告。

也不是没有重合的。确实出现了几则类似的广告。只是不是诺贝尔的那则广告。例如，"Sekretärin"（秘书）这个词并不常见。它在那些年里只出现了11次，然后专门作为标题，出现在行文中，而不是作为要申请的职位的名称。"Hochgebildeter"（受过高等教育）很常见，但在此期间没有人在广告中这样称呼自己。"sprachenkundige Dame"（语言学家女士）这个词根本没有重合的，等等。

能否因此确定该广告不存在？不。数据可能给我们开了个玩笑。同时也不能排除刊登这则广告的报纸被丢失的可能性，尽管奥地利国家图书馆的大部分馆藏都已被扫描过。可能是特别不走运吧。

然而有其他线索出现。几十年后，伯莎·冯·苏特纳在一封信中将第一次会面日期定为1875年秋天，我发现路德维格在1875年底的信中提到了阿尔弗雷德的广告。"每个人都对你的家庭和你追求的家庭主妇感兴趣。你俩还通信吗？"路德维格写道。后来信里还提到阿尔弗雷德的"维也纳广告"是他家里经常谈论的话题。[514]这一年是1875年。

我注意到路德维格在不久之后的一封信中用了同样的词——家庭主妇，来形容他的妻子埃德拉。我在想，伯莎·冯·苏特纳在1909年写了她的回忆录，当时她面前可能没有当年的那份广告，而且可能有意或无意地有些添油加醋。会不会广告的确切措辞根本不是这样的？

里面有几个词应该还是对的。伯莎·冯·苏特纳提到，她对阿尔弗雷德·诺贝尔在广告中称自己为“老年绅士”这一措辞特别反感，尽管他只有 42 岁。真实的广告应该合理地包括这个词。在报纸档案中，我发现 1875 年确实出现过“年老”和“绅士”的组合，共有 62 个匹配项[515]。但是，这个组合并未出现在招聘广告中。一半的内容涉及报纸文章或公寓广告，其余的是私人交友广告。例如，一位老年绅士正在寻找一位“体面的可通信”的金发女性，另一位是“拥有自己住房的美丽而无私的女人”。有些人开门见山，将他们的广告命名为“征婚广告”。

读起来很费神，不过大部分广告都能整理出来。对受过某种教育的女性的需求似乎并没有那么大。从搜索来看，1875 年只发布了两则广告，其中部分包含“年老的绅士”字样，部分让人想起伯莎·冯·苏特纳的书中她写的内容。其中一篇在距维也纳 20 英里的格拉茨出版。因为距离太远，我觉得不能称为“维也纳广告”。

剩下的是 1875 年 2 月 11 日在《维也纳插图增刊》上可以阅读到的七行字广告，并且在接下来的几天里又连续刊登了两次。标题就是“广告”：

“一位需要精神刺激的富有的老年绅士，寻求结识一位受过教育的美丽女孩或寡妇，他准备好了付出金钱与精力。结成百年之好也并非不可能。请在‘祝你好运’下回信。”[516]

这会不会就是那篇广告？“受过教育”和“精神刺激”——这则广告非常不寻常，它包含了“老年绅士”等字样。而且这个时间似乎也很合理，因为从路德维格的信和伯莎的回忆录中都可以看出，在他们相遇之前，她与阿尔弗雷德已经通信一段时间了。

无论如何，这则广告比伯莎·冯·苏特纳复述的那则更有真实性。这也会让阿尔弗雷德向她提出的出乎意料的大胆问题变得更容易理解。因此，在作为所有寻求真理的基础而不仅仅是科学的基础的批判性审查之前，我敢断言 1875 年 2 月 11 日的广告实际上可能是正确的。[517]

*

1875 年初，奥地利人伯莎·金斯基发现自己的处境岌岌可危。她快 32 岁了，还没有结婚。她缺钱，如果说得刻薄一些，她连孩子都缺。伯莎长长的大波浪卷发让她容光焕发，这不是问题所在。身边也不乏追求者。但她身上有一种特质把美丽给磨掉了，大多数奥地利贵族男人绝对不会觉得这是有吸引力的品质。

她博览群书。

伯莎养成了称自己为“金斯基伯爵夫人”的习惯，起初可能是为了融入更好的圈子。这在形式上是事实，但实际上远非如此。她高贵而年迈的父亲在她出生前几个月就去世了。由于伯莎的母亲缺乏贵族血统，家族对她们母女俩非常冷血。还怀着孕的寡妇被赶到大门口，剥夺了在伯爵家居住的权利。伯莎出生时，父亲的家人不想听到她的消息。

她是一个相当孤独的孩子，在母亲和监护人的陪伴下长大。唯一真正的朋友，是一个稍微年长的堂姐，她父亲拥有大图书馆。女孩们一起陶醉在书的世界中（当时她们没有离家出走和玩轮盘赌）。伯莎在她的回忆录中声称，她小时候就读过“……维克多·雨果、席勒、《简·爱》和《汤姆叔叔的小屋》”。她喜欢沉浸在对话的词典中。由于雇用了几个外国保姆，她很早就可以说法语和英语了。

但正如伯莎·冯·苏特纳的传记作者布里吉特·哈曼（Brigitte Hamann）所说，当时在维也纳，女性只有一种公认的职业：婚姻。伯莎几乎没法奢望在这条规则下能有任何例外。她第一次参加舞会时，对社交界的肤浅偏好感到震惊。在那里，她或许第一次意识到，对一个女人来说，除了出身和金钱，重要的还有衣服、举止和打扮。“软弱、美丽”的女人是受人追捧的，而那些“顺从”的女人是“仰望男人”的。“无知和愚蠢被视为迷人、女性气质、贤惠和贞洁。”哈曼写道。[518]

伯莎仍在继续阅读。1873 年她 30 岁时，根据她自己的说法，她已经通读了莎士比亚、歌德和雨果的所有作品，以及阿尔弗雷德·诺贝尔最喜欢的拜伦和雪莱等人的零散作品。然后，甚至很快，她就意识到时间在流逝，危机正在逼近，她仍然缺钱，再加上教育的包袱，她结婚的机会也算耗尽了。由于她的母亲无法再供养她，伯莎·金斯基不得不申请一份家庭教师的工作。她被富有的男爵卡尔·冯·苏特纳（Karl von Suttner）雇用，负责照顾家里的四个未成年女孩。

正在学习法律的 23 岁儿子亚瑟（Arthur）也住在冯·苏特纳位于维也纳的大宫殿里。暑假期间，他花了很多时间在家族庄园与姐妹们和她们的家庭教师在一起。伯莎疯狂地爱上了她学生的哥哥。“很少有这样的人，散发出如此无法抗拒的‘魅力’，以至于每个人，无论老少，无论贵贱，都被它俘获；亚瑟……就是那样的一个人。”伯莎在她的回忆录中写道。她继续说，他的魅力“以一种莫名其妙、不可抗拒的磁力和电力发挥作用。……当他走进房间时，房间立即变得明亮而温暖”。

事实证明，这种感觉是相互的。亚瑟和伯莎秘密地开始了一段恋情，他们保守了很长时间的秘密。冯·苏特纳夫人花了几年时间才发现了这件事。她马上进行干涉，因为她在任何情况下都不允许儿子亚瑟娶一个身无分文的、比他大 7 岁还没有贵族血统的女人。

伯莎不得不把目光从冯·苏特纳家的职位上移开。为了帮助她，冯·苏特纳夫人将自己在报纸上找到的一则广告交给她，就是伯莎在传记中所回忆的：“……它可能适合你，你愿意写一份申请吗？”[519]

*

在巴黎，阿尔弗雷德·诺贝尔找到了重新开始做实验的平静心态。他在自己的房子里略带谨慎地开始了实验，因为他要安装的实验室还没有准备好。可能和保罗·巴布一样，他也和他的伙伴阿希尔·布吕尔住在一起，后者曾在战争期间的巴黎生产过一些炸药。[520]

阿尔弗雷德有一个新想法。如果能用有爆炸特性的物质代替惰性的沙子（即硅藻土）来提高炸药的效果，那会怎么样？1875 年春天，他应邀到著名的伦敦皇家艺术学会做了一次关于现代炸药的演讲，题目是《论现代爆破剂》。就在那时，他提到了这个想法。这篇长长的演讲（手稿有 44 页）将被英国学院授予银质奖章，并且是阿尔弗雷德·诺贝尔唯一一篇被出版的演讲稿。[521]

那是一个光明的时代。销售数字飞速增长，阿尔弗雷德聘请了一位 22 岁的法国化学家乔治·费伦巴赫（Georges Fehrenbach），这个年轻人似乎前途远大。巴布，这个能源奇才，迅速开始在法国建立股份公司，同时帮助其他国家的公司改组为股份公司（在某些情况下还将几家公司进行了合并）。[522]

不止这些。由于广告的作用，阿尔弗雷德还与一位奥地利妇女开始了通信。一切似乎都水到渠成，情况好到令人难以置信。

伯莎·金斯基和阿尔弗雷德·诺贝尔之间的早期通信没有被保存下来。[523] 当伯莎在 30 多年后讲述这个故事时，她写道，在他们相遇之前，他们之间有过几次通信。她很早就知道那是炸药的发明者登的广告。她感到惊讶的是，尽管他明显是瑞典人，而且是在沙俄长大的，他却能用英语、德语和法语写出如此优雅的文字。在她的回忆录中，她记得这些最初的信件是诙谐和幽默的，却带有悲伤的意味。他是一个不快乐的人吗？[524]

8 月底，阿尔弗雷德去巴伐利亚的一个温泉疗养院住了几个星期，以“疗养（他的）身体”。显然，他随后访问了维也纳并与他的这位笔友见了面。与伯莎·金斯基的会面似乎超出了他所有的期望。之后，他给阿拉里克·利德贝克写了一封信，叙述了她给他留下的深刻印象。阿尔弗雷德向他讲述了“……我最近在维也纳看到的最可爱的小家庭教师，只要看到她，男性就会垂涎三尺。她是非常优秀的一位女士。这么说有些过了，但是很难不和你提这件事情”。[525] 利德贝克显然不知道维也纳的广告。但在圣彼得堡，路德维格无法抑制他对那个回复弟弟广告的女人的好奇心。“你还在通信吗？”[526]

伯莎·冯·苏特纳在她的回忆录中没有提到在维也纳的会面。当然，从理论上讲，阿尔弗雷德可能在那个时候遇到了另一个有吸引力的维也纳家庭教师，但由于之后伯莎与她的灵魂爱人决裂，并在巴黎与阿尔弗雷德会合，所以要碰到另一个女性似乎不太可能。

有了这些拼图碎片，我们可以合理地确定伯莎的旅行时间。她应该是在 1875 年 10 月 26 日（阿尔弗雷德给利德贝克写了一封关于维也纳会面的信）和同年圣诞节前几天（阿尔弗雷德给路德维格邮寄了一封关于“无趣的圣诞节”的悲伤信件）之间抵达巴黎的。

在伯莎的回忆录中，她描述了这次会面。阿尔弗雷德·诺贝尔在巴黎的火车站见到了她，并把她带到了卡普西恩大道上的大饭店，他曾多次在那里住过。他说，她很快就会搬到马拉科夫大道上的自己的房间，但需要先安排好。

“他给人留下了非常有同情心的印象。”伯莎回忆说。她曾想象过一个白发苍苍的老人，却惊喜地发现炸药的发明者竟如此年轻（42 岁）。根据记忆，她描述她在那个秋天见到的阿尔弗雷德·诺贝尔是一个低于平均身高的人，留着满脸的黑胡子，“既不丑也不美”。他看起来很害羞，“表情有些阴郁，但他那双蓝眼睛使他的目光变得柔和”。[527]

伯莎·金斯基在酒店休息了一会儿，一小时后阿尔弗雷德才回来。他请她在酒店食堂吃了午饭，然后乘坐他的马车在巴黎转了一圈。马匹拉着他们沿着香榭丽舍大道行驶，伯莎还看到了她在马拉科夫大道上的预订房间。在通了那么多信件之后，阿尔弗雷德·诺贝尔对她并不感到陌生。她在回忆录中写道，双方的谈话很快就变得既活泼又刺激。他们继续每天都保持几小时的见面。他的出现能让她不时忘记曾经的心痛。

在这几天里，据说阿尔弗雷德甚至给伯莎·金斯基看了他的长诗《谜语》，如果他的计划只是招募一个秘书，那么这种自信就显得很突出。“一个思想家，一个诗人！”伯莎评价说，她越来越被阿尔弗雷德·诺贝尔坚韧不拔的智力所吸引。阿尔弗雷德“能够以这样的方式说话、讲故事和讲哲学，精神上的对话十分吸引人”。[528]

但在孤独的酒店房间里，伯莎忍不住落泪了。她在痛苦中挣扎，给维也纳的亚瑟写了无数封信，也收到了同样多的回信。

有一天，阿尔弗雷德·诺贝尔鼓起勇气问了一个问题，如果他只是为秘书和管家打广告，对于一个害羞的人来说，这个问题也有些大胆。

“你有心上人吗？”

这下伯莎崩溃了。整个故事从她脑海中奔涌而出。阿尔弗雷德尽其所能地安慰了她。他赞扬了她的勇敢行为，并强烈建议她现在与亚瑟·冯·苏特纳断绝一切联系。“她需要的是让时间冲淡过去。”他说。

“新的生活，新的印象——你们都会忘记彼此的，他可能比你更快。”阿尔弗雷德说道。这是伯莎后来在回忆录里写的内容。

但事实并非如此。仅仅过了一个星期，阿尔弗雷德·诺贝尔就踏上了旅途。一封来自维也纳的新电报解决了这个问题。亚瑟·冯·苏特纳写道，他已经意识到，他不能没有伯莎。如果她声称她已经变心了，就是在撒谎。伯莎·金斯基放弃了，她给阿尔弗雷德·诺贝尔写了一封信，并在他回来之前离开了巴黎。[529]

6个月后，伯莎和亚瑟秘密结婚，并逃到了高加索地区。

那个圣诞节，路德维格像往常一样，试图说服阿尔弗雷德去圣彼得堡。路德维格写道，当阿尔弗雷德过去居无定所，不得不把所有清醒的时间都花在应对经济压力和生存上的时候，他不忍心再三催促其去圣彼得堡。但现在阿尔弗雷德经济状况好转，他应该可以好好犒劳一下自己，“同时也让我和我的家人有机会照顾你一段时间。让你看到我生活的状况，看看待在一个有妻子、有孩子的家里是多么美好”。

好像阿尔弗雷德真不明白？

路德维格再次提到了“维也纳的广告”，并建议在圣彼得堡也有“女士”可以考虑担任“你的管家”，特别是“因为听说读写能力才是必要的条件，而年轻和美丽则不是必需的”。

阿尔弗雷德的回信没有被保存下来，但几天后，路德维格又写了一封信，对他弟弟传达的“无趣的圣诞节的悲伤口吻”进行了评论。“当我意识到我和身边的这群孩子在一起是多么快乐的时候，（你的）这番话在我心里悲哀地回响着。当我谈到可怜的阿尔弗雷德叔叔独自坐在家里的时候，每个人都会问我：为什么他不来这里？为什么他不和我们一起过圣诞节？我无法回答，因为在我的内心深处，我在等待着你来这里的通知。”

路德维格说，如果阿尔弗雷德叔叔来了，他的孩子会争着与他的叔叔玩闹。孩子们正在为惊喜的圣诞音乐会练习四手联弹，“一想到即将到来的节日，他们的眼睛就会发亮”，路德维格再次发出邀请，“现在我知道你坐在家里，没有任何令人担忧的事情应该占据你的思想，我反对你独自一人待着，在孤独中没有人关心，甚至一个友好的眼神都没有。”

但阿尔弗雷德·诺贝尔在那个圣诞节留在了巴黎，他选择独自一人过圣诞节。他送给路德维格的孩子们一个圣诞礼物——带有一对小人的八音盒，如果拧一拧发条，它们就会开始跳舞。[53]

第十四章

发明之喜、坠入爱河及医学突破

在伯莎·金斯基突然离开后，阿尔弗雷德·诺贝尔继续埋头苦干。现在他能够把更多的时间投入他认为愉快的事情上。在他的生活中，有许多乏味的工作，如四处奔波，监督炸药公司的运作，讨论业务和审查财务报表。这样的事情让阿尔弗雷德·诺贝尔感到厌烦。每当这些任务从他真正想做的事情上偷走时间时，他就会感到窒息、疲惫，而且容易被激怒——接着他会用新的发明或改进旧的发明来推动世界的发展，让想法在他的头脑中翻滚，在现实中测试这些兴奋的想法，并沉浸其中。

现在他找到了一些有希望的东西，其实他已经为之努力了很长时间。问题是，一些矿场经理还在继续抱怨，说炸药与老式的炸油相比太弱了。这就是他们为获得更安全的产品而不得不付出的代价。当硝化甘油被吸收到多孔沙（硅藻土）中时，效果就会变弱。

但恰好也有多孔的炸药，如棉粉。用棉粉代替沙子能不能提高爆炸力？这在纸面上听起来不错，但当阿尔弗雷德与新聘用的化学家乔治·费伦巴赫一起做实验时，并不奏效。棉粉没有以同样的方式吸收硝化甘油。

有一天，阿尔弗雷德割伤了他的手指。他像往常一样，在伤口上涂抹当时的液体石膏——胶凝液，在皮肤上形成胶水般的涂层。夜里，他因疼痛醒了过来，又涂抹了一些胶凝液，并意识到胶凝液实际上是溶于乙醚和酒精的棉粉。突然间，他清醒了。他跑到家里的实验室，拿出一个玻璃碗，将胶凝液混合起来，并试着加入一些硝化甘油。当费伦巴赫早上到达时，阿尔弗雷德已经能展示他的新发明的雏形：炸胶。[531]

为了找到正确的比例，阿尔弗雷德还有很多艰苦的工作要做，但他很快就能在给圣彼得堡的路德维格的一封信中寄出第一份更像橡胶的新样品。运输方法也许有点考虑不周，因为纸张被浸湿了，路德维格舔了舔他油腻的手指，突然意识到这是什么，他惊慌失措，迅速洗了洗手。

1876 年，大约一个月后，阿尔弗雷德·诺贝尔对自己的新发明充满信心。他创造了一种新炸药，足以“弥补所有已知的不足”。此后不久，他获得了明胶（通常也被称为炸胶）的第一项专利。这一次，路德维格建议阿尔弗雷德称其为“诺贝利特”，并为这个消息感到兴奋。多年来，他一直在努力帮助阿尔弗雷德获得在沙俄建立炸药厂的许可。这是一项艰苦的工作。阿尔弗雷德过去常常提出相反的论点，但沙俄官僚机构仍然拥有一种似乎远远胜过法国官僚机构的惰性的特质。[532]

阿尔弗雷德的创造冲动像开玩笑一般，蔓延到所有可以想象的领域，不仅是在爆炸方面。他在德国为一种保存肉类的方法（通过“将化学物质引入活体动物的血液”）申请了专利，并在法国为火车的“自动制动装置”申请了专利。当罗伯特谈到巴库辉煌的石油市场时，阿尔弗雷德便着手画出一台“柴油机”的草图，这让路德维格热情地惊叹他不会只是想乘坐一下而已，而是要“成为机械师和司机”。[533]

创造的乐趣让人想起父亲伊曼纽尔，但不考虑能力而去尝试一切的愿望也是时代潮流。技术和自然科学的进步不仅影响了那些自称为科学家的人，也影响了非专业人士。缺乏专业知识并不是障碍，任何人都可以成为一名工程师，无论是否拥有学位。

例如，29 岁的美国人亚历山大·格雷厄姆·贝尔（Alexander Graham Bell）即将成为聋人教师，他本人从未离开过学校。他对生活的热情是对声音进行尝试。1876 年 2 月，贝尔提交了一项设备专利申请，该设备可以通过电线传输声音，而不仅是像电报那样发出咔嗒声。他将其称为电话。托马斯·阿尔瓦·爱迪生（Thomas Alva Edison）几年后为世界提供了第一个稳定工作的灯泡，他是电报行业的一位自学成才的大胆创新者，只接受了几个月的正规学校教育。据说爱迪生本人对电的了解并不充分，无法解释灯丝中发生的反应。[534]

其他人更有价值、毫不费力地跨越学科界限。例如，法国人路易斯·巴斯德拥有化学方面的专长，也恰好对医学研究产生了革命性影响，这让许多医生感到懊恼。

阿尔弗雷德·诺贝尔不能称自己为科学家，但这并没有阻止他那颗为严肃的科学研究和创造伟大的发明而燃烧的心。“你真棒，牛顿！几乎没有人能像你一样声称自己是不朽的，”他在当时的一首诗中赞美道，“尽管许多人赞扬牛顿的天赋，但很少有人知道，他的天赋给这个世界留下了多少财富。”[535]

一天，他的朋友、极地科学家阿道夫·埃里克·诺登舍尔德联系了他，此人正在为伟大的瑞典化学家卡尔·冯·舍勒（Carl von Scheele）的一座雕像寻求捐助。诺登舍尔德曾经在19世纪60年代中期，当炸油遭遇挫折时，善意地为阿尔弗雷德的实验提供了科学依据。他们也曾一起做过生意。从那时起，这位极地研究人员曾多次成功地前往斯匹次卑尔根等地进行研究，并逐渐获得了国际声誉。

阿尔弗雷德想向几年前去世的卡尔·冯·舍勒致敬。

“我的兄弟！”他感动地回答，“在伟大的瑞典科学名人中，我从小就把舍勒放在最接近林奈的位置……为所有给思想家设计雕像的人表示敬意。”[536]

阿尔弗雷德的兄弟也分享了发现的喜悦。罗伯特·诺贝尔结束了他在巴库的第二次长期访问，带着好消息回到了圣彼得堡。然而，他对巴库并不怎么在意。巴库是里海一个多风的东方角落，这里混杂着波斯人、亚美尼亚人和鞑靼人，但他很难与这些人沟通。这座城市号称是连接东西方的要塞，但在飞扬的尘土中无法辨别任何来自西方的植被或自然影响。然而，石油使罗伯特的眼睛发亮。

十年前，他曾在芬兰尝试过销售煤油灯，这个项目并没有怎么赚到钱，但确实获得了一些炼油的技能。罗伯特注意到巴库那儿的工作形式十分原始。他在购买炼油厂时曾推断，只要他们引进更好的现代提取技术和净化技术，被人诟病的“巴库乱局”肯定能成为有利可图的事情。罗伯特现在开始证明他的能力：他的炼油厂生产的石油的质量远远超过了他的竞争对手。丹尼尔·耶金在他关于石油历史的书《奖赏》中写道，罗伯特·诺贝尔“确立了自己作为巴库最有资质的炼油商的地位”。

罗伯特的精炼油将很快结束为冬季黑暗中的沙俄灯具大量进口美国煤油的局面。此时，世界石油市场几乎只涉及煤油灯的原材料。到目前为止，人类只是试探性地迈出了进入化石燃料时代的第一步，而这个时代引发了21世纪的气候危机。[537]

路德维格知道，根据经验，他应该对罗伯特的商业想法持谨慎态度，但这一次他没有那么沮丧，尤其是当罗伯特告诉他，他自己也发现了一些很好的石油时。

1875年新年前夕，路德维格写信给阿尔弗雷德：

“我一直认为，我们，也就是你和我，应该一起去那里，看看我们是否有什么地方能帮助他。我们已经成功实现了财务独立，我们应该努力帮助罗伯特也实现财务独立。所以，你考虑一下，和我一起去巴库吧。”[538]

路德维格在这一年的大部分时间里都在思考如何将罗伯特的石油运到沙俄中部。下一个问题是资金，他需要几百万卢布来启动石油运输。阿尔弗雷德是否认识外国资本家呢？“然而，我并不打算在筹集资金的问题上成为你的负担。”他给阿尔弗雷德写道。[539]

这一年，路德维格两次前往高加索地区，但都没能吸引他的弟弟加入。路德维格感到很不安。“你发誓不回沙俄了吗？”他无奈地问阿尔弗雷德。[540]

阿尔弗雷德不愿意去圣彼得堡是兄弟俩之间越来越大的裂痕。路德维格发现，弟弟自从离开后只回过一次年轻时所待的城市，而且只是匆匆忙忙，似乎是没有计划的，当时路德维格恰好不在这里，这让他难以接受。[541]路德维格不禁撕扯着这个裂痕，仿佛在寻找一个他可以接受的理由。自从弟弟在巴黎有了自己的房子后，他自己每年至少去看望阿尔弗雷德一次。路德维格认为，弟弟不回访一定是与痛苦的回忆有关。他请求阿尔弗雷德给予他幸福：“请努力回忆一些你在圣彼得堡快乐和幸福的日子，我知道在你最后一次居住在此的时候，是如此的充满苦涩。”[542]

在瑞典，路德维格在一段时间内是兄弟中最有名的。瑞典的报纸可以写长篇报道，介绍这位和蔼可亲的工厂主，以及他在圣彼得堡的大型武器工厂和他的1000名雇员。在瑞典的公共领域，罗伯特和阿尔弗雷德常被称为路德维格的兄弟，或伊曼纽尔·诺贝尔的“另外两个儿子”。[543]

这种情况正在慢慢改变，也影响到了路德维格。他无法掩饰自己对罗伯特的印象，因为后者在石油方面“取得了真正辉煌的成果”。然而，路德维格容易倾向于把他在石油方面的财务投入说成是一种慈善、一种兄弟般的牺牲，以使罗伯特的“精神恢复到以前的活力”。[544]

阿尔弗雷德的权威也随着他日益增长的销售业绩而增加。路德维格和阿尔弗雷德会偶尔比较他们的利润成果，一种竞争意识开始在信件中悄然出现。1877年1月，阿尔弗雷德·诺贝尔还被法国总统麦克马洪授予法国荣誉军团骑士勋章。他在接受这一荣誉时心情复杂。“你问我是否对装饰品不感兴趣；我的确不感兴趣，但我现在开始收集这种饰品，因为我还在从事用于战争的炸药的引进工作，它们对我很有用，”他在给瑞典合伙人斯米特的信中写道，“如果能证明政府已经认为此事值得奖励，那么炸药的引进就更容易搞定。”[545]

1877 年春天，当三兄弟在柏林会面以解决石油问题时，他们之间的权力平衡无疑已经发生了变化。阿尔弗雷德听取了路德维格和罗伯特向他介绍的情况，并决定以某种方式加入他们的石油企业。[546]之后，路德维格和他的整个家庭陪同阿尔弗雷德前往巴黎。除了他的妻子埃德拉，还有七个孩子，年龄跨度从 18 岁的埃曼纽尔到接近一岁的双胞胎亚历山大和彼得（双胞胎于几个月后夭折）。他们在这里待了很久，久到让路德维格意识到阿尔弗雷德结识了一位新的女性。路德维格甚至可能至少对此事负有间接责任。[547]

*

在阿尔弗雷德·诺贝尔的一生中，没有任何事件像他与小他 18 岁的奥地利女子索菲·赫斯（Sofie Hess）的会面那样被掩盖在秘密之中。在他于 1896 年去世后，人们做出了巨大的努力，试图将她的存在从他的生活中完全抹去。据负责管理阿尔弗雷德·诺贝尔遗产的人说，她玷污了他的遗产。这是用一种伪造历史的方法解决的。50 多年来，关于这段 18 年的关系的真相被掩盖在秘密之中。（官方常说）阿尔弗雷德·诺贝尔的身边没有女人，故事结束。

当然，朋友和亲戚都知道这段风波，不是在他死前，就是在他死后。索菲威胁说，如果不给她钱，她就公布阿尔弗雷德·诺贝尔的所有信件，而他的遗嘱执行人则买下所有信件，让她保持了沉默。有趣的是，在诺贝尔基金会 1926 年出版的第一本传记中仍然匿名引用了其中的一些信件，使读者相信阿尔弗雷德·诺贝尔是写给“朋友”的。

最终，这个谎言变得很麻烦。遗嘱执行人拉格纳·索尔曼在晚年与良知进行了斗争。他究竟应该让索菲·赫斯的真相随他而去，还是应该告诉世人？在他于 1948 年去世两年后出版的《遗嘱》一书中，他终于放宽了宽恕的条件。但直到 20 世纪 90 年代中期，诸多信件出版时，人们才得以跟踪和了解这种关系。

目前还不清楚他们是什么时候认识的。常常重复的“真相”一词更多是一种猜测而不是明确的证据。唯一可以确定的是，从现有的文件中可以看出，这次会

面发生在伯莎·金斯基离开后的某个时间段内——从 1875 年底到 1877 年夏末之间。1877 年 9 月，有证据表明索菲·赫斯和阿尔弗雷德·诺贝尔彼此间的关系超越了朋友。[548]

*

阿尔弗雷德·诺贝尔在与伯莎·金斯基的尝试交往失败之前，就已经在与女性的相处中缺乏自信了。伯莎·冯·苏特纳后来指出，他似乎出于某种原因，认为女性觉得他很讨厌。阿尔弗雷德·诺贝尔认为自己是一个大多数女性难以产生同情心的男人。[549] 但现在，这位即将年满 44 岁的发明家被一位来自维也纳的 26 岁女孩迷住了，她似乎并不讨厌他。

索菲·赫斯在维也纳的犹太人聚居区长大，是海因里希·赫斯（Heinrich Hess）的长女，海因里希·赫斯是个幽默但经济困难的木材商。在索菲 5 岁时，她年轻的母亲死于分娩，她的父亲再婚。新的家庭搬到了 30 英里外的中世纪小镇西利（Cilli，现为斯洛文尼亚的采列，Celje）。孩子变得越来越多。索菲受尽折磨，海因里希·赫斯后来承认，她的继母“并不像她应该的那样慈爱和善良”。继子女直截了当地说，她很刻薄。

海因里希并不富有。他有一个庞大的家庭，并曾到股票市场上试试手气。当股灾来临时，索菲不得不离家出走，自谋生路。我们不知道她离开时有多大，只知道事情发生了，而且她也没接受什么学校教育。根据家族历史，她在一家糖果店找到一份工作。

几年过去了，生活显然让她非常失望。索菲开始假装自己更年轻。当阿尔弗雷德·诺贝尔最终见到她时，她已经 26 岁了，却装作 20 岁的样子。[550] 阿尔弗雷德·诺贝尔更喜欢她真实的那个年龄层。年龄上的差异会一直困扰着他。

他们是怎么认识的，在哪里认识的？拉格纳·索尔曼在他的书中提出了一个理论，虽然索尔曼强调了它的不确定性，但这个理论已经成为事实。这个理论认为，阿尔弗雷德·诺贝尔是在 1876 年夏末或秋季在巴登贝维恩温泉镇的一家商店（索尔曼认为是一家花店）爱上了索菲·赫斯。问题是，阿尔弗雷德·诺贝尔 1876 年秋季治病时不在维也纳，而是在 40 英里外的卡尔斯巴德。他似乎也不太可能突然找来一个陌生的店员，当然也不能排除这种可能性。

现存的第一封阿尔弗雷德和索菲之间的信件没有日期，但根据所提到的商业谈判，可以推测其发生在 1877 年上半年。[551]43 岁的阿尔弗雷德·诺贝尔给 26 岁的索菲·赫斯（尽管他以为她是 20 岁）写了什么？如下所示：

我亲爱的小宝贝，

已经过了午夜，董事们现在才结束今天的第三次会议。会议上我们又是老生常谈，如你所知。明天我们要去普雷斯堡，我必须到场。我发现这里的一切都管理得非常糟糕，如果不是这么不令人愉快的话，我还会在这里多待一会儿。但与这些先生在一起，我感到非常不舒服，我渴望离开这个地方，尽快回家去。一旦有可能，我将给你发电报或写信，告知我们可以见面的地点和时间；同时，我向你发出无数次衷心的问候，祝你一切顺利。

你深情的朋友

阿尔弗雷德

*

从这里可以推断出什么？不管这封信实际上是第二封还是第三封，这几行字都有一种开始了一段谨慎的新关系的痕迹。我从内容上可以看出，阿尔弗雷德写这封信时一定是在汉堡。毫无疑问，他在表达他对德国伙伴的厌恶。1877 年上半年的德国——就在那时，3 月底或 4 月初，诺贝尔兄弟在柏林会面，以解决石油争端。[552]

我的研究中出现了一些零星的事实。在索菲和阿尔弗雷德的通信中，她似乎有一个叫奥尔加·博特格（Olga Böttger）的亲密朋友。这个信息很有意思，因为我记得在 19 世纪 60 年代的信件中，路德维格·诺贝尔也有一个姓博特格的密友和商业熟人。除其他事项外，他们的妻子还一起旅行过。[553]

当我在路德维格后来写给阿尔弗雷德的信中读到他“竟然认识”索菲·赫斯（不仅是通过阿尔弗雷德，正如我们以往以为的那样）时，这两个名字的巧合变得更加有趣，而索菲有时也会把奥尔加·博特格作为阿尔弗雷德的“侄女”介绍给别人。最后这句话不能按字面意思解释，但它表明奥尔加·博特格与路德维格·诺贝尔有某种熟人关系，而索菲喜欢强调这种关系。这会不会是一个线索？[554]

从阿尔弗雷德的信件抄本中的时间间隔来看（这段时间他在旅行），我可以断定，这封信是在 1877 年 5 月 13 日至 28 日之间发给索菲的。[555]

我正在为另一种推测收集线索：索菲·赫斯不是一个不知名的店员，绝对不是。阿尔弗雷德·诺贝尔是通过哥哥路德维格和哥哥的家人，将他直接或间接地介绍给索菲的，可能是在 1877 年春天兄弟俩见面并讨论石油问题时，也可能是在更早的时候。（但这一理论并不能解释为什么奥尔加·博特格是除索菲·赫斯外少数几个在阿尔弗雷德·诺贝尔举世闻名的遗嘱中获得大笔资金的个人之一。）

在 1877 年的春天和夏天，年轻的索菲·赫斯和阿尔弗雷德·诺贝尔之间开始有了一些联系。这一点我们是肯定的。其中有件事让阿尔弗雷德感到不舒服，很明显，这与索菲较小的年龄有关。1877 年 9 月，他们在维也纳会面。这几乎是他们的第一次会面。路德维格已经非常熟悉了，在同一时期的信件中，他可以假装抱怨“孩子妈索菲”阻止阿尔弗雷德去看他。

阿尔弗雷德此时似乎也觉得有必要为自己洗脱勾引索菲的指控。我们可以假设，当她在 9 月见面后给他写下以下声明时，是他在一旁口述：

> 我证明诺贝尔先生劝说我回到我在西利的父亲身边。如果我不这样做，那么这不是他的错。
>
> 维也纳，1977 年 9 月 10 日
>
> 索菲·赫斯 [556]

*

在未来几年里，诺贝尔兄弟的联合石油项目将继续主要由路德维格和罗伯特负责。阿尔弗雷德在那里充当传声筒。他曾帮助罗伯特从英国购买了一台蒸汽泵，但除此之外，他更多的是一个遥远的利益相关者。另外，路德维格则全力以赴地投入石油事业中。他努力学习，写了很多关于泵、运输和储存的备忘录。当他读到宾夕法尼亚州的美国人用管道运输原油时，他意识到像在巴库那样用马车拖着桶装油有多么过时。通过阿尔弗雷德，他与美国石油生产商在格拉斯哥的管道供应商取得了联系。诺贝尔的新管道将在巴库获得成功。

不幸的是，一场新的战争延缓了工作的进度。在塞尔维亚人和保加利亚人对奥斯曼帝国的统治发动了几次叛乱后，沙俄选择站在叛乱者这边，并于 1877 年 4 月

底向奥斯曼帝国宣战。战斗主要在巴尔干和黑海进行，但也使圣彼得堡陷入瘫痪。

巴库从来不是一个战场。但在格鲁吉亚，新婚的伯莎・冯・苏特纳试图以钢琴和法语教师的身份谋生，战争正如火如荼地进行。伯莎与她的丈夫一起，为受伤的士兵组织了慈善募捐，并在奥地利报纸上发表文章。人们很想把这段经历归结为她的和平使命的开始，也就是她将向阿尔弗雷德・诺贝尔讲述的那段经历，但据她说，她当时并没有对战争感到厌恶，而是同情俄国人愿意为斯拉夫民族而战。

路德维格则把自己在圣彼得堡的房子借给俄国人，以便“为伤员生产装订品和亚麻布”，并为众多女裁缝购买了大量的布匹。“但是，一天之内就有 15 000 人丧生于战争，这还远远不够。”他对阿尔弗雷德悲痛地叹息道。[557]

罗伯特继续在巴库辛勤工作。在信中，他描述自己浑身都沾着煤油和润滑油，满头白发，一天比一天胖。“很快我就会像咱有福的父亲一样瘦。”他给阿尔弗雷德写道。他的妻子宝琳和他们的四个孩子——15 岁的亚尔玛、12 岁的英厄堡、10 岁的卢德维格和 5 岁的赛拉——没有前往高加索地区。罗伯特饱受孤独和距离的困扰。1878 年初，随着公司成立时间的临近，他感到灰心丧气。

“只有科学和经济，才能使我的精力留在这该死的巴库，”他向阿尔弗雷德抱怨说，“路德维格从来都不满意，在我看来，即使是我在这个国家——神圣的沙俄——能做一些有价值的事情，他也不太满意。”罗伯特毫不掩饰自己的苦闷。“如果我留在斯德哥尔摩，我就能挣到面包，我的孩子肯定会因此获得更多。他们现在被一个像天使一样好的母亲带大，但她不具备培养孩子才能所需的任何品质。”[558]

阿尔弗雷德对罗伯特表示同情。他探讨了向巴库寄送点葡萄酒的可能性，以使他振作起来。现在他有了钱，喜欢分享和鼓舞别人。当他在琢磨这件事的时候，他决定让快乐也降临到他的侄子侄女身上。于是，这几个孩子每人都有德国炸药公司的一些股份。

给妈妈安德丽塔赡养费则困难得多。到目前为止，大多数钱都躺在银行里发霉。阿尔弗雷德想给她买一辆马车，但路德维格担心这只会给她带来更多麻烦。

生活就这样继续下去。亲戚们对突然送来的葡萄酒感到震惊，而且在那时他们印象中的阿尔弗雷德并不是这样的，那么他们可能反而以为这是路德维格的好意。在又一次收到弟弟送给大儿子埃曼纽尔的珍贵礼物之后，路德维格称赞了阿尔弗雷德的善良。“他（埃曼纽尔）能做的事情还是太少了，不配得到这样的东西，但我知道，你是在满足自己的慷慨的心，想在这个过程中找到自己的位置。”[559]

路德维格也因其慷慨而闻名。1878 年，他在圣彼得堡的工厂引入了利润分享制，并向所有员工发放了一笔巨额奖金。路德维格与国有步枪制造商彼得·比尔德林（Peter Bilderling）一起经营伊热夫斯克的步枪厂，他为工人建造了体面的住房，为他们的孩子建造了学校。与罗伯特的想法相反，路德维格也为他热爱的沙俄这片土地上任何其他人的成功感到高兴。1878 年春天，路德维格欣喜地看到罗伯特在巴库赚了 4 万卢布（相当于今天的逾 400 万瑞典克朗）的巨额利润。“你可以想象这将使他多么高兴，”路德维格在给阿尔弗雷德的信中说，“这使他的精神振奋起来了，也让我非常高兴，但主要是为他着想，因为我自己现在对钱已经很淡然了，以至于 4 万卢布对我的心情都没有影响。”[560]

但是，当罗伯特希望在石油公司中获得更大的股份，作为对他在巴库的牺牲的补偿时，路德维格拒绝了。最后以年费的方式解决了这一矛盾。

那时，路德维格在石油业务上的投资更多了，这次是为了解决从巴库到沙俄中部的运输难题：他设计了世界上第一艘油轮——“琐罗亚斯德号”（Zoroaster），并花大价钱从瑞典的穆塔拉工厂订购。路德维格呼吁阿尔弗雷德帮他同哥哥讲道理。“我们不如和罗伯特就其工作的补偿达成协议，但罗伯特的性格是如此难缠和顽固，我需要别人的帮助来对付他……你的协助将具有很大的价值。你或许知道，罗伯特认为自己在公司的运作中没有话语权，因为我一直不愿意以他的名义存入一定比例的股份作为对他劳动的回报。他不同意这种做法受限于法律的说法，因为这种做法在外界很普遍。”路德维格在 1878 年 6 月的一封信中写道。[561]

阿尔弗雷德对罗伯特的想法表示了同情。这让人想起他和保罗·巴布之间粗暴的解决方案，即一个人付出知识，另一个人付出资本，各抵一半的利润。但当然，罗伯特没有专利可以转让给未来的纳夫塔公司，即诺贝尔兄弟公司。

最后，路德维格似乎把这个问题搁置起来了，这样阿尔弗雷德也避免了站队。没有人知道石油公司的走向会如何。巴库公司获得巨额利润可能是一个辉煌的事件，也可能只能负担“日常的开销”。如果进展顺利，罗伯特的努力显然会得到丰厚的回报，阿尔弗雷德说：“另外，你认为如果让罗伯特来把控，公司就永远不会成熟起来，这想法完全可以反驳他，但我这个判断也没有数学证据支持，你可以提出怀疑。”[562]

罗伯特对此有所怨言。他说，由于年费很低，“在巴库生活，他没法活得像一家大公司的代表那么体面”，特别是他还要支付在斯德哥尔摩的孩子的抚养费。[563]

*

在对公司发展的讨论中，兄弟三人的健康状况照例是每况愈下。罗伯特行走困难，眼睛也有问题；路德维格因肺部有病去了南方休养；阿尔弗雷德被反复出现的支气管炎所困扰，他还为自己做了一个新的诊断。他认为，他所患的头痛一定是风湿病。奇怪的是，他似乎从来没有把自己的问题与每天处理硝化甘油联系起来，尽管这种副作用从炸油的时代就有报道。

1878 年春天，三兄弟像往常一样与他们的日常病痛做斗争。

他们可能和大多数人一样，完全不知道在巴黎的法国科学院展示的轰动性医学发现将改变一切。法国化学教授路易斯・巴斯德在 19 世纪 50 年代成功推出酒石酸，继续开展对微生物的研究。当时他已经 56 岁了，是索邦大学的化学教授。19 世纪 60 年代末的一次中风使他的左半身无法动弹，但他的大脑和工作能力完好无损。长期以来，他一直在思考微生物是否也与传染病有关。巴斯德和他的同事用致命疾病炭疽的细菌培养物进行了实验。实验后，他们非常有信心，第一次向全世界展示了《病菌理论及其在医学和外科手术中的应用》。

1878 年 4 月 29 日星期一，巴斯德在法国科学院发表了他的演讲。有许多医学家不喜欢一个化学家的演讲。他们更倾向于认为，这些疾病是由血液中的某些东西、营养不良或可能是由下水道和屠宰场传播的不良空气造成的。但巴斯德并没有犹豫。他的实验开辟了一个全新的世界，他告诉在场的成员：“这就是传染性疾病存在的最终证明，这些疾病产生的原因完全可以在微观生物体中找到。”[564]

巴斯德是对的。直到后来，当这位法国人利用他的新发现开发出预防炭疽病和狂犬病的疫苗时，他的研究才被誉为全世界的一项史诗级成就。

但在德国，有一位心怀怨恨的科学家被巴斯德的言论强烈震撼了。这位竞争对手罗伯特・科赫认为，他才是第一个开发出炭疽细菌的人，而巴斯德没有提出任何新东西。他们之间的竞争并非没有爱国主义色彩，并逐渐发展成为普法战争在学术上的一种延续。随着时间的推移，路易斯・巴斯德和罗伯特・科赫的研究将各自被认为是历史上最伟大的医学突破，即微生物学，但在他们之间的竞争中，无疑是法国人取得了胜利。

*

1878 年夏天，世界看到普法战争的胜利者、德国咄咄逼人的总理奥托·冯·俾斯麦扮演了一个意想不到的新角色：和平使者。

巴尔干半岛的动荡局势需要得到解决。沙俄在与奥斯曼帝国长达一年的战争中取得了胜利，并在和平条约中获得了相当大的影响力。其他欧洲大国，特别是奥匈帝国和英国，认为这有点过分了。除其他外，它们反对重新建立一个庞大的保加利亚，并要求迅速调整。俾斯麦很不情愿地接受了和平使者的角色。他在柏林组织了一次峰会。

俾斯麦作为政治家最辉煌的日子已经过去。他已经实现了自己的目标，成为欧洲最有权势的人，至少在最初，他在国内受到了崇拜。然而，他看到处处都是威胁，最大的威胁是法国的反动派。现在他将如何在外交政策的棋盘上移动他的棋子？

他选择了一种防御性战略。俾斯麦意识到，将主要的欧洲国家结成一个联盟，可以防止对手崛起。因此，新的联盟可以保护新生的德意志帝国不被过早地摧毁。因此，在与法国媾和后不久，俾斯麦就邀请奥匈帝国的弗朗茨·约瑟夫皇帝和俄国沙皇亚历山大二世来到柏林，他们在那里结成了一个新“三皇同盟”。现在他的两个盟友却互相掐架了。

1878 年 6 月 13 日午餐过后，主要大国和交战国的外交部长来到了俾斯麦新修的柏林宫。柏林会议将被称为自拿破仑战争后欧洲领导人在维也纳聚会以来最辉煌的和平会议。

会议持续了一个月。亲自领导谈判的俾斯麦被形容为声音友好但言辞犀利。最后的结果是，沙俄被迫退让。保加利亚的版图被缩小了，曾引起人们对斯拉夫民族主义担忧的奥匈帝国，却被赋予了担任波斯尼亚和黑塞哥维那保护国的角色。

俄国沙皇认为俾斯麦柏林会议的结果是他本认为是朋友的国家对他的羞辱。三皇同盟成为历史，但之后还会再恢复几次，也会出现其他联盟。在未来的许多年里，欧洲外交的特点是俾斯麦复杂的防御性联盟。的确，它们将为欧洲大陆带来一段意想不到的漫长和平时期。但在这背后，抵抗的情绪也在酝酿，最终在1914年爆发了欧洲有史以来最大和最血腥的战争。

伯莎·冯·苏特纳就是在这个政治时期为和平斗争，并促成阿尔弗雷德·诺贝尔的和平奖计划的出现，但在此之前还要再过几年时间。

*

阿尔弗雷德·诺贝尔与年轻的索菲·赫斯之间的关系并不是一种快速流逝的幻想。在阿尔弗雷德于旅行期间写给索菲的信中，两人的语气变得越来越亲密。1878年春末，她到巴黎看望他，并在他前往伦敦进行商务谈判时做短期逗留。那时他们已经变得如此亲密，以至于她都能借用他的牙刷，他则记下了她经期的天数。

1878年5月，阿尔弗雷德在伦敦威斯敏斯特宫酒店，孤寂地恳求道："给我写一写你的一天是如何度过的，你去了哪里，你买了什么……"他感叹阿迪尔工厂的突然爆炸迫使他在第二天匆匆赶往苏格兰。一到那里，他就退回到自己的房间，听到窗外的风声呼呼作响，然后就做起了梦。"亲爱的索菲……（我）想到了最近在巴黎度过的愉快时光。一切都好吗？我亲爱的好孩子，我这头老棕熊不在你身边，你过得怎么样？你脑子里闪闪发光的是在幻想未来，还是在记忆的宝库里流连过去？"他最后说："真诚地希望你一切顺利，晚安！"

阿尔弗雷德的慷慨是无止境的。索菲有时会情绪低落，身体不适。8月，当他在巴黎忙于工作时，他出钱让她在威斯巴登附近的施瓦尔巴赫（Schwalbach）住了几个星期，有一个带薪陪同人员（索菲换了两次）和她自己的厨师。他甚至想从巴黎派一名医生过来照顾她。一有时间，他就在巴黎的精品店里搜寻，将给她买的大衣替换一件新的，或是拿一件她可以自己缝一缝的衣服。

但他突然收到了索菲用法语写的电报，怀疑和嫉妒裹挟着他。谁帮她发的这封电报？阿尔弗雷德迅速写了一封回信："不需要太多聪明才智，我就能知道，是谁帮你发的法国电报。他写得非常好，但还是会犯一些语法错误。"当索菲回避这个问题时，他在下一封信中尖锐地重复了这个问题："现在，请告诉我，是谁给我发的或者说是为你发的法语电报。这件事是我们之间的一个痛点，大大动摇了我对你的信心。"

阿尔弗雷德不禁注意到，索菲很少有时间给他写信，直到午夜之后。他的信件可能要过三天才会回复。她在那里到底在干什么？他认为他可以从她的信的措辞中发现蛛丝马迹。她是不是做了什么不能说的事？她忘了她的老棕熊吗？

“只是不要在匆忙的喜悦中忘记了人的体面和尊严，没有这些，任何女人都不可能成为一个真正的妻子或真正的母亲。”他酸溜溜地写道。

回复来了——是她的陪同女伴写了这封电报。阿尔弗雷德一下子又充满了信心，继续每天写信，有时一天写两封，他认为这应该是恋人之间的事。他渴望着：“当我的思绪来回飞向你时，我希望你也一样。”

他寄来一张自己的照片。这是一张从一个著名的照相馆中委托拍摄的肖像照，不仅是为了索菲而拍。母亲安德丽塔的 75 岁生日是在 9 月，路德维格建议兄弟们为她制作一本相册。他让阿尔弗雷德组织这个事情。这本相册里还有罗伯特和宝琳的四个孩子以及他和埃德拉的五个孩子的照片。路德维格写道，“总共 13 张照片的位置”，并让阿尔弗雷德决定他那儿“需要多少个位置”。

多少个位置？阿尔弗雷德迟迟没有回答这个问题。最后，路德维格代替他做了决定。画册中会留有 14 个位置，包括阿尔弗雷德的那一张孤独的照片。

索菲？他敢把她介绍给这个家庭吗？他发出了邀请。“如果你是个好姑娘，而且很快就康复起来的话，我会尽量安排，让你参加去斯德哥尔摩的家庭之旅。”[565]

阿尔弗雷德认为索菲夸大了她的健康问题。他认为，灰心和疲惫通常只会持续一周，并试图提醒她这一点。他写道：“你必须不断地告诉自己，地球上有……成千上万的人比你更难受，而且他们在这个世界上没有任何支持。”

第二天，他仍然可以花上宝贵的几个小时去寻找一瓶来自弗兰森斯库尔的水，只因为据说这种水比她在施瓦尔巴赫找到的水对她的健康更好。当在巴黎找不到合适的水时，他就用快递从德国订购并寄过来。

阿尔弗雷德希望此次疗养改善的不仅是索菲的健康，还有她的学识。这位伴侣背后的想法是，让她接受一些教育。阿尔弗雷德对那些连“先生”这个词都拼不对的信件感到困扰。他规定了她要读的书籍和要遵循的学习方案，并不断询问进展。“你在努力读书吗？”他建议她买一本巴尔扎克的小说，这应该很容易阅读。这本书叫《两个新娘的回忆》。

但很快嫉妒心又回来了。“不是我想埋怨，而是我想知道，你是从一个说英语的人，还是从一个英国人，抑或是从一个会说英语的德国人那里，学会了‘亲爱的'这个词？"他在 1878 年 9 月 2 日写道。

阿尔弗雷德苦恼不已。他该怎么想？他想象着所有在施瓦尔巴赫追求索菲的男人。这一定已经进行了很长时间，并且是在他不知情的情况下。她选择对此事保持沉默，这实在太愚蠢了。让索菲去斯德哥尔摩仍然是不可能的。

他从未感到如此孤独和受人遗弃。为了她，他赌上了自己在巴黎社交生活中的全部地位。他会得到对方的感恩吗？最后，他前往施瓦尔巴赫并帮助索菲和她的女伴搬到大西洋沿岸的另一个水疗中心。

但这已成定局。回到巴黎后，他又一次坐上了情绪的过山车。她已经忘记了他，他敢肯定。当然，她和别人玩得很开心。但更重要的是，他还有一屋子的人要面对。路德维格和家人在巴黎度过漫长的春季后刚回到家，其内兄和随行人员就敲门了。当然，阿尔弗雷德还有他的管家伊利斯，其余的家政人员也做了他们该做的事，但客人们还是要被照顾好，被带到剧院，有尊严地照顾膳食。"白天，人们在这里跑来跑去，好像我的房子是一家酒店，从来不让我一个人待着。"他抱怨道。如果他有时间工作，他必须在"非常规时间"进行。

事情发展到阿尔弗雷德甚至对他亲手挑选的化学家乔治·费伦巴赫感到恼火，因为他从来没有按时下班回家的感觉，甚至他的好友兼同事阿拉里克·利德贝克的来访也不再合他的胃口。利德贝克当时在巴黎待了一段时间，除此之外，他还为一台吹制明胶的新机器绘制图纸。因为他耳聋，阿尔弗雷德不得不对他尖叫，这很折磨人。利德贝克现在和一个 27 岁的堂妹过着幸福的家庭生活，这可能是阿尔弗雷德心态改变的原因之一。

阿尔弗雷德·诺贝尔的心态失去了平衡。他需要平静和安宁，甚至城市生活也不再吸引他，他向索菲解释道："人还能如何改变：过去我渴望去世界的各个城市，看到那里的人民如何做斗争，也愿意参与其中；而现在，我渴望远离这里，享受尘世的甜蜜安宁，仿佛在预享那永恒的安息。"[566]

*

在事业上，阿尔弗雷德·诺贝尔发现自己处于温暖的顺风中。他的炸胶的专利一项一项地申请下来，巧合的是大约在同一时间，几项炸药的专利也发下来了。就这样，他在各国继续保持垄断地位，几乎没有对收入产生负面影响。然而，并不是所有的人都毫不犹豫地接受了这一明智之举，或是甚至为此欢呼。英国的爆炸物检查局要求进行 1001 项新测试。[567]

但在大多数地区，新产品都受到了热烈欢迎。在穿越阿尔卑斯山的圣哥达隧道工程中，当炸药有时用明胶炸药取代时，挖掘速度从原先的每天 20 米增加到近 30 米。[568]

保罗·巴布和阿尔弗雷德·诺贝尔曾试图通过在巴黎建立一个总体技术委员会，一个中央“辛迪加”，来更好地控制许多炸药公司（让阿尔弗雷德更加安心）。他当时的想法是，各个国家的公司都要向这个委员会汇报，这样阿尔弗雷德·诺贝尔就不必在欧洲大陆四处旅行。顺便说一句，这也是阿拉里克·利德贝克在巴黎的原因。阿尔弗雷德用集团技术顾问的职位引诱他。

该安排没有取得进一步的成功。各种炸药公司似乎更倾向于相互竞争而不是合作。它们争夺市场、倾销价格并在专利上互相欺骗。例如，德国公司和英国公司之间关于澳大利亚就发生了重大争端。

也许阿尔弗雷德希望各炸药公司主管的国际归属感能通过世界博览会得到加强，这是迄今为止规模最大的展览，于 1878 年在巴黎举行。但法国也许没有深思熟虑，它本国的展品占用了展馆的一半空间。但在战神广场的喧嚣中，仍然存在共同进步的国际精神。法国雕塑家奥古斯特·巴托尔迪（Auguste Bartholdi）展示了自由女神像的头像，自由女神像是法国人民为美国独立 100 周年捐赠的雕像。瑞典馆展出了阿道夫·诺登舍尔德以往极地探险的成果，美国馆展出了亚历山大·格雷厄姆·贝尔的新电话，该电话还顺便获得了金牌。一位沙俄工程师用蒸汽驱动的电灯照亮战神广场，并设法让电灯持续照明一个多小时，引起了人们的注意。

阿尔弗雷德·诺贝尔步行即可到达博览会现场。他在参展商名单上，因此可以随意来去，但对这些产品和蒸汽灯印象并不是特别深刻。“从外到内，光芒如海水般涌来。想象一下，整个下层大厅都摆满了蒸汽机和其他机器，它们除了照亮建筑物内部别无其他用途。它们很漂亮，但对于普通照明来说似乎并不实用。”他在前往斯德哥尔摩前不久写信给索菲·赫斯。[569]

安德丽塔·诺贝尔已经从海伦堡搬到了斯鲁森附近约特大街 32 号的一套公寓中，不幸的是，房子上的一些楼梯很高。儿子们曾试图为她寻找别的住处，但随着她 75 岁生日的临近，他们未能解决这件事。

守寡的母亲这几年也熬了过来。她搬到了城外，有时去餐厅吃晚饭，或者去剧院看看戏或其他“奇观”。但她不能也没有空间容纳所有三个儿子和家人。他们只得住进布拉希候姆凯恩的新大酒店，据阿尔弗雷德说，那里“家具是镀金的，食物是变质的”。阿尔弗雷德有一个自己的房间，可以看到斯德哥尔摩的溪流，但没过多久，侄子们也住了过来，又开始吵闹起来。他甚至没有自己的桌子。[570]

诺贝尔兄弟的家乡之行引起了人们的兴趣。斯德哥尔摩人特别向路德维格提出了生动的商业建议。瑞典也有创新者。这一年古斯塔夫·德拉瓦尔（Gustaf de Laval）发明了牛奶分离器，为大公司阿法拉伐（Alfa Laval）奠定了基础。在斯德哥尔摩皇后大街的一个车间里，22 岁的维姆兰德·拉尔斯·芒努斯·爱立信（Värmlander Lars Magnus Ericsson）开始制造贝尔电话的一种变体，这项冒险最终演变成了跨国集团爱立信（LM Ericsson）。

安德丽塔喜欢所有子孙都在她身边。“一船的”子孙有一个完整的计划，并准备大量雇用城市里的马车。斯德哥尔摩和巴黎一样，也有马拉电车，但诺贝尔兄弟选择了自购马车。堂兄弟姐妹们提供晚餐，早餐和午餐则安排得很频繁。当然，行程还包括参观温特维肯的炸药厂。

9 月 30 日生日那天，天气晴朗。诺贝尔家族为安德丽塔安排了盛大的庆祝活动。她收到了一本相册和一大束鲜花。晚上，他们预订了动物园岛优雅的哈斯尔贝肯酒店举办盛大的生日晚宴，全家人和许多朋友都到场了。他们可以从斯特罗姆帕公园乘坐蒸汽单桅帆船到达那里。路德维格和阿尔弗雷德分摊了开销，总金额超过当时的 1000 瑞典克朗，按今天的货币价值计算将近 6 万瑞典克朗。[571]

以莱亚这一署名而闻名的朋友兼作家约瑟菲娜·韦特格伦德，为安德丽塔贡献了一首长长的生日诗。诗歌大致是关于她生命中的幸事，也就是她的儿子们：

现在他们长大成人，体验了世界
在各自的领域有了不同的发现，
而你也跟着他们走过了漫长的旅程
带着母亲的爱和祈祷，
头发变白了——一缕两缕的银丝——

但是！他们仍然是“你的孩子”

你心中的孩子，就像他们小时候一样。[572]

看到安德丽塔的幸福，阿尔弗雷德心里暖暖的。据哥哥们说，他是她的“好宝宝”。不过，他发现在庆祝活动期间，自己很难全神贯注。他不喜欢匆忙，厌恶食物，尽管已经戒烟戒酒，但他的头痛并没有得到缓解。与索菲的关系也没有给他带来平静。她难道忘记他了吗？他想让她忘记他吗？最近几周，索菲开始指责他追求其他女人。阿尔弗雷德心事重重。

一天晚上，他写信给索菲时流了鼻血。在信中，他声称有一滴水落在信纸上，她看到的污渍证明了他对“悲痛之子”的关心。100 年后，作者松德曼（P. O. Sundman）让一名法医检查这信。结论是，确实是血迹，只是阿尔弗雷德擦上去的。如果那滴血是从鼻子里掉下来的，血迹会大得多。阿尔弗雷德·诺贝尔一定是用笔尖或吸管将血液擦在那里的。

从信件中可以看出，那些天里阿尔弗雷德正在与理性之间进行一场内心的斗争。他快 45 岁了。他们这一对不合适。他试图向索菲解释：“多年来，我……一直在寻找一个可以在我心中占有一席之地的人。但那人绝不能有一颗 21 岁的心，她的世界观和灵魂不能和我没有或完全没有共同点。”

可之后他又悔改了，他给了她深情的吻，告诉她，他渴望她。[573]

1878 年 10 月，索菲·赫斯住在她自己位于巴黎的公寓里，这是阿尔弗雷德·诺贝尔为她租的。公寓离他的房子不远，在香榭丽舍大道附近的牛顿街。她有可能在春天就已经搬进去了，但到了深秋我们才得以确定这个情况。

她的公寓就是当时发生的丑闻的现场。

在斯德哥尔摩的庆祝活动结束后，阿尔弗雷德的兄弟们从斯德哥尔摩前往巴黎参观世界博览会。第一个到达的是罗伯特，和他一起的还有路德维格 19 岁的儿子埃曼纽尔。阿尔弗雷德将索菲介绍给他们，然后前往伦敦。

在回程的前一天，埃曼纽尔·诺贝尔礼节性地拜访了他叔叔的“女伴”。埃曼纽尔是一个英俊的年轻人，有着他父亲的白皙五官、向后梳理的头发和飘逸的鬓角。在他告别时，他惊讶地听到索菲要求他留下来过夜。他完全惊呆了。这只能解释是一种性邀约。在埃曼纽尔事后的回忆中，当时的话是这样说的：“哦，外面下雨了。你今晚就待在这里。”尴尬的是，他说了再见。[574]

回到阿尔弗雷德家，埃曼纽尔告诉了他刚到巴黎的父亲。路德维格感到非常愤怒。不能让这样一个女人诱骗阿尔弗雷德。路德维格决定采取更有违礼仪的做法。他在巴黎逗留期间完全不看望索菲，也许这个决定能让她反思一下。他还决定向阿尔弗雷德发出警告，但不透露具体发生了什么。

他的弟弟还在外地，所以路德维格写了一封信。他一开始赞扬了阿尔弗雷德的好客，并像往常一样劝说他少花点时间在生意上，多花点时间在锻炼上，这样他的生活就会有更多的“快乐和健康”。但是，路德维格继续说，“然而，你现在所寻求的，不会让你找到快乐。真正的快乐只能在来自良好家庭的受人尊敬的妇女中找到。这种不幸确实值得同情，但只有女性的美德和尊严才会激发我们对女性的尊重。请原谅我，亲爱的阿尔弗雷德，我触及了一个你没有征求我意见的问题。”路德维格解释说，他故意不去看望索菲，是为了“不让她继续希望和渴望与你捆绑终身。请原谅我的轻率，但你哥哥的心是好的”。[575]

阿尔弗雷德·诺贝尔的回信没有保存，但不难猜测他的感受，毕竟他在过去几个月里一直在苦苦挣扎。他一定发现了细节，他不可能忽略他从索菲那里听到的东西。从当时的情况可以看出，他非常难过。索菲·赫斯给埃曼纽尔写了两封信，为自己辩护，并要求他撤回指控；她的信没有被保存下来，但埃曼纽尔的回信保存了下来。这位 19 岁的年轻人发现退缩是件好事。他逐字逐句地复制了她的答复，即由于下雨，他应该留宿，但他说如果他误解了她的话，他就准备收回他的指控。

对阿尔弗雷德来说，这根刺就在那里，而且几乎没有办法消散。不知何故，他们都设法克服了这次危机，甚至路德维格也将长期保持与索菲的距离。

在斯德哥尔摩的国家档案馆里有一封索菲·赫斯写给阿尔弗雷德·诺贝尔的未注明日期的信，可能与此事有关（除非它涉及几年后的类似事情）。索菲写信给阿尔弗雷德说，她可以证明指控是假的。如果阿尔弗雷德仍然抛弃她，她就不知道该怎么办了。她在这个世界上是孤独的，除了她深爱的、不能没有的阿尔弗雷德，她“没有其他人”可以求助。她从未想过他会有这样的想法（不幸的是，我们不知道他是如何做到的）。“上帝”不会让她至此，但如果他坚持，她当然会解除他的所有义务。然后她将不得不在“可怕的处境”中自力更生，找一个小房间，在某个房子里做工，她还说要立即归还她收到的礼物。

索菲吐露了她的不快，重复说她不明白为什么阿尔弗雷德对她如此苛刻，真的没有任何理由。毕竟，她是为了他才搬到巴黎的。“我之所以迈出这一步，不是为了去游玩，而是因为我觉得被你吸引了，我当时已经爱上你了。”

这句话一定让他心惊肉跳。阿尔弗雷德·诺贝尔不是一个会逃避对一个被遗弃的年轻女子的义务的人，并且他迷恋这个女子，对方给了他如此“愉快的时刻”。特别是如果她是真的无辜。[576] 1879 年春天，俄国沙皇批准了“诺贝尔兄弟石油公司”的公司章程。主要股东是路德维格·诺贝尔，他认购了 160 万卢布（今天超过 1.6 亿瑞典克朗）的股份，他的合伙人彼得·比尔德林认购了 93 万卢布。阿尔弗雷德在最初很谨慎，仅投资了 11.5 万卢布。此外，路德维格还与罗伯特联系，希望他能入股。

“罗伯特这儿……终于澄清了，我想他现在已经满意，而且脾气应该好点了，”路德维格在给阿尔弗雷德的信中说，“他现在在公司里有 15 万卢布的股份，这样他家的未来就有了保障。”[577]

与此同时，巴库那儿却传来了大哥身体的不良信号。罗伯特突然得了重感冒，这不能归咎于他的一贯忧虑。他发高烧，颈部腺体肿胀，根据路德维格得到的医疗报告，他的脾脏也肿胀了。巴库的工作人员以为他活不了，但一周后他就康复了。疲惫和虚弱的罗伯特试图重新开始工作。然而，他的病情非常严重，兄弟俩决定让他到瑞典去养病。

路德维格则忙于处理自己家里人生病的事情。他们决定在斯德哥尔摩过冬，让他们五岁的女儿米娜得到适当的治疗。她患有慢性肺结核，“伴有脊柱弯曲”。如果这还不够的话，他最小的女儿，塞尔玛，只有六个月大，在瑞典逗留期间，感染了丹毒并夭折。

路德维格本人比以往任何时候都更热衷于关注自己的身体健康。每天都要理疗，最好再加上按摩，是他的养生处方。路德维格不厌其烦地向他的兄弟们宣扬养生事业。他推荐物理疗法的开创者、瑞典击剑大师佩尔·亨里克·林（Pehr Henrik Ling）的远房亲戚。阿尔弗雷德不断听到哥哥的唠叨，因为他的朋友阿拉里克·利德贝克恰好是击剑大师林的外孙。

不要在办公桌前坐得太久！路德维格会告诫说。你必须得动起来！如果身边没有按摩师，你可以自己解决这个问题，这是他对阿尔弗雷德的建议。“拿一根普通的棍子，光滑的那种，一指粗就行。用双手握住它的两端，放在脖子后面。然后轻松地从顶部向下滚动棍子，或多或少地给点力，让这根棍子动起来，帮助血液流动……”[578]

*

在马拉科夫大道上，阿尔弗雷德·诺贝尔终于盖好了他的实验室。在那里，他首次尝试扩大炸药的使用范围。[579] 他想进军军工业。炸药或许没法应用于军事武器，但也许炸胶可以朝这个方向发展？

当时许多发明家和化学家正试图解决与步枪和其他军事武器中使用黑火药有关的主要问题。当士兵射击时，枪口会产生一团烟雾，使人难以看清，并给敌人提供了关于射击者位置的线索。阿尔弗雷德·诺贝尔希望能成为第一个找到解决方案的人。

在英国，当阿尔弗雷德获得英国专利时，弗雷德里克·阿贝尔（Frederick Abel）教授对炸胶大加赞赏，甚至称其为“完美的炸药”。阿贝尔本人也曾研究过棉粉，并获得了一项改良型炸药的专利。阿贝尔具有双重性格，是典型的两面派。现在，他一边为阿尔弗雷德打气，一边在幕后确保英国爆炸物检查局推迟对英国市场上的炸胶的许可。他对炸药的专利申请也采取了同样的做法。

然而，阿尔弗雷德·诺贝尔相信，阿贝尔教授是站在他这边的。他们开始合作开发一种用于军用步枪和手榴弹的无烟火药，也许是基于炸胶所做的。阿尔弗雷德多次前往英格兰和苏格兰，有时有阿拉里克·利德贝克和乔治·费伦巴赫相伴，但大多数时候没有。利德贝克在阿迪尔建造的与世隔绝的工厂是进行此类实验的理想场所。阿尔弗雷德在访问期间被允许使用附近的一座两层小石屋，但他一直未能适应那里的气候。他曾经威胁说要回伦敦，再也不回来了。随着时间的推移，他去阿迪尔的次数越来越少。[580]

“想象一下，这是一片无垠的沙丘，不毛之地，没有人烟，”阿尔弗雷德在1879年6月写给索菲，“一个奇怪的沙漠，风总是吹着，像是嚎叫，沙子塞满耳朵，像细雨一样在房间里飞舞。这里的工厂就像一个大村庄，大部分建筑都藏在沙丘后面。再往外走几步就是大海，在我们和美国之间，除了水，什么都没有，汹涌的海浪不时涌起，发出壮丽的激鸣。”[581]

阿迪尔位于格拉斯哥郊外，这意味着从伦敦出发要坐十个小时的火车。在阿尔弗雷德乘坐头等座的十个小时里，他大部分时间是沉默的。铁路并没有在所有层面上拉近人们的距离。它当然缩短了欧洲的距离，却没有缩短乘客之间的距离，尤其是在封闭的头等车厢里。沃尔夫冈·希弗尔布施（Wolfgang Schivelbusch）在他的《铁道之旅》一书中指出：“在 19 世纪出现全能公共汽车、铁路和有轨电车之前，人们无法长时间相互对视而不交谈。”

但这一点现在已经稀松平常了。希弗尔布施引用了一位无聊的乘客的话：“没有共同的话题，没有统一的笑声，只有死一般的寂静，唯一的中断是偶尔有乘客拿起手表，发出不耐烦的声音。甚至连时间对乘客来说都不是统一的；在同一个国家的不同城市之间仍然可能有 15 分钟的差异，有时甚至更多，这使得任何时刻表都不准。”[582]

阿尔弗雷德学会了享受旅行中的宁静和孤独。他沉浸在自己的书中。1879 年初夏，在前往阿迪尔的火车上，他翻阅了维克多·雨果关于拿破仑三世 1852 年政变的辛辣评论，他发现这本书“写得非常好”。阿尔弗雷德在阅读时经常得瞪大眼睛。车厢里的家具用的都是深色的木头，许多火车上还只有灯笼，发出的光忽明忽暗。[583]

但这种情况即将改变。很快，世界将真正从黑暗走向光明，而且再也不一样了。1879 年新年前夕，美国发明家托马斯·阿尔瓦·爱迪生首次在公众面前展示了他革命性的电灯。他在他整个新泽西州实验室和周围的建筑物中摆放了电灯。公众蜂拥而至，每个人都想看看这些被神奇地照亮的建筑物。

这不是历史上第一盏电灯，但它是第一盏可以照亮一整夜的灯。很快，照亮的时间将成倍增加。秘密在于，爱迪生设法将几乎所有的空气都抽出了灯球，还找到了一种更耐用的灯丝。大规模生产已经指日可待。

在新泽西州的演示之后，这股风潮渐渐平息。据说，发明家说出了那句著名的话：“我们会让电力变得非常便宜，以后只有富人才会去点油灯。”[584]

第十五章

在手足分歧、爱情危机与和平梦想的时代

1880年新年，法国首都被包裹在一片厚厚的雪中。冬天的寒冷使日常生活陷入瘫痪，但在冰封的塞纳河上滑冰将长期成为人们陶冶情操的谈论话题。人们还特别为此颁发奖章，以纪念在巴黎的冰上行走的时刻。

接着好天气便来了，到了考验耐心的破冰时刻，当局决定加快这一进程。炸药的发明者阿尔弗雷德·诺贝尔当时并没有住在巴黎。爆炸小队被官方派出去，在引爆炸药后，巨大的冰块开始在桥下破裂。很快，灾难就成了事实。浮冰拖垮了蒸汽船码头，巨大的煤炭储存区化为灰烬，有一段时间，人们担心巴黎的桥梁会被急剧释放的自然力量震断。巴黎人民对贝西（Bercy）的大酒库也有毁坏风险的传闻感到震惊。[585]

在沙俄，炸药甚至更加不受欢迎。反对现年62岁的沙皇亚历山大二世的一系列爆炸式抗议席卷全国。沙皇不再是阿尔弗雷德·诺贝尔在年轻时的一首诗中称赞的自由主义和改革主义的统治者。他在19世纪60年代中期经历了一次暗杀企图，之后便建立了镇压性的警察队伍，有些类似于他父亲尼古拉一世的恐怖统治。自由主义者的不满情绪已经沸腾起来。当和平谈判者俾斯麦在1878年扼杀了沙俄对土耳其人的胜利时，甚至连斯拉夫主义者也乱了套。

1879年夏天，聚集在利佩茨克度假村的恐怖分子情绪特别高涨。他们共有11人，做了一个一致的决定：暗杀沙皇亚历山大二世，摧毁帝国。11名恐怖分子可能算不上什么军队，但他们知道，政变也并非如此简单。现在有了一种连沙皇的强大保镖都无法阻止的谋杀武器。“因为现在有了炸药。瑞典人诺贝尔在1867年，也就是在第一次企图杀害俄国沙皇的第二年，发明了新的强力炸药。”俄国历史学家爱

德华·拉津斯基在他的《亚历山大二世传》中写道。[586]

炸药是解决办法。炸药将为革命铺平道路，这群恐怖分子决定采用“人民意志”这一名称。一名信使被派往瑞士购买炸药并将其偷运到沙俄。这一迂回做法可能挽救了路德维格·诺贝尔的声誉和自由，这名信使是阿尔弗雷德·诺贝尔在当地的炸药代理商，多年来一直在游说沙俄当局允许路德维格建立一个炸药厂。

恐怖分子的第一次袭击失败了。沙皇在最后一刻换了火车，最终炸毁的是一辆装载水果的卡车。于是便有了第二次，这一次恐怖分子准备得更充分：“人民意志”已经与一名在冬宫工作的反对派木匠建立了联系。他住在沙皇餐厅正下方的地下室里，中间隔着保镖们的房间。没有比这更好的事了。

每天早上，这位木匠都会收到一小批炸药。他把这些炸药偷偷带进自己的房间。恐怖分子计算过，总共需要一百多公斤的炸药才能炸开花岗岩金库，摧毁沙皇家族。木匠买了一个大箱子，把炸药藏在一层薄薄的衣服下面。到1880年新年时，他已经在箱子里藏了110公斤的炸药。

1880年2月5日星期四。下午6点，沙皇和他的儿子们将在餐厅集合。木匠用恐怖分子自制的雷管准备埋设炸弹。一旦炸药被引爆，他有15分钟的时间逃出去。他留在帕拉广场，在傍晚的黑暗中等待着积雪慢慢变厚。

爆炸是可怕的，但结果不是恐怖分子所希望的那样。沙皇一家迟到了。他们刚要进入餐厅，就惊讶地看到地板像地震一样升起，煤灯熄灭，房间里满是烟雾，一股恶臭的硫黄味蔓延开来。亚历山大二世和他的儿子们毫发无伤地逃脱了。而下面一层的保镖办公室，则是一片血迹和散落的尸块。恐慌在整个城市蔓延。很快，有传言说整个城市中心的地下有炸药。圣彼得堡变成了一座恐怖的城市。

从冬宫步行半小时，作家费奥多尔·陀思妥耶夫斯基住在一个简单的公寓里。他作为反对派成员的时光已经过去了，现在他成为一个相当正统的沙皇主义者。在1879—1880年的多次袭击中，他写下了将是他最后一部小说的连载小说《卡拉马佐夫兄弟》，许多人认为这是陀思妥耶夫斯基最伟大的作品。在1880年冬宫被炸后的几天里，据说他曾向一位朋友提及将他最喜欢的人物阿廖沙·卡拉马佐夫变成一个革命恐怖分子的想法。陀思妥耶夫斯基说：“我纯洁的阿廖沙杀死了沙皇。”[587]

路德维格·诺贝尔对刺杀的消息感到震惊。虽然他的宫殿式私人别墅与权力中心保持着安全距离，但如果说圣彼得堡有人与炸药有关，那就是他。他告诉弟弟阿尔弗雷德，他们也许可以暂时搁置在沙俄建立炸药厂的计划，尽管官方说“在革命者中发现的所有炸药都是秘密制造的……愚蠢是我们这里最大的敌人”。[588]

一年后，即1881年3月1日，恐怖分子取得成功。当沙皇的马车驶过圣彼得堡时，一枚炸弹被扔进了马车。亚历山大二世的双腿被炸断，被抬到冬宫后不久便死去。他的儿子沙皇亚历山大三世接替了他。

圣彼得堡的惨剧陷入了一种阴郁的模式。阿尔弗雷德·诺贝尔已经习惯了这样一个事实：他的创新，如果仔细观察的话，更多的是受人嘲笑而不是赞美。而他多年的朋友阿道夫·埃里克·诺登舍尔德，一位几乎与他同龄的极地探险家，遇到的则是相反的情况。这在1880年的春天尤其明显。1879年秋天，在经历了许多挫折之后，诺登舍尔德成功完成了穿越东北航道的航行。他从挪威的特罗姆瑟出发，与他的“织女星号”（Vega）一起穿越亚洲并进入白令海峡。这位瑞典极地探险家在通过苏伊士运河返回欧洲的途中，到处受到英雄般的欢迎。

在伦敦举行的皇家庆祝活动之后，诺登舍尔德和他的船长路易斯·帕兰德（Louis Palander）中尉预计将于1880年4月抵达巴黎。“让我们以此向诺登舍尔德——英雄、科学的先驱——致敬。”《费加罗报》在他们抵达前夕的一篇长文中这样写道。

阿尔弗雷德·诺贝尔匆匆忙忙地寄了一封信。难道环球旅行者不喜欢他在马拉科夫大道的房子，而喜欢无聊的旅馆吗？“如你所知，我是个单身汉，你可以像在世界闻名的织女星号上一样无拘无束。小房间和极大的亲切感是我这里所能提供的；但文化和知识的先锋者总是很谦虚，我从一些经历中发现你尤其如此。”[589]

1880年4月2日早上7点前，诺登舍尔德在北站下了火车。他肩上扛着一副望远镜，手里拿着帽子。记者们注意到，他的外套没有扣子，领带也没有系，镀金的望远镜后面有一双活泼的眼睛。“他身上的一切都透着活跃和活力。”《费加罗报》写道。

阿尔弗雷德·诺贝尔也在那里，还有一个由科学界和普通权贵组成的接待委员会。“是的，我将回北冰洋去。不，我不认为我能到达北极，那是一个不切实际的梦想。”这位极地探险家告诉记者。

当诺登舍尔德、帕兰德踏入阿尔弗雷德的府邸时，外面的人群发出了响亮的欢呼声。在平静的马拉科夫大道上，阿尔弗雷德招待了他们每人一杯巧克力，让他们可以在庆典活动前休息片刻。这是史无前例的。当晚，当这位极地探险家在希弗马戏团接受科学金奖的表彰时，四千名巴黎人高呼“瑞典万岁，诺登舍尔德万岁”。第二天，儒勒·格雷维（Jules Grévy）总统，这位在前一年接替君主主义者麦克马洪的共和党人，留出了整整一个小时的时间与瑞典英雄、帕兰德中尉和他的朋友诺贝尔进行会谈。

获得荣誉军团勋章是理所当然的事。总统还在爱丽舍宫为诺登舍尔德举办了一次官方晚宴，这是阿尔弗雷德·诺贝尔第一次也是最后一次参加法国的总统宴。阿尔弗雷德在餐桌上获得了一个荣誉位置，就在总统右边的第三个座位。格雷维比他的前任要谦虚得多，这也是这次活动的特点。马里森（Malisen）曾经声称，这位总统总是让他的贵宾饿着肚子离开。[590]

之后，诺登舍尔德反而将斯堪的纳维亚族群在豪华的大陆酒店举行的节日宴会列为官方庆祝活动的亮点。阿尔弗雷德·诺贝尔是当晚的组织者之一。包括年轻的挪威—瑞典联盟的王子奥斯卡在内，共有 100 名精心挑选的客人出席宴会，在享用 17 道菜后，其中以花式冰激凌船——“织女星号”为最。大厅里挂满了瑞典和挪威的国旗，长长的墙上挂着一幅巨大的“织女星号”油画，画上有桂冠，并由两只海豚支撑。一座新雕刻的诺登舍尔德半身雕像矗立在对面的一个巨大基座上。在这场宴会上演出的不是别人，正是世界一流的女高音歌唱家克里斯蒂娜·尼尔森（Kristina Nilsson），新一代的珍妮·林德。这样的安排更容易让人联想到今天诺贝尔奖的盛大宴会，而不是朋友们所熟知的阿尔弗雷德·诺贝尔喜欢的节制的生活方式。

克里斯蒂娜·尼尔森住在酒店里，在她的窗户上挂了一面 10 米长的瑞典国旗。几天后，这位世界明星在她的套房里接待了诺登舍尔德、帕兰德和诺贝尔，四人进行了一次私人谈话，尼尔森以歌相赠。这对三人来说是一个伟大的时刻。经过 15 年的世界巡演，这位新夜莺的国际声誉几乎超过了诺登舍尔德。她可以夸耀的是，作曲家彼得·柴可夫斯基（Pyotr Tchaikovsky）曾称赞她的声音，并称她的歌喉体现了“理想中的女性的优雅”。阿尔弗雷德在访问后送来了一篮花，并得到了这位明星的热情感谢，她很高兴地邀请他共进晚餐。

在巴黎逗留的最后几天，阿尔弗雷德·诺贝尔将这位极地英雄介绍给他的私人社交圈子。诺登舍尔德为那一周阿尔弗雷德的朋友朱丽叶·亚当举办的共和主义沙龙增添了光彩。当作家维克多·雨果想邀请诺贝尔和他的贵客共进晚餐时，诺登舍尔德决定多留一天。朱丽叶·亚当和著名化学家马塞兰·贝特洛（Marcellin Berthelot）也加入了他们，还有雨果的情妇和孙女。埃劳大道上，夜已经深了。甜点时间，维克多·雨果发表了关于造福人类的各种方式的演讲。他说，最伟大的是像诺登舍尔德所做的这种努力，它拉近了人民之间的距离，促进了“文明和进步”。[591]

诺登舍尔德深受震撼。在乘坐织女星号返回瑞典的途中，他给阿尔弗雷德·诺贝尔寄去了两个海象架，请他准备好铭文，请他作为礼物代为送给美丽的克里斯蒂娜·尼尔森和维克多·雨果的孙女让娜·洛克鲁瓦（Jeanne Lockroy）。给阿尔弗雷德本人的则是织女星号的壁式龙骨和亚洲大陆北端的石块，以作纪念。

这位极地探险家随后就法国的接待情况向国王奥斯卡二世写了一份长长的备忘录。诺登舍尔德在 1880 年 1 月份被任命为北极星勋章的指挥官。他认为国王也应该为阿尔弗雷德·诺贝尔授勋，“他是宏伟的硝化甘油工业的创造者，对我们的采矿业异常重要”。他向国王提到阿尔弗雷德·诺贝尔是如何在他的房子里招待他们，令其免费使用仆人和马车，还邀请他们请来其他客人与他们共进午餐的。他说，诺贝尔“通过聪明才智和毅力”建立了一个世界性的产业，创造了五六百万瑞典克朗（约为今天的 3 亿瑞典克朗）的财富。他“早就应该……成为祖国认可的人才”。

一个月后，阿尔弗雷德·诺贝尔被授予“北极星”骑士勋章。阿尔弗雷德知道这背后是谁的主意。他在给诺登舍尔德的去信中说：“衷心感谢你在离开这里后对我的所有善意的帮助和表示。非常感谢你送的织女星号的龙骨和亚洲大陆北端的石块，这是两个珍贵的装饰品，简约美观。龙骨底部似乎和我的鼻子一样，像是被虫蛀了，但它具有历史的纪念价值。”[592]

*

日常生活很快又回到了金钱大战和专利诉讼中。罗伯特·诺贝尔仍然没有接受这样一个事实，即路德维格成立了一家股份公司，而他作为诺贝尔兄弟石油公司的创造者之一，只拥有一小部分股份。他在温泉中疗养了几个月后，便回到了巴库，但他暴躁的心情依然没有改变。1880 年春天，哥哥们之间的关系彻底破裂了。两人都向巴黎的阿尔弗雷德抱怨，彼此陷入不同程度的绝望中。

“罗伯特又有麻烦了，”路德维格写道，“他现在火气冲天，如果我说他在撕咬我和我的同事也不过分……他写给我的信真的很刻薄，充满了苦涩、蔑视和仇恨的情绪。”阿尔弗雷德从另一边得知，罗伯特曾暗示说路德维格剥削他。“已经够了。”路德维格写道。他已经厌倦了当“对一切事物保持宽容的贵族”了。[593]

罗伯特给阿尔弗雷德的信的性质略有不同。显然，前一年的高烧让他暂停了思考。“亲爱的弟弟，阿尔弗雷德，”罗伯特开始说道，“在我的一生中，我对你有着最深的兄弟之情，时间和距离都无法改变它。由于你一直是我最爱的弟弟，我在最近拟定的遗嘱中，我擅自指定你与厄贝格和阿尔塞尔一起，作为我孩子的监护人……”

罗伯特解释了他的情况。他为巴库艰苦的石油生产工作奉献了七年的时间，但现在公司对他的要求超过了他所能牺牲的精力。他一直体弱多病，现在肠道和脾脏都出了问题。“在这里我始终觉得自己陷入了深深的不幸之中。”罗伯特承认，他可能因为过于频繁地因员工没有在工作中全力以赴而大发脾气，但那只是因为他对石油公司有着无限的投入和热情。“我被误解了，我成了他们的敌人，”罗伯特继续说，“因此，我经常希望一死了之——但是，看起来，上天还不想剥夺我的生活乐趣。”信的末尾，他显然深受触动，写道：“时不时会想起你的勤奋，深爱着你的哥哥罗伯特。”[594]

同年晚些时候，罗伯特·诺贝尔永远地离开了巴库，搬到了瑞典。习惯于称呼罗伯特为“我们的先生”的工作人员向他告别。在第二年的回访中，他们用一场既危险又精彩的烟花表演向他道别。[595]

路德维格的脑海中充满了对诺贝尔兄弟石油公司的宏伟计划。在油轮“琐罗亚斯德号”成功之后，他又订购了四艘新的蒸汽船。几个月后，他又将数量增加到 10 艘。他想“趁热打铁，防止竞争”，正如他给阿尔弗雷德的信中描述的那样。一切看起来都很有希望。公司已经产生了利润，他打算明年通过发行新股为主要投资提供资金。路德维格想知道，阿尔弗雷德是否愿意参与，如果愿意，又有多少钱?

但阿尔弗雷德心里有别的想法。他于 1866 年在克鲁梅尔的同事卡尔·迪特玛中尉，后来移民到了美国。在那里，迪特玛突然起诉了阿尔弗雷德，声称炸药是自己的发明。这次攻击对阿尔弗雷德来说是艰难的，他痛苦地了解到，要在一连串的谎言中证明自己的权利是多么困难。最重要的证人，即当时的合伙人特奥多尔·温克勒已经去世多年，这对他来说没有任何帮助。“想到一个诚实的人的名字是多么容易被打上骗子的烙印并剥夺其财富，我就不寒而栗。”1880 年 7 月在汉堡的诉讼期间，他给索菲·赫斯写信。

在很长一段时间里，这个案子似乎对他不利。惊慌失措的阿尔弗雷德写信给利德贝克，试图让他回忆起细节、零散的评论和通信。“我给（罗伯特）看了新炸药，我们做了实验，你当时在那里吗？”焦虑使他的胃陷入紊乱状态，他几乎无法进食。有一段时间，他深信世界末日即将来临。最后，终于有了转机，在好不容易挖出来的信件副本和他于 1864 年申请到的老瑞典专利的帮助下，他成功地打赢了这场官司。

这种背叛深深地伤害了阿尔弗雷德·诺贝尔。他在汉堡的羞辱性证词中感受到的挫败远远超过了他的痛苦阈值。迪特玛的案件成了压垮他最后一根稻草，他不能再把精力浪费在错误的事情上。“一旦这件事尘埃落定，我决心完全退出商场，”他给索菲·赫斯写信，“任何人都比我更能承受这个世界的喧嚣和骚动，如果我能在某个角落安顿下来，过着普通人的生活，也没有担心和焦虑，我会很幸福。”[596]

*

在 1878 年秋季与阿尔弗雷德的侄子埃曼纽尔发生争执后，阿尔弗雷德·诺贝尔和年轻的索菲·赫斯设法走出了这场危机。1880 年夏天，阿尔弗雷德在埃劳大道上为她租了一套新公寓，离维克多·雨果和他近 50 年的伴侣朱丽叶·德鲁埃（Juliette Drouet）不远。索菲对此没法有任何意见。这套公寓有两个客厅、一个独立的餐厅、三间卧室和一个办公室。院子里有一个马厩，屋檐下有三个房间供仆人居住。在她搬进去之前，阿尔弗雷德就已经把房子装修好了。[597]

他们的关系仍然不可捉摸。阿尔弗雷德在旅行期间写给索菲的信表明他阴晴不定。一方面，他渴望着她，为她送上“衷心一吻”，并希望成为她的“老棕熊”。另一方面，他又为她缺乏教育和风格感到羞愧。在诉讼期间，他称自己为“爱你的阿尔弗雷德”，并写道，他比以往任何时候都更能感受到她对他的爱意。几个月后，他可以指责她“侵蚀了他的精神力量”，使他在与受过教育的人谈话时变得愚蠢、笨拙和低人一等。索菲没办法，因为她不明白这是怎么一回事，他继续酸溜溜地说道，“你只理解适合你的东西。你没有能力意识到，多年来，出于纯粹的高尚，我牺牲了自己，即我的时间、我的职责、我的精神生活还有我的声誉，而这些都来自我与周围圈子的交往，与受过教育的世界的接触，最终甚至搭上了我的生意，为了一个无知和自私甚至看不见高尚之处的孩子”。[598]

从根本上来说，阿尔弗雷德相信，从长远来看，如果索菲遇到其他人，赢得“一个男人真实而持久的爱”，那将对双方都有利。对她来说，把年轻的生命浪费在一个沮丧的老男人身上，就像他被迫进入一段远远低于他智力水平的关系一样，都是错误的。他可以直截了当地写道，他渴望与一个能理解他的人“亲密同居”，而这个人不是索菲。

但在争吵之外，感情还是有的，温柔的吻，甜蜜的问候语——亲爱的索菲，“我的小甜心”。夏天的时候，他有时会在给温泉度假地的信上称其为“贵族夫人索菲・诺贝尔”。他仿佛永远不会停止让索菲接受教育的梦想，并最终转变成他身边与他平等的伴侣。[599]

他对这段关系的苦恼并没有因为两位兄弟的最初反应而得到心理上的安慰。1878 年秋天，在路德维格对索菲发表强硬言论之后，阿尔弗雷德鼓起勇气向罗伯特征求意见。但即便是长兄，罗伯特也没有对弟弟心中的“小火苗”留下特别深刻的印象。罗伯特答应再给索菲一次机会，在他们下次见面时更仔细地观察她的优点，但他警告阿尔弗雷德不要让他的情绪失控，“因为这将是一个弱点，不应该让情绪影响一个男人”。在罗伯特看来，每个人都必须“尽力而为，但在成熟的年龄，理智应该是唯一的决定性因素，否则就会有遗憾”。罗伯特说，不做是最好的。生命的弱点之一是人作为“自然的玩物，只需要往下繁殖即可，其他都是附带的”[600]。

但最近这两位兄弟似乎都不再用尖锐的怀疑态度面对彼此。阿尔弗雷德已经可以收到来自卡尔斯巴德温泉浴场或弗兰森斯巴德温泉浴场快乐的夏季问候。在这两个地方，罗伯特和路德维格分别与索菲见了面。阿尔弗雷德则喜欢去其他温泉，通常是最喜欢的艾克斯班。为了避免流言蜚语，当索菲问他为什么从不邀请她去那里时，他借口指责那些来自苏格兰的清教徒董事，说他们偶尔会去那里。阿尔弗雷德记得，他们是如何诽谤一位有“类似且无可厚非的情感纠葛”的英国同事的。他不能冒这个险。“人有许多金币，而且或许可以获得更多金币，但他只有一个名字，因此每个人都有责任尽可能地保护自己的名字一尘不染。”[601]

兄弟俩的转变似乎从阿尔弗雷德的肩上搬走了一块石头。尤其是路德维格对索菲态度的改变，让他松了一口气。到了 1882 年夏天，他们之间的关系有了很大的改善，以至于路德维格能够写信给阿尔弗雷德，夸赞他的“好”索菲，她为他的妻子埃德拉买了把专用的乌龟梳子。在卡尔斯巴德疗养期间，索菲给了路德维格一个惊喜——一个生日礼物，让他非常高兴。路德维格的回应是在同年的圣诞节送给索菲一只狗贝拉。阿尔弗雷德则和索菲本人一样高兴。他在给哥哥的信中说：“我必须羞愧地承认，拥有这个小东西连我都很高兴，因为它非常开朗，我环顾四周，没有什么东西能让我这么快乐。”[602] 路德维格和索菲甚至开始书信往来，但后来阿尔弗雷德开始担心这个脆弱的认可会像泡沫一样破灭。他告诫索菲：“路德维格鼓动你给他写信，这很好，但别忘了，你的风格还有待改进，要努力写得非常简短，而且还要有发人深省的内容。”

同时，他注意到索菲接受了他的一些“教育”，成为一个更熟练和勤奋的写信人。语言仍然不好，但现在的错误要少得多。当她表现出社会责任感，为他剪下一篇关于最近在南美修建巴拿马运河的文章时，他特别高兴。“我以前听说过这事。这绝对是一件了不起的事情。”他回信说。[603]

巴拿马运河的建设是由世界著名的法国企业家费迪南·德·莱塞普斯（Ferdinand de Lesseps）领导的，他在苏伊士运河上辛勤劳动了十年，在 19 世纪 60 年代末举行了香槟满溢的落成典礼。当时阿尔弗雷德·诺贝尔没有意识到莱塞普斯的新项目在未来对他有多么重要。

*

阿尔弗雷德·诺贝尔一直渴望离开马拉科夫大道上的房子，告别他的小型家庭实验室。在一个人口稠密的街区进行硝化甘油的实验并不是什么安全的活动。此外，他现在的想法是生产一种可用于军事作战的炸药。为此，他需要一个射击场。

阿尔弗雷德环顾了一下这个地区。在巴黎以东的塞夫朗（Sevran）和利夫里（Livry）郊区的交界处，是法国政府的火药厂，旁边还有一个射击场。塞夫朗的历史可以追溯到中世纪，这是一个沉寂的村庄，共有 300 名居民，这个区域有一座教堂、一个广场，周围还有几片农场。当时巴黎来的火车频繁经过此处，车站附近的运河可以把船一直开到首都的中心。

1881 年春天，塞夫朗郊区的一座 18 世纪的庄园挂牌出售。这座庄园包括一座巨大的房子，有台球室、几间客厅和总共十间卧室。该庄园还包括一个园丁的住所、一个温室、一个厨房、一个马厩和至少一公顷的土地。阿尔弗雷德·诺贝尔于 3 月签署了购买文件，并决定在后院建造一个更大的砖砌实验室。

在离政府火药厂仅一公里的地方，阿尔弗雷德和他的助手乔治·费伦巴赫将在这里开展他们的实验，甚至在这个引人注目的实验室建成之前便在这里开始实验。我们有理由相信，阿尔弗雷德·诺贝尔选择这个地点是别有用心的。附近的火药厂仍然只生产烟雾缭绕的老式黑火药。阿尔弗雷德·诺贝尔的计划是要成为世界上第一个成功发明用于步枪和大炮的无烟火药的人。如果他成功了，法国政府一定很乐意成为第一个试用者。[604]

阿尔弗雷德养成了去新实验室的习惯。在时间允许的情况下，他一大早就从巴黎乘火车前往该地。他在公文包里装了一份午餐，直到晚上才回家。偶尔他也会在那里过夜。当时保留下来的信件显示，他非常喜欢那儿的生活。他想把所有的时间都花在他的新实验室里，但不幸的是，他经常需要兼顾其他事情。

法国合伙人保罗·巴布在汉堡待了一段时间，他被阿尔弗雷德·诺贝尔派往那里清理德国公司。阿尔弗雷德收到了明确的回复，他在那里的商业伙伴班德曼博士和 C. F. 卡斯滕斯私自使用了公司的库房。1881 年初巴布回到法国时，班德曼和卡斯滕斯都已离开。[605]

在法国，炸药的销售已经起飞了。在保列斯整修的工厂是最先进的，被认为是整个诺贝尔帝国中最好的。阿尔弗雷德·诺贝尔似乎也受到了他哥哥路德维格为员工提供体面条件的启发。在疾病肆虐的巴库，路德维格开始为工人和他们的家人建造一个别墅城，即佩特罗利亚别墅，并为他们提供卫生和现代化的住房。这个想法现在被复制到了保列斯，阿尔弗雷德在那里建立了一个拥有清新空气的三室公寓房，并免费提供给员工。他刚刚获得许可，在该地开设了一所学校，也是仿照路德维格的模式。头痛、心脏问题和炸药——在保列斯从事硝化甘油工作虽然是有风险的，但至少在社会上是受欢迎的。[606]

巴布和诺贝尔的法国炸药公司长期以来一直依赖其摆脱政府对炸药的垄断的特殊豁免权。但国家成为一个越来越难对付的竞争对手，到 19 世纪 70 年代末，炸药市场又出现了一个私人挑战者。这个竞争对手的公司由一位工程师，保罗·巴布的老朋友杰奥·维安（Geo Vian）拥有。不久之后，巴布和维安开始秘密地共同制订计划。他们就合并的条件达成一致，这将使他们赚取大量的钱，然后给阿尔弗雷德·诺贝尔和炸药公司的其他管理人员演戏。这是一次巧妙的瞒天过海，当真相被揭露时，此举深深地伤害了阿尔弗雷德。这还不够，巴布还秘密地在英国设立了一个子公司，该子公司将进口瑞士制造的炸药，与诺贝尔的苏格兰工厂竞争。[607]

阿尔弗雷德已经知道，巴布真的可以把他的生意做大，与他合作的是一个聪明但也很厚脸皮的玩家。在很长一段时间里，他可以应付巴布，但自从他的伙伴与肆无忌惮的杰奥·维安联手后，似乎所有的禁忌都被忘却了。阿尔弗雷德注意到对方的性格在几个层面上都有了变化。

巴布是个鳏夫，他说，在 1882 年他的父母相继去世后，他就“被脾性冲昏了头脑”。[608] 阿尔弗雷德并不认为这可以为他有目共睹的道德败坏开脱。在给罗伯特的信中，他说，巴布“最近完全没有了羞耻心，竟开始与他自己创办的公司竞争。我预计会与他产生公开的矛盾”。他并没有向巴布隐瞒他的想法。阿尔弗雷德在给他的信中说：“当诚信丧失时，那（我们之间）就不会再继续保持良好的关系……而是将争斗到底。”[609]

然而，这场矛盾的爆发奇迹般地在威胁中停止了。两人又开始继续合作，可能是因为阿尔弗雷德·诺贝尔发现，他不能错过保罗·巴布的商业头脑。如果没有对方的帮忙，他将可能完全失去自己在实验室的时间。阿尔弗雷德知道这一点，而很少有事情能让他感到如此害怕。

如果他知道法国安全警察对巴布先生和维安先生的兴趣，也许他就会有不同的想法。1882 年，安全警察要求的报告还不是很令人震惊，但从现在开始，这两人将被置于特别监视之下。维安甚至还被安全人员登门拜访。[610]

*

莱昂·甘必大在法国政界仍有影响力。许多人对他没有在麦克马洪之后竞选总统感到惊讶。毕竟，是甘必大废黜了前总统。相反，他成了国民议会主席，最近又在一个非常短暂（66 天）的政府中担任总理。

法国在这个时候更换政府就像资产阶级更换衬衫一样。然而，一些人在甘必大的阵营内或周边活动，即所谓的机会主义者。他们认为消除拿破仑三世时期的一切特征是他们的任务。这时候法国推出了新闻自由和集会自由。天主教会的影响将受到打击。“教权主义——这就是你的敌人！”甘必大曾宣称。1882年，法国对教育进行了改革，受教育不仅是义务的还是免费的。更重要的是，它被宣布为一种世俗活动。教育中的所有宗教元素都被陈列在历史中。[611]

法国的世俗化浪潮在其力量上是特殊的，但日益增长的反教会情绪也是其他国家的共同特点。自然科学的飞速发展提出了一些问题：达尔文发表《物种起源》之后，宗教的作用是什么？当科学家似乎能够用直至最小的元素来解释物质的存在时，谁还需要造物主呢？不久，德国哲学家弗里德里希·尼采在一本新书中宣布“上帝已死”，震惊了世界。[612]

阿尔弗雷德·诺贝尔在他的办公室里花了很多时间思考这些问题。这种哲学思考让他很开心。无神论真的是一种选择吗？正如这些年里他在诗歌《夜晚的思考》中写道：“……是否不存在开始？会不会有一个无限大的未来和过去，在永恒的运动中，没有创造的起源？不可能是这样的……”阿尔弗雷德·诺贝尔是一个浪漫主义的孩子，无论他的科学梦想多么伟大。他不能同情无神论者的“冰冷又贫瘠的信条主义”。在他看来，或许能找出一种神秘力量，这种力量可以将原子固定在一起，让铁吸引磁铁。阿尔弗雷德写道：“正是这种力量使遥远的太阳在它的轨道上静静地运动，是这种力量构成了大自然的操控之手的缰绳。”

理解和解释这种力量则更为困难。阿尔弗雷德认为，人类的问题超过了“理性让步的极限”。他自己抵制将这种力量，或他所设想的“宇宙灵魂”等同于上帝。阿尔弗雷德·诺贝尔绝对不是一个信教之人。阿尔弗雷德在他的诗中指出，“无能牧师留下的可悲智慧”永远不会驱散关于事物起源的任何迷雾。[613]

在朱丽叶·亚当和她沙龙里的共和主义圈子里，阿尔弗雷德·诺贝尔遇到了许多志同道合的人，这些人和他一样，都是坚定的反教士。沙龙组织者本人更是如此。当阿尔弗雷德在巴黎时，他喜欢在星期三拜访朱丽叶·亚当。近年来，她的沙龙发生了变化。也许最引人注目的是，她以前的伙伴，强大的莱昂·甘必大，已经不在那里了。

19世纪70年代末，朱丽叶·亚当的丈夫去世后不久，她和甘必大就分手了。原因已经有人推测出来了。据说新寡的朱丽叶·亚当渴望成为甘必大身边的女人，而这并不是甘必大的本意。此外，两人在外交政策上的立场截然相反。令许多人惊讶的是，甘必大开始在他以前的宿敌俾斯麦身上看到了一种同类的精神，俾斯麦最近对德国天主教会的影响发动了一场严厉的运动。朱丽叶·亚当说，这是甘必大的一次历史性背叛。她认为，对世界上任何教会的蔑视，都不能成为放弃对好战的俾斯麦进行报复的理由。他们之间的矛盾直到1882年新年前夕甘必大意外身故时才结束。

沙俄是朱丽叶·亚当的选择。在结束1878年柏林灾难性的和平谈判之后，沙俄对俾斯麦十分反感。朱丽叶·亚当大力推动法国与沙俄结盟，共同对抗俾斯麦。她积极参与对外交往，并创办了一本杂志《新评论》(*La Nouvelle Revue*)，重点宣传法国复仇的重要性。其中，她让沙皇的弟弟写了一篇关于俄土战争和俾斯麦背叛的文章。朱丽叶·亚当毫不掩饰自己与东方的媾和，以至于法国安全警察开始跟踪她的行动。1882年2月，她前往圣彼得堡。警察剪下了关于她“在沙俄社会受到最谄媚的评价”的报道。[614]

越来越多的俄国人开始加入她的文学沙龙，共和党政治家的数量越来越少。妇女也在沙龙中受到欢迎，朱丽叶·亚当有意扩大她的圈子，她欢迎科学家、商人和士兵。阿尔弗雷德·诺贝尔一定越来越有家的感觉。很明显，在这些年里，他和女主人之间的联系频繁了。当法国著名化学家马塞兰·贝特洛离开她创办的杂志的董事会时，她让阿尔弗雷德·诺贝尔接替他（后来阿尔弗雷德没有照做）。1882年春天，诺贝尔兄弟的油轮诺登舍尔德在巴库的一次爆炸中被完全摧毁。朱丽叶·亚当写信给阿尔弗雷德：“我在一份沙俄报纸上读到，你失去了你的诺登舍尔德，爆炸造成了几个人死亡。我对你感到非常同情，不论你是快乐还是烦恼，我再次冒昧地向你保证，只要是对你有好处的，我都乐意倾听。”[615]

*

诺登舍尔德号的悲剧并不是此时巴库的唯一挫折。油价下跌，人们对路德维希·诺贝尔的新产品兴趣不大。收益远远抵不上支出。1883年1月，阿尔弗雷德·诺贝尔开始认真地思考问题的严重性。路德维格请求帮助，以迅速偿还对一家银行的巨额债务，而阿尔弗雷德近几年来已经投入了超过100万法郎。于是，他要求查看账目。

路德维格的报告让阿尔弗雷德感到很不愉快。石油公司怎么可能仅在 1882 年就花费了近 1300 万卢布？如果换算成法郎，就相当于 3400 万法郎或他法国公司的全部资本。在一年之内用光，而且没有一笔稳定的收入？“在我看来，你的处境相当严重。”阿尔弗雷德回信说。他决定立即前往圣彼得堡。

到达路德维格家后，如果没料错的话，他更加沮丧了。诺贝尔兄弟石油公司的生存受到威胁，财务一片混乱。阿尔弗雷德认为，他的哥哥和几位董事把资金用得太多、太快了，这让他无法接受。当他离开时，他几乎把他们吓坏了。[616]

*

要想挖掘出 1883 年春天路德维格和阿尔弗雷德 · 诺贝尔之间深度危机的情形，需要耐心。最难找的一份信件是在斯德哥尔摩国家档案馆的地下室深处，一个带状盒子里发现的。由于某些原因，它被遗漏在已经被公布的信件扫描件中。我很同情那些想要放弃（或决定限制访问）的档案管理员。在 1883 年的几个月里，路德维格 · 诺贝尔向他的弟弟阿尔弗雷德发出了 106 封长信和无数条电报。这比前三年的通信量加起来还要多一倍。

发黄的、薄如蝉翼的纸张见证着兄弟俩的性情。有时候，路德维格会用力地在信纸上书写，当你触摸到信纸时，你仍然能感觉到他当时绝望的心情。阿尔弗雷德则在时间紧迫的情况下，在空白处潦草地写出了同样长的文字。

我试图弄清这场矛盾的主要核心，并将它们写在我的笔记本上：恐惧、羞愧、愤怒、感激和受伤的自尊。你可以从文字中感受到一种温暖的兄弟般的关心，但它像暗流一般很少表现得明显。

在调查了瑞典报纸对诺贝尔家当时的报道后，我发现路德维格 · 诺贝尔仍然是三兄弟中更有名气的大人物。这些年任何关于诺贝尔家族的文章，都是关于路德维格和他在巴库成功的石油公司的。据说路德维格 · 诺贝尔控制了沙俄整个石油市场，另外两兄弟更多还是作为次要人物被提及，罗伯特被提到的次数都比阿尔弗雷德多。

对于当时地位显赫的路德维格 · 诺贝尔来说，突然被他的弟弟像对待小学生一样教训，肯定很受打击。尤其是他在违背自己的意愿，开始依赖阿尔弗雷德的钱的时候。

此时的阿尔弗雷德·诺贝尔有多富有？在国家档案馆，我找到了他在1883年春天对其私人财产的月度计算，包括房屋在内，总金额约为1800万法郎（约为今天的8亿瑞典克朗），自三年前诺登舍尔德访问他以来增加了一倍多。

1800万法郎当时相当于约700万沙俄卢布。牢记这一点对后面即将发生的事情会有好处。

*

阿尔弗雷德·诺贝尔故意做得很过分，以“培养一种对危险困难的良性恐惧”。他其实并没有那么生气。路德维格还不知道，但阿尔弗雷德并不打算简单地将急需的资金用于他们所谈的银行债务。他一到巴黎，就想方设法筹集所缺失的资金。阿尔弗雷德仍然对他们这种轻率的行为感到愤怒，但路德维格毕竟是他的兄弟。[617]

在阿尔弗雷德来访后，路德维格感到伤痕累累。那些刺耳的话语很伤人，他发现很难接受弟弟对他那么明显的不信任。其实也没那么糟，不是吗？诺贝尔兄弟石油公司在短短几年内就在行业内取得了杰出的地位，这主要归功于他。路德维格鼓起勇气，用一种受伤的语气写信给阿尔弗雷德，说他已经改变了主意。他真的不希望弟弟把更多的钱投资到一个他不信任的公司。

信刚发出去，路德维格就收到了阿尔弗雷德发来的一封令人惊讶的电报。弟弟突然提出要贷款400万法郎。阿尔弗雷德说，他已经设法在巴黎私下借到了这笔钱，用炸药股份作为抵押。这样一来，石油公司应该能够渡过任何难关，兴奋的阿尔弗雷德在附信中写道。言下之意是，两兄弟同进退。如果两边都出了问题，“我们就不得不吃土豆和鲱鱼，而不是你那诱人的鱼子酱了。虽然后者入口即化，但我认为从长远来看，前者对胃和钱包都更有好处”。[618]

路德维格踏实了。他对阿尔弗雷德“出于友谊和纯粹的兄弟情谊”，费尽心机做出如此巨大的牺牲，既惊讶又感激。路德维格沉浸在重获信心的幸福中。这笔意外的贷款只能说明弟弟改变了对公司状况的看法。他向弟弟表示感谢，并说对方的提议“对我来说具有不可估量的价值，因为它让我安心，有安全感……你做的这些，完全有理由让我增加对你的爱意和敬意”。他承诺让阿尔弗雷德成为石油公司的董事，这样“所有人都能看到，诺贝尔兄弟不仅仅只有路德维格·诺贝尔”。[619]

没明白他的意思吗？阿尔弗雷德为此大发雷霆。“绝对没必要。”他在答复中尖锐地指出。如果信贷过度膨胀，又缺乏储备资本，整个石油公司其实正处在半空中。难道路德维格不明白这一点吗？如果发生危机，公司该怎么办？他感到不得不再次强调情况的严重性，他也根本不想要董事的职位。

此后不久，在路德维格女儿安娜的坚信礼日，阿尔弗雷德送来了一个大包裹，里面有给路德维格所有孩子的礼物。4 月底，路德维格本人也惊讶地收到了一件从巴黎寄来的手缝大衣。尽管有危机，但兄弟之情依然存在，这是一个无声的信号。

阿尔弗雷德·诺贝尔意识到了自己的短板。“我在与爆炸性物质打交道的时候是非常理性的，但我自己常常会失去理智。我会发火，但顶多持续半小时。”他在后来写给路德维格的信中说。[620] 他在那年春天的几封信中都表示抱歉，甚至向路德维格承认了自己性格的缺陷。他为自己的暴脾气找了个借口，说当时他的神经特别脆弱，因为他必须应对与英国当局的纠纷。事实上，他所持有的几乎三分之一的资产的英国公司也面临着破产的威胁，他声称。

这次处于旁观者地位的长兄罗伯特建议他们三个人一起去巴库旅行。阿尔弗雷德回答说：“唯一能吸引我的是你们的陪伴——你的，也许还有路德维格的——但干旱、尘土飞扬、石油多的沙漠本身对我没有任何吸引力。我想去有乔木和灌木的地方生活——它们是不会说话但会尊重我紧张情绪的朋友。”他让罗伯特向罗伯特的长子亚尔玛转达他的问候，“他的老叔叔，牙齿被虫蛀了，头发散乱，大脑忧郁，只剩一个破旧的残躯”。[621] 他的身体状况并不乐观。

到 5 月底，石油公司的经济已经稳定下来。当债权人突然又露出笑容时，路德维格回顾了那几个戏剧性的月份。他试图调整自己的情绪，做出诚实的反应。他给阿尔弗雷德写道：“当我以胜利的口吻谈论这一切时，你不要以为我的心里不记得你当初对我的帮助。……不幸的是，每一枚硬币都有两面。你所怀有的焦虑，让你灵魂感到不安的不信任感，也给我投下了漫长的阴影，直到胜利曙光高挂在地平线上才会消失。”[622]

阿尔弗雷德的神经无法应付这种后果。“我如此通融绝不是由于对生意有信心。恰恰相反，我相信你在几个月内仍然会有相当困难的时期，我越是看到你的融资，我就越是焦虑不安。在这一年里，一把名副其实的达摩克利斯之剑一直悬在你们头上，而在你们还没有走出困境的时候，你们就已经做增加困难的事情了……我就像阿尔丰斯·都德小说中的里斯勒先生那样说：‘我没有信心。’”[623]

阿尔弗雷德休息了几周，然后试图用平静的语气再次解释自己。他虽严厉批评，但绝对无意削弱“你在沙俄辛勤工作所唤起和必须唤起的钦佩之情”。据阿尔弗雷德说，他们的争论实际上可以归结为一个简单的问题：“哥哥总是先建设，后筹集资金，而我建议今后你总是先筹集资金，然后再扩大规模。”[624]

*

在激烈的兄弟口舌之争期间，阿尔弗雷德·诺贝尔收到了一封来自格鲁吉亚的邮件，这让他暂时振作起来。伯莎·冯·苏特纳仍然和她的亚瑟住在高加索地区。尽管他们在私奔的过程中经历了许多考验和磨难，但他们还是一起找到了幸福。这对夫妇试图通过为西方报纸写文章或提供语言和钢琴课程来谋生，但收益是微不足道的，他们的生活也因此非常艰苦。伯莎·冯·苏特纳在她的回忆录中写道：“有一些日子（不是很多，但确实有一些），我们没有晚饭吃，但不开玩笑、不爱抚彼此或不大笑的日子从没有过。”

冯·苏特纳夫妇住在一间简陋的房子里，但仍然勉强可以支付租金。有钱的时候，他们就买书和杂志并一起阅读，目的很明确，就是滋养对方的精神生活。“我们开始了解到两种我们不愿意没有的快乐——在一起的快乐和在智力上努力的快乐。”

他们正在实现阿尔弗雷德·诺贝尔的梦想。

在出版了一部成功的连载小说之后，伯莎·冯·苏特纳最近贸然出版了一篇雄心勃勃的哲学论文，尽管是匿名的。1883 年 4 月，《灵魂的清单》（*Inventarium einer Seele*）一书抵达阿尔弗雷德·诺贝尔在巴黎的家，并附上了来自第比利斯的问候。从回信来看，就在那时，他们之间才恢复了联系。阿尔弗雷德被征服了。他在回信中写道：“我仍然被你那本精美的书所迷倒。多么好的文字，多么深刻且生动的哲学思想。非常感谢，你的书让我体会到了阅读的乐趣！”他想起了 1875 年在巴黎的日子。最后，他以惯常的礼节作结，并说他对她有着“永不磨灭的记忆和钦佩”，并因此怀有感情。[625]

他在阅读的过程中了解到的是一个变化了的伯莎·冯·苏特纳。她已经把浪漫主义的经典抛在脑后，转而投身于所有现代事物。伯莎喜欢左拉的自然主义中的坦率和粗俗，而阿尔弗雷德·诺贝尔对此充满鄙视。不惜一切代价追求真理是她新的道德理想。在教会和科学之间的斗争中，她自然而然地站在了反对形而上学的一边，她支持可证实和真实的东西。

查尔斯·达尔文是伯莎·冯·苏特纳的新偶像之一。像其他许多人一样，她把进化论作为她整个社会观的基础。她已经成为一个乐观的业余哲学家，相信自然规律意味着一切都在不断向好的方向发展。进化论不仅为人类的创造提供了解释，在伯莎·冯·苏特纳看来，它还不断推动人类不可阻挡地走向更高的完善程度，从兽性到人性，从仇恨到爱。

伯莎·冯·苏特纳在她的书中提出，这些自然规律也适用于国家的存在。她认为，存在一个和平的进化过程，在这个过程中，“好战的部落逐渐被和平的国家所消灭”“国家之间的仇恨将会被世界主义思想的传播所根除”。她说，所有这些都是正在进行的自然进化的一部分，目标是永久和平。

这位女作家已经不是几年前称赞沙俄士兵在对土耳其战争中勇气的那个伯莎·冯·苏特纳了。

有一段话似乎是针对阿尔弗雷德·诺贝尔个人写的。伯莎描述了可能实现和平的其他过程，并提到希望“有朝一日发明出更强大的破坏性工具……最终通过某种电动或磁性爆炸装置，一次性消灭整支军队，从而消除整个作战计划，使战争根本无法开始，谁知道呢”。[262]

伯莎·冯·苏特纳找到了她伟大的人生使命：和平工作。

*

有一个“真相”出现在许多关于阿尔弗雷德·诺贝尔的书和文章中。它与伯莎·冯·苏特纳有关，并且早在1926年就被确定加入诺贝尔基金会的第一本传记中。它的内容如下：关于伯莎·冯·苏特纳是诺贝尔和平奖的灵感来源的说法是错误的，“无论如何，这都是非常明显的夸大其词”，这一说法只是她自己强调的而已。

你可以看到她得意的微笑。伯莎·冯·苏特纳怎么会以为，是她简单的想法影响了伟大的阿尔弗雷德·诺贝尔？“诺贝尔对各国人民之间永久和平的誓言可以追溯到他年轻的时候”，据说，自从诺贝尔在圣彼得堡读完爱好和平的诗人雪莱的诗作之后，他就成了一个和平主义者。然后，在1926年，有人说，在此后

的一段时间里，人们在诺贝尔的信件中注意到，“有关未来的画面，在他眼前不断出现”[627]。

在薄薄的《阿尔弗雷德·诺贝尔》（1960 年出版）传记中，埃里克·伯根格伦甚至将这一点发挥得更远。在他看来，和平理念是诺贝尔奖的创造者与生俱来的特征。伯根格伦称，阿尔弗雷德·诺贝尔是一个鄙视争吵和不具侵略性的人。因此，他的结论是，诺贝尔对所有战争都满怀厌恶。根据这个说法，热爱和平应该是阿尔弗雷德·诺贝尔从出生起就有的天性，也就是说，在他与伯莎·冯·苏特纳见面时就拥有很久了。

我并不同意。

从年轻的阿尔弗雷德·诺贝尔笔下当然可以找到犀利的和平主义表达。当阿尔弗雷德收到伯莎·冯·苏特纳的书时，有效武器的最终目标应该是使战争不可能发生，这一想法对他来说也并不陌生。他的父亲伊曼纽尔在 19 世纪 40 年代就已经提出了这一观点，作为他对水雷投资的道德辩护。如果健谈的伊曼纽尔从未向他的儿子重复这一观点，那未免也太奇怪了。甚至可能正如伯莎·冯·苏特纳后来在她的回忆录中所写的那样，阿尔弗雷德在 1875 年短暂停留巴黎期间提到了这个想法。也许这就是她当时会寄给他《灵魂的清单》这本书的原因？尽管如此，我认为，直到“现在”，即 1883 年春天，阿尔弗雷德·诺贝尔对和平的认真思考才开始起步。我还想说，最重要的推动力无疑是伯莎·冯·苏特纳新出版的书。

正是在《灵魂的清单》中，她首次提出了她的和平理念。阿尔弗雷德·诺贝尔所有已知的反映和平问题的信件都是在阅读该书后写的。我几乎翻阅了他之前几十年的所有信件。有一件事我可以肯定：如果阿尔弗雷德·诺贝尔在这些年里真表达了什么梦想，那一定都不是关于和平的。讽刺的是，这反而是为了给他的炸药找到一个军事用途。

在 1883 年的春天，他仍然没有成功地做到这一点——无论是炸药还是炸胶，都没有获得任何值得一提的军事用途。但此时他已经快实现他的目标了。如果一切顺利，世界上的军队很快就会被阿尔弗雷德·诺贝尔的无烟炸药所武装。他只需要在更多的实验中完善他的产品。

在和平问题上，伯莎·冯·苏特纳和阿尔弗雷德·诺贝尔在手段上并不总是一致的，所以他们也不认为有必要设立奖项。但是，正是伯莎·冯·苏特纳在 1883

年春天促使阿尔弗雷德转变思想，最终他设立了一个和平奖，奖励“为各国人民友好相处、取消或裁减常备军以及为和平会议的组织和宣传做出最大或最好工作的人”。

我相信，阿尔弗雷德·诺贝尔绝不会想要贬低伯莎·冯·苏特纳在这方面的作用。从他年轻时起，他就对知识女性有着无限的崇敬。你几乎可以说，这种崇敬是与生俱来的，是他内在的一部分。

*

阿尔弗雷德·诺贝尔的私人生活与伯莎·冯·苏特纳在第比利斯享受的精神上的高尚生活没有什么相似之处。1883 年夏天，他与索菲·赫斯的通信的特点是，他表现得越来越烦躁。当时她正去各个疗养院旅行——有时在卡尔斯巴德温泉，有时在弗兰森斯巴德温泉——她过得像个女王，却常抱怨自己的孤独。阿尔弗雷德为她订购药品，通过电报寄去她想要的 12 瓶托凯酒，并试图找时间去看她。她刚说想在奥地利的巴特伊施尔镇找一个地方住住，他便立即开始侦察。

他在收纳记录簿上以“妖精”这个亲切的标题记录了她的开支。

大多数时候，他都很温柔和善解人意，特别是当他知道她“不平凡”的日子即将来临的时候。但有时也会不走寻常路:“你是否应该前往蒙特勒，到那里过冬，我们可以讨论讨论。无论如何，巴黎现在不冷，而且未来很长一段时间内都不会冷。你不认为现在去那儿买公寓是挺可笑的吗？你整个夏天都在外面，到冬天了还不想回这里来。”

阿尔弗雷德写到，他已经厌倦了像个保姆似的周游欧洲各地。这种“可怕的情况，使我在短短几年内老了 20 岁”。索菲可以住在她想住的地方，只要她能安顿下来。“你不觉得我已经受够了被迫的旅行，还要加上永远和你一起旅行的负担吗？”[628]

在火车旅途中，他会读点书。圣诞节时，他收到了作家维克托·吕德贝里的诗集，他认为对方和自己是同类人。但在他的祖国，最新崛起的明星、“瑞典的左拉”即现年 34 岁的奥古斯特·斯特林堡的作品，仍然不在阿尔弗雷德的书架上。

斯特林堡在三年前以社会讽刺小说《红房间》实现了作为小说家的巨大突破，此后他又以更多的新闻报道对社会进行讽刺。在《新王国》（1882）一书中，他以尖酸的暗讽抨击了瑞典社会的现实，结果那些对受害者比对他更同情的人开始回避他。1883 年秋天，这位明星作家带着他的妻子西丽·冯·埃森（Siri von Essen）和他们的两个孩子悄悄地离开了瑞典。据说是为了获得一些和平和安宁。10 月，他们抵达巴黎，在那里逗留了三个月。他们一家住在帕西的一个摇摇欲坠的养老院里，离阿尔弗雷德·诺贝尔的房子只有 15 分钟的步行路程。

奥古斯特·斯特林堡刚刚写完一本批评社会的诗集，预计将于 1883 年 11 月中旬出现在书店里。有一些证据表明，斯特林堡因害怕即将到来的舆论反应而选择逃离瑞典。

碰巧的是，阿尔弗雷德·诺贝尔在对方其中一首名为《人民起义》（*Folkupplagan*）的诗中成为主角，这是斯特林堡写的一首反叛诗，显然是受到沙皇亚历山大二世遭恐怖袭击的启发。在诗中，他把诺贝尔的炸药描绘成受压迫人民的救星。

当国王要向人开枪时，
子弹和大炮被派上用场。
大炮，是权力的诠释者，
成本高达数百万。
当人民要射杀国王时，
他们却只有炸药，
大炮掏空了他们的钱包，
可怜的英雄成了强盗。
……

诺贝尔，你的名字很少受到赞美！
然而，你的发现，有时伴随着呼声
之后又遭遇放逐，
因为它有政治的气息。
你的白色药膏已经治愈了
这么多受藤条和绳子鞭打的伤痕，
尽管炸药受到关税禁令的威胁，

但它已然像皇家火药一样自由通行。

很快它将解放古老的俄国，
它正一钉一钉地敲打着棺材。
如果世界不是伟大的普鲁士
而要成为一具可怜的血淋淋的尸体，
那么，至少现在地球还不是一具尸体，
这是你的功劳，
炸药像雪、像处子
像砒霜一样洁白！
……

目前还不清楚奥古斯特·斯特林堡是否知道，在该诗集出版期间，他与阿尔弗雷德·诺贝尔住得那么近。另外，瑞典国王奥斯卡二世可能也读了这本诗集，其中《人民起义》这首诗是对他进行的几次攻击中最明显的一次。“令人厌恶。”这是国王的原话。专家认为，国王的强烈反应很可能导致斯特林堡的下一本书《成婚》被起诉，“从而使斯特林堡在19世纪80年代余下时间的文学市场中遭受挫折”。[629]

在有趣的奇闻轶事部分，斯特林堡将在一年后被起诉，原因是他用假名向朱丽叶·亚当的《新评论》杂志投稿。[630]

*

并非所有人都像斯特林堡那样看到了炸药的好处。在英国，生意进展得很慢。炸药检查员马金迪（Majendie）制止了英国的炸胶生产，苏格兰的炸药公司、诺贝尔炸药公司（Nobel Explosives）遇到了付款方面的困难。1883年秋天，阿尔弗雷德需要迅速筹集一些资金。他联系了他的哥哥路德维格，哥哥在春天的经济危机后获得了一些喘息的机会。不幸的是，路德维格回答说，这次很难。

现在，阿尔弗雷德的大部分财富都投在石油公司里，他感到必须了解一下发展成这样的原因。结果，他写了一份长达28页的关于诺贝尔兄弟石油公司财务状况的备忘录，以及附带的建议和提示。12月初，他把这份材料送到了圣彼得堡。他不应该这么做。路德维格的回信中充满了愤怒的情绪。

“如果你知道这些不必要的解释给我带来了多大的痛苦，你就会怜悯我，让我一个人静静。你忘了几件小事，我比你更了解这家公司，我自己对公司有而且一直有十足的信心，我会对公司负全责……如果你希望我对过去进行反思，请牢记这一点；请想一想，在商人和会计师面前站着的，是一个有情怀、有荣誉感、有坚定意愿履行职责的人。我对我所遭受的所有不快感到非常不安，导致我都生病了。”[631]

路德维格将阿尔弗雷德的热心监督解读为“恶意的痉挛发作”。过了一会儿，他才意识到，阿尔弗雷德确实需要钱来处理自己的事情。“下次请坦荡些吧！”路德维格算是对这件事下了指令，然后写到，他希望他们很快就能找回“一直以来的兄弟情谊，以及这种情谊带来的自然的感觉”。他的心情平静了许多，甚至可以感谢阿尔弗雷德给他带来的所有麻烦以及给石油公司提供的所有帮助。“我希望你不要为已经发生的矛盾抱有任何不愉快的情绪，”他写道，“胜利将属于我们，诺贝尔的名字将得到尊重，这是我的目标，也是你的目标。”[632]

在斯德哥尔摩，80 岁的安德丽塔·诺贝尔试图理解兄弟之间发生的事情。他们为生意争论不休，但这就是她能发现的全部。1883 年 9 月，阿尔弗雷德像往常一样在她生日的时候去看她。她温暖地记得，只是坐在那里安静地看着他是多么美妙。她满怀爱意地看着他送给她的银色花瓶，并怀着感激的心情想着几周后将要送来的 3000 瑞典克朗。多亏了阿尔弗雷德，她才能过上富足的生活，可以通过看戏和坐马车来娱乐自己和她的朋友。她在给阿尔弗雷德的信中毫不掩饰地说：“如果能很快收到你知道我最爱的人的几句话，我会非常高兴。”圣诞节时，阿尔弗雷德送来了更多的礼物，还有给侄子和表弟以及其他“所有人”的礼物。安德丽塔又想到了困扰她儿子们的商业纠纷。“但是，请告诉我，你有那么多重要的事情要做，怎么可能抽出时间来那么有爱地关怀我们呢？”她给她最小的儿子写道。[633]

然而，阿尔弗雷德自己在 10 月的 50 岁生日，似乎在这场争辩中消失了。

路德维格·诺贝尔很快就享受到了他期待已久、当之无愧的荣誉。1884 年，英国作家和沙俄记者查尔斯·马文（Charles Marvin）发表了一本关于沙俄石油工业的雄心勃勃的书。他赞扬了“这两个非凡的瑞典人”，罗伯特和路德维格·诺贝尔。

他把“两个非凡的瑞典人”夸上了天。马文说，他们是天才，彻底改变了整个沙俄的石油工业，取得了不亚于其他工业和技术的伟大成就。

1884 年秋天，路德维格来到巴库，那里的工作人员对他新建成的“石油别墅”表示赞赏。在会所里，“诺贝尔家管弦乐队”演奏了《搬运工进行曲》，而心怀感激的员工则用一把皇家椅子抬着路德维格穿过大厅。[634]

阿尔弗雷德·诺贝尔也不是没有获得过荣誉。1884 年 4 月中旬，他收到了阿道夫·诺登舍尔德的电报:“祝贺你当选为瑞典科学院院士。”阿尔弗雷德很惊讶。这既是意料之外的事，也是令人欣慰的事。他在回信中写道:“我只想感谢你有影响力的好意，这一崇高的荣誉将使我为自己的失职感到羞愧。我认为，你和你同事的推荐不是对我过去所做的这点微不足道的工作的奖励，而是对我未来努力的鼓励。如果在这样的激励下，我不能成功地在前沿领域发挥任何作用，那我要把我精神上的悲哀活埋在世界某个不知名的角落。”[635]

阿尔弗雷德在其他方面对当时的许多一般性荣誉持怀疑态度。奖章的分配似乎很随意。他常说，他是通过与一位法国前部长的私交而获得法国荣誉军团勋章的，而他要感谢他的厨师获得瑞典北极星勋章（或要归功于她把“高端人士的胃”喂得很开心，指的是诺登舍尔德）。当巴库公司想通过将其一艘油轮命名为阿尔弗雷德·诺贝尔来纪念他时，他只是哼了一声。“我对此强烈反对。首先，你们把船叫作‘她’……而且你们说她既漂亮又身形妖娆，以一个老家伙的名字来命名似乎是一个坏兆头。”有一天，阿尔弗雷德得知他的画像（以及他父亲和兄弟的画像）被收录在一本关于瑞典著名工业家的出版物中。他要求出版商将其删除，因为他“既不值这名声，也没有品味到这名声”。[636]

一般的名声是一回事，科学认可是另一回事。阿尔弗雷德·诺贝尔对他获得的所有荣誉都算不上是对他个人发明价值的肯定这一事实感到不满。当他的努力被贬低时，他可能会有强烈的反应。奥地利炸药公司的负责人曾在一份资料手册中声称，阿尔弗雷德·诺贝尔是在意外情况下发明了炸药。[637] 当阿尔弗雷德没有收到参加 1882 年圣哥达隧道落成典礼的邀请时，他感到非常痛苦，毕竟是他发明的炸药使隧道的建设成为可能。难道没有人看到他给人类带来的巨大利益吗？[638]

1885 年，整个法国都在赞美化学家路易斯·巴斯德，这种与科学成就直接相关的赞美，一定让阿尔弗雷德·诺贝尔感到高兴。路易斯·巴斯德是 1878 年改写了医学史的科学家，他发现了微生物在传染病传播中的作用。现在，他已经研发出一种有效的狂犬病疫苗，并成功地挽救了两名受感染的法国男孩的生命。当巴斯德在法国科学院展示他的狂犬病疫苗时，收获了无尽的掌声。科学院院长夸奖说这是“医学上最伟大的进步之一。巴斯德是作为一个魔术师出现的，在他生命的最后几年，他是世界上最著名的科学家”，尼尔斯·乌登贝里在他关于医学史的书中写道。[639]

1885 年 5 月底，83 岁的民族偶像维克多·雨果去世，并获得了法国国葬的荣誉。装有他华丽棺材的灵车停在凯旋门下的灯光大道上，受到了帝国礼炮的致敬。当他的遗体被运往最后的安息之地时，有 200 万人参与游行。这相当于当时巴黎的全部人口。

阿尔弗雷德·诺贝尔对为“一无所知”的死者提供如此奢侈的荣誉持怀疑态度。他认为，荣誉和金钱应该留给活人，给那些对人类仍然有用的人。那年 2 月，他在维克多·雨果在世的最后一个生日用一封电报向他致敬，当时这位作家尚在人世。阿尔弗雷德在电报中写道：“愿这位伟大的大师在未来的许多年里为世界带来欢乐，并传播他博爱的伟大思想。”

在旅行期间，阿尔弗雷德·诺贝尔错过了维克多·雨果的盛大葬礼。他给雨果的伴侣朱丽叶·德鲁埃写了一封慰问信，为他没能参加悼念活动深表遗憾。“但在我独处的时候，我理解你们家庭的悲痛，也愿意分担这份悲痛，特别是你和让娜·雨果（雨果的孙女）女士的悲痛，因为女性的心承受着双重的哀伤。”[640]

*

阿尔弗雷德·诺贝尔已经 50 岁了，但仍然保留着他年轻时的探索精神。他想要探索更多，做得更好，但公司业务和官僚主义的交际占用了大量的时间。当他不能在实验室里研究无烟火药时，他感受到了束缚，人变得紧张起来。还有许多其他的想法在角落里等着他去解决。他最近草拟了一个“用乙醚和氯仿进行麻醉的装置”，并“深入地”考虑了一种新的“强力消毒剂”[641]。

他的合伙人保罗·巴布推动了许多诺贝尔公司的合并。近年来，双方的关系已经变得越来越紧张，但巴布提出的创建诺贝尔信托基金这一跨国集团的想法，现在对阿尔弗雷德·诺贝尔来说似乎越来越有吸引力。只有这样，他才能腾出更多的时间来做实验，也只有这样，诺贝尔公司才能避免相互竞争而一起毁灭。

1884年春天，阿尔弗雷德邀请炸药公司的管理层到马拉科夫大道进行讨论，关于成立联合控股公司的谈判随后缓慢进行。如果说当时的阿尔弗雷德·诺贝尔怀有沮丧的心情，那他的目的就是以极快的速度，从“股东大会和其他说废话的场合”中退下来，把自己从所有的管理职责中解放出来。他在给英国公司的一位谈判代表的信中说：“我没有一丝一毫的商业能力，也从未假装有任何能力。”他在达成第一份初步协议时宣布，他也无意成为该信托基金的主席。一旦信托基金敲定，他将“坚持一年的时间，完全不受各种商业因素的影响，将这段时间完全用于研发技术和搞科学。在这种情况下，我认为把这个职位提供给‘哈姆雷特之父’更明智，因为他的身份是不存在的”[642]。

曾经一直都像是海市蜃楼的创作自由，现在已经触手可及。阿尔弗雷德意识到，有些人可能会误解这件事。他给一位在斯德哥尔摩的朋友写道：“当我说我想像老太太一样靠利息生活时，我必须补充说，我并不打算偷懒，而只是选择一个更科学的领域而不是商业领域。”

这件事有一个障碍。他不仅借了钱，还在救助诺贝尔兄弟石油公司的过程中，卖掉了大量的炸药公司股份。他现在需要这笔钱，而这笔钱仍然很难搞到。他现在投资于石油公司的资金是炸药公司的两倍。在一些炸药公司，他只拥有2%到3%的股份。[643]

*

如果说阿尔弗雷德·诺贝尔在事业上已经接近实现他一生的梦想，那么在他的私人生活中，情况则恰恰相反。去年，他与索菲·赫斯的异地恋走到了绝路上。至少在阿尔弗雷德看来是这样。听到别人对索菲在疗养院的奢侈生活方式的传言后，阿尔弗雷德觉得人们在他背后嘲笑他。他也对自己在一定程度上让她四处报他名字的做法而感到痛苦。索菲永远不会成为“诺贝尔夫人”，虽然他有时在信封上会这样称呼对方。她向他妥协，并将把他的姓氏隐藏起来。

1884年夏天，阿尔弗雷德不再称自己为她的“老棕熊”，“恋人”一词也从他的信件中消失了，第二年春天，他退掉了她在巴黎的公寓，反正她也不住在那里。这并不意味着他在推卸责任。在心情好的时候，他仍然可以表现得很亲切，很关心她，并称她为“亲爱的小鸽子”。当索菲想呼吸山里的空气时，他在南蒂罗尔为她租了一间房子，然后在奥地利的巴特伊施尔买了一间房子。他很担心她的健康。

但最主要的是，阿尔弗雷德现在很苦闷，很爱讽刺，有时甚至很刻薄。1884 年秋天的信件清楚地表明，他听说了一些事情，并感到被冒犯了。以前只是暗示的怀疑现在被直接写了出来。他告诫索菲，在“与各种追求者四处游荡”之后，她正走在一条滑坡路上。他在 1884 年 9 月的一封信中失望地喊道：“我很遗憾你没有意识到这一点，而你的大脑没有什么用处。”在下一封信中，他确信她又一次“找到了一个能让你生活放荡的人，让你又有机会向我妥协”。羞辱之余，他在巴黎四处奔波，按照她的清单购物——高档葡萄酒、大衣、礼服、手套、褶边和鲜花。他总是不知道该把包裹寄给她的哪个度假别墅，不知道该把这一次次的支票寄到哪儿，有时是 1500 古尔登，有时是 2500 法郎。

虚度光阴让他厌恶。毕竟，他们已经同意她会用她的时间和他的钱来教育自己。现在七年过去了，索菲还停在原地。她既不工作、不读书、不写作也不思考。阿尔弗雷德向信件中发表着尖酸的评论。就连贝拉这只狗都更聪明，是的，贝拉学法语比她都快，连狗都应该获得奖章，他在心里说道。他称索菲是“巨婴”，不机智也没有理解力。他还写道，她的无知和卑鄙使他蒙羞。

“在我这个年纪，每个人都觉得需要有一个他为之而活并且可以珍视的人。要不要成为这个人完全取决于你，但从你的角度来看，你已经做了一切可以想象的事情来让这种关系变得不可能。”他在一份声明中愤怒地写道。[644]

我们不知道索菲是怎么回答的。她写给阿尔弗雷德的下一封现存信的日期是几年后——1891 年。

*

在头 13 年里，索菲·赫斯写给阿尔弗雷德·诺贝尔的信是什么时候消失的，又是如何消失的？很长一段时间我都相信阿尔弗雷德死前已经扔了这些信。但在埃里克·伯根格伦于 20 世纪 50 年代全面收集的工作中，我发现了一个指向不同方向的推理。在给诺贝尔基金会的一封信中，伯根格伦概述了索菲的所有信件。“在最初的几年里，信中的语气可能非常甜美、流畅和值得称赞，但在过去的 10 年里，没有一封信不包含对购买各种奢侈品的金钱的要求。”

“过去 10 年”？以“早年”的流畅文笔，她保存下来的书信集至少应涵盖 12

年。但现被保存和出版的索菲写给阿尔弗雷德的信，总共只有5年时间，仅此而已。

导演维尔戈特·舍曼在拍摄有关阿尔弗雷德·诺贝尔的电影（1995）时深入研究了这些信件的后续。他发现作家P. O. 松德曼在20世纪70年代后期试图写一本关于阿尔弗雷德·诺贝尔的书时，成功破例。松德曼获准将国家档案馆的盒子带回家，里面装有索菲和阿尔弗雷德之间的原始信件。

松德曼有一个竞争对手西格瓦德·斯特兰德（Sigvard Strandh），后者同时从技术历史的角度描写了阿尔弗雷德。斯特兰德也对这些信件感兴趣，但国家档案馆向松德曼提出的归还要求没有得到答复。也许是因为有一段时间，原始信件在松德曼处流传，分发给几位翻译人员。

与松德曼不同，斯特兰德在四年后完成了他的书。松德曼在给朋友的一封信中欣喜若狂地表示："但是写给索菲·赫斯的信没有送到斯特兰德那儿，因为它们在我这儿！"

后来他把装信的盒子还给了国家档案馆。里面的信一封都没丢，这几乎算是奇迹了，但仍旧没有看到头13年的信件。[645]

*

阿尔弗雷德不忍心看到他在索菲·赫斯身上的失败。在给他的嫂子埃德拉的一封信中，他表达了他的沮丧："我们之间形成了鲜明的对比。你，被爱、欢乐、嬉戏、生机包围，被呵护和照顾，又被人爱抚，沉浸在满足中；我，流浪，没有方向，就像一个无用和注定命运悲惨的躯壳，没有过去的美好让我回忆往昔，没有虚假但美丽的未来为我照亮前路，……没有家人，这是我们此后唯一的依靠。"[464]

1885年7月底，阿尔弗雷德仿佛被人泼了冷水。根据他自己的说法，这对他的打击非常大，以至于在他拿起笔之前，他不得不坐上马车转悠几个小时，让自己平静下来。然后他给索菲写了如下的文字："请你对我诚实回答，给我一个关于你要如何安排你的新生活的充分解释。"他以"你很快就忘记的阿尔弗雷德"作为结尾。

20世纪90年代，导演维尔戈·舍曼在筹备电影期间前往维也纳，并结识了索菲·赫斯的孙女奥尔加·伯姆（Olga Böhm）。然后她向他展示了一封以前不为人知且未注明日期的信件。在这封信中，一位匿名人士写信给索菲·赫斯，讲述了他在火车上与阿尔弗雷德·诺贝尔的一次意外且非常尴尬的会面。阿尔弗雷德曾向写信人提出关于对方和她的谣言的质询。显然，对方被迫承认自己是索菲的情人。这次会面非常令人沮丧，以至于该男子随后立即结束了与索菲·赫斯的关系。[647]

也许这就是当时的真相？

与此同时，维尔戈·舍曼还获得了一份家族文件，据称索菲·赫斯的姐姐在文件中称索菲“用各种谎言欺骗了阿尔弗雷德·诺贝尔”。不管被泼冷水的原因是什么，它最终促使阿尔弗雷德·诺贝尔聘请了一名私家侦探。他想知道索菲在巴黎的生活是否像她在温泉浴场和维也纳时看起来那样悠闲自在。[648]

这种廉价的侮辱似乎加深了阿尔弗雷德·诺贝尔对刺激别人的渴望。阿尔弗雷德想起了不久前收到的一封来自伯莎·冯·苏特纳的信。她和丈夫亚瑟·冯·苏特纳一贫如洗，被亚瑟的父母收留，从高加索搬回奥地利。1885 年 8 月中旬，阿尔弗雷德·诺贝尔在维也纳，仍因索菲的事情而感到沮丧。他找到伯莎·冯·苏特纳，但被告知她在家族庄园哈曼斯多夫。他不敢去那里。相反，他写了一封信，她的书《灵魂的清单》仍在脑海中：

“我很高兴听到你终于幸福地、满足地回到你珍爱的国家，并从我深感同情的斗争中得到休息！关于我——一个被剥夺了青春、欢乐和希望的漂流者，还有什么可以向你诉说的？一个空虚的灵魂，他的‘清单’是一张空白页或灰暗的一页。”[649]

和平问题引起了他的高度关注。1885 年，巴尔干地区出现新的紧张局势，对战争的恐惧蔓延到整个欧洲。与上次一样，斯拉夫人的团结努力仍是核心，据说一些大国正在为即将到来的冲突进行军备竞赛。沙俄和英国的情绪最热烈，但在被称为欧洲大国政治的复杂平衡中，俾斯麦最新的三国同盟（德国、奥匈帝国和意大利）当然也有被卷入其中的巨大风险。

阿尔弗雷德·诺贝尔在给他哥哥路德维格的一封信中谈到了战争的威胁，现在两兄弟之间的语气又恢复了平静。他写道，他害怕有一天会爆发战争，并预见到即将到来的欧洲战争将比他本人近距离经历的普法战争时间更长、后果更严重。“我们的小利益会因此受到损害，但谁能在世界之心流血的时候想到股市呢？”阿尔弗雷德感到疑惑。

阿尔弗雷德·诺贝尔的推理出现了一种新的基调。同一天，他写信给一位业务联系人，说他现在最想要的是休息与和平。“我变得越来越沉迷哲学。……我越是听到大炮的轰鸣声，越是看到鲜血在流动、掠夺合法化、左轮手枪被批准，我的这个梦想就变得越清晰、越强烈。”几个月后，他的外交愿景更加明确，他写道，他比以往任何时候都更希望“和平能遍布我们这个小小的充满爆炸性的世界里”。[650]

阿尔弗雷德·诺贝尔没有提及在这种情况下他如何看待自己的新发明。无烟火药，他的第一种严格的军用炸药，仍然是商业秘密。在塞夫朗，化学家费伦巴赫努力研究最后的细节。阿尔弗雷德·诺贝尔早在 1879 年就开始研究这个想法，是的，自从他在 1863 年开始认真使用炸药以来，他的脑子里就一直有研究一种火药和硝化甘油的混合物的想法。但这需要时间，而这一次他想做到一丝不苟，无论是在研磨细化方面还是在专利申请方面。1885 年 7 月，阿尔弗雷德的话让为数不多的发起人之一、英国化学教授弗雷德里克·阿贝尔提高了期望。“……我可以自信地告诉您，我很快就能为您提供一种手榴弹爆炸物质，其威力和安全性会让您大吃一惊。它不是液体。”[651]

也许他认为无烟火药是武器进化之路上的一步，根据伯莎·冯·苏特纳受达尔文启发的哲学，这将结束所有战争？也许他在理想状态和严酷现实之间做出了区分？或者他确实是前后矛盾了。无论如何，欧洲并没有发生大战。世界得以喘息，阿尔弗雷德·诺贝尔得以继续改进他的新炸药，但天空中笼罩着一层不安。1885 年夏天，一位法国炸药工程师开发出了一种竞争产品。[652]

保罗·维埃耶（Paul Vieille）受雇于法国国有火药公司（Service des Poudres et Salpêtres），该公司在距离塞夫朗的阿尔弗雷德·诺贝尔实验室一公里处设有工厂和实验场。一年前，维埃耶曾在该公司位于巴黎的实验室中实验过另一种火药，这种火药也应该是无烟的。他像阿尔弗雷德一样使用棉粉，但没有添加硝化甘油。

到 1884 底，保罗·维埃耶取得了他的第一个实际成果。他的火药现在已准备好在步枪中进行实验。因此，在 1885 年，维埃耶在高度保密的情况下将他的工作转移到了塞夫朗。那里已经建成了一个新的实验室。[653] 它将是世界市场上第一个具有新的军事轰动效应的无烟火药实验室。阿尔弗雷德·诺贝尔开始着急了，非常着急。问题是他是否意识到了这一点。

阿尔弗雷德梦寐以求的更自由的研究生活离他越来越近了。炸药公司的合并很快就要完成了，他现在需要做的就是从圣彼得堡石油公司拿到完成交易所需的资金。他继续帮助路德维格，现在他一半以上的财产（至少 950 万法郎）都在巴库。

但在 1885 年底，世界石油市场价格在生产过剩后再次直线下跌。有人谈论石油行业的危机。很快，欧洲的证券交易所受到持续不断的谣言的打击，即诺贝尔兄弟石油公司已暂停付款。人们普遍担心该公司正走向破产。

第十六章

最大的失误：没有成家

阿尔弗雷德·诺贝尔本人是否看到了他身上的许多矛盾之处？他是一个既可以梦想“美好的和平”，又可以投入全部精力为世界军队生产更有效弹药的人。他辱骂教堂及其“不幸”的牧师，但向巴黎的瑞典－挪威索菲亚教会捐助了一大笔捐款。[654] 他可以谴责路德维格的贷款如旋转木马一样源源不断，顽固地拒绝提供经济支持，但很快又会提供比他哥哥要求的多得多的资金。盛怒之下，他禁止索菲·赫斯使用自己的名字，但之后又高兴地继续在寄给对方的信上写上“索菲·诺贝尔夫人”。

阿尔弗雷德·诺贝尔是一个努力为人类造福的人，但他总是能遇上让自己名誉扫地的机会。

朋友们注意到，现年53岁的阿尔弗雷德·诺贝尔看上去疲惫不堪，身形几乎干瘪。他的胡子已经花白了，走路的时候微微驼着背，给人一种比较矮小的印象。时不时地，他不得不捏住鼻梁上的眼镜以便在工作时看得更清楚，而且他可能已经开始使用那根他侄子会将其与他联系在一起的手杖了。他穿着朴素，通常穿着简单的黑色西装。许多人把他当作一个会打扮自己的工人，而不是一个痴迷研究的富有企业家。

他的神情中带着一种悲伤，在他明亮且有穿透力的眼睛中有股显而易见的严肃感。中年的阿尔弗雷德·诺贝尔并不是一个沙龙里富有魅力的人。相反，在第一次握手时，他可能显得闷闷不乐、紧绷和害羞。但在他的外表下，他内心充满了热情，重承诺，所以导致他可能看起来紧张。他拥有一种诙谐的、特立独行的精神，喜欢用激烈的、讽刺性的幽默来加以点缀。

在他感到舒适和放松的圈子里，他很容易成为注意力的中心，他在瑞典语、法语、英语和德语之间疯狂切换，但俄语用得较少。“与他交谈一小时，既是一种奇特的乐趣，也是一种令人疲惫的努力，因为人们必须警惕和学会接受他的意外转折和突然出现的矛盾。他像一只被风吹动的燕子一样从一个话题飞向另一个话题，面对他思想的快速飞行，地球似乎缩小了，距离也似乎融化了，变得无足轻重。”探险家斯文·赫定后来这样写阿尔弗雷德·诺贝尔。伯莎·冯·苏特纳回忆说：“与他谈论世界和人，谈论艺术和生活，谈论时间和永恒的问题，是一种真正的精神享受。”[655]

另一些人则更难跟上他的疯狂联想。专利工程师雨果·汉密尔顿（Hugo Hamilton）认为阿尔弗雷德·诺贝尔是“怪诞的原创者”，同时“个子矮小，丑得非比寻常”。汉密尔顿有时与诺贝尔和诺登舍尔德在哈塞巴肯餐厅共进晚餐。在他的回忆录中，他讲述了一次阿尔弗雷德考虑为自杀者建造特殊的房子。在那里，想自杀的人可以得到友好的帮助，而不是被迫“在各种不愉快的地方割喉”。汉密尔顿想，如此奇怪的想法竟然能从这个诺贝尔口中说出，这不完全是普通的闲谈。[656]

阿尔弗雷德邀请的客人，都对马拉科夫大道上这套住宅的细致和奢华感到惊奇。他们会长久地记住诺贝尔家的豪华晚宴、独家的陈年葡萄酒和来自非洲的新鲜异国水果，这些都是大多数人以前从未听说过的。但他的私人生活非常简单，而且还经常节食。喝太多酒会让他消化不良，因此他只在水杯里滴几滴酒。从记账簿上看，他似乎已经完全放弃了过去经常抽的雪茄，但继续购买香烟和加长烟嘴器显示他并没有戒烟。[657]

阿尔弗雷德对生命的起源和意义进行了很多思考。有一天，瑞典索菲亚教区的牧师埃米尔·弗吕加勒（Emil Flygare）与他联系，希望为巴黎的一位弱势同胞提供经济援助。阿尔弗雷德对弗吕加勒牧师表示感谢，并将所要求的金额增加了一倍。他还借机在回信中试探了一下自己对牧师工作的想法。

> 我们的宗教观点也许更多的是形式上而非内容上的不同，因为我们都同意，一个人应该像他希望被对待的方式去对待自己身边的人。我在这点上有更进一步的想法，因为我对自己有一种厌恶，而对亲近的人没有。
>
> 然而，就我的理论性宗教信仰而言，我承认我在很大程度上偏离了既定的轨道。正是因为“问题凌驾于我们之上”，我拒绝承认通过人类的理解力来解决它们。在宗教上，要清楚自己应该相信什么，这就和开平方根得到一个圆一

样不可能，但辨别一个人不能相信什么是完全有可能的，那绝对没有超出可能性的范围。我本人就没有超过这个限度。任何有思想的人都必须意识到，总有一个永恒的谜团围绕着我们，所有真正的宗教都基于此。你透过全能之父的面纱所看到的是什么，取决于个人的想象力，因此应限于个人观察。但我迷失在形而上学的领域，我没有如实感激你的亲切来信，并向你保证我对你的深情厚谊和至高敬意[658]。

*

到了冬天，阿尔弗雷德在寒冷中与呼吸道感染做斗争。清晨的时候，他要么坐火车，要么在自己身上盖上双层毛皮毯子，在黑色沙俄种马的飞驰下，乘坐他的双人马车摇摇晃晃地前往塞夫朗实验室。傍晚时分，他又以同样的方式返回住处。他和乔治·费伦巴赫一起实验了无烟火药。尝试这个词是正确的。他们所尝试的仍然不是什么科学活动，只有一系列无休止的“专家工匠方法”。曾详细研究过诺贝尔和费伦巴赫的实验的科学史学家西摩·毛斯科普夫（Seymour Mauskopf）称他们为“创造性的工匠”，并认为他们的成功是基于诺贝尔对有效方法的“非凡直觉”。[659]

他们也不缺乏耐心。又过了一年，他们才取得阿尔弗雷德·诺贝尔认为值得展示的成果。那时，法国人保罗·维埃耶已经向法国军队推出了他的竞争性无烟火药即 B 火药。

但是，谁将征服世界市场仍然是一个悬而未决的问题。阿尔弗雷德·诺贝尔对英国教授弗雷德里克·阿贝尔和詹姆斯·杜瓦的兴趣寄予厚望，他们将为他的实验室火药增添受欢迎的科学色彩，并开辟一个重要的市场。因此他一定要让他们了解情况。[660]

日子在蒸馏器的叮当声和本生灯火焰的轰鸣声中过去。阿尔弗雷德因硝化甘油而持续头痛，有时在工作时头上缠着冷绷带。当他回到巴黎时，有二三十封信等着他去回复。他所谓的空闲时间是由书面商业纠纷组成的。“这是一种折磨。”阿尔弗雷德想。炸药公司内部永远无法停止对即将共组的信托基金的争吵。[661]

然后是索菲的问题等着他解决。他觉得对她有责任，并没有放弃希望。哪些是真实的，哪些只是恶意的诽谤？他动摇了。“我求你不要再欺骗我了，”他可以一边这么写，一边咒骂索菲对仆人的粗暴对待，“在你的……字典里，查查尊严这个词！”尽管如此，他仍然定期给她寄去高面值的纸币。他继续帮她完成她列的巴黎精品店的购物清单，记账簿上加了这几笔：“妖精的租金，1400”“妖精在信中的东西，3000，“妖精的酒单，930”“妖精要的现金，2600”“3 顶帽子，362”“妖精的蓝宝石和闪闪的耳环，2000”。有时反差会很大：“妖精的手套，114”“我的手套，1.75”。

支付给索菲·赫斯的款项是阿尔弗雷德·诺贝尔记账簿中最频繁的项目之一，占到了他个人开支的三分之一左右。“我怀念一些我从未找到也可能永远找不到的东西。我渴望在一个由受过教育、正派和愉快的人组成的家庭中生活。”当他感到被冒犯时，他无奈地叹了口气。但没过多久，他给索菲的信中又展现了温柔的一面，甚至又变回了“老棕熊”。前后一致不是阿尔弗雷德·诺贝尔的强项。[662]

仿佛这还不够，还有人对路德维格的事表示担忧。1886 年初，关于石油公司付款困难的传闻也被外国报纸报道了。阿尔弗雷德听说许多投资人都接到警告，不要给他贷款，理由是他也参与投资了石油公司。因此他再次要求查看路德维格的账目。这一次他得到了安慰。路德维格似乎是对的，他说这是外界蓄意恶毒的抹黑，可能是由石油竞争者罗特希尔德指挥的。[663]

阿尔弗雷德所梦想的创作自由仍然没有什么迹象。他仍然不得不四处奔波，这周去柏林，下周去伦敦，再下周去都灵。某些时候，他似乎可以在大脑中离开“注定要失败的”炸药舱，在完全不同的领域规划项目。他发现，医学领域非常令他兴奋。这段日子里，化学和医学的研究问题经常交织在一起，这难道不令人吃惊吗?

阿尔弗雷德试图让他认识的一位医生对肺结核的研究合作感兴趣。那就是路易斯·巴斯德的主要竞争对手，德国细菌学家罗伯特·科赫，他在四年前成功地确定了肺结核的病因，但对这种威胁生命的疾病仍然没有治愈方法。巴斯德在狂犬病疫苗方面的成功给了科赫很大的压力，科赫答应尽力而为，但他最终没有成功。1921 年，结核病疫苗才第一次可以在人类身上进行实验。

阿尔弗雷德·诺贝尔认为应该测试一下一氧化碳这种气体是否能够有效防治结核病。然而，医生对这个建议并不那么热心。[664]阿尔弗雷德想，但愿信托基金和无烟火药很快就能步入正轨。然后，他将在塞夫朗实验室里花上一整天的时间，做有关火药的交叉融合实验，这将会非常刺激。

*

从巴黎市中心到塞夫朗郊区，乘坐RER通勤列车需要20分钟。在2015年11月中旬的一个有雾的日子里，我动身前往那里，阿尔弗雷德·诺贝尔最喜欢的地方，他引以为豪的实验室，目前还在。窗外掠过布满涂鸦的墙壁，偶尔有烧毁的汽车残骸。火车在塞夫朗美丽的火车站减速，这是诺贝尔时代留下的少数建筑之一。

这个郊区已经从300名居民发展到今天的5万人。失业率接近19%，暴力犯罪率是全国平均水平的3倍。几年前，塞夫朗市长在国民议会外的帐篷里进行绝食抗议，要求政府为法国的贫困地区提供更多资金。

阿尔弗雷德·诺贝尔的房产仍然在塞夫朗的中心。当他卖掉房子时，住宅成了市政办公室，并一直保持到现在。墙上挂着的牌匾是为了纪念这位前主人。我经过圆形的扩建部分，诺贝尔在那里有他的台球室，现在是塞夫朗市政府的婚礼大厅。在那里，绿色栅栏后面，就是阿尔弗雷德·诺贝尔心爱的实验室。

这座建筑看起来破破烂烂的。砖头已经从外墙脱落，破碎的窗户被各种颜色的胶合板所取代。我穿过杂草丛，走到后面一扇半开的铁门前，溜了进去。开裂的水泥地面上布满了破碎的窗户玻璃和大量的垃圾——破碎的木托盘、扭曲的椅子、布满灰尘的旧汽水罐和破烂的纸箱。生锈的日光灯从倒塌的天花板上垂下。

后来，塞夫朗的市政信息处主任向我保证，诺贝尔的实验室将在不久的将来进行翻新。我很想回答说："阿尔弗雷德可能会像我一样认为，你还有其他事情更值得考虑。"

这里是阿尔弗雷德·诺贝尔本应实现他所有梦想的地方，但事实并非如此。我撞见了一台陈旧电脑的生锈的框架。一个被拆毁的深色木质餐具柜唤起了我对19世纪的联想，我很难不产生感伤的情绪。这儿到底发生了什么？

我还需要一段时间才能了解全貌。[665]

*

阿尔弗雷德·诺贝尔对最终袭击石油公司的严重危机措手不及，转机来得如此突然。路德维格曾声称自己缺乏现金。1886年夏天，阿尔弗雷德要求路德维格偿还他所借出的一些钱。德国和英国的炸药公司之间的信托协议终于谈成了，阿尔弗雷德需要利用这笔钱来购买必要的股份。[666] 他已经变现了其他一切可以变现的东西，包括他的瑞典炸药股份，但这还不够，现在已经到了紧要关头。

路德维格坐立不安。为什么是现在？他在给阿尔弗雷德的信中说，夏天是石油公司最糟糕的时候，市场也处于新的低迷状态，生产过剩，价格下跌。工业活动不是一项简单的资本投资。他酸溜溜地意识到，如果要让公司活下来，他需要耐心。路德维格又补充了一句。“像你这样没有孩子的人，可能会和像我这样有一个大家庭的人，有完全不同的想法。” [667]

阿尔弗雷德无法理解哥哥的回复。为了挽救诺贝尔兄弟石油公司的破产，他曾数次勒紧裤腰带。当然，除非他急需用钱，否则他是不会要回自己的钱的。路德维格是怎么想的？

阿尔弗雷德在石油公司的股份现在价值约 700 万法郎。他并不打算出售这些股份。他只需要他额外借出的 130 万法郎。沮丧之余，他写信给罗伯特，并警告他。阿尔弗雷德称路德维格是有史以来，在这个级别上从事商业活动的“最没头脑”的人。阿尔弗雷德写道：“我早就怀疑（沙俄的生意）会急速衰落。”他不想对罗伯特隐瞒这个事实。阿尔弗雷德独自生活，没有什么需求，他可以在失去财富的情况下生存。“但对你来说，这件事是非常严重的。”阿尔弗雷德写道。此后不久，罗伯特就向石油公司索要了他的 15 万法郎。[668]

路德维格受到了很大的打击。阿尔弗雷德和罗伯特现在要背叛他了吗？一股无尽的苦涩冲击着他。路德维格得出了结论，他认为兄弟俩在密谋反对他，套现后把钱落入公司的敌人——“德国犹太人”（竞争对手罗特希尔德）的手中。他怀着愤怒的心情给阿尔弗雷德写了一封长达 10 页的信。“还有什么比我的要求更自然的呢？你们两个和我一起创立了公司，并以其为名，你们不应该放弃它，相反，应该冷静地坚持下去，直到情况好转。”路德维格向他们保证，他真的想帮他们偿还债务，他宁愿卖掉他所有的房子，也不愿为他们争吵，但“在圣彼得堡，目前任何东西都找不到买家”。难道他们没有意识到，“所有的工业活动都是周期性的吗？……一个明智的人不应该绝望、放弃，只想着暂时保全自己” [669]。

罗伯特的背叛对路德维格来说并不是什么财务灾难。哥哥的小份额并没有威胁到公司的发展。但是阿尔弗雷德呢？路德维格请求让他的资金继续放在公司里，并提供他在圣彼得堡的房子作为担保。尽管市场在萎缩，但这也是不错的补偿。路德维格在涅夫卡河畔的宫殿式别墅有近 900 平方米的居住空间，还有办公室、一个两层楼的冬季花园和该市最引人注目的沙龙之一。

“你的提议我接受了。”阿尔弗雷德对此冷冷地回答道。他明确地向路德维格表示，他认为石油公司破产只是一个时间问题。当然，阿尔弗雷德不希望哥哥理解成他会“让自己陷入贫困，以帮助公司更缓慢地走向毁灭”。这封信发出后，兄弟俩之间的关系又僵住了。

“你决定吧，”路德维格反驳道，“如果你想让我现在就偿还贷款，我可以立即卖掉我的房子，无论什么价格。只要告诉我一声！”

阿尔弗雷德没有对这句话做出回应。路德维格的长子埃曼纽尔接手了父亲的一些工作，他试图以温和的语气介入父亲和叔叔的通信中。他强调说，债务当然会得到解决，但问题是阿尔弗雷德和路德维格同时需要这笔钱。“我清楚地意识到，你和父亲都处在一个困难的境地。”[670]

几周后，路德维格和阿尔弗雷德在伦敦会面。这次会面以失败告终。阿尔弗雷德在给罗伯特的信中发泄了自己的怒火。他强调说，如果有人干扰了这里的生意，那也不是他。从现在开始，他不想再直接和路德维格打交道了。他的哥哥在伦敦的表现“非常令人讨厌和粗暴”。阿尔弗雷德曾参与过许多商业纠纷，但“不论是过去还是以后，我都从未受到过如此无情的对待。这丝毫不妨碍我去帮他，但我更希望是通过另一个人来帮我做这件事”。[671]

兄弟俩被好消息所救。1886 年 10 月，诺贝尔炸药信托公司在伦敦成立，并立即获得了成功。阿尔弗雷德得以撤销对路德维格的要求，因为他对资金的需求原来并不像自己所担心的那样。该信托公司的成功也波及了沙俄的诺贝尔兄弟石油公司。据路德维格说，阿尔弗雷德的成功对沙俄的金融家来说是“电击”。前段时间诺贝尔兄弟石油公司刚刚被切断了所有的信贷，现在又突然收到了各方的报价。

一个月后，当路德维格在巴黎拜访阿尔弗雷德时，气氛已经发生变化。“看到过往兄弟间的信任完全恢复，我很高兴，”路德维格在他的感谢信中写道，“信件是冷冰冰的东西，但口头交谈不可避免地能反映出很多隐藏在内心深处的东西，它是温暖和美好的。”“你的信让我很高兴，你无法想象，”阿尔弗雷德回答说，“我们都站在生活的下坡路上，当它更多地预示着它的黑暗面时，那种几乎是所有争端根源的小题大做的事情，绝不可能出现。就我而言，除了我内心的思想，和它反映的

‘尼福尔海姆的灵魂’，我与一切事物和人都生活在绝对和平之中。我最不希望与你争吵，如果我们之间曾有阴影，那么现在早已让位于心灵的‘温暖之光’。”[672]

最后一句话可能有点夸张，但这有什么关系呢？

*

伯莎和亚瑟·冯·苏特纳正在前往巴黎的路上。他们想呼吸一下城市的空气。两年来，他们一直忍受着孤独、无聊的生活。1887 年初，他们住着的哈曼斯多夫家族城堡外，当时还下着雪。亚瑟的家属都是保守派。他们活在奥地利贵族的所有负面形象中，而伯莎想改变现状，就把这些事情都记录下来。哈曼斯多夫家族对自由主义或文学不感兴趣，当然也对当代的和平和社会哲学思想不感兴趣，而这些思想在伯莎和亚瑟经历教育之旅后，充斥在他们的大脑中。当亚瑟的母亲发现伯莎在读埃米尔·左拉的书时，她把它们烧掉以示抗议。[673]

到了巴黎后，伯莎给阿尔弗雷德·诺贝尔寄了一张票。他立即邀请他们到他的，用她的话说，位于马拉科夫大道的“可爱的小房子”里去。伯莎以为阿尔弗雷德已经头发花白了，但发现他在其他方面并没有什么变化。他领着他们去他的书房和图书馆，在伯莎看来，书房的布置仍然很简单，以一张大桌子为主。阿尔弗雷德向感兴趣的亚瑟展示了他的家庭实验室。伯莎很高兴地注意到，自上次以来，阿尔弗雷德似乎也提高了他的阅读兴趣。书架上摆满了哲学和诗歌作品，“最喜欢的诗人”拜伦勋爵的作品集被摆在了重要位置。他们欣赏了匈牙利画家米哈伊·冯·穆卡西斯（Mihaly von Munkacsy）的画作，阿尔弗雷德将其挂在沙发上方。他答应为他们找到这位艺术家在巴黎的地址。

这顿晚餐非常精彩。伯莎和亚瑟注意到阿尔弗雷德从酒窖里拿出来的特别的葡萄酒，是罕见年份的伊甘酒庄和约翰尼斯伯格的酒。这种奢华与他不苟言笑的本性不相符。

之后，诺贝尔在餐厅旁边的小冬日温室里给二位准备咖啡。“在这座小宫殿里，所有的东西都很小，甚至绿色的接待大厅里也有孔雀石家具，旁边还有一个非常小的红色音乐室，被昏暗的红光照亮。”伯莎·冯·苏特纳后来回忆说。那里有一架漂亮的三角钢琴。[674]

他们有很多话要谈。伯莎刚刚完成了一本书稿《机器时代》（*Das Mas-*

chinenzeitalte)，在九篇哲学文章中，她对狭隘的民族主义采取了强硬态度，这种民族主义似乎像瘟疫一样以“爱国主义”的名义在当代欧洲蔓延。伯莎认为，“民族利他主义”显然是人类发展的更高阶段，人们怎么能把民族利己主义理想化呢？“就像人对亲属的爱是比爱自己高得多的品质”。[675]

这个问题具有很强的时效性。自上次接触以来，欧洲大国之间的紧张关系并没有完全缓解。越来越明显的是，俾斯麦的政治联盟行动已经失去了平衡能力，特别是由于新的俄国沙皇亚历山大三世比他被谋杀的父亲更反感德国首相的提议。俾斯麦认为，沙俄向法国靠拢只是一个时间问题，他只能尽其所能推迟这一联盟的组建。但这是一个新时代，声势浩大的民族主义者在一个又一个国家左右着公众舆论，谁也没有想到，尤其是俾斯麦，大多数地方的战争言论是针对德国的。在法国，情况最糟糕。

阿尔弗雷德带着伯莎和亚瑟去拜访他的朋友、作家朱丽叶·亚当，她刚刚在巴黎的马勒泽布大道上开了一家新沙龙。女主人穿着天鹅绒红裙接待了他，裙子很长，高高的发髻上镶着钻石。在这位 51 岁的老人身上，年轻的精神气质中又多了一份威严。年轻七岁的伯莎认为，她很迷人。

作家、艺术家、商人和政治家都挤在这所小房子里。当伯莎听到这些人的对话时，她感到很震惊。朱丽叶·亚当是一个热情的爱国者，她是支持法国对德国进行报复的、最强烈的舆论声音之一。在她的杂志《新评论》中，她长期以来一直主张法俄之间应建立联盟。伯莎注意到，她的许多客人似乎都同意这一观点。她听到他们兴高采烈地宣称，期待已久的战争很快就会到来。“真是政治垃圾。”她事后抨击道，并说如此“不择手段又不加批判”。[676]

几天后，冯·苏特纳夫妇拜访了作家阿尔丰斯·都德。在那里，伯莎意识到，除了所有的战争贩子，巴黎还有一个和平组织。在英国和意大利，甚至在更多的国家，似乎都有类似的和平主义团体。伯莎在她的回忆录中写道：“这个消息让我兴奋不已。”

当春天她和亚瑟回到奥地利的哈曼斯多夫时，她拿出她的书稿，增加了关于国际和平工作的章节。她后来解释说：“如果我不知道这事，我认为我的读者或许对这种新现象同样一无所知。”

伯莎不再相信军备竞赛对各国参战的意愿有威慑作用。她说，恰恰相反，它威胁到了人类的生存。她在《机器时代》一书的附录中写道："为了人类的利益——如果战后不仅没有好好发展，而且也没有人了，那么这句支持战争的流行语就失去了意义。"[677]

"为了人类的最大利益。"这句话在她的书中不断重复。

*

1887年4月20日星期三，一位法国警察专员在德国边境被捕。据称，他被怀疑从事间谍活动。法国总统儒勒·格雷维设法使他获释，但德国的行动仍然引发了一场民族主义的抗议风暴，迫使法国政府辞职。当新政府的部长名单在5月底宣布时，阿尔弗雷德·诺贝尔近20年的同伴保罗·巴布被任命为农业部部长。

保罗·巴布于1885年出现在一份激进共和党人的名单上，他当选为国民议会议员。部长的身份促使他迅速转到偏中立的机会主义者的派别里。激进派认为这是在浪费时间。"对我来说，他的当选是相当令人愉快的，"阿尔弗雷德给路德维格写道，"我的预言就这样实现了，因为我在他被选入议院的那天就预见到了这一点。他有一种领导能力，人们一定都看得出来。我相信他很快就会成为总理、外交部部长或战争部部长，这三个职位他都非常适合。不要以为他会把国家扔到毫无准备的战争中去；他没有一丝紧张，也不急于求成，而且非常清楚如何判断对手的实力。"阿尔弗雷德·诺贝尔在巴布登上新权力地位的事情上只看到了好处。他在给路德维格的信中说，"尽管官员们平时又坏又愚蠢，但这件事使我有可能在这里完成几件事。"[678]

阿尔弗雷德现在体会到了，以前他从未听说过的人是如何接近巴布以获得政治利益的。他自己也在沿着同样的路径思考。在合伙人中，似乎没有人认为利用巴布的部长职位为自己谋利有什么不道德的地方。阿尔弗雷德几乎每天都给巴布部长写信，并随时向他通报使用无烟火药的射击演习情况。"我提醒你，当需要采取行动的时刻到来时，来自高层的压力，甚至是最高层的压力，一定会有用，而且很好用。"阿尔弗雷德写信给巴布。[679]他将这种新炸药命名为"弹丸石"。

阿尔弗雷德没有只考虑法国市场。保罗·巴布也参与了在沙俄建炸药厂的计划，但该计划仍未实现。通过路德维格和埃曼纽尔，阿尔弗雷德还试图让沙俄政府对无烟火药感兴趣。在塞夫朗，费伦巴赫已经开始用沙俄步枪测试这种火药。如果他们成功了，他们的想法是把沙俄这边的好处分给三个人——路德维格、阿尔弗雷德和保罗·巴布。这意味着，法国政府的部长保罗·巴布将通过向另一个国家——沙俄出售独特的军用弹药来赚取私利。同时，他还在等待阿尔弗雷德的许可，邀请他的同事——法国战争部部长参加在塞夫朗举行的射击演习，希望让这位部长也分一杯羹。他和阿尔弗雷德·诺贝尔似乎都没有反思过这种两面派的安全政策是否合适。[680]

实际上，现在主要是路德维格的长子、28 岁的埃曼纽尔在管理石油公司以及圣彼得堡的炸药和火药的业务。圣彼得堡的机械厂则由他的弟弟卡尔负责。最近的商业危机已经耗尽了路德维格的体力，他现在花时间在疗养院里休息。血管痉挛的情况已经恶化，他的呼吸道也不正常。医生给他开了处方，让他喝井水、沐浴和锻炼吸气。阿尔弗雷德提出了严格的要求，即让路德维格的儿子们阻止父亲参与这段时间的任何商业交易。[681]

很明显，康复治疗让路德维格有时间进行反思，回想他和家人的生活。他有一个想法，想让阿尔弗雷德感兴趣。他们难道不应该为他们的父亲伊曼纽尔·诺贝尔写一本传记吗？阿尔弗雷德反问道，谁有时间读传记？谁能认真地对这种垃圾感兴趣呢？无论如何，阿尔弗雷德已经远远落后于他承诺要完成的工作，除非设计一个"签名卡"，要不然来不及。他给路德维格举了一个传记的例子：

"阿尔弗雷德·诺贝尔——人到半百，可悲；当他诞生的时候，应该被一个有人性的医生闷死。最大的优点：他的指甲很干净，而且从不成为任何人的负担。最大的失误：没有成家、脾气好、胃口好。最大也是唯一的要求：不被活埋。最大的罪恶：不拜财神。生命中的重大事件：没有。"

"这还不够吗？"阿尔弗雷德在繁忙的工作中疑惑道。[682]

他对公司里多了一位法国部长的喜悦并没有持续多久。1887 年 10 月，一场腐败丑闻爆发，两个月后法国新政府辞职。儒勒·格雷维总统的女婿在爱丽舍宫的办公室里秘密出售了荣誉军团勋章和其他奖项，以换取大笔金钱。这场危机也迫使总统下台，1887 年 12 月，另一位共和党人，公路工程师萨迪·卡诺（Sadi Carnot），被选为新的法国总统，他将在接下来的七年里担任这一职务。[683]

即将卸任的农业部部长保罗·巴布被反对派媒体描述为，其腐败程度不亚于总统女婿，但他重新获得了国民议会的席位。[684] 在那里，他很快找到了新途径，来利用他的权力地位。阿尔弗雷德·诺贝尔日后会对他曾经夸赞这位合伙人的行为感到后悔。

*

“最大的失误：没有成家。”阿尔弗雷德曾在给路德维格的信中这样描述自己。马拉科夫大道上的孤独生活比以往任何时候都更折磨着他。他痛苦地意识到，在日常生活中，真正关心他的人只有那些为了报酬而做出牺牲的仆人。在他的家里有一个真空地带，他似乎只能用沉思来填补。还有比这更悲惨的命运吗？难道这就是他对自己的辛劳和同胞的善意所得到的认可吗？[685]

在这一年中，有两件事比其他事更打压他的情绪。这两件事都与索菲·赫斯有关，而且都令阿尔弗雷德感到震惊，并必须做出妥协。事情始于5月。长期以来，阿尔弗雷德一直在问索菲关于她的高额消费的问题。他不明白，是什么让她在日常生活中花费如此之多，甚至连奢侈的习惯都无法做出解释。正如他在1886年3月的一封措辞激烈的信中所说的那样：“现在还不到三个月，加上这封附信，你已经要了29 810法郎（相当于今天超100万瑞典克朗）。我坚信，因为我了解你，你没有省下一分钱，但在我看来，整个巴特伊施尔镇都在以我为摇钱树赚取利息。这纯粹是剥削。”[686]

一年多以后，人们发现，索菲用阿尔弗雷德的钱养活了她整个家庭十年之久。最后是她的朋友奥尔加·博特格把这秘密抖搂出来的。阿尔弗雷德越来越欣赏这个年轻的奥尔加了。在一封信中，他解释了原因：“自从我更多地了解她之后，我发现她有不同寻常的理解力，而且非常机智和敏感。随着时间的推移，她变成了一个非常有趣和有天赋的人，并与她身边的‘鹅’形成了一个奇怪的对比。”[687]

“那只鹅”——没错，就是索菲。

索菲的父亲海因里希·赫斯试图挽回局面。他羞涩地道歉，强调了索菲的高尚动机，赞扬了阿尔弗雷德的骑士精神并诽谤了奥尔加。他对高额消费的解释既简单又感人：他没有钱，“没有她（索菲）的帮助，我可能就活不下去了”。他还说，就与“H博士”［黑本坦茨（Hebentanz）博士］有染的传言而言，索菲只是感到孤独，“这当然不能算是一种亲密的关系”。

阿尔弗雷德是无情的。他发了一封电报，通知索菲现在必须尽快搬出他为她在巴特伊施尔买的别墅。她被告知，她已经在他未来的遗嘱中失去了位置，听闻此，她的父亲批评阿尔弗雷德冷酷无情。海因里希·赫斯跪求阿尔弗雷德，好歹撤销驱逐令吧。

“想想……这将在这里引起多大的丑闻，在经历十年的亲密关系后竟被赶出去，”他的父亲恳求说，“当人们发现这件事时，您就等同于毁了我的家庭，我在维也纳无法立足了，（而且）您这个决定使我陷入绝望。”[688]

阿尔弗雷德心软了，他将时限推迟到9月。10月，当索菲·赫斯搬到一家旅馆住下时，下一个打击来了。阿尔弗雷德收到了她的“前崇拜者”（可能是“H博士”）的匿名电报。从阿尔弗雷德关于此事的信中很难看出电报的内容，但显然他又能再一次（或多次）指责索菲撒谎。“你逼得太紧了，太依赖我的耐心了。你太愚蠢了，因为当你失去我的耐心时，你就将失去我对你生活的支持。”阿尔弗雷德在1887年10月写给索菲。

他悲伤地回忆说，他曾经在她身上看到过“真正的女人味”。他知道索菲内心是善良的，正是这种温暖的女性气质吸引了他，使他宽容和原谅了她太多次。如果她没有“玷污”他的名字，他们可能会相处得很好，尽管在他眼里，她既没有才华又没有头脑。但是，由于她行事不理智，做出这种不分青红皂白的行为，不幸地在她周围挖了一个沙漠，阿尔弗雷德写道：“那么现在，你的生活将没有我的支持，没有我的爱和感情，在你涂脂抹粉的脸颊后，你的生命将在愚蠢的饰品和空虚的心灵中流逝。”[689]

他现在在记账簿的摘要中写道：“妖精 × 亲属。”1888年的支出总额为99 830法郎，占阿尔弗雷德总支出的三分之一。由于他孝敬的缘故，阿尔弗雷德的母亲生活很充裕，但这一年他给她的付款总价都不到1万法郎。[690]

*

我必须在这里先停笔。关注阿尔弗雷德·诺贝尔与索菲·赫斯的关系，已经变得越来越有压力。我们应该如何解释他的奇怪行为？我试图厘清信件中的情感关系，并看清事实。

某些情况表明，阿尔弗雷德·诺贝尔是负责任的，他不是疯子，也不是自我毁灭。他知道，他对索菲处于道德的灰色地带负有部分责任。在19世纪末的资产阶级环境中，人要维护自己的面子。美好且光荣的生活不允许人有婚外性行为，尤其是对妇女而言。未婚的年轻妇女不允许在没有监督的情况下自己出门远行，甚至暴

露脚踝也被认为是不合适的。在婚姻中，丈夫是妻子的监护人，负责她的生计，并保证她的声誉。

花哨的道德外衣是用大量的双重标准来维持的。即使在最有风度的家庭中，年轻的未婚男子也会被鼓励在结婚前与妓女“播下他们的种子”。

没有人可以肯定地说，索菲·赫斯和阿尔弗雷德·诺贝尔有性关系。一种“亲密”的关系，当然也可以指别的东西，就像“情人”一样，尽管我不这么认为。诺贝尔基金会为他们之间存在肢体上的亲密关系的迹象而苦恼。埃里克·伯根格伦在20世纪50年代收集事实时，曾推断说：“两人之间总有一些抚摸，也许是为了实现更进一步的亲密关系。”当时的诺贝尔基金会首席执行官的回应是：“他（阿尔弗雷德）对小鹅的理性反应与他的男性本能发生了冲突，这是可敬的，不一定会需要讨论这种关系是否‘圆满’。”

无论阿尔弗雷德·诺贝尔如何表达自己的情欲，很明显，他对索菲·赫斯都感到有道德责任，即使在感情或吸引力已经消退的情况下。他很早就暗示索菲可以嫁给别人。但在这种情况发生之前，抛下她不管，这在阿尔弗雷德看来显然是不体面的。他并不在乎这种态度为他带来的代价，无论是金钱上的损失还是内心的考验。

*

1887年10月底，阿尔弗雷德在马拉科夫大道的家里病了一个多星期。他向索菲抱怨说，他肺部的疼痛不会消失，现在他的心也在痛。“当一个人在54岁的年龄，仍旧孤独地活在这个世界上，身边只有雇用的仆人提供最友好的待遇时，他自然会有悲伤的想法，比大多数人想象的还要悲伤。我从仆人的眼睛里读出了他对我的同情，但我当然不能让他注意到这一点。”[691]

在他的书架上，有一本居伊·德·莫泊桑的最新短篇小说集。他拿着笔读了起来。短篇小说《幸福》中的一节真正打动了他：“突然间，人们意识到生活的可怕苦难，每个人的孤独，每个事物的狭隘，以及内心的黑色孤独，把自己包裹起来，用梦想欺骗自己，直到死亡。”[692]

阿尔弗雷德在书的空白处画了一条线，写上了“好”。

现在，他在塞夫朗每天都能听到射击测试的轰鸣声。1887年11月初，英国化学教授弗雷德里克·阿贝尔陪同阿尔弗雷德在那里欣赏了这些成果。这并不是他第一次以同样的目的访问巴黎。阿尔弗雷德为这位著名教授的兴趣感到自豪，称他是“陆军部最好的人”。在阿贝尔的帮助下，他希望他的新火药也能在英国市场上获得批准。它看起来当然很有前途。

阿贝尔被封为骑士，现在甚至被称为弗雷德里克爵士。他比阿尔弗雷德·诺贝尔大几岁，给人以善良的印象，有一双温暖、俏皮的眼睛，巨大的灰色八字胡像窗帘流苏一样挂在他那张娃娃脸上。十年前，弗雷德里克爵士曾玩弄阴谋诡计，推迟了炸药在英国的投放，但那次分歧已经成为历史。阿尔弗雷德对现在两人一起工作很有信心，否则他就不会带教授去观摩塞夫朗的秘密实验。

但几周后，阿尔弗雷德得知弗雷德里克爵士在伦敦的一次公开演讲中讲述了他的新火药。他感到震惊。他与阿贝尔在塞夫朗讨论的内容必须保密，教授怎么能这样做？阿尔弗雷德试图让自己冷静，毕竟弗雷德里克爵士知道的东西还不足以欺骗他，而且这位教授甚至不知道火药的确切构成。但阿尔弗雷德还是提醒了格拉斯哥的诺贝尔炸药公司负责人托马斯·约翰斯顿（Thomas Johnston）。他意识到，他们必须小心，有关新火药的一切都“极其机密”。也许他们应该尽快在英国申请专利？[693]

阿尔弗雷德还没有这样做，他讨厌申请专利时的官僚主义。申请专利只会惹来诸多争吵，而且他知道几乎不可能把专利写好，专利也没法提供足够的保护。早申请一般会比晚申请更糟。他曾经说过，通常你必须在一个国家申请至少 12 项专利，才能大致保护你想保护的东西，但在大多数情况下，这只是虚幻的。具有讽刺意味的是，他曾建议将专利制度改名为“对发明者征税以鼓励寄生虫”。[694] 在无烟火药的案例中，他至今只选择在法国申请专利。那是他进行实验的地方，也是人们最有可能知道这个秘密的地方。

但也许他现在需要改变主意？他们决定，约翰斯顿也应该在英国紧急申请无烟火药的专利。[695] 此外，他们还要考虑战争的风险。“我不相信沙俄和德国 / 奥地利之间会立即发生战争，但它们做好准备是对的。俾斯麦想削弱沙俄，威廉一世皇帝又完全赞同他的观点，所以欧洲有可能在 1888 年闻到火药味。”他在 1887 年 12 月中旬写给巴布。[696]

在这一分析中，是和平还是公司利益主导了阿尔弗雷德的想法尚不清楚。

*

自然科学在 19 世纪取得了如此大的进步，以至于有些人认为研究已经接近饱和。许多重要的问题似乎已经有了答案。科学家已经弄清了原子和分子之间的区别，越来越多的人相信，原子是这个自然界最小的不可分割的粒子。尽管世界仍在等待原子存在的有效科学证据，但质疑之声已经消失。早在 19 世纪 60 年代，俄国人德米特里·门捷列夫（Dmitrij Mendelejev）就创建了他的化学表，即元素周期表，他在其中按原子量对所有已知的元素进行了分类。从那时起，科学家继续将新发现的元素归入他留下的空白处。人们的感觉是，一旦表格被填满，一切就都搞清楚了。

细菌的情况也是如此。1878 年，路易斯·巴斯德突破了一个障碍，他确认了细菌及其在疾病传播中的作用。他的同事紧随其后，增加了更多新发现的病原体——1879 年的淋病菌、1880 年的麻风杆菌、1882 年的肺结核杆菌、1883 年的白喉杆菌、1884 年的霍乱弧菌和破伤风梭菌。而在物理学方面，詹姆斯·麦克斯韦的电磁波理论几十年来经受住了时间的考验，尽管很少有人真的相信电可以不用电线传输。人们认为麦克斯韦所描述的是一种来自电线的泄漏情况。

但在接下来的几十年里，许多事情将被颠覆，新的世界将出现。“最小的”原子将被证明在其里面有更小的粒子。其他微生物、病毒被一一发现，它们比细菌小，也会传播传染病。很快对电磁学的进一步研究将从根本上撼动物理学。科学的领域似乎是无止境的。如果一扇门被打开，那么它后面还有成千上万扇门。

更多未来的诺贝尔奖得主登场了。现在，解剖学家卡米洛·高尔基（Camillo Golgi）和拉蒙·卡哈尔（Ramón y Cajal，1906 年诺贝尔奖得主）开始绘制大脑神经元图。在沙俄，生理学家伊万·巴甫洛夫（1904 年诺贝尔奖得主），条件反射的发现者，开始崭露头角。巴甫洛夫用食物诱惑他的狗，并证明如果他在每次喂食前摇铃，仅仅是铃铛的声音就足以促使狗的胃液流动。

其他（从未获得诺贝尔奖的）论点也出现了。这些年，巴黎人蜂拥至萨尔佩特里尔精神病院，观看权威的神经学家让－马丁·沙尔科（Jean-Martin Charcot）在公开讲座中用催眠术治疗癔症。一年前，奥地利人西格蒙德·弗洛伊德在沙尔科的指导下做了六个月的实习生。回到维也纳后，他开始研究自己的精神症状替代疗法——精神分析。阿尔弗雷德·诺贝尔对催眠术没有什么信心。他在一篇关于哲学思考的文章中写道:“这可能和算命先生对未来的预测一样,都属于欺骗的范畴。”[697]

*

路德维格·诺贝尔本人与元素周期表的创造者德米特里·门捷列夫相识。门捷列夫很早就对石油开采产生了兴趣,并多次到巴库拜访石油大亨诺贝尔。路德维格从这位著名化学家的参与自动带来的“宣传”中获益良多。[698]

但现在,56岁的路德维格已经没有精力继续留在石油工业的研究前沿了,他甚至没有时间去充分享受石油公司财务稳定的成果,因为他的健康状况在走下坡路。1888年初在戛纳逗留期间,他病得很重。医生说,是他的心脏出了问题。路德维格却不这么认为。

3月10日,路德维格给阿尔弗雷德发来电报说:“我因疟疾发烧两个星期,从昨天起完全不发烧了,所有的症状都让我的心情平静下来。”但他的病情起伏很大。很快,罗伯特向阿尔弗雷德发了急报。罗伯特去看望了他病情严重的弟弟,听到弟弟说很想见到阿尔弗雷德。罗伯特说:“快一点来吧,具体结果还不清楚。”路德维格的妻子埃德拉传来了明确的信息。如果阿尔弗雷德想再见到他的兄弟,就应该尽快赶到戛纳。

阿尔弗雷德于1888年4月6日和他的侄女安娜一起来到了戛纳。路德维格似乎已经好转,阿尔弗雷德在回家之前还让罗伯特放心。但当时的医学无法解决他哥哥所患的严重的冠状动脉狭窄问题。路德维格没了力气,他的病情再次恶化。几天后,阿尔弗雷德在巴黎收到了他去世的消息。路德维格的儿子卡尔在4月12日的电报中说:“父亲于今天下午两点平静地去世了。”[699]

路德维格的死讯在媒体上得到了关注。斯德哥尔摩的报纸报道说:“随着路德维格·诺贝尔的去世,瑞典失去了它最杰出的儿子之一,他使瑞典的名字在国外得到了尊重和荣誉。”在法国,包括《费加罗报》在内的几家报纸都认为死亡的是阿尔弗雷德·诺贝尔,从而引起了致命的混乱。

“一个很难被认为是人类恩人的人昨天在戛纳去世。他就是诺贝尔先生,炸药的发明者。诺贝尔先生是一名瑞典人。”报纸的头版这样写道。[700]

阿尔弗雷德·诺贝尔订阅了《费加罗报》。他本人的反应不得而知，但在那个星期天，许多哀悼者涌向了他的家。第二天，报纸进行了一项更正。“报纸宣布炸药发明者诺贝尔先生的死亡是个错误。是他的兄弟刚刚在长期的疾病中倒下了。另外，这位多年来一直居住在巴黎的炸药发明者健康状况很好，昨天，在他位于马拉科夫大道的府邸里，他亲自接待了许多朋友，这些朋友被昨天早上传播的关于他本人的坏消息吓坏了。”[701]

女作家和沙龙的女主人朱丽叶·亚当住在马赛。她松了一口气，给阿尔弗雷德写信说：“我非常害怕，今天早上得知你的死讯是假的，我真的很高兴。你深爱的朱丽叶·亚当。”[702]

路德维格·诺贝尔于1888年4月底在圣彼得堡下葬。两千多人参加了葬礼，包括遗孀埃德拉和路德维格在世的十个孩子（曾有八个孩子去世）：与米娜·诺贝尔结婚育有的29岁的埃曼纽尔、26岁的卡尔和22岁的安娜，以及和埃德拉生活17年中育有的15岁的米娜、14岁的路德维格·A、9岁的英格丽德、7岁的玛塔、6岁的罗尔夫、3岁的埃米尔、1岁半的约斯塔。圣凯瑟琳教堂完全笼罩在黑色之中。路德维格·诺贝尔的遗体乘马车穿过城市，被送到港口边的斯莫伦斯基公墓。

阿尔弗雷德一直在前往葬礼的路上，但卡尔不小心给了他一个错误的日期。在汉堡，他意识到自己不可能赶到，于是折返。他让埃曼纽尔把他送的“巨大的”花圈放在路德维格的棺材上。罗伯特也没有参加葬礼，他则是出于健康原因在佛罗伦萨疗养，在那里，丧弟之痛使他“悲痛流泪，持续了几个小时”。[703]

埃德拉在送葬者中错过了路德维格的兄弟，但事后她给阿尔弗雷德写了一封热情洋溢的信，信纸上有黑色的悼念边框。

“我想感谢你对我个人的所有善意，但更要感谢你满足了我已故丈夫的最后愿望，让他见到你并与你交谈。我不知道你们谈话的内容，但我知道，你们之间悄悄产生的误解对他纯洁的心灵有很大的影响，见到你对他来说是一种解脱，也许也弥合了之前存在的一些分歧。”[704]

NOBEL

DEN GÅTFULLE ALFRED
HANS VÄRLD
OCH HANS PRIS

4
第四部分

如果我现在离开，几乎是一种遗憾，因为我有非常有趣的事情要做。

1894 年的阿尔弗雷德·诺贝尔

科学的无尽使命

阿尔弗雷德·诺贝尔对原子非常着迷，但他在粒子物理学诞生之前就去世了。他错过了量子物理学的先驱爱因斯坦及其相对论。阿尔弗雷德将原子之间的吸引力归结为一种形而上的“神秘力量”，这可能是因为在他生前，电子和化学键都不为人所知。1953 年对 DNA 分子的描述大概会让他无言以对，正如原子的分裂一样。物理学获得诺贝尔奖的重大事件，即 2012 年希格斯粒子的发现，他可能理解不了。

在 19 世纪末，科学标准的制定者们认为他们已经完成了所有研究。他们是多么荒谬。

41 岁的萨拉·斯特兰德贝里（Sara Strandberg）是斯德哥尔摩大学的一名粒子物理学研究员。她夸口说，她“几乎获得了第六个诺贝尔奖”。萨拉是瑞士欧洲核子研究中心实验室的众多研究人员之一，他们参与了希格斯粒子的搜索工作。我们约在 2019 年 5 月的一天，在斯德哥尔摩大学物理系的圆形建筑中见面，这个地方的屋顶上有一个光学望远镜。公告栏上挂着最近震撼世界的太空黑洞的壮观图像。

萨拉·斯特兰德贝里说：“阿尔弗雷德·诺贝尔应该是被他在世时发生的一切压倒的。”当我们走楼梯到她的办公室时，我要求萨拉尽可能简单地解释，从 19 世纪末到欧洲核子研究中心发现希格斯粒子并获得诺贝尔物理学奖的发展历程。这并非易事。萨拉从一个可悲的事实开始，即从阿尔弗雷德·诺贝尔在有趣的事情开始的前一年去世时讲起。他从未了解到，人类有可能进入“不可分割”的原子内部，并在那里发现更小的粒子。他错过了 1897 年电子的轰动性发现和十年后微小原子核的发现。

20 世纪 30 年代初，当物理学家意识到连原子核都不是最小粒子的时候，科技的下一个大飞跃出现了——原子核内部有更小的粒子即质子和中子。

“如果你穿越时空回到20世纪30年代，我想他们会说，他们当时觉得已经准备得很好。他们已经创建了一个完美的模型，即原子由电子、质子和中子组成。”萨拉说。

他们犯了多么大的错误。几年后，一切又被颠覆了。其他物理学家在研究宇宙射线时发现了 μ 介子。“谁能断言一切都结束了？”后来的诺贝尔奖得主艾萨克·拉比惊叹道。

“μ 介子根本不符合现有模型。这种粒子让人感到震惊。这是粒子物理学的一个全新的方向。”萨拉说。

通过 μ 介子，研究人员意识到，除了构成原子和普通物质的基本粒子，还有更多的基本粒子。其中许多粒子存在的时间如此之短，以百万分之一秒的速度衰减，以至于研究人员不得不反其道而行之——通过创造它们来发现它们。在20世纪50年代和60年代，物理学家建造了大型粒子加速器。他们让不同的粒子相互碰撞，以形成并由此确定更多世界上不知道的粒子。

“他们发现了很多东西，就像一个完整的粒子动物园，”萨拉说，“一切都突然变得如此复杂，这对一个想让事情变得更简单和更容易的物理学家来说是令人沮丧的。”

当研究人员能够将新的粒子管解释为少量较小粒子的不同组合时，一种秩序感出现了。这些几乎无法估量的微观粒子被命名为夸克，这是根据詹姆斯·乔伊斯的小说《芬尼根的觉醒》中的一个表述得来的。夸克是如此之小，以至于在技术上，仍然无法求证它们是否又是由更小的成分组成的。

萨拉制作了一张信用卡大小的粒子图，帮助我理解后面这部分内容。这张图显示了物理学的“标准模型”，即我们（目前）认为用来描述物质和宇宙的结构图。我看着科学家多年不断地用新发现填入这个粒子网格。在构成原子中最小部分的质子和中子的微小的夸克之后，科学家逐渐增加了其他粒子——粲夸克、奇夸克、底夸克和顶夸克。这里面有点转折，萨拉谈到了相互作用，并指出了下一个基本粒子家族，它们有不同的名字，在不同粒子之间调解自然力。

谁说物理学家被简单化所吸引？

她特别提到了光子，这种粒子是电磁学的信使。

“在你发现它之前，你认为光是一种波，其实光也是一种粒子。当两个带电的粒子互相感应时，它们之间会交换光子。”

我顿了顿。所以这就是科学家在19世纪末没有意识到的，他们想要了解的电磁学的内容？讲到最后萨拉已经渐渐移动到图的最右边了。还有重要的希格斯粒子，他们寻找了几十年，为此不得不建造一个新的、更强大的加速器才有机会找到它。希格斯粒子负责赋予粒子质量，它将标准模型补全了。

萨拉放下了粒子图。

“然后你想说像20世纪30年代那样——太好了，现在我们完成了。但我们早就知道，这个模型只能解释宇宙能量的5%，其余的是所谓的暗物质和暗能量，我们现在是在黑暗中摸索。”

95%都未被解释？这结果令人叹为观止，但萨拉看起来真的很热情。她在欧洲核子研究中心参与的实验将持续到2037年。萨拉热衷于寻找新粒子，或试图找到希格斯粒子属性中的异常情况，从而打开通往未知的大门。她的热情让人想起阿尔弗雷德·诺贝尔在他最有灵感的时刻，还让我想起玛丽·居里——萨拉的伟大榜样之一。

在离开的时候，我欣赏了一件未来主义的艺术品，这是萨拉五岁的儿子用五颜六色的珠子和纱线制作的。

“它代表什么？粒子碰撞。”萨拉说。

如果阿尔弗雷德·诺贝尔会对这些科学飞跃感到惊讶，那么我认为他同样会对21世纪该领域岌岌可危的性别平等问题感到惊恐。作为一名女物理学家，萨拉仍然属于少数。诺贝尔物理学奖和化学奖得主的名单看起来就像一个老男人俱乐部的成员名单。在总共389名诺贝尔奖获得者中，只有8名女性，而且玛丽·居里在1903年和1911年获得了其中的两个奖项（她的女儿在1935年获得了一个奖项）。

当唐娜·斯特里克兰（Donna Strickland）因其开发的超强超短激光脉冲在2018年获奖时，成为55年来第一位女性诺贝尔物理学奖得主。

诺贝尔物理学奖和化学奖是由位于斯德哥尔摩的瑞典皇家科学院颁发的。[①] 学院的性别情况几乎一样糟糕，当几天后我踏入每年举行诺贝尔奖新闻发布会的会议

---

① 自1969年以来，瑞典皇家科学院还为纪念阿尔弗雷德·诺贝尔而颁发瑞典银行经济学奖。然而，经济学奖并没有被列入阿尔弗雷德·诺贝尔的遗嘱中。

大厅时，我意识到了这一点。给我介绍的人是有机化学荣誉教授克里斯蒂娜·莫贝里（Christina Moberg）。她比萨拉大 30 岁，直到一年前还是科学院院长。当她在 2015 年上任时，她是该机构近 300 年历史中第三位担任该职位的女性。但有迹象表明，这一趋势正在被打破。这三人都是在 1994 年之后被任命的。

“正如你所看到的，男性一直占主导地位。”克里斯蒂娜·莫贝里说，她的手扫过房间里所有的金边画像。

几年前，克里斯蒂娜·莫贝里帮助纠正了这种性别失衡。他们挖掘历史，找到了科学院的第一位女性，她在卡尔·林奈的时代，于 1748 年当选。伊娃·埃克布拉德（Eva Ekeblad）教会了人们如何用土豆制作白兰地，现在她被画了出来，并被放置在科学院创始人的肖像画旁边。

科学院院长是每年敲定诺贝尔奖人选的人，但准备和推荐获奖者的是诺贝尔奖委员会和该学科评选小组，新的性别风向也在那里吹起。近年来，物理学和化学委员会都有了女性主席。

在担任主席的三年时间里，克里斯蒂娜·莫贝里坦率地说，她更关注另一种趋势。她看到了反科学和抵制事实的行为渐渐在社会上站稳脚跟。在 2016 年美国总统大选期间，假新闻和反科学的言论层出不穷，事情变得更加糟糕。她从自己的研究领域——有机化学——举了一个例子。“在过去的 100 年里，化学家在合成化合物方面变得越来越熟练，甚至在试管中创造出自然界中的物质。但是他们仍然面临着很多未知的问题。”克里斯蒂娜·莫贝里说。

“如果你合成了一种天然物质，许多人会认为它是危险的，尽管它是由相同的分子组成的。人们忘记了最有毒的物质是在自然界产生的。”

克里斯蒂娜·莫贝里说，社会对真理和事实越来越不尊重，我们需要做出反击。前些年，她在瑞典皇家科学院的一次演讲中呼吁建立一个新的启蒙时代。她敦促成员采取行动，不要袖手旁观，然后看着科学失去阵地。

我认为，也许科学就像民主一样，它必须由每代人争取才能生存。

“诺贝尔奖在这场斗争中极为重要，”克里斯蒂娜·莫贝里在我们临别时说，“它已经成为每一年度，对科学和启蒙运动的伟大致敬。”

第十七章

启蒙运动的胜利

1888年夏天，巴黎正在为将于次年举办的纪念1789年法国大革命100周年的世界博览会做准备。巴黎人全神贯注地注视着最重要的项目，即在战神广场上建造古斯塔夫·埃菲尔的300米高塔，他承诺这将成为世界上最高的塔。最近，公众舆论发生了变化。当埃菲尔的参赛作品在建筑竞赛中获胜，并在1887年开始建造它的现代铁质结构时，报纸专栏上充满了文化精英的轻蔑的抗议。许多人认为，埃菲尔的作品是对巴黎的侮辱，是一件怪诞和粗俗的垃圾。然而，到了1888年6月，支持者的队伍渐渐壮大，人们开始被其优雅和完美所吸引，甚至说出美丽这个词。

好奇的人们在炎热的夏天涌向战神广场，观看这个奇迹的出现过程，欣赏着铁制“蜘蛛网”的细节。阿尔弗雷德·诺贝尔没有对这一建筑发表评论，但我们可以假设他是坐着马车经过的。他非常喜欢坐着马车在巴黎“散步”，而塔楼的地点离马拉科夫大道只有几分钟的路程。到了6月，第一层楼的角柱已经接好了，到了夏末，第二层楼也将完工，只剩下185米高的优雅锥形塔尖。

9个月后，当该塔落成时，它被誉为当时最令人惊叹的建筑。埃菲尔铁塔将被描述为启蒙运动、人文主义、共和国、民主，当然还有科学的胜利，其中最重要的是科学。[705]

古斯塔夫·埃菲尔最近参与了法国的另一项重大工程，即修建一条穿过巴拿马的运河，以连接大西洋和太平洋。在巴拿马项目中，诺贝尔和埃菲尔这对同龄的工程师的生活轨道发生了交集。甚至阿尔弗雷德·诺贝尔，或者说他的法国炸药公司，也刚刚被卷入这项复杂的工作。

巴拿马运河背后的企业家是费迪南·德·莱塞普斯。19世纪60年代末，他在法国修建苏伊士运河时获得了英雄般的地位，但在巴拿马，他只遇到了逆境。劳工不断死于疟疾和黄热病。现在年事已高的莱塞普斯还严重误判了复杂的土地条件。大量的土壤和岩石必须被挖开和炸掉。剩余的钱越来越少，时间也越来越少。曾向金融家承诺在 1888 年建成运河的莱塞普斯遇到了麻烦。

受人尊敬的埃菲尔的参与是一根救命稻草，炸药是另一根救命稻草。事实上，巴拿马的建设者最好在美国购买他们所需要的烈性炸药。悲剧最终降临到阿尔弗雷德·诺贝尔身上，这要归咎于他的伙伴保罗·巴布。1888 年的夏天，阿尔弗雷德不知道他的伙伴保罗·巴布竟然把这件事推到了社会道德的外围。他之前一直忙于处理另一些麻烦。

*

事情发生在凌晨两点。当时正值七月中旬，天气炎热，令人窒息。阿尔弗雷德·诺贝尔在维也纳的一个酒店房间里大汗淋漓，起初他并没有意识到自己身上发生了什么。

他喜欢维也纳，这个城市有美丽的巴洛克式外墙和庄严的环形大道上的花香。他不再经常去维也纳的唯一原因是那些流言蜚语。阿尔弗雷德不再对充满恶意的谣言保持沉默，他雇用私人侦探以查明谣言是否被进一步扩散。“我很高兴地说，在巴黎没有人说你的坏话。”他向索菲·赫斯坦言。他当然很想补充一句：“至少现在是这样。”

1888 年 7 月，索菲发现自己身处的海滨度假胜地巴特伊施尔，这里已经不再有她的房子，这个地方的流言蜚语可能更糟糕。阿尔弗雷德来到奥地利首都，帮她找到一个新家。酒店生活玷污了她和他的声誉。

一场热浪使这项任务变得紧张起来。阿尔弗雷德翻阅着报纸上的广告，乘坐租来的马车在城市和郊区游走。他的心情越来越烦躁。仅仅几天时间，他就找到了比索菲、她哥哥和她父亲看了一整年所找到的更好、更便宜的住所。虽然有些房子离市中心有 20 分钟的马车路程，但他找到了很好的城市公寓，而且价格比他们报的要合理得多。

阿尔弗雷德住在市中心宫殿式的帝国酒店，根据当时的手册，这是维也纳最豪华的住所之一。半夜时分，他突然醒来，感觉身体不适，而且完全虚弱无力。他无法按门铃，也没法开门，全身动弹不得。“所以我不得不完全孤独地度过几个小时，而且不知道这是不是我生命的最后一刻。”当他重新站起来时，他向索菲这样描述。

最终，阿尔弗雷德意识到这是心脏痉挛，与夺去他哥哥路德维格生命的情况相同。他觉得这件事提醒了他：“身边没有一个人是多么不幸，这个人有一天可以用一只友好的手合上你的眼睛，在你耳边说一句温柔的、真实的安慰你的话。我必须为自己培养这样一个人，如果没有其他办法，我将搬到斯德哥尔摩，回到我母亲身边。”他给索菲写道。

地狱收割机显然已经准备把他也带走了，他应该已经意识到了这一点。早在秋天，医生就对他的健康状况提出了警告，并命令他彻底休息。他遵守了吗？不，他没有。[706]

*

在圣彼得堡，阿尔弗雷德 29 岁的侄子埃曼纽尔·诺贝尔陷入了比大多数人更深的悲痛之中。路德维格对他来说不仅仅是一位温柔的父亲。埃曼纽尔失去了一位挚友，父亲从未对他隐瞒过任何秘密。路德维格去世后不久，他向阿尔弗雷德解释说：“父母一般不知道如何在自己和子女之间建立友谊和伙伴关系，但我父亲年轻的心态，帮助他为我们所有的兄弟姐妹保持这种关系。”[707] 现在他要接替父亲的位置，这是一个沉重的责任。

从外表上看，埃曼纽尔很像路德维格，也很像与他几乎同名的祖父伊曼纽尔——同样匀称的五官，同样浅的肤色。他继承了祖父很少的暴躁脾气，却完全没有继承技术上的天赋。据说埃曼纽尔太善良了，他在经济和管理方面表现出更多的才能。

埃曼纽尔·诺贝尔独自生活。他将终生保持单身，就像他的叔叔阿尔弗雷德一样。幸运的是，他得到了更年轻、更有技术天赋的弟弟卡尔的支持，后者现在被提升为圣彼得堡机械厂的负责人。他还可以依靠他的堂弟亚尔玛，即罗伯特 25 岁的儿子。亚尔玛曾在巴库实习，给路德维格·诺贝尔留下了深刻的印象，所以他留了下来。[708] 但埃曼纽尔最大的安全感还是来自巴黎的阿尔弗雷德叔叔，叔叔在他和他的兄弟姐妹小时候就倾注了爱。埃曼纽尔记得所有来自巴黎的惊喜包裹和每年送来的贴心的圣诞礼物。这几年，小时候收到的火车套件和娃娃已经被珠宝和手表所取代，至少对年长的孩子来说是如此。阿尔弗雷德似乎一直在用心考虑这些东西。

在路德维格临终前，他要求埃曼纽尔摆脱他对阿尔弗雷德的债务的愧疚感。路德维格想把他的一些石油股份转让给他弟弟，作为石油公司尚未设法偿还的 100 万美元贷款的担保。不幸的是，埃曼纽尔面临一个更大的新问题。石油公司在沙俄国家银行的信用受到了威胁。在路德维格死后，银行工作人员明确表示，他们的信任与路德维格·诺贝尔强大的个人地位联系在一起。而现在，他们对埃曼纽尔一无所知。因此，如果要继续提供信贷，就需要一个新的担保人。他们有一个建议：如果路德维格的兄弟阿尔弗雷德·诺贝尔，即公司的第二大所有者，能够抵押他的全部股权，问题就会得到解决。

埃曼纽尔知道这个问题是多么敏感。然而，他也很确定，阿尔弗雷德叔叔会对他们的悲惨处境表示理解。否则，他永远也不敢向他叔叔提出这个问题。埃曼纽尔试图用几句话来总结，那便是让“诺贝尔家族”保持团结。[709]

哦，不，又来了，这是阿尔弗雷德的反应。与路德维格争吵时的愤怒再次涌上心头。他在回信中写道：“我不明白我为什么要把我的股份锁定在一个只给我带来巨大损失的公司的利益上。”难道埃曼纽尔没有意识到他的一半财富都在那里吗？不，如果他不先获得关于风险的确切信息，这事就没戏。“但这一点我已经说了，在我与公司的交易中，无论碰到什么情况，我都不想回到感性的商业领域，到目前为止，它已经给我带来了很多争吵、麻烦和损失。”

阿尔弗雷德明确表示，今后不允许有“朋友之间”的口头承诺。一切都必须写下来。“口头承诺的效力非常重要，甚至比法律更重要，但我们都是凡人，在这种严肃的问题上，不能依靠蛛网般脆弱的承诺。”[710]

埃曼纽尔再次尝试说服叔叔。他承诺，阿尔弗雷德的股份只需要在秋天被冻结就可以了。

阿尔弗雷德回答说：“当我把 160 万卢布留给公司时，也是这么说的——我想当初这么和我说还是在 1882 年——但最后我从未拿回过这些钱。”他告诉他的侄子，他与石油公司唯一打过的交道，是数次将公司从破产边缘拯救出来，“修复危险的伤口，堵住可怕的漏洞”。他没有“创建、管理或管理不善”这家公司。埃曼纽尔不得不道歉，但在巴库公司的投资对阿尔弗雷德来说就像是一场赌博。

双方通了好几封电报和信件，里面说了一些重话，但最后还是像往常一样。最后，阿尔弗雷德同意了。他把所有的股份都抵押了，只要求在年底前把它们拿回来。“你确实帮我卸下了一个很大的包袱。”松了一口气的埃曼纽尔回答说。[711]

这位 29 岁的年轻人很快就站稳了脚跟。在 1888 年夏天的石油公司大会上，埃曼纽尔决定以他父亲的名义，设立一个科学奖。“路德维格·诺贝尔奖”将授予沙俄石油和金属业的最佳研究或发明，并将每五年在他父亲的忌日颁发一次。这个世界上第一个诺贝尔奖花了几年时间才得以颁发，但这一倡议受到了尊重，并引起了人们的兴趣。

秋天，沙皇亚历山大三世和玛丽亚·费奥多罗夫娜访问了位于巴库的诺贝尔兄弟石油公司。埃曼纽尔是东道主。帝国的光辉慷慨地洒在他个人和公司身上。埃曼纽尔向沙皇承诺成为沙俄公民，而沙皇的回应是授予这位 29 岁的年轻人他的第一枚沙俄勋章。[712]

一场国际热潮现在开始了，它将使阿尔弗雷德·诺贝尔的财富飞速增长。在接下来的两年里，他的资产价值将从 2000 万法郎增加到近 3000 万法郎，这意味着他第一次超过了以今天的瑞典克朗计算的 10 亿大关。[713] 甚至在这之前，他已经在瑞典和法国建立起了拥有无限财富和慷慨人设的名声。在马拉科夫大道上，求助信堆积如山，他发现越来越难处理这些请求。他常说，如果你把所有请求的金额加起来，就远远超过了他的总资产。此外，大部分资产都被锁在公司里，所以无论他本人多么愿意，他都不能答应所有的要求。同时，他知道拒绝会被怎么看待，不屑一顾的人会把他描绘成冷酷无情和小气的人。而他本人就喜欢用礼物取悦他人，这让他很受伤。[714]

他意识到，他的乐于助人常常被滥用。有时他觉得有必要解释一下自己。“在来巴黎的瑞典人中，大约有三分之二的人认为，如果他们没有试图取悦我，那么他们等于浪费了时间，我由此得出的结论是，他们要么认为我是个印制假钞者，要么认为我的仁慈是以愚蠢为特征的。后一种推测也许并不是毫无根据，但这并不妨碍我在辱骂达到一定程度，并对自己构成威胁时，放慢我慷慨的脚步，由于我讨厌半途而废，于是我便一本正经地放慢脚步，好让我对同伴的善意停一停。在这段时间里，我的钱包会得到补充，我将再次体面地寻求一个真实富足的财年。”他在 1888 年给这些“乞丐”中的一个人回信道。[715]

阿尔弗雷德也知道，财政支持伴随着某种责任。许多求助信涉及对瑞典艺术人才的支持，这是雕塑家，那是歌手，他们曾梦想在巴黎获得成功，因盈亏问题而旅行，现在无法支持自己。如果他支付津贴，可以被视为他觉得他们所做的人生选择是正确的。几年前，他犯了一个错误，用一便士鼓励一位巴克曼小姐，"为了艺术的高贵"继续努力。可是太晚了，他意识到她的声音一点也不好听，而且家里早就想尽办法把她带回家了。这位巴克曼小姐在巴黎浪费了她的时间，而他对此也有责任。

这种事情需要克制。从今以后，正如他所说，他不想再把任何"没有才华的人引入歧途"。因此，他养成了这样的习惯：首先检查那些从事艺术的人自称的独特品质，以及其他人是否认同。在悲观的时刻，他可能会痛苦地直言不讳："请保佑我远离那些通过自恋的放大镜看待自己才能的贪婪者。"[716]

但很多时候，他都很宽容，不是只有直系亲属感受到他的慷慨。特鲁萨的一个寡妇、斯德哥尔摩的一家儿童医院、维也纳的一家妇女之家，还有很多人和单位都发来感谢信。一位住在巴黎的名为斯塔夫的人写道："我代表穷人和我自己，表示真诚的感谢。"他收到了 3000 法郎（在今天约 13 万瑞典克朗）的慈善捐款。1888 年 6 月，一场瑞典有史以来最大的火灾使松兹瓦尔变成了废墟，这位富有的发明家在巴黎收到了许多人的请求。阿尔弗雷德·诺贝尔回答说："我不对那种以整个城市为对象的慈善机构捐款，因为由国家来承担这种损失肯定会更简单、更合适。但尽管如此，我也不希望剥夺自己的权利，并为此附上一张 1000 法郎的支票。"[717]

*

在巴黎，保罗·巴布搭建了他自己的戏台。当英国和德国的炸药公司之间的信任最终敲定后，他在阿尔弗雷德·诺贝尔的祝福下组建了第二个财团，一个包括法国、意大利和瑞士炸药公司的控股公司。"巴布公司"或"拉丁集团"，正式被称为中央炸药公司。巴布招募了他的几个共和党议会同事进入董事会，其中包括一位名叫阿尔弗雷德·纳凯（Alfred Naquet）的参议员，以及他的老朋友、炸药工程师杰奥·维安，他与巴布曾在 1882 年试图欺骗阿尔弗雷德·诺贝尔进行合并。[718]

参议员纳凯的声誉相对较好，而商人埃米尔·阿顿（Émile Arton）的情况则相反，他作为参议员建议巴布招募他作为"他的"新炸药信托公司的代理人。阿顿以假身份生活：他最初来自斯特拉斯堡，在巴西生活了 20 年。在那里，他在通过游说与敲诈并操纵议员和商人方面表现出令人印象深刻的才能。据称，阿顿先生有一群放荡不羁的女演员，她们有偿勾引当权者，并在后续的通信中做出妥协，然后威胁要将其公之于众。

最近，这位阿顿因被指控欺诈而被迫逃离巴西。在巴黎，他正在建立一个新的利益链，显然是埃米尔·阿顿的一个女演员在 1886 年向参议员纳凯施压，帮助阿顿在炸药公司获得一份工作。纳凯知道巴布正在密切关注巴拿马运河的建设，渴望在那里销售“拉丁集团”的炸药。纳凯建议，派阿顿去巴拿马，于是就这样做了。考虑到阿顿的名声，这一点令人费解，但也许这就是吸引力所在。

埃米尔·阿顿究竟是如何获得巴拿马的拉丁炸药的合同的，目前还不清楚。无论如何，这一成功给保罗·巴布和在巴黎濒临破产的巴拿马公司的管理层留下了深刻印象。运河承包商的情况越来越紧迫。一系列无休止的发行和数百万美元的贷款还远远不够，需要 6 亿新法郎来完成这个项目。为了实现这一目标，巴拿马公司需要一次重大的新发行。巴拿马公司设想发行 200 万份溢价债券，目标是法国小储蓄者。但有一个问题，这种融资方式需要国民议会通过一项特别法律，而在政治上，巴拿马公司不稳定的计划只引起了负面的反应。巴拿马公司在巴黎的财务官员认为这种情况必须改变。他决定招募炸药公司那个狡猾的、成功的代理人，那个已经显示出知道如何把这件事办好的人。埃米尔·阿顿被提供了一个巨大的钱袋作为周转。

后来发现，在 1888 年春天，有多达 104 名议员被“说服”投票赞成《巴拿马排放法》。其中最热心的受贿者是阿尔弗雷德·诺贝尔的合伙人保罗·巴布，作为付款的回报，他自己和其他许多议员都投票给了该公司，难怪该法律会被通过。在 1888 年炎热的夏天，200 万巴拿马债券发行给法国公众。运河公司向小储蓄者保证，投资是非常有利的，因为历史性的时刻马上就要到了。印象中，任何抓住机会购买债券的人好像都会在相对较短的时间内赚大钱。

当然，该公司对那些受贿的议员只字不提，他们已经在没有任何风险的情况下赚取了巨大的财富。保罗·巴布是受贿最多的人之一。1888 年 7 月 17 日星期二，他要求炸药公司的一名雇员陪他去巴黎的法兰西银行。巴布告诉该雇员带上他最大的、清空的公文包。一到那里，巴布就拿出了五张支票，总额为 55 万法郎（超过今天的 2500 万瑞典克朗），由巴拿马公司的财务经理书写。巴布要求该雇员在这些支票上签字，并签收了这笔钱。“当我手里拿着支票时，他总是紧跟在我身后。”该雇员多年后在法庭上解释说。[719]

成捆的钞票装满了整个公文包。在外面，巴布先生的马车正在等待。二人继续前往另一家银行，大部分受贿资金都存放在那里。

七个月后，巴拿马公司破产了。数十万小储蓄者破产，银行柜台前上演了一幕幕绝望的场景。但到目前为止，这场灾难只被描述为普通的破产——对外宣传该公司只是运气不好。多年来，只有内部人士知道幕后的丑陋游戏。[720]

当巴拿马丑闻最终爆发时，阿尔弗雷德·诺贝尔是最受震惊的人之一。

*

1888 年炎热的夏天结束时，埃菲尔铁塔已经超过了圣母院、万神殿和荣军院，成为巴黎最高的建筑，尽管它只完成了一半。与此同时，在几个街区之外，阿尔弗雷德·诺贝尔开始了自己的建筑项目。他请求批准在他自己的房子和邻居的房子之间的空地上，建造一个附属建筑。阿尔弗雷德希望用一个美丽的圆顶装饰扩建部分，并为此在香榭丽舍大道上聘请了一位建筑师。他的计划还包括在一楼的温室里扩建一个温室和一个“花廊”。他向豪斯曼大道上的一家花店订购了一片由椰树、灌木丛和蕨类植物构成的森林。[721]

到了 8 月，工人们都已到位。秋天，阿尔弗雷德为了逃离噪声，去塞夫朗那儿住。他和费伦巴赫一起，继续用步枪和大炮试验他的弹丸石。他们经历了一个等待的时期。在这一年里，他在比利时、英国和意大利都获得了专利，但哪个国家会下第一笔订单呢?

夏天，英国政府成立了一个特别的爆炸物委员会，以选择市场上最好的无烟火药。10 月，阿尔弗雷德一直在等待的认可到来了。英国政府委员会要求他送来他的弹丸石样品。他兴奋地给他在圣彼得堡的侄子们写信说：“无烟火药已被整个文明世界所接受。”[722]

愿他们很快就能开始生产和销售。此刻，阿尔弗雷德有非常大的开支。马拉科夫大道的扩建工程似乎比阿尔弗雷德预计的要大得多。他在给索菲·赫斯的信中告诫道：“尽可能少地重建是一条很好的智慧法则。”索菲·赫斯在 1888 年 10 月终于决定购买她父亲和阿尔弗雷德都看中的房子之一。

围绕着维也纳房产交易的动荡，在阿尔弗雷德和索菲之间相当复杂的关系中，恰好出现了一丝意外的曙光。也许这与阿尔弗雷德濒临死亡的经历有关，也与他为索菲购买新房的善意举动有关。阿尔弗雷德甚至冒险到巴特伊施尔待了几天，尽管他害怕背后的嘲讽声。更难能可贵的是，事后他意识到，他实际上很想回去。在他访问期间，索菲“几乎在这段时间里一直都非常好”。阿尔弗雷德注意到几个积极变化的迹象，其中包括索菲现在更频繁地用体面的法语写小信。他写道：“这个小女孩……将成为一颗珍珠，届时她的理性思维开始显现，奇思妙想将消失。为这一几乎不可能发生但又令人难以置信的事件的转变而祝福。”

索菲的新房子位于维也纳北郊的多布林。她把所有图纸和购买合同寄给了巴黎的阿尔弗雷德。他仔细检查并给出了指示。当一切准备就绪时，他似乎买了一束鲜花向“房子的主人”表示祝贺。“说实话，我很想再见到那个可爱的小姑娘。”[723]

伯莎和亚瑟·冯·苏特纳并不经常去维也纳，从偏远的哈曼斯多夫城堡去那里是一件很麻烦的事。但在 1888 年 10 月，伯莎碰巧到了那里。在一家花店，她得知诺贝尔先生在巴黎结婚了，现在有一位“诺贝尔夫人”。至少她是这样理解的。

伯莎给阿尔弗雷德写了一封信，问她是否应该向他表示祝贺。阿尔弗雷德回答说，绝对不行。“你真的认为我将要结婚，而且是在没有告诉你的情况下结婚吗？”他向她保证，他的生活中甚至没有一个“心上人”，这都是误会。花店里的评论一定是关于他的小姨子的，他总结道。

“所以你就有了对这桩神秘的婚姻的解释。顺便说一下，在这个雪白的世界上的一切，最后都得到了解释，除了心灵的磁性——这个世界的存在和持续存在都归功于它。然而，我似乎缺乏这种磁性，因为我没有诺贝尔夫人，在我身上，丘比特的箭已经可怜地被大炮取代了。”[724]

*

这种“心灵的磁性”不断地在阿尔弗雷德·诺贝尔的思想和梦境中出现。至少根据他一直隐藏于世的小说草稿《姐妹》来看，确实如此。在小说中，阿尔弗雷德喜欢将人物置于充满情欲的情境中（至少以十九世纪的标准而言）——飘动的裙子，一瞥裸露的脚踝，被解开的鞋子，丝袜中的小腿，然后是带有磁性的灼热嘴唇，所有这些出现在阿尔弗雷德的文字中。阿尔弗雷德·诺贝尔写道：“无声的肯定越来越清晰，嘴和嘴之间的距离越来越近，脸颊的颜色越来越红，胸脯越来越高，母亲的告诫之声越来越弱，直到它们被完全遗忘，女孩毫无防备地躺在爱人的怀里被爱抚。”

他似乎已经打消了充满他心中的渴望，一次又一次。仿佛他想用他的笔来体验他在现实生活中无法实现的东西，成为一个真正的人，深深地陷入爱河，有一个沉迷他的吸引力的自愿受害者。阿尔弗雷德·诺贝尔甚至毫不犹豫地描绘了女性的欲望。“她感到自己慢慢地躺在玫瑰花床上；她感到自己被拥在阿多尼斯的怀里，他的嘴唇与她的嘴唇相接；她深深地吸了一口气，内心感到非常高兴，然后她醒了。”

这就很尴尬了，但阿尔弗雷德想出了一个解决办法。他把发言权交给了一个不解的丈夫，他是被那个女人的梦话吵醒的。

“现在告诉我你和阿多尼斯走到哪一步了。”

“就我们刚才走的那一步。”她低声说，把脸藏在他的胸前。

“你反抗了吗？”

一个吻作为回答。[725]

这些在当时是很大胆的行文，但说实话，世界并没有错过什么伟大的文学作品。也许他自己看到，这还不够？

阿尔弗雷德·诺贝尔曾梦想以作家的身份成名，但就他的生活现状而言，他不可能抽出时间来实现这一目标。时不时地，他可以在实验记录本的最后几页上写下一些口述，仅此而已。他似乎已经写了至少 15 年的小说《姐妹》的草稿，在他与主要人物告别时只有 83 页长。

今年早些时候，伯莎·冯·苏特纳写信给阿尔弗雷德·诺贝尔，要求他将他的一些哲学思考付诸印刷。阿尔弗雷德为自己辩解，说她的信是在他哥哥路德维格最后艰难的几周中途寄来的。无论他写什么，都只会是垃圾，因为他承受了太大压力。[726]

但这个要求吸引了他。最终，他开始在实验记录本中勾勒出一些哲学“书信”，尽管没有指定收件人。“您想进行哲学思考。”他用他的第一封信为自己辩解，不能期望他产生任何独特的想法，其中大部分都被认为是他读过的哲学家的个人反馈。在他的图书馆里，他有伊曼努尔·康德、阿图尔·叔本华、约翰·斯图尔特·穆勒、巴鲁赫·斯宾诺莎、赫伯特·斯宾塞和奥古斯特·孔德的书。当然他在书中留下了自己的笔记。

阿尔弗雷德选择以伊曼努尔·康德开始他的第二封信，他发现康德的风格如此沉重，以至于“在他的‘纯粹理性’之后，读者渴望不讲道理”。但康德有一个重要的观点，阿尔弗雷德认为：所有的世界观都是而且仍然是个人的。他指出，不存在真理，因此阿尔弗雷德无法在他的哲学素描中传递真理。此外，什么是理性，什么是疯狂？甚至这个问题也没有一个绝对的答案。他举了一个例子：亚历山大·格雷厄姆·贝尔的电话发明的例子，该发明在最近几年势头很猛。阿尔弗雷德本人并不属于获得私人设备的专属群体，但在巴黎，电话亭越来越多，在法国，4000 万居民中，安装电话机的用户数量很快就接近 12 000 人。“如果 18 世纪有人表示可以在 1000 公里的距离内进行对话，那么当时有常识的人会认为他是个疯子。”[727]

他认为，很难判断单个人的思想和印象的价值。在阿尔弗雷德看来，思考只是涉及大脑中的血液流动。他指出，当人们吸食“大麻 ”和酒精时，这个系统是多么容易被操纵。因此，当涉及抽象思维时，我们总是建议采取良性“普遍怀疑”的态度。

阿尔弗雷德强调说，我们认为我们对世界的了解，大部分都是基于逻辑推理和概率计算。“没有人敢怀疑：地球会继续围绕太阳和它的轴线旋转，太阳会给我们带来光明和温暖，人和动物注定要出生和死亡，重力不会消失，大海不会消失或爆炸；铁不会变成液体，水银不会变成固体，月亮不会坠落到地球上。然而，对于这些和类似的假设没有绝对的证据。”

在这些保留意见之后，阿尔弗雷德在第三封信中谈到了他自己的核心问题，即自己的世界观。他一开始就把自己与所有的宗教和人造的神灵划清界限。他写道：“历史表明，大多数宗教的发明只是为了吓唬人，让人顺从。”相反，他相信存在着一种生命的原始力量，一种“吸引现象”。

他最喜欢的例子是原子。现代化学表明，这个“最小的可分割单位”拥有一种特殊的生命力。在化合物、分子中，原子要么被相互吸引，要么被相互排斥。为什么呢？阿尔弗雷德说，这是生命的表现，类似于人与人之间可能发生的吸引力。“元素结合的欲望不也是一种生命现象，就像我们的同情心一样吗？而电极和磁极，难道它们不是我们所说的爱与恨的另一种形式？关于在生死冲动之间的这种奇怪的类比，已经在有思想的人的头脑中提出了这样的问题，即身体和精神生活之间的关系有多密切。”

在他的小说中，他曾更浪漫地表达自己：“就像爱把我们吸引到心爱的人胸前一样，磁铁也在努力寻找它的另一极。”

在这种吸引力中，他确定了创造奇迹的秘密。根据阿尔弗雷德·诺贝尔的说法，化学合成的能力意味着原子被赋予了一种独立的“创造倾向”，为创造的进化做出了贡献。他一定对自己感到惊讶，因为他发现，心中的哲学家发现并没有找到比“神性”更好的词来形容这种能力。或者正如他所写的那样：“如果我们假设生命中最小的微粒，也就是我们所说的原子，其数量是无限的，而且它们都在一个从未开始也从未结束的生命体中合作，那么我们面前就有一个比人类思想所能理解的更大的神性，而与此相比，那些小小的教条式神灵对我们来说就像是思想的害虫。”[728]

那个认为自己缺乏“心灵的磁性”的人发展并提升了这种东西，即人与人之间以及自然元素之间的吸引力，成为生命的原始力量。这个蔑视人类所有虚构的神灵的人，正是创造了这样一种力量。但是，对于伯莎·冯·苏特纳在给阿尔弗雷德·诺贝尔写信时可能想到的和平哲学，他本人在这个阶段似乎根本没有把它放在首位。

*

阿尔弗雷德在马拉科夫大道的藏书逐年增加。他购买了法国和德国的化学手册，二十几本关于电力的国际著作，以及汉斯·马格努斯·梅林（Hans Magnus Melin）所翻译的《圣经》，该版本使用了古斯塔夫·多雷（Gustave Doré）的插图。他买了一本关于大脑的书，一本关于新发现的微生物的书，一本关于按摩治疗偏头痛的书。但最重要的是，他购买了小说和诗集。小说占据了他书架上一半以上的空间。这时，他最感兴趣的似乎是法国和北欧作家。他似乎没找到能与拜伦、雪莱和莎士比亚这些家喻户晓的“偶像”竞争的新英国作家。

最后，阿尔弗雷德·诺贝尔开始向法国现实主义者靠拢。他购买了巴尔扎克和司汤达经典作品的新版本，这是在这些作品写成几十年后的事。最近，他还拿着笔仔细阅读了古斯塔夫·福楼拜的《包法利夫人》。1857 年，作者因“猥亵罪”被送上法庭（后被无罪释放）。阿尔弗雷德划下了关于吸引力的精练短语，如福楼拜让《包法利夫人》在对通奸的悔恨和对更多的渴望之间摇摆不定：“她嫌自己软弱；羞愧慢慢变成怨恨；癫狂又减轻了怨恨。这不是热恋，倒像一种长远的诱惑。”他在镇长太太宣称“包法利太太惹火烧身”的地方划了一条短线作为标记。[729]

诺贝尔的书架上还有亨利克·易卜生著名的婚姻剧《玩偶之家》的第三版，讲述娜拉·海尔茂离开丈夫的故事。他的书架现在包括了这位挪威剧作家的几部备受赞誉的剧本。但伟大的瑞典自然主义作家奥古斯特·斯特林堡对阿尔弗雷德·诺贝尔来说仍然没有很大的吸引力。在斯特林堡所有备受赞誉的作品中，他迄今只买了一部，甚至连最畅销的处女作《红房间》（1879）也没有引起他的兴趣。在瑞典作家中，他仍然偏爱“最后的浪漫主义者”维克托·吕德贝里。可能还有诗人卡尔·斯诺伊尔斯基（Carl Snoilsky）。在1888年，他在里沃利街的瑞典书店购买了两位作家的诗集。

在巴黎，这几年是俄罗斯文学大放异彩的时候。1886年，《时尚》杂志将俄罗斯小说命名为“年度文学大事件”，1888年，列夫·托尔斯泰和费奥多尔·陀思妥耶夫斯基的法译本尤其打破了纪录。托尔斯泰很快就在世界舞台上崭露头角，成为他那个时代知名的作家之一。阿尔弗雷德·诺贝尔早就知道他了。几年前，他曾委托其侄子埃曼纽尔订购托尔斯泰的俄文作品集，包括伟大的作品《战争与和平》（1869）和《安娜·卡列尼娜》（1876），但他从未说过他对托尔斯泰的小说有何看法。[730]

*

在阿尔弗雷德·诺贝尔的记账簿中，12月总是意味着无尽的开支清单，1888年也不例外。亲戚、巴黎的熟人和同事的妻子穿插在“妖精”要购买的手套、帽子和钻石中，在记账簿上占有一席之地：“索恩夫人的圣诞礼物”（日本屏风），“鲁克斯夫人”（优雅的笔），“巴里的孩子”（娃娃），“布吕尔的孩子”（《法国史》）。这一年，他至少给朱丽叶·亚当和其他人送去了七件较大的插花作品，并附上圣诞问候。[731]

在斯德哥尔摩的母亲安德丽塔，像往常一样，收到了用于圣诞庆祝活动的大量现金，还有为她的朋友和仆人预留的圣诞礼物的钱。阿尔弗雷德的良心很不安。他知道他的母亲是多么爱他，他的探访是多么重要。然而，他只能在9月份匆匆去了一趟瑞典，当时正在庆祝安德丽塔的85岁生日，而瑞典隆冬的寒冷使他因健康原因不能来参加圣诞节。他宁愿避开“感受血管里的冰霜”的痛苦。

阿尔弗雷德试图通过其他方式来弥补自己的缺席。几年前，他曾委托一位有才华的年轻瑞典人为母亲画了一幅肖像画，这位瑞典人自此为自己赢得了声誉。他叫安德斯·索恩（Anders Zorn），他成功地在一幅精美的水粉画中，捕捉到了安德丽塔那富有表现力又温柔的目光，这幅画现在装饰在她位于斯德哥尔摩港口大街的公寓的一面墙上。

有一年，阿尔弗雷德送给她一个珍贵的带字母图案的瓷罐作为圣诞礼物，安德丽塔特别高兴，利德贝克为她献上了鲜花。1888 年圣诞节，阿尔弗雷德送给母亲一个手镯，上面有他自己的两幅小画像。

安德丽塔在她的感谢信中赞叹道："这是我能想象到的最甜蜜的办法，我亲爱的阿尔弗雷德。""这两幅（青年和成年的）肖像画都很美，没有老人的痕迹，当然你本人也没有，看这些可爱的照片将是我每天的乐趣，它温暖了我年迈的心，温暖了我固有的甜蜜感觉，我最年轻和无价的爱子，在他的一生中为他的母亲做了这么多善事，带给我无比幸福的岁月。……谢谢你，谢谢你，我亲爱的，谢谢你带来的所有快乐。这样的儿子是母亲的骄傲。"[732]

阿拉里克·利德贝克总是习惯在圣诞节前后检查安德丽塔的情况。在平安夜的前一天，他能够向阿尔弗雷德发送令人欣慰的消息。"你的母亲和她这个年龄层的人身体一样好，精力几乎没有减弱。"[733]

但阿尔弗雷德更关心的是他自己所谓的即将到来的死亡，而不是他母亲的死亡。他哥哥的死加剧了他对死亡的恐惧。"我有时感到非常虚弱，并强烈怀疑我正在接近生命的终点。因此，在我踏上最短但也是最长的旅程之前，请珍惜时间。"他在 1889 年 1 月写给索菲·赫斯。[734]

这些想法让他做了一个决定。他不能再等下去了。阿尔弗雷德需要写一份遗嘱。1889 年 3 月 3 日，他联系了他在斯德哥尔摩的财务顾问卡尔·厄贝格（Carl Öberg），请他就遗嘱问题推荐一个合适的律师。他向厄贝格解释说："我已经白发苍苍，蓬头垢面，必须做好准备工作，以防我被扫地出门。"

很明显，这个问题引起了他朋友的关注。在他的下一封信中，阿尔弗雷德试图让朋友放心。"就遗嘱而言，我考虑它是因为，其实我应该在很久以前就完成这件事。每个人都不知道什么时候自己会进入混沌世界，责任感促使我们为可预见的和不可预见的事件做出安排。"[735]

第十八章

安全警察的个人档案，326：阿尔弗雷德

阿尔弗雷德·诺贝尔曾给他的朋友卡尔·厄贝格写信说：“每个人都不知道什么时候自己会进入混沌世界。”事实上，他已经走进了混沌世界，尽管是稍微不同的混沌世界。一些神秘人在他位于塞夫朗的住宅的高墙外走动。他们是宪兵队派来的，问了点问题。

一开始这似乎只是例行公事。内政部最近通过了一项法令，加强了对在法国的外国人的控制。一些怀疑对象的相关事项将被报告给各省。1888 年新年前夕，一些宪兵为此目的访问了塞夫朗。他们的报告内容是如此令人震惊，以至于省长将一份副本发给了巴黎的内政部部长。宪兵报告说，一位瑞典公民诺贝尔先生正在塞夫朗秘密制造炸药。爆炸事件引起了恐慌。六个月前，附近的几块窗户玻璃被爆炸震碎了。诺贝尔立即赔偿了损失，但一个外国人被允许在法国中心地区从事这种活动，这不是很奇怪吗？

宪兵报告说，诺贝尔是一个神秘的人。他不与任何邻居交往，也不让任何人进入墙内，除了当地的园丁。瑞典人自己不定期地出现在塞夫朗。然而，一个名叫费伦巴赫的同事，被诺贝尔称为“工程师”，似乎每天都在那里工作。最近，诺贝尔来的次数多了，还带了几位先生，都是在这个地区不知名的人。他们还在这里开过很多枪。

内政部部长将报告转给了法国安全警察，当时是他自己部下的一个部门。1889 年 1 月底，该部门下达了命令：请获取更多信息！此人是否有从事危险活动的许可证？如果没有，请提交文件，“以便强制驱逐这个陌生人”。[736]

*

法国安全警察的文件有 125 年的历史，边缘略有损坏。内容全部都是手写的，在名为 326 阿尔弗雷德·诺贝尔的陈旧的个人档案中形成厚厚的一大捆。

整洁的文件中的信号词，十分突出："机密。""间谍活动？""描述！"

这些报告直到现在还不为人知。

这是 2015 年 11 月的一个阴沉的日子。我在巴黎郊区圣德尼的法国国家档案馆（Archives Nationales）里。历史上的发现被装在一个不显眼的深灰色档案盒里抬进了阅览室。我小心翼翼地把个人档案一张一张地拿出来。阿尔弗雷德·诺贝尔的名字出现在这堆文件的中央。他的档案是最古老的档案之一。总共包括 33 份文件，共 75 页。

阿尔弗雷德的档案没有在早期被发现是有原因的。当德国人在第二次世界大战期间入侵巴黎时，他们带走了法国安全警察的所有机密个人档案。1945 年春天，德国的战利品变成了苏联的，此后的 50 年里，成千上万的法国档案被藏在莫斯科。在苏联解体后，它们被送回巴黎，现在盖上了俄罗斯档案的印章。

破译俄文并进行必要的重新分类花了一段时间。因此，长期以来，在法国没有关于阿尔弗雷德·诺贝尔的警方文件，被大众认为是既定的事实。我仍然记得，当我在巴黎的新朋友，演员兼作家曼努埃尔·博内与我取得联系时，他内心的喜悦之情溢于言表（他曾申请在一部关于诺贝尔的瑞典电影中扮演保罗·巴布一角）。曼努埃尔曾答应我调查这件事。现在他表示祝贺："档案在那里！在莫斯科档案馆（Fonds de Moscou）中！"

关于诺贝尔的文件按照日期整齐地排列。纸张不均匀地发黄，大小不一，上面盖了很多印章。在这堆文件的最上面，我发现了宪兵大队的新年报告。当我读下去的时候，19 世纪的灰尘扑面而来。

*

关于获取阿尔弗雷德·诺贝尔情报的任务落在了一个"特别委员"莫兰（Morin）的头上。他在巴黎东站的铁路警察处工作，当时那里是法国安全警察的国内情报人员的庇护所。莫兰警官亲自前往塞夫朗，在非常谨慎的情况下从邻居和诺贝尔雇员那里获得更多信息。他出于同样的目的，派便衣警察到马拉科夫大道检查情况。

莫兰于1889年2月5日提交了关于阿尔弗雷德·诺贝尔的第一份报告。资料简述：单身。瑞典人。在巴黎新建了一处房子。非常富有，在国外拥有几所房子。豪华的两层楼。有几个男女仆人。在他居住的街区有很好的声誉。被誉为炸药的发明者。主要靠分红生活，日常接待很多人。在塞夫朗，人们总是看到他和一个叫费伦巴赫的人在一起，后者37岁，出生在巴黎，被称为"优秀的爱国者"。费伦巴赫和诺贝尔一样，也是一名化学工程师。塞夫朗的田地被用来进行射击实验。[737]

2月初，莫兰收到了一份新的情报，这次是来自法国战争部。它最初来自巴黎的军事长官，他从塞夫朗的国有火药厂得到消息，瑞典人诺贝尔试图窃取保罗·维埃耶的无烟火药"B火药"的国家机密，而且这还是通过招募竞争对手的工作人员来实现的。再经过几周的侦察工作后，情报人员莫兰非常确定这件事情正在发生。从塞夫朗，他收到了关于诺贝尔员工突然离开或神秘地缺席数天的报告。"这可能表明，他们正在努力消除，任何可能在接受搜查时受到影响的东西。"[738]

第二份情报是在2月23日提交的，题为"诺贝尔事件"。莫兰的信息现在更加广泛。他说，诺贝尔每天早上坐火车来，直到晚上六点才回家。在过去的七八个月里，他对他的田地里进行的射击实验越来越频繁。"我自己在昨天（2月22日）整个下午都听到了一种鼓声，就像整个营的士兵在练习射击一样。"情报人员了解到，诺贝尔有一个榴弹发射器，将大型弹丸射向天空时非常显眼。射击实验一直在进行，甚至星期天和假期也不例外。

根据指示，他们曾试图审问这些雇员，但收效甚微。实验室的男孩，20岁，逃跑了，什么也不说。他的父亲是国家火药厂的雇员，"鉴于对诺贝尔公司的严重怀疑，这是一个了不起的巧合，"莫兰写道。园丁，55岁，也没有向情报人员提供任何情报。莫兰认为他明白了原因。"肯定是他发布了一项命令，要求大家保持沉默，对外保密！"然而，临时被招募来切割火药的四名妇女则更善于表达。情报人员报告说，其中两人与实验室的男孩有家庭关系，还有几个近亲在国家火药厂工作。

东部车站的情报人员随后对报告做了总结，他们给内政部的安全警察写道：

"经过这次细致的审讯和对结果的仔细分析，我们相信，诺贝尔先生正在积极尝试发明用于战争的炸药；他的不断尝试和交替进行的射击实验表明了这一点。但我们也相信，他在塞夫朗－利夫里安营扎寨，是为了尽可能地掌握‘维埃耶火药’（B火药）的秘密。靠近国家火药厂的选址、对雇员的挑选、尽管觉得受到监视但仍进行的秘密旅行，所有这些都使我们确信这一判断。”

在另一封信中，特别委员莫兰建议将这些细节告知陆军部，“以便结束这种对国防如此危险的活动”。[739]

然而，阿尔弗雷德·诺贝尔并没有接到任何通知。只不过，几周后，他开始意识到有些事情很奇怪。1889年3月，他写道，他觉得自己“遭到迫害和骚扰”。在写给他在英国的合作者弗雷德里克·阿贝尔爵士的信中，他说得更准确：“几天前，一个自称是侦探警察的人，对我在塞夫朗的实验室进行了一些非常奇怪的询问。”[740]

这种情况很荒唐。陆军部被要求进行干预，但实际上法国陆军部部长夏尔·德·弗莱西内特既不了解也不怀疑阿尔弗雷德·诺贝尔的火药实验。相反，他对此既好奇又感兴趣。正如以色列科学史学家约尔·贝格曼（Yoel Bergman）在一项研究（2017年）中所表明的那样，弗莱西内特在1888年12月写信给诺贝尔，请他把他的火药样品寄给该部。[741] 法国和所有其他国家一样，想要最好的火药。另外诺贝尔也想出售。长期以来，他一直向法国政府通报他的产品，尤其是在保罗·巴布担任部长期间。

1889年2月，经过一些关于技术要求的通信，阿尔弗雷德将所要求的火药样品寄给了法国陆军部。在附信中，他自豪地写道，现在的弹丸石完全不冒烟。[742]

这是一场混乱。当秘密警察的便衣特工在诺贝尔的家中和实验室周围转悠，以发现一个针对法国国家的危险阴谋时，陆军部正准备用这位所谓的工业间谍的秘密火药进行试爆。顺便说一句，要进行实验的人正是说阿尔弗雷德·诺贝尔要窥探商业秘密的保罗·维埃耶。陆军部甚至将这些射击的时间和地点通知了阿尔弗雷德，估计是为了让他本人能够在场。[743] 由于未知的原因，这一信息并没有传到内政部的安全警察那里。这可能与各部委之间在监视外国人方面日益激烈的竞争和分歧有关。

陆军部部长弗莱西内特曾向阿尔弗雷德·诺贝尔明确表示，测试火药的决定并不保证购买它。那年春天的射击实验也不是很成功。诺贝尔的火药很有威力，但法国人认为它对步枪枪管的腐蚀性太强。

他们的意思是，陆军部想等待时机。诺贝尔的火药或许在大炮中效果更好？[744]

*

最近在塞夫朗参加射击实验的两位“在当地并不出名”的神秘先生，是英国教授弗雷德里克·阿贝尔和詹姆斯·杜瓦。阿尔弗雷德·诺贝尔最近也被要求将火药样品送到英国进行测试，诺贝尔的信件显示，这时三人在巴黎和伦敦都经常见面。

阿尔弗雷德显然对与知名学者的合作感到高兴，英国的火药样品订单使他彻底卸下了包袱。阿贝尔和杜瓦总算详细了解到，他是如何完善火药的成分以消除之前的遗留问题的。他谦虚地说，无论何时何地，他都听从英国人的安排：“当我看到所有这些事情对你们来说是多么重要时，我开始发现，陆军部是你们的宝贝，你们为它付出了无尽的努力。”1889 年 2 月，他在给弗雷德里克·阿贝尔爵士的信中赞赏地说：“人们一定是失明了才看不到这一点。”接下来，阿尔弗雷德赞扬了詹姆斯·杜瓦，称他是“善良的化身”，并强调说，自己能与他共事是“一种荣誉和快乐”。阿尔弗雷德强调说，在这样有能力的公司里，他可能有的那点个人虚荣心已经消失了。[745]

5 月初的一天，他得知弗雷德里克·阿贝尔爵士在没有通知他的情况下访问了巴黎。阿尔弗雷德感到不安，几天后，他在伦敦的法律顾问告诉他，弗雷德里克·阿贝尔爵士和詹姆斯·杜瓦刚刚为弹丸石的改进申请了一项英国专利。这到底是什么？为什么他们甚至没有问过他的意见？他们曾一起讨论过这些改进。阿尔弗雷德写信给杜瓦，指出他对他们和英国炸药委员会都是完全开放和诚实的。如果他们只是宣布了他们的计划，他就可以和他们说明，为微小的改进申请专利，并因此泄露商业秘密是多么愚蠢。[746]

阿尔弗雷德·诺贝尔受到了震撼。但他仍然保持冷静，并决定将他朋友的行为视为一个失误。目前还没有任何落实到纸面上的专利。阿贝尔和杜瓦可能是出于好意，而阿尔弗雷德并不是一个将自己的声望和财富置于一切之上的人。正如他在几个月后写给杜瓦的信中所说：“与我的竞争对手相比，我有两个优势，即赚钱和赢得荣誉的愿望对我来说并不重要。……我很喜欢幻想。有时泡沫比物质更有价值，因为它更容易携带……”[747]

在这一阶段，阿尔弗雷德要求为专利提供说明，之后便转向通常的社交聊天，询问杜瓦他的风湿病怎么样了。他承认，他自己的健康状况现在非常糟糕，以至于他想退休到一个荒岛上去，在那里他将“永远听不到爆炸的声音”。

阿尔弗雷德还告诉他的朋友，在巴黎的战神广场举行的世界博览会刚刚开幕。“据说它非常壮观。我希望能有时间去看看。”[748]

*

古斯塔夫·埃菲尔准时完工了。1889 年 4 月 1 日下午，他与十几位政要和记者站在塔的最顶端，他们是参加落成典礼的 150 位客人中唯一冒险登上螺旋形楼梯的人。在胜利的喜悦中，埃菲尔展开了一面五米长的法国国旗，上面绣着金色的首字母 R.F.，即法兰西共和国（République Française）。他慢慢地把它挂在塔的旗杆上，这一小群人则自发地开始唱《马赛曲》。埃菲尔铁塔的总工程师开口了：“我们如此自豪地向我们的父辈举着的 1789 年的旗帜致敬，它为我们赢得了如此多的胜利，见证了科学和人类的巨大进步。我们试图建立一个合适的纪念碑，来纪念 1789 年的伟大日子，这座铁塔与这面旗帜的比例是相当悬殊的。”说罢，香槟酒瓶爆开了。[749]

喜庆的气氛一直持续到 5 月 5 日世界博览会的开幕式。巴黎陷入了狂喜之中。在街上，埃菲尔铁塔被制成雨伞手柄、袖扣和手表出售。埃菲尔铁塔成为人们一直梦寐以求的人类进步的象征，“……作为世界上最成功的奇观之一，全世界都为之惊叹，”《纽约论坛报》赞叹道。国内外的记者竞相将埃菲尔的创造提升到远远超过工程壮举的高度。“埃菲尔铁塔一层的门楣上镌刻的镀金名字，并非统治者的名字，而是法国科学家的名字，这些人掌握的知识推动了世界的发展。埃菲尔铁塔是优雅的、坚实的和俏皮的，但在一个大片地区仍由国王和王后统治的世界里，它最终传达的信息是政治性的。”正如记者和作家吉尔·琼斯（Jill Jonnes）在她的《埃菲尔铁塔》一书中指出的那样。[750]

古斯塔夫·埃菲尔本人热衷于强调该塔不仅具有象征意义，而且对科学具有高度的实际意义。他设想在 300 米高处建立一个独特的研究实验室。在那里，可以进行气象和天文观测、各种物理实验，当然还有对风况的研究。在他看来，这座塔对人类的好处也许是这座塔无须按计划在 20 年后被拆除最有力的论据。[751]

科学进步的时代，是阿尔弗雷德·诺贝尔想要待的时代。这个春天，他比往常更加沮丧。他对他的朋友阿拉里克·利德贝克沉吟道：“这些被谴责的炸药，充其量只能被看作是残忍的谋杀工具，使我无法做许多其他具有重大工业和科学意义的事情。”在世界博览会的高峰期，他将失望的情绪与其他人分享：“我希望我能抽出一整年的时间来休息，从事科学只是为了快乐，而不是为了生意。然而，这个黄金时代何时会出现，只有众神知道。”[752]

世界博览会在 10 月底闭幕之前，将有超过 3000 万人参观。如果说有什么景点可以与埃菲尔铁塔相媲美，那就是灯泡之父、美国人托马斯·爱迪生展示其最新发明——留声机（唱片机的前身）的展馆了。爱迪生的展台很容易找到，它采取了一个巨大的灯光装置的形式，包含各种大小和颜色的电灯。电灯仍然是少数人的奢侈品。阿尔弗雷德·诺贝尔是使用电灯的先驱之一，1889 年他在位于马拉科夫大道的房子里安装了当时的第一批电灯。

在这片爱迪生的灯光海洋中，矗立着 25 份美国发明家的新奇迹，一个带有蜡筒的木盒，可以录制声音。深秋时节，大名鼎鼎的爱迪生亲自到巴黎来展示它。这项发明只有几年历史，但到了世界博览会上，爱迪生已经成功地将它改进为一个有用的录音机。参观者排了很长时间的队，只为花钱说些简短的话，然后听到自己的声音回放。

阿尔弗雷德·诺贝尔注意到了这一点并进行了思考。几年后，作为他最后的一个主要项目，他将研究爱迪生的设计，并勾勒出一个改进方案，一个与爱迪生不同的留声机，“以完美无瑕的清晰度再现声音”。[753]

*

托马斯·爱迪生，现年 42 岁，已然是一个世界明星。德国物理学教授海因里希·赫兹（Heinrich Hertz）比他年轻 10 岁，他更多地在幕后工作。然而，他的最新研究突破同样轰动了世界。赫兹对老牌大师詹姆斯·麦克斯韦的电磁波理论非常痴迷。多年来，他一直致力于成为第一个通过实验证明这些理论的人。

赫兹的突破来自他意识到他需要建造两个设备——一个发射器和一个接收器——来探测电磁波。“发射器”由一根在两个金属球之间延伸的电线组成，其中的电火花被来回发送。“接收器”是一根电线，做成一个方形或圆形，赫兹将其切成两半。如果来自发射器的电磁波到达接收器，它就应该在他切开的空间里产生火花。在这种情况下，电会在设备之间，在没有任何电线的情况下传播。

海因里希·赫兹成功了。“在接收器中观察到……微观上非常短的一簇火花，甚至没有百分之一毫米长，它们只持续了大约百万分之一秒的时间。它们的存在几乎是不合理的，似乎根本不可能看到，但在一个完全黑暗的房间里，我们却能看到它们。”1889 年，他在海德堡的一次演讲中说：“实验的成功结论就挂在这根细线上。”[754]

赫兹能够证实麦克斯韦的论点，即这些电磁波的传播速度与光速相同。他把发射器和接收器拉得越来越远，并意识到电磁波甚至可以在两设备为 15 米间距的一个大房间里产生。赫兹的发现将改变世界，但他没有活着看到结局。仅仅几年后，败血症夺去了这位时年 36 岁的物理学教授的生命。

在他死后一年，一位爱尔兰裔的意大利物理学家从赫兹被迫停下的地方继续开展研究。古列尔莫·马可尼（Guglielmo Marconi）测试了赫兹的电波是否可以用在没有电线的情况下传输电报信息。他第一次成功地传送了 800 米。几年后，他使无线电报在 1.5 公里的距离内工作。赫兹波被重新命名为无线电波，几十年后，无线电波可以被发送到世界各地。

古列尔莫·马可尼与德国物理学家卡尔·费迪南德·布劳恩一起获得了 1909 年的诺贝尔物理学奖，他们因“对发展无线电报的贡献”而受到表彰。[755]

*

法国安全警察人员的警报还没有引发任何戏剧性的事件。这可能是由于陆军部在“诺贝尔事件”中也有双重利益，也可能是由于世界博览会正在消耗首都的各方人力。

然而，特别专员莫兰并没有放弃此案。1889 年夏天，他在东站利用部分工作时间仔细阅读报纸。他剪下有趣的告示，贴在一张纸上，然后寄给他的上级。7 月 3 日，他立即行动起来。一份巴黎报纸报道，德国政府刚刚采用了阿尔弗雷德·诺贝尔的无烟火药。

莫兰把这条新闻剪了下来。在给秘密警察局长的附信中，他说得很清楚：“如果这个消息是正确的，那么毫无疑问，德国人装备的新火药是由瑞典化学家诺贝尔在一位法国工程师费伦巴赫先生的协助下，在离我国国家火药厂仅几步之遥的塞夫朗－利夫里研究、制备和实验的。莫兰提到了他在 2 月份发送的报告，以防上级忽略了该信息的严重性。一周后，他同样切出了一份来自圣彼得堡的短电报，称沙俄政府也有望很快采用诺贝尔的火药。[756]

诚然，事实并不那么具有颠覆性。在这两种情况下，这些都是对阿尔弗雷德·诺贝尔的产品感兴趣的市场迹象，但到目前为止还没有更多好消息。6月初，埃曼纽尔·诺贝尔被匆匆传唤到圣彼得堡的一位沙俄将军那里。沙皇亚历山大三世发布了一项命令，要求尽快为沙俄军队采购无烟火药。在他的直接要求下，阿尔弗雷德随即将两公斤弹丸石与费伦巴赫一起送到了沙俄驻巴黎武官处。在德国，这种要求可能更强烈。[757]

然而，对特别专员莫兰来说，有两个国家订购已经太多，而且说不定还会有更多。1889年8月初，阿尔弗雷德·诺贝尔终于成功地签署了他的第一份弹丸石销售合同，但不是与德国或沙俄，而是与意大利——法国宿敌俾斯麦的盟友，因此，在许多法国人的眼中，是一个同样被憎恨的国家。他甚至还出售了专利。

这下就捅了娄子。一家法国公司在向宿敌提供独特的弹药？新闻界提出了指控，不是针对阿尔弗雷德·诺贝尔个人，而是针对设在巴黎的拉丁集团。保罗·巴布被迫写了一份否认声明："炸药公司董事会对某些报纸在没有核实事实的情况下，收到（并传播）针对该公司有关无烟火药的可憎指控表示遗憾。事实是，中央炸药公司并不拥有诺贝尔的无烟火药专利，该公司从未需要也从未与任何政府进行过出售这种火药的谈判。"[758]

拿走专利的不是公司，是阿尔弗雷德·诺贝尔。

*

在商业层面上，阿尔弗雷德继续让他的侄子埃曼纽尔做空。在背景方面，他与已故兄弟路德维格的关系一直困扰着他。他在哥哥临终前与他分道扬镳，但彼此都对对方有好感。但事实是，在他哥哥生命的最后几年里，他一直在与路德维格斗争。路德维格去世一年后，他向石油公司的一位董事敞开心扉，这位董事是阿尔弗雷德非常敬重的人才，帮助他解开了心结。他觉得自己不得不说出来，因为有人呼吁他更多地参与石油公司的工作，以填补路德维格留下的空白。

这封信非常敏感，以至于直到20世纪50年代，诺贝尔基金会都认为这封信"不宜被引用"。阿尔弗雷德·诺贝尔在1889年这样写道：

我已故的哥哥常说，他只和他喜欢的人有关系。我不想扯太远，我想强调的是，维持没有长期亲密关系的亲属关系是一种相当需要想象力和传统的伟大事业。

我对已故哥哥的认识相当肤浅，我必须承认，也许是我的耻辱，他对我来说比大多数与我有密切联系的人更陌生。你可以从我的坦白中得出结论，实际上只是由于我为人慷慨，导致我做出了巨大的牺牲，使自己陷入困境，以从比受威胁更严重的局面中，挽救他和他的公司。贝利亚明（Beliamin，另一位石油主管）估计我因此遭受的损失为150万卢布，如果一切都计算在内，我认为他不会错得太离谱。

如果我遇到的仅仅是忘恩负义，我应该认为这是自然的，甚至为自然法则的稳定性感到高兴，但我得到的是比忘恩负义更糟糕的东西，我的权利受到了干涉，而我几乎无话可说，因为我怕没人相信。所有这一切都被原谅了，也被遗忘了，因为没有像海绵擦那样的东西来储存记忆。但这段故事留下的印象仍然存在，我要求将亲属间的各种商业关系降到最低限度。

由于这件事，即使我的时间允许，条件成熟，我也很难帮助我那些非常有同情心的、为人好相处且完全值得信赖的侄子。与亲戚有关的事务总像永远不舒服的疙瘩一样困扰着我……[759]

阿尔弗雷德知道埃曼纽尔抱怨他在需要时不能随时提供经济支持，但他有理由暂时拒绝所有请求。他需要把自己的心放下来。

然而，他对住在圣彼得堡的侄子的关心并没有受到影响。他们之间的关心是相互的。阿尔弗雷德在巴黎关注着埃曼纽尔的苦难，随着时间的推移，他对侄子的能力越来越印象深刻。销售额翻了一番，利润随之增加，1889年11月，沙俄国家银行决定，埃曼纽尔·诺贝尔这个名字应该得到与路德维格·诺贝尔相同的信用等级。这是一个奇妙的认可（也是一个最终释放阿尔弗雷德叔叔的专利股本的认可）。

阿尔弗雷德像个父亲一样自豪。沙俄国家银行的行为“既证明了对公司的信任，更证明了对你的信任。你作为一个有行动力的人，学会了在困难中前进，正如俗话说的那样，人有声望，其言自重”，他给埃曼纽尔写道。[760]

基本上，他自己也有同样的信心。阿尔弗雷德永远不会放弃石油公司，他也永远不会忘记埃曼纽尔和其堂兄弟姐妹（罗伯特的孩子们）。他们很快就成了他最亲近的人。

*

阿尔弗雷德·诺贝尔感到被抛弃、被误解、被背叛和不被爱。媒体对意大利火药生意的攻击使他付出了代价，他和索菲·赫斯之间短暂出现的甜蜜氛围也陷入了沉寂。她在新家的喜悦并没有持续很久。不久，她就开始生闷气，想买些更高级的东西，阿尔弗雷德对他所说的她的“宫廷”大发雷霆。“这样一个不独立的、没有天赋的、只受过低等教育的小家伙在宫殿里会是什么样子？……小鸟属于小笼子，”他在一封信中嘶吼道，“如果不用付钱就能买下整个世界，这就不是艺术了。”相反，索菲应该至少学习一点他简单的指导原则。“相信我，如果你不能在简单的环境中获得快乐，你就不可能在奢华的住房里获得成功。”

他也没有掩饰对她犹太人种的嘲笑。“以色列人有非常好的品质，我一直都承认，但在所有自私和不体贴的人中，他们是最自私和不体贴的。”这种情况并不经常发生，但在接下来的几年里，反犹太主义的色彩会出现在阿尔弗雷德几次愤怒的爆发中。“以色列人做任何事都不是出于善意，而只是出于自我利益和夸耀。”他在不高兴的时候会给索菲写信，她是否真的相信他打算“为一个庞大的犹太社区和年轻人提供服务”？[761]

阿尔弗雷德·诺贝尔在日常用语中抛出“犹太利益”和“犹太银行家”这样的词，并不完全是孤例。

*

开明的阿尔弗雷德·诺贝尔是一个反犹太主义者吗？这个问题必须要回答，因为在信件中，特别是在兄弟之间，有一些言论我一直犹豫不决，不愿意在出版物中转载。其中包括路德维格对石油业中的“犹太人”罗特希尔德的多次发难，以及例如罗伯特在1886年写给儿子亚尔玛的信：“你越是了解犹太人，你就越想远离他们；他们被认为是害虫，这不是没来由的。”这也包括阿尔弗雷德一再否定索菲的方式，认为她具有“以色列人”的品质。我还发现了一封信，其中阿尔弗雷德写道，我们的主可能“对犹太人有好感”，因为他们“最接近动物”。也许他还说：“这可能不完

全是我的观点，但我写它是为了取悦罗伯特那颗亲犹太人的心。”[762]

反犹太主义的标志不多。尽管我检查了阿尔弗雷德·诺贝尔现存的一万多封信件中的大部分内容，但我发现类似言论不超过二十封。或许一封就算多了，但应该如何解释呢？

我打电话给乌普萨拉大学的历史学家拉尔斯·安德松（Lars Andersson），他在当时做了关于反犹太主义成见的博士论文。当我读出这些引文时，拉尔斯·安德松并不特别震惊。他解释说，我们今天对诺贝尔兄弟的反犹言论很反感，但在 19 世纪 90 年代没有人发出这样的指控。

“这在当时很正常。社会流行一种明显的沙龙式反犹太主义，人们对很多话不会觉得有争议。甚至自由主义者和社会民主党人也可以发表粗暴的反犹言论，直到 20 世纪 20 年代。只是当纳粹主义开始蔓延时，这才变得不可能。”

拉尔斯·安德松说，当时的犹太人经常选择沉默和忍受的策略。他们甚至可能收到来自朋友和同事带有反犹太主义言论的信件，而这不会被认为是奇怪的事情，也不会成为断绝联系的理由。

“当然，当时的许多知名人士，在其他方面都有独创性和独立性，但在选择敌对方的形象时极为传统和不假思索，这是非常奇怪的。”

*

最近，阿尔弗雷德结识了索菲的另一个情人，这让他感到很可疑。他称其为黑本坦茨二号。这一次，索菲以书面形式坦白了。阿尔弗雷德很生气。“你为什么也要用这种卑鄙的谎言来和我解释，而不是像你对其他人那样，善意地把一切真相告诉我？我责备你的，无非是这个无休止的卑鄙的谎言，你总是试图用精巧的魔鬼行为，使我成为公众的笑柄。”她还把她的情人介绍给阿尔弗雷德，说明“她的品德如此低劣，以至于我有时对我为你做的事情感到很遗憾”。[763]

在秋天，阿尔弗雷德·诺贝尔的情绪陷入了黑暗。他的仁慈和宽容一再被滥用。人们几乎都在争相“毒害他的生命”。当阿尔弗雷德想到未来时，他最大的感受是乏味。未来发生在他身上的事情都不会比已经发生的事情更糟糕。他在 1889 年 9 月写给索菲的信中说：“很快你就不可能再伤害我了，因为我生活得如此孤独，甚至连流言蜚语都不会让我注意到。只有在我最后的长眠中，我才能洗脱所有困扰如此无辜的我的烦心事。”[764]

他没有忘记那份遗嘱。送来遗嘱的律师建议他记住斯德哥尔摩学院（现为斯德哥尔摩大学），该学院刚成立十年。阿尔弗雷德已经答应考虑这个问题。除此之外，没有什么能下判断。阿尔弗雷德只知道有一个人真正爱他，以至于她看到他时眼睛都亮了，这让他觉得难以理解。妈妈安德丽塔非常想念他，其他人大多是在“寻找他留下的金币”。在他最悲伤的时候，阿尔弗雷德想象着他将如何死去，只有“一些老仆人在我身边，一直在想我是否给他们留下了什么”。[765]

他很高兴，尽管他的健康状况不佳，但他在前几年的秋天还是去了斯德哥尔摩，为安德丽塔庆祝生日。他认为这是他光芒永久熄灭前的最后一次生日聚会。11月，又快到母亲生日了，尽管当时他已经卧床不起。他收到了来自斯德哥尔摩的紧急消息，说安德丽塔病倒了，他刚开始动身前往，就又收到了新的、令人欣慰的消息。他被告知，安德丽塔已经“完全康复”了。阿尔弗雷德决定不拿自己的生命做无谓的冒险，留在了巴黎。

在这一年早些时候他所写的遗嘱中，他选择了一个非常规的解决方案，他在信中对此做了具体描述：“顺便说一句，善良的人们会体会到一种奇怪的失望……我期待着他们看到没有钱给他们的时候，瞪大眼睛说坏话的模样。”

他们说了什么以及他们的反应他从未向世人透露，也不知道他打算如何剥夺“好人”的所有金钱。在1889年之前，阿尔弗雷德·诺贝尔透露，他的第一份遗嘱已经不存在了。

他已经撕毁了它。[766]

第十九章

放下武器！

1889 年 11 月底，阿尔弗雷德 · 诺贝尔在邮件中收到一本书。这本书名叫《放下武器！》。这一次，伯莎 · 冯 · 苏特纳选择了隐姓埋名出版书籍，据说女作家的名字会吓跑读者。阿尔弗雷德对这一做法感到高兴，但也感到羞愧。在过去的一年里，他收到了几封伯莎的来信，但他都没有时间去回复。这是因为他混乱的生活和不断积压的邮件导致的。现在，他每天可以收到 50 多封信。

这一次，他立即回信，眼里似乎还闪着光："放下武器！这是你新小说的题目，我很想读。但你如果要求我去宣传它，这会不会有点残忍，因为在一个基本处于和平的世界里，你指望我把火药卖给谁呢？"

他继续开玩笑地提了一些建议，比如让伯莎参与其他必要的武器清理工作：打倒苦难，打倒旧的偏见、旧的宗教、不公正和耻辱！

阿尔弗雷德 · 诺贝尔对伯莎 · 冯 · 苏特纳非常重视。这种感觉是相互的。她曾无数次试图邀请他到她和亚瑟居住的哈曼斯多夫城堡。到目前为止，阿尔弗雷德还没有去拜访过。但他始终觉得，这并不是因为缺乏意愿。他很乐意前往那里，只是为了与她握手，感谢她还记得他。"但自由对我来说就像埃菲尔铁塔一样遥不可及；我能看到它们……但要到达那里，需要时间和翅膀。"[767]

不幸的是，他还需要一段时间才能读到伯莎 · 冯 · 苏特纳的书。几周前，阿尔弗雷德没有去看望生病的母亲，这是个悲剧性的失算。当重病患者已达 86 岁高龄时，"完全康复"这一词其实包含了更不确定的意思。他应该意识到这一点。

1889 年 12 月 7 日星期六，阿尔弗雷德 · 诺贝尔的母亲安德丽塔在她位于斯德哥尔摩港口大街的家中悄然离世，直到最后一刻，她的头脑仍保持清醒。阿尔弗雷德匆匆赶往冬日黑暗的瑞典，那里的报纸报道了这一死讯和著名的送葬者。《瑞典日报》指出：“很少有比这更好的母子关系了。”[768]

斯德哥尔摩受到大雾和雨雪的困扰。葬礼当天，罗伯特和阿尔弗雷德将由鲜花装饰的装着母亲的棺材抬进了雅各布教堂，这里离他们小时候上过的学校只有一箭之遥。在命运的捉弄中，媒体将再次把在世的诺贝尔兄弟搞混。有人说，在拥挤的游行队伍中，与罗伯特并肩而行的是死去的路德维格，之后也没有做出任何更正。[769]

悲伤的阿尔弗雷德·诺贝尔在回程时给伯莎·冯·苏特纳写了一封信。“我从斯德哥尔摩来，在那里我向我可怜的母亲做了最后的告别，她以一种不复存在的方式爱着我，而匆忙的生活压抑了我们的情感。”他住进了柏林的一家酒店，独自在房间里度过了圣诞节，“尽可能远离不可避免遇到的壁炉清洁工和酒店服务员”。

在巴黎，邮件继续堆积如山。有一封来自索菲·赫斯父亲的感谢信，感谢阿尔弗雷德给索菲的侄女送来的精美圣诞礼物。很快，他的朋友阿拉里克·利德贝克也发来了几行赞美之词，利德贝克说自己的儿子佩尔（Pehr）除了提到阿尔弗雷德送给他的蒸汽船，什么都没有说。“我亲爱的朋友！这样的礼物对我们这个单纯的孩子来说实在是太隆重了。……感谢您对他的厚爱！”

作家兼沙龙女主人朱丽叶·亚当寄来了一封慰问信，像往常一样用她那难以辨认的工整笔迹写道，“又是一场悲痛，亲爱的先生，我能体会你所经历的这种考验。我也失去了我所有的东西。除了我的孩子，我身边没有一个人，没有一个亲戚，我知道悲痛意味着什么。我对你的巨大悲痛表示最深切的同情。”[770]

*

安德丽塔的遗产需要分配。阿尔弗雷德想保留的是安德斯·索恩画的肖像和自己从巴黎寄来的一些礼物——一只手表、一个银篮子、印有他的两个肖像的手镯和有图案的瓷罐。他还回顾了1868年他与父亲共同获得的瑞典科学院的奖项。“莱特施泰特奖章也可以归我。我非常理解我母亲的用意，铭文是属于阿尔弗雷德·诺贝尔的。我母亲知道很多外界不知道的事情。”他给他的表弟阿道夫·阿尔塞尔写信，后者负责处理遗产的分配。

他不想保留任何钱财，尽管母亲大部分相当可观的财富本都来自他。相反，他想决定如何使用属于他的三分之一的遗产。首先，他设想以安德丽塔·诺贝尔的名义设立一个慈善基金。母亲有很多亲戚和朋友，他们可以从中用到点钱。路德维格那些没了父亲的孩子，将继承他一部分的遗产，但罗伯特的后人则没有任何钱。他们的经济情况其实更糟。阿尔弗雷德很想为他们四个人——26 岁的亚尔玛、23 岁的英厄堡、21 岁的卢德维格和 16 岁的赛拉——提供一笔巨额捐款。但首先他必须征求他哥哥的意见，这种做法总是有一定风险。在第一次关于遗产分配的会议上，火爆的罗伯特似乎很爱争吵。他就是这样的人，但阿尔弗雷德还是很喜欢他。[771]

罗伯特现在已经 61 岁了。几年来，他在诺尔雪平 郊外的布拉维肯拥有盖托农场，他已经退休了。在盖托的时候，他忙于处理自己的专利，但最重要的是处置财产。他铺设了新的道路，建造了 7 个温室和 1 个亭子，可以看到美妙的水景，根据当地的历史记载，“这肯定是瑞典中部最美丽的地方之一”。在村子里，他被邻居看作是害羞的人，被称为“可怜的罗伯特”。[772]

兄弟俩没有像以前那样密切联系。阿尔弗雷德没有时间，罗伯特则因为越来越多的健康问题，导致他会尽量避免长途旅行。不仅如此，他的视力也有所下降。然而，阿尔弗雷德最近乘汽船去盖托看望他的哥哥，他们不时写信讨论他们对沙俄石油公司的共同关注。罗伯特似乎对这种状况感到更加不安，尽管与阿尔弗雷德的份额相比，他的剩余份额少得可怜。[773]

阿尔弗雷德对遗产的倡议得到了好评。“感谢你，亲爱的阿尔弗雷德兄弟，感谢你对我的孩子的捐赠，你这样做让他们感到幸福，”罗伯特在回信中写道。他补充说，他自己也考虑过这个问题，但遗憾的是，他发现自己的“小本钱”不足挂齿。然而，阿尔弗雷德的礼物有一个陷阱，哥哥补充说。“我想通过各种方式让他们习惯节俭和简单的生活，这是唯一能让他们独立的东西——至少不至于让他们成为自己财务习惯的奴隶。如果他们现在能自由处置你托付给他们的资本，那么他们彼此之间的情感和利益将受到严峻的考验。”因此，罗伯特建议，孩子们应该把钱存到某个地方，以获得每年的利息。

他们将如何安排家族的坟墓？阿尔弗雷德想竖立一座纪念碑，“美丽但不矫揉造作，不浮夸”“没有神秘的象征”。他的母亲、父亲和兄弟埃米尔的肖像将被插在小徽章上，“为了对称”，应该为“下一个人，我是说，为老得皱皱巴巴的我”留点空间。理想情况下，他不想用画像，因为“想成为 14 亿两腿无尾猴的杂墓碑中的某一个，在我们旅居的地球上跑来跑去，其实是可悲的。阿门”。[774]

最后，肖像画的想法被取消了。

罗伯特力主将安德丽塔的物品卖给出价最高的人。阿尔弗雷德对这一想法感到不安，但很快就宣布在港口大街 20 号举行房屋拍卖会。所有东西都被拍卖了，从糖果手杖到波斯地毯、闺房镜子和一张桃花心木的双人御用床。[775]

继承的消息传开了。斯德哥尔摩学院的一位数学教授联系了阿尔弗雷德·诺贝尔。他的名字叫戈斯塔·米塔格－莱弗勒（Gösta Mittag-Leffler），他现在呼吁阿尔弗雷德“对机械和数学燃起兴趣”。当然，更重要的是他的钱包。事实是，该学院已经成功地从圣彼得堡招募了一位杰出的数学人才，即著名的索尼娅·科瓦列夫斯基（Sonja Kovalevsky）。现在科瓦列夫斯基收到了来自她家乡的一份不错的工作邀约，她似乎想接受。米塔格－莱弗勒写道：“对瑞典来说，如果她离开我们，将是一个非常大的损失。”如果诺贝尔能考虑为斯德哥尔摩学院的一个有价值的教授职位做出贡献，她肯定会留下来。

阿尔弗雷德从巴黎回信，提到了他的慈善基金的计划。然而，该基金将以他母亲的名字命名，因此将优先遵循她的兴趣。这其中并不包括数学教授职位。阿尔弗雷德还提出了其他反对意见。他写道：“我认为，我非常荣幸地认识科瓦列夫斯基女士，她更适合在圣彼得堡工作，而不是在斯德哥尔摩。妇女在沙俄可以拥有更广阔的视野，而且偏见——这种在欧洲发酵的玩意——在那里能被减少到最低限度。科瓦列夫斯基女士不仅是一位优秀的数学家，而且是一位极富才华和同情心的人，我希望她不要被限制在一个笼子里。”

一段时间后，有传言说米塔格－莱弗勒和诺贝尔在争夺科瓦列夫斯基的芳心。据说这种竞争可以解释为什么诺贝尔在斯德哥尔摩学院的数学系如此吝啬（以及后来为什么没有诺贝尔数学奖）。如果米塔格－莱弗勒的传记作者、挪威人阿里德·斯图豪格（Arild Stubhaug）的话是可信的，事实就并非如此。米塔格－莱弗勒和诺贝尔在科瓦列夫斯基的最佳职业选择上有分歧，但从来没有任何三角关系。他们碰巧只是在他们的时代，对女性的智力和能力有着异乎寻常的高评价的两个男性。[776]

也许应该补充的是，不是对所有女性。

*

在与“新情人”的故事之后，阿尔弗雷德·诺贝尔向索菲·赫斯明确表示，他们的关系“可能”已经结束。他也提出了苛刻的条件。从现在起，如果他们要见面，就必须在一个中立的地方，而不是在维也纳。但阿尔弗雷德摇摆不定的态度在本质上几乎是病态的。几个月后，他还是去了那里，而且似乎很享受这次旅行，感谢她让他真正得到了休息。索菲租了一套公寓（由阿尔弗雷德支付）。它太大了，但事后阿尔弗雷德仍会称赞她把住处安排得非常实用和温馨。“你现在最需要的是两个男人——一个给你，一个给贝拉（狗）。”他在事后写道。这句话似乎是为了保持距离。

阿尔弗雷德带着伯莎·冯·苏特纳的小说《放下武器！》在返回巴黎的东方快车上，他终于可以不受干扰地阅读这本书。他被伯莎对战争的恐怖和痛苦的详细描写所吸引，匆匆浏览了普丹战争和普法战争中令人感动的场景。他一定对她关于大国强权交替的诗句报以微笑：

> 我的盔甲只是防御，
> 你的盔甲却是进攻，
> 我必须在你武装时武装，
> 如你武装，我也武装，
> 因此我们都要武装起来，
> 这样，和平就会持续下去。

在主角玛莎的结语中，阿尔弗雷德听到了伯莎的声音。她呼吁和平斗士“把人类从野蛮的长眠中唤醒，精力充沛地……联合起来插上白旗。他们的战斗口号是‘以战抗战’，而他们的方法——唯一能够阻止欧洲冲向毁灭的话语——是‘放下武器’”。[777]

阿尔弗雷德回到家后，仍然为读到的内容感到兴奋。1890 年 4 月初，他的反应通过邮件寄到了奥地利的哈曼斯多夫城堡：

亲爱的男爵夫人和朋友！

我刚拜读完你令人钦佩的杰作。据说世界上有两千种语言——那就太多了——但如果你的精美作品不被翻译、阅读和思考的话，那肯定说不过去。

你花了多长时间来创造这本奇作？当我有幸和你这位勇敢的知识分子握手时，你可以告诉我，你是如何英勇地与战争做斗争的吗？

然而，你喊“放下武器”是错误的，因为你自己也正在使用武器，而你的武器——你习作风格的魅力和你宏伟的思想——将比步枪、大炮和所有其他该死的工具更具威力。

你永远的，比任任何时候都重要的

阿·诺贝尔[778]

*

在阿尔弗雷德·诺贝尔的维也纳之行中，法国内政部再次解除了对这个奇怪的瑞典人的武器警戒，他在巴黎郊外的枪击和火药实验，曾在前一年引起了很多人的怀疑。根据最近的电报，诺贝尔在意大利的工厂［位于阿维利亚纳（Avigliana）］收到了意大利政府的订单，要求提供45万公斤的弹丸石。阿尔弗雷德的合伙人保罗·巴布遭到了新问题的逼问。他的炸药财团“中央炸药公司”为三国同盟（德国、奥匈帝国和意大利）生产无烟火药，是否要与法国敌对？意大利诺贝尔工厂是他信托公司的一部分。

巴布闪烁其词。新闻界的反应越来越强烈。“如何看待阿尔弗雷德·诺贝尔先生，一位外国化学家——这位年轻有敌意的客人——竟受到我们的珍视，受到关怀和同情，能被授予荣誉军团的勋章？我们该如何看待这些法国议员（保罗·巴布和他的董事）……他们在位于塞夫朗的火药厂里，冷静地研究他们的无烟火药，这种无烟火药此刻已经在装填，在未来12年的合同期间，……将继续为瞄准我国百姓的步枪装填火药？”共和党的《激进报》上一位愤怒的记者写道。[779]

几天后，传来了塞夫朗站运送大量弹丸石的消息，寄件人：阿尔弗雷德·诺贝尔。内政部的安全部门调出了他的个人档案，并将前一年的情报尘封起来。看来诺贝尔有一个大型射击场，而且还没有得到授权？这件事的进展很快。内政部部长呼吁该地区的省长立即进行干预，命令诺贝尔停止使用他的炸药和武器。省长将毫不犹豫地“针对罪犯向当局提交正式报告”。

在一封挂号信中，省长威胁诺贝尔说，如果不立即停止活动，那么他将采取法律行动。[780]

阿尔弗雷德·诺贝尔刚刚向法国国防部发送了新的火药样品，他既感到震惊又感到困惑。他振作起来，写了一份答复。他礼貌地解释说，他在塞夫朗根本不生产炸药，而是经营一个研究实验室，只使用非常少量的炸药。他的研究怎么会突然被拒绝批准呢？国防部部长亲自向他订购了样品，国防部还提供了一些原材料。顺便说一句，他拥有的武器是他从巴黎的一家商店购买的，如果这是禁止的话，他就买不到武器，他继续讽刺道。

但是，阿尔弗雷德·诺贝尔强调说，他当然会遵守省长的命令，立即停止他的科学研究。他当然也会申请许可证。如果他没有得到许可，他就要求免费把他的所有设备搬到国外。[781]

阿尔弗雷德只向他最亲近的人透露了他内心的恐慌。事实是令人痛苦的，他被威胁要坐两年牢。搜查令也被内政部讨论过。警察随时都有可能到塞夫朗和他在巴黎的家中。他们能找到什么？阿尔弗雷德秘密写信给他在斯德哥尔摩的朋友阿拉里克·利德贝克。他有一些文件，如果警察掌握了这些文件，可能会很敏感，比如英国政府关于步枪运输的信息。他能把这些文件交给阿拉里克吗？

在接下来的几天里，阿尔弗雷德“销毁了所有爆炸物的痕迹，并销毁……武器，甚至是用于测试火药的迫击炮”。[782]

当陆军部部长查尔斯·德·弗莱西内特被告知对塞夫朗的干预时，他试图淡化诺贝尔被指控罪行的严重性。毫不奇怪，他对这些罪行非常了解。就个人而言，他认为诺贝尔的研究“没有任何问题”，他给内政部写信。但他说，瑞典人的研究范围可能已经到了应该获得必要许可证的程度。这句话等同于默认了内政部的想法：让他干！反正诺贝尔在塞夫朗的这些物料几乎不可能满足获取生产许可证的要求。[783]

5 月 13 日星期二，阿维利亚纳的炸药厂发生了火灾，23 人死亡，法国媒体在随后的骚乱中得知了塞夫朗的戏剧性事件。法国政府禁止生产诺贝尔无烟火药的消息像野火一样蔓延开来，报道非常夸张，以至于阿尔弗雷德不得不要求法国炸药公司的总部不再给他发送更多货物。他已经觉得够不顺心的了。他后来意识到，记者是社会上最坏的一种害虫。“与之相比，虱子是福气。……如果能够为这些双足生物发明一种根除粉，那将是一个巨大的恩惠。”[784]

甚至还有人对阿尔弗雷德进行排外的言语攻击。“至于诺贝尔先生，这对我们意味着什么？瑞典人、普鲁士人、巴伐利亚人，对于那些滥用我们的热情的陌生人，我们不能有任何区别对待！”一位作家说。保罗·巴布在一篇长长的回复文章中试图解释说，任何炸药的生产都不能被禁止，因为它从未真正存在过。[785]

一次感冒迫使阿尔弗雷德在马拉科夫大道的床上躺了好几天。他久久地凝视着窗外，那里已经被夏天和绿色植物所占据。他应该去乡下，逃离报纸上的所有“社群”。没有人会听，甚至那些知道真相的人也不会听，比如陆军部部长和塞夫朗的国家火药厂厂长。阿尔弗雷德曾要求瑞典特使卡尔·莱文豪普特（Carl Lewenhaupt）与厂长联系，敦促他对针对诺贝尔的指控做出回应。但该厂长拒绝公开表态，陆军部部长也已经明确表示，他们不会干涉新闻界的辩论。

阿尔弗雷德希望自己走得很远很远。他想尽快离开，“而那个将愉快地背弃巴黎的人就是我”，他在给索菲·赫斯的信中说，“许多事情会因为我在这里而变得不同。”[786]

最后，他踏上了看似漫无目的的旅程——先去都灵，然后去维也纳，再从那里去德累斯顿。充满希望的翠绿初夏很快变成了纯粹的阴霾深秋。阿尔弗雷德穿着单薄的夏装，人都冻僵了，但他宣布德累斯顿是他最喜欢的城市，如此美丽，如此友好。这里没有法国记者，没有嗡嗡作响的奥地利小道消息。他在给索菲的信中说：“德累斯顿是一个……沉默的小威尼斯，在这里没有人认识我，我终于能够从我的磨难中恢复过来。”

他继续向瑞典进发，但不幸的是，他后来不得不在中途掉头，前往伦敦处理下一场危机。“这是一个令人难以置信的厚颜无耻的小人之举，给我带来了很多痛苦。我只有在坟墓里才能得到安宁，也许到那时也不行，因为我有一种感觉，他们会把我活埋了。”[787]

*

阿尔弗雷德早就对弗雷德里克·阿贝尔爵士和詹姆斯·杜瓦为自己的无烟火药（他们称之为虫草）努力申请专利的事感到担忧。他们的“新”产品在很多方面都是对阿尔弗雷德的弹丸石的复制。整个故事有一些奇怪的地方。他们曾融洽地共事了几年。

起初，他曾试图回避这个问题，因为他看不出他们的伎俩如何能够成功。同时，他知道专利界的所有陷阱。这让他真的很担心。他是否在某处留下了漏洞？最后，这两位英国教授明确表示，任何未来的商业合作都必须按照他们的条件进行。到那时，关系便开始僵了。

很难确定到底是哪个“小人”在1890年6月把阿尔弗雷德·诺贝尔召到了伦敦。也许这与第一批获准的虫草专利有关？他的英国“朋友”申请了专利，他们的火药应该被压成一串“电线”，而不是像阿尔弗雷德的那样，压成小“通心粉”。阿尔弗雷德想，这纯属无稽之谈。或者也许是生产本身的问题，它是在沃尔瑟姆修道院的一家工厂制造的。据阿尔弗雷德说，英国人还指控他在美国侵犯了专利。[788]

无论怎样，阿尔弗雷德·诺贝尔即将开始他一生中最艰难的甚至是“臭名昭著”的专利程序。这将需要五年的时间才能全部搞定。

这种情况让阿尔弗雷德难过不已。他在美国人爱德华·贝拉米的著名科幻小说《回顾》（1888年）中寻求慰藉，小说的背景是一百多年后的未来。“读读贝拉米吧！”阿尔弗雷德在圣彼得堡写信给埃曼纽尔。然后，“你会看到，在2000年，世界将没有钱，没有悲伤，所有两条腿的动物（在阿尔弗雷德·诺贝尔的语言中是指人）将躺在玫瑰花上”。[789]

但阿尔弗雷德·诺贝尔有着坚强的毅力。他拥有一种近乎超自然的能力，尽管有无底线的背叛和挫折，他仍能一次又一次地重新站起来。当然，他是欧洲最富有的人之一，这一点很有帮助。他的讽刺性豪言壮语也成为对抗外部世界的有效盔甲。但在内心深处，他是极其敏感的人，而且很悲伤。

纵览阿尔弗雷德·诺贝尔的一生，很明显，他在1890年春夏之交受到的双重打击是一个转折点，并不是说他崩溃和放弃了，恰恰相反，就在那时，他决定不再等待。真正让人无忧无虑的“黄金时代”永远都不会出现。如果他要实现自己的梦想，他就不能允许自己被琐碎的商业争吵和政治阴谋所压垮。不，他必须在此时此地控制自己的时间和金钱。阿尔弗雷德渴望做出真正的改变，成为一个因他为人类做出的巨大贡献而被认可的人。他想把他的财富和他的脑力奉献给科学。

在他的第一个倡议中，他把类似于方案解释的东西放在一起。这封信写于1890

年7月，是写给一位医生朋友的，阿尔弗雷德·诺贝尔以前曾试图让他对肺结核的研究合作感兴趣。他叫阿克塞尔·温克勒（Axel Winckler），是巴德加斯坦的一名医生，是温克勒兄弟之一的儿子，25年前阿尔弗雷德曾在汉堡与他父亲合作过。阿尔弗雷德·诺贝尔是这样写的：

> 你是否有富余的时间，是否对纯科学性质的研究，即生理学或医学领域的研究有兴趣？如果是这样，也许我们可以成立一个小型协会。如今，医学和化学交织在一起，医生和化学家确实应该联合起来。此外，我对生理学和细菌学非常感兴趣，尽管我是个门外汉，但我希望能做出一些创新。……我有可支配的资产，在我看来，我有钱，只要能确保客观独立，只有当它被用来做好事和促进科学发展时才有价值。[790]

阿克塞尔·温克勒夫妇是曾经从阿尔弗雷德·诺贝尔那里收到奢华的圣诞礼物的人。让这个被他称为“我和我父亲的恩人”的人失望，他一定很痛苦，但他觉得自己不足以完成阿尔弗雷德心中的伟大研究任务。虽然他有一个大学学位，但他对细菌学和生理学一无所知。他在回信中说，他可以在资料研究方面提供帮助，但仅此而已。[791]

与此同时，阿尔弗雷德前往斯德哥尔摩，以实现他所设想的从其母亲安德丽塔的遗产中获得的慈善捐款。他想留出10万瑞典克朗（约合今天的600万瑞典克朗），一半用于新建的撒玛利亚儿童医院，一半用于卡罗林斯卡医学院，用于“我非常感兴趣的实验医学或更确切地说，生理学系的奖学金或补助金”。在给罗伯特的信中，他解释了原因。生理学应该得到投资，“因为预防疾病比治疗疾病更好”。[792]

*

在斯德哥尔摩，阿尔弗雷德·诺贝尔收到了一份来自巴黎的意外死亡通知。事后，同事告诉他，保罗·巴布那天本来很好。他像往常一样在三点半时，出现在奥马勒街的炸药公司的办公室，手里拿着邮件。突然，他坐到一张扶手椅上，抱怨说恶心，并要了一杯水，却把水泼到了脸上。员工急忙去找医生，但当他们回来时，巴布已经不省人事了。敷药和放血都没有帮助。

1890 年 7 月 29 日星期二晚上，54 岁的保罗 · 巴布咽下了最后一口气。

总统在国民议会的追悼会上说："巴布先生死了，因为他想一直活在工作中。""他毫无保留地燃烧着生命之光。"阿尔弗雷德在斯德哥尔摩收到消息时写信给罗伯特。

阿尔弗雷德没能及时赶回巴黎参加盛大的葬礼，葬礼在洛雷特圣母院教堂举行，部长和士兵都出席了，铜管乐队演奏了葬礼曲，在场的人们举着旗帜，流着眼泪。鲜花花圈堆积如山。随后，500 人跟随巴布的棺材来到拉雪兹公墓，在人行道上，路人纷纷鞠躬致意。还有几个安全警察出现在人群中。警方的一份报告说："没有事件需要报告。"[793]

几天后，报纸报道说该公司的管理层开始摇摇欲坠。董事吉尔伯特 · 勒盖、阿尔弗雷德 · 纳凯和杰奥 · 维安三人将共同接管炸药公司。他们都被认为是非常值得尊敬的法国公民。勒盖和纳凯都是参议员。维安很快就会被选为国民议会议员，取代巴布。阿尔弗雷德 · 诺贝尔仍然是董事会成员，但他再次拒绝了中央炸药公司的行政职务。他曾与巴布达成协议，集中精力积极参与第二个英德信托公司的工作，因此该公司仍然存在。但他向法国人承诺，他将在需要时继续提供帮助。[794]

勒盖、纳凯和维安仍有机会作为阿尔弗雷德 · 诺贝尔在法国的忠诚合作伙伴而载入史册。阿尔弗雷德在一些信件中透露的尊敬语气表明，他希望能有这样的结果。

*

当阿尔弗雷德的礼物被人知道时，罗伯特的四个孩子欣喜若狂。这位叔叔的解决方案很巧妙。侄子侄女每人收到一张 2 万瑞典克朗（约合今天的 130 万瑞典克朗）的期票，他们可以将这笔钱存放在阿尔弗雷德这里，并获得相当于 6% 的年利息。这意味着每年可收到 1200 瑞典克朗，这个数字在当时超过了一个产业工人的年薪。阿尔弗雷德会不时地将利息"四舍五入"，有时甚至超过两倍的金额。[795]

阿尔弗雷德叔叔做的还不止这些。他对侄子侄女的福利承担了特殊的责任，特别是对罗伯特的女儿英厄堡，她身体虚弱，精神紧张。他向所有成年的侄子侄女敞开了家门，在未来的岁月里，他将作为孩子们另外一个父亲的身份来对待他们。他们分阶段搬到巴黎与他同住，在城里“闲逛”，追赶“叔叔的烈性马”，并努力学习法语。那年秋天，阿尔弗雷德将帮助刚刚从技术学院毕业的卢德维格在苏黎世学习化学。亚尔玛和卢德维格都将被阿尔弗雷德雇用，时间有长有短，英厄堡则在阿卡松的海滨度假胜地接受了长期的保健治疗。阿尔弗雷德给了他们很好的礼物，比如给卢德维格一块金表，让他在苏黎世学习。[796]

来自圣彼得堡的埃曼纽尔、卡尔和安娜，即路德维格第一次婚姻的孩子，也不时地加入他的行列。他们长期保持着密切的联系，并在成年后与阿尔弗雷德共度时光。而对于罗伯特的孩子们来说，他们直至现在才真正认识了他们的叔叔。他们喜欢他们眼中充满活力、有才华又温柔的叔叔，爱嘲笑他的秩序感和控制行为，也喜欢他在笑声和小滑稽中妥协的时候。他可能有点专制，特别是在他生病的时候。但在他的慷慨中，处处流露着温暖。[797]

阿尔弗雷德对卡罗林斯卡医学院和撒玛利亚儿童医院的捐赠也开始启动。一位副教授从斯德哥尔摩赶来，在巴黎见到了这位伟大的捐赠者。当阿尔弗雷德把他想发起的各种医学研究项目展示出来时，副教授感到非常惊讶。这位医生从未遇到过这样一个聪明有趣的人，认为他在生理学领域有那么多“既新颖又巧妙的……想法”。

此外，作为捐赠人的诺贝尔还希望支持一位年轻的生理学家，让他在自己的想法上下功夫。这位副教授想到了他刚毕业的学生约恩斯·约翰松，并转达了这个建议。阿尔弗雷德·诺贝尔“是个单身汉，住在巴黎，是个千万富翁”，他事后热情地给 28 岁的约翰松写信。约翰松了解到，诺贝尔在巴黎郊外有一个实验室，现在是空的，如果他愿意，可以提供给他。[798]

约恩斯·约翰松于 1890 年 10 月抵达巴黎，并在那里逗留了五个月。他的研究任务是关于输血的。长期以来，医生一直在尝试输血，包括从动物输给人类以及人类之间的输血。他们从未成功过，部分原因是血液在体外凝固。阿尔弗雷德·诺贝尔的想法是将血液通过特殊的管道，以保护“血液”不凝结。

约翰松不得不购买他所需要的医疗仪器。他在塞夫朗实验室没有看到阿尔弗雷德·诺贝尔的身影，而是与当时不太忙碌的化学家乔治·费伦巴赫合作。很明显，没有成功，当约翰松在春天得到卡罗林斯卡医学院的一个职位时，他回到了斯德哥尔摩。

直到 1901 年，奥地利人卡尔·兰德施泰纳（Karl Landsteiner，有趣的是，他是索菲·赫斯的表弟）才发现，输血的问题在于人们的血型不同。由于这一壮举，他在 1930 年获得了诺贝尔生理学或医学奖。

约恩斯·约翰松最终成为卡罗林斯卡医学院的教授和颁发诺贝尔生理学或医学奖的委员会主席。[799]

*

1890 年圣诞节，阿尔弗雷德·诺贝尔在巴黎庆祝，这是他自童年以来第一次作为家庭的一员出席圣诞宴会。亚尔玛、卢德维格和英厄堡在马拉科夫大道上陪伴他。他们把瑞典国旗插在他那棵宏伟的圣诞树上，树上的灯光和彩带装饰得很稀疏。

这栋别墅刚刚装修完毕。尽管受到了迫害，阿尔弗雷德并不打算离开这里。他想在巴黎保留一个永久地址。然而，如果他想继续从事爆炸物的研究，他需要将他的实验室搬到国外。有一段时间，他曾考虑过瑞典的芬斯彭，那里有一个很好的射击场。现在他的想法转向了其他方向。新年过后，阿尔弗雷德·诺贝尔去了南方。

他所热衷的新项目之一是铝。他注意到铝已经变得非常便宜，现在他与索菲·赫斯的姐夫阿尔伯特·布伦纳（Albert Brunner）就这个问题通信。布伦纳告诉阿尔弗雷德，在苏黎世郊外有一家铝厂。如果他能用铝制造步枪会怎样？阿尔弗雷德喜欢布伦纳，他与索菲的姐姐阿玛莉（Amalie）结婚。他在前往意大利的途中，喜欢拜访这对夫妇。[800]

由于诺贝尔的炸药曾经使圣哥达隧道成为可能，从苏黎世到意大利的旅行很顺利。将新的实验室设在购买他的火药的国家是符合逻辑的。阿尔弗雷德前往那里进行考察。意大利的炸药厂位于都灵外的阿维利亚纳。如果你从阿维利亚纳向南画一条直线，你最终会到达意大利里维埃拉的一颗明珠——圣雷莫镇。阿尔弗雷德·诺贝尔正是在前往那里的路上，遭遇了下一次巨大的打击。[801] 这个消息让人难以接受：索菲·赫斯要生孩子了，父亲不详。

他在新年前就听到了这个传闻，现在由索菲亲口确认。诚然他曾希望她有个丈夫，诚然他们的关系早已变质，但还是有限制的。她靠他的钱生活，偶尔会假装是他的妻子。而现在，她正怀着另一个男人的孩子。

他曾多少次对她大喊大叫？他有多少次用侮辱她的方式来倾诉他的苦闷和失望？然而，这种羞辱仍在继续。阿尔弗雷德在给索菲的信中说：“你以一种无情和蔑视的态度对待我，找不到任何可以解释的理由，只有精神特别低落的人才能这样做。”他在给索菲的信里向她的情人“H博士”问好，并认为他是孩子的父亲。[802]

一种惆怅的感觉笼罩着他。在新年前夕，阿尔弗雷德只是冷冷地指出，索菲“走了一条非常错误的道路”，并对她缺乏廉耻心感到遗憾。“只有当你和孩子的父亲相处得很愉快，或者至少不鄙视他时，你才会为有一个孩子而高兴。”

然后他就沉默了。这次沉默变得异常的漫长。反而是索菲回信说，这是她多年来第一封保存下来的信：“经历了这么多年的责备和侮辱，我最大的愿望是有一个孩子，但这个愿望也被你毁了。亲爱的阿尔弗雷德，我的生活毫无乐趣可言，而且你的强硬态度更让我心生厌恶。”[803]

阿尔弗雷德没有回答。索菲向她的姐姐阿玛莉和姐夫布伦纳求助。那些与阿尔弗雷德关系如此好的人，难道他们不能写信请他原谅她的错误吗？他们选择了拒绝。阿玛莉后来给阿尔弗雷德写道：“我无法这样做，因为向您高贵的、善良的心提这个要求，是违背我的意愿的，因为她已经把局面弄得很棘手了，这样的错误是不能原谅的。”

阿尔弗雷德继续前往圣雷莫。当有求救电话说索菲负债累累的时候，他只寄了一封短信。“里面夹的纸币是意大利的货币。”[804]

*

我们仍然不清楚阿尔弗雷德·诺贝尔为什么选择将他的实验室搬到圣雷莫。他想到了意大利是可以理解的，但为什么是圣雷莫？我阅读了他的信件副本，没有看到他在1891年前往圣雷莫之前，向他的朋友和商业伙伴提到过这地方，哪怕一次都没有。

我在瑞典报纸上搜索了一下阿尔弗雷德·诺贝尔在那里购买宫殿式别墅前几年的“圣雷莫”。像里维埃拉的所有贵族冬季度假胜地一样，该镇似乎因其来自欧洲宫廷的客人而最为著名。即使在1890年，在瑞典人眼中，圣雷莫也主要是德国皇帝腓特烈三世在1888年生病并在不久后去世的地方。我在文章中看到，拿破仑三世皇帝的遗孀欧仁妮与阿尔弗雷德·诺贝尔差不多同时在那里旅行，当时还有一些

波拿巴王朝的王子也一并前往。1891 年 4 月，当阿尔弗雷德签署购买合同时，有人看到他弯着腰在海滩上慢慢地走着，拄着拐杖。

阅读瑞典报纸后，我了解到，圣雷莫的医生已经召开了一次紧急会议，以阻止结核病在冬季入侵。1891 年 1 月，一位衣着光鲜的沙俄贵族在圣雷莫的海滩上开枪自杀，这篇新闻的标题是“赌瘾的受害者”。遗书中说，这个人赌掉了 80 万卢布，希望自己的名字被永远遗忘。是在附近的蒙特卡洛吗？但圣雷莫也有一个赌场，阿尔弗雷德·诺贝尔很快就会成为其中的一员。

一位当代旅游作家抱怨说，圣雷莫的气氛有些“像商业，……沉重又拥挤”。“这个地方的特点是，从那里来的大多数人都谈到了这个城市光鲜亮丽的商店，但很少有人谈到城市的美丽。在山坡上，腓特烈三世的别墅占据着突出的位置，别墅被风吹得很干净，但在海边的大长廊上，铁路上的烟尘如雨点般落下。”

商业和拥挤——这听起来并不像阿尔弗雷德·诺贝尔心中的天堂。然而，正是在那里，在海边的“铁路烟尘”中，他在 1891 年春天投下了他的赌注。

2015 年 4 月，我去那里旅行。诺贝尔的别墅仍然在铁门后面，但道路已经改名为费利斯·卡瓦洛蒂街（Corso Felice Cavallotti）。别墅在城市的中心，而不是像当时那样在郊区。我把它与诺贝尔时代的照片进行比较。这座建筑，现在是一座博物馆，看起来几乎没有变化。同样的圆形塔楼，同样美丽的阿拉伯罗马式的细节，让人不得不佩服这个经过装修的外墙。

厅堂里回荡着威严的声音。据说有些家具是诺贝尔时代留下的，但我没有意识到是哪些。我在优雅的楼梯上走来走去，打量着。这座别墅肯定比现在在巴黎被拆毁的那栋府邸要大。

然而，直到我找到一扇通往花园的门，我才明白。我责备那个 19 世纪 90 年代的旅行作家，他忘记了圣雷莫的棕榈树、湛蓝的水、异域风情的植物、橘子、柠檬和香蕉，也忘记了山茶树和那些花。

他怎么会忘记那些花呢？

*

也许土地是决定性的因素：6000 平方米的绿地面积，面向大海。阿尔弗雷德·诺贝尔买下这处房产时称之为帕特罗内别墅，这是自铁路通车和冬季旅游爆发以来，圣雷莫地区建造的许多附带公园的豪华别墅之一。

阿尔弗雷德将房子命名为“Mio Nido”，即“我的住所”，但当有人指出一个住所需要有两个人才能称之为住所时，他将其更名为诺贝尔别墅。

因此，他的下一个大型建筑和室内设计项目启动了。这将填补他未来一段时间的日程安排，因为他会忍不住参与项目的细节中。一些重大的改变必须要有。阿尔弗雷德得到许可，在横穿庄园下方的铁路上建造两座高架桥。这样一来，他就可以利用岸边的那片土地了。在他做这个决定时，他一定在脑海中浮现了长长的滑入水中的坡道，可能还有澡堂。这两样东西很快都会得以实现，滑动坡道会得到意大利政府的特别许可。在铁路上方的公园里，他想建一个实验室和一个有大玻璃窗的温室，此外还有他梦想中的花坛。他匆忙雇人画了图纸。

阿尔弗雷德负责决定住宅中的家具，包括一楼的台球桌，对老家具进行了必要的翻新，订购了新地板和“射线浴”（淋浴装置）。他买了日本灯、日本木版画和日本青铜雕像，以及乌木和珍珠母沙发。另外，还有中国的花瓶和毛绒玩具动物——阿尔弗雷德似乎在他的意大利沙龙中寻求一种亚洲风情。

28 幅画作从巴黎运来，包括卡尔·拉松（Carl Larsson）和安德斯·索恩绘制的安德丽塔的肖像画。煤灯换成了电灯，酒窖里装满了几百瓶酒。最终，阿尔弗雷德在巴黎的管家奥古斯特·奥斯瓦尔德（Auguste Oswald）也搬了进来。[805]

1891 年 7 月，索菲·赫斯生下了一个名叫玛格丽特（Margrethe）的女孩。阿尔弗雷德随后试探性地和她恢复了通信。他甚至在信中说，他觉得可以来探望她几天，这并非不可能。

在圣雷莫进行装修的时间，恰好与法国降低对阿尔弗雷德·诺贝尔的无烟火药展开戏剧性调查的热度的时间相吻合。德国还没有采用弹丸石，沙俄继续犹豫不决，英国仍然是一个漏洞百出的地方，甚至瑞典在这个阶段也没有让这位发明家欣慰地为其军队采购弹丸石。[806]

然而，这并不意味着各大国已经停止了军备生产。

*

德国首相俾斯麦从战争挑衅者转变为外交政治联盟的创立者，在将近 20 年的时间里将重大战争挡在了欧洲之外。现在他远离了德国的权力中心。这与皇帝腓特烈三世和其在圣雷莫的重病有间接关系。腓特烈三世只统治了 99 天就死于喉癌，他 29 岁的儿子威廉接管了王位。威廉二世（Vilhelm II）皇帝的想法与他的父亲、祖父和俾斯麦完全不同，而且脾气极不稳定。

威廉二世对俾斯麦谨慎的联盟感到厌倦。他不相信首相在 19 世纪 80 年代末与沙俄达成的避免相互攻击的秘密协议。威廉二世渴望有一个强大到令人畏惧的武器武装德国。他是好战的，是一名具有侵略性的君主。他破坏了与沙皇亚历山大三世的协议，到 1890 年 3 月，他迫使俾斯麦辞职。

这一举动的后果已经开始显现。俾斯麦最担心的事情，即沙俄和法国结成联盟，正变得越来越有可能。1891 年 7 月底，法国舰队访问了圣彼得堡的喀琅施塔得堡。法国人受到了俄国人兄弟般的欢迎，原本保守的沙皇亚历山大三世“脱帽聆听了《马赛曲》”，让所有人都感到惊讶。8 月，两国达成初步协议，就所有可能威胁到和平的问题进行协商。[807]

这一发展得到了阿尔弗雷德·诺贝尔的朋友、作家和沙龙女主人朱丽叶·亚当的赞赏，她是巴黎主要的亲俄说客之一。朱丽叶·亚当是新成立的俄国之友协会（La Société des amies de la Russie）的幕后推动者。在沙俄舰队回访期间，她鼓励法国妇女为沙俄海军陆战队准备鲜花。[808]

朱丽叶·亚当和阿尔弗雷德·诺贝尔继续保持着联系。她经常给他寄去各种演出的门票。他支持她的一些倡议，包括最近成立的一个科学友谊协会——科学之友协会（La Société des amis de Science）。他对沙俄友协的热情如何就不太清楚了。在这个问题上，他也有可能被卷入他熟人圈子里两个知识分子（反叛主义者朱丽叶·亚当和和平主义者伯莎·冯·苏特纳）的交火中。在这些人中，伯莎与他的关系更为密切。

这两个女人私下里很熟，但她们之间有很大的摩擦。朱丽叶·亚当拒绝阅读伯莎寄给她的和平主义作品，而她的杂志《新评论》在很长一段时间内都无视这位奥地利作家的巨著《放下武器！》。当十年后终于出现了一篇关于这本书的书评时，伯莎在名片背面写了一句话作为回应：“没有比你更忠诚的对手了。谢谢你。”[809]

伯莎保持着战斗精神。《放下武器！》已经取得了巨大成功，并呼吁采取进一步行动。她在报纸上写下呼吁的文章，并善于为她的事业争取权贵的支持。阿尔弗雷德·诺贝尔在法国报纸上看到她写的“反对所有恐怖中最恐怖的事——战争”

时，大加赞赏。[810]

1891 年 10 月，伯莎收到了世界著名的沙俄作家列夫·托尔斯泰的回复，这让她终生难忘。她将俄文版寄给托尔斯泰，请他写“两句话”支持和平事业。他的答复超出了她所有的期望：“我非常钦佩你的作品，相信你的小说的出版是一个好兆头。在禁止奴隶制之前，有一本由妇女写的著名的书——比彻·斯托夫人的《汤姆叔叔的小屋》；上帝保佑，在你的书之后不要再有战争。”[811]

并非只有托尔斯泰认识到这本书的重要性。根据伯莎的传记作者布里吉特·哈曼的说法，《放下武器！》成了 19 世纪最成功的小说之一。它被翻译成多种语言。一夜之间，国际和平工作上升到了政治议程的首位。

伯莎也向阿尔弗雷德·诺贝尔寻求支持。她想成立一个奥地利的和平组织——奥地利和平协会（Österreichische Friedensgesellschaft），并需要资金来参加 11 月在罗马举行的一次重要的和平大会。阿尔弗雷德很慷慨，寄来了 2000 法郎（约合今天的 8 万瑞典克朗），尽管他不明白为什么这个和平组织需要这么多钱。他在给伯莎的回信中说：“我认为，即使在和平时缺少的也不是钱，而是可行方案。”他继续说：“裁军的要求只会让事情变得可笑，没有任何人会支持。”“要求立即建立一个仲裁法庭，又会招致无数的成见，阻挠整个和平事业。”

相反，他建议伯莎和和平主义者采取更温和的方法，比如首先要求欧洲各国政府承诺在一年内不采取敌对行动。这样一个短期的和平协议应该是大家都能接受的。诺贝尔推断说，然后该协议可以分几步进行扩展，如此实现长期和平。他很快收到了一份答复，其中列出了志愿服务的各项费用——差旅、通告、广告和工作。伯莎自豪地描述了她的和平组织迄今取得的成功，并向阿尔弗雷德发出邀请：来罗马吧，你会有一段美好的时光！[812]

阿尔弗雷德犹豫了一下。他当时人在巴黎。“我非常希望能出席今天在罗马开幕的和平大会；但不幸的是，时间不允许。我当然是你们的一员，我的老朋友苏特纳被选为奥地利分会主席。”他在 11 月写给罗伯特的儿子卢德维格，后者正在苏黎世学习，他对这个侄子越来越有好感。[813]

*

过了很长时间，圣雷莫的大别墅才准备好供人使用。阿尔弗雷德·诺贝尔曾希望邀请他的侄子侄女到那里过圣诞节，但直到新年，他才可以带着他的新俄罗斯马匹在车站迎接他们。室外的天气如盛夏一般。尽管如此，在 1892 年 1 月 1 日，英厄堡和她的妹妹赛拉在分发她们带来的圣诞礼物时，戴上了圣诞老人的帽子。阿尔弗雷德收到了一个雕刻精美的安德丽塔肖像的画框。他对他们如此真心诚意，以至于大家被迷住了。“你知道吗，我想叔叔喜欢有年轻人在他身边，表演那些幼稚可爱的小把戏来营造节日气氛。”卢德维格事后给妈妈宝琳写道。

阿尔弗雷德则在给罗伯特的信中赞扬了这些侄子侄女：“他们都有一种谦虚的态度，尤其是卢德维格和英厄堡，他们的谦虚让人感到高兴，这也为你所说的‘情感垃圾’找到了借口。部分原因是我自己一生都在与过度敏感做斗争，部分原因是我告诉自己，思想和感觉是人类神经系统的表现，同样是合法的表现，所以我必须为情感主义辩护。”他向他的兄弟承认，英厄堡的“纯洁”对他来说是一个艰难的挑战。有一段时间，他担心他的侄女患上了癔症。阿尔弗雷德在其他方面对催眠治疗持怀疑态度，他甚至咨询了巴黎萨尔佩特里尔医院著名的沙尔科医生，沙尔科在英厄堡身上没有发现任何癔症的痕迹。罗伯特被告知，他的女儿看起来好多了，黑眼圈也不见了，但阿尔弗雷德认为她需要休息一年才能真正“恢复”。[814]

现年 24 岁的卢德维格是一名化学家，他被招募进入阿尔弗雷德的几个项目中，要求他为圣雷莫的实验室提供设备，阿尔弗雷德还委托他进行一些化学实验，特别是涉及铝的实验。在埃曼纽尔的建议下，阿尔弗雷德产生了订购铝制船的想法，这是一个大胆的举动，卢德维格也要同时监管这件事。

忠实的法国化学家乔治·费伦巴赫不愿意去意大利。阿尔弗雷德招募了一个英国人休·贝克特（Hugh Beckett），但一切都处于起步阶段。他在给侄子卢德维格的信中说，他认为自己有“胆量”，也很高兴在圣雷莫工作，至少暂时如此。“我不想草率答应你，我能做更长期的工作，原因是我从根本上就不喜欢让近亲与我建立任何一种需要他们服从于我或其他人的关系。”[815]

当阿尔弗雷德因专利纠纷的升级而再次被传唤到伦敦时，他身边还有一个侄子，即 33 岁的埃曼纽尔·诺贝尔。所谓科迪特事件的讨论已经停滞，现在他正在准备起诉专利侵权。在英国政府也进行干预的情况下，这不是一件容易的事。但阿贝尔教授和杜瓦教授已经为他们的替代性无烟火药在国外申请了专利，他们认为没有其他选择。

阿尔弗雷德讨厌有关诉讼和律师辩护等一切事务。他从经验中知道，真理和谎言的胜算是一样的，而且无论结果如何，唯一能从这种复杂的对抗中获益的是那些律师。他从阿贝尔和杜瓦那里得到的打击已经使他开始“模仿哈姆雷特，并问自己：生存还是毁灭……一个注定要受谴责的发明家”。[816]

此外，在同一时间，他不得不让律师参与索菲·赫斯的案件。尽管阿尔弗雷德一直在支持她，但她声称自己已经债台高筑。1892 年 1 月，据说她已经“当掉了她最后的胸针”，2 月，她打算自杀。她写道：“亲爱的阿尔弗雷德，你不仅把我逼到了绝望的境地，而且还迫使我供养自己，我可怜的孩子将有一个悲惨的未来。”

事情发展到这一步，索菲的姐夫和姐姐布伦纳夫妇向阿尔弗雷德建议，将她置于监护之下。阿尔弗雷德要求索菲把所有未支付的账单寄给他，他感到很失望。他发现“香槟酒、勃艮第酒、雪利酒、沙特酒、本笃酒、库拉索酒、鱼子酱（49 天内有 57 瓶葡萄酒和利口酒）的条目非常整齐——非常有可读性”。阿尔弗雷德计算了一下，在过去的四年里，索菲·赫斯已经花费了超过 45 万法郎（约合今天的 2000 万瑞典克朗）。他在给律师的信中写道：“她长着一个五岁孩子的大脑，却有一个 30 多岁的身体。”[817]

即将 59 岁的阿尔弗雷德·诺贝尔仿佛生活在两个世界里：一方面是现实中的许多苦难，另一方面是梦想，那些给他带来快乐和希望的项目，那些他似乎已经答应自己不再等待的项目。这些梦想不仅关于化学和医学，它们也与文学有很大关系。

*

在实验室笔记本的空白页上，阿尔弗雷德现在编制了一份清单，列出了 15 部小说，还有诗歌和散文，他将撰写或直接从书籍中抽一本补上。其中有关于三姐妹的小说，诗歌《谜语》，但据我们所知，也有尚未写完的作品，如《信仰与不信》《烟尘与忏悔》和《脖子上的死亡》。

这份清单还包括《如果我爱过？》中的诗句：“如果我爱过？唉，你的问题唤醒了 / 我记忆中许多甜蜜的画面 / 梦寐以求的幸福，而生活没有实现这个梦 / 孕育的爱情，却在萌芽中枯萎 / 你不知道，你不知道现实如何困扰着 / 年轻心灵的理想世界 / 逆境、希望被背叛和阴郁思想 / 是如何暗淡了生活的光彩；你年轻的灵魂 / 在幻想的镜子中看到了纯洁的世界 / 哦，愿你永远看不到它赤裸的一天……”[818]

阿尔弗雷德·诺贝尔依然在巴黎停留，也许正是法国人对北欧文学的新热情给了他对文学的希望。19 世纪 80 年代末，充满异国情调的沙俄小说的成功引起了法国人对外国文学世界的好奇心，为斯堪的纳维亚人铺平了道路。

首先受关注的是亨利克·易卜生。埃米尔·左拉为这位挪威剧作家做好了铺垫，在 1890 年《群鬼》和 1891 年《野鸭》及《海达·加布勒》的首演之后，易卜生在巴黎迅速崛起并成为文坛新星。易卜生的突破在法国戏剧和文学界掀起了一股斯堪的纳维亚的浪潮。挪威人比约恩斯彻纳·比昂松（Bjørnstjerne Bjørnson）在 19 世纪 80 年代的大部分时间里一直生活在巴黎，他突然成了一个大人物，尽管他的农民故事倾向于民族浪漫主义。

疾恶如仇的奥古斯特·斯特林堡在瑞典也追随着这条路线。多年来他一直梦想着用他的戏剧和小说“征服巴黎”，并仍在为这一事业努力奋斗。1891 年夏天，在他与西丽·冯·埃森离婚期间，他有一本关于法国和瑞典之间关系的书用法语出版，与他在 19 世纪 80 年代初居住巴黎时有过联系的朱丽叶·亚当发表了一篇友好的书评。[819] 但斯特林堡在法国的真正突破是在 1893 年 1 月，当时他的“自然主义悲剧”《朱莉小姐》在法国首都进行了广受好评的首演。

阿尔弗雷德·诺贝尔在圣雷莫和巴黎之间奔波，但他还是在法国和法国报纸上获得了最重要的文学影响和建议。最近，一位著名的法国评论家保罗·吉尼斯特（Paul Ginistry）到北欧国家进行了一次报道之旅，以捕捉斯堪的纳维亚文学的精彩之处。他访问了克里斯蒂安尼亚（现奥斯陆）和斯德哥尔摩，观看了易卜生在挪威的戏剧，并在随后于 1891 年 11 月发表的文章中用大量篇幅介绍了有趣的斯特林堡。

吉尼斯特将瑞典文学分为两个流派：“理想主义派”，如维克托·吕德贝里和卡尔·斯诺伊尔斯基；“现实主义派”，如奥古斯特·斯特林堡和维多利亚·贝奈迪克特松（Viktoria Benedictsson）[820]。阿尔弗雷德·诺贝尔的喜好肯定是在理想主义派。当他最终为他的诺贝尔文学奖制定条件时，他明确表示，该奖应授予“在理想方向上创作最优秀的作品”的人。挪威作家比约恩斯彻纳·比昂松于 1903 年获得诺贝尔奖。易卜生和斯特林堡都错过了这个奖项。

*

阿尔弗雷德·诺贝尔的现实与他的理想越走越远。在1892年夏天，他真的不需要任何更多的担忧，但这正是他要得到的东西。历史正在重演。也是在这一年，他在去瑞典的路上，收到了一封迫使他回头的电报。这一次，它来自巴黎。

“拉丁集团”，即中央炸药公司，正遭受着一场复杂的欺诈。近500万法郎从其金库中丢失（约合今天的2亿法郎）。阿尔弗雷德·诺贝尔吓坏了。有那么一瞬间，他认为自己毁了，于是半开玩笑、半认真地要求德国公司聘他为化学家。

他怀疑的对象立即集中在埃米尔·阿顿身上，这个几年前曾帮助巴拿马公司贿赂国民议会当选官员的顽固商人。巴拿马公司破产后，保罗·巴布把他救出来，让他担任中央炸药公司的董事。现在，阿顿已经消失得无影无踪了，就像那几百万法郎一样。总经理吉尔伯特·勒盖又在哪里呢?

几天后，勒盖先生自己联系了警方，声称自己有罪。他声称是被阿顿陷害的，但他被立即逮捕并拘留。不久之后，该公司的财务主管也被逮捕。这桩丑闻在报纸上被称为“炸药事件”，现在已经揭开了真相。

阿尔弗雷德·诺贝尔很快就弄清楚了情况。长期以来，勒盖一直以阿顿的名义开假支票，后者兑现了这些钱，他们两人都被扣押。他们通过向公司的财务主管加薪贿赂，设法掩盖了贪污行为。诺贝尔在早期接受媒体采访时讲述了这一切。勒盖绝不是无辜的。阿尔弗雷德·诺贝尔说:“有一点是肯定的，这些贪污的款项没有出现在中央火药公司的账目中。”

阿尔弗雷德曾对勒盖非常信任。正如他在给一位朋友的信中所说:“一个曾经担任过参议员和省长的人，拥有荣誉军团司令的地位，并且‘与大多数部长关系密切’——谁会觉得他有什么问题呢？”

很快，他的同伙阿顿在给自己开完最后一张大额空头支票后逃到了国外。到了秋天，他受到加倍悬赏追捕。随后，巴拿马公司的贿赂业务，即19世纪法国最大的丑闻之一也被揭露出来。诡计多端的阿顿在那里也扮演了一个核心角色。据说他用巴拿马公司的钱收买的议员们，其中包括整个炸药公司的前管理层：快要身故的保罗·巴布、杰奥·维安和阿尔弗雷德·纳凯。当然还有总经理勒盖。

这对阿尔弗雷德·诺贝尔来说不是一个快乐的时刻，不仅因为他的所有法国合伙人或多或少地被揭露为罪犯，他还被要求偿还丢失的数百万美元，最后通过用债券来堵住公司账上的漏洞，最终避免了这场危机。

多年来阿顿一直躲避着法国警方。他以假名出现在丹吉尔，然后在加莱、罗马和黑山，据说有一次他被发现，在布达佩斯的火车车厢里被谋杀。阿顿成为一个传奇。报纸上说，“总是这个阿顿。”“阿顿在哪里？无处不在，无处不有！”

在罪状被揭发九个月后，巴黎对他们进行了审判。总经理吉尔伯特·勒盖被判处 5 年监禁，财务主管被判处 3 年监禁。缺席的阿顿被判处 20 年监禁，直到 1895 年底，他才在伦敦被捕并被带到巴黎。[821]

*

在圣彼得堡，埃曼纽尔·诺贝尔对 1892 年巴黎的情况特别关注。他需要帮助，但现在他的叔叔被自己的负担压得喘不过气来，他犹豫是否要打扰阿尔弗雷德。石油公司曾有过一些业绩很好和盈利的年份，但现在业务几乎处于停滞状态。巴库暴发了一场猛烈的霍乱疫情，他的雇员因恐惧使工厂陷入瘫痪。城市中有一半人已经逃离了。

埃曼纽尔求助于圣彼得堡的一家细菌学研究所，并派来三组医生，为他的员工提供消毒剂。病人被隔离，所有的水被煮沸，所有人被禁止吃生水果。这些努力似乎得到了回报：在巴库，有很长一段时间只有诺贝尔的人能够继续在钻井场工作。

在高加索地区，还住着他的堂弟亚尔玛·诺贝尔，亚尔玛先是逃离了霍乱疫情，但后来意识到自己的责任并返回。埃曼纽尔长期以来一直怨恨亚尔玛。他认为这个堂弟没有创业精神，做事轻浮，挥霍钱财。他曾数次建议阿尔弗雷德与他认真交谈。亚尔玛则明确表示，他认为埃曼纽尔是个“好孩子”，但他“宁愿不在生意上和他打交道”。

阿尔弗雷德注意到这对堂兄弟之间的气氛不好，认为这进一步证明了一个人不应该雇用自己的亲戚。他自己很喜欢这两个人。他称亚尔玛是“诺贝尔家族中最幸福的人”。[822]

石油公司（和侄子们）在巴库面临的挑战使科学家阿尔弗雷德·诺贝尔活了过

来。他想起了他以前用一氧化碳防治肺结核的想法，并向埃曼纽尔建议了一些实验。阿尔弗雷德认为，大家应该尝试用一氧化碳防治霍乱，也可以通过处理土豆片上的小型细菌培养物来进行实验。埃曼纽尔转向了与以往相同的细菌学研究机构，即圣彼得堡的实验医学研究所。阿尔弗雷德定期收到关于实验的报告。当一氧化碳似乎不起作用时，他在 8 月写道："尝试用盐酸代替。"

他有一个想法。也许他应该向圣彼得堡的研究机构捐款？阿尔弗雷德给埃曼纽尔打了电报。他想捐献 1 万卢布（约合今天的 100 万瑞典克朗）用于细菌学实验。电报到达的当天，埃曼纽尔恰好要与该研究所的主席和赞助人奥尔登堡亲王会面，并共进晚餐。之后，埃曼纽尔向他的叔叔介绍了这位非凡的王子，他不仅是一个正派的人，而且是"当今世界上一位了不起的亲王，因为他有一笔巨大的、长期积攒的财富，并把这些财富用于造福人类"。[823]

阿尔弗雷德很快有了一个防治霍乱的新想法。他把它写在给一位不知名的大使的信稿中。阿尔弗雷德指出，今年的霍乱疫情证明，即使是 19 世纪 90 年代的文明社会也没有准备好阻止传染病的跨国界传播。他继续说，为什么不从逻辑上思考一下，看看像火灾这样危险的致命流行病？如果要取得成功，就必须尽早解决，就流行病而言，在出现感染的第一个迹象时就立即扼杀。

阿尔弗雷德提议设立一个国际奖项。奖励给那些在危险的感染过程中及早发现传染病，并能够迅速控制病情或自我隔离的人。阿尔弗雷德·诺贝尔认为，无论为此目的拨出多大一笔钱，与巨大的人类利益相比都是微不足道的。

他知道，他的建议需要一个国际协议。但是，如果大使所代表的国家能够开明地宣布支持这样的制度，阿尔弗雷德相信，"所有文明国家——出于纯粹的自身利益——都会迅速效仿这个慷慨的榜样。"[824]

阿尔弗雷德·诺贝尔第一次触及了奖金的想法。如果关于霍乱的奖励得以实现，它可能会以他的名字命名。

*

在 1892 年夏天的一系列苦难中，终于有了一些好消息。苏黎世的工厂已经完成了阿尔弗雷德·诺贝尔订购的铝制船。他将其命名为"米戈农"（小），尽管这艘船有 12 米长。"米戈农"是一个相当奇怪的发明，非常矮小，形状像雪茄一样，装着一台发动机。他希望最终能把它带到圣雷莫。[825]

8 月底，和平组织将举行另一次世界大会，这次的地点是瑞士首都伯尔尼，离苏黎世只有 12 英里。阿尔弗雷德决定给伯莎·冯·苏特纳一个惊喜，邀请她乘船旅行。她继续奋笔疾书，写下她有关和平事业的大量信件，敦促他来奥地利访问。她对自己的工作充满了热情，认为“终止战争的任务最近取得了巨大进展”。他们所需要的只是耐心和时间，再等 400 ～ 500 年吧。她对她的朋友说：“……到那时炸药就只能用来炸石头了。”[826]

阿尔弗雷德来到了伯尔尼。大会在市政厅的主厅举行，至少有四位未来的诺贝尔奖得主出现在人群中，除了男爵夫人伯莎·冯·苏特纳（1905 年），还有让－亨利·杜南（Jean-Henry Dunant，1901 年）、弗雷德里克·帕西（Fréderic Passy，1901 年）和埃利·迪科门（Élie Ducommun，1902 年）。阿尔弗雷德在酒店午餐休息时发现了男爵夫人，并向服务员送上了他的名片。伯莎·冯·苏特纳惊喜万分，跑进客厅，阿尔弗雷德正在那里等候。

“你叫我，”他说，“我在这里。但可以说是隐姓埋名。我宁可不参加大会，不结识任何朋友，只想多听听关于这件事的情况。告诉我，到目前为止发生了什么？”

当天晚上他就回到了苏黎世。那天，他还邀请伯莎和亚瑟·冯·苏特纳到苏黎世，在大会结束后由他出资在那里住两天。他招待他们住在自己住的高级酒店鲍尔湖边酒店（Bauer au lac），以及在苏黎世湖上乘船游览。他们接受了。“（船）就像一个闪亮的银色玩具，这个优雅的东西在同样银色的水面上滑行。没有帆，没有蒸汽机，只有一台小小的燃油发动机，而且只有一个工程师在操作……”伯莎·冯·苏特纳在几年后的一篇文章中回忆道。

他们坐在铺着毯子的躺椅上，欣赏着神奇的河岸景色，聊着战争与和平以及“天地间的一切”。他们不应该一起写一本书吗？没错，阿尔弗雷德和伯莎决定共同写一本书。他们将发挥各自的聪明才智，写一本反对所有邪恶和世界上所有痛苦的书。伯莎·冯·苏特纳在同一篇文章中写道：“但正如许多计划一样，这项计划也没有实现。”[827]

在苏黎世的那几天是他们最后一次见面。

男爵夫人的奥地利和平组织又收到了阿尔弗雷德·诺贝尔 2000 法郎的捐款。

现在有几家报纸提请注意一个不寻常的事实，即一个“战争机器的发明者”竟然正在支持和平运动。也许这种说法让阿尔弗雷德有点不舒服。如果伯莎·冯·苏特纳的回忆录是可信的，那么诺贝尔其实向伯莎·冯·苏特纳表明，尽管他热情地支持她的奋斗目标，但他并不十分相信，她为实现这一目标所选择的战略。“我的（炸药）工厂可能比你的大会更早结束战争。”阿尔弗雷德指出。他继续说：“当有一天，两个军团可以在一秒钟内摧毁对方时，所有文明国家都可能从战争中退缩，并解散它们的军队。”但这并不是阿尔弗雷德的唯一思考。他们在苏黎世会面后，他决定请人审查和平运动的路径选择。[828]

1892 年夏天，阿尔弗雷德·诺贝尔曾收到不少于三位瑞典高级外交官的请求。他们都为一位被解雇的土耳其外交官感到遗憾，后者现在在巴黎无所事事。他们询问阿尔弗雷德·诺贝尔，是否可以在他的一家公司里为这位外交官提供就业机会？阿尔弗雷德·诺贝尔承诺会考虑这个问题。在瑞士的日子结束后，他给这位阿里斯塔奇·贝（Aristarchi Bey）写信。阿尔弗雷德告诉他在伯尔尼举行的和平大会的情况，还告诉他，在自己看来，一大批有能力的人聚集在一起，提出的建议相当不现实。难道要求立即裁军和无条件仲裁不是适得其反吗？

他为这位失业的土耳其外交官提供了一份临时工作。任务是让他了解欧洲的和平事业发展情况，并亲自撰写关于这一主题的文章。阿里斯塔奇·贝被告知，如果他能“促进和平大会的工作，阿尔弗雷德·诺贝尔会‘非常高兴’，为此我将不惜一切代价”。贝立即开始工作，并制作了一些分析和平事业发展的备忘录。[829]

伯莎·冯·苏特纳曾承诺为好奇的阿尔弗雷德提供阅读小贴士。她向比利时律师亨利·拉方丹（Henri La Fontaine，获 1913 年诺贝尔和平奖）寻求帮助。拉方丹给阿尔弗雷德·诺贝尔寄去了一份关于和平问题的书单。这位比利时人还提出了一个相当大胆的挑战：“我一直在想，为什么那些在商业和工业领域取得成就的人，却不能成功地将人民从军国主义的噩梦中解放出来。”[830]

阿尔弗雷德一定觉得受到了打击。从他对拉方丹的答复中可以看出他的防卫姿态。当然，即使是一个“战争机器的发明者”也可以为和平服务，甚至不确定他是否需要抛弃他赖以生存的那项发明。拉方丹了解到，阿尔弗雷德·诺贝尔已经开始认真研究和平问题，部分工作是在一位“聪明的外交官”的帮助下进行的。这位聪明的外交官（贝）得出的结论是，裁军要求和设立国际法庭将很难得到落实。相反，他提出了另一项建议："我认为，唯一真正的解决办法是制定一项公约，让所有政府承诺帮助受到攻击的任何国家进行集体防御。"阿尔弗雷德·诺贝尔给拉方丹写道。[831]

几周后，他在给伯莎·冯·苏特纳的信中发展了自己的想法。让我们简化一下，信的主要意思是，他假设任何事情都比战争好。阿尔弗雷德开始介绍他的解决方案：

> 然后，我们将接受现有的边界，并宣布无论谁进攻，都将有一个联合的欧洲来对付它。这并不意味着裁军，我甚至不知道这是否真的可取。一个新的暴政团伙……在黑暗中行动起来，人们认为可以听到它在远处的隆隆声。但是，因联合军队的力量给破坏和平者施压所带来的尊重，可以保证和平，而且很快就会让各国感到轻松。年复一年，人们会看到各国军队的力量在缓慢且稳步减少，因为它们只有在一半是受害者、一半是杀人犯的国家才有资格存在。[832]

伯莎·冯·苏特纳不以为然。1892 年圣诞节前夕，她抽出时间写了一份答复。她对阿尔弗雷德的意见持不同见解，并说对裁军要求和仲裁法庭的批评意见，在"我们这些和平运动的专业人士"中已经众所周知。他们在伯尔尼的大会上也曾驳斥他的想法。伯莎答应确保阿尔弗雷德收到大会报告，以便他能够亲自阅读。

就个人而言，她对和平斗争事业的持续进展感到高兴。诚然，这只是一粒小小的种子，而且是在战争的谣言四处蔓延的时候。伯莎·冯·苏特纳列举了德国人日益增长的愤怒、反犹太主义和各种反动阴谋来作为例子。这的确是一场他们不得不与邪恶做斗争的艰苦战斗。要知道，她身边有当时最优秀、最善良、最敏锐的力量，这是多么了不起的事情！只要他们还有精力，他们就会努力工作，杀死那条恶龙。"也许我们会看到胜利的那 ·天。"[833]

伯莎·冯·苏特纳在给阿尔弗雷德·诺贝尔的圣诞信中，切切实实地焕发出了战斗的意志。阿尔弗雷德特别欣赏人们敢于提出不同意见，他对此印象深刻。实质上，他并没有改变自己的想法。但在伯莎的热情感染下，他想出了一个新主意，希望能吸引她。这有点让人联想到，他前阵子提出的对根除霍乱进行奖励的办法。

1893年1月1日，他把这个想法告诉了男爵夫人：

> 在我的遗嘱中，我想把我的部分财产留给一个奖项，每五年（如果目前的制度在三十年内没有得到改革，我们将不可避免地重新陷入野蛮状态，这样的话那就是总共六次）颁发给为实现欧洲和平做出最大贡献的男性或女性。[834]

伯莎·冯·苏特纳怎么说？她并没有竖起大拇指。她在给阿尔弗雷德的信中说，奖金并不是争取和平的有效武器。或者如她所言："……那些为和平而工作的人不需要奖励，他们需要资源。"[835]

第二十章

一个思乡的“人类的恩人”

1892 年底，举世闻名的科学家路易斯·巴斯德年届七十。

许多国家都在准备向这位微生物学的无冕之王致敬。瑞典医学会找到了阿尔弗雷德·诺贝尔，问他是否愿意代表瑞典向“人类最伟大的恩人”的官方庆典捐点钱？

他们的想法是要铸造一枚瑞典巴斯德金质奖章。第一枚奖章将在这位科学家的生日当天亲自颁发给他。此后，该奖章将作为对“微生物学和卫生领域的杰出调查与工作”的奖励。诺贝尔的回答可能不是医学会所期望的那样。阿尔弗雷德·诺贝尔写道：“我相信巴斯德本人希望所有奖励都去见鬼。”他认为这种关注只会让这位法国人感到疲惫。巴斯德已经有了“世界上所有的徽章和荣誉”，他可以把它们戴在“胸部、腹部或背部”。所以，如果要向这位法国人致敬，阿尔弗雷德·诺贝尔更多考虑的是医学会提出的另一个想法——以他的名义创建一只基金来促进科学发展。[836]

在法国，巴斯德热仍然具有强烈的爱国主义色彩。德国可能在 1870—1871 年的战争中取得了胜利，但在科学领域，法国取得了满意的回击效果。在战争结束后持续的国家间科学军备竞赛中，年迈的巴斯德成了不朽的战争英雄。但他的主要竞争对手，德国细菌学家罗伯特·科赫正紧紧追赶他。科赫最近推出了世界上第一种防治结核病的疫苗。科赫所说的结核菌素，本来是对巴斯德的狂犬病疫苗的一个令人印象深刻的回应。然而，事实证明它是无效的，不仅如此，这种疫苗反而给研发者带来了耻辱。不过，科赫后来因其其他结核病研究而获得了诺贝尔奖（1905 年）。

很快，聚光灯（以及令人印象深刻的诺贝尔奖）将转向两国的物理学家。德国和法国的物理学家将在未来几年内取得重大突破。然而，这场物理学革命的开端来自一个英国人。早在19世纪70年代末，威廉·克鲁克斯（William Crookes）就已经成功地开发了一种复杂的真空管，这使对电和电磁波的研究恢复了活力。通过将一个负极和一个正极放在真空管里，人们就有可能看到电流作为蓝绿色的光照在玻璃墙上。这些光束中的粒子是什么？它们会去哪里？一个新的世界慢慢被打开了。

19世纪90年代初，许多国家的物理学家都在进行真空管的实验。最终，德国的威廉·伦琴（Wilhelm Röntgen，获1901年诺贝尔奖）一举成名。英国人约瑟夫·约翰·汤姆孙（Joseph John Thompson，获1906年诺贝尔奖）利用真空管向世界表明，原子并不是存在的最小的不可分割的粒子。而在1892年底，一位25岁的波兰学生在索邦大学的学校实验室里努力实验，以追赶所有这些令人兴奋的新发展。玛丽·斯克洛多夫斯卡（后来的居里夫人）将成为极少数，也是有史以来唯一获得两项诺贝尔奖的女性之一。

其实，年轻的玛丽的生活与男爵夫人伯莎·冯·苏特纳的生活有一些相似之处。玛丽孜孜不倦地自学了物理学和数学以及文学与社会学，但在波兰国内，妇女被排除在大学之外。因此，她在一个农村家庭当家庭教师，和伯莎·冯·苏特纳一样，她爱上了这个家庭的儿子。然而，玛丽的爱情故事不了了之。这主要是因为她决定搬到巴黎去。

玛丽知道自己的价值。她相信，她有和男人一样在大学里学习的权利，并且也有机会成功。在巴黎，她的梦想成了可能。1892年12月27日路易斯·巴斯德70岁生日时，当时25岁的玛丽还有几个月就要从索邦大学毕业了，国际科学精英们聚集在索邦大学的圆形剧场，向这位大师致敬。在热烈的欢呼声中，法国总统萨迪·卡诺将病中的路易斯·巴斯德领上了舞台。祝福声不绝于耳。

法国总统向巴斯德颁发了一枚大型金质奖章。根据背面的铭文，这枚奖章代表了来自“怀着感恩之心的科学和人类”的礼物。[837]

*

阿尔弗雷德·诺贝尔是在什么时候以及如何构思他对设立奖项的想法的？对此，他从未留下解释。我们所能知道的是，正是在1893年1月，他第一次透露了他对为伯莎·冯·苏特纳设立和平奖的想法，这是在我读的所有信件中他唯一一次提到诺贝尔奖。

不久之后，当他第一次会见他的遗嘱见证人时，奖项的设立已经变得越来越以科学为导向。阿尔弗雷德·诺贝尔随后将他的想法写在了一份文件上，这份文件就是仍然被称为诺贝尔的第一份“被保存”的遗嘱，尽管没有人知道它现在身在何处。

不能排除社会对路易斯·巴斯德的赞美起到了一定的作用。当然，创建一个基金以奖励科学进步的决定，也可能是在他给伯莎·冯·苏特纳写信的时候——或者在他提议设立霍乱奖的时候——正好心血来潮而想到的。有迹象表明，阿尔弗雷德·诺贝尔酝酿这个想法已经很久了，也许从1888年在圣彼得堡决定设立一个科学奖，以纪念他的兄弟路德维格·诺贝尔起就一直在斟酌。他的第一个提议是每五年颁发一次和平奖，就像路德维格的提议一样。

可能还有其他的灵感来源。阿尔弗雷德·诺贝尔曾在巴黎生活了18年，那里的法国科学院因其许多著名的奖项而闻名。其中一些是国际性的，涵盖了高度多样化的领域，就像诺贝尔奖所做的那样。阿尔弗雷德·诺贝尔在法国的竞争对手保罗·维埃耶，在1889年无烟火药之争最激烈的时候，获得了其中的一个奖项——勒孔特奖（Prix Leconte）。也许它就像一根刺，影响了诺贝尔的思维轨迹？另一个奖项——蒙蒂翁奖（Prix Montyon）的设立，则是“为了福祉”——意指道德带来的功效。

但这些或多或少只是有根据的猜测，有一件事我们可以确定，阿尔弗雷德·诺贝尔首先没想要抄袭。他喜欢更激进的，喜欢脱颖而出，所谓突出并不仅是钱的大小。阿尔弗雷德从一开始就明确表示，由于他的奖项只颁给最优秀的人，因此合乎逻辑的结果是，获奖者可以是男性也可以是女性。这一点是革命性的。

那么，他为什么要设立这个奖项呢？这个问题的答案，其实隐藏在构成一个人生活的无数事件、经历和环境中。

还有几年时间，一切皆有可能。

*

1893年3月14日星期二，阿尔弗雷德·诺贝尔在马拉科夫大道邀请了四个朋友。他们有一个重要的任务，那就是见证他的新遗嘱。他在写下第一份遗嘱的同一年就把它撕掉了。

发明家索斯藤·努登费尔特（Thorsten Nordenfelt）是被邀请的人之一。他把他的兄弟也带来了。努登费尔特从事潜艇和鱼雷方面的工作，曾与阿尔弗雷德断断续续合作，最近从伦敦搬到了巴黎。物理治疗师西古德·埃伦堡（Sigurd Ehrenborg）也受到邀请，他是在巴黎新成立的瑞典－挪威人俱乐部的幕后推手。埃伦堡是一个留着海象胡子的人，在美食方面有“丰富的知识”。他有充分的理由支持阿尔弗雷德，因为他在几个月前加入了该协会。在他们将要签署的遗嘱见证书中，诺贝尔为埃伦堡的“乐观但贫穷”的俱乐部留出了一个资金不菲的份额。[838]

埃伦堡把党内的一个挪威人列为遗嘱的第四个见证人。这两个联盟国家之间的气氛在巴黎要比在挪威好得多。在祖国，激进的挪威民族主义者已经开始要求使用自己设计的没有联盟标签的旗帜，并要求派驻挪威自己的驻外外交官。远在巴黎的阿尔弗雷德·诺贝尔对挪威抱有好感。挪威国防部刚刚采用了他的无烟火药，连瑞典都还没有这样做。但在 1893 年 3 月，挪威议会还没有在他的遗嘱中被指派任何任务。

阿尔弗雷德·诺贝尔在那个星期二在马拉科夫大道上提交的文件中没有提及金额。相反，他以百分比的方式分配他的财产。五分之一将给二十二个指定的亲戚和朋友，不清楚是谁。此外，巴黎的瑞典－挪威人俱乐部和奥地利的伯莎·冯·苏特纳的和平组织将获得较小的百分比，斯德哥尔摩学院和斯德哥尔摩医院也是如此。斯德哥尔摩的卡罗林斯卡医学院（KI）也将获得一个较小的百分比，但诺贝尔对其用途有详细的说明。卡罗林斯卡医学院将设立一个基金，每三年分配一次收益，作为“对生理学或医学领域最重要与最具开拓性的发现或发明的奖励”。

这样分配后，还剩下三分之二的财富。阿尔弗雷德·诺贝尔想把这部分钱捐给斯德哥尔摩的科学研究院。他指示，这笔钱将被留作基金，在这种情况下，其利息将作为奖金每年颁发给“在知识和进步事业的广泛领域中具有最重要与最具开拓性的发现或思想”的人。生理学和医学有自己的奖项，不会被包括在这里，但科学院要思考得宽泛一些。阿尔弗雷德只有一个限制性条款，他明确地响应伯莎·冯·苏特纳，那就是：在选择获奖者时，科学院需“特别考虑 ”那些成功地为欧洲和平事业赢得支持的人。[839]

这些总数涉及多少钱？阿尔弗雷德·诺贝尔多年来数次经历财务恐慌，回想起来似乎有些夸张，财务危机主要是由暂时的现金短缺引发的。但他仍然是诺贝尔兄弟石油公司和两家炸药信托公司的最大股东之一。他在好几个国家拥有财产，多项专利的特许权使用费不断入账。在阿尔弗雷德·诺贝尔去世后，所有的资产加起来，最后的总额正好超过 3300 万瑞典克朗（约合今天的 22 亿瑞典克朗）。

但那时阿尔弗雷德·诺贝尔已经再次改写了他的遗嘱，可怜的埃伦堡根本没有收到他那巴黎俱乐部的钱。

*

财富意味着自由。阿尔弗雷德·诺贝尔喜欢靠自己的双脚站立，在“进步的领域”自由地尝试用自己的翅膀飞行，而不必像过去那样涉及复杂的炸药公司。他尽可能推掉了许多正式的承诺。在圣雷莫，他的新实验室已经完工。

阿尔弗雷德·诺贝尔曾经说过，如果他每年有一千个想法，只要其中有一个变得有用，他就很满意了。一千个想法可能并不夸张。他曾在给罗伯特的信中说：“在我的大脑中，有许多图像困扰着我，我们称之为想法。”他有写项目清单的习惯。近几年有一个标题是“测试和阐述”，其中包含 96 个拟议的化学和技术项目。大多数是纯粹的实验室实验，但阿尔弗雷德也列出了诸如“用看不见的标志发电报”“药物的局部热辐射”和“在南方引进冰窖”等项目。一个项目涉及人造钻石，另一个项目涉及“尝试用猩红热（和）伤寒病康复者的血液接种，是否会产生针对同一疾病的疫苗”。[840]

还有许多项目涉及枪支、火箭和弹丸。1893 年春天，阿尔弗雷德·诺贝尔的思想主要被“飞行鱼雷”所占据。他刚刚开始与一位瑞典中年发明家和前炮兵威廉·翁格（Wilhelm Unge）合作，想尝试将弹丸与火箭结合起来。这种战斗火箭以前也试过，但面临的挑战是如何使它的轨迹更加精确。阿尔弗雷德·诺贝尔的梦想几乎和火箭升空一样高。他开始打听，自己是否能在瑞典购买一个射击场，用于“他在军事方向的工作”。

另一个更具体的途径是尝试用棉籽生产人造橡胶和皮革，这是他的弹丸石中的爆炸性原料之一。他还非常笃信人造丝，同时查阅了几本关于电学奥秘的书，并思考新的灯具设计。在所有这些奇思妙想中，可以看出他的生活有种全新的快乐。阿尔弗雷德的书信能让人感受到渴望和能量。他就像一个重生的伊曼纽尔·诺贝尔，有时他就像父亲那样欢快。当心脏出现问题时，他的语气会有些不同：“如果我现在离开世界，那几乎是一种遗憾，因为我有非常有趣的事情要做。”[841]

1893年4月，卡罗林斯卡医学院的阿克塞尔·基（Axel Key）教授访问了圣雷莫。基曾以为阿尔弗雷德·诺贝尔搬到温暖的地方是为了安度晚年，但当他看到实验室时，才意识到情况恰恰相反。以前从未见过诺贝尔的阿克塞尔·基，对这位发明家的“仙女城堡”的华丽，以及公园里所有的玫瑰、柠檬和橘子等富丽堂皇的装点表示钦佩。这些浮夸的东西与诺贝尔谦虚的性格格格不入。基在给他妻子的信中说：“他单纯、朴实、思维开放，非常善意地接待了我。”基在晚上被带进了黑暗的诺贝尔别墅，他对此感到着迷，并和妻子描述了“当（我们）经过宏伟的大厅和房间时，我看着电灯亮起的过程”。之后，教授几乎无法数清，他被招待了多少菜肴，也无法数清琳琅满目的精美葡萄酒。“饭后可以坐在舒服的麂皮绒沙发上点根雪茄，但这雪茄太棒了！！！”基带了一整盒雪茄到酒店。

阿尔弗雷德·诺贝尔与这位教授讨论了后者的一些新的医学理念，教授赞扬了对方在母亲安德丽塔去世后的捐赠。阿克塞尔·基说：“当我……向他展示我们从他的基金中获得的非凡利益时，他真的很感动，像个孩子一样欢欣鼓舞。”最后，教授被邀请带着阿尔弗雷德的黑色俄罗斯种马去夜骑。阿克塞尔·基了解到，这些马的时速可以达到3英里。“现在我们要启程了。天色漆黑，但几盏漂亮的灯笼把周围的树林和别墅照得很亮，当我们在黑暗中飞奔时，所有人都能瞥见一道奇妙神秘的光。很快我就听到路的一边有大海的咆哮声，另一边的悬崖被梦幻般地照亮，它似乎就悬在我们头上。”

当他们在酒店道别时，阿尔弗雷德·诺贝尔向基透露，他在遗嘱中记录了卡罗林斯卡医学院，但他从未提到过奖项。[842]

此后不久，阿尔弗雷德·诺贝尔收到了一个消息，这进一步激发了他的热情。乌普萨拉大学正在庆祝建校300周年，哲学系决定在秋季的周年庆典上授予他名誉博士学位。阿尔弗雷德通常对奖章和荣誉不屑一顾，他把自己的大部分奖章都放在鞋盒里，没有装裱，但他显然对这个消息异常兴奋。他对这个“光荣的”但并非当之无愧的称号，表示深深的感谢，并将其视为让他继续努力的鼓励。“新时代的真正胜利——打败无知和野蛮的胜利——来自大学，因此每个有思想的人都应该为它们的成就感到高兴，”他在回信中写道，“对我来说，乌普萨拉这样做很重要。”[843]

当他的侄子埃曼纽尔·诺贝尔在那个夏天访问巴黎时，他被他叔叔的许多新颖、独特的想法所折服。之后，他感到空虚。因为与阿尔弗雷德相比，其他人显得如此沉闷和狭隘。也许他自己也是如此？

他叔叔的一些新想法已经成了新任务，并落到了他的身上，让他努力去实现。其中包括阿尔弗雷德向圣彼得堡的奥尔登堡亲王研究所捐赠1万卢布。这笔捐款是为了进行一些医学实验。首先，他想研究是否有可能通过切断静脉并将它们直接连接在一起，在动物之间输送血液。他还想测量尿液中的毒素水平与某些疾病之间的联系，并开始对脾脏的功能进行一般性研究。阿尔弗雷德自豪地提到，“瑞典最伟大的生理学权威”、卡罗林斯卡医学院的阿克塞尔·基教授对这些建议做出了令人很受鼓舞的反应，并希望这两个研究机构能够进行合作。[844]

对埃曼纽尔来说，这项任务是一个值得期待的突破。他发现自己正处于与美国标准石油公司和法国罗氏家族旷日持久的石油战争之中，在敌对的价格倾销和偷偷摸摸的卡特尔谈判之间摇摆不定。那年夏天，阿尔弗雷德的欢快的信件内容是一个亮点。这其中还包括阿尔弗雷德与探险家斯文·赫定的日常通信，他很乐意寄来一份副本。赫定在年轻时曾在巴库当过线人，并认识了路德维格·诺贝尔。他现在利用这一点，向埃曼纽尔和阿尔弗雷德请求资金，用于他的探险队去亚洲的冒险旅程。阿尔弗雷德激动的心情体现在回信的字里行间：“尊敬的博士先生！自从电力普及，人的思想在四分之一秒内就能环绕世界一圈以来，我就对我们地球巨大的尺寸产生了极大的蔑视。因此，我对发现之旅的兴趣比以前少了，因为在这么小的球上能发现什么？然而，为了证明我与众不同的想法，我必须承认，我对一个更小的世界体的发现有最浓厚的兴趣，即原子，以及它的形状、运动、命运……”

阿尔弗雷德还是在信封里放了2000法郎给赫定的探险队。“我开始对我们的国王产生了深深的敬意，因为我相信他是唯一没有攻击过我的斯德哥尔摩居民。”阿尔弗雷德在给埃曼纽尔及其兄弟姐妹和同事的附信中写道。他嘲笑赫定在求助信中强调了国王的祝福。“对赫定来说，这做法太糟糕了，否则他可能会从我这里得到更多。”[845]

*

阿尔弗雷德·诺贝尔迄今为止确实没有过多关注发现之旅，除了他的朋友诺登舍尔德的极地考察。他也从未评论过欧洲大国在非洲的殖民践踏。他现在狂热翻阅的小说叫作《在最灿烂的非洲》，此书明显模仿英国殖民者亨利·斯坦利（Henry Stanley）最新的炫耀性作品《在最黑暗的非洲》（1890）。然而，现存的资料显示，阿尔弗雷德打算写一本更普遍适用的政治宣言小说。主人公甚至没有去非洲，但在去非洲的路上，激进的阿尔弗雷德·诺贝尔对当时最热门的几个问题提出了自己的看法。

作为读者，阅读《在最灿烂的非洲》的手稿似乎是一种折磨人的体验，但对于那些想了解阿尔弗雷德·诺贝尔的人来说很有意思。在这里，他让他的另一个自我，左翼自由主义者阿韦尼尔（Avenir），在长时间的交流中对故事中的保守派叙述者做出回应。阿韦尼尔在某个时刻回答道："社会中的个人和集体是不断互动的，如果国家误解了个人的权利，它就会滥用自己的权利。"阿韦尼尔对专制制度持反对态度，对继承的王位和财富感到震怒。不费吹灰之力就能得到的东西从来就没什么用。"在没有冲动的地方，人就开始变得软弱，"作家阿尔弗雷德·诺贝尔写道，"人们可以很容易地计算出一笔财富等于多少法郎或瑞典克朗，但计算其带来的快乐比较棘手。可以肯定的是，大量的遗产对许多人来说是一种不幸。拥有巨大经济资源的年轻人往往是地球上最弱势的群体。"

他还挺身而出，主张女性应与男性享有同等的选举权。阿尔弗雷德·诺贝尔对男性在社会中往往不应有的优越地位感到不满。他对一个侄女开玩笑说，他认为自己在很久以前的"灵魂转世和细胞发育阶段"就已经是个女孩了，这就是为什么他如此理解她们的处境。当有科学抱负的女性与他联系时，他总是会回复，并至少承诺推荐。他在一封信中写道："社会仍然在受过教育的女性发展的道路上设置了诸多困难，能够为她们提供服务必须被视为一种荣誉。"但这种信念并不绝对，关键词是受过教育。当一家护理养老基金请求他提供经济支持时，他回复道："无偿照顾病人的妇女比雇用来的人员做得更好，这是无可比拟的。"[846]

"受过教育"这个定语也给阿尔弗雷德·诺贝尔的民主之心设置了一个限制。从小说的手稿来看，他没有任何普选的设想。他只想把这种权力交给"受过教育的"男性和女性。诺贝尔感叹道："当然，在一个家庭中，没有人想让父亲和孩子拥有同样的影响力吧？"

对他来说，理想的国家元首是一个才能和权力一样多的民选总统，他处在强大的民选总督的严格监督下，还要受到新闻界的监督。阿尔弗雷德虽然是可以发表针对记者的诋毁性演讲的人，但在这里，在《在最灿烂的非洲》一书中，他强调了自由媒体在理想社会中的关键作用。

这些思考受到了欧洲劳工运动发展的影响。社会民主党在一个又一个国家成立，例如在瑞典，社会民主党的领导人亚尔马·布兰廷（Hjalmar Branting，获 1921 年诺贝尔奖）在辩论中的影响力越来越大，尽管他进入议会还需要几年时间。最终，阿尔弗雷德·诺贝尔本人也称自己为社会民主党人，“但是是温和的社会民主党人”。1893 年夏天，社会民主党先锋人士诺贝尔提出，“当世界变得真正文明的那一天，那些还没开始工作的人（儿童）和那些不能再工作的人（老人）应该有权获得社会福利金。这是完全公平的，而且也比人们想象的要简单。”[847]

伯莎·冯·苏特纳是欢迎社会民主党影响力增强的人之一，如果给阿尔弗雷德的信是可信的话。她觉得，欧洲的社会民主党人，特别是北欧国家的社会民主党人，在为和平而战的过程中是支持她的。另外，注重结果的伯莎甚至对无政府主义者也不完全持否定态度，恐怖袭击和爆炸事件困扰着当代欧洲。他们的进步也有利于她的事业。炸弹越多，受影响的人的和平梦想就越强烈。[848]

她长期以来一直敦促阿尔弗雷德·诺贝尔为她的和平努力进行更多宣传。一些报刊注意到，一个“战争武器的发明者”竟加入了和平运动，这是板上钉钉的事实，但伯莎认为他应该自己走出去。为此，她让阿尔弗雷德与法国和平团体的财务主管、记者、哲学家和发明家阿里斯蒂德·里费尔（Aristide Rieffel）结识。里费尔在之前已经建议过好几次，先是让阿尔弗雷德在《费加罗报》上写文章，然后又请求允许他发表一篇关于诺贝尔的文章。阿尔弗雷德喜欢里费尔，但不希望他做任何宣传。当他们见面时，他们主要谈的是发明。里费尔对热气球的未来有想法。阿尔弗雷德相信会有一种与众不同的飞行器，能像鸟类那样飞行，并能用更快的速度，带着静止的翅膀航行。“鸟类能做的事，人类也能做。”这是他事后写给里费尔的。[849]

无政府主义者的攻击变得越来越频繁。从 1892 年夏天到 1894 年夏天，仅在巴黎就发生了 11 起炸弹爆炸事件。人们开始要求制定更严格的炸药法，后来，里费尔终于能够发表他的文章。这篇文章在 1893 年 11 月 16 日的《费加罗报》头版上几乎占了两栏，左上角的位置是荣誉位置。“每次发生炸弹袭击事件，世界上都有一个人被深深地激怒并感到悲伤，因为他自己就是所有暴力的敌人：他就是炸药的发明者，瑞典工程师阿尔弗雷德·诺贝尔。”里费尔写道。

这篇文章中所用的夸耀方式令人尴尬。里费尔描述了诺贝尔本想给人类提供一种炸毁隧道和悬崖的新力量，但现在不得不看着它被犯罪分子滥用杀人。他谈到了诺贝尔“和蔼可亲”和谦逊的性格，描写了他在圣雷莫花园中的生活以及他对和平的热情。据报道，阿尔弗雷德，这位在许多国家生活过的世界主义者，能够“客观地判断国际冲突”，曾说过他想“废除所有的军队”。

里费尔指出，如果炸药因其造成的事故而受到攻击，那么蒸汽和火也应该受到指责。相反，人们应该记住，这些发明带来的好处远远多于坏处。他的结论是：“这就是为什么你必须像对待每个发明者那样对炸药的发明者说，‘这是一位人类的恩人’。”[850]

*

1893 年秋天，约翰·威廉·斯米特与阿尔弗雷德·诺贝尔取得了联系。斯米特是富有的“国王岛之王”，他曾于 1864 年为斯德哥尔摩的第一家炸药公司提供资金。现在他想为他的一个年轻亲戚，即他的外甥拉格纳·索尔曼（23 岁）寻找一份工作。

阿尔弗雷德早就想找一个精通语言的秘书，并且信中透露，年轻的索尔曼曾在美国生活过三年。这个请求听起来很有希望。他的简历显示他还拥有一个化学学位，在温特维肯的炸药厂打过一些暑期工，并在美国的一家炸药厂工作过一段时间。他目前在芝加哥世界博览会的瑞典馆工作，但想回国找份工作。

拉格纳·索尔曼是《晚报》主编哈拉尔德·索尔曼的弟弟。兄弟俩的父亲奥古斯特·索尔曼一直担任同一职务，直到他在 1874 年的一次溺水事故中不幸去世，当时拉格纳只有四岁。拉格纳本人曾在高加索等地为该报报道，当然也写过关于巴库的报道。他正好是罗伯特·诺贝尔的儿子卢德维格的学生和朋友。斯米特写道：“我（已经）想象到你可能对这个年轻人有一些帮助。”

阿尔弗雷德没有考虑很久，此刻他的工作量非常大。他宣布，如果索尔曼立即到来，他就可以得到工作和每年 5000 瑞典克朗的收入。

10 月底，拉格纳·索尔曼来到了巴黎。阿尔弗雷德·诺贝尔在马拉科夫大道的家中接待了他，他对自己将做什么，甚至在哪里工作都一无所知，可能在巴黎、圣雷莫，也可能在欧洲其他地方。拉格纳看到了诺贝尔身上伟大的人格，认为他是一个深具独创性的人，他以发明家的眼光，看到了“事物并非眼前的样子，而是它本来的样子”。在拉格纳看来，阿尔弗雷德很机智，而且似乎受过了不起的教育。反过来，阿尔弗雷德可能看到的是一个矜持的、过分正确的年轻人，他有着一头金发和令人羡慕的英俊特征。拉格纳有时对年长者的权威有一种夸张的尊重。当他和阿尔弗雷德共处的时光结束后，他后悔没有和他的老板多多放松，但在这样一个精神巨人面前，他感到很卑微。[851]

他们开始讨论宗教问题。像往常一样，阿尔弗雷德嘲弄了教会和基督教。看起来性格非常软弱的拉格纳，诚实地宣布了他的基督教信仰。阿尔弗雷德·诺贝尔说：“后来我决定雇用他，因为我发现他是一个坚守自己正确观点的人。”[852]

拉格纳·索尔曼先负责在巴黎整理阿尔弗雷德的藏书。然后他被派往圣雷莫，阿尔弗雷德很快也前往那里，并开始为在英国的法庭诉讼做准备。

从形式上看，将在法庭上会面的不是阿尔弗雷德·诺贝尔和英国教授弗雷德里克·阿贝尔和詹姆斯·杜瓦。阿尔弗雷德已经将他的弹丸石专利转让给了诺贝尔炸药公司，而诺贝尔炸药公司又以专利侵权为由起诉了国有的科尔蒂特工厂的负责人。然而，实际上，阿尔弗雷德在很大程度上是个人参与的。这事关他的荣誉，也事关他的收入。

早在 1894 年元旦，人们就开始担心起来了。阿尔弗雷德“常常遭受风湿病的折磨，损害他的心脏肌肉”。来自圣彼得堡的不幸消息使他的情绪低落。他的侄子卡尔·诺贝尔突然去世，可能是死于糖尿病。拉格纳很快就学会去读懂老板对逆境的反应，尤其是职业上的逆境。如果事情进展顺利，阿尔弗雷德就会很自在，有成就感。如果没有进展，他就容易生病，觉得自己年老体弱，并庆幸自己有“好朋友，可以在他死后把他烧掉”[853]。

在这一早期阶段，拉格纳对萧条的日子很不适应。他自己住在圣雷莫，但经常被邀请去诺贝尔家的别墅吃饭。这种做法很友好，但说实话，拉格纳并不十分看好那些夜晚。阿尔弗雷德有时“像脑子里有一个神经结”，在他奇怪的想法中磨来磨去。拉格纳在一封家信中写道：“他是个非常激进的人……正如他所说，他想废除四样东西——宗教、国籍、继承权、婚姻。……也许他最大的矛盾之处在于，他诅咒战争并视其为无比愚蠢的行为，却在不断完善其毁灭性的功能。”[854]

除此之外，拉格纳过得还是满意的。当阿尔弗雷德在现场时，工作变得漫长而紧张，但当他离开时，气氛就归于平静。拉格纳的同事，英国化学家休·贝克特对此深表同情。周围的环境也很神奇，拉格纳已经从诺贝尔别墅里的棚架上采摘了玫瑰花，并把它们寄回家给他的母亲。在新年前夕，当人们知道拉格纳已经与他的挪威女友朗希尔德·斯特罗姆（Ragnhild Ström）订婚时，阿尔弗雷德邀请她享用来自圣彼得堡的西伯利亚狼獾肉。“好吧，索尔曼先生，如果我年轻时没有那么多病，我也会这么做的。”诺贝尔说道。他把 25 股炸药信托公司的股票送给索尔曼作为订婚礼物。拉格纳很感动。他意识到，阿尔弗雷德·诺贝尔是一个奇特但非常有爱心的人。[855]

就在去伦敦接受审判之前，阿尔弗雷德告诉拉格纳，他在瑞典搞到了一个“射击场”。这个说法很轻描淡写，但有些滑稽。经过六个月的试探和谈判，阿尔弗雷德出手了，他买下了位于韦姆兰省的亏损的博福斯工厂，包括枪械车间、高炉、铸钢厂、轧钢厂和锻造厂。博福斯不仅是一个“射击场”，还是一个令人努力奋进的地方。拉格纳·索尔曼被委托设计该实验室。[856]

阿尔弗雷德·诺贝尔在伦敦的专利案中被传唤为证人。他的期望值很低，因为他知道自己是在挑战强大的力量，而且许多人认为他的专利侵权诉讼是对英国的最佳防御权的威胁。不过，在秋季谈判期间，一些有影响力的英国人还是站在了他这边。下议院的一位议员敢于将此案称为科尔蒂特丑闻，直截了当地指责阿贝尔和杜瓦窃取诺贝尔的发明。这位议员说得更直接，他指责这两位教授从他们在陆军部炸药委员会的政府职位中私下获利。[857]

这场复杂的审判持续了几个星期，据媒体报道，它就像一条懒惰的蟒蛇，在难以理解的技术问题之间盘旋。正如阿尔弗雷德所担心的那样，大部分审判集中在他的专利中的一个细节上。他写道，他的弹丸石中的棉粉（硝化纤维素）是“众所周知的可溶性的”。另外，阿贝尔和杜瓦的虫草专利规定使用“不溶性”的硝化纤维素成分。

在证人席上，阿尔弗雷德试图解释，可溶性和不可溶性棉粉之间没有什么区别。其他人也提出了同样的观点，但法官都充耳不闻。阿尔弗雷德无奈地指出，没有人关心他搬运到那里的所有文件，甚至那些被宣读来解释制造过程的信件也没有任何作用。该案是关于专利侵权的。法官发现，有证据表明产品之间存在重大差异。该漏洞被认定成立，最终阿贝尔和杜瓦赢得了这场官司。

阿尔弗雷德事后叹息道："真是虚伪，真是寄生虫。你还不如抽签决定正义。这不仅会节省时间和金钱，而且几乎不会降低公平的可能性。"[858]

无论如何，伦敦报纸《蓓尔美街报》（*Pall Mall Gazette*）也站在他这边。"诺贝尔先生在与炸药委员会的沟通中，没有想到他在与可能的专利对手打交道。我们所读到的信件是极其友好和保密的，没有人会从这些信件中得出结论，认为阿贝尔爵士和杜瓦教授在考虑要自己申请专利，同时他们赞扬了炸药的性能，鼓励并建议进行改进。"[859]

但最后的判决书还没下，他们必须等待一年才能得到上议院的裁决。

*

购买博福斯公司唤醒了阿尔弗雷德·诺贝尔的一种新感觉。这就是所谓的思乡之情。故乡瑞典比他想象的更吸引他。自从 19 世纪 60 年代他在斯德哥尔摩短暂居住以来，瑞典已经发生了很多变化。瑞典现在是一个充满活力的创业国家，迅速进入第二次工业革命。造纸业和锯木厂正在蓬勃发展，钢铁厂正在向新的、更现代化的生产方式过渡。但是，新的春天的感觉将由第一批"灵活产业"创造出来。有拉尔斯·芒努斯·爱立信的电话和古斯塔夫·德拉瓦尔的革命性牛奶分离器。在韦斯特罗斯，工程师乔纳斯·温斯特罗姆（Jonas Wenström）最近发明了一种方法，可以将电力从诺尔兰的河流长途传输到南部的工厂。瑞典通用电机公司（Allmänna Svenska Elektriska Aktiebolaget，ASEA）正处于伟大时代的边缘。[860]

这是一个让阿尔弗雷德·诺贝尔焕发活力的环境。

在政治上，该国正处于自由贸易者和保护主义者之间艰苦的关税斗争中。对只有四分之一的瑞典成年男性在议会选举中有投票权这一事实的抗议越来越多。妇女不可以投票，当然还包括穷人，许多工业和农业工人也几乎没有。在位 20 年的保守派国王奥斯卡二世竭尽全力，在逆风中坚守。

阿尔弗雷德·诺贝尔一直渴望有自己的工厂。他在给公司董事会的信中说，他对博福斯有很大的计划，首先希望投资于武器部门并扩大大炮车间，但他打算慢慢地进行过渡。不必为炼铁厂的 500 名员工的工作担心。这位新老板还说，他将私人出资，建造一个大型实验室。理想情况下，它将位于几公里外比约克伯恩（Björkborn）的工厂庄园附近。阿尔弗雷德向他们保证，在他第一次来的时候，他不要求实验室全部建好。他是一个简朴的人。他所需要的只是一张好床、一个书柜和一个好的厨房，不是因为他“挑剔，而是太勤奋”。[861]

他决定尝试转让他心爱的铝制小船米戈农，它在瑞典的湖泊上比在地中海上的表现更好。[862]

1894 年 6 月，侄子亚尔玛和埃曼纽尔抵达圣雷莫。堂兄弟之间的气氛仍然有些尴尬。埃曼纽尔之前声称他是希望亚尔玛回到石油公司的，但亚尔玛意识到他的堂兄其实是在回避这个问题，并让他与正在进行的卡特尔谈判保持距离。亚尔玛在生活中没有立足之地。目前，他最希望的是在安特卫普有一间办公室或在阿卡松的一家牡蛎店工作。他觉得自己是家里的害群之马。

阿尔弗雷德叔叔拯救了他，并为他提供了一份在博福斯的工作。阿尔弗雷德在新的大炮项目和比约克伯恩的房屋装修方面需要帮助。他的叔叔甚至不排除让亚尔玛在董事会占有一席之地的可能性，只要他认真吸收“大炮的相关知识”[863]。

阿尔弗雷德很快就要去瑞典了。他只是需要先厘清自己的个人生活。与索菲·赫斯的矛盾已经升级，阿尔弗雷德最终决定采取强硬的态度。最终，1894 年 7 月 10 日的《维也纳报》公布说，维也纳法律部门宣布，索菲·赫斯小姐，住址为卡特内环路 2 号，已经被置于监护之下，“原因是铺张浪费”。维也纳炸药公司的主管朱利叶斯·海德纳先生被任命为监护人。

阿尔弗雷德通过海德纳先生通知索菲，她今后必须每年靠 6000 弗罗林（约合今天的 50 万瑞典克朗）生活，而此前的索菲已经习惯了十倍于这个数字的生活开支。

让海德纳监护索菲是一个激进的解决方案，但阿尔弗雷德别无选择。他最初聘请的律师很有眼光，建议与索菲·赫斯做一笔交易，但她的挥霍行为并没有停止。初夏，索菲的姐姐和她的父亲都发出了警报：索菲继续制作昂贵的衣服，仿佛什么都没有发生过。这种做法只能以灾难告终。

消息被传开了。绝望的索菲·赫斯在同一天写信给阿尔弗雷德，并明确表示，如果他想摆脱她，他必须一次性支付 20 万弗罗林（约合今天的 2000 万瑞典克朗）。

此外，她打算结婚了。“真是厚颜无耻！”阿尔弗雷德在信的上方用德语写道。[864] 然后他带着年轻的索尔曼坐上火车，去了瑞典。

拉格纳·索尔曼越来越喜欢他的工作。正如阿尔弗雷德所指出的，他真的必须学会思考。总是有那么多事情同时发生，令他感到头晕目眩。他从一开始就被告知，他的这份工作是很多样的，涵盖的领域非常广泛——化学、物理、电力、医学，以及“我不知道，可能还有什么”。但工作实在是太多了，在圣雷莫，他实验了橡胶、皮革替代品、人造丝、合金、“双枪”、无声步枪和各种类型的弹丸——其实验的强度导致隔壁的罗西家族不停抱怨，并对环境的危害发出警报。在一次去瑞典的短暂出差中，他不得不跑到卡罗林斯卡医学院的基教授那里，从发烧、肾病和梅毒患者身上收集尿液样本，以测量“毒素水平”。

这是一个突然的转变，拉格纳并不是阿尔弗雷德·诺贝尔唯一频繁差遣的人。在斯德哥尔摩，威廉·翁格继续研究“飞行弹丸”；阿尔弗雷德委托巴黎的一位瑞典仪器制造商，改进托马斯·爱迪生的最新成果——留声机。阿尔弗雷德认为在卷轴上涂一层清漆可以改善音质，于是向爱迪生的公司订购了一个装置。[865]

在瑞典，阿尔弗雷德·诺贝尔成为一名风险资本家的名声已经传开。1894 年夏末，他到斯德哥尔摩拜访了几天，并在格兰德酒店（Grand Hôtel）接待了有抱负的企业家和发明家。正是在这次的招待中，他遇到了一对年轻的兄弟比格尔·永斯特伦（Birger Ljungström）和弗雷德里克·永斯特伦（Fredrik Ljungström）。当时只有 19 岁的弗雷德里克永远不会忘记这次会面。阿尔弗雷德·诺贝尔正坐在早餐桌旁，比格尔身穿正式红衣走了过来。弗雷德里克脸红了，并为自己穿了件带笨重白领的亚麻夹克和短裤感到难堪。他看起来像拜伦勋爵！他的担心是多余的。

弗雷德里克在他的回忆录中写道：“坐在那里的是一个不起眼的小个子男人，周围是镀金的家具，在他面前站着一个鞠躬的男仆，他用银质托盘盛着一个流油的鸡蛋和几片吐司。”

阿尔弗雷德·诺贝尔把视线从他的盘子上抬起来。他把 19 岁的弗雷德里克从头到脚都打量了一番。“这位工程师的衣服真漂亮。在哪里可以买到这种衣服？”弗雷德里克放下了心事。“凭着这些话和那个善解人意的微笑，他就这么赢得了我的心。”

这是一个长期商业伙伴关系的开始。永斯特伦兄弟加入了自行车的新浪潮，开发了一种前面有乘客座位或货物空间的三轮车，即“瑞典脚蹬两轮车”。阿尔弗雷德·诺贝尔饶有兴趣地听着并表示赞赏，但他自己永远也学不会骑自行车。[866]

在阿尔弗雷德和永斯特伦兄弟之间出现了化学反应，但这在阿尔弗雷德和拉格纳·索尔曼之间则还没完全显现。阿尔弗雷德·诺贝尔经常试图向他的年轻同事表明，他有多么重视拉格纳。当拉格纳在 1894 年 9 月初与他的朗希尔德结婚时，阿尔弗雷德发了一封“致我的同事和朋友”的电报，并决定将拉格纳的工资翻倍来祝贺这对新婚夫妇。他在一封附信中写道：“我希望今后你会发现，其实我很愿意承认别人的优点。”在另一个契机中，阿尔弗雷德说，“如果像索尔曼先生这样慷慨的人愿意借给我一点友谊，我将欣然接受，并对此非常感激。”阿尔弗雷德·诺贝尔会在别人面前称拉格纳为“他最喜欢的几个人之一”，并最终明确表示，他把他看成“与家里小辈差不多的亲戚”[867]。

拉格纳的态度比较矛盾。这份工作让他感兴趣，但他发现阿尔弗雷德非常难读懂。在伦敦的审判之后，他的老板变得近乎病态，怀疑并指责拉格纳可能泄露了信息。当拉格纳没有立即理解他的所有想法时，阿尔弗雷德会变得非常紧张和恼火，这让拉格纳很是烦恼。有时拉格纳会在信中把他们的相处描述为“令他无法忍受”，尽管他的老板非常关心他。下一刻，他又会陷入对老板深深的崇敬之情中。

拉格纳还感觉到，阿尔弗雷德认为其是一个有点拘谨的人。从他留下的只言片语中，可以得出这么一种印象，即他的老板“是一个字面意义上的享乐主义者（因为只有在法国才会这样）”。这个传言可能被夸大了，但在这方面，拉格纳觉得并不是自己这么说才导致的。[868]阿尔弗雷德的侄子亚尔玛是另一种性格。在阿尔弗雷德和亚尔玛之间，气氛往往是轻松和友好的，其中不乏“活泼”的成分。那年秋天，阿尔弗雷德在普罗旺斯地区艾克斯（Aix-en-Provence），他在给侄子的信中说，他确实得到了休息，“因为我发现自己在两个女人之间徘徊；我是说两个女人：一个漂亮而且愿意跟着我，但我不想要；另一个虽不漂亮，我想要却得不到。……当然，我是在开玩笑”。他还补充说自己年事已高。[869]

回到圣雷莫后，阿尔弗雷德就比约克伯恩的豪宅的装修问题向亚尔玛做出指示。他希望在写字间摆放英国皮革家具，在卧室摆放一张榆木床，不能是普通的床。阿尔弗雷德需要“出色的床垫、精美的亚麻布和舒适的枕头。……床的宽度不符合瑞典的标准，这似乎是为一把癯瘦的老骨头准备的”。他设想的客厅是，要么是一个极其简单和不起眼的地方，“不带一丝奢华”，要么是“真正精美的沙龙……用于接待武官或无法回避的客人”。

几周后，阿尔弗雷德又有更多的见解。他随后强调，“只要我负担得起”，他的男性朋友可以在房子的任何地方抽好烟，“特别是在厕所里”，所以没有必要设立专门的吸烟室。他还意识到，像他这样的未婚男子不可能只有一间女厕所。出于声誉考虑，至少有两个。他还思考了客房的家具问题。出于对性别的考虑，他希望床头的家具是涂油漆或清漆的。所有房间的床都应该是这样的：“即使是丑陋的人也可以仰卧，而不会有三分之一的臀部露在床边。”他不介意客厅装成红色，他还想购置一张台球桌和一架钢琴。“台球桌是乡村的感觉，各方面都比玩纸牌好。”

他最后要求亚尔玛也为拉格纳·索尔曼和他的挪威妻子安排合适的住所。[870]

*

在每天收到的求助信中，开始出现了几个新名字，阿尔弗雷德·诺贝尔最终会在他的第三份也是最后一份遗嘱中记录下这些名字。有一个是来自尼姆的可怜士兵戈谢（Gaucher），阿尔弗雷德多年前在巴黎见过这个人。戈谢即将被调往马达加斯加，现在面临着离开妻子和孩子或辞职的艰难选择。这位军人想要换一份工作，他一定是一个亲密的朋友，因为他送来了阿尔弗雷德的“小教女”的热情之吻。一个叫阿尔弗雷德·哈蒙德的人从得克萨斯州联系上了他，并提醒阿尔弗雷德他们“建造梦幻城堡”的美好时光。哈蒙德在信中说，他不喜欢把钱牵扯到这样一段真挚友谊中，但前一年的庄稼歉收让他陷入了经济困境。

温克尔曼小姐（Winkelmann）和她的母亲也出现在这堆信件的寄信人中。她和阿尔弗雷德似乎是在圣彼得堡认识的，她们现在住在柏林，并经常向阿尔弗雷德敞开家门。温克尔曼一家在春天访问了巴黎，阿尔弗雷德带着她们进行了一次购物狂欢，这让她们永生难忘。他曾经把她们宠坏了。[871]

在阿尔弗雷德的办公桌上，各种捐赠公告和无数匿名求助电话让这些潜在的受益人加入了进来。1894 年 11 月，阿尔弗雷德·诺贝尔被要求参与为约翰·埃里克松的雕像筹款，他年轻时曾在纽约见过这位世界著名的瑞典裔美国发明家。约翰·埃里克松在几年前去世，他的遗体以一种仪式的方式被带到了斯德哥尔摩。阿尔弗雷德为该雕像捐款500瑞典克朗。“我内心的倾向是，与其说是纪念那些对我们的大理石纪念品无动于衷的死者，不如帮助那些有需要的活着的人。然而，任何原则都有例外。”他在附信中写道。[872]

在1894年底，用阿尔弗雷德·诺贝尔的话说，世界开始“闻到了火药味”。11月，俄国沙皇亚历山大三世死于肾脏疾病。他那毫无准备且尚未成熟的儿子，26岁的沙皇尼古拉二世，将如何处理世界局势仍是个未知数。[873]

伯莎·冯·苏特纳在给阿尔弗雷德的关于和平斗争的报告中听起来仍然很热情。她对他们没有实现出书的计划感到有些难过，但正如她在1894年10月底的一封信中所写的那样，“当我看到你在信封上的笔迹时，我怀着一颗扑通扑通的心撕开它，因为我一直都期待你对我说：‘我的朋友，我会来和你一起工作。’”1894年11月，一个叫特平（Turpin）的人发明了一种更新、更致命的手榴弹，并能用于战争，伯莎被这一消息吓坏了。阿尔弗雷德当然不会做这样的事情吧？“如果你要发明一种类似的武器，那么我相信它的唯一目的是使战争成为不可能，从而成为最崇高的发明。”[874]

伯莎在信中回忆说，离世纪之交只剩下五年时间了。如果和平运动继续以同样的速度发展，他们应该能够在1900年的世界博览会上为正式的欧洲和平制度揭幕。她说，北欧国家仍然是这场斗争的有力支持者。阿尔弗雷德知道丹麦政府刚刚决定用公共资金支持伯尔尼的和平运动吗？“和平预算是新事物。人们开始把我们的机构看作是一种‘公共产品’。”伯莎·冯·苏特纳写道。[875]

在北欧国家中，挪威的地位是独一无二的。几年前，挪威议会曾给瑞典国王写过一份和平呼吁书。挪威议会要求，挪威与外国势力之间的所有争端今后都应通过仲裁和平解决。瑞典当局微笑着拒绝了这一要求，但挪威的和平活动家绝没有放弃。[876]最近，伯莎·冯·苏特纳收到了挪威作家和和平运动家比约恩斯彻纳·比昂松的一封鼓舞人心的信，她在给阿尔弗雷德的信中称这个人是“来自北方的天才，像你一样”。

比昂松不仅是和平运动的同情者之一。他还曾在挪威反对瑞典至上主义的运动中起过带头作用。他现在向伯莎承诺，如果挪威成功地从挪威—瑞典联盟分离出来，它将带头裁军，并将其军队转变为国内警察部队。“一个实例比一千个使徒更有力量！”他给伯莎·冯·苏特纳写道。

比昂松解释说，大多数挪威人已经对战争的善良意图失去了信心。瑞典的情况则不同，在那里，国家正在进行大规模的军备武装。“瑞典的公众舆论这样告诉我：他们要用战争威胁挪威，因为挪威想控制自己的事务。所以瑞典想用战争来教育我们，让我们成为好战友。”

“求求了，来和我们一起奋斗吧，”伯莎·冯·苏特纳对阿尔弗雷德·诺贝尔重复地邀请道，“我工作，我奋斗，我相信……尽管有无数的忧虑和障碍，但我的灵魂是和平的。”[877]

*

在1894年10月的生日那天，阿尔弗雷德从他哥哥罗伯特的长女英厄堡那里收到了维克托·吕德贝里的书《罗马的日子》。他非常喜欢这本书，并称赞吕德贝里“拥有高贵的灵魂和美丽的外表”。29岁的英厄堡的生活出现了转机，她多年来一直处于紧张和疾病之中。最后，她找到了一个她爱的男人，在夏天他们结婚了。英厄堡没有向阿尔弗雷德隐瞒，她觉得她应该感谢他，因为“这是我黑暗生活中的一个转折点”。她回忆起他们那时候一起陷入绝望的情形。“我清楚地记得你的眼神和你的语气，你曾经这样说过：‘哦，如果阿尔弗雷德叔叔能活得足够长，看到那个小孩子真正幸福地结婚就好了。’”现在，幸福的孩子就在那里。

阿尔弗雷德感到对英厄堡负有一种特殊的责任。几年前，他曾向罗伯特承诺要对英厄堡多加关注。这意味着他要承担从住宿到治疗，以及娱乐、旅行所带来的昂贵花费等。英厄堡现在相信，她知道自己的神经问题是由“家族的摩擦、压力和阴郁”造成的，而阿尔弗雷德的养育态度对她敏感的心灵产生了“强化”作用。她称他为“巴黎叔叔”和“善良的生活伙伴”。现在她希望能在自己的家里照顾她的“守护神”。[878]

英厄堡的母亲宝琳让她的儿子亚尔玛特别感谢阿尔弗雷德对英厄堡“不微不至的照顾”。他在圣彼得堡的嫂子埃德拉也发来一些热情洋溢的赞美之词。“多年来，我从未见过英厄堡有如此健康的身体，如此信任周围的人和如此快乐。你对她的幸福所做的贡献，一定会在来世得到回报。”[879]

侄子侄女都在正常地组建家庭。罗伯特的儿子卢德维格已经搬到了斯德哥尔摩，并与作家莱亚·韦特格伦德的女儿瓦尔堡（Valborg）订婚了。阿尔弗雷德称他们为“小家伙”，他们正在计划在夏天举行婚礼。卢德维格在圣彼得堡的堂妹安娜，也就是他叔叔路德维格的女儿，已经嫁给了巴库的地质学家亚尔马·舍格伦（Hjalmar Sjögren）。他们已经搬到了新奈斯港，阿尔弗雷德目前正在与这位舍格伦讨论在诺尔兰省的一个矿藏交易。亚尔玛·诺贝尔还将保持多年的单身，在博福斯公司为阿尔弗雷德工作。侄子侄女都知道，如果他们需要，在找房子的时候可以求助他们的叔叔。

卢德维格和瓦尔堡在搬进位于斯德哥尔摩卡马卡雷大街的新公寓时写道：“我们要感谢叔叔，因为我们现在可以如此高兴地称这里为自己的家。”[880]

第二十一章

专利丑闻、热气球和最后的意志与遗嘱

1895年2月，伦敦专利案，即一些人所说的科尔蒂特丑闻，终于在上议院做出裁决。这一次，阿尔弗雷德决定从远处关注这场审判。他认为获胜的机会微乎其微，而且由于他在圣雷莫，他不认为大老远跑到伦敦有何意义，难道只是为了再受一次羞辱？他一边抱怨，一边提醒他的英国律师去年的事件。“法官的判决主要基于对诺贝尔意图的猜测，这似乎很奇怪，因为诺贝尔出庭作证，至少应该被问及这些有争议的问题。”[881]

但他很难不被这场官司影响。此外，由于围绕索菲·赫斯的纠葛仍在继续，因而之前的一段时期一直像噩梦般。她的监护人、大导演朱利叶斯·海德纳伤害了阿尔弗雷德，因为他说是诺贝尔让索菲习惯了奢侈，因此诺贝尔应该为索菲的悲剧发展负责。当她“多年来一直习惯于铺张浪费”时，海德纳怎么能教会她节俭？

阿尔弗雷德认为，这完全是一种无礼的行为。他在给海德纳的回信中写道：“我自己的整个生活方式非常简单，与我交往的体面人只能从我这儿学会谦虚。”阿尔弗雷德明确表示，他既没有“勾引也没有诱拐”索菲，而且他已经受够了。“无论她是结婚还是不结婚，是健康还是生病，是生是死，对我来说都是无所谓的。”[882]

索菲·赫斯的未婚夫、她女儿的父亲尼古劳斯·卡皮·冯·卡皮瓦尔（Nicolaus Kapy von Kapivar）骑兵上尉，如果要说的话，他更加无耻。他比索菲小五岁，也因为离过婚而陷入经济困境。就在科尔蒂特案裁决之前，卡皮给阿尔弗雷德写了一封信，解释了“娶另一个男人的情妇”是多么困难的事情。阿尔弗雷德不可能指望他免费做这件事。为了认命，这位上尉想确保“索菲，即使是作为卡皮夫人，也将继续得到她现在的津贴，而且在她最终去世后，这些津贴将传给她现在的孩子”。

惊讶的阿尔弗雷德通过索菲的监护人回复说：“亲爱的海德纳先生！卡皮上尉无理地要求我让他的私生子终身领用津贴，这真的很好笑。”[883] 几个月后，未来的卡皮·冯·卡皮瓦尔夫妇邀请阿尔弗雷德参加他们在布达佩斯的婚礼。他拒绝了。

监护人海德纳开始发现整个情况很令人不舒服。他建议阿尔弗雷德要求索菲归还他的所有信件，因为他觉得索菲有可能利用这些信件来对付他，风险迫在眉睫。阿尔弗雷德挥挥手表示不在乎。他向海德纳解释说，除了少数例外，他给索菲的信可以令人信服地表明他的耐心和宽容。[884]

阿尔弗雷德·诺贝尔选择不去伦敦是正确的。在上议院，关于虫草和弹丸石的专利案被同样简化为专利中的“可溶”和“不溶”硝化纤维素的问题。诺贝尔公司的律师认为，这没有任何化学差异。那么，为什么诺贝尔公司需要在专利中说明呢？法官提出反对意见。科尔蒂特公司一方被宣告不存在专利侵权，而原告方，即阿尔弗雷德·诺贝尔，必须支付判决费用。

然而，一些大法官对判决的合理性和公平性感到不安。如果你跟着时间轴走，很容易就会看出，阿贝尔和杜瓦研究炸药时窃取了阿尔弗雷德的专利，并聪明地找到了一个他们可以改变炸药却不影响炸药效果的细节。“这很自然，一个成功爬上巨人肩膀的侏儒必须比巨人自己看得更远一些，”一位大法官如是说，“在这种情况下，我不得不同情原专利权人。人们希望……这样做的方式不会让诺贝尔先生被剥夺走一项极其重要的专利的价值。”[885]

在寒冷的圣雷莫，阿尔弗雷德以理解的态度接受了这个不幸的消息。几天后，《帕尔玛公报》上的一篇文章使他颇为兴奋。在“一位发明家”的标题下，一位化学家用头版的大部分篇幅，从化学和道德的角度彻底粉碎了科尔蒂特案的判决。这位“发明家”要求现在把焦点转向“阿贝尔和杜瓦先生”，他们显然利用自己的权威地位从阿尔弗雷德·诺贝尔那里窃取了这个想法。

“现在，真正的争斗开始了。阿贝尔和杜瓦正面对着一个靶子，用自己的污点向那里射击，”兴奋的阿尔弗雷德给在圣彼得堡的埃曼纽尔写信，“我开始觉得这件事很愉快，打算自己出力。”阿尔弗雷德在此案中的法律顾问也对这位发明家情绪的变化感到震惊。阿尔弗雷德说：“这场官司涉及的金钱对我来说一直不重要，我要求维护更广泛的法律利益……而从败诉中获得的利益比从胜诉中获得的利益要多得多。”当一家报纸宣称他是道德上的胜利者时，他要求它宣传他打算捐出5000英镑，为“未来的专利烈士”募捐。[886]

阿尔弗雷德感到很受鼓舞。在诺贝尔别墅的写作室里，他现在继续他已经开始创作的一部戏剧——一部嘲弄所有专利诉讼的喜剧。阿尔弗雷德将其命名为《专利杆菌》，并在高等法院剧院进行了演出。他给博福斯的亚尔玛发了一封欢快的信。“这里一直很冷，但这里的游泳池是不结冰的！”[887]

当邻近的罗西家族继续抱怨实验的风险时，他通过购买他们的房子一举解决了问题。

*

1895年5月底，阿尔弗雷德·诺贝尔在前往瑞典和博福斯时，心情仍然很好。他现在在瑞典有了自己的工厂，在那里他既可以进行实验，也可以开始大规模生产，这一想法极大地激励了他。如果不是因为冬天寒冷，他可能早在2月就会前往博福斯，那时实验室已经建成。

他的老朋友阿拉里克·利德贝克还在身边，仍然住在斯德哥尔摩，但在需要时帮助画图、测试和咨询。在冬天，阿拉里克生了一场大病，把阿尔弗雷德吓坏了，因为正如他事后写的那样，“生活中真正的朋友的数量是用一只手的手指来计算的”。最近，阿尔弗雷德和阿拉里克共同在瑞典为一种全新的“渐进式”无烟火药申请了专利，这种火药已经在圣雷莫和博福斯进行了测试。新火药对阿尔弗雷德来说是一种颠覆性的创新，是他有史以来发明的第一种没有硝化甘油的炸药。同时，阿尔弗雷德还让阿拉里克参与了他的人造橡胶实验。像19世纪30年代的伊曼纽尔一样，阿尔弗雷德相信他的橡胶会取得成功，在博福斯大量制造从传输带和鞋底到雨衣的各种产品。

威廉·翁格继续他的飞行弹丸实验，但现在也被委托开发一种新的装甲板，比现有的装甲板厚很多。如果有人问起原因，阿尔弗雷德有一个伯莎·冯·苏特纳听了会喜欢的答案。“虽然我喜欢一切新事物，但我非常喜欢厚厚的盔甲，因为疯狂挥霍的钱财越多，我们就会越早结束被称为战争的这场最大罪行。”

阿尔弗雷德对眼睛在视觉印象方面会有迟钝反应的观察，这给阿拉里克、翁格和索尔曼带来了新的就业机会。阿尔弗雷德在某处读到，视网膜上的图像总是停留在十分之一秒的时间内，他认为可以利用这一原理做点什么。他的想法是“通过让灯具的反光镜每秒旋转十几下来增强光的效果”，从而创造一个“节能装置”[888]。

难怪拉格纳·索尔曼会忙得头晕目眩。

1895年夏天，阿尔弗雷德·诺贝尔让这位他很喜欢的年轻人自由选择工作地点，意大利或瑞典。当索尔曼选择博福斯时，阿尔弗雷德让他担任实验室主任，他们常把实验室说成“小实”。拉格纳和朗希尔德搬到韦姆兰省，阿尔弗雷德也有机会更好地了解小同事的这位挪威妻子。他请朗希尔德就比约克伯恩的图书馆应该购买哪些挪威作家的作品向他提出建议。朗希尔德提到了比昂松。这很顺利。阿尔弗雷德在第二年的一次旅行中给索尔曼写道：“告诉你的妻子，我不是爱上了比昂松，而是爱上了他的文笔。”[889]

阿尔弗雷德·诺贝尔似乎在博福斯有了家的感觉，这次在瑞典逗留的时间异常长。然而，他在他的工人面前表现得出乎意料的拘谨。阿尔弗雷德并不是那种白天在车间里闲逛和聊天的人。相反，他喜欢在星期天去那里，因为碰不到工人。拉格纳·索尔曼说，就好像他看到他们时会害羞一样。一个星期天，他劝说纠结的阿尔弗雷德加入教会。拉格纳惊讶地看到，他的老板带来了他自己的私人赞美诗，他在礼拜期间勤奋地学习。事后，拉格纳发现，这本“赞美诗”内有一本伏尔泰的小书。“在教堂里的时间并不像我想象的那么长。”阿尔弗雷德·诺贝尔说。[890]

阿尔弗雷德打算在博福斯定居，这一点在6月变得很明显，当时他找圣彼得堡的埃曼纽尔，订购了三匹昂贵的沙俄奥尔洛夫马。埃曼纽尔小心翼翼地挑选了两匹黑色的拉马车的马和一匹“灰色独角兽”，并在运给阿尔弗雷德之前亲自测试了这几匹马。埃曼纽尔发现这些马“平静、干净、不引人注目”，它们的俄文名字是弗耶弗达（Vojevoda）、弗隆（Voron）和维提亚（Vitia）——分别表示指挥官、乌鸦和胜利者。阿尔弗雷德也想要一辆带隔间的小型俄式马车吗？这种车现在在圣彼得堡很时髦。

在乡下，阿尔弗雷德·诺贝尔的新马车命名为“流浪汉之车”，而这辆优雅的俄式马车同样成为传奇。阿尔弗雷德在马车和驾驶室之间配备了电灯和电话。它将在阿尔弗雷德制造的橡胶轮子上快速、几乎无声地在这片地区行驶。[891]

斯德哥尔摩的年轻的研制自行车的兄弟为他在瑞典的新生活做出了贡献。阿尔弗雷德在给他们的信中说：“很高兴能与像永斯特伦先生们这样既具有能力又谦虚的人合作。”在夏天，他参观了他们在皇后岛路的工作室。弗雷德里克·永斯特伦事后回忆说，阿尔弗雷德曾停下来，从一位坐在路边提着篮子的老太太那里为他们买橙子。“这些是非常好的橙子。我想我在圣雷莫的花园里没有这么好的橙子。”据说阿尔弗雷德是这么说的。他们在碎石路上向他展示了新自行车模型。其中一项挑战是如何不费吹灰之力地驾驭崎岖的地形，即使是陡峭的山坡也不例外。弗雷德里克在演示过程中把自己弄得很脏，以至于分别时，他都没法与阿尔弗雷德·诺贝尔握手。“这没事。只有不工作的手才是干净的。”阿尔弗雷德说。[892]

*

在阿尔弗雷德·诺贝尔生命的最后两年里，在他捐钱的所有项目中，没有一个项目像工程师安德烈的北极考察那样引起人们的注意。

萨洛蒙·奥古斯特·安德烈是瑞典专利局的一名高级工程师，几年前他获得了一个法国热气球，他曾用这个热气球飞过波罗的海。阿尔弗雷德·诺贝尔的老朋友、探险家阿道夫·诺登舍尔德对这个热气球很感兴趣。1894 年初的一天，他问安德烈，气球是否可以在极地探险中用于观测。“为什么不干脆做第一个乘热气球飞越北极的人？”安德烈回答说。

一年后，安德烈在瑞典皇家科学院的一次演讲中介绍了他的计划。他一说完，平常难以取悦的诺登舍尔德立马站起来，给予了热情的赞许，但是其他成员有些犹豫不决。1895 年 3 月，学院决定不为安德烈前往北极的热气球之旅提供任何财政支持。然而，诺登舍尔德的持续热情使人们对安德烈的热气球项目保持着兴趣。这位著名的极地探险家在瑞典和法国的报纸上都接受了采访。目前还不清楚随后他与哪些人进行了接触，但最终启动该项目的决定性因素是诺登舍尔德在巴黎的富有的朋友阿尔弗雷德·诺贝尔。

1895 年 5 月，阿尔弗雷德·诺贝尔决定成为主要资助者，并支付安德烈探险队的一半费用。这第一笔捐款在瑞典和国外都是令人震惊的。所有的疑虑一扫而空，激动人心的热气球北极之行成为人们谈论的话题。诺贝尔的资助是如此慷慨，以至于安德烈决定在第二年，即 1896 年进行热气球探险。这一做法激励了其他人，很快国王奥斯卡二世也加入赞助的队伍，其投资额离诺贝尔捐款金额的一半差一点。[893]

如果瑞典的安德烈能够击败挪威的弗里乔夫·南森（Fridtiof Nansen）的北冰洋探险呢？此时，南森已经带着他的“弗兰姆号”船在北极水域（和冰层）航行了近两年，而且不是所有人都确信他能回来。

阿尔弗雷德·诺贝尔想为热气球项目贡献更多的东西，而不是金钱。9月，他写信给安德烈，提出了他们应该带信鸽去探险的想法，这也是出于安全考虑。在沙俄北部，有大量的鸽子可以抵御冬季的寒冷。阿尔弗雷德还从他在和平运动中的法国朋友阿里斯蒂德·里费尔那里获得了一份清漆的配方，他把这份配方寄给了安德烈。他希望这对密封气球会有帮助。[894]

阿尔弗雷德·诺贝尔因为热气球的事务缠身，他把邀请奥斯卡二世国王访问博福斯的任务交给了亚尔玛也不是不可能。阿尔弗雷德希望向国王陛下介绍他对博福斯武器工业的伟大计划。这次访问定在1895年9月18日，在国王到挪威的一次旅行中。埃曼纽尔·诺贝尔专程从圣彼得堡赶来参加这次活动，尽管他声称对会见阿尔弗雷德比瑞典国王更感兴趣。

早上九点半，奥斯卡二世乘火车抵达博福斯，当然是以炸药礼炮欢迎。阿尔弗雷德、亚尔玛和埃曼纽尔与一群当地的贵宾在站台上等候。他们邀请国王和战争部部长坐在阿尔弗雷德黑色骏马后面的俄式马车上。阳光明媚，挪威—瑞典联盟的旗帜为王室成员从车站到工厂车间的第一站一路飘扬。这些带有政治色彩的旗帜也点缀了前往比约克伯恩的旅程。阿尔弗雷德在蒂姆赛尔文河上的桥设置了一个特殊的荣誉门。

午餐是在庄园里进行的。阿尔弗雷德订购了一车鲜花、棕榈树来装饰餐厅，还添置了“许多小电灯”。招待宴共提供了11道菜，包括鱼子酱、鲑鱼、鳟鱼、牛柳和铺了鹅肝的狼肉。阿尔弗雷德·诺贝尔在讲话中感谢“陛下”的访问，这激励了博福斯公司的每个人，“从董事会到最基层的工人”“进一步努力为国王和祖国做贡献”。奥斯卡二世回答说，他个人“为整个诺贝尔家族斟满了酒，他们中的一些成员，曾经是，现在也是瑞典的荣誉，并使瑞典的名字在全世界受到尊敬”。

这番话说得很宏大。仿佛阿尔弗雷德一时忘记了他对所有王室成员的厌恶，而意外地看到了诺贝尔庆祝活动的未来。

但他们必须尽快吃饭。一个多小时后，国王离开了。[895]

*

在某些方面，阿尔弗雷德·诺贝尔觉得他的故乡需要做出改变了。他对斯德哥尔摩提供给旅行者的住宿条件不是特别满意。1895 年 10 月，当他回到巴黎时，他探讨了购买格兰德大酒店并对其进行重大整修的可能性。阿尔弗雷德认为，坚持使用“洪水灾难时期”的家具是没有道理的。但当他听到整个报价时，他又退缩了。“我只想让斯德哥尔摩这座美丽的城市拥有一个美丽且现代的酒店。”他在给一个商业联系人的信中说。[896]

不久之后，阿尔弗雷德·诺贝尔被他的法国和平活动家朋友里费尔找到，后者现在住在比利时。里费尔与一些更富裕的和平主义者一起，协商购买了一家比利时报社，他本人将担任这家报社的编辑。他现在邀请阿尔弗雷德加入这个项目，成为他的合伙人。里费尔被“利用报纸作为探讨重要国际和社会问题的根据地”这一设想所吸引。

身在巴黎的阿尔弗雷德喜欢这个想法，但比利时？他指责是商业吞噬了数以百万计的人，并表示拒绝。相反，他在同一天给瑞典的亚尔玛写信。“我早就想成为《晚报》的所有者，或者至少是一大股东。”他要求他的侄子“非常谨慎地”研究一下这种可能性。在任何情况下都不能透露，购买报社是阿尔弗雷德·诺贝尔提出的要求。谨慎是必需的。《晚报》的主编是哈拉尔德·索尔曼，拉格纳的哥哥。

几周后，新的指示通过电报发给了现在人在斯德哥尔摩吕德贝里酒店的亚尔玛：“收购的最重要条件是，我要成为拥有至少 80% 股份的股东，最好是全部股份。阿尔弗雷德致。”显然这让事情变得棘手了，而且很快就有了下一封来自巴黎的电报，这次写的是法语：“不一定非得是《晚报》，例如《瑞典日报》或流行的省级报纸。”[897]

亚尔玛确信，阿尔弗雷德对报纸感兴趣是因为他想在国防问题上发表自己的看法，以便加快博福斯公司的订单。“你错了，”他的叔叔指出，“一份报纸在我手里，我反而更可能说反方的话。我的一个特点是从不考虑自己的私人利益。作为报纸的经营者，我的立场是这样的：我反对军备和其他中世纪的旧观念、旧制度，但如果不得不制造武器，那我赞成在国内制造这些东西。”他指出，如果有任何行业需要完全独立于外国，那必须是国防。

为了不让亚尔玛误解，他总结一下这项计划："我要办一家报社，只是为了让编辑能非常自由地发表观点。民智以前就存在——在一个民智比政府高 500% 的国家，没有必要再去增加它。"[898]

*

阿尔弗雷德·诺贝尔对瑞典的新感情还包括文学。在他 1895 年 10 月的生日时，英厄堡再次送来一本瑞典作家的书，这本书来自阿尔弗雷德的新家韦姆兰省，非常合适。"你见过塞尔玛·拉格洛夫（Selma Lagerlöf）吗？"阿尔弗雷德不久后在给亚尔玛的一封信中问道，"英厄堡给我寄来了她的《古斯泰·贝林的故事》一书。读一读吧：这本书具有很强的原创性，虽然书里的事件进程比大自然还要不合逻辑，但其写作风格是怎么赞美都不过分的。"[899]

塞尔玛·拉格洛夫于 1909 年获诺贝尔奖，与挪威人比约恩斯彻纳·比昂松的 1903 年诺贝尔奖一样，我们可以肯定，她也是阿尔弗雷德·诺贝尔本人会青睐和认可的少数获奖者之一。他在巴黎读了她的处女作，当时人们对斯堪的纳维亚作家和剧作家的兴趣迅速下降。仇外的法国文化舆论与充斥图书市场的所有外国文学保持距离。特别是斯堪的纳维亚的文学艺术作品，它们被视为外来品，甚至是有害的。

奥古斯特·斯特林堡回到了巴黎。在 1893 年《朱莉小姐》成功首演后，他和他的作品在巴黎的报纸上得到了热烈的评论，包括 1894 年底他的剧本《父亲》。大多数评论家也对针对离婚的小说《疯人辩护词》表示赞同，该小说的法文原版（*Le Plaidoyer d'un fou*）于 1895 年 1 月出版。但这部斯特林堡的"丑闻手稿"也促成了法国人对北欧作家的新怀疑论。伯莎·冯·特纳在读到这本书时给阿尔弗雷德·诺贝尔写道："它简直令人憎恶。"[900]

阿尔弗雷德获得了法语版的《疯人辩护词》，但从未对其进行评论。

1895 年，贫病交加的奥古斯特·斯特林堡将踏上一条全新的人生道路：科学。从他在蒙巴纳斯大街的宾馆出发，不远处就是索邦大学，在那里他成功地溜进了一个实验室（也许还在走廊里碰到了玛丽·居里）。然而，斯特林堡的疯狂实验在神秘学界比在科学界引起了更多的兴趣。他的野心似乎是要通过涉及精神力量的影响来撼动既定的科学真理。这些想法在当代巴黎引起了共鸣，在那里，世纪末的新浪漫主义情绪已经深入人心。越来越多的人认为，科学不能解释一切，更不能让它统治世界。它忽略了存在的精神和道德层面。

在《玛丽·居里》一书中，作者苏珊·奎因（Susan Quinn）强调了两个与此相关的值得注意的声明，这两个声明都是1895年在法国发表的。法国文化界作家马克斯·诺尔道（Max Nordau）在他的《堕落》（*Dégéneration*）一书中对人类为技术进步所付出的代价发出了警告。他说，如果继续以同样的速度发展，预言将是暗淡的结果。20世纪末的人将被迫生活在令人神经紧张的大城市中，不断地打电话，“一半的时间都在火车车厢里或在飞机上”。马克斯·诺尔道说，人类应该已经开始反抗了，离开城市，拆除铁路，禁止私人电话，重新让他们的神经得到休息。

作家费迪南·布吕内蒂埃（Ferdinand Brunetière）在这一年的一次演讲中说：“科学已经破产了。”他获得了教皇的接见，之后利用这次会议对先进科学的第一个世纪进行了总结。“物理学和自然科学已经向我们承诺撕毁‘神秘’的面纱，但它们不仅没有撕毁它，我们可以清楚地看到，它们永远也不会成功地撕毁它。它们没有能力提出唯一重要的问题；那些关于人类的起源、行为和未来命运的问题。”布吕内蒂埃写道，他认为，是时候重新开始认真听取教皇和教会的意见了。[901]

进步的批评者和科学的反对者越来越多，特别是在巴黎。许多人希望撼动既定的真理。受人尊敬的文化杂志《法兰西信使》10月号刊登了奥古斯特·斯特林堡的一篇名为《科学》的文章。斯特林堡试图提出这样的论点：实际上没有化学元素，也没有化合物，质量是区分物质的唯一因素。乍一看，斯特林堡的文章看起来很有学问。它充满了化学公式和复杂的术语。但是，这当然是唬人的。具有象征意义的是，这篇文章据说是在伟大的科学家路易斯·巴斯德去世的同一天发表的。

阿尔弗雷德·诺贝尔阅读了斯特林堡的文章，并在空白处纠正了公式。他购买报社的计划动摇了。但那些想在理性和进步的方向上影响世界的人，可以通过许多方式做出贡献。“我更愿意将我的可用资金用于促进具有国际视野的科学利益。”阿尔弗雷德在回复当时的一封求助信时写道。[902]

*

1895年11月27日星期三，阿尔弗雷德·诺贝尔再次请求四个朋友帮他一个忙。他写了一份新遗嘱，需要有人来见证。他对旧遗嘱感到遗憾。

朋友们在位于巴黎市中心安廷街（Chaussée d’Antin）的瑞典－挪威人俱乐部

的新会址开会，那里的窗帘上已经充满了香烟的烟雾。阿尔弗雷德再次邀请主席西古德·埃伦堡和他的朋友兼军火工业发明家索斯藤·努登费尔特参加。另外两位是从事人造丝工作的工程师。罗伯特·斯特雷奈特（Robert Strehlnert）曾在圣雷莫为阿尔弗雷德研究丝绸，莱昂纳德·霍瓦斯（Leonard Hwass）是居住在巴黎的瑞典化学家。除努登费尔特外，其他人都比阿尔弗雷德·诺贝尔年轻20至30岁。[903]西古德·埃伦堡一定是被遗嘱的内容扼住了喉咙。在以前的遗嘱中，他的协会至少收到2000万瑞典克朗（以今天的货币计算）。现在，协会甚至提都没有被提到。

19个亲戚和朋友被列在继承人的名单中。当时，在1893年，他们将继承五分之一的财富。假设他们之间的分配在两份遗嘱中大致相同，那么阿尔弗雷德当时至少为六个最年长的侄子（没有列出其他侄子）各留了50万瑞典克朗，相当于今天每人约3500万瑞典克朗。在现在拿到的遗嘱中，侄子们的份额并没有达到这个数额。现在阿尔弗雷德想把他们的继承权减少原有的三分之二。他们将共同分享他财产的3%，即100万瑞典克朗（约合今天的7000万瑞典克朗）。

阿尔弗雷德还想把给侄子们的遗产安排得比侄女们更多一些，例如，在这份最后的遗嘱中，侄女们得到的钱比索菲·赫斯少。阿尔弗雷德给侄女们的遗产和给索菲失恋的朋友奥尔加·博特格的钱几乎一样多。在他的朋友中，只有阿拉里克·利德贝克被包括在内，阿拉里克得到的钱也和侄女们一样多。[904]阿尔弗雷德告诉他的见证人，他认为侄子们在上次那份遗嘱中得到的钱太多了。“我基本上算是一个社会民主党人，但有节制；我尤其认为继承大笔财富是一种不幸，只会削弱人的力量。因此，任何拥有巨额财富的人都不应该允许把这些财富传给他的亲属。”[905]

在分发了大约150万瑞典克朗后，阿尔弗雷德·诺贝尔又将他的剩余财产，即超过3000万瑞典克朗，留作一个新的国际奖项。他希望将他的所有股份和财产出售，并将收益投资于“稳定的证券”。每年的利息将作为奖金颁发给“在过去一年中为人类带来最大利益的人”。

始终是“人类的利益”和“人类的恩人”。

在这份遗嘱中，阿尔弗雷德·诺贝尔强调了奖项，避免了向机构捐款的迂回做法。他写道，财富的利息将被分成五份，用于五个不同的年度奖项。其中三个是科学奖，分别授予生理学或医学、化学和物理学方面最重要的发现。此外，他还想设立一个文学奖，奖励那些“在理想方向上创作出最出色作品的人”，而且他没有忘记和平工作。

在秋天，伯莎·冯·苏特纳给阿尔弗雷德寄去了更多的和平文件，还向他发出了充满激情的呼吁：“……把所有这些文件都扔进废纸篓，但在你的内心深处保存一个声音——这是一个女人，尽管她的想法受到冷漠和反对，但她坚持不懈地完成她的任务，这是一个对你有信心的女人。”[906]

阿尔弗雷德·诺贝尔对和平奖的表述变得很长，似乎包括所有可能的政治和平解决方案。他写道，这第五个奖项应该颁给“为各国人民友好相处、废除或减少常备军以及组建和宣传和平大会做了最多或最好工作的人”。

这次的遗嘱与以前的遗嘱有很大不同。这一次，阿尔弗雷德·诺贝尔让未来的获奖者成为他新的主要继承人。机构只作为颁奖者出现，大多数选择是自然而然决定的。阿尔弗雷德还是选择信任瑞典科学院和卡罗林斯卡医学院。鉴于瑞典学院在这一领域的既定地位，至少在全国范围内，“斯德哥尔摩学院”被委托颁发他的文学奖并不令人惊讶。

令人惊讶的是挪威和挪威议会。阿尔弗雷德从未解释过他为什么要让挪威议会负责任命和平奖委员会的工作，但很少有欧洲国家的议会在和平问题上取得过进展。1895 年，挪威议会还避免了一场严重的战争威胁。挪威要求在国外设立自己的领事馆，这促使瑞典在春季进行了边境武装动员。6 月，挪威议会决定让步以避免武装冲突，这一举动可能让阿尔弗雷德·诺贝尔印象深刻。或者，他只是认为把和平奖的责任交给一个没有独立外交政策的国家更有意义？[907]无论他怎么想，这都是他在遗嘱中埋下的一颗政治重磅炸弹。

最后，阿尔弗雷德·诺贝尔明确表示，他的奖项是国际性的，将颁给每个领域中“最值得的人”，无论“他”来自哪里。他没有像上次那样特别强调女性的问题，但很难相信他在写和平奖的说明时没有考虑到伯莎·冯·苏特纳对他说的话。

遗嘱的四位见证人对阿尔弗雷德·诺贝尔的财富有足够的了解，他们意识到这笔奖金将是个天文数字。阿尔弗雷德解释说，这就是他的意图。他想通过他的奖项创造效益，而不仅仅是传播荣誉，要做到这一点，任何数量的钱都是不够的。与像他这样的工程师不同，科学家和理想主义者很少从他们的重要工作中赚到大钱。他想给他们自由，让他们不要考虑钱的问题。只有这样，他们才能把所有的精力投入继续为人类服务中。

这一意愿得到了见证。失落的西古德·埃伦堡和他的瑞典－挪威人俱乐部得到了 2000 瑞典克朗的安慰，可以买一架大钢琴。[908]

*

最近被嘲弄的科学将在 1895 年年底前对其批评者做出明确的回答。威廉·伦琴是一位 50 多岁的德国物理学教授，当时还没有什么名气。1895 年 11 月的一个深夜，他正在实验室里做电流和真空管的实验。像当时的许多其他物理学家一样，他想知道是什么射线导致真空管的玻璃壁发出青蓝色的光芒。

伦琴独自工作。他从其他人的实验中知道，他所说的“X 射线”可以穿过真空管中的薄金属箔，而不留下一个洞。射线是否也能穿过玻璃？伦琴在烧瓶的内部铺上了黑色的纸板，把实验室弄得漆黑一片，并打开了电源。烧瓶里仍然是一片漆黑。他很失望——直到他注意到房间里更远处的一盏灯。他在那里放了一个有时在实验中使用的纸屏风。屏风上涂有一种物质，当被光线照射时就会发亮。现在，令他惊讶的是，他看到屏幕在黑暗中发着光。

伦琴试着把一本上千页的书和厚厚的木块放在它们之间。屏幕仍然发光。不久，在第一份科学报告中，他得出了结论，他说，如果你“把手放在放电装置和屏幕之间，你可以看到手骨的暗影，而手骨的暗影只有一点点”[909]。

1896 年 1 月，他有关 X 射线的消息震惊了世界。伦琴夫人的手骨照片在国际媒体上引起了轰动。这是一项如此高水准的研究突破，以至于在 1901 年颁发首届诺贝尔物理学奖时，很少有人能够挑战威廉·伦琴。“在这里，人们谈论的只有 X 射线，他们甚至相信，这种射线能够拍摄到隐藏的信件……”柏林的一位朋友在 1896 年 2 月写给阿尔弗雷德·诺贝尔。伯莎·冯·苏特纳在给阿尔弗雷德的另一封信中赞叹道：“伦琴，他这个发现真是太壮观了，不是吗？”[910]

当威廉·伦琴的惊人发现在同月的法国科学院报告时，法国物理学家亨利·贝克勒尔有一种预感。会不会反过来也可以呢？能够自发光的物质会不会产生这些射线？贝克勒尔尝试了几种物质都没有成功，他认为自己错了。但在 1896 年 2 月，在研究铀盐的时候，他有了一个收获。事实证明，铀自发地发出了与 X 射线相似的射线。

亨利·贝克勒尔发现了放射性物质。

在所有关于 X 射线的讨论中，很少有人注意到贝克勒尔的发现。但 28 岁的玛丽，也就是后来的居里夫人，注意到了。她已经从索邦大学毕业，正准备开始考虑博士论文的题目。玛丽爱上了一位名叫皮埃尔·居里的法国物理学家。他们在去年夏天结婚。

贝克勒尔的发现很惊人，但学界对此保持沉默，皮埃尔与玛丽夫妇被这一情况所吸引，他们最终在皮埃尔任教的学校的一个临时实验室里做了进一步的实验。玛丽和皮埃尔·居里随后发现了钋和镭，并与亨利·贝克勒尔共同获得了 1903 年诺贝尔物理学奖。

*

1896 年 1 月，阿尔弗雷德·诺贝尔病倒在圣雷莫，几乎没有回信。他心跳加速，不得不去看医生，而这通常是他不愿意做的。他并不太在意他们的猜测。“一名医生诊断我患有‘风湿性痛风’，另一名诊断为‘痛风性风湿’。”阿尔弗雷德嗤之以鼻。然而，新年的送花活动照常进行。他在斯德哥尔摩的侄子卢德维格和妻子瓦尔堡家的门铃响了，“最令人愉快的花篮”被送了进来。可爱的玫瑰花“仿佛被某种魔力瞬间从里维拉带到了这里”。朱丽叶·亚当寄来了一封热情洋溢的感谢信。她很遗憾过去两人鲜有见面。[911]

心脏问题迫使阿尔弗雷德休息了五个星期，他看起来烦躁、疲惫、沮丧。他已经 62 岁了，体力已不足以应付繁忙的生活。“在铁路上度过半生”已经不可持续了。阿尔弗雷德·诺贝尔现在做出了两个决定：他辞去了法国炸药公司董事会的职务；他联系了一家房产中介，准备出售马拉科夫大道上的房子。反正他现在很少待在巴黎，也许他可以让厨房的员工到博福斯来工作？[912]

1895 年圣诞节前不久，阿尔弗雷德准备从瑞典聘请一位精通语言的秘书，以减轻写信的负担。他给卢德维格和瓦尔堡写了一封信，他们答应会对候选人进行严格审查。32 岁的索菲·阿尔斯特罗姆（Sofie Ahlström）得到了很高的分数，瓦尔堡真心希望她“貌丑”。然而，事实似乎并非如此。尽管阿尔弗雷德在 1 月份给朋友的信中以语言能力欠缺为由解雇了她，但如果不是她“太年轻，尤其是太年少轻狂，不适合担任这样的职位，会被心胸狭窄、沉默寡言的人误解”，他还是可以留她做女管家的。之后，他在给阿尔斯特罗姆小姐的信中谈到了她温柔的女性气质，以及她离开后他内心的痛苦。他们会继续通信，包括关于挪威作家易卜生的一部戏剧："我们对《培尔·金特》的看法并不一致，但这并不妨碍我欣赏你笔下热情又富有诗意的灵魂的痕迹。请努力保留这份财富，直到生命的暮年。"阿尔弗雷德写道。[913]

为了打发时间，他开始创作一部新戏剧。在他的计划清单上，这部作品的名字是《森西》(*Cenci*)，但最终将以复仇女神的名字命名为《复仇女神 》(*Nemesis*)。就像他年轻时最喜欢的诗人雪莱一样，他想写一部以16世纪传奇人物比阿特丽斯·森西的悲剧为题材的戏剧，据说比阿特丽斯·森西被自己的父亲囚禁和强奸，雇的刺客逃跑，最后她也被处死。阿尔弗雷德以恐怖、乱伦虐待和残忍谋杀为主题，创作了四幕令人毛骨悚然的戏剧。他在《复仇女神 》中对罗马和天主教进行了攻击。事实上，他所实现的正是对社会道德堕落赤裸裸的描绘，他希望通过"理想的方向"这一短语，将道德堕落远离他设置的文学奖。《复仇女神 》的情节与理想的生活方式相去甚远。[914]

伯莎·冯·苏特纳在阿尔弗雷德创作该剧时联系了他。她仍然需要更多的钱，而且难以理解她的朋友为工程师安德烈危险的热气球探险之旅提供巨额捐款的事实。阿尔弗雷德曾经说过，只要他知道这笔钱真的有用，他就完全可以拿出20万法郎用于和平工作。她现在含沙射影地提醒他这项承诺。阿尔弗雷德为自己辩护。如果热气球探险成功了，它肯定是有用的，会推动世界前进。他开玩笑地解释说，这只需要一两代人的时间。伟大的世界征服的消息会开发母亲的情感和智力。这种精神会传递到孩子的身上，通过这种方式，将培育更优秀的孩子，并且为将来的子孙后代带来和平。

伯莎叹了口气，真是空中楼阁。在下一封信中，她画了一幅他们各自的世界改善计划图，以显示阿尔弗雷德的想法有多么疯狂。如果"苏特纳计划"获得通过，第一个和平法庭就可以在世纪之交成立。然而，如果按照"诺贝尔计划"，就只能庆祝工程师安德烈的热气球了。在此期间爆发的战争和之后爆发的战争中，很少有经过改良的大脑能够幸存下来。伯莎·冯·苏特纳说，阿尔弗雷德的计划最早也要到3000年才能给世界带来和平。

阿尔弗雷德转移了话题。他在下一封信中透露："我写了一部悲剧，"他对自己关于比阿特丽斯·森西的戏剧表示道歉，缓和了一下语气。他在信中写道："乱伦的可憎性是如此温和，以至于难以震撼清教徒的受众。”他认为该剧“具有相当好的舞台效果”。[915]

伯莎·冯·苏特纳热情高涨。她想起了多年前阿尔弗雷德·诺贝尔给她看过的一首诗中的热情。他会不会是希望她翻译这部剧，并在维也纳的城堡剧院上演？心急如焚的伯莎列出了可能的演员名单，勾画出了启动策略，直到阿尔弗雷德提到他在剧中“对神职人员很严厉”时，她才冷静下来。伯莎·冯·苏特纳知道，这在维也纳是行不通的。

尽管如此，阿尔弗雷德本人还是为他的《复仇女神 》制订了宏伟的计划。他第一次成功地完成了一部文学作品。当他告诉侄子卢德维格自己写了一部戏剧作品时，他感到非常满意：“你可能会认为这是一部悲伤的戏剧，而且悲伤是来自自己的父亲。当我来到斯德哥尔摩时，我会请瓦尔堡对它进行修改。舞台效果很好，也许会让过度敏感的女性产生幻觉。”[916]

*

1896 年春，工程师安德烈的热气球北极之旅即将开始，法国制造的用中国丝绸制成的热气球在巴黎的战神广场上展示。已经康复的阿尔弗雷德·诺贝尔前往巴黎逗留了几天。安德烈在热气球上携带相机。所有人都赞叹安德烈从气球斯维亚号上拍到的俯瞰斯德哥尔摩的照片。他们也能从热气球上看见北极的样子吗？[917] 阿尔弗雷德心中萌生一个想法。他在想，是否可以用另一种方式将遥控相机送上去，从空中拍摄照片，比如用火箭。

就这样，阿尔弗雷德·诺贝尔最后一批研究项目之一诞生了。他认为，这种空中照片可以用于地形测绘。这样，他放弃了威廉·翁格的“飞行弹丸”实验，因为这些实验的成本远远超过了它们的价值，他转而聘请他在巴黎的老同事乔治·费伦巴赫来完成这个新想法。阿尔弗雷德希望他用小型火箭或热气球来发射照相机。相机装上降落伞，从火箭上高空释放，拍摄几张照片，然后慢慢下降。[918]

1896 年 6 月 7 日，安德烈探险队的“室女座号”从挂满旗帜的哥德堡启航。5 万人挤满了每个可以想到的地方，一睹英雄们的风采，欢呼着挥手告别。工程师安德烈一直向他的主要资助人阿尔弗雷德汇报项目的最新进展。现在，他感谢阿尔弗雷德的鼎力相助，并真诚地希望“您能满意地看到您为之奠基的工程竣工”。

阿尔弗雷德回复了一封电报，并在三名探险队员抵达特罗姆瑟时交给了他们。“我向为知识服务的光荣且伟大的三人组致以最衷心的问候和最良好的祝愿。”[919]

*

阿尔弗雷德的目标是减少那些令人疲惫的旅行，但从长远来看，他无法摆脱这个问题。6月，他再次前往瑞典。他设法在博福斯逗留了整整一个月，但到了7月中旬，他的行程又加快了，短短几周内就到了柏林、伦敦和巴黎。一切如常。

在离开瑞典之前，阿尔弗雷德挤出时间短暂探望了他在诺尔雪平 郊外格托的哥哥罗伯特。罗伯特的小女儿希拉认为，这只是一次短暂的探望。对于一个23岁的年轻人来说，格托的日常生活可能是令人痛苦的、停滞不前的，而每次探望都会让人耳目一新。当阿尔弗雷德匆匆离去时，她写了一封信，衷心感谢他：“叔叔为我留下了他一贯的善良。”这种善良就是半年一次的定期付款，这让她和兄弟姐妹的生活变得更加美好。“格托确实是地球上一个非同寻常的地方，但我不能否认，在我的思绪中，当我偶尔能够把它换到人烟更稠密的地方时，由于叔叔和现代通信的缘故，我向叔叔表达由衷的感激之情。”

罗伯特将在8月初年满67岁，他刚刚从卡尔马的一次短途旅行中“神清气爽”地回来。埃曼纽尔最近也为他带来了一匹“特别出色”的俄罗斯种马。据希拉所说，罗伯特的精神状态异常好。“他现在真的很好，虽然似乎没人相信他，大家都觉得实际上他身体不好。”

两周后，阿尔弗雷德在巴黎收到了罗伯特妻子宝琳的电报：“罗伯特昨晚在毫无痛苦的情况下突然去世。”[920]

阿尔弗雷德匆匆赶回瑞典参加葬礼。途中他给亚尔玛发了电报。阿尔弗雷德建议，他们应该对罗伯特进行尸检，切开他的动脉，因为“在我们家族，由于生理原因，人们倾向于现场确认死亡”。他告诉拉格纳·索尔曼他回家的悲伤原因。“我是兄弟中最虚弱的一个，现在还在坚持，尽管情况很糟，而其他两个兄弟已经在永恒的怀抱中沉睡了。”[921]

下一个噩耗也是通过电报传来的。电报是8月底从北冰洋上的特罗姆瑟发给阿尔弗雷德的。三个星期以来，工程师安德烈和他的同伴一直在等待合适的风向，热气球也已准备就绪。现在他们不得不放弃，并返回瑞典，不幸的是，他们几乎与弗里乔夫·南森从北冰洋探险凯旋的时间相同。主要赞助人诺贝尔对此表示非常理解。他邀请安德烈在比约克伯恩共进午餐，并祝贺他明智地决定不冒不必要的风险。阿尔弗雷德保证，这位探险家在下一次尝试乘坐热气球到达北极点时，也会得到他的资助。“气球越紧越好，旅伴要有和领队一样的勇气和钢铁般的意志，也希望风神‘埃俄罗斯’（Eolus）提供一点便利……”阿尔弗雷德在给安德烈的信中说道。[922]

*

在阿尔弗雷德·诺贝尔生命的最后几个月里，《复仇女神》这部戏剧充斥在他的脑海中。瓦尔堡的母亲、女作家约瑟菲娜·韦特格伦德（莱亚）通读了剧本。她用红笔主要修改了拼写错误，这让阿尔弗雷德很高兴。他不希望看到文本有任何大的改动，因为他更愿意“扇动自己的翅膀，而不是跟着别人的翅膀飞翔”。

在博福斯工作期间，他曾请朗希尔德·索尔曼将《复仇女神》翻译成挪威文。他打算在挪威出版该剧，以远离“瑞典的审查制度和爱国主义的酸面包”。现在，在前往巴黎的途中，他改变了主意，随身带着剧本一起去了巴黎。一位商业联系人办公室的职员帮他打印好了剧本。[923]

阿尔弗雷德·诺贝尔在瑞典只剩下一个差事。这是一件令人尴尬的事情，与索菲娅·阿伦尼乌斯（Sofia Arrhenius）有关。索菲娅曾与斯德哥尔摩大学的化学教授斯凡特·阿伦尼乌斯结婚，但这段婚姻最近破裂了。索菲娅是个激进分子，想要学习，而她的前夫则想让她成为一名家庭主妇。斯凡特·阿伦尼乌斯是一颗冉冉升起的新星。1896 年春，他发表了一篇备受瞩目的文章，计算空气中二氧化碳排放量的增加如何影响地球气候。先知先觉的阿伦尼乌斯写道，化石燃料是造成这种影响的一个潜在来源，他将于 1903 年获得诺贝尔化学奖。[924]

索菲娅需要谋生。她在大学学的是物理和化学，曾在博福斯公司工作过一段时间。她在信中问阿尔弗雷德·诺贝尔：“你们没有我可以参与的预科研究吗？”1896 年 10 月，阿尔弗雷德·诺贝尔南下之前，他给离婚的索菲娅布置了一项带薪研究任务，研究不同类型玻璃中的热辐射。[925]

弗雷德里克·永斯特伦与阿尔弗雷德一起踏上了前往哥本哈根的旅程。“斯维亚周期”的成功仍在继续。在阿尔弗雷德的帮助下，公司在英国成立，大家希望自行车厂能很快投入运营。“当渡轮驶过峡湾时，我们冒着细雨在甲板上来回走动。我很高兴听到他朗诵《弗里肖夫的传说》（*Frithiof's saga*）中的诗句。在哥本哈根登陆后，我们分别了……再也没有见面。每当我想起他，我就热血沸腾。”60 年后，弗雷德里克·永斯特伦在回忆录中写道。[926]

阿尔弗雷德·诺贝尔实际是在去往圣雷莫的路上，但其间他要在巴黎停一下。到了那里，他的心脏病又开始发作。他咨询了几位医生，医生向他推荐了一种新药。“给我开的是内服硝酸甘油，这听起来像是命运的讽刺。为了不吓到药店和公众，他们把它叫作‘三硝酸甘油酯’。”阿尔弗雷德在写给拉格纳·索尔曼的信中如是说。他没有提到医生告诉他有血凝块，并威胁到他的生命。

拉格纳送来了不含硝化甘油的新火药样品。阿尔弗雷德称赞他，并预言新的无烟火药将完全取代他的旧火药。他在信中写道，他真的很期待“（新产品）杀死自己的产品”。[927] 侄子们就罗伯特去世后需要解决的实际问题联系了他。他们很高兴阿尔弗雷德表示希望回国后与宝琳、希拉和亚尔玛一起在斯德哥尔摩租一套公寓。卢德维格的妻子瓦尔堡和她的母亲一样，经常在诗句中快乐地运用押韵，她在阿尔弗雷德 63 岁生日时写了一首诗，让阿尔弗雷德很高兴。

1896 年 10 月 21 日
致阿尔弗雷德叔叔！
10 月是阴沉的、
10 月是灰色的、
但它依然给我快乐
我歌颂着
……
它给予的礼物
不亚于任何礼物；
它已成为我们所有人的挚爱
就是你——让吾辈开怀！[928]

阿尔弗雷德在巴黎逗留了一个多月。他已经养成了哀叹自己即将死去的习惯。但现在看来，他的哀叹是有道理的，他完全不再自怜和绝望。相反，他将目光投向了未来。他为比约克伯恩订购了100瓶波尔多葡萄酒，并答应工程师安德烈将最后的1万瑞典克朗转给他们用于下一次远征。他还在巴黎为话剧《复仇女神》找到了合适的印刷商。

11月，他拜访了瑞典－挪威人俱乐部的新牧师内森·索德布洛姆（Nathan Söderblom），后者曾呼吁为在巴黎建立斯堪的纳维亚医院筹集资金。内森·索德布洛姆看起来比他的实际年龄30岁更年轻，巴黎的一些人认为他看起来很幼稚。但内森·索德布洛姆最终成了瑞典教会的大主教和世界著名的神学家。1930年，他因统一基督教的努力而获得诺贝尔和平奖。

1894年春，内森·索德布洛姆带着小他四岁的新婚妻子安娜来到巴黎。阿尔弗雷德·诺贝尔很快就被他为这座城市里贫穷的瑞典人筹款的举动所吸引，现在这位牧师想建一所医院。索德布洛姆夫妇住在蒙梭公园附近一栋房子的四楼。阿尔弗雷德按门铃时没有发出太大的声音。他衣着朴素，身形瘦削，与其他在狭窄的走廊里等待的穷人混在一起，不是为了施舍，而是为了接受。

索德布洛姆和诺贝尔要讨论医院的融资问题。阿尔弗雷德询问了成本估算，并如索德布洛姆后来所说的做出了承诺，“会有一大笔基本资金”。但阿尔弗雷德还有另一个顾虑。他想找人校对他的剧本的第一版。索德布洛姆建议由他的妻子安娜来校对。安娜开始阅读后，建议丈夫尽快将一些关于“宗教与滥用宗教的区别”的文章寄给诺贝尔。[929]

牧师对这位年迈的发明家非常着迷。毫无疑问，他是一位创造性的天才，但他的性格有些怪异。诺贝尔表现出了惊人的灵性，索德布洛姆觉得他们在精神层面也达到了彼此的境界。后来，索德布洛姆认为诺贝尔很虔诚。[930]

11月中旬，在瑞典－挪威人俱乐部举行的一次大型宴会上，他们相邻而坐。瑞典新任总领事古斯塔夫·努德林（Gustaf Nordling）即将就职。阿尔弗雷德·诺贝尔坐在索德布洛姆旁边，进一步讨论计划中的“模范医院”。他说，他希望“所有的科学资源”都能得到利用，而且据索德布洛姆称，他对新的“人种生物学”研究表现出了兴趣。[931]

阿尔弗雷德在遗嘱中删除了瑞典－挪威人俱乐部，这可能刺痛了他的良心。宴会结束几天后，他写了一张大额支票，用于给教会购买新家具和地毯。这笔钱足够购买一整套胡桃木餐厅家具、英式俱乐部风格的扶手椅、两块大的东方式地毯和电动吊灯。主席西古德·埃伦堡事后给阿尔弗雷德·诺贝尔写道：“多亏了您对教会的慷慨解囊，这将是一次真正的‘福利’。”

物理治疗师埃伦堡对他患病的恩人以及恩人即将开始的意大利之行十分关心。他给了恩人一个在圣雷莫的同事的名字，并建议恩人每天在固定的时间进行按摩。“这对您的心脏、消化和血液循环都有好处。”[932]

伯莎·冯·苏特纳也与他取得了联系。在最后一封信中，阿尔弗雷德提到了他严重的心脏病，他用“没有心脏”来形容自己的状况。这个消息让她非常难过。但阿尔弗雷德怎么会说自己没有心脏呢？没有比这更离谱的了。伯莎·冯·苏特纳列举了和平运动取得的所有具体成就。“没有您的帮助，我什么也做不了，什么也做不成。”为了便于理解，她在“您”一词下划了四次横线。“我双手紧握，请求您永远不要放弃您的支持，永远不要，即使是在等待着我们所有人的坟墓的另一边。”[933]

*

阿尔弗雷德·诺贝尔前往圣雷莫，他的管家奥古斯特·奥斯瓦尔德和化学家休·贝克特正在那里等候。奥斯瓦尔德和贝克特已经习惯了阿尔弗雷德的情绪波动和疾病发作，但这次他们认为他似乎恢复得很快。他甚至异常健康，说自己感觉很好。

阿尔弗雷德热切地投入新的实验室实验中，就像以前一样，从早忙到晚。奥斯瓦尔德和贝克特事后说，他感觉自己年轻了，这些天他甚至开始骑马了。[934]

他的表现就像一个刚刚躲过死亡的人。

阿尔弗雷德听从了埃伦堡的建议，每天依靠他的同事进行治疗。理疗师按摩“肝脏、脾脏和头部”，就在一次理疗后，阿尔弗雷德开始感到不适。他把自己的名片寄给了一位医生，请他过来一趟。

12月8日星期二午饭后，乌利塞·马滕涅里（Ulisse Martennieri）医生在诺贝尔别墅的书房里为阿尔弗雷德·诺贝尔进行了检查。阿尔弗雷德主诉左侧头痛，并向颈部放射。他已经头痛好几天了，很后悔在开始按摩之前没有咨询医生。他知道自己有血栓。医生给他开了一些含有可卡因混合物的胶囊。阿尔弗雷德跟着他走到门口，除此之外似乎并没有什么特别的不适。

下午五点，马滕涅里医生再次被叫到诺贝尔别墅。这次的情况更加紧急。阿尔弗雷德·诺贝尔躺在床上。他的右臂突然瘫痪了，这种情况持续了 20 分钟后才恢复活动能力。

“会不会是血栓？”阿尔弗雷德问道。

“是的，但应该没那么大。你的手臂已经恢复了活动能力和知觉。”医生回答道。他还是留下观察了几个小时。然后，他开出了每 10 分钟用冰袋敷头部的处方，并承诺会再来。

45 分钟后，诺贝尔别墅传来了新的警报。管家奥古斯特·奥斯瓦尔德说，诺贝尔先生的情况急转直下。医生赶到时，阿尔弗雷德右侧瘫痪，失去了说话的能力。他的面部扭成一团。

马滕涅里想，这可能是大出血，而不是血栓，于是他在阿尔弗雷德的太阳穴上放了五条水蛭。他叫来一位同事，一直守在诺贝尔身边。1896 年 12 月 8 日星期二晚上，阿尔弗雷德的病情恶化，第二天（星期三）他停止了吞咽，晚上陷入昏迷。医生宣布一切希望都破灭了。“12 月 10 日凌晨 2 点，诺贝尔先生安静地睡着了，没有任何死亡挣扎。”马滕涅里在报告中写道。

阿尔弗雷德·诺贝尔就像他生前努力生活一样，在努力后来到生命的尽头，孤独地离去了。他遭受了他在悲痛时刻描绘的最糟糕的命运：只有在那些为了报酬而做出牺牲的人的陪伴下迎接死亡，只有“我身边一直在猜测我是否给他们留下了什么的一些老仆人”陪伴着，他得到了永恒的安息。

在他书房的书桌上，人们发现了一封写给拉格纳·索尔曼的未完成的信，信的内容是关于不含硝化甘油的火药的。还有阿尔弗雷德·诺贝尔的现金存折，上面有他一生中最后一笔开支：

“杂项捐款。500 法郎。”[935]

NOBEL

DEN GÅTFULLE ALFRED
HANS VÄRLD
OCH HANS PRIS

5
第五部分

《约书》仍是人类之爱的宏伟纪念碑。

《费加罗报》，1897 年 1 月 7 日

挪威的光明与和平

作为瑞典人，在霍尔门科伦50公里越野滑雪赛结束后的几天里去奥斯陆旅行，确实有些特别。在重要的滑雪比赛中，古老的联盟旗帜很少如此醒目。2019年3月初，当我走在亨利克·易卜生大街上时，我想起了1897年初许多瑞典人在听到阿尔弗雷德·诺贝尔的挪威和平奖的消息时所感受到的屈辱。这几乎可以与瑞典奥运会期间，挪威选手包揽前三名的场景相提并论。

一百多年来，挪威诺贝尔奖研究所一直设在奥斯陆皇宫公园（Slottsparken）附近的一座新艺术风格的美丽建筑中。这座建筑被视为瑞典领土。二战期间，德国占领者不敢进入该建筑，因为他们担心突然发现自己身处瑞典境内。在1940年的闪电袭击中，挪威已经从阿尔弗雷德·诺贝尔那里得到了一些好处。4月9日清晨，德国巡洋舰载着数千名士兵驶入奥斯陆峡湾。在奥斯卡斯堡要塞，挪威于1893年制造的三门大炮装上了诺贝尔的无烟火药弹丸。几炮命中后，领头的德国舰“布吕歇尔号”被击沉。

诺贝尔奖研究所所长奥拉夫·尼约斯塔德（Olav Njølstad）的房间就在神圣的和平奖旁边，这里是挪威诺贝尔奖委员会五位成员做出年度决定的会议室。我们探头进去看了看，只见房间里被刷成柔和的绿色，一盏水晶吊灯在椭圆形的红木桌上方闪闪发光，墙上挂着所有和平奖得主的相框。

几周前，2019年和平奖人选的第一次粗略排序就在这里完成。301个和平奖被提名者，是有史以来提名人数最多的奖项之一，但最终入围名单上的名字少得多，我不知道有多少人，只知道它通常包括“5%到10%的被提名者”。

“除了被提名者，其他人在这一轮就被除名了。”挪威诺贝尔奖委员会秘书奥拉夫·尼约斯塔德解释说，“如果世界上发生了什么事，他们就会再次出现——直到最后一刻。”

1897 年 1 月，阿尔弗雷德·诺贝尔和平奖一经公布，就获得了政治意义。挪威的自我形象得到了加强。结论是，刚刚去世的捐赠者认为，欧盟中的挪威是一个比瑞典更进步、更民主、更注重和平的国家。

奥拉夫·尼约斯塔德说：“这很有意思，因为挪威议会的气氛根本不是真正的和平主义。”

“挪威支持和平运动，但工会冲突加剧，19 世纪 90 年代成为挪威历史上重整军备力度最大的时期之一。挪威议会拨出大笔资金建造要塞，以便在武装冲突中能够抵御瑞典。”

获得诺贝尔和平奖的颁奖责任使挪威有机会在外交政策上发挥独立作用，否则联盟就不可能发挥这种作用。挪威必须抓住这个机会。正如诺贝尔奖研究者伊瓦尔·利拜克（Ivar Libaek）所指出的那样，挪威最重要的大臣参加了首届诺贝尔奖委员会，诺贝尔奖研究所被秘密用来向欧洲政治家宣传挪威的事业，直至 1905 年联盟解体。

挪威议会仍然负责任命诺贝尔奖委员会的五名成员，但之后现任政治家已无资格参选。转折点出现在 20 世纪 30 年代，当时和平奖颁给了被关在纳粹集中营的德国和平主义者卡尔·冯·奥西茨基（Carl von Ossietzky）。由于诺贝尔奖委员会中有挪威的一位部长，该奖项被希特勒愤怒地视为政府的决定。

奥斯陆的颁奖仪式不得不为强烈的反应进行调整，尤其是当奖项不是颁发给明确的“和平倡导者”时。在过去的 50 年里，该奖项增添了新的内容，如促进人权和民主的工作。同时气候研究也被纳入其中。奥拉夫提醒我们，1901 年第一次颁发诺贝尔奖时，就已经有了这种广泛性。当时，诺贝尔奖分为争取和平（弗雷德里克·帕西）和人道主义工作（红十字会）两个部分，后者参考了阿尔弗雷德的用语“人民的友爱”。

奥拉夫拿出了诺贝尔奖委员会 1897—1901 年的第一份手写“来信”的登记簿，我好奇地浏览起来。委员会早在 1897 年 1 月就收到了第一批和平奖提案。三个美国人和一个俄国人为自己申请诺贝尔奖。据我所知，伯莎·冯·苏特纳从未为自己提名过，但在该奖项设立的第一年，即 1901 年，她被几个人提名。随后，她写信给诺贝尔奖委员会，抗议将组织列入可能获奖者行列的决定。她指出，她认识阿尔弗雷德·诺贝尔，因此知道这不是他的本意。他希望奖励对人类做出创造性贡献的个人。

“难道她没有想到她自己吗？如果是，那就对了。”我说。

奥拉夫·尼约斯塔德点头表示同意，然后给我看了诺贝尔奖委员会的最终报告和1901年的“入围名单”。报告显示，有10名男子和3个机构入选了这一历史性的首个和平奖。伯莎·冯·苏特纳的名字没有被列入其中。

*

伯莎·冯·苏特纳希望在1900年千年之交实现世界和平。阿尔弗雷德·诺贝尔最初认为，在和平实现之前，他最多还需要30年才能获得这个奖项。2019年春，我们仍未实现这一目标。出了什么问题？

我来到乌普萨拉大学，会见了世界领先的和平与冲突研究人员之一彼得·瓦伦斯滕（Peter Wallensteen）教授。他讲授的是“和平的原因”这门广受欢迎的课程。我们见面时，他刚刚谈到战争中的胜利者需要做些什么才能使和平稳定。尊重和有尊严地对待失败者是关键。

彼得·瓦伦斯滕告诉学生：“去看看战争中有多少惨痛的胜利是令人着迷的。”他举出了生动的例子，说明1870—1871年普法战争后的复仇欲望是如何在第一次和第二次世界大战中得到体现的。

之后，我们在学生餐厅坐下。彼得·瓦伦斯滕明白了我的问题。

“是的，我们和平研究人员可能要过一段时间才能停止我们的活动。我们已经累了，但没有人放弃。我们只是没有像伯莎·冯·苏特纳那样把目标定得那么高。如果我们能够减少战争数量，找到裁军的途径，我就心满意足了。”

彼得·瓦伦斯滕自20世纪60年代以来一直从事和平研究，是著名的全球冲突数据库的幕后推手。他描述了二战后战争一波波的发展。直到1990年冷战结束，世界武装冲突的数量一直在稳步增长。随后是长期而稳定的下降，直到2003年才趋于平稳。八年后，曲线突然又转为上升，战争越来越多，2014年战争次数进一步增加。他以叙利亚、也门、利比亚和刚果的战争为例。

瓦伦斯滕先生说：“今天，我们又回到了1990年，世界上有50场持续不断的冲突。”我想我听到了一声叹息。

在此之前的两次世界大战是阿尔弗雷德·诺贝尔和平愿景的打击。但彼得·瓦伦斯滕仍然认为，和平奖对和平产生了重大影响，而且是一种积极的影响。

“阿尔弗雷德·诺贝尔在和平问题上创造了一个全新的视角。这是世界上第一个和平奖，而且还是国际性的，仅这一点就很新颖。”

诺贝尔奖将和平问题提到了国际议程的重要位置，并一直保持下去。当然，有些和平奖得主即使是和平研究者也不愿意看到。彼得提到了亨利·基辛格和黎德寿于 1973 年签署的和平协议，在他看来，这一和平协议是在“冷酷的轰炸行动”的逼迫下达成的，但他认为不应忽视意愿的具体内容。彼得·瓦伦斯滕说，仲裁裁决和和平大会已经失去了它们的重要性，诺贝尔足够开放，将现代和平努力纳入其中。

“‘人民的友爱’是一个很好的术语，可以包含很多内容。在诺贝尔的世界里，本来人权并不存在，气候问题也不存在。世界上有了新的冲突根源，如果你问我，我认为我们还应该包括腐败等问题。”

彼得建议我们去走一走和平之路。他通常和他的学生一起这样做。乌普萨拉自称为“和平之城”，我们很快就在和平奖获得者纪念碑之间漫步。

“但和平从来不是一个人的工作，”彼得·瓦伦斯滕指出，“从定义上讲，它是一项集体任务。”

我们在大主教宫前停下，这里曾是 1930 年诺贝尔和平奖得主的故居。他的铜像矗立在附近，是一位身着牧师袍、腹部有十字架的成年男子。

他的名字？正是内森·索德布洛姆。

第二十二章

"华丽的表彰"

阿尔弗雷德·诺贝尔的病情一恶化，管家奥古斯特·奥斯瓦尔德就立即给年长的侄子们发电报。他还向博福斯的拉格纳·索尔曼发出了警报。当天晚些时候，收到电报的人都乘火车前往圣雷莫。亚尔玛·诺贝尔也从奈舍与他们会合。1896年12月10日在哥本哈根停留期间，他们收到了死讯。拉格纳在写给他的妻子朗希尔德的信中说："这可能会是一次悲伤的旅程，但在路上的感觉还是不错的。"[936]

埃曼纽尔·诺贝尔第一个到达。他和管家奥古斯特乘坐阿尔弗雷德的马车在圣雷莫火车站与其他人会合。到达诺贝尔别墅后，拉格纳首先看到的是院子里新建的房子。奥古斯特透露，阿尔弗雷德计划在拉格纳和朗希尔德多次工作访问期间，给他们一个惊喜，让他们有一个自己的家。拉格纳被悲伤的情绪压得喘不过气来。三年来，原来他一直都在阿尔弗雷德·诺贝尔的脑海中。现在一切都结束了。他来到了逝者的卧室。"以这种方式再次见到我们的朋友和恩人，我甚为悲伤。"他在给朗希尔德的信中写道。[937]

拉格纳在书桌上发现了一封短信，这是阿尔弗雷德·诺贝尔写给自己的最后一封信。"不幸的是，我的健康状况又变得如此糟糕，以至于我只能勉强写几行字，但我会尽快回到我们感兴趣的话题上来。挚友，阿·诺贝尔。"

屋子里弥漫着一股焦虑的情绪。亚尔玛和埃曼纽尔寻找叔叔的遗嘱，但只找到一份1893年的旧遗嘱，阿尔弗雷德在上面写着，"1895年11月27日取消"。直到一天后，他们从斯德哥尔摩私人银行找到了收据，事情才算尘埃落定。银行找到并打开了遗嘱，这样就可以把关键的细节通过电报传给亚尔玛和埃曼纽尔。

遗嘱中包括害怕被活埋的阿尔弗雷德希望切开动脉的信息。震惊的拉格纳·索尔曼还被告知，阿尔弗雷德指定他与一位瑞典工程师鲁道夫·利耶奎斯特（Rudolf Lilljequist）共同担任遗嘱执行人。这位工程师在本茨福斯经营着一家电化学工厂，阿尔弗雷德·诺贝尔最近向这家工厂投入了资金。据拉格纳所知，两人并没有见过几次面，但利耶奎斯特和阿尔弗雷德一样具有国际视野，而且喜欢说英语。也许这就是原因？“看不懂电报。遗嘱中提到我的名字了吗？”工程师在拉格纳告诉他这个消息时回答道。[938]

挪威—瑞典联盟驻圣雷莫的领事封锁了所有房间。他们拿走了阿尔弗雷德的面部的死亡面具，以便用作半身雕像的模具。然后，他的遗体被安放在别墅底层的橡木棺材里，棺材上盖着黑色的墓盖。很快，棺木上就摆满了美丽的芬芳花环。

新的责任重重地落在了26岁的拉格纳·索尔曼的肩上。他在给母亲的信中写道:“就我而言，我更愿意完成阿尔弗雷德·诺贝尔未完成的想法，但是我不知道遗嘱中是否有这方面的内容。”[939]

在巴黎，年轻的牧师内森·索德布洛姆刚刚给圣雷莫寄了一封信。按照阿尔弗雷德的要求，他概述了他们在11月讨论过的斯堪的纳维亚“模范医院”的费用，阿尔弗雷德·诺贝尔已答应为该医院慷慨解囊。牧师对阿尔弗雷德在宴会上提出的令人兴奋的研究想法充满了兴趣，并邀请他加入项目委员会。

但他的信来得太晚了。最后，索德布洛姆被召到圣雷莫举行哀悼仪式。在巴黎的寓所里，他的妻子安娜·索德布罗姆正在为阿尔弗雷德的剧本《复仇女神》进行再次校对。内森·索德布洛姆临走前拿了一本。在他阅读和撰写演讲稿时，火车窗外的罗讷河风光不断变换。《复仇女神》是一部奇怪的甚至是亵渎神明的戏剧，但也许他还能从中得到些别的什么？凌晨三点半，牧师抵达圣雷莫的酒店，“在地中海有规律的叹息声中入睡”。

第二天午饭后，诺贝尔别墅的礼拜仪式在宁静中举行，正如索德布洛姆诗意地所说，“在遮天蔽日的群山和地中海蔚蓝的海浪之间”，阳光明媚。牧师向聚集在一起的少数人讲述了阿尔弗雷德·诺贝尔的精神力量和“他在为人类服务中赢得的胜利”。他同情这位孤独的人，“在他冰冷的额头上没有儿子或妻子的手”，不得不面对死亡。牧师说，他可以证明阿尔弗雷德的心灵到最后仍然是温暖又敏感的，没有一丝“硬邦邦的”金子所留下的痕迹。“在死亡面前，千万富翁和乡下人、天才和庸人之间没有任何区别。当戏剧结束时，我们都是平等的。”索德布洛姆牧师宣称。

上午，他路过阿尔弗雷德的书房，发现了一本精美的《圣经》，“用过很多次，很破旧，划了很多叉”。索德布洛姆的信念一定更加坚定了。他在演讲中引用了《复仇女神 》中的一句话，“让死者看起来像个信徒”。剧作家诺贝尔让一个被雇用的杀手说出这句话：“你站在死亡的祭坛前，沉默不语！今生和来世是一个永恒的谜，但它熄灭的火花唤醒了我们神圣的献身精神，除了宗教的声音，其他所有声音都沉默了。永恒的承诺兑现了。”

随后，内森·索德布洛姆加入了前往火车站的队伍。当时天色已暗，铜管乐队演奏着肖邦的《葬礼进行曲》，道路两旁聚集着“一大群人”，他们都在当地报纸上看到过这位逝者的消息。报纸上说他是镇上的常客，以慈善捐款闻名，是工人的朋友，“即使工人不能工作，他也能支付他们一天的工资”。拉格纳·索尔曼力主用火车将阿尔弗雷德的灵柩运往瑞典。他知道，他的老板对祖国的感情在晚年越来越深；他知道，在瑞典，阿尔弗雷德·诺贝尔将永远“跻身于我们的伟人之列”。

一进车厢，内森·索德布洛姆就拿出笔记本，迅速记下了当时的情景。“列车时刻表显示 6 点 54 分到达热那亚。灵柩就在这趟列车上。送葬者都在车厢外，我大声说再见，列车随后载着灵柩在黑暗中离开。”到达热那亚后，他在给妻子的信中总结了当天的情况：“在这位令人感动的老人家中举行了一场美丽的葬礼。我用法语和瑞典语讲了话。”[940]

不久之后，亚尔玛·诺贝尔也离开了圣雷莫。他赶回瑞典，参加家人在格托举行的圣诞节庆祝活动，却遭遇了另一场家庭悲剧。平安夜前三天，最小的妹妹希拉在为圣诞节烘烤准备食物的过程中晕倒，几小时后被宣布死亡。

这下，诺贝尔一家要在年底前组织两场瑞典葬礼。

拉格纳和埃曼纽尔在圣雷莫多逗留了几天，以便收到邮寄来的遗嘱副本。埃曼纽尔的失望之情溢于言表。家族的财产份额随着每份遗嘱的签订而缩水，与巨额财产相比，现在的份额已经变得微不足道了。拉格纳也很担心：博福斯会怎么样？实验室和所有的实验又会怎么样？他发现，遗嘱没为这些事项预留一分钱。

对埃曼纽尔来说，他最关心的是沙俄的石油公司。阿尔弗雷德仍然是最大的股东之一。如果现在把整个投资组合出售，形成一个巨大的奖励基金，公司的控制权就会受到威胁。同时，违背阿尔弗雷德叔叔的遗愿对他来说也很奇怪。

拉格纳和埃曼纽尔坐上了开往斯德哥尔摩的火车。他们相处得很好，有点像志同道合的孩子，正确且友好。埃曼纽尔向拉格纳保证，即使立遗嘱的挑战会引起摩擦，他们的个人友谊也会一直保持下去。他敦促拉格纳提高标准，为即将开始的欧洲之行选择高档酒店。他认为，诺贝尔家族的代表不能显得过于简朴。他们分开的共同信念是必须达成“友好的解决方案”。[941]

在斯德哥尔摩举行葬礼的前几天，拉格纳·索尔曼第一次见到了另一位遗嘱执行人。鲁道夫·利耶奎斯特比拉格纳年长许多，在语言和经济方面更有优势。短暂交谈后，他们意识到还需要学习法律专业知识。他们找到了瓦尔哈拉大街上诉法院的助理卡尔·林德哈根（Carl Lindhagen）。当执行人按响门铃时，这位 36 岁的年轻人大吃一惊，但听到内容后他没有犹豫。拉格纳和鲁道夫环顾了一下公寓，询问此处是否可以安装电话。兴高采烈的卡尔·林德哈根去书店订购了一本厚厚的法国法律书。[942]

*

12 月 29 日，阿尔弗雷德·诺贝尔在斯德哥尔摩安息时，公众还不知道遗嘱的内容。① 关于科学捐赠的零星传言曾出现在报纸上，但对大多数人来说，侄子们继承遗产也是理所当然的。安德烈工程师提醒人们注意，阿尔弗雷德曾承诺支持下一次北极热气球探险，这一点也被写进了专栏。

主教堂被棕榈树和月桂树叶笼罩着，正如一家报纸所写的那样，“变成了一个南国色彩的花圃”。座椅之间的过道两旁种满了柏树，教堂的礼拜堂里摆满了山谷百合、郁金香和风信子。一只和平鸽盘旋在黑色棺木上方，教堂里摆放着 100 多个花圈。

整个布置就像一片芬芳的海洋。只有从圣雷莫运来的 40 枝枯萎的插花，带着些许“陈腐的气味”。在褪色的丝带上，“用最多样的语言”写着银色和金色的铭文。无数盏吊灯照得教堂大厅熠熠生辉。

公众排了几个小时的队，才买到为数不多的空座位。随着 15 点指定时间的临近，附近人山人海，混乱不堪。警察的头盔在人行道上闪闪发光。

① 官方于 1896 年 12 月 30 日公开宣读了遗嘱，有四名见证人，很有可能是两位执行人、亚尔玛和埃曼纽尔。他们此前已经阅读过誊抄本。

侥幸挤进会场的人听到牧师在悼词中称阿尔弗雷德·诺贝尔为“瑞典最伟大的子民之一”。一位歌剧演员演唱了威尔第的《安魂曲》，根据报纸的报道，在棺木被盖上三铲泥土之前，人们向“已故者的兄弟送上安慰之词”。有人又一次分不清诺贝尔家族中谁去世了。

棺木在管风琴和钟声中被抬出教堂，整个过程人们一直安静地站着。当车队静静地驶向诺图尔地区时，街道两旁排起了长长的队伍。马背上的火炬手在那里迎接灵柩。一条火炬大道照亮了通往诺图尔火葬场的道路。遗嘱中的指示得到了遵守。在遗嘱的最后，阿尔弗雷德在提到动脉的细节后，希望“在做完这一切并由合格的医生证明，其有明确的死亡迹象后，将尸体放在所谓的火葬炉中火化”。

*

《新日报》是第一个宣布遗嘱的报社。1 月 2 日，埃曼纽尔·诺贝尔在报纸上读到了遗嘱全文，就在他准备再次启程前往圣彼得堡之前，他被激怒了。拉格纳·索尔曼也有同样的感受。每个人都需要一段时间冷静。他们甚至没有时间从阿尔弗雷德在圣雷莫和巴黎的文件中寻找更多的信息。一般人可能更惊讶于这一重大新闻怎么没有首先出现在《晚报》上。主编哈拉尔德·索尔曼是遗嘱执行人拉格纳的兄弟，当然完全知情。

这篇报道就像一颗重磅炸弹。大多数人都无法理解这笔捐款的数额，他们试图根据报纸上的估算来确定这笔捐款的数额。据估计，阿尔弗雷德·诺贝尔的财产总额为 3500 万至 5000 万瑞典克朗。显然，其中至少有十分之九将捐给基金和五个诺贝尔奖项。人们对这些数字议论纷纷，最后得出的数字是每位获奖者大约能获得 15 万～ 20 万瑞典克朗，相当于一位普通教授至少 20 年的工资。根据计算，这意味着每位诺贝尔奖获得者的奖金是法国科学院年度奖金总额的两倍。

《瑞典日报》称赞道：“这是有史以来一个人为促进人类文化和智力发展而做出的最伟大的贡献。”该报将诺贝尔奖与去年夏天在雅典重新举办的国际奥林匹克运动会联系起来，并写道，诺贝尔奖将成为“人类最优秀成果”的年度奥林匹克竞赛。[944]

《每日新闻报》同样用抒情笔法做了报道。该报写道：“几乎没有人比阿尔弗雷德·诺贝尔在遗嘱中留下的纪念更美好。”但《每日新闻报》对入选的获奖者发出了警告。这项崇高的任务对洞察力、判断力和公正性提出了很高的要求，阴谋和裙带关系是绝对不允许的。《每日新闻报》写道："在这两方面，阿尔弗雷德·诺贝尔的要求都很高，尤其是后者"，并对瑞典学院是否适合负责这项任务提出怀疑。难道阿尔弗雷德·诺贝尔不是指"斯德哥尔摩文学院"吗？[945]

社会民主党新议员亚尔马·布兰廷直奔主题。他说，瑞典学院是个笑话。"由牧师和传教士组成的老派的小圈子每年都会遭到斯德哥尔摩人的嘲笑……它是最不称职的集会，每年都要向欧洲文学界的佼佼者颁发20万瑞典克朗的巨额奖金！"他在自己的报纸《社会民主党人报》上写道。布兰廷也对这个奖项的想法持怀疑态度。他将自己的文章命名为"伟大的善意——伟大的误导"，并指出诺贝尔的财富实际上是"大众持续劳动的成果"，因此应该属于诺贝尔的员工。此外，如果他们追求的是社会进步和人类福祉，那么社会改革更为迫切。布兰廷说："捐款的百万富翁个人也许值得尊敬，但最好既不要捐百万，也不要一分不捐。"[946]

保守派的《哥德堡报》（*Göteborgs Aftonblad*）提出了最尖锐的批评，认为诺贝尔的遗嘱是对祖国的双重背叛。该报说，瑞典需要诺贝尔的百万奖金。将奖项国际化是故意偏袒其他国家而不是祖国。但更糟糕的是将和平奖的颁发权授予挪威议会。阿尔弗雷德·诺贝尔这样做，就等于在质疑瑞典的自卫权，因为他"将自己的部分财产用于促成挪威分裂的条约，并煽动挪威人对瑞典的高傲态度"。[947]

挪威被选为和平奖的颁发国，不仅让最保守的瑞典民族主义者感到难以接受，而且让联盟国之间的分歧成为主要的争论点，挪威的和平运动被认为是对瑞典的挑衅，尤其是在1895年危机之后。在挪威，人们的感受却出乎意料得好。《世界之路》写道："这是一次了不起的表彰。阿尔弗雷德·诺贝尔是一位热心的和平之友，在他为挪威议会提供的如此尊贵的礼物中，我们能看到他对议会为和平事业所做工作的认可。"[948]

在奥地利的哈曼斯多夫，当遗嘱最终公布时，人们欢欣鼓舞。伯莎·冯·苏特纳对她的朋友深表哀悼，她的朋友多年来为她的和平组织捐献了数万法郎，但她也很失望。几周过去了，遗嘱中并未提及和平基金，她开始绝望。1897年元旦，她在日记中写道："诺贝尔忘记了和平事业，这让我很恼火。"

几天后，诺贝尔奖的消息传遍了全世界，伯莎·冯·苏特纳受到了热烈的祝贺。她在日记中写道："我为这一殊荣和对事业的支持而欣喜若狂，同时也意识到有一笔奖金将属于我，这当然令我非常高兴。由于兴奋，我睡得很不好。”[949]

伯莎写了一篇热情洋溢的长文，讲述了她对阿尔弗雷德·诺贝尔的个人回忆。不久后，这篇文章发表在奥地利《新自由报》的头版上，该报可能是中欧最重要的报纸。[950]

在国际上对这份遗嘱的其他反应中，《费加罗报》上的反应可能会让阿尔弗雷德·诺贝尔特别高兴。他终于平反了。他哥哥路德维格去世后，人们因为它错误的遗书，对它尽情辱骂，而现在一去不复返了。“这份遗嘱……仍然是对人类之爱的杰出纪念，从而确保阿尔弗雷德·诺贝尔先生令人尊敬的名字不会被遗忘。”[951]

*

作为世界上最著名的文件之一，阿尔弗雷德·诺贝尔的手写遗嘱在过去的一百多年里一直被搁置。当一切尘埃落定，可以颁奖时，这张纸被折叠起来放回信封。这份著名的遗嘱恰好是一份相当不起眼的文件。阿尔弗雷德·诺贝尔在一张非常普通的信纸上写下了他最后的遗嘱，没有任何印章或图章。他用的是最普通的深红色墨水。

按理说，这没什么值得炫耀的。

在 1901 年第一次颁奖仪式前不久，装有遗嘱的信封被放进了新成立的诺贝尔基金会的保险柜里。一百多年来，它一直被保存在那里，唯一的例外是多次搬迁。2015 年春天，这份举世闻名的文件原件在斯德哥尔摩诺贝尔博物馆首次向公众展出。

此时，诺贝尔基金会主席、瑞典央行前行长拉尔斯·海肯斯滕（Lars Heikensten）还没有看到诺贝尔的遗嘱原件。在展览开幕前数小时，他才得以先睹为快。展览地点是诺贝尔基金会位于斯图尔大街的会议室，气氛庄严肃穆。拉尔斯·海肯斯滕坐在阿尔弗雷德·诺贝尔肖像油画前的椅子上。桌子上摆放着一碗碗用巧克力制成、外面包裹着金箔的诺贝尔奖奖牌。

遗嘱装在一个老式公文包里。工作人员双手戴着档案手套，小心翼翼地打开纸张。遗嘱保存得出乎意料得好。纸张很薄，只是略微泛黄。褶皱清晰可见，还有拇指印的痕迹。拉尔斯·海肯斯滕喘着粗气。

“我感觉就像站在瑞典央行的黄金储备库前一样。”

他将食指稍稍放在上面，顺着阿尔弗雷德流畅的笔迹读了起来。当他朗读最重要的几个字时，声音变粗了一些。“我所有剩余的可变现财富将按以下方式处理：审计人员将资金转换为安全证券，设立一个基金，其利息将作为奖励，每年分配给在过去一年中为人类做出最大贡献的人。”

*

遗产清点从巴黎开始。拉格纳和朗希尔德·索尔曼夫妇与其聘请的簿记员一起入住香榭丽舍大道上的一家酒店。阿尔弗雷德·诺贝尔在遗嘱中写道，他希望拉格纳将大部分时间花在实际工作上。事实也是如此。遗嘱的另一位执行人鲁道夫·利耶奎斯特有自己的生意要做，不能轻易离开。相反，他向新任挪威—瑞典联盟驻巴黎总领事古斯塔夫·努德林递交了一份委托书，就在两个月前，阿尔弗雷德·诺贝尔还邀请他参加了一个宴会。从走廊上的煤气吊灯、书桌上的烟草盒到音乐厅里的梨木钢琴，耐心的清点工作开始了，一个房间一个房间地进行。他们列出了从客厅家具、大理石半身像到桌布和盘子的所有物品，写下了丝绸锦缎沙发、珍珠母凳子、虎皮地毯、熊皮地毯和俄罗斯山羊皮地毯。那天，酒窖里有 882 瓶顶级葡萄酒，其中包括 287 瓶奥比良庄园葡萄酒。另外，还有 500 个空酒瓶和一堆石头。[952]

当然，最重要的是散落在巴黎各银行的法国有价证券。

总领事古斯塔夫·努德林心地善良，做事务实，具有权威感。他为拉格纳·索尔曼联系了法国律师。法律方面的情况还没有明确答案。法国法院有可能裁定阿尔弗雷德·诺贝尔一直居住在巴黎。届时，对遗嘱提出的异议将根据法国法律进行审查，而形式上的缺陷、关于继承人的模糊措辞足以使遗嘱无效。阿尔弗雷德拥有的所有证券，包括外国证券，也可能在法国被征税。

为了挽救这份遗嘱，他们需要让法国当局相信阿尔弗雷德·诺贝尔的合法住所在瑞典。律师认为，他在斯德哥尔摩定居的说法不会被接受。阿尔弗雷德最后一次登记是在 1842 年，但当时他只有 9 岁。他们必须想出更好的办法。比约克伯恩，拉格纳·索尔曼想到了这个地方。虽然阿尔弗雷德也没有在那里登记，但他有一个家。

还有更多形式上的问题。在法国，阿尔弗雷德·诺贝尔在遗嘱中的措辞不足以确保索尔曼和利耶奎斯特处置其财产的权利。他们需要一份瑞典官方文件来证明他们获得了授权。然而，事实证明，这样的文件并不容易获得。努德林总领事亲自撰写并盖章的证明解决了这个问题。他在证明中保证，根据瑞典的法律惯例，遗嘱执行人有权解封遗产并保管死者的财产。他在信中写道，索尔曼和利耶奎斯特可以在不传唤继承人的情况下进行整个法国的遗产清点。[953]

阿尔弗雷德·诺贝尔的亲属后来反对这种对瑞典惯例的解释。考虑到委托书，此举也意味着努德林为自己写了一份证明。与此同时，斯德哥尔摩还发生了其他一些事情，深深伤害了诺贝尔的侄子侄女及其家人。

*

法国律师对阿尔弗雷德·诺贝尔住所问题的提示，促使索尔曼和利耶奎斯特做出了彻底的改变。在最后一刻，他们决定不仅要在斯德哥尔摩的法院登记遗嘱，还要在博福斯公司所在地韦姆兰省的卡尔斯库加郡法院登记遗嘱。他们不能不把阿尔弗雷德与瑞典联系起来，否则所有的奖金捐赠都将面临危险。[954]

斯德哥尔摩市政厅法院首先审查了这份遗嘱。他们传唤了阿尔弗雷德 1895 年在巴黎签署遗嘱时的一些证人，宣读了书面文件，并在很大程度上相互印证了阿尔弗雷德关于其最后遗嘱的回忆。其中一人记得，阿尔弗雷德曾说，他认为侄子们在之前的遗嘱中得到了太多的钱，因此有理由更改遗嘱。另外两人还记得他曾说过，他"是一个社会民主党人"，认为继承巨额财产是一种不幸。

证人说，如果遗嘱看起来含糊不清，那也是阿尔弗雷德的本意。对阿尔弗雷德来说，个人的信任非常重要。他总是给他的委托人很大的自由，让他们自己填写细节。阿尔弗雷德选择瑞典科研机构颁奖的原因也被提及。据说他曾说过，他"在瑞典发现这儿的老实人比例最大"，因此认为他的遗愿和遗嘱在瑞典会得到"比其他地方更诚实"的尊重。

第三位证人曾听阿尔弗雷德·诺贝尔谈论过遗嘱，但没有亲眼看见立遗嘱的过程，他补充说，阿尔弗雷德曾告诉他，更愿意把钱留给"生活中难以出人头地的梦想家"，而不是"有行动力的人"。阿尔弗雷德去世时，正在圣雷莫的丝绸制造商施特勒尔内特（Strehlnert）澄清了有关"斯德哥尔摩文学院"的混乱情况。他声称"斯德哥尔摩文学院"并非任何隐藏信息，这就是阿尔弗雷德对瑞典学院的称呼。[955]

关于侄子侄女继承遗产权利的观点最为敏感。最糟糕的是，丝绸制造商施特勒尔内特在他的书面文字外，声称阿尔弗雷德·诺贝尔对其兄弟罗伯特的遗嘱表示失望，并且对哥哥将所有财产都留给了自己的遗孀和子女感到恼火，尽管哥哥对继承财富的看法与阿尔弗雷德基本相同。[956]

罗伯特在世的子女亚尔玛、卢德维格和英厄堡对此非常不满。“无情！”不高兴的卢德维格事后给他的老同学和朋友拉格纳·索尔曼写道。他怎么敢这么说？施特勒尔内特，一个只不过和他们的叔叔短暂相识的制造商。卢德维格愤怒地指出，罗伯特并没有那么富有。“叔叔（阿尔弗雷德）留给侄子侄女的遗产和罗伯特（留给孩子的）一样多。”他抗议说，遗嘱的见证人和遗产律师林德哈根故意使用了一种语气，给人一种“诺贝尔家族，尤其是罗伯特·诺贝尔的家族要推翻遗嘱，以分一杯羹”的印象。[957]

在此背景下，亚尔玛·诺贝尔和英厄堡的丈夫卡尔·里德斯托尔佩的争吵开始升级。住在沙俄的亲属则保持平静。埃曼纽尔更为合作，他几乎是所有亲戚的委托人。但有一个重要的例外。埃曼纽尔的大姐安娜已经结婚，住在瑞典。她的丈夫（也是当时的监护人）亚尔马·舍格伦可不想让她白白丧失了对阿尔弗雷德·诺贝尔遗产的继承权。

拉格纳在给卢德维格的回信中写道：“如果我们只需要和埃曼纽尔、亚尔玛或你打交道，情况就会完全不同。”他解释说，他个人只想“在友好和合理的基础上”解决遗嘱问题。他唯一的保留意见是，阿尔弗雷德交给他的佣金不能打折扣。“埃曼纽尔·诺贝尔已经向我承诺，无论如何，他都会与我保持个人友谊，即使我们会因为公事的缘故而闹翻。您不想这样做吗？”

卢得维格向拉格纳保证，无论发生什么事，他们之间的友谊都是坚定的。“但我只想说，如果您允许施特勒尔内特自由地生活，让林德哈根自由地在公众面前贬低我们的声誉，那么我不敢对我们的感情负责。”[958]

*

埃曼纽尔·诺贝尔有一件急事要处理。他已故叔叔的剧本《复仇女神》的校样刚刚送到，这是阿尔弗雷德第一个也是唯一一个完成的文学作品。埃曼纽尔希望完成这部作品。他想在叔叔逝世后为其增添一份荣誉，那就是将一部文学作品印在叔叔的名下。

埃曼纽尔知道内森·索德布洛姆牧师和他的妻子在这个过程中的作用。他们能加快印刷过程吗？拉格纳·索尔曼也有类似的想法，现在他以遗产的名义订购了100册印刷本，分发给阿尔弗雷德最亲密的朋友。他还求助于内森·索德布洛姆。1897年2月中旬，埃曼纽尔前往巴黎，部分原因是与拉格纳·索尔曼商议。然后，他要求将成堆的新印刷剧本交给牧师处理。索德布洛姆能把它们送到埃曼纽尔所在的旅馆吗？

但内森·索德布洛姆疑虑重重。他读过剧本，意识到阿尔弗雷德的戏剧很容易被误解。剧中固然有“正义和真理”的悲怆，但也有“可怕”甚至“可憎”的成分。他可以举出许多阿尔弗雷德·诺贝尔绝对越界的地方。更糟糕的是，内森·索德布洛姆意识到，《复仇女神》将被视为阿尔弗雷德·诺贝尔“对罗马教会的谴责”。这可不是什么好事。这位牧师似乎并没有意识到这也许正是阿尔弗雷德·诺贝尔想要传达的信息。

相反，他将自己的反对意见告诉了埃曼纽尔·诺贝尔。如果我们相信内森·索德布洛姆33年后的回忆，那么结果是，埃曼纽尔最终同意，为了阿尔弗雷德的遗产，《复仇女神》不应公开发行。这100本新印制的剧本一直放在牧师位于巴黎马尔维尔街的公寓里。不久之后，他让人销毁了这些剧本。有三本被排除在外。拉格纳·索尔曼抢走了其中一本，并将这本稀有的印刷版《复仇女神》作为终生纪念。[959]

*

一切都还悬而未决。是依从法国法律还是瑞典法律？阿尔弗雷德·诺贝尔自9岁起就没有在任何地方登记过。他应该被视为巴黎、斯德哥尔摩还是博福斯的居民？一切都不明朗。

埃曼纽尔·诺贝尔的亲属向他施加压力，认为显然应该对遗嘱提出上诉。埃曼纽尔也很担心。将设立巨额奖金的消息传出后，石油公司的股票下跌了。迅速出售阿尔弗雷德的全部股份可能会带来一场灾难。埃曼纽尔写信给拉格纳·索尔曼，后者已前往圣雷莫开始清点财产，并安排了一次在巴黎的短暂会面。他们继续用从圣雷莫乘火车出发时那种友好、理性的语气进行讨论。拉格纳让埃曼纽尔等一等。他承诺会找到一个合理的解决方案，不需要强制出售股份。埃曼纽尔似乎放心了。[960]

一天晚上，努德林总领事为他们安排了一次与法国记者的会面。一些法国报纸对阿尔弗雷德·诺贝尔进行了不友善的评论，称他苛刻自私。记者会后，《时代报》的一篇文章将纠正这一形象。这位记者问道："阿尔弗雷德·诺贝尔是谁？是启蒙者、诗人和哲学家？抑或他是一个二流子，一个真正鄙视人类的梅菲斯特？这篇引起轩然大波的《遗嘱》是诺贝尔的信念还是他的讽刺？"他在文章中写道："诺贝尔的朋友甚至不承认可以提出这个问题。诺贝尔当然是一个特立独行的人，但他有一颗非常高尚和善良的心。索尔曼先生是一位年轻的斯堪的纳维亚人，他聪明且善于思考，一双蓝色的眼睛仿佛倒映着他祖国峡湾深邃的海水，他严肃地对我说，'我将给你几封信，这些信将以确切的日期向你展示诺贝尔先生的灵魂。'"[961]

在与这位法国记者的会面中，如释重负的拉格纳·索尔曼注意到，埃曼纽尔对其叔叔设立五项大奖的雄心表现出了极大的热情。正如拉格纳·索尔曼后来所描述的那样，"在某种程度上，他明确表示支持这一意愿"。同时，埃曼纽尔也毫不掩饰这样一个事实，即遗产继承人必须预料到瑞典的一些亲戚会提出上诉。总领事古斯塔夫·努德林和法国律师对索尔曼提出了警告。在上诉的威胁下，遗嘱执行人必须迅速行动。在法国的所有资产都应尽快清算，以避免遗嘱认证程序在法国法院终结的风险。索尔曼将法律顾问卡尔·林德哈根请到巴黎进行磋商。

1897 年 2 月底，林德哈根离开依然冰天雪地的瑞典，来到林荫大道上栗子树已经发芽的巴黎。"在这春意盎然的氛围中，大家讨论并计划着继续开展遗产调查活动。在努德林总领事专业且慷慨的指导下，我们参观了这座伟大城市中值得一看的一切，包括它的上层世界和下层世界。"他在回忆录中写道。[962]

他们决定在必要时迅速采取行动。努德林总领事的"瑞典法律实践"证书为两位遗嘱执行人打开了法国银行的大门，其中一位遗嘱执行人利耶奎斯特通常由古斯塔夫·努德林本人代理。在接下来的几个星期里，许多分散的证券被转移到了不同的地方，阿尔弗雷德·诺贝尔在法国的全部财产都被集中到了同一家银行的三个钱箱里，这家银行即巴黎贴现银行（Comptoir d'Escompe）。最终，诺贝尔家族的瑞典亲属指责遗嘱执行人根据"虚假文件"行事，自私自利。[963]

《时代报》上的法文文章被翻译成了瑞典语，部分内容也在瑞典发表。亚尔玛·诺贝尔非常愤怒。"你知道是谁在报刊上发表我已故叔叔的私人信件吗？是我的堂兄埃曼纽尔吗？"他写信给拉格纳·索尔曼。亚尔玛意识到，阿尔弗雷德的信件绝对不能在未经整个家族，也就是那些以诺贝尔为姓的人同意的情况下发表。亚尔玛指出："他的私人信件和他走路时穿的衣服一样，都不是公共财产。"[964]

他并没有意识到这个问题的紧迫性。1897年3月初，法国遗产清点的最后一次会议召开，没有邀请任何一位亲属参加。遗嘱执行人计划在几周后拍卖阿尔弗雷德·诺贝尔在马拉科夫大道别墅中的全部遗产。侄子侄女收到了邀请函。他们可以选择是匆忙赶往巴黎，还是告诉他们是否有什么特别的东西想留给自己。

卢德维格·诺贝尔善意地回答说，他们可以把带有珍珠母握把和金色花纹的餐具寄给他。"阿尔弗雷德叔叔一直使用的手杖，如果能收到也很不错。"他的姐姐英厄堡很沮丧。她写信给拉格纳，告诉他当祖母的遗物被拍卖时，阿尔弗雷德是多么难过。不管怎么说，他们家还是买下了其中的大部分。索尔曼先生或许可以想象，作为在这个即将被出售的家中几乎拥有一切权利的侄女来说是什么感受。她愤怒地写道："当然，在我曾多次居住过的庄园里，有很多地方我都想为自己的家增光添彩，但现在可能已经太迟了，甚至连其中的一部分都无法挽救。"

英厄堡对叔叔的衣服"像普通农夫的衣服一样"被拍卖提出了强烈抗议。如果还来得及保存她所珍视的东西，她很乐意带走父亲罗伯特送给阿尔弗雷德的波斯地毯和阿尔弗雷德叔叔的海豹皮大衣。[965]

瑞典亲属的怨气越来越大。在斯德哥尔摩，亲戚们开始准备对遗嘱提出上诉。在他们之间的一份协议草案中，他们以书面形式说明了为什么要这样做。他们的目的不是要阻止阿尔弗雷德的基本想法，而是希望在"更合理的基础上"组织颁奖，而且只颁给"真正划时代的作品"。他们还希望与家族关系密切的公司，如诺贝尔兄弟公司、博福斯公司和硝化甘油股份有限公司等，不在奖金范围内，而是将股份分配给亲属。

作为一项重要的补充，他们一致强调，任何说法都不能被视为对阿尔弗雷德的背叛。草案指出："遗嘱人的遗嘱和宗旨必须得到亲属的全面尊重。"[966]

许多人对此表示强烈不满。与此同时，拉格纳·索尔曼前往斯德哥尔摩。他与鲁道夫·利耶奎斯特一起去拜访国王奥斯卡二世，并向他赠送了一份装订成册的阿尔弗雷德·诺贝尔的遗嘱。他们从市政厅法院订了一份正式副本。但为时已晚，他们发现副本上盖着"一顶王冠"的印章，考虑到挪威的独立斗争和对和平奖的批评，这样的措辞并不成功。他们意识到，挪威—瑞典联盟中实际拥有"王冠"的国王，可能会认为这多么具有象征性的挑衅意味。如果国王不高兴怎么办？他甚至会认为这笔遗产是不祥之兆。

但奥斯卡二世表现得彬彬有礼，而且通情达理。他答应在遗嘱问题上尽力协助他们。他也很开明，在长达半小时的觐见中，他利用大部分时间向索尔曼和利耶奎斯特表明了自己在“挪威问题”上的立场。用浅显易懂的话说就是：国王认为将颁发和平奖的任务交给憎恨联盟的挪威议会是一种侮辱。[967]

离开王宫时，他们并不完全相信国王陛下的支持。

第二十三章

百万遗产之战

拉格纳·索尔曼觐见国王后，并没有在斯德哥尔摩逗留多少天。一封突如其来的电报让他匆匆赶回巴黎。电报来自总领事努德林。他告诉索尔曼，亚尔玛·诺贝尔、卢德维格·诺贝尔和英厄堡的丈夫卡尔·里德斯托尔佩伯爵来到了巴黎。他们想调查一下，在法国对遗嘱采取法律行动是否会给他们带来什么好处。

拉格纳知道这意味着什么。他们三人很可能会得逞，从而使他的使命——保护阿尔弗雷德·诺贝尔在遗嘱中的愿望——落空。要想成功，他和努德林必须迅速行动，在亲属采取法律行动之前将证券带离法国。

幸运的是，他们已经做好了准备。阿尔弗雷德·诺贝尔在法国的全部财产现在都在一个地方。最简单的解决办法是要求银行将证券转移到国外，但这样做有可能引起法国税务部门的注意。另一个尝试过的办法是让拉格纳·索尔曼乘坐班车，先带着股票和债券去伦敦几次，然后带着政府证券去斯德哥尔摩几次。然而，这个方案被认为过于烦琐，而且存在不必要的风险。

剩下的办法就是用有保险的邮包通过火车邮寄证券。他们设法将每批货物的最高保险金额谈判到250万法郎，然后开始了日常工作。他们的想法是，由拉格纳·索尔曼与总领事努德林和聘请的瑞典会计师一起管理通过巴黎的运输。拉格纳为自己配备了一把左轮手枪。

每天，他们从银行金库中取出价值250万法郎的有价证券，装进一个袋子里。然后用马车运到位于第八区的瑞典总领事馆。拉格纳·索尔曼拿着一把上了膛的左轮手枪坐在袋子旁边，生怕被抢。

在领事馆，他们对文件进行了登记，将文件打成捆，并封好邮包。然后，他们尽可能谨慎地“采取特别的预防措施”，动身前往巴黎北站。同一节车厢，同一把左轮手枪。

他们在车站的“财务办公室”交接证券。从那里，大部分财富将被火车和轮船运往阿尔弗雷德·诺贝尔的苏格兰银行伦敦办事处。钱在那里很安全。在英国，正如律师林德哈根所说，“有价值的外国文件和外国人一样享有避难权”。这样的例行公事连续重复了好几天。拉格纳在给朗希尔德的家信中说，当他们见面时，他有“令人兴奋的事情”和“几乎像小说一样的情节”要讲。[968]

与此同时发生了其他令人兴奋的事情，与装甲车不同，这些事情吸引了好奇的群众。就在巴黎郊外，工程师安德烈的两名助手，包括克努特·弗伦克尔（Knut Fraenkel），正在测试一个新的法国热气球，准备在今年夏天尝试到达北极。为了纪念他们伟大的捐赠者和同胞，他们将热气球命名为“诺贝尔”。[969]

在其中一个送包裹的日子里，古斯塔夫·努德林在办公室里迎来了几位客人。亚尔玛·诺贝尔和卢德维格·诺贝尔与里德斯托尔佩伯爵一起找到瑞典总领事，要求澄清阿尔弗雷德·诺贝尔的居住地及其遗嘱的有效性问题。就在几米之外，领事馆的一间内室里，拉格纳·索尔曼和簿记员正在整理证券。总领事对索尔曼出现在领事馆或他们在做什么只字未提。努德林向这帮亲戚道别，然后溜进马车，带着索尔曼、左轮手枪和另外250万法郎，再次向北站驶去。

几天后，当最后一批货物寄出时，努德林感到良心不安。诺贝尔的亲戚当然应该知道他们做了什么。总领事邀请亚尔玛、卢德维格和里德斯托尔佩伯爵参加他所谓的“和平与和解餐会”。他指示拉格纳·索尔曼在晚宴的适当时候说出重磅炸弹。

宴会在巴黎最好的餐厅之一诺埃尔·彼得餐厅举行。他们品尝了鸭肉和鳎目鱼，随着高档葡萄酒上桌，最初紧张的气氛逐渐缓解。喝咖啡时，亚尔玛·诺贝尔提出了阿尔弗雷德实际居住地的问题。他援引了他们咨询过的法国律师的意见，试图说服拉格纳·索尔曼，阿尔弗雷德的实际居住地不可能是博福斯，也不可能是圣雷莫。亚尔玛认为，阿尔弗雷德唯一自然和合法的居住地是巴黎。事实上，他已经在那里住了18年，而且还拥有一栋大房子，并雇用了仆人。亚尔玛·诺贝尔认为，这意味着遗嘱的有效性将由法国法院来检验。

拉格纳·索尔曼回答说：“这个问题值得商榷。”但他接着说，这个问题现在只具有理论意义，因为所有相关证券都已从法国转移。

这一声明在会议上引起了一些争议。起初，亚尔玛并不愿意相信他的话。我们可以猜测，他听到总领事努德林证实情况确实如此时，不禁大吃一惊。[970]

由于只有拉格纳·索尔曼对当时情况的回忆被记录下来，我们不知道诺贝尔的两个侄子和里德斯托尔佩伯爵到底是如何反应的，更不知道他们到底说了些什么。在索尔曼克制的官僚文风中，所有情感的痕迹都被冲淡了，但其含义是明确无误的：法庭上见！

*

“诺贝尔遗嘱。继承人开始行动。”这是1897年4月初《晚报》的头条新闻。这并不夸张。现在回过头来看，当时正在进行的反击可以看作是精心策划的三级火箭战略。第一步行动已经在巴黎展开：针对拉格纳·索尔曼和古斯塔夫·努德林公然利用证券做出的“抢劫”行为，亚尔玛·诺贝尔和卢德维格·诺贝尔立即向法国当局求助。他们要求没收阿尔弗雷德·诺贝尔在巴黎的财产。法国当局批准了他们的请求，但由于大部分财产已经不翼而飞，扣押范围主要限于马拉科夫大道上的别墅。随后，他们在德国和英国采取了同样的行动，但在英国没有成功。

后人必须承认，瑞典亲属的行为“有着蓄意的战争意图”。[971]

与此同时，拉格纳·索尔曼前往圣雷莫继续清点遗产。他一边监督阿尔弗雷德·诺贝尔藏书和实验室设备的打包工作，一边给亚尔玛·诺贝尔写信，并试图阻止即将到来的冲突。拉格纳提到他与埃曼纽尔·诺贝尔进行了“非常彻底”的讨论，并强调他是代表阿尔弗雷德行事，在此事中没有任何个人利益。相反，他更希望与瑞典亲属达成与沙俄亲属同样友好的解决方案。他的表述方式与其对卢德维格的口吻相似。“如果我们只与埃曼纽尔和您打交道，事情也会很顺利。但我很快意识到情况并非如此。”[972]

亚尔玛没有和他见面。在编写本书时发现的文件显示，亚尔玛、卢德维格和里德斯托尔佩伯爵从巴黎一回来，就在斯德哥尔摩的大饭店会见了瑞典最重要的一位律师。恩斯特·特吕格（Ernst Trygger）是一位诉讼法教授和国会议员。在政治上，他属于保守派，对削弱挪威—瑞典联盟的一切努力都不遗余力地抵制和反对。他是将挪威和平奖委员会视为对瑞典造成国家威胁的机构之一，因此起初与瑞典诺贝尔家族一样对这一意愿持批评态度。

在堂妹安娜的丈夫兼监护人亚尔马·舍格伦的斡旋下，亚尔玛与特吕格取得了联系。亚尔马·舍格伦陪同亚尔玛、卢德维格和里德斯托尔佩伯爵来到大饭店，由此组成了追求瑞典诺贝尔家族利益的四人组。他们告诉特吕格教授，他们想从法律上解决遗产继承问题，改变遗嘱中的奖金捐赠，为自己争取更多的阿尔弗雷德·诺贝尔的遗产。他们认为自己有能力提出这一要求，因为在他们看来，阿尔弗雷德·诺贝尔"在立遗嘱时并不完全清醒"。[973] 因此，家族四人组质疑遗嘱见证人的一致保证，即叔叔是在"完全理解和自愿的情况下"签署遗嘱的。不过，他们选择不再追究这一具体问题。

同时，他们也不想挑战欢欣鼓舞的公众舆论，因为在媒体的关注下，公众舆论已经将五项诺贝尔奖视为事实。如果他们在数百万美元的捐赠问题上过于强硬，正如特吕格所说，"全世界的公众舆论"将转而反对他们，"一场不情愿的风暴"将会爆发，并激起"他们不愿挑起的波澜"。[974]

正如特吕格教授自己几年后回忆的那样，他建议家族四人组分阶段处理法律程序。他们首先应发出传票，解决形式问题，即在哪个国家和哪个法院处理遗嘱。一旦这个问题得到解决，四人组就可以向攻击遗嘱本身这个更大的目标进军，其根本目的是推动主要诉讼程序"达成和解"。[975]

但谁也不能排除，即使是第一场诉讼也会导致整个遗嘱被废除的可能性。如果阿尔弗雷德的居住地被确定为巴黎，情况就是如此。

瑞典亲属根据特吕格提出的模式选择了一种解决方案。从一开始，报纸上就将其描述为"安排好的"骗局。安娜·舍格伦和她的丈夫没有得到任何遗产，他们对亚尔玛和卢德维格·诺贝尔提起了诉讼，因为兄弟二人得到了更多的遗产。舍格伦夫妇要求在重新分配遗产时考虑到安娜的继承权。案件在斯德哥尔摩和卡尔斯库加两地审理，但当各亲属代表在法庭上发言时，很明显，原告和被告都不太关心实质性问题，即他们之间的遗产分配问题。最重要的是，他们想提出的问题是，法庭是否有权裁决此案。

拉格纳·索尔曼感到很惊讶。亲属先是声称案件属于法国，然后又来这一出？他在给亚尔玛·诺贝尔的信中说，"我完全不理解你们目前的程序"，并重申他希望友好和平地解决一切问题。他告诉亚尔玛，在与埃曼纽尔进行友好交谈之后，他已就遗嘱的必要补充条款准备了一份备忘录。

正如您所了解的那样，我并不是想继续与您打官司，我更希望避免这样做，除非您认为我们作为遗嘱执行人的职责就是“战斗”。就我而言，我希望尽快摆脱这些对我来说毫无趣味的事务，继续研究阿尔弗雷德·诺贝尔先生关于火药和橡胶等的想法。

另外，我请您记住，由您发起的审判对您来说可能会更不愉快，因为您对此事有直接关系，而对我们来说，我们总的来说是置身事外的。[976]

那么，阿尔弗雷德·诺贝尔属于哪里呢？斯德哥尔摩、巴黎还是博福斯？法国律师向拉格纳·索尔曼明确表示，法国当局不会接受斯德哥尔摩作为阿尔弗雷德·诺贝尔的居住地，因为他从小就没有在那里登记。要让遗嘱案件最终由斯德哥尔摩市政厅法院审理，这对索尔曼和利耶奎斯特来说是巨大的难题。无论如何，案件都有可能在巴黎终结。如果决定权不在博福斯和卡尔斯库加郡法院，阿尔弗雷德·诺贝尔的遗愿就不一定能实现。

*

瑞典亲属担心，如果他们反对阿尔弗雷德叔叔的遗嘱，就会引起“怨恨的风暴”，因此需要公众的支持。在这方面，法学教授恩斯特·特吕格也为他们提供了咨询服务。他把 1897 年 4 月中旬在《我们的国家》报社论版上匿名发表的三篇系列文章称为《百万遗产之战》，而这些文章的作者是谁很快就成了公开的记录。

《百万遗产之战》是为诺贝尔家族的干涉权辩护。特吕格认为，媒体对诺贝尔奖的庆祝来得太早了。从遗嘱来看，捐赠在法律上是不可能实现的。根据相关规定，除非指定的继承人在被继承人去世后六个月内领取遗产，否则遗嘱无效。法学教授认为，现在他们的时间已经差不多了，这不可能发生。这笔巨额捐赠仍然没有接受者。

即使未来的诺贝尔奖获得者在最后期限（1897 年 6 月 10 日）之前在瑞典的土地上活着出现，问题也不会得到解决。奖金无处可去。这份遗嘱尚未在任何瑞典法院获得法律效力。

特吕格先生认为，解决这一复杂局面的唯一合理办法是让亲属接管分配的责任。遗嘱执行人在没有合法处置权的情况下继续处理这些价值数百万美元的财产是不可接受的。特吕格对诺贝尔家族的困境深表同情，并将这一切归咎于已故的阿尔弗雷德·诺贝尔。在如此重要的问题上，他怎么能如此不清不楚、漠不关心呢？[977]

这些文章给人留下了深刻的印象，尤其是在瑞典的机构——瑞典学院、卡罗林斯卡医学院和瑞典皇家科学院中，阿尔弗雷德·诺贝尔曾提名这些机构为获奖者颁奖。与挪威议会一样，最近它们也收到了拉格纳·索尔曼和鲁道夫·利耶奎斯特的来信。执行人需要这些机构的正式声明，表示它们接受阿尔弗雷德·诺贝尔的指派。无论如何，有一个基本情况是索尔曼和利耶奎斯特无法回避的：如果这些机构拒绝，遗嘱也将无效。

索尔曼和利耶奎斯特向所有四个机构提名两名代表，以便进行必要的谈判。每个看过遗嘱的人都意识到，如果不对遗嘱进行补充，甚至重新解释，诺贝尔奖就无法实现。[978]

《我们的国家》报纸上刊登的对该遗嘱尖锐的法律批评引起了许多人的关注，他们现在必须回答遗嘱执行人提出的重要问题。如果捐赠奖金在法律上站不住脚，那么迅速而慷慨地与家族达成和解是不是更好的选择呢？

遗嘱执行人的律师卡尔·林德哈根意识到了提出反驳观点的迫切需要，他在《每日邮报》上撰写了两篇匿名长篇文章以示回应。除其他外，他还指出，至少在瑞典，没有必要指定一个人接受遗产，例如完全可以成立一个基金会。林德哈根试图严格遵守法律规定，但不幸的是，他对瑞典诺贝尔家族行为的恼怒溢于言表。“……你不得不承认，他们至少有很厚的脸皮，能够不以为耻反以为荣。但无论他们是倒在柔软的钞票捆上，还是倒在幻想破灭的石堆上，有一点是肯定的：无论他们得到了什么，他们都不会因此而获得英雄的声誉，”林德哈根一针见血地驳斥了家族接管百万资产的主张，“死者肯定会在坟墓里翻身！”

拉格纳·索尔曼在巴黎与总领事努德林一起阅读这些文章时认为，这种语气是不必要的而且是咄咄逼人的。[979]

*

一些人称之为“模拟审判”的活动于 1897 年 4 月中旬举行。媒体嘲笑这些首次遗产纠纷实际上是为了解决棘手的问题。关于阿尔弗雷德·诺贝尔遗嘱的案件该归属何处？这一轮是斯德哥尔摩市政厅法院和卡尔斯库加郡法院（博福斯）之间的案件。

一些基本事实在法庭上被重述了一遍：这位千万富翁一生都是瑞典公民，但自九岁起就没有在任何地方登记过，甚至没有在国外登记过。瑞典有两项法规可以适用——一项针对流浪者，另一项针对贫民。如果阿尔弗雷德被归类为流浪者，则适用斯德哥尔摩的最新登记规定。如果他被定义为贫民，则要看他曾经在哪里登记，应该在哪里登记，这就指向了博福斯。流浪者还是贫民？《工作报》写道，“这是一个大问题，3500 万的所有权取决于对这个问题的回答。”[980]

亲属希望两个法院都能宣布自己未经授权。这增加了遗嘱被宣布无效的可能性，无论是否经过法国复审。在卡尔斯库加，他们抗议允许地方法院处理此案。阿尔弗雷德·诺贝尔最后一次与母亲一起在斯德哥尔摩登记是在 1842 年。亲属认为，如果他真的属于瑞典的任何地方，那也应该属于那里才对。

遗嘱执行人有权发表意见。他们深入研究了先例，认为户籍这一难题不仅涉及阿尔弗雷德的居住地，还涉及他的工作地。他们提交了一份博福斯工厂经理出具的证明，表明阿尔弗雷德·诺贝尔自 1894 年以来一直是该工厂董事会的受薪主席，并拥有大部分股份。他还有一个属于工厂的官邸。虽然诺贝尔确实长期在国外，但他在比约克伯恩有全职仆人。他用自己的钱为宅邸添置了家具，在马厩里养了三匹自己的马并为马配备了马车。他甚至还雇了一名马车夫。

阿尔弗雷德·诺贝尔的遗嘱执行人认为，如果他属于瑞典的任何地方，那显然是在博福斯，而不是斯德哥尔摩。在这种情况下，计算他在博福斯逗留的时间长短是无关紧要的。鉴于诺贝尔从事的广泛的国际商业活动，他在欧洲有过多次旅行是很自然的。

索尔曼和利耶奎斯特很幸运。1897 年 4 月底，斯德哥尔摩市政厅法院拒绝审理有关阿尔弗雷德·诺贝尔遗嘱的案件。另外，卡尔斯库加郡法院则宣布自己有权审理此案。虽然这避免了对遗嘱有效性的第一次威胁，但预计还会有上诉，甚至连法国的危险也尚未完全解除。颁奖机构的态度也不明朗。[981]

*

阿尔弗雷德·诺贝尔的遗嘱内容公布已有四个月。然而，挪威议会是唯一一个在公开场合对获得奖金捐赠表现出一致甚至无比热情的机构。1897 年 4 月初，当遗嘱执行人正式提出诺贝尔的奖项问题时，挪威议会议长约翰·伦德在议会上发表了纪念演讲，向捐赠者表示敬意。议员们听后纷纷起立。伦德先生说："我们的人民有一个特殊的理由来纪念诺贝尔，因为他给予了挪威以认可，给予了挪威议会以信任。"挪威议会议长宣布："这将是一座永不坍塌的纪念碑，它将屹立在那里，岿然不动。"[982]

但是，索尔曼和利耶奎斯特需要让所有机构都参与进来，才能实现奖金捐赠。在这一过程中，挪威人的喜悦并不都是好事，有些欢呼声比其他欢呼声更糟糕。例如，作家比昂松曾因发表了许多批评联盟的和平小册子而被许多人视为瑞典的最大敌人。诺贝尔和平奖的消息刚刚传出，比昂松就开始到处宣扬诺贝尔的功劳。这些言论在斯德哥尔摩激起了人们的情绪。在保守的瑞典圈子里，人们非常担心挪威会利用和平奖获得独立的外交政策影响力，开始与瑞典对抗，将"挪威国内的和平传教士"置于世界政治的聚光灯下。据索尔曼称，这种担心在政府高层一直存在。他也知道联盟国王奥斯卡二世的想法。

传言说，亲属最初关于颁奖机构的法律纠纷实际上是为了阻止和平奖的颁发。[983]拉格纳·索尔曼需要减弱这样一种印象，即和平奖是挪威民族主义的胜利，而不是更准确地说，是对国际和平运动的致敬。他本想去哈曼斯多夫城堡拜访伯莎·冯·苏特纳，以拓宽自己的视野，但时间不够。他请她寄给他一封阿尔弗雷德在信中首次提到和平奖的副本，并强调了她对现在摆在他们面前的奖项设计的重要性。他在给伯莎·冯·苏特纳的信中写道："当然，我认为我们作为执行者只是从和平运动负责人——尤其是夫人您——这儿收集建议的工具。"[984]

针对瑞典的颁奖机构，更多的人持怀疑态度。瑞典学院是一个拥有百年历史的文化机构，当时正在为自己的声誉而奋斗。在报纸上，讽刺笔锋竞相嘲讽学院故步自封的文学观点和深夜举行的典礼。卡尔·戴维·维尔森（Carl David af Wirsén）受到的冲击最大，他被认为固守着古老的文学理想，写出了荒诞不经的诗句。维尔森与近几十年来涌现出的几乎所有瑞典现代作家，包括古斯塔夫·弗罗丁（Gustaf Fröding）、塞尔玛·拉格洛夫、维尔纳·冯·海登斯坦（Verner von Heidenstam）和奥古斯特·斯特林堡都格格不入。

维尔森和他的同僚将决定哪些文学是人类最伟大的文学，这一想法引发了嘲笑，说瑞典学院已经开始忙于瑞典的"最低级诗歌测试"。

甚至在瑞典学院委员会的 18 人中，也有批评家因能力不足而想放弃该奖项的颁奖权。有人认为，这项任务只会带来许多不适，比如“压力、阴谋、不满和诽谤”。此外，实际上这似乎是不可能的。新闻界开玩笑说，瑞典学院将被淹没在 19 000 份奖状中，假设他们每天工作 17 个小时，292 名官员需要三个月的时间来整理这些奖状。

诺贝尔在遗嘱中只写了“斯德哥尔摩学院”。反对者认为，难道不能把这个烫手山芋转给科学院吗？

但拉格纳·索尔曼有一张王牌。卡尔·戴维·维尔森是他的叔叔，两家人经常在一起。拉格纳还曾和他的儿子一起学习数学，因此在维尔森家待过很长时间，无论是在城里还是在达拉岛的避暑别墅里。这个时候，他很早就与维尔森取得了联系，并赢得了他对奖金想法的支持。除其他事项外，索尔曼还提到，他们可以设想建立一个外国的文学院人际网络，协助评选工作。

瑞典学院常务秘书卡尔·戴维·维尔森选择了接受诺贝尔奖的颁奖权。他警告其他 17 位成员，如果瑞典学院放弃这项任务，捐赠可能会被完全取消。届时，诺贝尔希望给予“欧洲大陆文学巨匠”的“特殊认可”和“特殊恩惠”也将不复存在。维尔森随即预言，瑞典学院将面临一场不满和指责的风暴，后代的学院成员肯定会同意这种指责。维尔森认为，“瑞典学院出于舒适方便的原因，回避了在世界文学中具有影响力的地位”，这是根本无法辩解的。

关于诺贝尔奖的决定付诸表决。维尔森的观点获得 12 票，最终胜出。[985]

卡罗林斯卡医学院的执行者面临的问题最少。院长阿克塞尔·基曾与阿尔弗雷德·诺贝尔就捐赠事宜进行过接触。基教授与索尔曼家族也有私交。基当然更希望得到新的捐赠，只要索尔曼承诺的额外款项能够兑现，遗嘱执行人就可以指望卡罗林斯卡医学院接受生理学或医学奖的颁奖权。

剩下的两个重要立场仍待明确——国王和瑞典皇家科学院。拉格纳·索尔曼意识到奥斯卡二世的严重疑虑。因此，当“国王陛下”做出决定，让大法官负责采取必要的措施来落实诺贝尔的意愿时，他如释重负，同时半信半疑。

诺贝尔奖最后成功实现与否，取决于瑞典皇家科学院，因为它同时获得了化学奖和物理学奖的颁奖权。瑞典皇家科学院的反对派成员之一、历史学家汉斯·福塞尔（Hans Forsell）恰好也是科学院的成员。他没有加入起草给索尔曼的声明的委员会，但他也在这里继续进行反对诺贝尔奖的斗争。做出这个决定花了很长时间。

当最终讨论此事时，委员会的赞成意见已摆在桌面上。结论是科学院应接受该奖项，但与其他奖项的保留意见大致相同。在讨论过程中，精明的福塞尔提出了一个出乎意料的反对意见，使提议泡汤了。科学院当然不能在遗嘱具有法律约束力之前就对阿尔弗雷德·诺贝尔的奖项发表意见吧？这难道不违法吗？

此事悬而未决，一切都像遗嘱刚公布时一样不确定。[986]

*

沙俄亲属的负责人埃曼纽尔·诺贝尔一直站在瑞典亲属的行动之外。他仍然没有动摇这一立场，但他又遇到了一个问题。挪威—瑞典联盟驻圣彼得堡总领事开始担心，如果他不对阿尔弗雷德·诺贝尔在沙俄的那部分财产采取行动，斯德哥尔摩政府会对他进行斥责。埃曼纽尔和拉格纳就负责任地出售石油股份达成的无声协议可能会受到损害。

拉格纳·索尔曼决定前往沙俄进行现场讨论。他邀请石油公司的一位前秘书作为翻译和助手陪同他。当他们到达码头时，亚尔玛·诺贝尔和里德斯托尔佩伯爵的出现让他们大吃一惊，因为他们已经得知了四人组要离开的消息。根据拉格纳·索尔曼的回忆，亚尔玛·诺贝尔说："你们要去圣彼得堡，我和你们一起去。"

在乘船途中，气氛十分紧张。到了沙俄首都，情况也没有好转。拉格纳知道，亚尔玛和埃曼纽尔的关系紧张，在阿尔弗雷德去世后也没有完全缓和。相互之间的不信任让空气都变得难以呼吸，亚尔玛·诺贝尔在埃曼纽尔和拉格纳逗留期间要求参与他们之间的所有讨论，这一点也不足为奇。他们设法解决了沙俄遗产清点的手续，但关于遗嘱的讨论不得不暂时搁置。[987]

圣雷莫的房产现在已经清点完毕，准备就绪。[988]拉格纳·索尔曼搬回了家，并在比约克伯恩庄园的一楼设立了庄园办公室。关于遗嘱的僵局让他很烦恼，这还不仅是科学院从中作梗。不出所料，亲属还对卡尔斯库加郡法院的管辖权提出了上诉。他意识到，他们打算将遗嘱无效的企图进行到底。因此，1897 年 7 月初，索尔曼和利耶奎斯特召集了一些外国律师和顾问在斯德哥尔摩的雷德伯格酒店开会。一些人认为，与瑞典亲属迅速达成妥协是最好的解决办法。他们需要尽快解决问题。

拉格纳·索尔曼谨慎地开始探索各种可能性，却碰壁了。家族代表向他提出的建议是，遗嘱执行人应该取消遗嘱，这样继承人就可以得到一切。作为回报，瑞典家族将承诺把大部分财产捐给诺贝尔奖。当拉格纳联系卢德维格·诺贝尔时，他了解到瑞典诺贝尔家族希望至少保留“家族的财产”——所有的炸药股份、石油股份、博福斯公司和巴黎的房子。这相当于阿尔弗雷德·诺贝尔三分之一的财产。拉格纳·索尔曼气愤地回答“这是不可能的”，因此与卢德维格的友谊也随之终止了。[989]

与此同时，法国开始出现不祥之兆。法国法院正在审理一起案件。该案件与遗嘱纠纷只是间接相关，却直指核心。法国炸药制造商中央炸药公司要求归还专利使用费，该公司认为其向阿尔弗雷德·诺贝尔错付了这笔费用。据称，这些专利属于该公司。

索尔曼和利耶奎斯特曾试图用诺贝尔家族的徽章来反驳这一要求，并质疑法国法院审理此案的管辖权。遗嘱执行人解释说，阿尔弗雷德·诺贝尔当时在瑞典家中。现在传来了他们一审败诉的消息。他们不得不上诉，以避免法国法院复审。索尔曼和利耶奎斯特的法国律师最终以异乎寻常的丰富论据成功地取消了法国的程序。索尔曼事后尴尬地读到，律师是如何将马拉科夫大道上的别墅贬低为简单的过夜住所，并将博福斯夸大为他在瑞典的“城堡”和庞大的庄园的。律师还不厌其烦地描述了诺贝尔的“豪华俄式马车和奥尔洛夫马及其马厩”。据他说，正是这些马改变了法庭的想法。[990]

在瑞典，情况要复杂得多。7月初的一天，美丽的奥尔洛夫马在博福斯火车站的山坡上狂奔，“豪华”的马队翻倒了，这真是命运的讽刺。拉格纳·索尔曼摔了出去，背部受伤，两根肋骨骨折。惊吓过后，亚尔玛·诺贝尔提出要买下这几匹不听话的马，因为他对它们“情有独钟”。他还买下了阿尔弗雷德著名的橡胶轮马车。

慢慢地，阿尔弗雷德·诺贝尔的所有努力都随风而逝。他热衷的许多项目都面临新的命运。夏天，他的合作伙伴施特勒尔内特的人造丝在斯德哥尔摩的一个展览会上引起了广泛关注，而永斯特伦兄弟很快就得知，他的遗产被迫让自行车公司破产。

7月9日，报纸刊登了一封来自特罗姆瑟的电报。根据工程师安德烈的北极探险队的最新报告，热气球已准备好在 7 月 8 日起飞前往北极。“整个斯匹次卑尔根岛的西海岸都是无冰的。”[991] 三位冒险家再也没有回来。

*

1897 年 10 月 30 日，阿尔弗雷德·诺贝尔的继承人被召集到比约克伯恩的庄园进行遗产集体清点，但只有亚尔玛·诺贝尔出现了。他由一名法定代表人陪同，并得到了罗伯特一方的其他家庭成员——罗伯特的遗孀宝琳·诺贝尔、卢德维格·诺贝尔和里德斯托尔佩的授权。除此之外，没有联系到其他继承人。

阿尔弗雷德·诺贝尔的资产分布在九个国家，总额超过 3300 万瑞典克朗（按现在的汇率计算为 21 亿欧元）。虽然需要扣除一些税款和债务，并扣除指定继承人的份额（130 万瑞典克朗），但奖金的最终总额仍然超过了 3100 万瑞典克朗。

如果诺贝尔的遗愿得以实现，他的奖金数额将是世界上最大的，甚至可能允许他的亲属接管并决定奖金的数额和设计。他们不是想违背阿尔弗雷德的梦想，而是认为，即使为继承人保留三分之一的财产，这些梦想也能实现。

他们还没有放弃。亚尔玛·诺贝尔和法律代表提出了抗议。他们强调说，他们来到比约克伯恩这一事实不应被理解为对遗产清单的认可。遗嘱执行人在没有任何亲属在场的情况下翻阅了法国的遗产清单，这已经超越了他们的权限，此外法院的案件还没有解决。遗嘱在法律上是无效的。

亲属们的反对并没有阻止卡尔斯库加郡法院提交和登记遗产清单，但他们的抗议成了一条独立的新闻，并最终传播到了瑞典境外。在哈曼斯多夫城堡，伯莎·冯·苏特纳激动地注视着她的朋友阿尔弗雷德高尚捐赠的进展情况。当她听说家族反对这份遗嘱时，她担心一切都完了。“这真是毁灭性的打击。我很清楚，诺贝尔是我的朋友，他想把奖颁给我。如果他能说得更清楚些就好了。”她在 1897 年 12 月的日记中写道。[992]

拉格纳·索尔曼面临的挑战不仅限于家庭。在奥地利，41 岁的离异母亲索菲·赫斯带着年幼的孩子生活。她仍处于监护之下，但不断积累大笔债务，并试图通过典当珠宝来偿还。1897 年新年前夕，阿尔弗雷德·诺贝尔的遗产管理机构收到了一封信，是她联系的一位律师寄来的。索菲提出了索赔要求。信中说，她可以证明阿尔弗雷德·诺贝尔在他们长达 18 年的关系中曾承认她是他的妻子。如果遗产继承方不愿意与她友好和解，她准备在法庭上验证这一点。

索菲·赫斯提到，她收藏了大量阿尔弗雷德·诺贝尔的信件。她现在经济拮据，可能被迫出售这些信件的出版权。

这种威胁令人不快。这些信里说了什么？拉格纳·索尔曼不能就这样算了。他给圣彼得堡的埃曼纽尔发了一封电报，因为后者是诺贝尔家族中现在唯一可以与他随意交流的成员。埃曼纽尔并不感到惊讶。他自己也收到了几封索菲和她父亲的乞讨信。到目前为止，他还没有见过他们，但这封信可能会给他带来新的启发。“我不认为这些信是情书，也不认为它们会影响世人对阿尔弗雷德的记忆。不过，我倾向于认为它们具有矛盾的性质。”他在写给拉格纳的信中说道。

埃曼纽尔警告说，信中可能包含一些不恰当的修辞内容，可能会让已故的阿尔弗雷德看起来很可笑。他的结论是，他们应该买下这些信件并将其销毁。伊曼纽尔推断说：“俄国人把遗嘱执行人直译为灵魂的代表，这个词的含义更广，它要求遗嘱执行人确保死者的良好声誉。”这封买断信就属于这种情况。他明确表示，沙俄亲属不会反对这样的交易。

拉格纳·索尔曼为阿尔弗雷德·诺贝尔写给索菲·赫斯的信支付了 1.2 万奥地利弗罗林（约合今天的 100 多万瑞典克朗）。他将这些信件封存起来，藏在诺贝尔基金会的档案中。[993]

*

法律上的纠缠随着各种上诉一拖再拖。直到 1898 年春，最高法院才有望最终决定阿尔弗雷德·诺贝尔的遗嘱是否可以在卡尔斯库加郡法院审理，但这看起来很有希望。上诉法院说可以。[994]

拉格纳·索尔曼和鲁道夫·利耶奎斯特开始悄悄地与颁奖机构举行筹备会议。在对遗嘱文本进行必要修改时，一名科学院代表被允许以个人身份列席会议。与会者一致认为，阿尔弗雷德“在过去的一年中”的表述不应按字面意思解释，而应理解为奖励最新、最好的成果。另外还有必要认识到，一项研究成果的价值往往需要数年时间才能得到证明。关于该奖项可分为两部分或最多分三部分的建议也记录在此。[995]

在瑞典亲属将争论升级之前，双方举行了四次会议。媒体指出，关于法院的争议只是一个试探性的行动。现在发生的才是对阿尔弗雷德·诺贝尔遗嘱的真正“家族攻击”。

1898年2月初，罗伯特·诺贝尔的遗属和舍格伦夫妇向任何处理过阿尔弗雷德·诺贝尔“遗嘱”文件的人提起诉讼。他们声称，这份以阿尔弗雷德的名字命名的文件经不起仔细推敲。这笔巨额捐款没有收款人，也没有提及清点后由谁管理遗产。因此，根据法律，阿尔弗雷德·诺贝尔的遗产应由他最亲近的继承人管理。但是，亲属们补充说，为了避免误解，他们希望从一开始就表明，他们并不打算停止诺贝尔奖的颁发。他们绝对是想“实现诺贝尔博士遗嘱的主旨”。

瑞典诺贝尔家族的亲属起诉了遗嘱执行人、诺贝尔奖机构、瑞典政府和国王陛下等所有在遗嘱案中僭越了他们认为没有法律依据的角色的人和机构。为了保险起见，“家族攻击”的行动同时在斯德哥尔摩和卡尔斯库加两地发生。[996]

消息传出时，埃曼纽尔·诺贝尔正在斯德哥尔摩。他受到了很大的压力，不仅是来自亲戚的压力，他还受到了支持诉讼的压力。他不得不做出这样一个艰难的决定。在从圣彼得堡出发之前，他召集了同父异母的兄弟姐妹，向他们解释了自己作为监护人是如何看待这种情况的，以及他认为试图阻止或限制阿尔弗雷德叔叔的遗嘱是多么错误。但事情到了这一步，兄弟姐妹们又是怎么想的呢？他得到了他们的支持。

因此，他在斯德哥尔摩与拉格纳·索尔曼取得了联系，并做出了书面安排。在一份初步备忘录中，埃曼纽尔表示愿意在遗嘱问题上给予友好合作，作为回报，他将负责任地出售石油股份，保证家族不会失去对诺贝尔兄弟公司的控制权。埃曼纽尔还参加了与颁奖机构举行的两次筹备会议。他在会上表示愿意合作，但同时明确表示，未经包括瑞典亲属在内的所有继承人的事先同意，不得考虑对遗嘱进行任何修改或补充。[997]

然而，对他施加的压力仍在继续。2月的一天，他被国王奥斯卡二世召见，国王完全不能理解埃曼纽尔·诺贝尔的态度。从根本上说，国王并没有改变主意，而且自从挪威议会选举令人憎恨的和平宣传家比昂松为第一届诺贝尔奖委员会成员后，他对挪威和平奖的恼怒很可能与日俱增。国王很着急。难道埃曼纽尔没有意识到，作为诺贝尔家族最重要的代表，他现在完全有机会阻止这个只会引发争议的疯狂的奖项想法吗？

根据埃曼纽尔的说法，国王声称：“您的叔叔受到了和平爱好者，尤其是女性和平爱好者的影响。”

奥斯卡二世认为，无论如何，埃曼纽尔都有责任不让自己的兄弟姐妹的利益被阿尔弗雷德异想天开的想法破坏。毕竟，从法律上讲，该奖项似乎不可能实现。

埃曼纽尔回答说，他不会让他的兄弟姐妹将来冒着被科学家指责的风险，挪用真正属于他们的资金。[998] 当埃曼纽尔的沙俄仆人得知他要与瑞典国王作对时，仆人准备逃离瑞典。在沙俄，每当人们在反抗沙皇之后都会这样做。拉格纳·索尔曼对此印象深刻。他意识到埃曼纽尔·诺贝尔的决心对他们的成功至关重要。他如释重负，写信给伯莎·冯·苏特纳说，沙俄亲属不参与诉讼的决定保证了阿尔弗雷德·诺贝尔的遗愿和遗嘱将得到执行，至少会用到部分财产。

4月，遗嘱执行人再次取得胜利。最高法院裁定，有关阿尔弗雷德·诺贝尔遗嘱的案件应在卡尔斯库加郡法院审理，而不应在其他地方审理，但这是一个漫长的过程。挪威的法律规定迫使法院将诺贝尔遗嘱案推迟到1898年10月。[999] 这段时间可以被合理利用，也可以不被合理利用。

*

年轻的拉格纳·索尔曼被征召服兵役时，诺贝尔遗嘱案的最后一战刚刚开始，这多少有些令人啼笑皆非。埃曼纽尔在给拉格纳的信中写道："你要实现叔叔的和平思想，确保废除军国主义，却不得不参加战争，穿上军大衣，与士兵们在一起，甚至处在为此而不断努力的过程中，这真是非常艰难和非同寻常的命运转折。"[1000]

到达库姆拉的皇家近卫团驻地后，指挥官对拉格纳的姓氏做出了反应，问他是不是与诺贝尔遗产拍卖会有关的索尔曼的儿子。拉格纳回答说："不，我就是那位索尔曼。"惊讶过后，上尉在团里为索尔曼安排了一间好房间和一间带电话的办公室。必要时，他可以不参加行军。

起初，谈判双方都保持沉默。埃曼纽尔根本没有听到他堂兄弟的任何消息，也不愿意成为第一个采取行动的人。像往常一样，拉格纳·索尔曼开始发力。他在斯德哥尔摩的林德哈根律师的大力协助下，于5月初开始行动。[1001]

很多人都支持快速谈判。遗嘱执行人的理由是，亲属最近遭遇了几次挫折，他们的谈判意愿应该有所减弱。正如林德哈根律师所说，他们的"篱笆被拆掉了"。事实上，至少，如果我们相信一年前法学教授恩斯特·特吕格向他们提出的策略，亲属是一直希望达成和解的，只要他们事先发出足够的声音，就有可能取得真正的进展。[1002]

在实战和演习的间隙，拉格纳·索尔曼推动了谈判。他们的进展超出了预期，可以看出双方都有一定程度的战斗疲劳。基本上，没有人愿意把阿尔弗雷德·诺贝尔遗嘱的决定权交给法官，而诺贝尔的亲属当然也不想让已经讨论过的诺贝尔奖真的夭折，并就此成为他们良心上的负担。

1898 年 5 月底，拉格纳·索尔曼获得许可，与安娜和亚尔马·舍格伦签署了第一份和解协议。他们撤回了对 10 万瑞典克朗遗产的所有索赔要求。六天后，到了下一次休假和前往斯德哥尔摩的时间。罗伯特的遗属提出了更高的要求，他们并不满足于金钱，还希望保留一份对诺贝尔奖的影响力。根据协议，他们将获得总计 150 万瑞典克朗的额外补偿，以及对诺贝尔奖设计的正式影响力。[1003]

经过数月激烈的斗争，审判于 10 月取消。阿尔弗雷德·诺贝尔的奖金已达 3100 多万瑞典克朗。遗嘱执行人和亲属都感到满意。

事后，埃曼纽尔·诺贝尔在写给拉格纳的信中称赞道："我衷心祝贺您签订了合约，我深信您做了正确的事情。"[1004]

拉格纳·索尔曼当时只有 28 岁，并不习惯同时处理法律和经济事务。阿尔弗雷德·诺贝尔将一项几乎不可能完成的任务放在了他年轻的肩膀上。但正如捐赠者所预料的那样，这位年轻的化学家成了整个戏剧性过程的推动力。拉格纳·索尔曼以同样的毅力、创造力和勇气完成了这项艰巨的任务。

阿尔弗雷德·诺贝尔称他是自己为数不多的"最喜爱的人"之一，这是有充足理由的。

第二十四章

展望瑞典和挪威

1901 年 3 月 24 日星期日，诺贝尔的瑞典亲属聚集在斯德哥尔摩的家族墓地前。空气中弥漫着春天的气息，人们都穿上了薄外套；篱笆上的残雪正在融化。

他们不是为阿尔弗雷德·诺贝尔而来，尽管这里就是他安息之地。当天的巨大花圈是为诺贝尔的父亲伊曼纽尔·诺贝尔准备的，其百年诞辰将在众多记者和炸药技术人员的见证下举行。

在北方公墓举行的仪式于中午开始。亚尔玛·诺贝尔和卢德维格·诺贝尔兄弟俩并排站在花岗岩方尖碑前，上面镌刻着“诺贝尔”（NOBEL）的字样。

一位堂兄谈到了伊曼纽尔和硝化甘油。牧师念着诗歌：

现在，您的百年诞辰到了，
您的姓氏熠熠生辉，
因此，我们在此献上对您的怀念，
感恩的纪念，致敬的花环。

这里所说的熠熠生辉主要是指伊曼纽尔的儿子阿尔弗雷德·诺贝尔和他的大笔捐款。他去世快五年了。长期的沉寂让外国媒体不禁要问，大名鼎鼎的诺贝尔奖究竟去了哪里？难道这一切只是一个童话？

现在，1901 年 3 月，这一切终于揭开了谜底。世界上最早五届诺贝尔奖的提名纷至沓来。颁奖日期定在阿尔弗雷德·诺贝尔的忌日，即 1901 年 12 月 10 日，此后它被称为诺贝尔日。

“和平倡导者”伯莎·冯·苏特纳迫不及待。她非常需要诺贝尔奖奖金，既是为了和平，也是为了她家再也负担不起的城堡。年复一年，她焦急地守护着自己的领地。早在 1898 年，她就在日记中写道：“我想了很多关于诺贝尔奖的事情。”

同年 8 月，俄国沙皇尼古拉二世，当时世界上最大的军队统帅，在和平问题上做出了一个出人意料的举动。沙皇希望亲自发起一次大型和平会议，以结束各国之间的军备竞赛。在随后的国际和平奖竞赛中，沙皇和伯莎·冯·苏特纳的名字被同时提及。伯莎在日记中坦言，这是一个问题。“我意识到，我的名字最近像广告语一样在全世界广为流传，这一定会冒犯很多人。如果我被怀疑——我是在强调自己的优点，是在帮自己做广告，那么除了沙俄，挪威议会也会对我感到愤怒。”

沙皇召开的会议于 1899 年春在海牙举行。和平运动终于取得了重大突破。人们期待已久的仲裁法庭——海牙法庭成立了，并且签署了几项关于战争和战争罪行的国际公约。伯莎·冯·苏特纳当然也来到了海牙，并让人们看到了她的身影。她在中央饭店举办了一次沙龙，阿尔弗雷德·诺贝尔的肖像被放在桌子上的显眼位置。所有经过的人都驻足停留。她是否做得太过分了？当伯莎的一位女性亲戚在海牙乘坐豪华马车四处旅行时，她开始忧心忡忡起来。这意味着这位亲戚很有钱。伯莎·冯·苏特纳在日记中写道，这位亲戚“也许是用她那不讲究的四轮马车破坏了诺贝尔奖”。

1900 年 10 月，埃曼纽尔·诺贝尔参观了哈曼斯多夫城堡。伯莎·冯·苏特纳证实，挪威人请埃曼纽尔，是去调查尼古拉二世是否会接受诺贝尔奖。随着颁奖仪式的临近，伯莎·冯·苏特纳的信心丝毫没有动摇。“我想，我最终还是会得到诺贝尔奖的。我要不为获奖制订一些计划吧。奖金应该会被分享，因此数额不大。但足够我安度晚年。这很好。”她在日记中写道。[1005]

1901 年 4 月，当挪威诺贝尔奖委员会结束提名时，伯莎·冯·苏特纳已获得多人提名，但不是最多的。她也不在众多自荐者之列。[1006]

*

阿尔弗雷德·诺贝尔的所有奖金都有了归宿。自 1900 年夏天起，新的诺贝尔基金会在法律上和实际上都已成立，基金会执行人拉格纳·索尔曼是董事会成员。基金会办公室位于诺尔兰大街 6 号，距离阿尔弗雷德·诺贝尔 1833 年出生时的故居仅 50 米之遥。黑色玻璃招牌非常隐蔽，以至于大多数人都没有注意到它。首席执行官桑特松（Santesson）迎接了到访的记者，他把阿尔弗雷德·诺贝尔在博福斯的书房里的所有胡桃木家具都搬了过来。书柜里是捐赠者的书籍，保险柜里是他的遗嘱。[1007]

诺贝尔基金会有五个附属机构。诺贝尔奖颁奖机构中的诺贝尔奖特别委员会负责这项工作。随着时间的推移，提名名单不断增加。很多人都想强调自己对人类的贡献，这一点令人不安。例如，一位意大利人因一篇关于去除鸡眼的最佳方法的文章而申请文学奖。最后，需要声明的是：你不能申请诺贝尔奖，你必须被推荐。[1008]

在某些问题上，对诺贝尔遗嘱的解读与协商后的重新解释发生了冲突。如果物理学奖是为了表彰上一年（或诺贝尔所写的“逝去的一年”）里最伟大的成就，那么 1901 年的获奖者应该是德国人马克斯·普朗克（Max Planck），他在 1900 年 12 月中旬提出了革命性的量子理论。但普朗克不得不等到 1918 年，或者等到人类意识到量子物理学的重要性。相反，近年来物理学界的一颗耀眼新星——他的同胞威廉·伦琴却因其在 1895 年发现的突破性射线而获得了最多的提名。[1009]

文化精英们忐忑不安地等待着瑞典学院对文学奖的决定。当下的文学院仍然犹豫不决。当瑞典学院提交诺贝尔奖章程时，这些章程被嘲笑成一个 16 岁的孩子在高中俱乐部一边碰潘趣酒的酒杯一边写下的东西。18 名院士或许可以给瑞典的贫穷诗人一些小额资助，但要让世界上最伟大的当代作家获得诺贝尔奖？

幸运的是，1901 年的选择是显而易见的，瑞典学院轻松地避免了让瑞典成为笑柄的局面。全世界都期待沙俄作家列夫·托尔斯泰成为首位诺贝尔文学奖得主。

瑞典学院新建的诺贝尔图书馆被匆忙购置的数千本新的外国皮革装订的书挤得水泄不通。有消息称，学院已派人前往沙俄采购了数百本新书，这是一个好兆头。然而，事情还是出了差错。当 18 名院士把 25 人的名单摆在他们面前时，列夫·托尔斯泰的名字甚至不在被提名人之列。但埃米尔·左拉的名字在其中，他是连阿尔弗雷德·诺贝尔本人都鄙视的另一位著名作家。事实证明，瑞典学院也是如此。18 名院士说，左拉的自然主义“没有精神，往往带有严重的玩世不恭的性质”，与诺贝尔想要奖励的“理想”和崇高文学格格不入。

出乎所有人意料的是，诺贝尔文学奖得主竟是常务秘书维尔森认识的一位死板的家喻户晓的作家，一位被人遗忘的“二流”法国诗人苏利·普吕多姆（Sully

Prudhomme）。外国的报刊文化编辑都惊讶地摇了摇头。他们说，这也许是诺贝尔“理想”方向上的一种崇高精神，只是可怜那些被迫阅读这种平庸之作的人。如果托尔斯泰不合适，还有更好的，甚至北欧的作家亨利克·易卜生或比昂松也可供选择。

为了表示抗议，42 位瑞典文化界人士给被忽视的列夫·托尔斯泰写了一封公开信。在信中，他们表达了自己对文学院的疯狂决定的不满，因为他们觉得这个决定只会让瑞典蒙羞。他们向作家和所有外国评委明确表示，对于瑞典人民及其文化精英来说，托尔斯泰是当之无愧的第一位诺贝尔奖得主。签名者包括亚尔玛·索德伯格、塞尔玛·拉格洛夫、奥古斯特·斯特林堡、维尔纳·冯·海登斯坦和埃伦·基（Ellen Key）等瑞典主要作家，以及艺术家卡尔·拉松、安德斯·索恩和布鲁诺·利耶福什（Bruno Liljefors）。[1010]

次年，列夫·托尔斯泰获得提名，但被否决。虽然 18 位成员赞扬了托尔斯泰的小说《安娜·卡列尼娜》，但他们认为托尔斯泰的其他一些作品过于“不成熟和有误导性”。他们不喜欢托尔斯泰对教会和国家的无政府主义批评，以及他“对文化的敌意和片面性看法”。瑞典学院也不能容忍托尔斯泰“打破对所有文化的束缚，崇尚与高等文化脱离任何联系的自然生活”。他们还考虑了托尔斯泰对 1901 年未能获得诺贝尔奖的反应。当时，这位沙俄作家声称，他很高兴没有获得诺贝尔奖，因为金钱“只会产生邪恶”[1011]。

*

随着 12 月的到来和第一个诺贝尔奖日的临近，大多数获奖者的名字都成了官方秘密，设在克里斯蒂安尼亚（奥斯陆）的和平奖委员会直到最后才会对外公布。然而，紧张局势仍在加剧。诺贝尔奖获得者每人将获得超过 15 万瑞典克朗的奖金（按今天的货币计算，将近 900 万瑞典克朗）。这简直令人难以置信。“文明世界的目光已经投向了瑞典和挪威，”12 月 4 日，法国《费加罗报》写道，“斯德哥尔摩和克里斯蒂安尼亚很快将洒下金色的雨露，滋润精神的田野。诺贝尔去世后的慷慨延伸到所有国家和所有时代……这位发明家为战争艺术，不幸的是也为公共谋杀提供了如此可怕的毁灭工具，却将自己的财富奉献给了和平艺术。他为自己和国家赢得了荣誉。”[1012]

12月9日上午，世界著名物理学家威廉·伦琴和医学奖得主埃米尔·冯·贝林（Emil von Behring）乘坐夜车从南方抵达斯德哥尔摩。“他们已入住大饭店。”报纸迫不及待地报道，并派素描画家进入餐厅。伦琴的魅力让斯德哥尔摩人心服口服，大多数人几乎不知道贝林是谁。他的医学奖是卡罗林斯卡医学院奖励细菌学的一种方式，细菌学是19世纪最伟大的医学突破，尽管细菌学大师路易斯·巴斯德本人已于五年前去世。毫无疑问，巴斯德的竞争对手罗伯特·科赫抱怨自己被忽略了，但在1901年，人们认为贝林对人类的贡献更大。他的白喉血清挽救了成千上万人的生命，正如颁奖词所说，“为医生提供了战胜疾病和死亡的武器”。

化学奖得主雅各布斯·亨里克斯达勒·范托夫（Jacobus Henricus van't Hoff）傍晚从荷兰乘火车赶来，像普通旅客一样用胳膊肘挤进站台并在一位瑞典同事家过夜。范托夫是唯一没有留胡子的获奖者，他因发现渗透压定律而获奖，从报道来看，他是三位获奖者中最有魅力、最平易近人的一位。年迈的诗人普吕多姆一直没有露面。他“因神经痛病倒在法国的一个乡村小镇上”。[1013]

诺贝尔日当天，斯德哥尔摩笼罩在灰色、沉闷的黑暗之中。没有任何灯光亮起，甚至没有任何蓝色和黄色的瑞典国旗升起。“在王子命名日，这样的旗帜就会升起，但在同一个城市颁发诺贝尔奖时没有，”《社会民主党人报》抱怨说，“公众的兴趣也因此而减弱。”

颁奖仪式原定在新桥湾的音乐学院举行。早在预定时间的半小时前，一排排长椅上就开始喧闹起来。现场座无虚席，有1300位身着燕尾服或长裙的“无帽女士”。大厅里闪烁着“华丽的装饰和其他文字符号”的光芒，舞台中央矗立着阿尔弗雷德·诺贝尔的新半身像，是以他的死亡面具和最后的照片为原型制作的。舞台上铺着呈现金色图案的蓝布，大厅里装饰着棕榈树和月桂树叶。[1014]

在克里斯蒂安尼亚的和平奖委员会同时举行庆典，斯德哥尔摩和被选中的幸运儿都收到了电报消息。第一个和平奖将由年近八旬的国际和平运动先驱、法国人弗雷德里克·帕西和红十字会创始人、瑞士人亨利·杜南（Henri Dunant）分享。奖金的一半用于和平事业，一半用于人道主义工作。杜南在事后写给深感失望的伯莎·冯·苏特纳的信中说：“尊敬的女士，这个奖是您的功劳，因为诺贝尔正是通过您才了解到和平运动的……”她最后等到1905年才获得该奖项。[1015]

前往斯德哥尔摩的获奖者早早地来到了音乐学院。人群中包括诺贝尔家属和遗嘱执行人拉格纳·索尔曼。七点刚过几分钟，当指挥家介绍宫廷乐队演奏路德维格·诺曼（Ludvig Norman）的华丽节日序曲时，嘈杂声戛然而止。

国王奥斯卡二世宣布缺席，取而代之的是瑞典王储古斯塔夫·阿道夫（后来的古斯塔夫五世）和尤金王子登台。由于印有阿尔弗雷德·诺贝尔肖像的金质奖章尚未最终确定，他们不得不用颁发证书来完成仪式。致辞和合唱接踵而至。瑞典学院常务秘书维尔森用一首自创的童谣给大家带来了惊喜，这也是唯一一次偏离节目单。

随后，经过特别挑选的130位绅士前往格兰德大饭店参加宴会。女士则不怎么受欢迎。

第二天，媒体详细报道了这一事件。一些报纸嘲笑维尔森自创的童谣出人意料的押韵。《工作报》写道：“正是这位小心谨慎的八旬秘书，以瑞典获奖者的名义，用诗意的牧师语调吟唱了一首非常平庸和可怜的忏悔之歌。”该报特别提到了“可怜的迎合宫廷的路德教皇羊”的开头诗句。维尔森付出了巨大的努力，他肯定认为自己为历史上第一次诺贝尔奖颁奖仪式营造了一种极好的氛围，但这一嘲讽肯定刺痛了他。

不受欢迎，也不被追捧的任务
落在瑞典人肩上的重担
一种许多人都违背了的责任感
当世界在瑞典的回眸中看到
自然探索中最深刻的东西
医学研究的最精华的所在
文学世界各国最美的诗歌
它们都将年复一年地由瑞典之手予以表彰[1016]

后记

一个多世纪后

诺贝尔颁奖日一周前，来自圣雷莫的货车照常抵达。48 000 朵特别订购的鲜花在 12 月寒冷的斯德哥尔摩被迅速卸下，并在温室中剪切和浇水。早在 8 月，这些装饰品就在电视摄像机前进行了测试。今年的装饰品包括玫瑰、菊花、康乃馨、金盏花、桉树和大量其他绿色植物。

在一年中最长的工作日里，13 名技术娴熟的花艺师被召集到一起。从圣雷莫运来的花卉有一半用于颁奖仪式上布置 30 米长的花墙，其余的则用于诺贝尔晚宴的装饰。温室的墙上每年都挂着同样的吉祥物——印有阿尔弗雷德 · 诺贝尔头像的大型塑料金质奖章。

在最后的时间里，花艺师忙碌地在音乐厅里跑来跑去，喷洒和采摘枯叶。小号手在练习吹奏。国际广播公司测试拍摄角度。每年的诺贝尔奖获得者练习鞠躬，首先向国王鞠躬，然后向诺贝尔奖委员会鞠躬。

和往年一样，背景中矗立着阿尔弗雷德 · 诺贝尔半身雕像的石膏复制品。

回到市政厅，40 名服务员花了 9 个小时摆放餐桌。他们拿着量尺和绳子在蓝厅里来回穿梭，确保精确到毫米。1300 位宾客意味着需要 5000 多个玻璃杯和差不多数量的金边诺贝尔盘子。1 万套新擦亮的银餐具与花饰形成直角。

在几层楼高的厨房里，有 45 位顶级厨师正在紧张地忙碌着。他们从 2 月就开始策划诺贝尔奖菜单。他们为主菜准备了 1300 只大小均匀的鹌鹑，黑蒜经过数月的发酵已臻完美。现在，厨师正在将 9000 个腌制的天堂苹果搓成球状，塞进萝卜和野蒜蛋黄酱的小面皮里。在开胃菜的盘子里，它们围绕着炭烤的挪威龙虾和扇贝摆成了一个美丽的半圆。

主厨累得气喘吁吁。他一如既往地认为，为这么多人准备如此精致的食物实在是太疯狂了。但这就是诺贝尔奖宴会，宴会中的宴会。他们加快了进度。

颁奖仪式结束后，最后一支宴会进行曲余音袅袅，此时已是五点半。宴会的宾客踏雪而行。他们匆匆赶往包车，担心天气会影响他们的发型和美梦。

在蓝厅，每个人都在等待着贵宾的队伍，闻着高级香水的香味。晚报记者准备为礼服打分。电视解说员正在检查观众的问题，感受现场气氛，操心着晚宴长达四个半小时的现场直播。

欢呼声来了。1300 张椅子与地板的摩擦声响了起来。所有人起立。

*

外面突然结冰了。当我走过北座教堂花园的草地时，感觉脚下很凉爽。天空中繁星点点，但除此之外，瑞典的 12 月通常是一片漆黑，尤其是在阿尔弗雷德·诺贝尔的墓前。花岗岩方尖碑像一枚黑灰色的巨型火箭在黑暗中矗立着，从碑上很难辨认出他的名字。

我正在看手里拿着的宴会时间表。很快，卡尔十六世·古斯塔夫国王将向这位伟大的捐赠者祝酒，就像他过去多年和未来多年所做的那样。

诺贝尔基金会首席执行官和主席一如既往地在上午扫墓。他们敬献的手扎桂冠花圈上结了一层薄薄的冰，游行队伍已经出去了。也许明年他们可以为坟墓配上一盏灯，我心想，并试着用手机收看电视转播。晚宴开始上香槟了。我让荣誉桌上的烛台为坟墓洒下一点光亮。晚宴的喧闹声与高速公路的轰鸣声混杂在一起。

只剩下几分钟了。阿尔弗雷德·诺贝尔会反对这种排场吗？我想不会。他总是举行豪华的晚宴，他的谦虚更为隐蔽一些。他想纪念活着的人，而不是死去的人。

现在，国王站起来，拿起麦克风。我把手放在墓碑上，拿出手机。1300 名满怀期待的宾客的酒杯里都盛着泰亭哲珍藏香槟（Taittinger Brut Reserve）。国王清了清嗓子。

“女士们，先生们，请和我一起举杯，向伟大的捐赠者阿尔弗雷德·诺贝尔致敬！”

“你看，”我在黑暗中低声说，“你从未像你想象的那样孤独。”

后来都发生了什么

朱丽叶·亚当活了 100 岁，直到 1936 年才去世。她在 19 世纪 90 年代末停止了沙龙活动，几年后也离开了《新评论》杂志。当时，《新评论》杂志已经失去了它的重要性。随着第一次世界大战的爆发，朱丽叶·亚当为之奋斗已久的对德复仇也随之而来。事后，她感到后悔。死了那么多人，却没有任何解决办法。德国人的复仇欲望会导致什么结果呢？

索菲·赫斯独自一人与女儿玛格丽特生活在一起。她在维也纳靠阿尔弗雷德·诺贝尔遗嘱中的定期利息生活，但第一次世界大战后，阿尔弗雷德为此留出的匈牙利政府证券变得一文不值。索菲于 1919 年去世，她的女儿玛格丽特非常悲痛，写信给诺贝尔基金会。她当时是战争遗孀，也是一位单身母亲。拉格纳·索尔曼安排人从斯德哥尔摩寄去了几个食品包。

埃曼纽尔·诺贝尔成功地逆转了遗嘱纠纷引发的石油公司股权争夺。19 世纪 90 年代末，诺贝尔在沙俄的两家公司都蓬勃发展。1917 年革命后，家族失去了在沙俄的所有资产，埃曼纽尔伪装成农民逃往瑞典。这些海外资产足以让他在瑞典过上舒适的生活，直到 1932 年去世。埃曼纽尔·诺贝尔于 1911 年成为瑞典皇家科学院院士。

亚尔玛·诺贝尔致力于购买和管理农田与房地产，包括舍夫德郊外的克拉格斯托普庄园。作为一名工程师，他对现代造船业很感兴趣，并成为阿罗那号和阿塔拉号机动游艇的船主。他结婚较晚，有四个孩子，于 1956 年去世。

卢德维格·诺贝尔，罗伯特的儿子，在博斯塔德买下了一大片土地，建造了一个供浴客使用的别墅区，于 1907 年完工。他后来被称为“博斯塔德之王”，并在 20 世纪 20 年代建造了该镇著名的网球场、酒店和餐馆。他从 1913 年开始担任博斯塔德浴场的经理，1946 年去世。卢德维格和瓦尔堡育有三个子女。

英厄堡·里德斯托尔佩（女，婚前姓氏为诺贝尔）住在韦斯特曼省的吉雷斯塔，直到她的丈夫卡尔·冯·弗里申·里德斯托尔佩于 1905 年去世。这对夫妇有一个儿子，一岁时夭折。之后，她搬到了斯德哥尔摩，毕生致力于慈善事业。她买下了格兰纳附近的弗拉姆纳斯（Framnäs）农场，并将其遗赠给有需要的人作为度假屋。英厄堡于 1939 年去世。

拉格纳·索尔曼于 1898—1919 年担任博福斯诺贝尔公司（Bofors Nobelkrut）经理，继续开发阿尔弗雷德·诺贝尔的新型火药。他还成为瑞典贸易委员会的商业顾问和工业局局长。索尔曼在诺贝尔基金会最初的 46 年中一直是董事会成员，并在 1936—1946 年间担任执行董事。44 年后，拉格纳·索尔曼的孙子迈克尔·索尔曼接任诺贝尔基金会首席执行官。

伯莎·冯·苏特纳在 1902 年的诺贝尔颁奖日成了寡妇，她心爱的亚瑟去世时年仅 52 岁。她独自一人继续深入开展和平工作，最终于 1905 年获得诺贝尔和平奖。在此之前，埃曼纽尔·诺贝尔曾找到作家比昂松，明确表示，按照他的理解，阿尔弗雷德·诺贝尔在设立和平奖时主要考虑的人选是伯莎·冯·苏特纳。伯莎·冯·苏特纳死于 1914 年 6 月 21 日，即萨拉热窝枪声引发第一次世界大战的前一周。她当时正在筹划当年 8 月在维也纳举行的和平大会。

致谢

我毕生致力于撰写各种形式的叙事和调查性新闻报道。将这种工作模式带入19世纪看起来是一项艰巨的挑战。我做梦也想不到我能走这么远，能这么接近100多年前的情景。因此，我首先要衷心感谢科技的发展，它让我坐在2018年的斯德哥尔摩，在短时间内就能申请到1866年的美国国会文件，或者找到1871年围城期间巴黎街区的戏剧快照。我只是从数百个例子中列举两个。

然而，如此大规模的项目离不开大量的艰苦工作。我习惯攻坚克难，但如果没有大家对我的帮助，这本关于阿尔弗雷德·诺贝尔的书是不可能完成的。其实，我想写一个很长的故事来讲述你们每一个人，我遇到了太多温暖、欢乐和志趣相投的人。但是人太多了，我不得不限制我的情感表达。你们都知道你们对我意味着什么。

在我撰写这本书的三年半时间里，有许多研究人员和翻译人员或短或长地协助我完成任务。在此向他们表示衷心的感谢，他们是维塔利耶·安南耶夫（Vitalij Ananjev）、皮亚·阿克塞尔松（Pia Axelsson）、尤里·巴西洛夫（Jurij Basilov）、克拉利莎·布洛姆奎斯特（Clarissa Blomqvist）、黛安娜·博罗格夫（Diana Bologova）、卡琳·博里奎斯特·荣（Karin Borgkvist Ljung）、克莱门斯·波恩斯多夫（Clemens Bornsdorf）、米哈伊尔·德鲁津（Michail Druzin）、米卡埃尔·埃德尔斯坦（Mikael Edelstam）、爱德华多·福利（Edoardo Folli）、彼得·汉德贝里（Peter Handberg）、赖纳·克纳帕斯（Rainer Knapas）、道格拉斯·克努特松（Douglas Knutsson）、尤利娅·科勒索娃（Julia Kolesova）、奥列格·尤贝兹尼科夫（Oleg Ljubeznikov）、维克托·勒夫格伦（Viktor Löfgren）、伊丽莎白·勒夫斯特兰德（Elisabeth Löfstrand）、安德烈·马马耶夫（Andrej Mamajev）、林·努德兰德（Linn Nordlander）、亚历山大·普埃奇（Alexander Puech）、内斯特·桑托宁（Nestor Santonen）、塞西莉·滕马克（Cecilia Tengmark）和莫罗·赞博尼（Mauro Zamboni）。

我非常感谢这么多人同意接受采访，并为我提供了重要的事实和图片。我尤其要向拉尔斯·M. 安德松（Lars M. Andersson）、约尔·贝格曼（Yoel Bergman）、夏洛塔·博斯特伦、帕特里斯·布雷特（Patrice Bret）、沃尔夫－吕迪格·布施（Wolf-Rüdiger Busch）、乌尔夫·彼得·布塞（Ulf Peter Busse）、阿卜杜拉·Kh. 道多夫（Abdulla Kh. Daudov）、克里斯蒂亚娜·德默勒纳尔（Christiane Demeulenaere）、阿尔贝托·古列尔米（Alberto Guglielmi）、保罗·汉森（Paul Hansen）、弗拉基米尔·拉平、伊瓦尔·利德拜克、约亨·梅德尔（Jochen Meder）、安德斯·莫贝里（Anders Moberg）、克里斯蒂娜·莫贝里、安德斯·隆格伦、西摩·毛斯科普夫（Seymour Mauskopf）、奥拉夫·尼约斯塔德、罗伯特·诺贝尔（Robert Nobel）、埃卡特·奥皮茨（Eckardt Opitz）、拉尔斯·埃里克·保尔松、帕努·萨沃莱宁（Panu Savolainen）、萨拉·斯特兰德贝里、约兰·桑德玛（Göran Sundmar）、利瓦·阿斯特丽德·斯韦德鲁普（Liv Astrid Sverdrup）、尼尔斯·乌登贝里、列昂尼德·维斯科奇科夫（Leonid Vyskochkov）、彼得·瓦伦斯滕、菲利普·瓦伦（Philip Wahren）、布里塔·奥斯布林克（Brita Åsbrink）和安德斯·厄格伦（Anders Öhgren）。

有些人尽其所能帮助我，甚至做了更多，我不知道该如何感谢他们。我尤其要感谢海伦娜·霍伊恩贝里（Helena Höjenberg）和曼努埃尔·博内在巴黎给予我的特别帮助，还要特别感谢格斯塔特工业博物馆的乌尔丽克·内德霍夫。

我个人想为世界各地的档案馆和图书馆工作人员颁发诺贝尔奖。我要特别感谢国家档案馆的列娜·奥尼穆尔（Lena Ånimmer）和商业历史中心馆的瓦迪姆·阿兹贝尔（Vadim Azbel），以及斯德哥尔摩皇家图书馆和斯德哥尔摩市档案馆的所有工作人员，还要向编撰瑞典传记辞典的列娜·米尔顿（Lena Milton）表示衷心感谢。

诺贝尔基金会和斯德哥尔摩诺贝尔博物馆对我提出的所有问题与要求都给予了坦诚的回应，并尊重我的行事风格。我要特别感谢拉尔斯·海肯斯滕（是他让我重拾以前出书的想法）、奥洛夫·阿梅林（Olov Amelin）、伊娃·科里（Eva Cory）、已故的奥克·埃兰德松、古斯塔夫·谢尔斯特兰德（Gustav Källstrand）、乌尔夫·拉松（Ulf Larsson）、约恩纳·彼得松（Jonna Petterson）、安妮卡·庞蒂基斯（Annika Pontikis）和玛格丽特·韦特施泰因（Margrit Wettstein），还要感谢迈克尔·索尔曼（Michael Sohlman）的重要贡献。

为该计划寻找资金并非易事。如果没有瑞典央行周年基金的慷慨支持和诺尔斯泰德出版社的大笔预付款，这个项目根本不可能实现。我的出版商斯特凡·希尔丁（Stefan Hilding）自始至终对这本书充满信心，并践行到底。我还有幸再次与世界一流的编辑拉尔斯·莫林（Lars Molin）和独具匠心的设计师佩尔·维克霍尔姆（Pär Wickholm）合作。

在写作过程中，我曾多多少少咨询过很多人的意见，在此一并表示感谢。许多人还阅读了部分或全部书稿，有些人还以核查员的眼光对其事实进行了检查，这对我来说是一种宝贵的帮助。特别感谢伊娃·阿佩尔奎斯特（Eva Apelqvist）、亨里克·贝里格伦（Henrik Berggren）、博·布兰德（Bo Brander）、安德斯·卡尔贝里（Anders Carlberg）、西蒙·埃德瓦德森（Simon Edvardson）、埃利亚斯·埃里克松（Elias Eriksson）、海伦娜·格兰斯特伦（Helena Granström）、艾娃·约兰松（Ewa Göransson）、尼娜·霍万德（Nina Hofvander）、海伦娜·霍伊恩贝里（Helena Höjenberg）、朱莉娅·科列索娃（Julia Kolesova）、安茨·努德（Ants Nuder）、奥洛夫·彼得松（Olof Petersson）、艾娃·施滕贝格（Ewa Stenberg）、列娜·坦恩·霍本（Lena Ten Hoopen）、尼尔斯·乌登贝里和拉尔斯·埃里克松·沃尔克（Lars Ericson Wolke）。

本文若出现任何错误均由我本人负责。

我最亲近的人不得不首先承受在执行如此大规模的项目中，不可避免地出现的低谷情绪。至于他们是如何保持热情并鼓励我继续的，对我来说是一个谜。我永远都要感谢我的女儿约翰娜（Johanna）和萨拉（Sara），是她们给予我无尽的爱，让我坚持下来。还有我的妈妈索尼娅（Sonja），她阅读了我的所有文章，是我每天重要的倾诉对象。

最后但并非最不重要的是：感谢佩尔（Pär）一直陪伴在我身边。没有他的无限支持，这本书永远不可能完成。

英格丽德·卡尔伯格

2019 年 6 月 6 日于斯德哥尔摩

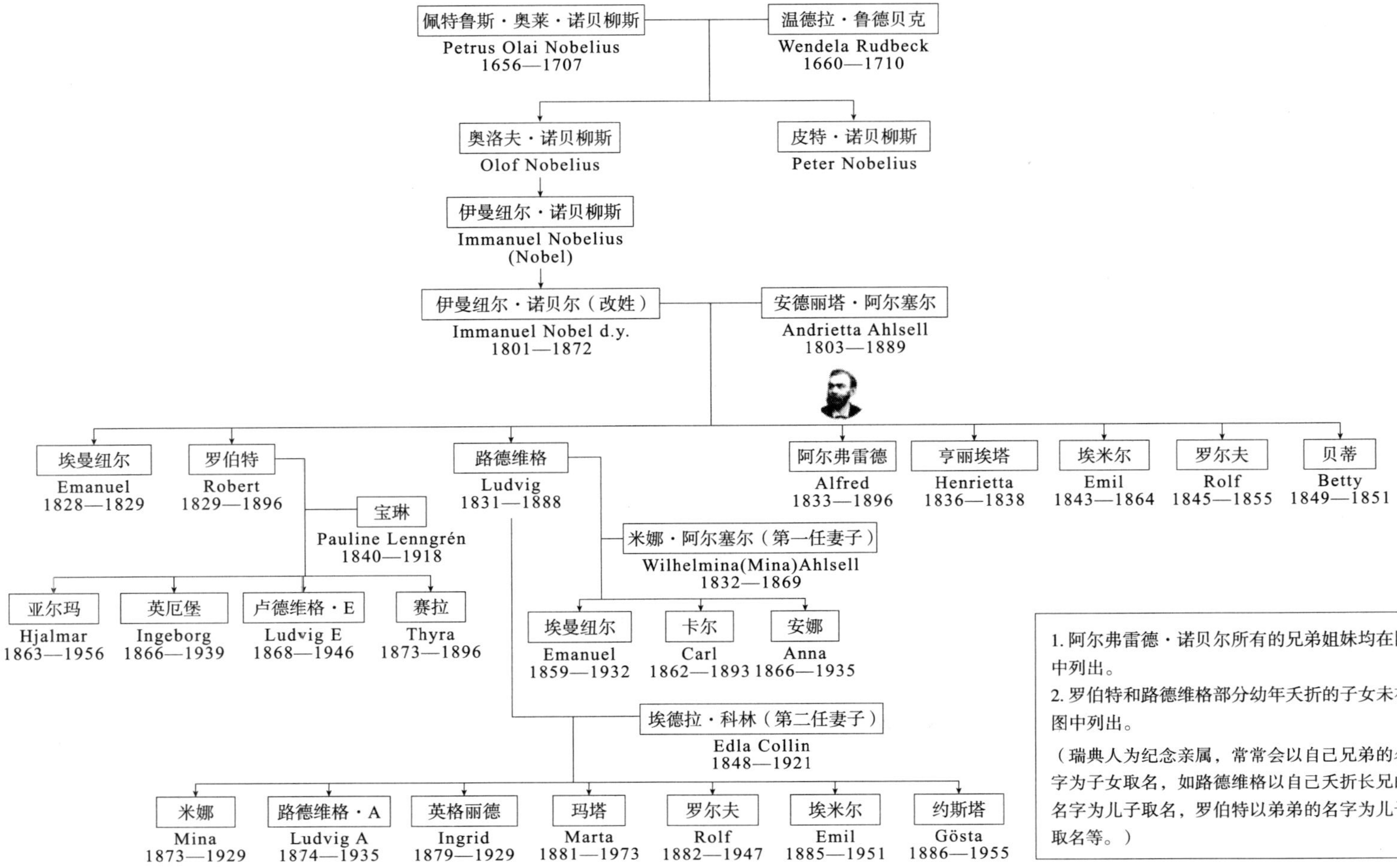

1. 阿尔弗雷德·诺贝尔所有的兄弟姐妹均在图中列出。

2. 罗伯特和路德维格部分幼年夭折的子女未在图中列出。

（瑞典人为纪念亲属，常常会以自己兄弟的名字为子女取名，如路德维格以自己夭折长兄的名字为儿子取名，罗伯特以弟弟的名字为儿子取名等。）